佛祖禪文化研究院

研究시리즈 II

神會의 壇語研究

鄭 唯 眞

경서원
2009

*본 저서는
2008학년도 동국대학교 연구년 지원에 의하여 이루어 졌음.

머리말

우리나라에서는 간화선만을 너무 지나치게 강조한 나머지 선의 뿌리가 되는 부처님의 선정이나 달마로부터 비롯되는 초기 중국선의 사상이나 실천법을 등한시 해 온 것이 사실이다. 우리는 송 대의 간화선이 세상에 출현하기까지 그 이전에 오랜 역사를 지나오면서 전시대에 미비한 수행법을 비판하고 보완해 온 과정을 결코 간과해서는 안 될 것이다.

지금 국내에서는 간화선이 한계에 도달했다고 하는 사람도 있고, 간화선에 문제점이 있다고 주장하는 사람들도 있는데 물론 간화선을 실천했던 그 때와는 다른 시간과 장소에서 다른 사람들이 살고 있기 때문에 그 당시의 수행법을 그대로 답습하는 것은 많은 문제점이 있을 것이라고 생각한다. 그러나 어떤 하나의 사상을 비판하면서 새로운 사상과 실천법을 주장하기 위해서는 반드시 그 이전의 사상에 어떤 문제점이 있었는지를 정확하게 파악하지 않고서는 불가능하고 본다.

그래서 필자는 지금의 현실에 맞는 사상과 실천수행법을 창안해 내는 것이 시급하다고 보고 이 과제를 해결하기 위해서는 먼저 달마로부터 시작되는 선어록들을 하나하나 연구하여 그 사상을 정확히 이해하는 것이 선행되어야 한다고 생각한다. 그 과제를 해결하는 일환으로 신회어록부터 접근하게 되었다.

혜능의 『육조단경』이 중국선을 형성하는 모태가 되기 때문에 중요한 것은 사실이지만 『육조단경』만 강조한다고 해서 모든 일이 다 해결되는 것은 아니다. 『육조단경』이 원인도 없이 하늘에서 떨어지지 않은 이상 『육조단경』을 바로 이해하기 위해서는 『육조단경』보다 먼저 성립된 신회의 어록부터 보아야 한다. 그리고 혜능에 도취된 자들이 북종의 선법을 아무런 이유도 없이 무조건 잘못되었다고 비판하는데 이는 시정되어야 할 일이다. 북종선을 객관성 있게 비판하려면 물론 그들의 전적을 정확하게 이해하는 일이 선행되어야 하며, 또 그 잘못된 선법을 보완하기 위해서는 먼저 신회어록과 『육조단경』을 연구해야 한다. 특히 신회어록과 『육조단경』을 제외하고 북종선의 문제점을 정확하게 파악한다는 것은 불가능하다고 생각한다. 왜냐하면 북종선의 전적이 많이 남아 있지 않은 점도 그 이유의 하나가 되겠지만 그 보다도 더 중요한 것은 북종의 전적상에 잘 나타나 있지 않은 그들 선법의 잘못된 점을 신회어록과 『단경』에서 비판하면서 올바른 선법을 제시하고 있기 때문이다.

그리고 또 마조로부터 비롯되는 생활선이 붓다의 정신을 지상의 생활종교로 끌어내린 점은 대단히 훌륭하지만 마조의 조사선 역시 전시대의 사상을 토대로 하지 않고 탄생한 것은 아니다. 이미 신회어록과 『육조단경』이 조사선으로 발전할 수 있도록 터전을 닦아 놓은 것이다. 이 처럼 조사선의 실천법을 바르게 알기 위해서는 두 선사의 어록은 필수적으로 보아야 한다. 왜냐하면 조사선의 모태가 되는 실천사상이 그들의 어록 속에 모두 다 들어 있기 때문이다.

하택신회의 전적은 『남양화상돈교해탈선문직료성단어』, 『보리달마남종정시비론』, 『돈오무생반야송』, 『하택대사현종기』, 『남양화상문답잡징의』, 『낙경하택신회대사어』, 『오경전』, 『오언율시』 등이 있다. 이들을 모두 한꺼번에 편집하면 양이 너무 많기 때문에 성립된 순서와는 상관없이 세 부분으로 나누어 편집하였다. 『신회어록연구』1에는 『남양화상돈교해탈선문직료성단어』, 『돈오무생반야송』, 『하택대사현종기』, 『낙경하택신회대사어』, 『오경전』, 『오언율시』 「신회전기」 등을 모아 편집했고, 『신회어록연구』2에는 『보리달마남종정시비론』을, 『신회어록연구』3에는 『남양화상문답잡징의』를 각각 편집하였다.

이 책이 세상에 빛을 볼 수 있도록 성심을 다 해 주신 경서원 이규택 사장님의 앞길에 부처님의 자비광명이 충만하시길 빕니다.

불기2547년 동짓달 24일,

경국사 만월당에서 活空 唯眞 和南

차 례

(부 록)

Ⅰ. 頓悟無生般若頌

1. 당시 선종의 상황

遊行僧 보리달마(?～528)가 중국에 도래하여 활동한 시기는 북위시대인 5세기 말 6세기 초로 추정하고 있다. 남북조시대의 北魏(386～534)는 그 이전에 太武帝(423～452 재위)에 의해 불교탄압이 행해졌지만 태무제 사망 후 즉위한 文成帝(452～465 재위) 치하에서는 불교의 부흥을 도모했다. 孝文帝(471～499)의 시대에 수도가 大同에서 洛陽으로 옮겨진 이후에는 宣武帝(499～515)와 孝明帝(515～528) 등 숭불황제가 배출되어 불교는 극도로 융성했다. 수도인 낙양에는 永寧寺를 비롯하여 수많은 사원들이 연이어 조성되고 교외의 龍門에서는 국가사업으로 석굴사원이 개착되었다.

그런데 달마를 맞이한 孝明帝(515～528) 때 반란이 일어나 북위는 東魏(534～550)와 西魏(535～557)로 분립되어 鄴과 長安을 수도로 삼았다. 이어 동위는 멸망하여 北齊(550～577)가 되고, 서위는 멸망하여 北周(557～581)가 되었다. 특히 북제는 불교를 독실하게 보호했기 때문에 그 수도인 업은 낙양을 대신하여 북조의 불교 중심지가 되었다. 그 후 북주가 북제를 정복하여 화북을 통일한 것을 다시 그 북주마저 멸망시키고, 곧 바로 수(581～618)의 文帝(581～604 재위)는 남조의 진(557～58

9)을 정복하고 마침내 천하를 하나로 통일하였다. 문제는 통일 국가의 지도원리로써 불교를 채용하고 그 발전에 힘썼다. 북조는 교학과 함께 선정의 실천도 중시했다. 문제에 이어 제위에 오른 煬帝(604~617 재위)도 천태종의 智顗(538~597)와 삼론종의 吉藏(549~623)을 존경했기 때문에 불교는 급속히 성장했다. 수가 멸망하고 당(618~907) 왕조가 들어서면서 선종의 상황은 크게 변하였다. 왜냐하면 道信(580~651)과 弘忍(618~674)이 등장하여 호북성 기주를 중심으로 교화활동을 펼치면서 일약 불교계에 주목을 받았기 때문이다. 도신과 홍인의 활약에 의하여 각광을 받게 된 동산법문은 그 후 法如(638~689) 등의 활동에 의하여 중원지방으로도 전해지게 되고, 또 홍인의 10대 제자들은 남과 북, 심지어 사천까지 진출하여 선법을 전파하기도 했다. 당시 불교를 이용하여 황제가 된 則天武后(624~705 재위)는 神秀(?~706)와 慧安(老安, 582~709)을 궁궐로 초청하여 설법을 듣는 입내공양의 법연을 열었다. 이를 계기로 하여 신수문하는 융성기를 맞이하게 되었다. 측천무후 이후에도 中宗(684~710 재위)·睿宗(710~712 재위)·玄宗(712~756 재위)으로 이어지는 盛唐(713~770)에는 북종선의 전성기였다. 특히 大照禪師 普寂(651~739)은 신수가 입적한 후 중원지역을 대표하는 존재가 되었다.

북종선이 전성기를 맞이하여 보적이 왕성하게 활동하던 시대에 갑자기 荷澤神會(684~758)가 나타나 선의 역사를 크게 변화시켜 놓았다. 그는 혜능이 입적한 후 남양 龍興寺에 주석하면서 중원지역을 무대로 하여 적극적인 포교활동을 펼쳤다. 특히 그는 신수는 방계이고 자신의 스승인 혜능이야말로 진정한 홍인의 후계자라고 주장함으로써 많은 반발을 야기시켰다. 신회는 혜능를 정통의 자리에 앉히기 위하여 일종의 법통설인 傳衣說을 고안해냈으며, 또 활대의 대운사를 위시해 각지에서 종론을 개최하여 자신의 주장을 억지로 관철하려고 했다. 그는 변재가 뛰어나 많은 사람들이 주위에 모였는데 그 중에서도 병부시랑 宋鼎(생몰년대 미상)의 덕분으로 낙양까지 진출하여 荷澤寺에 머물게 되었다.

이러한 신회의 활동은 이미 중원지방에 권위를 확립해 두었던 신수·보적계의 사람들을 자극하게 되었다. 그 결과 盧弈의 誣奏로 유배생활까지 해야 했다. 그러나 때마침 발발한 안사의 난(755~763)을 편승해 정치적인 수완을 발휘하여 중앙에 복귀하고 마침내 혜능을 정통의 육조로 인정받게 했을 뿐만 아니라 자신도 7조로 공인받게 되었다.

수·당의 왕조는 중국 봉건사회의 盛世였고, 정치상으로는 전반적으로 통일을 이루어 안정되었다. 사회·경제·문화는 고도로 발달했으며, 아시아에서나 세계에서 선진국가의 행렬에 들었다. 종교방면에 있어서는 인도로부터 전래한 불교가 600년을 지나 전파보급 되었으며, 이미 중국 전통문화의 주류를 이루었다. 풍습과 밀접하게 결합되어 많은 부유민족특색의 불교종파를 형성하였다. 이는 불교의 중국화 과정의 기본완성을 나타내 보여 주는 것일 뿐만 아니라 중국은 이미 대승불교로 이루어진 주요한 형태 가운데 하나인 北傳佛教의 중심이 된 것을 의미한다. 당시 불교의 교류는 아시아 각국의 문화교류의 중요한 부분을 차지했고, 중국 불교의 뿌리는 끊임없이 다른 곳인 한국, 일본등으로 유입된 후 발전을 거듭하여 이들 국가의 중요한 민족종교가 되었다.

수·당의 불교종파 중에서 천태종·화엄종·선종은 가장 민족적인 특색을 갖추었고 후세의 영향이 지대했다. 그 중 선종은 당말을 지나 오대에 크게 발전했고, 송 대에 이르러서는 가장 성행한 불교종파 가운데 하나가 되었다. 唐代 선종의 세력과 영향력은 멀리 티벳까지 퍼져나갔으며 다른 종파에 비해 그 힘이 막대했다. 그러나 8세기 중엽 이후 대개 강남북의 선종은 모두 당 혜능(638~713)이 창립한 남종계통에 속했고, 일찍이 장안과 낙양의 양경을 중심으로 하여 북방의 광대한 지역에 유행했던 북종은 그 후 세력을 잃고 역사의 뒤안길로 사라지고 만다. 시간이 흘러감에 따라 점점 북종의 선법·사적·문헌 등은 소멸하여 없어져 갔다. 이후 대량 출현한 선종어록과 史書는 모두 남종의 문헌들이고, 혜능을 보리달마로부터 홍인에 이르는 적계인 6조로 받아들여지면서 남종의 선법이 선문의 정통이 되었다. 이들 문헌 중에서 북종과 관련된 선법과 역사 혹은 강의는 극히 불충분하고, 또 왜곡되어 거짓으로 만들어진 것이 많다. 북종이 쇠망함에 따라 남종이 홍기하는 것은 자연스러운 하나의 과정이었지만 그들 사이에 격렬한 투쟁을 겪어야만 했다. 그 결과 중국 선종사상 이 방면에 대한 기술이 거의 없고, 정리가 완전히 안 되어 있다. 신회의 『보리달마남종정시비론』(732년 성립), 종밀과 관계있는 선종사의 기록, 송 찬영(921~1002)의 『송고승전』(987년 성립), 도원의 『경덕전등록』(1004년 성립) 등에 남북양종이 투쟁한 내용을 기록하고 있는데 이 투쟁에서 신회(684~758)가 매우 중요한 역할을 했고, 남종의 정통지위를 확립하는데 적극적으로 활동했다고 적고 있다. 그러나 이런 그의 노력도 오래가지 못했다.

특히 신회의 활동으로 혜능의 전기와 어록에 많은 변화를 가져왔다. 혜능의 출가설화에 의거하여 「瘞髮塔記」가 僞撰되고, 『육조단경』과 혜능의 전기가 개편되어 오늘날 알고 있는 6조 혜능의 원초적인 모습이 만들어지게 된 것이다.

또 신회의 영향을 받아 새롭게 신흥교단이 형성되었다. 먼저 우두종은 하택신회의 영향을 받아서 탄생한 교단이지만 남종도 북종도 아닌 제3의 입장에서 정체성을 정립했다. 우두종 외에도 사천의 보당종과 정중종도 신회의 자극을 받아 생긴 신흥교단들이다.

신회 이후 북종선의 선승들(摩訶衍)은 8세기 말에 티벳의 수도 라사에까지 진출하여 북종선을 홍양하다가 인도의 논사들과 논쟁을 펼쳤다는 기록도 있다. 이를 티벳의 종론(라사의 종론)이라 한다.

하택신회의 등장은 확실히 선종에 있어서 획기적인 의미를 갖는다. 荷澤禪의 의의를 요약하면 다음과 같다.

① 돈오를 처음으로 주장한 점.
② 정혜평등을 강조한 점.
③ 어록의 전신이라고 할 수 있는 새로운 표현 방법을 창시한 점.
④ 미오를 구분하는 유일한 원리로써 知의 철학을 세운 점 등이다.

2. 돈황의 고문서와 『단어』

20세기 초 중국 돈황에서 손으로 필사한 많은 양의 고문서가 발견되었다. 그 중 매우 많은 부분이 영국과 프랑스 등의 소위 탐험대들에게 약탈되어 런던 대영박물관과 프랑스 국립 도서관 등에 보관되어 있으며, 잔존부분은 북경 도서관에 수장되어 있다. 또 적지 않은 문헌이 민간으로 유출되어 국외로 흩어져 행방이 묘연한 것도 있다. 1920년대 후기 중일양국의 학자들이 돈황사본 중에서 대량의 초기 선종문헌을 발견했는데 그중 오래전에 逸失되었던 북종선법과 역사저술이 있었고, 그리고 또 가장 오래된 唐 寫本『육조단경』과 신회의『단어』와『보리달마남종정시비론』등 몇 종류의 귀중한 자료가 발견되었다. 돈황 선적이 발견됨으로 인하여 국제학술계에서는 초기 선종을 전면적으로 다시 연구하기 시작했으며, 그 결과 선종 연구의 새로운 역사가 개창되었다. 지난 80년을 회고해 보면 돈황 선적과 초기 선종의 연구는 확실히 그 성과가 대단했다고 할 수 있다. 특히 돈황에서 선종과 관련된 많은 자료들이 발견됨으로써 초기 선종에 대한 새로운 시각을 갖도록 해 준 점은 그 자료에 대한 가치를 높이 평가하지 않을 수 없다.

20세기 초에 발견된 돈황의 고문서란?

돈황은 원래 중국과 외국을 육로로 연결해 주는 교통요지로서 경제와 문화 교류의 중추일 뿐만 아니라 변방의 요충지였다. 북송(960~1126)의 仁宗(1023~1063년 재위) 때 서북의 서하족이 중원을 침략하면서 맨 먼저 막고굴 일대를 점령하였기 때문에 이곳은 일시적으로 혼란상태에 빠지기도 했다. 막고굴에는 본래 상중하의 세 개 사찰이 있었는데 가장 아래의 절에는 대대로 전해 내려오는 많은 경전과 불상이 소장되어 있었기 때문에 石窟群 부근의 큰 동굴 북쪽으로 이중 동굴을 만들어 폐쇄해 놓았다. 당시 스님들은 한 번 피난가면 다시 되돌아오지 못했고 또 후세 사람들이 이 이중 동굴을 알지 못했던 까닭에 이들 고문서들은 줄곧 발견되지 않은 채 보관되어 있었다.

그런데 지난 세기 초, 즉 1900년 중국 감숙성 서부에 위치한 돈황의 莫高堀 千佛洞 제17굴에서 방대한 양의 고문서가 발견되었다. 문헌의 수는 총 40,000 여 점이 된다. 언어상으로는 漢語·산스크리트어·티베트어·소그디안어(Sogdian)·위글(Uighur)·코탄어(Khotanese)·쿠차어(Kushan) 등으로 쓰여진 문헌이며, 총 40,000 여 점 중에서 87.5%가 불교문헌, 3.8%가 도교문헌, 0.9%가 유교문헌, 2.1%가 문학문헌, 그 밖에 사원의 계약서, 장부, 호적, 편지 등이 4.2%로 되어 있다. 이 문헌들을 총칭하여 '돈황문헌' 또는 '돈황문서'라고 한다. 1900년 당시 無名의 道士였던 석실관리인인 王圓籙은 光緖26(1900)년 5월 16일 아침에 제17굴을 수리하면서 담배를 피우고 있었다. 그 때 담배연기가 벽 틈사이로 들어가는 것을 본 왕원록은 이상히 여겨 벽면을 두들겨 보았다. 그는 내부가 빈 듯한 소리가 들리자 벽을 해

체해 보았다. 벽을 헐어내자 내부에는 별실이 있었고, 대중5(851)년 이라는 紀年이 새겨진 석비와 방대한 분량의 고문서가 쌓여 있었다. 이렇게 발견된 돈황의 고문서들은 대체로 5세기에서 11세기 초엽까지의 문헌들이며, 이 방대한 문헌들이 왜 중앙아시아의 사막도시인 돈황에 밀봉되었는지는 분명하지 않다. 다만 11세기 초엽에 위글족이 돈황을 침입했을 때 피난을 준비하던 중국인이 고문서들을 석실의 내부에 봉인했다는 프랑스인 폴 펠리오(Paul Pelliot)의 '中國人封印說'과 불교를 신앙하던 위글인이 문서의 보존을 위해 봉인했다는 중국 돈황문물 연구소 측의 '西夏人封印說'이 있으나 현재로서는 그 이유가 분명하지 않다. 어쨌든 이 방대한 분량의 고문서는 천여 년 동안 그 존재가 망각된 체 있다가 봉인 당시의 상황 그대로 우연히 발견된 것이다. 신라 慧超의 『往五天竺國傳』 또한 이 지하도서관에 밀봉되어 있었다. 돈황에서 지하도서관이 발견되었다는 소식은 당시 유행하던 중앙아시아의 탐험에 나섰던 각국의 탐험대에게도 전해졌다.

원래 항가리인이었으며 뒷날 영국으로 귀화한 마크 오럴 스타인(Mark Aurel Stein)은 두 번째 중앙아시아 탐험에 나서 돈황에 도착했다. 스타인은 1907년 5월 왕도사를 매수하여 고문헌의 일부인 7,000여 권을 구입한 뒤 인도를 경유하여 영국 런던의 대영박물관[The British Museum, 1973년 대영도서관(The British Library)으로 개칭됨]으로 보냈다. 다음 해인 1908년 2월에 이 소식을 들은 당시 프랑스령 하노이의 동방고고학교의 교수이며 동양학자였던 P. 펠리오(Pelliot)는 돈황에 도착하여 다시 왕도사를 매수한 뒤 석실 내에 들어가 자료가치가 높은 문헌들을 선별하여 1,500여 권의 고문서를 프랑스 파리 국립도서관(The Bibliothêque Nationale in Paris)으로 이송했다. 이런 사태가 진행되고 있었음에도 불구하고 부패한 청나라 정부는 귀중한 고문서의 가치조차도 모르고 있었다. 뒤늦게 고문서의 해외유출을 알게 된 청나라 정부는 돈황에 잔존하고 있는 고문서의 보존을 급히 명령하고 1910년 서둘러 북경의 북경 도서관으로 고문서를 운송했다. 그러나 돈황에는 빼돌려진 상당수의 고문서가 남아서 매매되고 있었다. 1912년 2월에 일본의 제3회 오타니(大谷) 탐험대원이던 다찌바나수쪼오(橘瑞超)와 나중에 파견된 요시카와고이찌로(吉川小一郞)는 그 일부인 몇 백 권을 매입하여 교또(京都)로 보냈다. 일본인들은 大谷光瑞를 대표로 하여 세 차례에 걸쳐 서역 탐험에 나섰는데 첫 번째는 대곡광서가, 나머지 두 차례는 다른 사람이 파견되었다. 마지막으로 돈황을 답사할 때 돈황의 자료들을 발견한 橘瑞超와 吉川一郞 등은 고문서들을 대곡광서에게 보내어 정리하도록 하였다. 대곡광서는 수집한 고문서와 역사문물을 가지고 『서역문화연구』2권을 편찬하여 1958년에 출판하였다. 그 첫째 권은 돈황사경을 연구한 것으로 용곡대학에 소장되어 있다. 이와 같이 돈황의 고문서 가운데 특히 敦煌寫經은 불교의 원류를 아는데 있어서 귀중한 자료로 평가받고 있다. 이 자료들 속에는 종래의 사람들이 모르고 있었던 손으로 쓴 사본과 불경이 포함되어 있다. 그리고 러시아의 불교학자인 올덴버그(Oldenberg)는 1914년에서 1915년까지의 제2회 중앙아시아 탐험 때 돈황에 체제하면서 고문서류를 구입하여 레닌그라드의 동양학연구소(The Institute far Eastern Studies in Leningrad)로 보냈다. 돈황의 문서를 서양에 제일 먼저 유출했던 오럴 스타인은 1914년 3월 제3회 탐험 때에도 왕도사가 감추어 둔 고문서를 추가로 구입하였다. 이와 같이 세계의 각지로 흩어진 돈황문헌은 각국의 콜렉션(Collection)에서 보존하고 정리하여 修復을 거쳐 연구되었으며 완전한 목록의 작성이 끝난 것도 있고 아직까지 진행중인 것도 있다. 특히 영국인이 매입하여 간 7,000여 권은 이미 정리가 완료되어 목록이 출판되었으며, 마이크로필름으로도 찍어 놓았다. 이것을 북경에서는 두 질이나 구입했다. 프랑스에서 가져간 것들은 아직까지 완전히 정리가 되어 있지 않다. 프랑스에서 매입해 간 것은 비록 수량은 적지만 중국학 전문학자인 페리오가 골라낸 것이기 때문에 질적 가치가 매우 높다. 고고학자였던 영국의 스타인은 오로지 완전한 문건만 골라서 가져갔다. 후에 청나라 정부에서 나머지를 조사해 북경으로 이송하던 도중 여러 차례 도둑을 맞는 바람에 결국 8,000여 권만 남았다. 이것을 陳垣이 1931년에 목록으로 편집하여 『敦煌劫餘錄』이라고 제명했다. 돈황자료를 강탈한 것과 단편적으로 남은 것을 모두 합치면 약 2만 여권 이상이 된다. 오럴 스타인은 그의 『중앙아시아답사기』에서 "여기 중앙아시아에서 발견된 참으로 우아하고 고귀한 불교미술품과 고문서들은 미래의 보존과 조직적인 연구를 위해 해외로 반출될 수밖에 없었다"고 술회하고 있다. 그러나 반대로 중국인들은 스타인·펠리오·大谷光瑞를 중국문화재의 삼대 도둑이라고 부르며, 돈황고문서의 중국 측 목록의 제목을 도둑이 겁탈해 가고 남은 돈황고문서목록이란 뜻으로 『敦煌劫餘錄』이라 제호했다.

현재 돈황에서 출토된 방대한 분량의 고문서는 주로 선종사, 삼계교, 중국불교사, 중국불교문학의 연구에 널리 이용되고 있으며, 이는 현대 동양학의 독특한 영역으로 평가받고 있다. 이를 敦煌學(Tun-huang Studies)이라고 부른다.(一指 譯, 『中國文學과 禪』[역주], 서울 : 민족사, pp.177～178<陳允吉, 『唐音佛教辨思錄』, 上海古籍出版社, 1988>. 田中良昭, 『敦煌禪宗文獻의 研究』, 東京 : 大東出版社, 1983, pp.3～7).

돈황사본의 학술적 가치는 두 가지로 요약할 수 있다. 첫째 사본들이 대부분 오래된 문서로서 여러 번 베끼는 과정을 거치지 않아서 탈락된 자와 오자가 비교적 적고 원래의 모습을 그대로 보존하고 있는 점이다. 둘째 사본들 가운데 몇 가지 자료는 사람들이 예전에 밝히지 못했던 학술상의 많은 문제들을 해결해 주고 있는 점이다. 따라서 校勘學은 물론 학술사상적으로도 이들 사본은 대단히 귀중한 자료이다. 특히 선종 계통의 변화를 알려 주는 귀중한 자료들이 다소 포함되어 있다. 예를 들면 처음에는 북종이, 후에는 남종이 세력을 떨친 것을 알려 주고 있고, 또 남종에서는 초기에 신회의 법계가 득세하다가 그 후 점차 남악과 청원의 두 법계로 옮겨져 간 사실을 밝혀 주고 있다. 이런 과정에서 세력을 잃은 각 파의 자료는 중요하게 여겨지지 않았으므로 많이 산실되었지만 돈황사본에는 옛날 그대로 많은 것을 보존하고 있기 때문에 초기 선종사 연구에 매우 중요한 자료적 가치를 지니고 있다.

3. 胡適과 『단어』

돈황문헌 중에 신회의 遺著와 그와 관련된 연구를 말하자면, 먼저 胡適(1891～1962)을 생각하지 않을 수 없다. 호적은 돈황의 고문서들을 조사하여 신회의 저술을 찾아내고 그것을 교정하여 발표한 최초의 학자이다.

1926년 7월, 호적과 中英 義和團事件의 배상금 고문위원의 영국 측 위원인 Sutil교수가 모스크바를 경유하여 런던 中英 義和團事件의 배상금 고문위원회에 출석했다. 회의를 마친 후 호적은 대영박물관과 프랑스 국립도서관에 가서 돈황사본을 조사하던 중 신회화상의 선어록을 발견하게 되었다. 그는 그 필사본을 가지고 본국으로 귀국한 후 校寫하여 『神會和尙遺集』을 만들어 1930년 상해 亞東圖書館에서 출판했다. 호적은 이 책의 자서에서 다음과 같이 말하고 있다.

"민국13년(1924) 나는 중국선학사의 원고를 쓰기 시작했는데 혜능을 탈고한 후 나는 회의에 빠졌고, 신회를 탈고한 후 나는 붓을 놓지 않을 수 없었다. 나는 『송고승전』(987년 성립)에서 신회와 북종과의 투쟁한 사실을 기록한 기사를 발견했고, 또 종밀의 저술에서는 貞元12년(796)에 칙명으로 신회를 제7조로 삼은 기사를 발견하고서는 곧 신회와 관련된 史料를 조사하기 시작했다. 다만 중국과 일본에서 보존하고 있는 선종의 자료는 모두 내가 바라는 바에 충분하지 않았다. 나는 당시 이로 인하여 하나의 생각이 떠올랐다. 오늘날 현존하는 선종의 자료는 거의 대부분 北宋和尙 道原·贊寧(921～1002)·契嵩(1007～1072) 이후의 자료이고 간혹 여러 가지 妄改를 거쳐 위조한 글자가 있었기 때문에 가히 믿을 수 없다. 만약 우리들이 믿을 수 있는 선종사를 쓰려고 한다면 반드시 먼저 당조의 원래의 자료를 찾아야만 하고, 그리고 五代 이후에 개조를 거친 자료를 무분별하게 輕信해서는 절대 안 된다. 그렇지만 우리들이 어느 곳에 가서 唐朝의 원초적인 자료를 찾아야 할 것인가? 당시 나는 하나의 계획을 세우고 이를 이루기 위해 돈황에서 출토된 사본에서 원초의 자료를 찾아야겠다고 생각했다. 돈황사본은 위로는 남북조로부터 아래로는 宋 초에 이르기까지 서력 500년에서 1000년에 이르는 자료를 포괄하고 있기 때문에 바로 이것이 내가 찾고자 하는 시대의 자료이다. 하물며 돈황은 당조에서 외지고 먼 지방이 아니라서 兩京과 각지의 禪宗大師들의 저작이 많이 모인 곳이다.

때마침 민국15년(1926) 나는 구라파에 갈 기회가 있어서 런던과 파리의 두 지역에서 소장하고 있는 돈황서적을 보게 되었다. 그 해 9월에 나는 파리에서 세 가지 신회의 어록을 발견했고, 11월에 또 런던에서 신회의 『하택대사현종기』를 발견했다. 이것 외에 또 한 점의 대단히 중요한 禪宗史料가 있었다. 내가 생각한 계획이 그대로 이루어졌기 때문에 이미 내가 출국하기

전에 바라던 최대의 희망보다 능가했다는 생각이 들었다"

고 한다.

호적은 이들 자료에 의거하여 하택대사신회전을 필사하여 신회의 생애와 선법에 대한 고찰을 마치고, 선종사의 지위에 있어서 신회를 충분히 인정을 했다. 호적이 하나의 연구성과를 발표하자 국제학술계, 특히 일본 학자들의 관심을 크게 불러 일으켰다. 그들의 연구로 중국 초기 선종사의 내용이 충실하게 되었다. 특히 그는 신회를 『육조단경』의 작자라고 보았는데 오래 동안 학술계에 많은 논쟁을 불러일으켰다. 호적은 이 부분의 연구영역이 매우 광활한 학자였고, 문학, 역사, 철학 등의 학문분야를 모두 섭렵하여 연구했으며, 저술도 많다. 그 주요한 연구성과를 열거하면 다음과 같다. 1927년「菩提達摩考」, 1930년「跋曹溪大師傳」, 1931년「楞伽師資記序」, 1934년「跋日本京都堀川興聖寺藏北宋惠昕本壇經影印本」, 1935년「楞伽宗考」, 이외에도 매우 많은 원고가 있고, 英文으로 쓴 선종논문도 있다. 만년에 이르러 1958년에 또 새롭게 발견된 돈황사본에 의거하여 『단어』와 『남종정시비론』을 교정했고, 1960년 『남양화상문답잡징의』를 교정했으며, 아울러 신회와 관련된 자료를 다시 정리하여 연구했다[柳田聖山主編, 『胡適禪學案』, 中文出版社, 1981을 보라. 이 책 가운데 호적의 中英文 선학논문이 수록되어 있고, 또 柳田聖山, 『胡適博士與中國初期禪宗史之硏究』(李迺揚의 中文譯文)와 호적박사선학연보가 수록되어 있음.].

한편 일본은 근대 이후 중일 양국의 학자들이 불교연구의 방면에 서로 면밀한 관계를 가지고 교류하기 시작했다. 그 중 矢吹慶輝(1879~1939)는 1926년 런던 대영박물관에서 돈황본『육조단경』을 발견하여 1928년『대정장』제48권 중에 이 문서의 교정본을 편입했다. 이후 또 그 영인본을 『鳴沙餘韻』(1930년, 岩波書店版)에 수록하여 학자들이『단경』과 초기 선종사에 대단한 흥미를 불러일으키게 했다. 중화민국57년(1968)에 호적은 『신회화상유집』을 출판하여 일본에서 역시 대단한 반응을 불러일으켰다. 일본의 불교학자인 柳田聖山은『胡適博士與中國初期禪宗史硏究』1의 글 가운데서 말하기를, "호적이『신회화상유집』을 출판한 이후로 일본에서는 이것이 계기가 되어 계속해서 부단한 발견이 있었고, 또 아울러 새로운 고서적을 출판하게 되었다. 예를 들면 鈴木大拙이 교정한 또 다른 종류의 돈황본『荷澤神會禪師語錄』과 함께 송나라 刊本인 興聖寺本『육조단경』에 의거하여 교정한 돈황본『육조단경』이 그 실례이다(『胡適禪學案』第1部 참조).

鈴木大拙 일명 鈴木貞太郞(1870~1966)은 일본의 저명한 선종연구 학자인데 1933년 이전에는 호적과 문자 왕래가 있었지만 호적의『신회화상유집』의 교정과 연구에 대하여 매우 높이 평가하고 일찍이 저술에 대하여 다음과 같이 말했다.

"호적의『신회화상유집』은 자신이 파리에서 발견한 돈황의 모든 사본을 근거로 하여 만든 것이며, 안목이 예민하고 정리가 정밀하며 실로 경탄할 만하다. 과학적인 견지와 자료를 처리하는 재능이 뛰어나 사람들에게 감탄의 소리가 끊어지지 않았다.

그 후 일본에서도 인연이 있는 지역에서 돈황에서 출토된 신회본이 발견되었으며, 다만 호적본과 다소 글자에 출입이 있었으나 이것을 영인하여 출판한 것이 1934의 일이다. 연결하여 3권 1질의 『神會錄』과 『육조단경』(돈황본과 興聖寺本)을 출판했다."

鈴木大拙이 교정한 『荷澤神會禪師語錄』에서 사용한 저본은 일본 積翠軒 石井光雄이 구입하여 소장하고 있는 돈황사본인데 수부가 없다. 뒷부분에는 호적이 교정한 본에는 없는 『六代祖師傳』과 사문 寶珍과 판관 趙秀琳이 당 貞元8년(792)에 베껴 교정한 後記 등이 있다. 물론 이것은 호적의 『신회화상유집』 권1의 『神會語錄第1殘卷』이고, 또한 이는 鈴木大拙이 교정한 석정본 『신회어록』인데 모두 『南陽和尙問答雜徵義』와 같지 않은 抄本의 殘缺本이다. 鈴木大拙은 학자들이 연구하는데 편의를 제공하기 위하여 석정본 『신회록』과 호적본을 대조하여 교정한 본을 발표했다(『鈴木大拙全集』卷3, 1968년, 岩波書店版에 수록). 1934년 가을 鈴木大拙이 북경도서관에서 돈황문헌을 조사하여 발견한 6종의 선적을 다음 해인 1935년에 영인출판하여 서명을 『敦煌出土少室逸書』라 하고, 그 가운데 신회의 『단어』를 수록하고, 이후에 또 그것을 교정하여 『校刊少室逸書及解說』(安宅佛教文庫刊, 1936년)중에 발표했다.

이와 같이 중일 양국학자의 공동노력에 의하여 번다한 돈황잔권 중에서 신회의 전적을 찾아 정리함으로써 신회에 대한 비교적 완비된 자료가 나오게 되었다. 또 다른 자료와 결합하여 신회와 선종 초기 역사를 대조함으로써 비교적 깊은 연구가 이루어져 선종사의 공백을 메우게 되었고, 노력의 성과가 이어져 쉽게 신회의 전적을 볼 수 있게 되었다. 편의에 따라 소개하면, 프랑스의 한학자 Jacques Gernet가 1949년 호적이 編校한 『神會和尙遺集』을 프랑스어로 번역하고 주석하여 校註하는 과정에서 거듭 새롭게 파리원본과 대조하여 호적의 적지 않은 誤寫를 訂正했다[胡適, 『新校定的敦煌寫本神會和尙遺著兩種』之二『菩提達摩南宗定是非論』上卷의 校註, 臺灣 胡適記念館, 1968年 新版『神會和尙遺集』附錄 참조. 그밖에 Jacques Gernet 著『中國5～10世紀的寺院經濟』중 譯本(耿昇譯, 1987년, 甘肅人民出版社版)의 譯者의 말도 참조. 柳田聖山,『胡適博士與中國初期禪宗史之硏究』에도 소개되어 있음]. 미국의 한학자 W. Liebenthal이 1953년 英文으로 鈴木大拙이 校訂한『단어』를 역주했다(『胡適禪學案』第2部. 柳田聖山,『禪籍解題』. 西谷啓治・柳田聖山編,『禪家語錄』Ⅱ, 筑摩書房, 1974 참조). 부연하면 돈황본『육조단경』과 神會文錄의 발견・교정・연구와 그리고 돈황사본에서 발견한『능가사자기』・『전법보기』・『역대법보기』등 초기선종사서와 북종선의 저술 및 이들 문헌을 대조하여 지은 교정과 연구들은 70년 동안 국제 불교학계의 선종연구영역에서 얻은 가장 큰 대과라고 할 수 있을 것이다.

끝으로 신회의 전적 연구와 관련하여 몇 가지 문제점을 제기해 보면 다음과 같다.

대륙에서는 1983년 石峻教授 등이 편집한『中國佛教思想資料選編』제2권 4책이 중화서국에서 출판을 마침으로 인하여 鈴

木大拙이 교정한『신회어록』과 호적이 만년에 교정한『南陽和尙問答雜徵義』의 머리 부분과 호적의 舊校인『신회어록』가운데 영목대졸 본에 없는 글자 全文을 수록했다. 이는 분명히 연구자들이 후학들에게 편리를 제공해 가져다 준 것이다. 다만 자료의 불충분으로 책 중에 수록된『남종정시비론』은 殘缺이 매우 많은 호적의 구교본을 게재하고 있는 점이 흠이다.

『단어』는 수록하지 않았으며, 잘못 파악한 호적 구교본의『남종정시비론』 뒤 일부분(『神會語錄第三殘卷』)은 마땅히『단어』가 되어야 한다. 이런 일 때문에 정확한 연구가 절실히 필요하며, 새롭게 발견한 자료와 기존의 국내외 학자들에 의하여 이루어진 신회문록의 교정본과 연구성과를 모두 대조하여 진일보한 연구가 나와야 할 것이다.

『보리달마남종정시비론』은 호적이 만년에 새롭게 발견한 파리본에 의거하여 교정한 사본이 가장 좋지만 다만 여기에 결자가 450개 이상 있으며, 매우 중요한 단락과 구가 판독이 불가능하다. 이는 마땅히 새로운 자료에 의거하여 다시 교정해야 할 것이다.

호적이 만년에『남양화상문답잡징의』잔권을 발견하여 교정한 것은 그의 초년에 교정한『신회어록』과 일본의 석정본『신회어록』과는 다른 異抄本에 불과하다는 것을 입증할 수 있다. 따라서 이 3본을 가지고 통일된 검토와 심사를 해야 할 것이며, 아울러 기타 자료와 이 3본의 원본형식과 구성의 동이를 대조하여 한층 더 깊은 연구가 진행되어야 할 것이다.

신회의 생애 · 신회의 조통설 · 선법이론 · 남북 양종의 분파와 투쟁 등의 여러 가지 문제에 대하여 마땅히 당시의 사회적, 역사적 배경과 결합하여 종합적으로 깊고 넓은 연구가 가해져야 할 것이다.

물론 이러한 일들이 한 개인의 일로 끝나서는 안 되고, 또 단시간 내에 완성될 내용도 아니며, 반드시 선종연구에 흥미를 가지고 있는 많은 사람들과 협력하여 공동으로 연구하여야 겨우 이상적인 효과를 얻을 수 있을 것이라고 생각한다.

4. 하택신회의 일생

1) 略傳

육조혜능의 법을 이은 荷澤神會(684~758)는 唐代의 선승으로 하택종의 개조이다. 하택은 그가 주석한 寺名이다. 속성은 高씨이고 襄陽출신이다. 어려서 5經과 노장을 배웠으며『後漢書』에 의해 불교를 알고 난 후 관직에 뜻을 버리고 國昌寺의 顥元(호원)법사에게 참학하고 출가한다. 뒤에 호북성 荊州 玉泉寺 大通神秀(606~706) 문하에서 참학하고 大足元年(701)에 신수가 入內하자 그의 권고에 따라 혜능의 회하에서 참학했다고 하나 종밀의『圓覺經大疏鈔』와『中華傳心地禪門師資承襲圖』에는 14세 때 혜능을 참학한 후 신수를 3년간 모시다가 다시 혜능의 처소로 되돌아 왔다고 하고, 또 종보본『육조단경』'頓漸8'에는 신회를 童子라 했으며, 13세 때 육조를 참학했다고 한다. 開元8년(720) 河南省 南陽의 龍興寺에 들어갔으며, 개원20년(732) 정월 보름 하남성 滑臺의 大雲寺에서 無遮大會를 열고 북종의 崇遠法師와 대론한다. 당시 낙양과 장안에서 교세를 떨치던 대통신수·華嚴普寂(651~739)·大智義福(658~736)의 북종선을 "사자상승이 방계이고, 가르침이 점교(師承

是傍, 法門是漸.)"라고 비판하면서 자신의 스승인 혜능이야말로 보리달마의 正系라고 주장한다. 그 후 북종선을 비판하는데 전력을 다하다가 天寶12년(753) 보적에게 가담한 御史 盧奕(?~755)의 劾奏(핵주 : 관리의 죄상을 파헤쳐 천자에게 일러바치는 것)를 받아 강서성 弋陽郡 등지에서 유배생활을 한다. 그 후 호북성 武當郡으로 이주한다. 翌年 恩命에 의해 양양으로 돌아와 형주 開元寺 般若院에 주석하게 된다. 천보14년(755) 겨울 安祿山의 난(755~763)이 일어나자 당조의 재정을 보조하기 위해 度牒을 팔아서 香水錢(出家志願料)을 모금한다. 그 공덕으로 숙종의 조칙에 의해 입내 공양을 받아 낙양 하택사 안에 禪宇를 건립하여 머물게 된다. 示寂한 해에 대해서는 여러 가지 설이 있고, 자료마다 차이가 있다. 종밀의 『圓覺經大疏鈔』 권3下에는 乾元元年(758) 5월 13일 시적했으며, 세수 75세라 했고, 『송고승전』 권8에 의하면 上元元年(760) 建午月 13일에 입적했는데 세수 93이라 했으며, 『조당집』 권3 '신회전'에는 상원원년 5월 13일에 입적했다고 하며, 『경덕전등록』 권5에는 상원원년 5월 13일 시적했으나 세수는 알 수 없다고 기록되어 있다. 호적은 새롭게 고증하여 그의 생존 년대를 684~758년(93세)으로 바로 잡았다. 그의 제자 慧空이 지은 「大唐東都荷澤寺歿故第七祖國師大德於龍門寶應寺龍崗腹建身塔銘幷序」(『世界宗教研究』 16期)라는 비문이 용문의 보응사 유적에서 발견되어 건원원년설(758)이 설득력을 얻게 되었다. 大曆5년(770) 낙양의 용문사에 탑을 세우고 그 탑의 이름을 '眞宗般若塔'이라 했다. 同7년에 시호를 진종대사라 했다. 어록으로는 『荷澤神會禪師廣

語』가 있다. 자세하게는 『洛京荷澤神會禪師廣語』라 한다. 이는 『전등록』 권28(『대정장』 권51) · 『縮藏』 雲六 · 『續藏』 30, 10에 수록되어 있다. 『荷澤和尙禪要』는 圓仁의 『入唐求法目錄』(839년작)과 圓珍의 『日本國求法僧圓珍目錄』(858년작)에 기재되어 있으나 현존하지 않는다. 돈황출토본으로는 『南陽和上頓教解脫禪門直了性壇語』(718년작) · 『菩提達摩南宗定是非論』(732년작) · 『頓悟無生般若頌』 1권(762년작), 이는 『景德傳燈錄』 권30에 『荷澤大師顯宗記』라는 별명으로 게재되어 있으며, 그리고 『南陽和尙問答雜徵義』(792년에 書寫)가 있다.

참고로 田中良昭 · 沖本克己 譯, 『大乘佛典』 11-敦煌Ⅱ 中國 · 日本篇-, 中央公論社, 1989, p.504의 田中良昭가 작성한 신회의 略年譜를 소개하면 다음과 같다.

① 嗣聖元年(684) 1歲, 襄陽(湖北省)에서 출생. 속성은 高씨.
② 神功元年(697) 14세, 沙彌가 되어 曹溪(廣東省)에 가서 慧能과 처음으로 相見함.
③ 長安4년(704) 21세, 西京長安으로 가서 구족계를 품수함.
④ 景龍元年～3년(707～709) 24세～26세, 조계로 돌아가 혜능으로부터 密語를 받음.
⑤ 先天2년(713) 30세, 혜능 示寂.
⑥ 開元8년(720) 37세, 南陽(河南省)의 龍興寺에 주석.
⑦ 개원18년～20년(730～732) 47세～49세, 滑台(河南省)의 大雲寺에서 북종의 崇遠法師와 종론을 열고 북종공격을 시작함.(이 최후 년의 법론이 『남종정시비론』으로서 기록되어 20

세기 초에 돈황에서 발견되었다.)

⑧ 天寶4년(745) 62세, 兵部侍郞인 宋鼎의 청으로 東都洛陽의 荷澤寺에 들어가 선법을 擧揚함.

⑨ 천보8년(649) 66세, 낙양의 하택사에서 다시 종론을 再起함.

⑩ 천보12년(753) 70세, 御史盧奕의 誣奏에 의하여 弋陽郡(하남성)으로, 또 다시 武當郡 (湖北省)으로 물러남.

⑪ 천보13년(754) 71세, 恩命에 의하여 襄陽으로 환향 다시 荊州(호북성) 開元寺의 般若院으로 들어감.

⑫ 천보14년(755) 72세, 安史의 難이 일어났을 때 香水錢(簡易出家證明書)을 팔아 軍費를 충당한 공을 세움.

⑬ 至德元年(756) 73세, 肅宗의 詔勅으로 낙양 하택사에 들어감.

⑭ 乾元원년(758) 75세, 형주 개원사에서 示寂.

⑮ 寶應2년(763) 塔을 낙양 龍門에서 세우고, 조칙으로 塔所에 寶應寺를 건립함.

⑯ 永泰원년(765) 門人인 比丘慧空이 塔銘을 짓고, 法璘이 이것을 기록함.(이 탑명이 近年에 용문에서 발견되었음.)

⑰ 大曆5년(770) 代宗으로부터 '眞宗大師'라는 諡號와 '般若傳法之堂'이라는 塔額을 하사받음.

⑱ 대력7년(772) 대종으로부터 '般若大師之塔'의 탑액을 하사받음.

⑲ 貞元12년(796) 德宗으로부터 '禪宗第7祖'의 稱號를 하사받음.

상세한 신회의 전기는 본서의 (부록)에 수록되어 있는 신회의 전기자료를 보라.

2) 신회전의 참고자료

① 慧空, 「大唐東都荷澤寺歿故第七祖國師大德於龍門寶應寺龍崗腹建身塔銘幷序」
② 宗密, 『圓覺經大疏鈔』卷3下(Z.14-277b)
③ 宗密, 『圓覺經略疏鈔』卷4(Z.15-131b)
④ 宗密, 『中華傳心地禪門師資承襲圖』(Z.110-433d)
⑤ 贊寧, 『宋高僧傳』卷8 '神會傳'(『대정장』권50, p.756하)
⑥ 靜·筠, 『祖堂集』권3'神會章'(1-112)
⑦ 道原, 『傳燈錄』卷5'신회전'(『대정장』권51, p.245상)
⑧ 悟明, 『宗門聯燈會要』卷3
⑨ 普濟, 『五燈會元』卷2
⑩ 南嶽覺岸, 『釋氏稽古略』卷3 등이 있으며, 그 외 『조계대사전』과 돈황본 『육조단경』에는 육조혜능을 참문한 기연이 실려 있다.

3) 근래 신회전을 연구한 논문

① 山崎宏, 「荷澤神會禪師」(『隋唐佛教史の研究』, 法藏館, 1967.)
② 宇井伯壽, 「荷澤宗の盛衰」(『禪宗史研究』, 岩波書店, 193

5, p.195.)

③ 鈴木哲雄, 「荷澤神會論」(『佛教史學』第14卷 4號, 1969. 『唐五代禪宗史』, p.321)

④ 竹內弘道, 「新出の荷澤神會の塔銘について」(『宗學硏究』 제27호, 1985.)

⑤ 胡適, 「荷澤大師神會傳」(胡適著, 今關天彰譯, 『支那禪學の變遷』, 東京, 東方學藝書院, 1936.)

⑥ 溫王成, 「記新出土的荷澤大師神會塔銘」(『世界宗敎硏究』 제16기, 中國社會科學出版社, 1984)

⑦ 小野勝年, 「龍門と禪宗第七祖-黃河文明を見て-」(『大法輪』第54卷 3號, 1987.) 등이 있으며, 신회의 초상을 수록한 자료는 李霖燦, 『南詔大理國新資料的綜合硏究』, 國立故宮博物院刊, 1982가 있고, 이 초상을 근거로 하여 일본의 柳田聖山이 연구한 논문은 「神會の肖像」(『禪文化硏究所紀要』第15號, 1988)이 있다.

⑧ Gernet, Jacques., "Biographie du maître de Dhyãna Chen-houei du Ho-tsö[「荷澤神會禪師傳記」](667～760)," Journal Asiatique, 1951, pp.29～68.

4) 신회의 제자

*제1대(760년까지) : 신회.

*제2대(816년까지) : 신회의 제자 → 法如・無名・惠覺・光瑤・準平・涪州朗・河陽空・福琳・志滿・圓震(705～790)・

神英・道隱・慧演・皓玉・雲坦・廣敷・乘廣・惟忠・李常・大照・寂・寂藝・摩訶衍・大願・衍・恆觀・弘濟・法意・法海・敬宗・解脫・堅 … 32인.

*제3대(821년까지) : 신회의 孫弟子 → 南印(법여의 제자)・澄觀(무명의 제자)・辯眞(도은의 제자)・全證(운탄의 제자)・甄叔(승광의 제자)・道進(승광의 제자)・圓寂(승광의 제자)・道宏(승광의 제자)・如亮(승광의 제자)・如海(승광의 제자)・還源(승광의 제자) … 10인.

*제4대(838년까지) : 신회의 曾孫제자 → 道圓(남인의 제자)・神照(남인의 제자)・如一(남인의 제자)・玄雅(남인의 제자)・義俛(남인의 제자) … 5인.

*제5대(841년까지) : 신회의 玄孫제자 → 宗密(도원의 제자)・淸閒(신조의 제자)・志行(신조의 제자)・宗實(신조의 제자)・復儼(신조의 제자)・道盆(신조의 제자)・知遠(신조의 제자)・白建(신조의 제자)・道光(신조의 제자)・道威(신조의 제자)・雲眞(신조의 제자)・雲表(신조의 제자)・歸忍(신조의 제자)・會幽(신조의 제자)・齋經(신조의 제자)・智全(신조의 제자)・景元(신조의 제자)・紹(신조의 제자)・常一(신조의 제자)・玄邃(신조의 제자) … 20인.

*제6대(895년까지) : 신회의 來孫제자 → 圓紹(지원의 제자).

*제7대 : 惠鶴(원소의 제자).

위의 師資相承관계를 도표로 그려보면 다음과 같다.

제1대 (迄760) / 제2대 (迄816) / 제3대 (迄821) / 제4대 (迄838) / 제5대 (迄841) / 제6대 (迄895) / 제7대

- 神會
  - 法如 — 南印
    - 道圓 — 宗密
    - 神照
      - 淸閑
      - 志行
      - 宗實
      - 復儼
      - 道益
      - 知遠 …… 圓紹 — 惠靄
      - 白建
      - 道光
      - 道威
      - 雲眞
      - 雲表
      - 歸忍
      - 會幽
      - 齋經
      - 智全
      - 景元
      - 紹
      - 常一
      - 玄邃
    - 如一
    - 玄雅
    - 義俛
  - 無名 — 澄觀
  - 惠覺
  - 光瑤
  - 進平
  - 朗
  - 懷空
  - 福琳
  - 志滿
  - 圓震
  - 神英
  - 道隱 — 辯眞
  - 慧演
  - 皓玉
  - 雲坦 — 全證
  - 廣敷
  - 乘廣
    - 甄叔
    - 道進
    - 圓寂
    - 道宏
    - 如亮
    - 如海
    - 還源
  - 惟忠
  - 李常
  - 大照
  - 寂
  - 寂藝
  - 摩訶衍
  - 大願
  - 衍
  - 恒觀
  - 弘濟
  - 法意
  - 法海
  - 敬宗
  - 解脫
  - 堅

위 그림은 宇井伯壽, 『禪宗史研究』, p.268에 있는 것이다.

5) 胡適의 약력

胡適(1891～1962)은 淸末 중화민국의 출가자로 안휘성 歙縣(흡현) 사람이다. 光緖17년 12월 17일 상해에서 태어났다. 어릴 때의 이름은 嗣穈였고 20세에 미국으로 유학을 갔다. 이때부터 스스로 適이라 불렀다. 코넬대학과 콜롬비아대학의 재학 시절부터 白話文學을 주장하여 중국 신문학 운동의 선봉이 되었다. 또 禪學에 대한 관심도 깊어 민국14년(1925)의 『從譯本裏研究佛敎的禪法』을 시작으로 프랑스 파리 국립 박물관과 영국 런던 대영박물관에서 『神會錄』·『禪門秘要決』 등 돈황 출토 사본을 발견하고, 「菩提達摩考」·「跋曹溪大師別傳」·『神會遺集』·「楞伽師資記序」·「楞伽集考」 등 초기 선종사에 관한 다수의 논문을 발표하였다. 중화민국27년(1938)에는 주미대사와 민국35년(1946)에는 북경대학 학장을 역임하였다. 1948년 미국으로 망명했으며, 다시 중화민국으로 귀국한 후 『六祖壇經原作壇經考』·『宗密的神會略傳』을 저술하였고, 『新校定的敦煌寫本神會和尙遺集』·『神會和尙語錄的第三個敦煌寫本』·『南陽和尙問答雜徵義, 劉澄集』을 간행하였다. 『胡適文存』(40권)·『胡適手稿』(10권) 등 저서가 있다. 민국51년(1962) 2월 24일 시적했으며, 그 때 그의 세수는 71세였다.

南陽和上頓教解脫禪門直了性壇語

미리 봐 두기

1. 교정의 底本은 敦煌縣博物館所藏本(077호 본)으로 했다. 이하 '底本'이라 함.
2. 校本은 다음 네 종류의 돈황사본을 사용했다.
   ① Pelliot이 수집한 P.2045 호 본. 이 본은 수미가 온전하며 저본과 거의 같다. 祖本과 같을 것이라고 생각한다. 이하 'P본'이라 함.
   ② 북경국립도서관소장본인 8376호 본(寒81). 수미가 완전하며, 저본에 비해 간략하고 문장을 윤색한 흔적이 보이고 오자가 많다. 이하 'B본'이라 함.
   ③ Stein이 수집한 S.2492호 본. 수미가 없다. 제4단 부분의 아래 약 3분의 2가 없으며, 제11단의 가운데까지 있다. 문자는 저본과 거의 같고, 조본과 같을 것이라고 추측한다. 이하 'S1본'이라 함.
   ④ 스타인이 수집한 S.6977 호 본. 두 개의 단편이 있는데 둘 다 수미가 없다. 第1殘卷(S2-1)은 거의 제14단에 해당하는 부분이 남아 있고, 第2斷簡(S2-2)은 제23단에서 제25단에 해당하는 일부분만 남아 있지만 양자 간에 차이가 매우 심하다. 저본과 조본이 같은 것이 아니라고 생각한다. 이하 제1잔권은 'S2-1본'이라 하고, 제2단간은 'S2-2본'이라 함.
3. 校錄本은 다음 일곱 가지 본을 참고했다.
   ① 鈴木大拙, 「神會和尙の『壇語』と考ふべき敦煌出土本につきて」(『大谷學報』第16卷, 第4號, 1935年, 12月)에 발표했고, 『校刊少室逸書及解說』(安宅佛教文庫出版, 1936, 6)에 수록.

후에 『禪思想史硏究第3(『鈴木大拙全集』第3卷, 岩波書店, 1968年 10月)』에 재록. B본을 저본으로 하여 교록한 것이다. 이하 '鈴木本'이라 함

② 胡適, 「新校定的敦煌寫本神會和尙遺著兩種」(『中央硏究院歷史語言硏究所集刊』第29本, 台北 : 1958)에 발표했고, 그 후 胡適校敦煌唐寫本『神會和尙遺集』(胡適記念館, 台北 : 1968年)에 재록. 다시 『大藏經補編』25(華宇出版社, 1986년), 『禪宗全書』36(文殊文化有限公司, 1988)에 수록. P본을 저본으로 하여 교록한 것이다. 이하 '胡適本'이라 함.

③ 篠原壽雄, 「荷澤神會のことば-譯註『南陽和上頓教解脫禪門直了性壇語』-」(『駒澤大學文學部硏究紀要』第31號, 1973年). 胡校本을 저본으로 하여 교록했고, 령목본의 단락을 따랐다. P본·B본·S1본·S2본을 교정의 자료로 삼은 것이다. 이하 '篠原本'이라 함.

④ 宋紹年校, 『南陽和上頓教解脫禪門直了性壇語』(劉堅·蔣紹愚主編, 『近代漢語語法資料彙編·唐五代卷』에 수록, 商務印書館, 1990年). P본을 저본으로 하고 호적본을 참고로 한 것이다. 이하 '宋校本'이라 함.

⑤ 楊曾文編校, 『神會和尙禪話錄』(中國佛教典籍選刊, 中華書局, 1996年 7月). 敦博 077호 본을 저본으로 하고, P본·B본·령목본·호적본을 參校한 것이다. 이하 '楊本'이라 함.

⑥ 邢東風釋譯, 『神會語錄』(中國佛教經典寶藏精選白話版禪宗類23, 佛光山宗務委員會印行, 1996년 8월). P본을 저본으로 하고, 호적본을 참고로 한 것이다. 이하 '邢本'이라 함.

⑦ 鄧文寬·榮新江, 『敦博本禪籍錄校』(敦煌文獻分類錄校叢刊, 江蘇古籍出版社, 1998年). 돈박 077호 본을 저본으로 하고, P

본·B본·S1본·S2본·령목본·호적본·소원본·송교본·J.Gernet(謝和耐)의 논문·W.Liebenthal의 역본·P.Demiêville(戴密微)의 논문을 參校했으며, 상세한 校記를 달았다. 이하 '榮校本'이라 함.

⑧ Paul Demiêville., "Deux Documents de Touen-houang sur le Dhyãna Chinois[「중국선에 관한 두 개의 돈황자료」]," →『塚本善隆博士頌壽記念佛教史學論集』(東京 : 1961年)에 수록, pp. 1~24. Choix d'études bouddhiques, Lieden 1973, pp.320~346에 재록. 林信明譯, 「『神會語錄』とチベット宗論」(『禪學研究』60號, 1981年, 그 후 林信明編譯, 『Paul Demiêville禪學論集』<國際禪學研究所研究報告第1冊, 1988年>에 譯文이 수록됨).

4. 譯註에 참고한 자료는 다음과 같다.

① W. Liebenthal., "The Sermon of Shen-hui[신회의 설법]," Asia Major, new series, Ⅲ, 2, 1952, pp.132~155. P본을 저본으로 한 英譯注本.

② 篠原壽雄, 「荷澤神會のことば-譯註『南陽和上頓教解脫禪門直了性壇語』-」. 앞 篠原의 교록본에 Liebenthal과 Demiêville의 성과를 토대로 한 역주.

③ 中村信幸譯, 『南陽和上頓教解脫禪門直了性壇語』(『大乘佛典 中國·日本編11·敦煌Ⅱ』, 中央公論社, 1989年). 호적본을 저본으로 한 역주.

④ 邢東風釋譯, 『神會語錄』. 앞 형동풍 교본에 漢譯과 주석을 붙인 것.

⑤ 정유진, 불조선문화연구원연구시리즈Ⅴ, 돈황본 『육조단경 연구』, 서울: 경서원, 2007.

5. 주석에 인증한 선관계문헌은 다음과 같다.

① 『二入四行論』：柳田聖山, 禪の語錄1『達摩の語錄』, 筑摩書房, 1969.

② 『楞伽師資記』·『傳法寶紀』：柳田聖山, 禪の語錄2『初期の禪史 I 』, 筑摩書房, 1971.

③ 『歷代法寶記』：柳田聖山, 禪の語錄3『初期の禪史 II 』, 筑摩書房, 1976.

④ 『曹溪大師傳』：駒澤大學禪宗史硏究會編, 『慧能硏究』, 大修館書店, 1978.

⑤ 敦煌本『六祖壇經』：周紹良編著, 『敦煌寫本壇經原本』, 文物出版社, 1997.

⑥ 『寶林傳』：駒澤大學禪宗史硏究會, 『譯注寶林傳』卷1·2·3·4·5·6·8, 駒澤大學禪宗史硏究會, 1980·1981·1984·1986·1989·1991·1996. 후에 한 권으로 정리하여 田中良昭著, 『寶林傳譯注』(內山書店, 2003年)로 출판했음.

⑦ 『禪源諸詮集都序』：鎌田茂雄訓註, 禪の語錄9『禪源諸詮集都序』, 筑摩書房, 1971. 石井修道·小川隆譯注, 「『禪源諸詮集都序』の譯注硏究(1·2·3·4·5·6·7·8·9·10)」(『駒澤大學佛教學部硏究紀要』52·53·54·55·56·57號)<1994～1999>, 『駒澤大學佛教學部論集』27·28·29·30號<1996～1999>.

⑧ 『七祖法寶記』：沖本克己, 『禪思想形成史の硏究』에 실린 飜刻本, 國際禪學硏究所硏究報告第5册, 1997.

⑨ 『大乘無生方便門』：鈴木大拙翻刻本, 『鈴木大拙全集』第3卷』, 岩波書店, 1968.

⑩ 『馬祖の語錄』：入矢義高, 『馬祖の語錄』, 禪文化硏究所, 1983.

⑪『頓悟入道要門論』：平野宗淨, 禪の語錄6『頓悟要門』, 筑摩書房, 1970.

⑫『傳心法要·宛陵錄』：入矢義高, 禪の語錄8『傳心法要·宛陵錄』, 筑摩書房, 1969.

⑬『修心要論』：鈴木大拙翻刻本,『鈴木大拙全集』第2卷, 岩波書店, 1968.

⑭『禪門經』：柳田聖山,「禪門經について」(『禪佛教の硏究·柳田聖山集第1卷』, 法藏館, 1999. 초판은『塚本善隆博士頌壽記念佛教史學論集』, 1961.

⑮『天竺國菩提達摩禪師論』：方廣錩主編,『藏外佛教文獻』第1輯, 宗教文化出版社, 1995.

⑯『中華傳心地禪門師資承襲圖』(『裵休拾遺問』이 原題)：鎌田茂雄, 禪の語錄9『中華傳心地禪門師資承襲圖』, 筑摩書房, 1971.『裵休拾遺問』은 石井修道,「眞福寺文庫所藏の『裵休拾遺問』の翻刻」(花園大學『禪學硏究』第60號, 1981, 同「譯注『裵休拾遺問』(上)」(『駒澤大學禪硏究所年報』第3號, 1992), 同『大乘佛典12 禪語錄(中央公論社, 1992)이 있다.

⑰『頓悟大乘正理決』：上山大峻,『敦煌佛教の硏究』資料2, 法藏館, 1990.

6. [ ]괄호 안의 글자는 빠진 글자를 보충한 것이다.

해제와 寫本

(1) 해제

『南陽和上頓教解脫禪門直了性壇語』는 줄여서 보통 『壇語』라 약칭한다. 『단어』란 청정한 계단에서 수계할 때 설법한 법문을 기록해 놓은 것이다. 남양화상은 荷澤神會(684~758)를 가리킨다. 『송고승전』 권8 '신회전'에 의하면 "개원8년(720)에 현종이 그를 남양 용흥사에 주석토록 했다"고 기록하고 있다. 선승들의 본명 앞에 그 지역의 이름을 붙이는 것이 관례이다. 이 『단어』는 신회가 활대(白馬, 지금 河南 滑縣 동쪽)에서 북종의 선승들과 변론(개원20년, 732)하기 전 남양(지금 河南) 용흥사에서 전수한 선법을 기록한 것이다. 자세하게 말하면 하택신회가 당 開元6년(718) 이후 남양 龍興寺의 수계법회 때 설한 법문을 기록한 것이다. 그 기본적인 내용은 『南陽和尙問答雜徵義』, 일명 『신회어록』·『보리달마남종정시비론』과 일치한다.

『단어』는 718년에 기록한 것으로 추정되며, 1권으로 되어 있는 돈황문서이다. 이는 신회의 초기 선사상을 보여주는 어록으로서 주목할 만한 자료이다. 『六祖壇經』과 비슷한 戒壇院說法集의 성격을 가지고 있기 때문에 어떤 학자는 신회의 『단어』를 전신으로 하여 돈황본 『六祖壇經』이 성립되었다고 주장하는 사람도 있다. 어쨌든 『단어』와 돈황본 『六祖壇經』은 그 사상적인 면과 형식적인 면에 있어서 서로 관련이 있는 것은 분명하다. 따라서 같이 대조해 가면서 연구를 한다면 공통점과 차이점을 분명히 발견할 수 있을 것으로 생각한다.

(2) 寫本

『단어』의 돈황사본은 지금까지 다섯 종류가 발견되었는데 5본 가운데 3본은 이미 교정되어 유통되고 있다. 이 사본의 최초 발견은 다른 北京本과 같이 1934년 여름 북경에서 鈴木大拙(1870～1966)의 조사에 의하여 이루어졌다. 鈴木大拙은 북경본 寒81(=8376호)의 영인본을 1935년 발행하여 『敦煌出土少室逸書』에 소개하고, 이듬해 그 연구성과를 『大谷學報』16卷4號와 『校刊少室逸書及解說』에서 발표했다.

그 후 1952년 『보리달마남종정시비론』과 같이 連寫된 페리오 2045호가 프랑스 한학자인 Jacques Gernet에 의하여 발견되었다. 그의 지시에 의하여 미국의 한학자인 W. Liebenthal이 이것을 북경본과 校合하여 The sermon of Shên-hui.(Asia Major, new series Vols.Ⅲ-2)라는 제목으로 英譯하여 발표하였다. 그 후 중국의 호적이 북경본을 병합하여 새로 校定한 신교정본이 1958년에 『新校定的敦煌寫本神會和尙遺著兩種』(中央硏究院歷史語言硏究所集刊29)이라는 제목으로 발표했다.

1986년 봄 세계종교연구소에서 任繼愈 교수의 主編으로 발췌하여 편집한 『中國佛敎叢書禪宗編』의 본문이 탈고단계에 이르게 되었다. 그 때 李富華가 자신이 소중하게 간직하고 있던 한 묶음의 『육조단경』 照片을 『총서』에 수록하여 편집할 수 있도록 周紹良에게 허락을 했다. 이부화가 내 놓은 한 다발의 『단경』 照片에는 1935년 돈황의 천불동 上寺에서 현지인인 임자의가 발굴하여 소장해 오다가 행방이 묘연해진 돈황본 『단경』이 들어 있었다. 이 필사본의 "윗면에 민국20년(1935) 4월 8일 이 경을 돈황 천불산의 上寺에서 얻어 임자의가 공경히 기록한다(民國卄四年四月八日獲此經于敦煌千佛山之上寺任子宜敬誌)"는 말이 쓰여 있었다. 이 필사본은 이미 돈황현 박물관에 소장되어 있던 편호 돈박 077호 본과 같았다. 柳田聖山 교수도 북경대의 向達교수가 『唐代長安與西域文明』(三聯書店, 1957) 중의 「西征小記」에 발표한 任子宜本 돈황사본의 행방을 찾아보고 싶어 했던 사람 중의 한 사람이다.

돈박 077호 돈황사본에는 5개의 필사본이 수록되어 있는데 순서에 따라 열거하면, 唐 獨孤沛 集 『菩提達摩南宗定是非論一卷』·『南陽和上頓教解脫禪門直了性壇語』·『南宗定邪正五更轉』·『南宗頓教最上大乘摩訶波若波羅蜜經 六祖惠能大師於韶州大梵寺施法壇經一卷 兼受無相戒 弘法弟子法海集記(육조단경)』·唐 淨覺 『注般若波羅蜜多心經』이다. 이 가운데 첫 번째 사본의 수부가 없는 것을 제외하고 나머지 부분은 모두 완전히 정리가 되어 있어 글자도 선명하다. 楊曾文은 이 照片을 사용하여 호적이 만년에 교정한 『남종정시비론』과 대조검토하여 그 상면에 缺漏한 450여자를 모두 이 필사본에 의거하여 보충했다. 이렇게 모아서 거의 완비된 『남종정시비론』의 교정본을 만들었다. 이후 그는 돈박본과 자신이 수집한 여러 종류의 자료를 이용하여 신회문록을 다시 편교하여 출판했다(楊曾文編校, 『神會和尙禪話錄』, 中國佛教典籍選刊, 1996).

중국의 榮恩奇가 정리한 敦煌縣博物館編 「敦煌縣博物館藏敦煌遺書目錄」에도 "敦博 077호 본의 내용은 『菩提達摩南宗定是非論』1卷·『南陽和上頓教解脫禪門直了性壇語』·『南宗定邪正五更轉』·『南宗頓教最上大乘摩訶波若波羅蜜經』·『注般若波羅蜜多心經』 등 5종의 문헌으로 구성되어 있다"고 한다.

이 사본을 書寫한 시대에 대하여 중국의 榮新江과 鄧文寬은 그들의 『敦煌本禪籍錄校』(江蘇古籍出版社, 1998년) 前言(『敦煌學輯刊』, 1994년 제2기에 발표했음)에서 다음과 같이 말하고 있다. "글자체는 가지런하다. 書風으로부터 판단해 보면 『남종정시비론』·『단어』·『오경전』·『단경』의 네 가지 문헌은 동일한 사람이 書寫한 것이지만 『주반야바라밀다심경』은 쓰여진 것이 앞 네 가지와 다르며 几帳面에 필사되어 있고, 魏碑의 풍이다. … 다른 사람이 서사한 것이다"고 했고, 또 "『남종정시비론』의 首部는 1천2백 여 자가 없으며 각 쪽은 6행, 각 행은 24자이고, 계산하면 약 아홉 페이지 분이 없다. … 아홉 페이지는 다섯 장이고, 마구 꺾여 접혀져 一疊으로 되어 있다. 따라서 돈박본의 수부는 一疊 다섯 장이 없다"고 한다. "돈황사본의 모양을 연구한 전문가가 많은 책자를 고찰하여 얻은 결론에 의하면 이러한 서적의 형식은 經折裝과 包背裝의 중간의 형태를 취하고 있고 9세기에서 10세기에 유행했으며 돈황에서는 티벳을 통치한 중후기와 歸義軍의 시기에 해당한다. 9·10세기의 범위 내에서 그와 같은 종류의 자료와 대비하여 돈황의 역사적인 발전단계를 참고해 보면 돈박본의 대체적인 년대를 추측할 수 있다"고 한다. 그 결과 돈박본은 張氏歸義軍時期(851~906)에 서사되어졌다고 추측한다.

1900년(일설에는 1899) 5월 25일, 道士 王圓籙에 의하여 막고굴(속칭 千佛洞) 중 한 굴의 벽에서 우연히 발견하게 된 돈황유서는 스타인과 페리오 등 제국열강의 탐험대에 의하여 국외로 약탈되었다. 1909년 8월 돈황유서의 수십 점을 북경으로 搬入한 페리오가 중국인 학자에게 그것을 보여주었는데 그 귀중한 가치를 알아차린 羅振王과 李盛鐸 등이 청나라 정부를 움직여 현장에 남아 있었던 유서를 북경으로 운반하여 현재의 북경도서관으로 옮겼다. 그러나 이송 도중에도 북경에 도착할 때까지 적지 않은 逸品이 있었다. 발견 이후 왕도사가 은닉한 것과 현지 사람들의 손에 들어간 것이 많았다. 그것들도 大谷探險隊와 제3차 스타인 탐험대 그리고 러시아 제2차 中亞 탐험대에 의하여 국외로 반출되었다(梅村坦, 「敦煌探検·研究史」(講座敦煌1『敦煌の自然と現状』, 大東出版社, 1980).

1942년 봄 북경대학의 명령에 의하여 國立中央研究院西北史地考察團의 일원으로 10월에 돈황에 도착한 向達(1900~1966)은 현지에 있는 돈황유서의 상황을 다음과 같이 기술하고 있다.

> "민국25년(1936) 런던에서 任美鍔선생과 만났을 때 화제가 돈황에 이르러 '돈황의 어떤 사람의 집에서 사경을 200권 정도 보았다'고 했다. 돈황의 개인이 소장하고 있는 것이 아직 남아 있다는 것이다. 민국27년(1938) 돈황현 지사인 어떤 사람은 석실

사경을 매우 좋아하여 소장자를 중대한 범죄자로서 점차 조사했기 때문에 수갑을 채울 수 있는 사람들이 계속해서 나왔다. '원래 죄가 없는 사람도 고가인 보물을 소유하면 도리어 罪禍를 부른다'고 말한 것은 바로 이를 두고 한 말일 것이다. 그 이후 돈황의 사람들은 이것을 불행의 원인으로 보아 석실사경을 소장하고 있는 사람은 완전히 숨기고 입 밖으로 내지 않고 表情으로 속삭였다. 내가 31년(1942) 10월에 돈황에 도착하여 석실사경을 물어보았지만 쉽게 응해주지 않았다. 32년 2월 이후가 되어 겨우 20여권을 볼 수 있게 되었다[向達, 「西征小記」(『國學季刊』第7卷 第1期, 1950)]. →向達, 『唐代長安與西域文明』, 三聯書店, 1957."

그와 같은 상황에서 사경6권과 殘片3책을 싸서 숨겨두지 않고 보여준 것이 돈황의 鄕紳 任子宜이다(정확히 돈박 077호 본『단어』의 앞 공백에 '민국24년 4월 8일 이 경전을 돈황 천불산의 상사에서 얻어 임자의가 공경히 기록한다'고 적혀 있다). 그 가운데 梵夾式 蝶裝本이 무려 93엽이 있었다. 향달은 후에 이때의 기록을 「西征小記」라는 제목으로 1950년 『國學季刊』第7卷 第1期에 발표했고, 그 때에 본 돈황사본에 대하여 보고했다[그 보고에는 移錄한 것을 말하지 않았지만 발표되지 않은 向達校錄, 『敦煌餘錄』의 總跋(『敦博本禪籍錄校』 前言, p.15)에 의하면 '1943년 任君으로부터 빌려 副本을 만들었지만 1944년 봄 江津內學院의 呂秋逸선생에게 증정했다. 5월에 다시 돈황에 왔을 때 또 한 번 베끼려고 했지만 여가가 없었고, 7월에 막고굴로 옮겨 살면서 任君으로부터 原書를 빌려 거듭 옮겨 적었다'고 한다. 향달에 의하여 교정이 착수되었지만 그 후의 중국의 정치

·사회의 변동과 향달 자신의 연구방향이 바뀌어 마침내 완성을 보지 못한 체 미발표인 상태로 끝났다. 『敦煌學大辭典』(上海辭書出版社, 1998) '向達項'(p.899)에 의하면 『敦煌餘錄』2책에는 돈박 077호 외에 『壽昌縣地境』·『唐代地志』 등이 기록되어 있다고 한다. 또 향달의 전기와 저작에 대해서는 閻文儒·陳玉龍 編, 『向達先生記念論文集』(新疆人民出版社, 1986)을 보라.)]. 그것에 의하여 지금 말하는 돈박 077호가 처음으로 세상에 알려지게 된 것이다.

향달의 일은 淨覺의 『주반야바라밀다심경』의 향달 手鈔本에 의하여 알려지기 시작했다. 1961년 10월에 呂澂이 『現代佛學』(1961년 제4기)에 『敦煌寫本唐釋淨覺'注'般若波羅蜜多心經(附說明)』을 발표하여 향달의 일을 소개하고 일본에서는 1963년 7월에 柳田聖山이 「전법보기와 그 저작」을 발표하여 언급했다[그것에 의하면 향달이 정각, 『주반야바라밀다심경』의 수초본을 베껴 쓴 것이 유전성산의 수중에 들어 온 인연을 다음과 같이 기록하고 있다. '1960년 本誌<禪學硏究>가 山田無文老師의 頌壽記念號를 계획할 때, 그 때 이 사본은 인도에 있던 春日井眞也 박사로부터 노스님의 바로 옆에 전해진 것으로써 일찍이 향달박사가 돈황에서 손으로 필사한 것을 춘일정 박사가 인도의 델리에서 보고 손으로 베껴 쓴 것이다'(『禪學硏究』53號, p.65의 注1). 이 4년 후 유전성산은 竺沙雅章씨가 발견한 S.4556호 본(『佛教史學』제7의 3, 1958, 10)과 향달의 수초본을 베낀 것에 의해 정각 『주반야바라밀다심경』에 校註를 붙여서 『初期禪宗史書の硏究』(法藏館, 1967)에 발표했고 거기에서는 향달이 발견한 돈황본에는 『남종정시비론』·『단어』·『단경』이 포함되어 있다고 말했다.)]. 이후 유전씨는 향달이 본 원본을 찾으려고 했지만 그 소식은 杳然하게 들리지 않았다(講座敦煌8『敦煌佛典と禪』에 수록된 柳田聖山의 總說, p.36을 보라.). 1986년 봄 周紹良씨에 의하여 그것이 돈황현 박물관에 소장되어 '돈박 077'의 編號가 붙여진 것이 알려지게 되었다. 그 발견의 經緯는 楊曾文『敦煌新本 六祖壇經』(上海古籍出版社, 1993. 2001년에 종교문화출판사로부터 『新版敦煌新本六祖壇經』이 출판되었다.)의 주소량의 序에 자세하다. 돈박본은 현재 『中國佛教叢書·禪宗編』(江蘇古籍出版社, 1993, 6), 『甘肅藏敦煌文獻』 제6권(甘肅人民出版社, 1999, 12), 『禪學典籍叢刊』別卷(臨川書店, 2001, 7)등에 영인되어 있다. 본서의 『남양화상돈교해탈선문직료성단어』의 역주는 『중국불교총서·선종편』의 영인 돈박본을 저본으로 한 것이다.

돈박본 출현 이전의 『단어』 연구사에 대해서는 田中良昭의 「敦煌禪宗資料分類目錄初稿 Ⅱ禪法 修道論[3]」(『駒澤大學佛教學部研究紀要』 제34호, 1976)가 상세하며, 또 돈박본 출현 이후의 교록본들은 '미리 봐 두기'를 보라. 여기에서 다섯 종류가 있는 『단어』사본 중에 S.6977호(S2)본[이 校錄은 衣川의 정리에 의하여 「『남양화상돈교해탈선문직료성단어』補校(부록 S.6977'Dx.942,Dx.1920+Dx.1921교록')」(『俗語言研究』第5期, 禪文化研究所, 1998, 8)에 발표했다.]의 두 가지 斷簡의 성격과 위치에 대하여 생각보고자 한다.

第1斷簡(S2-1)은 14단부터 15단의 처음 부분에 해당하지만 그 사이에 정혜일치를 논하는 燈과 光의 비유가 삽입(17단의 일부)되어 있고 단순히 異本과 別本으로서 같다고 보기에는 異同이 심하다. 또 제2단간(S2-2)은 23단·24단과 25단의 처음 垢와 淨에 대하여 논의하는 71자가 없고, '知識, 正用心時, … 是名阿耨多羅三藐三菩提. 常須如是解.'라고 이어지는 곳은 25단에 분류할 수도 있겠으나 이하 25단과는 다른 내용으로 되어 있다. 돈박본·P본·S1본의 3본에 대해서는 같은 하나의 祖本으로부터 寫書된 것이라고 생각되지만 B본은 그것에 비해 문장을 정리한 흔적이 보이며, 약간 간략하게 되어 있어서 조본은 역시 같을 것이다. S2본의 두 가지 단간은 『단어』에는 있어도 그것들과는 다른 곳에서 온 것이다.

이미 앞의 해제에서 언급한 바와 같이 『단어』는 일반 재가신자를 위한 보살계 授戒會에서 설법한 기록이고, 게다가 '남양화상'의 이름이 붙어 있는 것으로 보아 신회가 남양 용흥사에 머물던시대의 것이라는 생각을 하게 한다. 신회는 그러한 授菩薩戒會를 정기적으로 행하고 있었을 것이다. 『역대법보기』에 "동경 하택사 신회화상은 매월 단장을 만들어 사람들을 위해서 설법했다"고 한 것으로 미루어보아 낙양 하택사에 주석하고 있었을 때는 매월 법회을 개최하고 있었던 것 같다. 정기적으로 몇 번이고 같은 것이 반복적으로 행해져 형식도 일정한 규칙을 갖추었을 것이고 설법개요의 내용도 정해져 왔을 것이지만 실제로는 그 시대 그러한 장소에 응하여 많은 변화를 거치면서 전해지고 있었던 것일 것이다. 다른 장소와 다른 때에 신회의 단장설법을 들은 사람이 각각 그것을 기록했다면 개요가 거의 같은 것일지라도 세부적으로는 많은 다를 수도 있을 것이다. 저본의 조본이 남양시대의 어떤 때의 단장설법을 기록한 것인지, 아니면 몇 번이나 정기적으로 행한 단장설법의 내용을 하나로 정리하여 기록한 것인가는 판단할 수 없지만 S2본은 저본의 조본이 기록된 시대와는 다른 단장설법의 기록이라고 생각해도 좋을 것이다. 근년에 衣川이 『俄藏敦煌文獻』 제4책 중에서 찾아낸 (Dx.1920+Dx.1921)의 殘片(앞에 인용한 『俗語言研究』 제5기에 발표된 衣川의 정리를 보라.)은 『단어』 12단·14단·15단에 포함된 어구가 이 순서에 보이지만 12단·14단·15단에 포함되지 않은 어구도 보이며 『단어』의 이 부분의 문자의 수에 비해 4~5분의 1 정도 문자수 밖에 없는 것 같다. 혹은 이것도 신회의 시대와 다른 단장설법의 하나인 여러 가지 기록의 단편일지도 모른다.

지금까지 발견된 다섯 종류의 사본들을 정리하면 다음과 같다.

① 북경도서관본(寒81호=8376호), 간략히 '平本'이라고 하고, 또 '北京本'이라고도 한다. 이 본은 陳垣이 편집한 『敦煌劫餘錄』 권13에 수록되어 있다. 일본의 鈴木大拙이 1934년에 발견했는데 표제에 '南陽'의 두 글자가 없이 『和尙頓敎解脫禪門直了性壇語』라고 되어 있다. 본문 중에는 脫文이 있고, 오자도 많다. 鈴木大拙이 교정한 후 『校刊少室逸書及解說』(安宅佛敎文庫, 1936)에 발표했으며, 鈴木貞太郎 編, 『敦煌出土少室逸書』 1卷, 1935에 게재되어 있다. 후에 또 『鈴木大拙全集』 第3卷('禪宗史硏究' 第3, 岩波文庫, 1968)에 수록했다. 최종 교정본으로서 『鈴木大拙全集』 卷3에 수록되어 있는 것은 본문에 문제점이 발견되고 있기 때문에 주의하여 볼 필요가 있다. 그리고 校

印本으로는『胡適校唐寫本神會和尙遺集附錄』이 있다.

② 프랑스 파리 국립도서관본(P.2045호 본). 이를 간략히 '파리본'이라 한다. 이 본은 王重民이 최초로 발견한 본이다. 胡適(1891~1962)은 이 본을 저본으로 하고, 鈴木大拙이 교정한 북경본을 참고로 하여 교정했다. 그는 새로 교정한『菩提達摩南宗定是非論』과 함께『新校定的敦煌寫本神會和尙遺著兩種』이라는 제목으로 1958년에 대만의 歷史語言硏究所集刊第29本인『慶祝趙元任先生六十五歲論文集』에 발표했다. 사실 왕중민이 Pelliot본을 발견했기 때문에 호적의『新校訂的神會和尙遺著兩種』의 발표가 이루어지게 된 것이다. 호적이 세상을 떠난 후 새롭게 영인출판하여『神會和尙遺集』(胡適記念館版, 1968)의 부록으로 게재했다.

③ 돈황현 박물관본(敦博 077호 본). 이를 '敦博本'이라 한다. 돈황현에 사는 任子宜가 1935년 돈황 千佛山의 上寺에서 처음 발견한 본이다. 이를 '任子宜所藏本'이라 한다. 앞부분에『남종정시비론』·『육조단경』· 唐 淨覺의『注般若波羅蜜多心經』·신회의『南宗定邪正五更轉』이 있고,『五言律詩』1首가 실려 있다. 1943년 向達이 돈황에서 古寫經을 조사하던 중 任子宜로부터 이 사본을 본 후 1950년에 베껴「西征小記」(『唐代長安與西域文明』)중에 이 사실을 보도하자 국내외의 학자들이 관련 주석서를 내었다. 단 이후 몇 개의 사본은 행방이 분명치 않다. 신 중국이 성립된 후 이 사본은 돈황현 박물관에 소장되었다.

이 세 가지 사본은 내용상으로는 보아 같은 同本異鈔本일 것이다. 3개 본을 서로 비교해 보면 파리본은 북경본에 비해 錯

訛가 적고, 돈박본과는 매우 흡사하다. 파리본은 원래 錯葉(1紙 31行)으로 되어 있는데 호적은 북경본에 의거하여 改正했다. 돈박본은 수미가 완전하고, 字體가 선명하며, 오자도 적다.

또『단어』의 돈황사본은 영국 런던의 大英博物館에 S.2492, S.6977이라는 편호로 소장되어 있고,『敦煌寶藏』에도 수록되어 있다.

위에서 지금까지 언급한『단어』의 돈황사본과 그것이 수록되어 있는 전적과 서적을 소개하면 다음과 같다.

① 北京圖書館本(寒81호 본=8376호 본). →『敦煌寶藏』卷110, pp.99~102·陳垣,『敦煌劫餘錄』卷13·『敦煌寶藏』卷110, p.99·卷鈴木大拙,『校刊少室逸書及解說』(安宅佛敎文庫, 1936)·鈴木貞太郎 編,『敦煌出土少室逸書』1卷, 1935·『鈴木大拙全集』第3卷('禪宗史硏究'第3, 岩波文庫, 1968)·『胡適校唐寫本神會和尙遺集附錄』.

② 敦煌縣博物館本(敦博 077호 본=任子宜所藏本). →『中國佛敎叢書·禪宗編』(江蘇古籍出版社, 1993, 6)·『甘肅藏敦煌文獻』第6卷(甘肅人民出版社, 1999, 12, pp.<94-30>~<94-45>)·『禪學典籍叢刊』別卷(臨川書店, 2001, 7)·『神會和尙遺集』(胡適記念館版, 1968)·『慶祝趙元任先生六十五歲論文集』.

③ 영국 런던 大英博物館本 : a. S.2492호 본(『敦煌寶藏』卷20, p.200).
b. S.6977호 본(『敦煌寶藏』卷54, p.188~189).

④ 프랑스 파리 國立圖書館本 : P.2045호본(『敦煌寶藏』卷113, pp.103~106).

南陽①和上②頓教解脫禪門直③了性壇語

【校記】

① B본은 卷首의 윗부분이 없기 때문에 「南陽」의 2자가 보이지 않음.

② B본은 「和尙」으로 되어 있음.

③ B본은 「直」자가 「眞」자로 오기되어 있음.

【번역】

남양 용흥사의 신회화상이 곧 바로 본성을 깨닫는 돈교해탈 선문의 가르침을 수계의식의 단상에서 설한 말

【注記】

***南陽和上**(남양화상) : 신회는 개원8년(720, 37세) 조칙에 의하여 남양 龍興寺에 勅配되었기 때문에 '남양화상'이라 부르게 되었다. 천보4재(745, 62세)에 병부시랑 宋鼎의 청에 의하여 洛陽 荷澤寺에 들어갈 때까지 이곳에서 주석했다. 그러므로 南陽和尙이란 이름은 그가 낙양 하택사에 들어가기 이전의 이름이다. 신회의 생애를 보라.

***南陽**(남양) : 지금의 하남성 남양시. 당대에는 山南東道鄧州에 소속되었다. 이곳은 南陽驛이 위치하고 있기 때문에 장안과 낙양으로부터 江淮와 통하는 幹線의 요충지에 해당하며 여행할 때는 반드시 이곳을 통과해야 했다. 구체적으로 말하면 漢水의

支流와 연접한 지점에 위치하며 서쪽으로는 關中, 동쪽으로는 江淮, 남쪽으로는 邑蜀, 북쪽으로는 開封과 洛陽으로 통하는 교통의 요지이다. 용흥사는 諸州에 세운 官寺이다. 당의 신룡원년(705) 2월에 諸州에 中興寺와 中興觀을 세웠고, 동3년 2월에 용흥사·용흥관으로 개명했다(『구당서』권7). 이 龍興寺는 6조 慧能(638~713)의 法嗣인 하택신회가 최초로 활동을 시작한 演法道場이며, 또 그가 처음 주지로 주석했던 사찰이다. 『송고승전』권8 '신회전'에 의하면 약 25년간 이곳에서 활동했다고 한다. 여기서 펼친 법문을 편집해 놓은 것이 『단어』와 『남양화상문답잡징의』이다.

***和上(화상)** : 범어 upādhyāya와 빠리어 upajjhāya · upajjhā를 音譯한 말이다. 親敎師 · 近誦 · 依學 · 力生이라고 번역한다. 본래는 수계사를 지칭했으나 지금은 지혜와 덕을 겸비한 비구의 존칭으로 쓰이고 있다.

***頓敎解脫禪門(돈교해탈선문)** : 초기선종을 가리킨다. ① 돈교는 점교와 상대적인 것으로서 중국불교 교판론의 초기에 나온 개념이다. 돈점2교는 교판론을 구축하는 기본적인 구조이다. 남북조시대 무렵 돈교는 『화엄경』이었고, 점교로서 가장 대표적인 것은 『열반경』이라고 공통된 생각을 하고 있었다(木村淸孝, 『中國佛敎思想史』, p.76를 보라). 그 후 돈점2교상에 가장 완전한 가르침으로 원교를 세워 교판론의 틀 중에 돈교는 원교의 아래에 두게 되었다. 선종의 세력이 신장했던 9세기 초에 징관에 의하여 화엄5교판 가운데 돈교에 선종을 배당했지만 어디까지나 원교인 화엄의 하위에 두었다. 그러나 초기선종은 그러한 교판론의 틀 밖에서 홍기하고 신장했던 것이다. 돈교라고 하는 것도 교판론에 입각한 것이 아니고 최상의 대승돈교법문

이라는 의미이다. 돈황본 『육조단경』의 본래 제명은 『南宗**頓教最上大乘**摩訶波若波羅蜜經六祖惠能大師於韶州大梵寺施法壇經一卷(S.5475호 본)』이다. 또 『七祖法寶記』에 "이 **大乘頓教法門**은 일체중생에게 본래부터 불성이 있기 때문에 천경만론 대소승교의 문자언설은 단지 중생의 본성인 불도를 깨달아 성취하는 것을 가리킬 뿐이다. 이 법은 또한 '反源'이라 하고, 또한 '反照'라 하고, 또한 '反流'하고, 또한 '廻向'이라 하고, 또한 '무생'이라 하고, 또한 '무루'라 하고, 또한 '不起'라 하고, 또한 법은 '견문각지를 떠난 것'이라고 한다(國際禪學研究所, 『研究報告』第5册·沖本克己, 『禪思想形成史の研究』, p.264, 『대정장』권85, p.1196하)"라고 한다. 신회나 혜능이 주장하는 頓教라는 말도 수행의 점차나 단계 등을 설하지 않고 곧 바로 붓다의 진의를 전하는 가장 근원적인 가르침이란 의미가 들어 있다. 중국불교에 있어서 돈점의 문제를 최초로 주장한 사람은 竺道生(355~434)이다. 도생의 돈오성불설에 반박하면서 지은 책이 慧觀의 『漸悟論』과 曇無成의 『明漸論』이다. 선불교에서는 하택신회가 북종선을 점교라고 비판하면서 남종의 가르침을 돈교라고 주장한 것이 최초이다. 그런데 여기서 '돈교'와 '頓悟'를 분명히 구별해야 한다. 선종에서 돈교는 앞서 말한 것처럼 교판적인 입장에서 한 말이 아니라 어느 것과도 비교할 수 없는 가장 수승한 가르침이란 뜻으로 사용했지만 돈오는 돈교의 내용을 구체적으로 실천하는 전환의 논리적인 실천구조를 가리킨다. ② '解脫'은 범어는 vimukti · vimokṣa이고, 빠리어는 vimutti · vimokkha이다. 중국인들은 이를 자재 · 자유 · 무애라고 의역했다. 번뇌의 속박이나 삼계의 윤회에서 벗어나 무애자재한 깨달음을 체득하여 일체의 괴로움에서 해방되는 것을 의미한다. 초기 선종의 해탈에 대해서는 홍인의 『導凡趣聖悟**解脫**宗修心要論』이 있고, 또 『大乘開心顯性頓悟眞宗論』의 미제는 『大乘開心顯**解脫**論』이다. ③ '禪門'이란 말은 이미 『양고승전』과 『당고승전』에 보이지만 禪定法門이란 뜻이다. 究竟頓教大乘의 뜻으로 선문을 사용한 예는 『大周刊定衆經目錄』이 성립되었던 695년경부터 『개원석교록』이 성립되었던 730년 사이에 출현한 것으로 보이는 위경인 『선문경』이다. 그 본문에 "이 선문경은 … 오직 구경돈교대승을 논할 뿐이다(柳田聖山, 「禪門經について」→『柳田聖山全集 第1卷·禪佛教の研究』, p.309)"고 한다. 최근의 연구에서는 『禪門經』은 '선정 그 자체에서 구경적 의미, 즉 佛位를 찾아낸' 독자적인 구경돈교대승을 설하는 것이라고 논하고 있다(千田たくま, 「僞經『禪門經』の研究」→『禪學研究』83號, 2005年, 1月). 종밀의 『禪源諸詮集都序』卷上(『대정장』권48, p.399중)에 "만행은 육바라밀을 벗어나지 않으며, 선문은 다만 이것이 그 육바라밀 중의 하나일 뿐으로 그 다섯 번째에 해당한다. 어찌 모든 것을 진성이라고 하여 하나의 선수행이라고 할 수 있겠는가(萬行不出六波羅蜜, 禪門但是六中之一, 當其第五, 豈可都目眞性爲一禪行哉.)"라고 한다. 또 선문은 선종의 門流, 즉 禪家를 지칭할 때도 있다.

***直了性(직료성)** : '곧 바로 본성을 깨닫는다'는 뜻으로서 돈교의 내용인 돈오의 모습을 표현한 말이다. 즉 頓悟와 같은 의미이다. 『남종정시비론』제21단에 "單刀直入, 直了見性"이라고 한 말과 돈황본 『육조단경』제4단에 "但持金剛經一卷, 卽得見性, 直了成佛."이라고 한 말도 같은 뜻이다. 敦煌遺書(S.3558·S.4064)에 『了性句』(『鈴木大拙全集』第2卷, 巴宙校輯 『敦煌韻文

集』에 수록)가 있다. 榮新江은 교기에 '了'자 다음에 '見'자가 빠져 있고, '直了見性'이라고 해야 하지만 '了性'도 말이 되며 諸本에 없는 자를 굳이 보충할 필요가 없다고 한다. 『경덕전등록』 제6권(『대정장』 권51, p.247하)에 大珠慧海는 "了는 곧 性이며, 그래서 了性이라 한다(了卽是性, 喚作了性.)"고 한다.

***壇語(단어)** : 단은 범어 maṇḍala(曼荼羅)를 음역한 말이다. 壇·道場·壇場·輪圓具·聚集 등이라 의역한다. 輪圓의 뜻으로 인도에서 秘法을 닦을 때 魔衆의 침입을 막기 위해 圓形으로 그려 놓은 것을 말한다. 律에서는 不淨을 피하기 위해 만다라를 만들게 되었다고 한다. 여기서 단어는 청정한 계단에서 설한 법어를 가리킨다. 즉 신회가 河南省 남양 용흥사에 주석하고 있었던 시기에 일반 도속들을 위하여 보살계 수계법회 때 계단에서 설한 법문을 기록한 것이다. 따라서 당연히 개원20년(732) 활대의 대운사에서 남북의 종지를 결정하는 공개토론의 기록인 『보리달마남종정시비론』과의 선후관계가 문제가 되지만 『단어』에는 남종북종의 의식이 아직 표면화 되어 있지 않다. 또 '發心畢竟二不別'의 偈가 『정시비론』에서는 독고패의 발문에 해당하는 곳에 보이며, 독고패가 틀림없이 『단어』를 보고 인용했을 것이다. 그러므로 『단어』가 먼저 성립되었다고 생각한다. 崇遠法師와의 공개논쟁은 개원18년(730)부터 계속 이어졌기 때문에 남양 용흥사에 勅配된 720부터 730년 사이에 『단어』가 성립되었을 것이다. 호적도 720년부터 730년의 남양 용흥사 시절의 것이라고 추정하고 있고(『신회화상유집』, p.320), 鈴木哲雄, 「荷澤神會論」(『佛教史學』 第14卷4號, 1969年)에 호적의 주장을 보강했다. 이것에 대하여 竹內弘道, 「荷澤神會考-基本資料の成立について-」(『宗學硏究』 23號, 1981年)

에서 앞의 두 가지 설에 대하여 양자의 선후관계를 분명히 가릴 수 없지만 서로 전후에 성립되었을 것이라고 논하고 있다. 또 印順, 『中國禪宗史』, 1971, pp.300～302에서는 "'東京 하택사 신회화상은 매월 계단을 만들어 사람들을 위하여 설법했다'고 하는 『역대법보기』의 기사를 예증으로 하여 신회가 낙양에서 開法傳禪한 기록이고, 그 때 신회의 僧籍이 남양 용홍사에 있었기 때문에 남양화상이라고 불렀다"는 것이다. 양증문, 『神會和尙禪話錄』, 1996, p.176에서는 남양 용홍사에 있었던 시기의 설법을 기록한 것이라고 했을 뿐 『정시비론』과의 선후관계를 언급하지 않았다. 『단어』는 청정한 계단에서 無相戒를 수계하면서 설법한 것을 모아 놓은 『六祖壇經』과 그 성격이 비슷하다. 아마 돈황본 『육조단경』은 『단어』의 영향을 받아서 작성된 것일 것이다.

1. 발보리심

無上[①]菩提法, 諸佛深歎不思議. 知識, 旣一一能來, 各各發無上[②]菩提心. 諸佛菩薩, 眞正善知識, 極甚難値[③]遇. 昔未曾聞, 今日得聞. 昔未得遇, 今日得遇. 涅槃經云,[④] 佛告迦葉言,[⑤] 從兜率天, 放一顆芥子, 投閻浮提一針鋒, 是爲難不. 迦葉菩薩言, 甚難, 世尊. 佛告迦葉, 此未爲難, 正因正[⑥]緣得相値遇, 此是爲難. 云何正因正緣. 知識發菩提心[⑦]是正因, 諸佛菩薩, 眞正善知識, 將無上菩提法, 投知識[⑧]心, 得究竟解脫, 是正緣. 得相値遇爲難.[⑨]

【校記】

① B본은 권수의 상부가 없기 때문에 「無上」의 2자가 보이지 않음.

② 저본에는 「上」자가 빠져 있음. B본과 P본에 의거하여 보충함.

③ B본은 「値」자가 없음.

④ B본은 「涅槃經云」의 4자가 없음.

⑤ B본은 「言」자가 없음.

⑥ 저본에는 「正」자가 빠져 있음. B본· P본· 次文에 「云何正因正緣」이란 말에 의거하여 보충함.

⑦ B본은 「菩提心」이 「無上菩提心」으로 되어 있음

⑧ B본은 「將無上菩提法投知識」의 9자가 빠져 있음.

⑨ 저본·B본·P본 모두 「善」자로 되어 있음. 篠原本·楊本·앞의 「得相値遇, 此是爲難」이란 말에 의거하여 校改함.

【번역】

위없는 깨달음의 불법은 모든 부처님들이 부사의하다고 매우 찬탄하였다. 여러분, 이미 한 사람 한 사람이 이 도량에 이렇게 와서 각각 위없는 깨달음의 불심을 내었지만 여러 불보살과 진정한 선지식을 만나기란 지극히 어렵다. 옛날에 일찍이 듣지 못했던 위없는 깨달음의 가르침을 금일 들을 수 있고, 옛날에 만날 수 없었던 여러 불보살과 진정한 선지식을 금일 만날 수 있다. 『열반경』에

"부처님이 가섭에게 말하기를, 도솔천으로부터 한 알의 겨자씨를 던져서 염부제에 있는 한 개의 바늘 끝을 적중하는 것은 어려운 일이겠지"

라고 물었다.

"가섭보살이 말씀하시기를, 매우 어렵습니다. 세존이시여!"

라고 대답했다.

또 부처님이 가섭에게 말씀하시기를,

"이것은 아직 어려운 일이 아니며, 정말로 어려운 것은 정인과 정연이 서로 만나는 것이라"

고 했다.

정인과 정연이란 무엇입니까? 여러분이 깨달음의 마음을 내는 것이 정인이며, 모든 불보살과 진정한 선지식이 위없는 깨달음의 가르침으로써 여러분들의 마음에 투합하여 구경에 해탈할 수 있게 하는 것이 정연이다. 이들이 서로 만나는 것은 어렵다.

【注記】

***無上菩提(무상보리)** : 범어 anuttara-samyak-saṁbodhi를 음역하면 阿耨多羅三藐三菩提가 되고, 의역하면 無上正等正覺·無上正眞道·無上正遍知라 하며, 無上菩提와 같은 뜻이다. 이는 미혹을 끊고 얻은 위없이 높고 바르며 평등하고 원만한 깨달음이란 뜻으로서 붓다가 이룬 최고의 깨달음을 가리킨다. 菩提(bodhi)는 覺·智·道라 의역한다. 무상보리를 구하고자 하는 마음이 무상보리심이다.

***不思議(부사의)** : 범어는 acintya이고, 빠리어는 acintiya · acinteyya이다. 범어 acintya를 번역하면 不可思議 또는 難思議가 되는데 이는 언설과 思慮로써는 미칠 수 없는 깨달음의 경지를 표현한 말이다. 『증일아함경』 권18 '四意斷品'(『대정장』 권2, p.640상)에 "세계와 중생과 龍과 佛土境界를 네 가지 불가사의라 했고(如來有四不可思議事, 非小乘所能知, 云何爲四, 世界不可思議, 衆生不可思議, ….), 『大寶積經』 권86(『대정장』 권11, p.493하)에는 業 · 龍 · 禪 · 佛의 4종 경계를 四不可思議라고 한다. 『大智度論』 권30(『대정장』 권25, p.283하)에 衆生多少(중생에는 증감이 없는 것), 業果報(온갖 것의 차별은 업력에 의해서 생기는 것), 坐禪人力(선정의 힘에 의해서 신통력 등의 작용을 나타내는 것), 諸龍力(용이 한 방울의 물로 큰 비를 내리는 것), 諸佛力(불법에 의해서 깨달음을 얻는 것)의 5종 불가사의를 밝혔고, 그 중 佛力이 가장 수승한 불가사의라고 한다. 또 구역『화엄경』 권30(『대정장』 권9, p.590중)의 '불가사의품'에는 諸佛에게 剎土 · 淨願 · 種姓 · 出世 · 法身 · 音聲 · 智慧 · 神力自在 · 無礙住 · 解脫의 10종 불가사의가 있다고 한다. 이것은 다 모든 불보살의 解脫 · 智慧 · 神力 등은 思量으

로 예측할 수 없는 것을 밝힌 것이다. 그리고 『화엄경』이나 『유마경』을 '불가사의해탈경'이라 하고, 아미타불을 '不可思議光如來'라고 했으며, 보살에도 '불가사의보살'·'난사의보살' 등의 이름이 있다.

*知識旣一一能來(지식기일일능래) : 知識은 마음을 아는 벗인 知人·友人이란 뜻이다(張相, 『詩詞曲語辭匯釋』, p.626·項楚, 『敦煌變文選注』, p.229 참조). 여기서는 청중인 도속들을 가리키고 있다. 그 뜻은 '여러분'이라는 의미로 불특정 다수를 부르는 존칭이다. 『임제록』의 '道流'나 돈황본 『육조단경』의 '善知識'과 같은 뜻이다. '能'은 唐代의 부사로서 '이와 같이·이처럼·이렇게·이같이'의 뜻이다(『唐五代語言詞典』, p.261·『詩詞曲語辭匯釋』, p.347).

*眞正善知識(진정선지식) : 선지식은 불교의 용어로서 범어 kalyāṇamitra를 번역한 말이다. 善德을 가진 智者란 뜻과 道友란 뜻이 있다. 정법을 설하고 사람들을 바르게 인도하는 지도자를 善知識·善友·親友·勝友·善親友라 한다. 선지식이란 말 앞에 '진정'이라는 형용사를 붙이는 것은 후의 제6단에 무상보리를 깨닫지 않고 성문과 인천의 교법으로써 지도하는 선지식과 구별하기 위함이다. 즉, 여기서는 二乘의 성문이나 연각 및 인천의 법밖에 가르칠 수 없는 지도자에 대하여 그 보다 한 차원 더 높은 반야의 무상보리법을 이해한 대승의 보살을 진정한 선지식이라고 본 것이다. 또 『법화경』 '妙莊嚴王本事品'(『대정장』권9, p.60하)에서는 선지식이란 '불법과의 인연을 맺어주는 사람'(善知識者, 是大因緣, 所謂化導令得見佛發阿耨多羅三藐三菩提心.)이라고 한다. 돈황본 『육조단경』제33단에 "어떤 사람을 훌륭한 善知識이라 하는가? 최고의 上乘法을 깨닫

고 곧 바로 올바른 길을 보여 주는 사람이 훌륭한 선지식이다. 이러한 큰 인연은 가르침으로 이끌어 부처를 보도록 하는 것이다"라고 한 말은 『법화경』의 경문을 인용하여 선지식이 갖추어야 할 자격과 그의 역할을 제시하고 있다.

***涅槃經云(열반경운)** : 『열반경』 권2 '수명품' 純陀의 偈(『대정장』 권12, p.372하·612하)에 "芥子投針鋒. 佛出難於是."란 게송의 뜻을 취한 것이다. 종밀의 『원각경서』에 '針芥相投'란 "경에 부처님이 가섭에게 묻기를, '도솔천에서 한 알의 겨자씨를 굴려서 염부제에 서 있는 하나의 바늘 끝에 투합하는 것이 어려운가, 쉬운가?' 가섭이 대답하기를, '매우 어렵습니다.' 부처님이 말씀하시기를, '正因과 正緣이 서로 만나는 것은 또한 그보다 어렵다.' 지금 서로 만났기 때문에 '投'라고 말한 것이다"라고 종밀자신이 주를 달고 있다(『원각경대소초』 권2, →Z.15, p.106d). 다만 종밀은 경명을 말하지 않고 있기 때문에 출전에 대해서는 명확하게 알 수 없다.

***迦葉(가섭)** : 부처님의 10대 제자 중 한 사람이자 서천 列祖중 첫 번째 조사. 범명은 Mahākāśyapa이고, 빠리어 표현은 Mahākassapa이다. 그 음을 따서 摩訶迦葉이라고도 하고, 의역하면 大飮光이 된다. 엄격한 두타행(乞食行)을 했기 때문에 頭陀第一이라고 한다.

***兜率天(도솔천)** : 범어 Tuṣitadeva의 음역으로 欲界6天의 제4천에 해당한다. 上足・妙足・喜足・知足이라 번역한다. 이 하늘은 아래로는 四天王・忉利天・夜摩天이 있고, 위로는 化樂天・他化自在天이 있는데 다음에 성불할 一生補處菩薩이 머무는 곳이다. 사바세계에 탄생하는 모든 부처님은 반드시 이 하늘에 계시다가 성불한다고 한다.

*閻浮提(염부제) : 인도의 想像上의 지명. 범어는 jambudvīpa이고, 빠리어는 jambudīpa이다. 閻浮提鞞波라 음역하고, 穢洲·勝金洲라 의역한다. 四洲 가운데 남염부주는 수미산의 남방에 위치한 대륙으로 현재 지금 우리가 살고 있는 사바세계를 말한다.

*正因正緣(정인정연) : 因은 결과를 낼 수 있는 내적인 직접원인이고, 緣은 외부에서 인을 도와주는 간접원인(자연환경)을 말한다. 여기서 정인은 자기 자신이 본래부터 가지고 있는 불성을, 정연은 그 불성을 개발할 수 있도록 도와주는 외부의 선지식을 가리킨다. 천태지의는 『관음현의』(『대정장』 권34, p.822중)에서 正因, 了因, 緣因의 三因佛性說을 세우고 있다. 정인이란 불성 그 자체의 理體를 말하며, 요인이란 불성의 이체에 비추어 이 이체를 발휘시키는 지혜를 가리키며, 연인은 지혜를 돕는 선근공덕을 말한다. 이 중에서 정인은 인간이 본래 구비하고 있는 성덕으로서 진여, 중도, 여래장이라고도 하는 내재원리이다. 요인과 연인은 각각 智와 行에 의하여 설명된다. 말하자면 미망이나 장애를 제거해서 불성을 개발하는 수행이다. 마치 진흙 속에 감추어진 보물과 같이 타인이 파괴할 수 없는 것을 정인불성이라 하고, 진흙 속에 보물이 있다는 것을 아는 것을 요인불성이라 하며, 이것을 발굴하는 것을 연인불성이라 한다. 연인이 요인을 잘 도와야 정인이 나타나는 것이다. 『대승기신론』(『대정장』 권32, p.578하)에 "또 모든 불법에는 인이 있고 연이 있다. 이 인과 연이 갖추어져야 불도를 이룰 수 있다. 마치 나무 가운데에 화성은 불의 정인인데도 만약 사람이 어리석어 방편에 의지하지 않고 나무를 태우려고 한다면 옳은 일이 아닌 것과 같이 중생도 또한 그와 같다. 비록 정인의 훈습력이

있을지라도 만약 제불보살과 선지식을 만나 연으로 삼지 않으면 능히 스스로 번뇌를 끊고 열반에 들어간다고 하는 것은 맞지 않다(又諸佛法, 有因有緣. 因緣具足, 乃得成辦. 如木中火性, 是火正因, 若無人知, 不假方便, 能自燒木, 無有是處, 衆生亦爾. 雖有正因熏習之力, 若不値遇諸佛菩薩善知識等以之爲緣, 能自斷煩惱入涅槃者, 則無是處.)"라고 한 말도 역시 같은 내용으로 因과 緣이 서로 조화를 이룰 때 圓果인 열반을 성취할 수 있다는 뜻이다.

***究竟(구경)** : 범어 · 빠리어 uttara를 번역한 말. 絶對至極한 곳을 나타내며 최상을 형용하는 말이다.

***得相値遇爲難(득상치우위난)** : '難'자는 저본·B본·P본에 모두 '善'자로 되어 있다. 鈴木本과 邢本은 '선'자 다음 '知識'까지 이어 '得相値遇爲善知識(서로 만나면 선지식이 된다)'이라고 읽고 있지만 의미가 통하지 않는다. 소원본은 주에 "의미상 難으로 해야만 될 것이다"라고 했고, 양본은 선행하는 구인 '得相値遇, 此是爲難'에 의하여 '難'으로 고치고 있다. 양본을 따라 '難'으로 고침.

2. 삼보를 예경하라

知識, 是凡夫口有無量惡言, 心①有無量惡念, 久輪轉生死, 不得解脫. 須一一②自發菩提心. 爲知識懺悔. 各各禮佛.

敬禮過去, 盡過去③際一切諸④佛.

敬禮未來, 盡未來⑤際一切諸⑥佛.
敬禮現在, 盡現在⑦際一切諸佛.
敬禮尊法般若⑧修多羅藏.
敬禮諸大菩薩一切賢聖僧.

【校記】

① B본은 「有無量惡言心」의 6자가 빠져 있음.
② B본은 上部가 損缺되었기 때문에 「須一一」의 3자가 보이지 않음.
③ 저본·B본·P본 모두 「盡過去」의 3자가 빠져 있음. 호본이 下句의 文義를 합하여 보충한 것을 따랐음. 교본은 령목본을 제외한 나머지는 모두 이 3자를 보충하고 있음.
④ B본은 「諸」가 빠져 있음.
⑤ B본은 「盡未來」의 3자가 빠져 있음.
⑥ B본은 「諸」자가 「識」자로 오기되어 있음.
⑦ B본은 「盡現在」의 3자가 없음. 저본은 「在」자가 빠져 있음. P본에 의거하여 「在」자를 보충함.
⑧ B본은 「般若尊法」으로 되어 있음.

【번역】

여러분, 범부라는 것은 입에는 한량없는 나쁜 말이 있고, 마음에는 한량없는 나쁜 생각이 있어서 오래도록 생사에 윤회하며 해탈하지 못하고 있다. 모름지기 한 사람 한 사람은 스스로 보리심을 발하여 여러분 자신을 위하여 참회하고 각각 부처님께 예경하라.

과거와 과거가 다할 때까지

일체의 모든 부처님께 공경히 예경합니다.

미래와 미래가 다할 때까지

일체의 모든 부처님께 공경히 예경합니다.

현재와 현재가 다할 때까지

일체의 모든 부처님께 공경히 예경합니다.

존귀한 가르침인 반야의 경장에 공경히 예경합니다.

모든 위대한 보살과 일체의 현인과 성인 그리고 스님들께 귀의합니다.

【注記】

*是凡夫(시범부) : '범부라는 것'의 뜻이다. 주격으로 쓰이고 있는 명사 앞에 오는 '是'에 대하여 『禪語辭典』은 두 가지 용법을 들고 있다. ① 그 체언을 강하게 규정하여 제기하는 용법, 예를 들면 '是你(다름 아닌 너)'를 들 수 있고, ② 그 체언을 보편적으로 제시하는 용법, 예를 들면 '是人(모든 사람, 사람이라는 것)'을 들 수 있다. 여기서는 ②의 용법으로 쓰이고 있다. 호적은 "是凡夫는 다음 신회의 各卷 중에서 쓰이고 있는 '是'와 '所是'는 명사 앞에서 '諸(모두)'의 의미를 나타낸다고 한다. 예를 들면 '所是門徒'는 '諸門徒'이고, '是凡夫'는 '所是凡夫' 즉 '諸凡夫'의 뜻(『遺集』, p.226)이라고 주기하고 있는데 그 '諸'는 '많은'의 뜻이 아니고 '모든·모두'의 뜻이다.

*口有無量惡言…不得解脫(구유무량악언…부득해탈) : 이와 같은 뜻은 『대지도론』 권33(『대정장』 권25, p.307하)에 "이 때 대중들은 법문을 듣고 있었기 때문에 함께 말을 하는 사람이 없

었다. 나쁜 생각을 하고 악하게 욕설을 하는 것은 모든 독배와 축생과 무엇이 다르겠는가? 호인을 구별할 줄 모르고 나쁜 말을 가릴 줄 모르는 이런 나쁜 구업 때문에 비바시불로부터 오늘날에 이르기까지 91겁 동안 항상 축생들 속에 있었다(爾時大衆以聽法故無共語者. 卽生惡念發惡罵言, 此諸禿輩與畜生何異. 不別好人不知言語, 以是惡口業故, 從鞞婆尸佛乃至今日, 九十一劫常墮畜生中.)"고 한다.

***生死(생사)** : 생사는 범어 · 빠리어 saṁsāra를 번역한 말이다. 윤회 · 생사윤회와 같은 뜻이다. 중생이 業因에 의하여 욕계· 색계· 무색계의 삼계와 또 지옥· 아귀· 축생· 아수라· 인간· 천 등 삼계육도의 미계에 태어났다가 죽기를 반복하면서 윤회하는 것으로 열반과 반대되는 말이다. 그런데 특히 선불교에서 이 삼계와 육도는 모두 우리의 一心 속에서 일어나는 번뇌에 의한 괴로움의 내용을 나누어 놓은 것일 뿐 마음 밖에 따로 삼계와 육도가 존재하는 것이라고 보고 있지 않는다. 『돈오요문론』 제32단(정유진, 『돈오입도요문론 연구』, 경서원, p.169)에 "문, 지옥이 있는가, 지옥이 없는가? 답, 있기도 하고, 또한 없기도 하다. 문, 어떻게 있기도 하고, 또한 없기도 하는가? 답, 마음이 지은 일체의 악업에 따르면 지옥은 있다. 그러나 만약 마음이 대상에 염착되지 않으면 자성이 공하기 때문에 지옥은 없는 것이다(問, 爲有地獄, 爲無地獄. 答, 亦有亦無. 問, 云何亦有亦無. 答, 爲隨心所造, 一切惡業, 卽有地獄. 若心無染, 自性空故, 卽無地獄.)"고 한다. 그러므로 生이란 마음 속에서 번뇌가 일어난다는 뜻이고, 死는 마음속에서 번뇌가 없어진다는 의미이다. 따라서 生死는 生滅과 같은 뜻이 된다. 『대승기신론』(『대정장』 권32, p.577중)에 "心生卽種種法生, 心滅卽種種法滅."

이라는 말을 생각해 보면 이 도리를 알 수 있을 것이다.

***發菩提心**(발보리심) : 범어는 bodhicittotpāda이다. 대승의 보살이 성불할 서원을 세워 위로는 불타와 같은 지혜를 구하고, 아래로는 중생을 교화하겠다는 자리이타의 보리심을 일으키는 것으로 發無上心·發無上意·發無上道·發阿耨多羅三藐三菩提心과 같은 뜻이며, 간단하게 發心이라고도 한다. 『법화경』 '提婆達多品'(『대정장』 권9, p.35하)에 "사바세계의 삼천중생이 불퇴지에 있었다. 삼천중생이 보리심을 발하여 수기를 얻었다(娑婆世界三千衆生, 住不退地. 三千衆生發菩提心, 而得受記.)"고 한 말이 있다.

***各各禮佛**(각각예불) : 다음에 법과 승에 귀의하는 句에 이어져 일제히 창송했을 것이다. 돈황본 『육조단경』에서는 '일시에 혜능의 입을 따라 말하라'라고 되어 있다. 敬禮過去 이하는 신회가 한 구절을 唱誦하면 청중이 따라서 齊唱하는데 삼세의 제불과 법과 승의 삼보에 대해서 一唱一拜를 반복하는 三歸依偈이다. 이와 같이 초기 선종에서는 법문을 할 때 보살계의 수계의식을 도입하여 설법을 하기 전에 먼저 사홍서원을 발원하고 삼귀의를 하고 난 후 이어 자연스럽게 설법을 했던 것이다. 최초의 예는 북종선의 『大乘無生方便門』(『대정장』 권85, p.1273중)이다. 이런 형식이 『단어』로 이어지고, 또 돈황본 『육조단경』으로 계승되었을 것이다. 삼귀게의 원형은 『화엄경』 '정행품'(『대정장』 권9, p.430하)에 "스스로 부처님께 귀의하여 중생들이 마땅히 대도를 체오하여 위없는 뜻을 일으킬 것을 원하옵니다. 스스로 가르침에 귀의하여 중생들이 마땅히 경장에 깊이 들어가 지혜가 바다와 같기를 원하옵니다. 스스로 승가에 귀의하여 마땅히 중생들이 대중을 지도하고 이끌어 모든 것에 걸림

이 없고 청정한 계를 수지할 것을 원하옵니다(自歸於佛, 當願衆生, 體解大道, 發無上意. 自歸於法, 當願衆生, 深入經藏, 智慧如海. 自歸於僧, 當願衆生, 統理大衆, 一切無礙, 受持淨戒.)"라고 한 것이다. 이 중에 '自歸於佛'이란 말이 있는 것으로 보아 自性佛에 귀의하는 삼귀의라고 생각한다. 자성불에 귀의할 것을 강조한 예는 돈황본 『육조단경』 제23단(정유진, 돈황본 『육조단경 연구』, 경서원, p.247)에 "경 가운데 단지 자신의 부처에게 귀의하라고 말했을 뿐 다른 부처에게 귀의하라고 말하지 않았다. 자성에 귀의하지 않으면 귀의할 곳은 없다(經中只卽言自歸依佛, 不言歸依他佛. 自性不歸依, 無所處.)"라고 한 말이 있다. 여기서 경은 위에 언급한 『화엄경』을 가리킨다.

*__敬禮過去盡過去際…現在際一切諸佛__(경례과거진과거제…현재제일체제불) : 과거·현재·미래 삼세의 모든 부처님께 공경예배하는 것. '未來盡未來際'는 '미래의 모든'을 강조하는 말이다. '盡…際'의 표현은 『화엄경』에 자주 나온다. 예를 들면 『화엄경』 권9 '초발심보살공덕품' 제13(『대정장』 권9, p.452중)에 "盡過去際의 모든 부처님의 無障礙智를 알고, 진미래제의 모든 부처님의 공덕을 믿고, 진현재제의 일체 제불이 설한 지혜를 안다(得知盡過去際諸佛無障礙智, 得信盡未來際諸佛功德, 得知盡現在際一切諸佛所說智慧.)"고 한 것을 들 수 있다.

*__賢聖僧__(현성승) : 뛰어난 경지에 있는 스님을 가리킨다. 화엄경학에서는 보살이 닦아야 하는 수행단계, 즉 10信·10住·10行·10回向·10地·等覺·妙覺·無上正等覺의 53位 가운데 이중 10信·10住·10行·10回向의 자리에 있는 보살을 3賢이라 하고, 10지의 자리에 있는 보살을 10聖이라 한다. 또

賢은 善道를 닦지만 斷惑證理하지 못한 견도위 이전의 범부위를 말하고, 聖은 무루지를 발하여 단혹증리한 견도위 이상을 말한다. 『大乘義章』 권17(『대정장』 권44, p.788중)에 "현인과 성인이라는 것은 선을 따르는 것을 '현인'이라 하고 바름을 아는 것을 성인이라 한다. 바름은 도리이다. 도리가 치우치지 않기 때문에 바르다고 하는 것이며, 도리를 깨닫고 범부의 마음을 버렸기 때문에 성인이라 하는 것이다. … 위치에 의거하여 나누면 견도 이전에 마음을 조복하고 악을 여읜 것을 현인이라 하고, 견도 이후 바름을 안 자를 성인이라 한다. 그러므로 『인왕경』에 地前의 모두를 3현이라 하고, 지상의 보살을 10성이라 한 것이다(言賢聖者, 和善曰賢, 會正名聖. 正謂理也. 理無偏邪故說爲正, 證理捨凡說爲聖矣. … 約位分別, 見道已前調心離惡名之爲賢, 見諦已上會正名聖, 故仁王中地前幷名爲三賢, 地上菩薩說爲十聖.)"고 한다. 僧은 범어·빠리어 saṅgha, 즉 僧伽를 음역한 略稱이다. 의역하면 和合衆이란 뜻이다. 즉 三寶의 하나로서 불법을 믿고 불도를 행하는 사람들의 단체를 가리킨다.

***修多羅藏(수다라장)** : 범어 sūtrapiṭaka, 빠리어 suttapiṭaka를 음역과 의역을 겸한 말로서 부처님이 설하신 교법을 모두 모아 놓은 經藏이란 뜻이다. 즉 수다라는 범어 sūtra를 음역한 것이고, 그것을 의역하면 經이 된다. 藏은 범어 piṭaka를 의역한 말인데 piṭaka는 藏이란 뜻 외에도 容器·穀倉·籠·암기되어 있는 것 등의 의미가 더 있다. 이 경장에 율장과 논장을 포함하여 3장이라 한다. 중국의 선종에서는 마조 이후 이 3장 이외에 '어록'이라는 것이 새롭게 만들어졌다.

3. 지심참회

各各至①心懺悔, 令②知識三業淸淨.
過去未來及現在, 身口意業四重罪,
我今至心盡懺悔, 願罪除滅永不起.
過去未來及現在, 身口意業五③逆罪,
我今至心盡懺悔, 願罪除滅永不起.
過去未來及現在, 身口意業七④逆罪,
我今至⑤心盡懺悔, 願罪除滅永不起.
過去未來及現在, 身口意業十惡罪,
我今至⑥心盡懺悔, 願罪除滅永不起.
過去未來及現在, 身口意業⑦障重罪,
我今至⑧心盡懺悔, 願罪除滅永不起.
過去未來及現在,⑨ 身口意業一切罪,
我今至⑩心盡懺悔, 願罪除滅永不起.

【校記】

① 저본·B본·P본 모두 「志」로 되어 있음. 모든 교본은 「至」로 校改했음.
② B본은 「令」자가 「今」자로 오기되어 있음.
③ B본은 「五」자가 「七」자로 되어 있음.
④ B본은 「七」자가 「五」자로 되어 있음
⑤ 저본은 「志」자로 되어 있음. B본과 P본에 의거하여 「至」자로 고침.

⑥ 저본과 P본은 「志」자로 되어 있음. B본에 의거하여 「至」자로 고침.

⑦ P본은 「業」자가 중복되어 있음.

⑧ 저본과 P본은 「志」자로 되어 있음. B본에 의거하여 「至」자로 고침.

⑨ P본은 「過去未來」의 다음에 「身口意業」을 誤寫하고 있음. 문맥으로 보아 「及現在」를 보충함. 저본과 P본은 이하 4구 28자가 없음.

⑩ 저본과 P본은 「志」자로 되어 있음.

【번역】

각자 지극한 마음으로 참회하여 여러분들의 3업이 청정하도록 하라.

과거와 미래와 그리고 현재의 身·口·意 3업으로 지은 4중죄를 나는 이제 지극한 마음으로 모두 참회하오니 죄가 소멸되어 영원히 일어나지 않기를 원하옵니다.

과거와 미래와 그리고 현재의 身·口·意 3업으로 지은 5역죄를 나는 이제 지극한 마음으로 모두 참회하오니 죄가 소멸되어 영원히 일어나지 않기를 원하옵니다.

과거와 미래와 그리고 현재의 身·口·意 3업으로 지은 7역죄를 나는 이제 지극한 마음으로 모두 참회하오니 죄가 소멸되어 영원히 일어나지 않기를 원하옵니다.

과거와 미래와 그리고 현재의 身·口·意의 3업으로 지은 10악 죄를 나는 이제 지극한 마음으로 모두 참회하오니 죄가 소멸되어 영원히 일어나지 않기를 원하옵니다.

과거와 미래와 그리고 현재의 身·口·意의 3업으로 지은 3장 등의 무거운 죄를 나는 이제 지극한 마음으로 모두 참회하오니 죄가 소멸되어 영원히 일어나지 않기를 원하옵니다.

과거와 미래와 그리고 현재의 身·口·意의 3업으로 지은 일체의 모든 죄를 나는 이제 지극한 마음으로 모두 참회하오니 죄가 소멸되어 영원히 일어나지 않기를 원하옵니다.

【注記】

제2단의 三歸戒, 제3단의 참회, 제4단의 칠불통계게, 제5단의 齋戒의 호지는 선문에 있어서 구체적인 보살계를 수여하는 의식을 전하는 것으로 되어 있지만 신회의 『단어』 이외에 북종의 『대승무생방편문』(『鈴木大拙全集』卷3, pp.167-168)과 돈황본 『육조단경』에도 언급되어 있다. 각각의 의식순서를 나열해 보면 다음과 같다. 『대승무생방편문』에서는 사홍서원→請師→教授三歸→問五能→참회→菩薩戒是持心戒의 순서로 되어 있고, 『단어』에서는 發菩提心→삼귀의→참회→7불통계게와 삼학→齋戒로 되어 있다. 그리고 돈황본 『육조단경』은 自歸依三身佛→사홍서원→무상참회→受無相三歸依戒→說般若波羅蜜法으로 되어 있다. 이들의 순서가 각각 다르기는 하지만 이런 의식의 과정에서 창송을 세 번하는 것은 오늘날과 같다. 선문의 보살계 수계의식은 당대에 행해졌던 다른 보살계의식과 비교해 보면 간략한 것이 그 특징이다. 북종계의 『대승무생방편문』의 수계의식은 남악혜사의 것으로 예상되는 『授菩薩戒儀』('南嶽本'이라 함)와 돈황본 S.1073호와 같은 계열에 속한다고 한다(土橋秀高, 「敦煌本菩薩戒儀考」→『印度學佛教學研究』8-2). 이 세 가지 가운데서 '남악본'과 『대승무생방편문』이 특히 근

접한 관계에 있다고 한다(關口眞大, 「授菩薩戒儀'達摩本'について」→『印度學佛教學研究』9-2). 『단어』는 '請佛'와 '五問'이 없지만 『대승무생방편문』과 같이 일반적인 수보살계의에 가까운 내용으로 되어 있다. 그런데 『단경』은 완전히 혁신적인 無相心地戒이다. 근년의 연구에는 혜능의 혁신적인 무상계의 기원은 이미 『능가사자기』의 '도신장'에 보인다고 지적했으며(田中良昭, 「初期禪宗と戒律-受菩薩戒儀を中心として-」→『宗學研究』第11號·印順, 『中國禪宗史』), 또 『단경』의 무상계에 보이는 하나하나의 요소들은 唐初가 아닌 그 이전에 이미 널리 행해지고 있었다고 하며, 그 독자성이라는 것은 無相을 기본으로 한 참회멸죄의 위험성을 경고하는 당시 본연의 자세에 대하여 『단경』은 과감하게 전과 같이 대중에게 무상심지계로 귀의할 것을 부르짖었던 것이 새롭고 독자적인 것이었다고 논하고 있다(石井公成, 「無相戒の源流」→『駒澤大學禪研究所年報』第8號). 『단어』에서는 재계의 호지를 강조하고 있지만 『대승무생방편문』과 『단경』, 기타 보살계 수계의식에는 보이지 않는다. 돈황사본에 재가자의 포살을 위하여 사용한 「受八齋戒儀」가 있고, 그 作法文에는 참회와 삼귀의가 반드시 포함되어 있으며(土橋秀高, 「スタイン收集の受八齋戒について」→『印度學佛教學研究』9-1), 『단어』의 수계의식은 「受八齋戒儀」와 가까운 형식을 갖추고 있는데 이는 재가신자를 의식했던 것 같다.

***三業(삼업)** : 범어 trīṇi karmāṇi와 빠리어 tīṇī kammāni를 번역한 말이다. 신체 · 언어 · 心意로 행하는 선악의 업. 즉 몸으로 행하는 살생과 偸盜 등의 身業(범어 kāya-karman, 빠리어 kāya-kamma)과 입으로 행하는 妄語와 綺語 등의 語業, 즉 口業

(범어 vāk-karman, 빠리어 vacī-kamma)과 그리고 마음으로 생각하여 짓는 意業(범어 manas-karman, 빠리어 mano-kamma)의 세 가지 행위를 3업이라 한다. 이 3업은 우리 一身이 짓는 모든 행위를 통틀어 말한 것이다. 그런데 우리가 지은 모든 행위의 세력인 업은 그 행위가 끝나는 즉시 없어지는 것이 아니라 마음 속에 남아 있다가 적합한 환경이 도래하면 다시 재현하는 것이다. 이런 잠재적인 마음의 세력을 업이라 한다.

***過去未來及現在**(과거미래급현재) … : 이 참회문은 『대승무생방편문』의 참회문인 "過去未來及現在, 身口意業十惡罪, 我今至心盡懺悔, 願罪除滅永不起. 五逆罪障重罪, 准前"(『鈴木大拙全集』卷3, p.168)을 답습하고 있고, 사중죄·칠역죄·일체죄가 더 들어가 있다. 이 段도 신회가 한 구절을 창송하면 청중이 齊唱하면서 참회하는 내용이다. 돈황본 『육조단경』 제22단에 나오는 無相懺悔(滅)三世罪障法과 비교해 보자.

前念後念及今念, 念(念)不被愚迷染,
從前惡行, 一時自性若除, 卽是懺悔.
前念後念及今念, 念念(不)被愚癡染,
除却從前矯誑心, 永斷名爲自性懺.
前念後念及(今念), 念念不被疾疸染,
除却從前嫉妬心, 自性若除卽是懺. (已上三唱.)

***四重罪**(사중죄) : 스님으로서 자격을 상실하는 네 가지의 무거운 죄. 이는 아주 엄중한 禁制로서 四重禁戒, 四重禁이라고도 하고, 줄여서 四重이라 하기도 한다. 婬戒·殺生戒·盜戒·大妄語(깨달음을 얻었다고 허위로 말하는 것)의 四波羅夷罪(法)를 말한다.

***五逆罪**(오역죄) : 어머니를 죽이는 것(殺母), 아버지를 죽이는 것

(殺父), 아라한(聖者)을 죽이는 것(殺阿羅漢), 부처님의 신체에 상처를 내어 出血케 하는 것(出佛身血), 교단의 화합을 파괴하여 분열케 하는 것(破和合僧)의 다섯 가지 중죄를 말한다. 이 죄를 지은 사람은 무간지옥에 떨어진다고 한다. 일본의 面山瑞方(1683~1768)의 『面山廣錄』卷5에 "소승에서는 오역죄를 설하고 대승에서는 칠역죄를 설한다. 이른바 소승의 오역죄는 첫째 아버지를 죽이는 것이고, 둘째 어머니를 죽이는 것이며, 셋째 아라한을 죽이는 것이고, 넷째 승가의 화합을 깨뜨리는 것이며, 다섯째 부처님의 몸에 피를 내는 것이다(小乘說五逆罪, 大乘說七逆罪. 所謂小乘五逆罪者, 第一殺父, 第二殺母, 第三殺阿羅漢, 第四破和合僧, 第五出佛身血.)"란 말이 있다.

***七逆罪(칠역죄)** : 앞의 오역죄에 和尙(受戒師)을 죽이는 것(殺和尙)과 阿闍梨(敎授師)를 죽이는 것(殺阿闍梨)의 두 가지를 더한 것이다.

***十惡罪(십악죄)** : 신·구·의 삼업 중에서 현저히 뛰어난 10종의 악한 행위를 말한다. 이를 세분하면 身惡業에 세 가지(殺生·偸盜·邪婬)와 口惡業에 네 가지[(妄言·兩舌(離間語)·惡口(麤惡語)·綺語(雜穢語)]와 意惡業에 세 가지(貪欲·瞋恚·愚癡)가 있다. 이것과 반대되는 것이 10선업이다.

***障重罪(장중죄)** : 장은 聖道를 장애하는 것으로써 범어로는 varaṇa라 하고, 빠리어로는 varaṇa라 한다. 장에는 正道와 善心을 장애하는 三障(① 煩惱障 : 貪·瞋·癡, ② 業障 : 5逆·10惡·3業, ③ 報障 : 지옥·아귀· 축생 등의 苦報)과 2장(번뇌장과 소지장)이 있다. 『대반열반경』'現病品'에서는 삼장을 '三障重病'이라 한다(『대정장』 권12, p.428하·p.670상). 『마하지관』 제9下(『대정장』 권46, p.129상)에 "보살이 감히 忍地에

머물면 마침내 도를 장애하는 무거운 죄(**障道重罪**)를 일으키지 않는다"고 했고, 또 『修習止觀坐禪法要』(『天台小止觀』) '具緣' 제1(『대정장』 권46, p.463상)에 "만약 어떤 사람이 重禁을 범하여 선정을 장애할까 두려워한다면 비록 별도로 경전을 의지하여 모든 행을 닦지 않더라도 다만 무거운 참괴를 내어 삼보 전에 앞서 지은 죄를 발로하여 상속심을 끊고 몸을 단정히 하여 항상 앉아서 죄의 본성이 공한 사실을 관찰하고 시방의 부처님을 생각하라. 만약 출정할 때 바로 반드시 지극한 마음으로 향을 피우고 예배하고 참회하고 계를 송하고 대승경전을 독송한다면 도를 장애하는 무거운 죄는 저절로 점점 소멸할 것이다. 이로 인하여 계는 청정하게 되고 선정은 개발된다(若人犯重禁已恐障禪定, 雖不依諸經修諸行法, 但生重慚愧, 於三寶前發露先罪, 斷相續心, 端身常坐, 觀罪性空念十方佛. 若出禪時卽須至心燒香禮拜懺悔, 誦戒及誦大乘經典, 障道重罪自當漸漸消滅. 因此尸羅淸淨禪定開發.)"고 한다. 이 『마하지관』과 『천태소지관』에서 말하고 있는 '障道重罪'가 '障重罪'일 것이다. 『대승무생방편문』에 '障重罪'가 있다(앞의 참회문 주기를 보라).

4. 칠불통계게와 삼학

現在①知識等, 今者已能來此道場, 各各發無上菩提心, 求無上②菩提法. 若求無上菩提, 須信佛語, 依佛教. 佛說③道沒語. 經云, 諸惡莫作, 諸善奉行, 自淨其意, 是諸佛教. 過去一切諸佛, 皆作如④是說. 諸惡莫作是戒, 諸善奉行是惠,⑤ 自淨其意是定.

知識, 要須三學, 始名佛敎. 何者是⑥三學等. 戒定慧是. 妄心不起名爲戒, 無妄心名爲⑦定, 知心無妄名爲⑧惠. 是名三學等.

【校記】

① S1본은 여기부터 시작되지만 첫 부분의 4행은 아래 부분의 3분의 2가 손결되어 있음.
② B본은 「上」자가 빠져 있음.
③ B본은 「說」자가 빠져 있음.
④ B본은 「如」자가 빠져 있음.
⑤ 저본에는 「慧」가 「惠」로 되어 있음. P본에 의거하여 고침. 이하도 같음.
⑥ 저본과 B본은 「是」자가 빠져 있음. P본과 S1본에 의거하여 보충함.
⑦ B본은 「爲」자가 없음.
⑧ B본은 「爲」자가 없음.

【번역】

현재 여러분들은 지금 이미 이 도량에 와서 각각 위없는 깨달음의 마음을 내어 위없는 깨달음의 가르침을 구하고 있다. 만약 무상보리를 구하려면 반드시 부처님의 말씀을 믿어야 하고 부처님의 가르침을 의지하여야 한다. 부처님은 어떻게 말씀하셨는가?

경에 "모든 악을 짓지 말고, 모든 선을 받들어 행하며, 스스로 그 마음을 청정하게 하는 것이 모든 부처님의 가르침이라"고 말씀하셨다. 과거의 일체제불이 모두 이와 같이 말씀하셨다.

'모든 악을 짓지 않는 것'은 계이고, '모든 선을 받들어 행하는 것'은 혜이며, '스스로 그 마음을 깨끗하게 하는 것'은 정이다.

여러분, 없어서는 안 될 삼학은 불교의 근본적인 가르침이다. 무엇을 삼학평등이라고 하는가? 계·정·혜가 바로 그것이다. 망심이 일어나지 않는 것을 '계'라 하고, 망심이 없는 것을 '정'이라 하며, 마음에 망심이 없는 줄을 아는 것을 '혜'라 한다. 이것을 삼학평등이라 한다.

【注記】

*佛說道沒語(불설도몰어) : '說道'는 구어. 같은 뜻이 겹쳐져 있는 複詞이다. 白居易의 '登郢州白雪樓'란 시에 "朝來渡口逢京使, **說道**煙塵近洛陽"[0877, 원화10년(815)작, 『白居易集箋校』권15] '설도'란 말이 나오고, 또 '八相變'에도 보인다. 즉, "老翁蒙問, 擢笑呵呵, **說道**, 我輩凡夫, 高下共同一切空, 不是吾之衰老, 轉轉便到後生"(『敦煌變文校注』권4). B본은 '說'자가 없지만 胡適校寫本에 '道'라고 하는 것은 잘못이라고 지적하고 있다. '沒'은 의문대명사. 당대부터 나타난 신흥 구어 어휘이다. 太田辰夫, 「唐代文法試探」을 보라.

*經云, 諸惡莫作, 諸善奉行, 自淨其意, 是諸佛教(경운, 제악막작, 제선봉행, 자정기의, 시제불교) : 『법구경』과 『열반경』권15 '범행품'제8의 1(『대정장』권12, p.451하) 등 여러 경전에서

인용하고 있는 '七佛通戒偈'이다. 『증일아함경』 권1에는 가섭불이 설했다고 되어 있다. 『법화현의』 권2상에는 '칠불통계게'로서 인용하고 있다(단 제2구가 衆善奉行으로 되어 있음). 따라서 "過去一切諸佛, 作如是說"이란 것은 과거칠불을 가리킨다. 신회가 재속의 신자에게 이 게송을 소개하고 있는 것은 鳥窠道林(741~824)이 백거이(772~846)를 교화했던 고사를 상기케 하고자 함일 것이다. "白舍人問, 一日十二時中, 如何修行, 便得與道相應. 師曰, 諸惡莫作, 諸善奉行"(『조당집』 권3 '鳥窠章', 『전등록』 권4에는 질문이 '如何是佛法大意'로 되어 있음). 또한 原話는 『酉陽雜俎』 續集 권4의 徑山道欽과 劉晏과의 대화라고 한다(柳田聖山, 「語錄の歷史」 주 513을 보라).

***諸惡莫作是戒(제악막작시계)** : 이것에 해당하는 것이 돈황본 『육조단경』 제41단에 나온다. 『단경』에서 志誠이 말하는 계·정·혜 삼학은 물론 북종 신수의 삼학이지만 『단어』의 삼학을 보면 신회가 주장하는 삼학과 신수의 삼학이 서로 같음을 알 수 있다. 그러면 혜능의 삼학관을 보자.

「혜능대사가 지성에 말씀하시기를, "나는 너의 스님이 사람들을 가르칠 때 오직 계·정·혜만 전수한다고 들었다. 너의 스님이 사람들에게 가르키는 계·정·혜는 어떠한가? 분명하게 나에게 말해 보아라"고 했다. 지성이 말하기를, "신수화상은 계·정·혜만을 말씀하십니다. 여러 가지 악한 행동을 하지 않는 것을 '계'라 하고, 여러 가지 선한 행동을 받들어 행하는 것을 '혜'라고 하며, 스스로 자기의 마음을 청정히 하는 것을 '정'이라고 합니다. 신수화상은 이와 같이 삼학을 설하십니다. 그런데 스님의 소견은 어떠한지 모르겠습니다"라고 했다. 혜능화상이 대답하기를, "신수의 설법도 대단히 훌륭하다. 그러나 혜능의 소견은 다르다"고 했다. 지성이 묻기를, "어떻게 다릅니까?" 혜능이 대답하기를, "견해에 느리고 빠름이 있다"고 했다. 지성이 화상에게 계·정·혜 삼학관에 대하여 말씀해 주실 것을 부탁했다. 혜능대사가 말씀하시기를, "너는 내가 말하는 것을 잘 듣고 나의 삼학관을 살펴보아라. 마음자리에 그릇됨이 없는 것이 '자성의 계'이고, 마음자리에 어지러움이 없는 것이 '자성의 정'이며, 마음자리에 어리석음이 없는 것이 '자성의 혜'이다"라고 했다. 또 혜능대사가 말씀하시기를, "너희 스님의 계·정·혜는 근기와 지혜가 하열한 사람에게 권할 수 있는 것이지만 나의 계·정·혜는 지혜가 수승한 사람에게 권할 수 있는 것이다. 자성을 깨닫기만 하면 계 정 혜도 세울 필요가 없다"고 했다. 지성이 말하기를, "대사께서는 왜 계·정·혜 삼학을 세우지 않는데 대하여 설명해 주실 것을 부탁드립니다." 혜능대사가 말씀하시기를, "자성에는 본래 그릇됨도 없고 어지러움도 없고 어리석음도 없어서 생각 생각마다 반야가 관조하여 항상 법의 모양에서 벗어나 있는데 무엇이 있어서 가히 세울 수 있겠는가? 자성은 돈오하는 것일 뿐 점차적으로 닦아가는 것이 아니기 때문에 삼학을 세울 필요가 없는 것이다"고 했다.」(정유진, 불조선문화연구원 연구시리즈V, 돈황본『육조단경 연구』, 경서원, 2007, p.342)

柳田聖山은 "신회와 혜능의 계·정·혜 삼학관은 서로 매우 다르다고 보고 있다. 더욱이『단경』에서 신수의 삼학관으로서 배척되고 있는 것이 확실하게 고치지도 않고 신회의 입장을 그대로 나타내고 있다는 것이다. 이는 단순히 위에서 인용한 일단만이 아니라 돈황본『단경』전체에서 일관하는 삼학사상이고, … 혜능의 삼귀의가 전체를 본래의 자성에 귀의하도록 하

는 것에 대하여 신회의 그것은 극히 상식적이고 겨우 병렬적인 삼학평등에 불과하다. 어느 쪽이라도 자성반야를 말하는 것은 동일하지만 신회는 전통적인 三學戒의 입장에 서 있는 반면에 혜능은 근원적인 無相戒의 입장에 서 있다"(『初期禪宗史書の研究』, pp.152~153)고 총괄한다. 따라서 『단경』에서는 신수의 삼학관을 비판함과 동시에 신회의 삼학관도 아울러 비판하고 있다고 봐야 할 것이다. 小川은 "돈황본 『단경』의 형성과정에 대략 세 개의 층이 있으며, 그것에 대응하여 신회에 대한 평가와 태도에도 삼단계의 변화가 있고, 『단경』의 이 부분은 신회를 비판하는 제3단계에 해당하는 것이라"고 논하고 있다(小川隆, 「敦煌本 『六祖壇經』の成立について(之二)」→『駒大大學院佛教學硏究會年報』第22號). 이것에 대하여 伊吹敦은 "『단경』의 劈頭부터 이 부분까지의 이야기는 삼학으로 이끌어가는 과정의 설법이고, 신회의 참된 사상은 바로 이어지는 '妄心不起名爲戒, … 知心無妄名爲慧'라고 설하는데 있으며, 『단경』이 삼학을 心地의 無非·無亂·無痴에 의하여 설명하고 있는 것은 신회의 설을 부정했다고 하는 것보다 오히려 그것을 신회의 지점까지 끌어올린 것이라고 봐야 한다"고 주장한다(伊吹敦, 「敦煌本壇經の形成-惠能の原思想と神會派の展開-」→『論叢アジアの文化と思想』第4號, pp.138~139).

***要須三學(요수삼학)** : 榮新江은 교기에 "다음 문장에 '何者是三學等'과 '是名三學等'이라고 있는 것에 의하여 여기도 '等'자를 보충해야 한다"고 한다. 胡本·宋本·篠原本은 다 같이 '等'자를 보충하고 있다. 그러나 보충할 필요가 없다.

***何者是三學等, 戒定惠是(하자시삼학등, 계정혜시)** : '삼학등'이란 계를 잘 지킴으로써 선정을 돕고, 선정에 의하여 지혜가 나

온다고 하는 순서에 따라서 삼학을 닦는 것이 아니고 '계·정·혜 삼학을 일시에 구비하고 만행을 동시에 갖춘다(『단어』 제15단)'고 하는 것에 의하여 삼학은 일체이고 각각 다른 것이 아니라고 하는 주장이다. 그런데 '戒定惠是'는 삼학이란 것이고, '삼학등'이란 것은 아니기 때문에 違和感을 느끼게 한다. 그러나 여기에서는 우선 삼학을 설명하고 있는 것이다. '戒定惠是'의 앞에 '三學者'를 보충하여 읽음으로써 말미의 '是名三學等'과 저항없이 연결된다. 단상설법의 記錄이기 때문에 약간 장황한 것이다.

***妄心不起名爲戒, 無妄心名爲定, 知心無妄名爲惠**(망심불기명위계, 무망심명위정, 지심무망명위혜) : '妄心不起'란 무념이란 것이고, '無妄心'도 역시 무념이다. 망념이 없으면 곧 무심인 줄 안다고 한 것은 혜이다. 신회에게 있어서 계는 이미 정에 收斂되어 있기 때문에 정혜평등·정혜쌍수라고 하면 선정에 계를 포함하고 있다. 계·정·혜 三學等을 언급하는 것은 이 일단과 제15단밖에 보이지 않는 것은 이 때문이다. 또 이 3구에 의한 삼학의 새로운 설은 淨衆寺 無相(金和尙)의 三句語에 의한 삼학설과 보당사 무주의 삼구어의 삼학설에 영향을 주었다. 『역대법보기』 제20단에 「상공이 묻기를, "김화상은 無憶·無念·莫妄을 설합니까?" 화상이 답하기를, "그렇습니다." 상공이 또 묻기를, "이 삼구어는 하나 입니까, 셋 입니까?" 화상이 답하기를, "이것은 하나이지 셋이 아닙니다. 무억은 계이고, 무념은 정이며, 막망은 혜입니다." 또 말하기를, "망념이 일어나지 않는 念不起는 戒門이고, 念不起는 정문이며, 念不起는 혜문입니다. 무념이 되면 곧 계·정·혜는 구족됩니다"(相公問, 金和上說無憶無念莫妄是否. 和上答, 是. 相公又問, 此三句語爲是

一爲是三. 和上答, 是一不三. 無憶是戒, 無念是定, 莫妄是惠. 又云, 念不起戒門, 念不起是定門, 念不起惠門. 無念卽戒定惠具足.)」고 한다.→(柳田聖山, 『初期の禪史Ⅱ』, p.200·『대정장』권51, p.189상)라고 한 것이 그 예이다.

***是名三學等(시명삼학등)** : 삼학일체에 대해서는 『대승기신론』(『대정장』권32, 583상)에 "止觀俱行"이란 말이 보이고, 원효는 記會本 『대승기신론소』권1(『한국불교전서』1책, p.737상)에서 '止觀俱行'을 "止觀雙運"이라 한다. 대주혜해의 『돈오요문』제11단에 이것에 의거한 전개가 보인다. "문, 계·정·혜의 삼학을 함께 쓴다고 했는데 무엇이 삼학이며, 어떻게 같이 쓰는가? 답, 삼학은 계·정·혜이다. 문, 무엇이 계·정·혜인가? 답, 청정하여 물들지 않은 것이 계이다. 마음이 움직이지 않는 줄을 알고 대상을 대하더라도 적정한 것이 정이다. 마음이 움직이지 않는 줄을 알았을 때 움직이지 않는다는 생각도 일어나지 않아야 한다. 마음이 청정한 줄을 알 때 청정하다는 생각도 내지 않고, 내지 선악을 모두 능히 분별하지만 그 가운데 물들지 않아서 자유를 얻는 것을 혜라고 한다. 만약 계·정·혜의 본체를 모두 다 얻을 수 없는 것임을 알면 곧 분별심이 없어져 같은 한 몸이 되는데 이것이 삼학을 같이 쓴다고 하는 것이다(淸淨無染, 是戒. 知心不動, 對境寂然, 是定. 知心不動時, 不生不動想. 知心淸淨時, 不生淸淨想, 乃至善惡皆能分別, 於中無染, 得自在者, 是名爲慧也. 若知戒定慧體俱不可得時, 卽無分別, 卽同一體, 是名三學等用.)."→(平野宗淨, 禪の語錄6 『頓悟要門』, 筑摩書房, 1970, p.35). 『돈오요문』제20단에도 정혜일체에 대한 주장이 나오고(위의 책, p.52.), 同書 제21단에는 거울과 대상, 그리고 日光을 예로 들어서 정혜를 설명하고 있다.

*신회가 망념이 없는 無念의 입장에서 '삼학평등'을 주장하고 있는 일단이다. 『단어』와 『단경』의 삼학일체에 대한 차이점은 전자는 단순히 무념의 입장에서 삼학평등을 주장했다고 한다면, 후자는 無相心地法門의 입장에서 삼학일체를 주장하면서 계·정·혜마저도 세우지 않는 입장이다. 삼학일체에 관해서는 돈황본 『육조단경』제13·15단도 참고가 된다.

5. 재계를 호지해야 함

各須護持①齋戒. 若不持齋戒, 一切善法, 終②不能生. 若③求無上菩提, 要先④護持齋戒, 乃可得入. 若⑤不持齋戒, 疥癩野干之身尙⑥自不得, 豈獲如來功德法身.⑦ 知識, 學無上菩提, 不淨三業, 不持齋戒, 言其得者,⑧ 無⑨有是處. 要藉有作戒有作惠, 顯無作戒惠,⑩ 定則不然. 若修有作定, 卽⑪是人天因果, 不與無上菩提相應.

【校記】

① B본은 「持」자가 빠져 있음.

② B본은 「終」자가 「修」자로 誤寫되어 있음.

③저본에는 「若」자가 「善」자로 오사되어 있음. B본·P본·S1본에 의거하여 고침.

④ B본은 「先」자가 「須」자로 되어 있음.

⑤ S1본은 「若」자가 「善」자로 오사되어 있음.

⑥ S1본은 「尙」자가 「上」자로 되어 있음. 양본은 「尙自不得」의 4자를 「尙不可得」이라고 고쳤음.

⑦ 저본은 「身」자가 빠져 있음. B본과 P본에 의거하영 「身」자를 보충함.

⑧ S1본은 「得者」 다음에 疊字부호를 붙이고 있음.

⑨ B본은 「無」자가 「得」자로 오사되어 있음.

⑩ B본은 「戒」자가 빠져 있음. 호본은 「惠」자 앞에 「無作」의 2자를 보충하고 있음.

⑪ B본은 「卽」자가 「則」자로 되어 있음.

【번역】

각자 반드시 몸과 마음을 청정히 하고 행위를 신중히 하도록 하라. 만약 몸과 마음의 행위를 신중히 하지 않으면 일체의 善法은 영원히 생겨나지 않을 것이다. 만약 위없는 깨달음을 구하려면 반드시 먼저 몸과 마음을 청정히 하여야 깨달음을 얻을 수 있을 것이다. 만약 몸과 마음을 경계하지 않으면 옴과 문둥병이 걸린 야생 여우의 몸도 오히려 받을 수 없거늘 어찌 하물며 여래의 공덕법신을 얻을 수 있겠는가? 여러분, 위없는 깨달음의 불법을 배웠으나 삼업을 청정하게 하지도 않고, 몸과 마음을 신중히 하지도 않으면서 무상보리를 얻으려고 하는 것은 옳지 않다. 반드시 유작의 계와 유작의 혜를 의지하여 무작의 계와 무작의 혜를 드러낸다고 하지만 절대 그렇지 않다. 만약 작의로써 선정을 닦는다면 이는 인천계에 태어날 수 있는 인연만 될 뿐 위없는 깨달음과는 무관하다.

【注記】

*齋戒(재계) : 중국에서는 옛날부터 신에게 제사를 지낼 때 신심에 불길하다고 생각되는 것을 금기하는 행위가 있었다. 그러나 불교가 전래된 후 재가의 계인 八關齋戒의 약칭으로 사용되었다. 『석씨요람』권상의 '戒法'에 「"八戒란 앞의 오계(不殺生·不偸盜·不邪淫·不妄語·不飮酒), 제6에 높고 넓은 木牀에 앉지 않는 것, 제7에 華鬘과 瓔珞 등 사치품이나 보물을 지니지 않는 것, 제8에 노래를 부르거나 춤추지 않고 또 함부로 가서 보고 듣지도 않는 것, 제9에 때가 지나서 밥을 먹지 않는 것 등을 말하고 있다. 이 계는 속인이 받는 것이며 오늘 아침부터 내일 아침까지 범하지 않는 것을 要期로 한다. 이 팔계를 八關齋戒라고 한다. 여기 '關'은 '閉'와 '禁'의 뜻이다. 八罪를 금하고 막아 범하지 않기 때문에 '閉禁'이라 한다"고 한다. 『비파사론』에 "대개 齋라는 것은 때가 지나서 밥을 먹지 않는 것으로써 체를 삼으며, 八事는 齋體를 助成하고 함께 서로 支持하기 때문에 八支齋法이라 한다. 그러므로 '八'이라고 말할 뿐 '九'라고 말하지 않는다"고 한다. 『文殊問經』에 "세간의 보살계는 八戒이다"고 했고, 또 『보살처태경』에 "팔관재계란 제불의 부모다"」고 한다(『대정장』권54, p.271하). 齋는 인도에서 불교 이전부터 사용되어 온 것인데 불교 내에 유입되면서부터 여러 가지 의미로 쓰이게 되었다. 齋의 범어는 upoṣadha이고, 빠리어는 uposatha · upavāsa이다. 청정의 뜻과 죄를 참회한다는 두 가지 의미가 있다. 烏脯 · 沙陀라 음역한다. 즉 재 또는 재계는 신심을 청정히 하여 행위를 삼가하고 반성하여 늘 마음을 경계하는 것을 말한다. 재에는 재가의 신자가 매월 1일 · 8일 · 14일 · 15일 · 23일 · 30일의 6齋日에는 하루 낮과 하루 밤 동안

에만 출가자와 마찬가지로 계율을 지키며 심신의 행위와 동작을 삼가하는 8재계를 지킨다. 그리고 계는 범어로 śīla이다. 行爲·習慣·道德·敬虔 등의 뜻이 있다. 이는 자기 자신의 향상적인 삶을 살기 위한 자발적인 행위를 가리킨다.

***若不持齋戒, 疥癩野干之身**(약부지재계, 개라야간지신) : 元魏의 천축삼장 보리유지가 번역한 『大薩遮尼乾子所說經』 권9 '如來無過功德品' 제8의 4(『대정장』 권9, p.359상)에 니건자(Nirgrantha-putra, 無慙外道·苦行外道·裸形外道) 외도의 논사인 대살차가 嚴熾王에게 여래의 공덕법신을 설하는 단락에 다음과 같은 말이 있다. "일체의 공덕과 助道의 행위란 요점만 들어서 말한다면 계로써 근본을 삼고, 계를 지키는 것이 그 시작이다. 만약 계를 지키지 않으면 옴에 걸린 여우의 몸도 얻기 어려운데 어찌 공덕법신을 얻을 수 있겠는가(一切功德助道之行, 擧要言之, 以戒爲本, 持戒爲始. 若不持戒, 乃至不得疥野干身, 何況當得功德之身.)." 또 『법원주림』 권89 '述意部'(『대정장』 권53, p.947중)에도 인용하고 있다. 疥癩(개라)는 피부병의 이름이다. 속설에 의하면 '頭癬'이라 한다. 옴이나 문둥병과 같은 일종의 피부병을 가리킨다. 추한 모습에 비유하기도 하고, 경멸의 뜻을 나타낸다. 野干은 唐 玄應의 『일체경음의』 권24(『卍正藏經』 권67, p.167b)에 "野干은 범어로 '悉伽羅'라고 한다. 형색은 청황으로 개와 같고, 떼지어 다니며 야간에 울며, 소리는 이리와 같다. 字를 '射干'이라 한데도 있다"고 한다. 여우와 비슷하게 생겼으나 그 보다 좀 작은 짐승으로 개처럼 무리를 지어 다니면서 밤에는 늑대처럼 운다고 한다. 아마 재칼과 비슷한 동물이라고 생각된다.

***如來功德法身**(여래공덕법신) : 여래는 많은 수행의 공덕에 의하

여 법신의 과보를 얻었기 때문에 이와 같이 말하는 것이다. 돈황본 『육조단경』 제34단에 "공덕은 법신에 있는 것이지 복전에 있는 것이 아니다. 자신의 법성(불성)에 공덕이 있다. 견성이 공이고 평직이 덕이다(功德在法身, 非在於福田. 自法性有功德. 見性是功, 平直是德.)"라고 한 바와 같이 공덕은 깨달음으로써 얻어지는 것이다.

***要藉有作戒有作惠, 顯無作戒惠, 定則不然(요자유작계유작혜, 현무작계혜, 정칙불연) :** '유작계'는 『역대법보기』 '무주장'에 '作相'이라 한 것과 같다. 즉, "오늘날 율사들은 觸(계에 저촉)한다고 하고, 淨(계에 부저촉)한다고 하고, 持(계를 지킴)한다고 하고, 犯(계를 어김)한다고 하면서 모양(규정·조건)을 만들어서(作相) 수계하고 모양을 지어서 위엄을 세우고, 나아가 밥을 먹는 것까지 모두 모양을 만들고 있다. 비록 모양새를 갖춘다 할지라도 외도나 다섯 가지 신통력을 가진 선인들과 같은 정도 밖에 되지 않는다. 만약 아무런 모양도 만들지 않으면 무위가 되며, 생각을 고정화시켜서는 안 된다"고 한다(柳田聖山, 『初期の禪史Ⅱ』, p.290). 계에는 作戒와 無作戒(신역에서는 有表戒와 無表戒)가 있는데 수계의식의 행위가 작계이다. 작계는 신·구·의 삼업의 동작이 끝나면 소멸하지만 작계에 의하여 일단 한 번 생긴 계체는 상속하여 계의 작용을 保持해 이어가는 것이 무작계이다. 이런 것을 염두에 두고 보면 '藉有作戒, 顯無作戒'라고 말한 것이 쉽게 이해가 될 것이다. 다만 신회가 주장하는 유작계와 무작계라는 것은 있지만 유작혜와 무작혜는 유작계와 무작계에 의하여 신회가 만들어 낸 조어라고 생각한다. 그러나 '藉有作惠, 顯無作惠'라는 것을 어떻게 말을 해야 할 것인가는 반드시 명확하지는 않지만 아마도 공적체상에

서 작용하는 지혜가 무작혜인 것 같다. 구체적으로 말해서 유작은 有爲나 有相과 마찬가지로 자연적으로 이루어진 것이 아니라 인과 연에 의하여 만들어진 것, 즉 마음에 작의성을 가지고 행동하는 것이고, 무작은 생멸이 없는 無爲의 法性과 마찬가지로 인연의 조작이 없는 것, 즉 작의성이 없이 행하는 실천 행위를 말한다. 『楞伽師資記』 '四祖道信章'에 "물질을 받아들이지 않으면 물질은 있는 그대로 공하며, 공하면 모양이 없고, 모양이 없으면 짓는 것도 없다. 이것이 해탈문이다(不受色, 色卽是空, 空卽無相, 無相卽無作. 此是解脫門."(柳田聖山, 『初期の禪史 I』, p.226)라고 한 주장이 참고가 된다. 有作戒는 表色의 다른 이름, 수계할 때 몸과 입으로 표현할 수 있는 作業을 가리킨다. 無作戒는 신·구·의 3업의 동작을 빌리지 않고 자연스럽게 상속하는 법, 즉 戒法은 無作色의 色法으로써 戒體를 삼으므로 무작이라 한다. 간단히 말해서 수계할 때 몸 안에 형성된 戒體는 몸과 마음으로 표현할 수 없고, 또 눈으로 볼 수 없기 때문에 무작계라 한다. 그런데 체계화를 좋아하는 종밀은 하택에게 삼종의 삼학이 있다고 말한다. 삼종이란 有作의 삼학, 無作의 삼학, 自性의 삼학의 셋이다. 유작의 삼학은 "모든 악을 짓지 말고, 여러 가지 선한 일을 받들어 행하라. 자기의 마음을 청정히 유지하고, 그것을 열반의 지혜로 삼는다"는 것이다. 여기서 청정은 열반의 뜻이다. 따라서 청정은 공이고, 열반은 적멸이다. 다음 무작의 삼학은 신회의 독자적인 삼학이다. 그 다음 종밀이 새롭게 역설하는 삼학은 자성의 삼학이다. 즉 마음의 空과 寂과 그리고 照가 자성삼학의 특징이다. 구체적으로 말해서 마음이 본래 공인 것이 戒이고, 마음이 본래 적정한 것이 定이며, 마음이 본래 적정하기 때문에 자유롭게 사물들을 비추는 작용을 갖추고 있는 것이 照이다. 조는 마치 거울 그 자체가 청정하기 때문에 모든 대상의 모습을 혼란 없이 비추는 것에 비유된다. 적정하면서 비추고, 비추어서 항상 적정하다는 사고는 이미 승조의 『조론』에 있으며, 반야의 기본적인 성격이라고 볼 수 있다. 신회는 그러한 근본적인 비춤의 작용을 智로 바꾸었던 것이다. 이처럼 신회는 근본지를 明鏡에 비유하여 설명하였다. 그는 무념이란 먼지가 낄 수 없는 명경이라고 보았다. 남종선의 사상은 신회가 마음을 거울에 비유한 것과 더불어 새로운 전개를 보이고 있는 것이다.

***一切善法(일체선법)** : 선법은 세간의 좋은 일들, 즉 재가자들이 지니고 실천하는 5계와 10선행, 또는 출세간의 선한 행위, 즉 3학과 6바라밀. 여기서는 인천의 즐거움을 받아들이는 것으로부터 무상보리를 얻을 때까지를 포괄하는 의미로 쓰고 있다.

***人天界(인천계)** : 미혹의 세계인 6도(지옥·아귀·축생·수라·인간·천) 가운데 인간계와 천상계를 가리킨다.

6. 선지식의 중요성

知識, 久流浪生死, 過①恒河②沙大劫, 不得③解脫者, 爲不曾發無上菩提心, 卽不値遇諸佛菩薩眞正善知識. 縱値遇諸佛菩薩眞正善知識, 又復不能發無上菩提心. 流轉生死, 經無量恒河④沙大劫, 不得⑤解脫者, 總緣此.

又縱發心者, 只發二乘⑥人天心, 人天福盡, 不免

[7]還墮. 諸佛出世, 如恒河沙, 諸大菩薩出世, 如恒河沙.[8] 一一諸佛菩薩善知識出度人,[9] 皆如恒河沙. 諸佛菩薩善[10]知識何不值遇. 今流浪生死, 不得解脫. 良爲與過去諸佛菩薩眞正善[11]知識, 無一念菩提[12]緣來. 或有善[13]知識, 不了無上菩提法, 儻將二乘[14]聲聞及[15]人天法敎知識. 喻如穢食置於寶器. 何者寶器.[16] 知識發菩提[17]心是寶器. 何者穢食.[18] 二乘[19]人天法是穢食. 雖獲小[20]善生天之[21]福, 若盡, 還同今日凡夫.

【校記】

① B본은 「過」자가 「遇」자로 오사되어 있음.

② B본은 「河」자가 빠져 있음.

③ B본은 「得」자가 빠져 있음.

④ B본은 「河」자가 빠져 있음.

⑤ B본·P본·S1본 모두 빠져 있음.

⑥ 저본에는 「二乘」의 2자가 없음. P본과 S1본에 의거하여 보충함. B본은 「二種家」로 되어 있음.

⑦ P본은 「免」자가 「逸」자로 오사되어 있음.

⑧ 저본은 「諸大菩薩出世如恒河沙」의 10자가 빠져 있음. B본·P본·S1본에 의거하여 보충함.

⑨ 령목본과 형본은 「出」자 다음에 「世」자를 보충하고 있음.

⑩ 저본·B본·P본·S1본 모두 「善」자가 빠져 있음. 령목본과 호본에 의거하여 보충함.

⑪ 저본은 「善」자가 빠져 있음. B본·P본·S1본에 의거하여 보충함.

⑫ B본은 「無上菩提」로 되어 있음. S1본은 「心無菩提」로 오사되어 있음. 영신강의 교기에는 「心無」의 2자는 「無上」을 誤倒한 것이고, 「上」자를 오인하여 「心」로 한 것 같다고 함.

⑬ B본과 S1본은 「善」자가 빠져 있음.

⑭ B본은 「二乘」의 2자가 「二家」로 오사되어 있음.

⑮ S1본은 「及」자가 빠져 있음.

⑯ B본은 「何者寶器」의 4자가 빠져 있음.

⑰ 저본은 「提」자가 「薩」자로 오사되어 있음.

⑱ B본은 「何者穢器」가 「何者是穢食」으로 되어 있음.

⑲ B본은 「二乘」의 2자가 「二家」로 오사되어 있음.

⑳ B본·P본·S1본 모두 「小」자가 「少」자로 되어 있음. 「小」와 「少」자는 통용하지만 여기서는 「小」자가 맞음.

㉑ B본은 「之」자에 첩자부호(ㄨ)가 붙어 있음.

【번역】

여러분, 오랫동안 생사고해에 윤회하면서 항하사의 대겁을 지나도록 해탈할 수 없었던 것은 일찍이 위없는 깨달음의 마음을 일으키지 않아 여러 불보살과 진정한 선지식을 만나지 못했기 때문이다. 비록 여러 불보살과 진정한 선지식을 만났을지라도 또 능히 위없는 깨달음의 마음을 일으키지 않았다. 그래서 생사고해에 윤회하면서 무량한 항하사의 대겁을 지나도 해탈할 수 없었던 것은 모두 이러한 이유 때문이다.

또 비록 발심을 한 사람일지라도 다만 성문·연각의 2승과 인천의 마음을 일으킬 뿐이며, 인천의 복이 다하면 다시 삼악도에 떨어지는 것을 면할 수 없다. 세상에 출현하신 여러 부처님의 수는 항하사의 모래알과 같이 많고, 여러 위대한 보살의 출세도 역시 항하사의 모래와 같이 많다. 한 사람 한 사람의 여러 불보살과 선지식이 출현하여 사람을 제도한 것도 역시 항하사의 수와 같이 많다. 그런데 여러 불보살과 선지식을 왜 만나지 못하고, 지금 생사에 윤회하면서 해탈하지 못하는 이유가 어디에 있는가? 진실로 과거의 여러 불보살과 진정한 선지식들과 함께 한 번도 깨달음의 인연을 맺어 본적이 없기 때문이다. 혹 선지식이 있었어도 위없는 깨달음의 불법을 요달하지 못했고, 혹 이승의 성문과 인천의 법을 가지고 여러분을 가르쳤기 때문이다. 비유하자면 마치 더러운 밥을 보배의 그릇에 담아 두는 것과 같다. 무엇이 보배 그릇인가? 여러분이 보리심을 발하는 것이 寶器이다. 무엇이 더러운 밥인가? 이승과 인천의 가르침이 더러운 밥이다. 비록 적은 선행을 쌓아 하늘에 태어나는 복을 얻었을지라도 그 복이 다하면 또 다시 지금의 범부와 같이 된다.

【注記】

***流浪生死**(유랑생사) : 윤회를 반복하는 것. 『경덕전등록』 권29 梁寶誌和尙의 『大乘讚』 第6首(『대정장』 권51, p.449하)에 "육도에 윤회하여 멈추지 않고, 업을 결성하여 능히 제거하지 않고 있다. 그 때문에 생사에 유랑하는 것은 모두 제멋대로 經略(경영·공략)을 일으키는데 원인이 있다(輪迴六道不停, 結業不能除卻. 所以流浪生死, 皆由橫生經略.)." 同 『十四科頌』 '斷除不二'(『대정장』 권51, p.451중)에 "어리석은 사람은 망령되게 분별을 일으켜 생사에 유랑하며 猖狂한다(愚人妄生分別, 流浪

生死猖狂.).” 또 『보장론』(『대정장』 권45, p.149중)에도 “생사에 유랑하며 갖가지 몸을 받고 삼라만상을 망령되게 생각하여 진실로 하나인 것을 가려 덮고 있다(浪生死受種種身, 妄想森羅隱覆眞一.).” 『돈오대승정리결』에도 “일체중생은 한량없는 세월 동안 항상 삼독의 번뇌와 無始의 心想과 그리고 습기의 망상을 여의지 못했기 때문에 생사에 유랑하며 해탈하지 못하는 것이다.” →(上山大峻, 『敦煌佛教の研究』, p.542).

***恒河沙大劫(항하사대겁)** : 항하는 범어·빠리어로 Gaṅgā라 한다. 북인도를 흐르는 大河, 즉 갠지스 강을 가리킴. 이 강의 주변에서 불교가 흥기하였으며, 길이는 약 7000里이다. 항하사는 범어·빠리어로 Gaṅgā-nadī-vālukā라 하며, 약칭하여 恒沙라 한다. 갠지스 강의 모래라는 뜻으로 무수히 많은 수를 비유한 말이다. 大劫의 大는 ‘많다’는 뜻이며, 劫은 범어로 kalpa라 한다. 劫波·羯臘波라 음역하며, 長時라는 뜻이다. 많은 겁이 중첩된 영원한 시간이란 의미로 年月日이나 어떤 시간의 단위로도 계산할 수 없는 무한히 긴 시간을 말한다. 무량무변한 시간을 曠劫·永劫이라 하고, 또 兆載永劫이라고도 한다. 兆도 載도 다 같이 지극히 많은 수를 이르는 말이다. 그러나 신라 義湘祖師(625~702) ‘法性偈’에 “한량없이 긴 세월이 곧 한 찰나이고, 한 찰나가 곧 한량없이 긴 세월이다. 구세도 십세도 서로서로 함께 하니(無量遠劫卽一念, 一念卽是無量劫. 九世十世互相卽)”라고 했듯이 시간이 ‘길다·짧다’고 하는 생각은 모두 번뇌망념의 소산인 것이다.

***爲不曾發無上菩提心 … 又復不能發無上菩提心(위불증발무상보리심 … 우복불능발무상보제심)** : 『남양화상문답잡징의』 제33단에 나부산의 懷迪禪師가 신회화상에게 “일체중생은 본래

자성이 청정한데 무슨 이유로 다시 생사의 법에 집착하여 능히 삼계를 벗어나지 못하는 것입니까?"라고 질문한 것에 대하여 신회화상은 다음과 같이 대답하고 있다. "스스로 본체가 본래 공적한 사실을 깨닫지 못했기 때문에 망념을 따라 업에 결박되어 생을 받아 악을 짓는 무리들을 이루 다 말할 수 없습니다. 지금 여기 도를 닦는 무리들도 이 부분에 또한 미혹하여 오직 인천에 태어나는 인연만 심을 뿐 구경에 해탈하는 수행을 하지 않고 있습니다. 또 만약 여러 부처님과 보살과 진정한 선지식을 만나지 아니하면 어떻게 윤회하는 괴로움에서 벗어날 수 있겠습니까?" 제불보살과 진정한 선지식을 만나는 것의 중요성을 주장하는 배경은 『열반경』'광명편조고귀덕왕보살품'에 있다. 『열반경』의 가르침을 따름에 의하여 구족되는 아홉 번째의 공덕을 說示하는 내용 중에 반영되어 있다. 즉, ① 보리심을 발한 자는 선우·제불·보살을 만나 깊은 법을 물어 받아들이기도 하지만 만약 그들을 만나지 못하더라도 모두 불도를 이룰 수 있다. 왜냐하면 이미 그가 보리심을 발했기 때문이다. 마치 울단월의 사람이 정해진 수명을 얻은 것과 같다(發菩提心者, 若遇善友諸佛菩薩, 諮受深法, 若不遇之皆悉當成. 何以故. 以其能發菩提心故. 如鬱單越人得定壽命.). ② "'내가 설한 것과 같이 수다원으로부터 벽지불에 이르기까지는 선우·제불·보살이 설한 깊은 법을 들으면 아뇩다라삼막삼보리심을 발한다'고 한 것은 정해지지 않은 수명은 아홉 가지 인연으로써 수명이 곧 中夭(중년에 죽음)하는 것과 같이 저 병자가 의약을 만나면 병이 곧 쾌차되고, 만약 만나지 못한 자는 병이 쾌차되지 않는 것과 같다. 그러므로 나는 '불보살을 만나 깊은 가르침을 설하는 것을 들으면 능히 발심할 수 있고, 만약 만나지 못하면 능히 발심할 수 없다'고 설한 것이다(如我所說, 從須陀洹, 至辟支佛, 若聞善友諸佛菩薩所說深法, 則發阿耨多羅三藐三菩提心. 如不定命, 以九因緣命則中夭, 如彼病人値遇醫藥, 病則得差, 若不遇者病則不差. 是故我說遇佛菩薩聞說深法則能發心, 若不値遇則不能發.)." ③ "'내가 먼저 설한 것과 같이 선우·제불·보살을 만나 깊은 가르침을 들을지라도 만약 함께 만나지 못하면 능히 발심할 수 없다'고 한 이유는 선남자야, 일천제들은 선우·제불·보살을 만나 깊은 가르침을 들을지라도 함께 만나지 못하면 결코 일천제의 마음을 여윌 수 없기 때문이다. 왜냐하면 선법을 끊었기 때문이다. 그러나 일천제들도 또한 아뇩다라삼막삼보리를 얻을 수 있다. 왜냐하면 만약 능히 보리심을 발할 수 있으면 다시는 일천제라 하지 않기 때문이다(如我先說, 若遇善友諸佛菩薩聞說深法, 若不値遇俱不能發. 是義云何. 善男子, 一闡提輩若遇善友諸佛菩薩聞說深法。及以不遇俱不得離一闡提心. 何以故. 斷善法故. 一闡提輩亦得阿耨多羅三藐三菩提. 所以者何. 若能發於菩提之心則不復名一闡提也.)." →(『대정장』 권12, 북본 pp.518하~159상·남본 p.763상). 다시 말해서 중생에는 다음과 같은 세 가지 부류가 있음을 설하고 있다.

① 발심한 자는 선우와 제불보살을 만나 깊은 가르침을 받아들이면 말할 것도 없고, 또 만나지 않더라도 성불할 수 있다.

② 수다원부터 벽지불까지(二乘)는 선우와 제불보살이 설한 깊은 가르침을 들으면 발심할 수 있지만 제불보살을 만나 깊은 가르침을 듣지 않으면 발심할 수 없다.

③ 선우와 제불보살이 深法을 설한 것을 들어도 듣지 않아도 발심할 수 없다. 왜냐하면 일천제는 선법을 끊고 있기 때문이

다. 그러나 만약 보리심을 발할 수 있으면(불성이 있다는 것을 믿으면) 이제 그 사람을 더 이상 일천제라고 하지 않는다.

이 세 가지 중생이라는 것은 ① 보살, ② 이승, ③ 일천제이다. 이 3종 중생은 이보다 먼저 고귀덕왕보살이 부처님에게 예리하게 반박하는 곳에 언급하고 있다(북본, p.518상·남본, p.762상중). 신회가 "지금까지 위없는 깨달음을 구하려고 하는 마음을 일으켰다면 불보살과 진정한 선지식을 만나지 못했기 때문이고, 비록 여러 불보살과 진정한 선지식을 만났을지라도 능히 위없는 깨달음의 마음을 일으키지 않았기 때문이다"라고 말한 것은 『열반경』의 문맥에는 이승과 일천제에게 해당하는 것이다. 또 『열반경』에는 우유는 衆緣을 빌려서 타락(酪)이 되는 것과 같이 중생의 불성도 중연을 빌리지 않으면 顯現할 수 없고, 현현하려면 보살을 만나야 한다(북본, p.519중하·남본, p.763하)고 설하지만 그 중연이란 구체적으로 선우와 여러 불보살을 만나는 것이고, 그 지도에 의하여 불성을 소유하고 있다는 것을 믿는다. 그러면 일천제는 아니라고 하는 것이 일련의 문맥으로 되어 있다. 경에서 말하는 선우란 신회가 말하는 진정한 선지식에 해당한다. 『열반경』'광명편조고귀덕왕보살품'은 『열반경』의 가르침을 따라 수행하면 열 가지 공덕을 구족성취할 수 있다고 설하지만 그 제9의 공덕이란 ① 믿음(信), ② 직심, ③ 계, ④ 친근선우, ⑤ 多聞의 다섯 가지이다. 신회가 진정한 선지식의 만남을 중요하게 여기는 것은 이 『열반경』의 설이 배경에 깔려 있다. 신회의 주장이 『열반경』과 대비하여 특징적인 것은 이승과 하늘의 법을 가르치는 것은 진정한 선지식이 아니라고 파악한 점이다. 『열반경』에는 ④의 친근선우에 "선남자야, 만약 어떤 중생이 나를 친근하면 비록 지옥에 태어나는 인연이 있을지라도 곧 하늘에 태어날 수 있다. … 비록 사리불과 목건련 등이 있을지라도 중생의 진정한 선지식이라 할 수 없다. 왜냐하면 일천제의 마음을 낸 인연 때문에 … 나는 일체 중생의 진정한 선지식이 되었다(善男子, 若有衆生親近我者, 雖有生於地獄因緣卽得生天. … 雖有舍利弗目犍連等, 不名衆生眞善知識. 何以故. 生一闡提心因緣故, … 我爲一切衆生眞善知識. →『대정장』권12, 북본, pp.519하~520상·남본, p.764상중)라고 설하고 있고, 나(여래)에게 친근하면 비록 지옥에 태어나는 인연이 있을지라도 하늘에 태어날 수 있다고 하고, 사리불과 목건련은 일천제의 마음을 일으키는 인연을 생기게 했기 때문에 진정한 선지식이 될 수 없고, 올바른 教導를 행한 나야말로 진정한 선지식이라고 하고 있다. 사리불이 진정한 선지식이 아니라고 여겨지는 것은 그가 일찍이 二人의 제자에게 각각 알맞은 수행법을 부적절하게 잘못 가르쳤기 때문에 각각 결과를 얻을 수 없었고, 마침내 二人 모두 사견을 내어 열반과 무루의 법은 없게 되었다. 만약 있었다면 나는 벌써 얻었을 것이라고 말하는 등 제자들에게 삿된 마음을 일으키게 했기 때문이라고 그 이유를 설명하고 있지만 주목할 만한 것은『열반경』에는 진정한 선지식(여기서는 여래)을 친근하는 것으로부터 생천의 이익을 얻을 수 있다고 하며, 진정한 선지식이 아닌 자는 중생에게 일천제의 마음을 내게 한다고 한다. 이것에 대하여 신회는 생천의 복을 얻어도 그 복이 다하면 원래의 범부로 되돌아 가 버리는 것이고, 인천의 법을 가르치는 것은 진정한 선지식이 아니라고 파악하고 있다. 여기에『열반경』을 떠난 신회의 주장이 나타나 있다. 물론 신회는 이승과 인천의 법을 가르칠 때 '무상보리법을 깨달을 수 없다'라고 말하고 있고, 『열반경』에도 부처님에게 친근하는 것에서 생천한다고 하고 있을 뿐이고, 인천의 법을 가르치라고는 하지 않기 때문에 양자가 서로 모순되는 것도 아니다. 덧붙여서 신회가 인천의 마음을 언급한 것은 후에 하택선을 높이 평가하는 종밀이 교판에 인천교를 도입하는 동기가 되었다고 생각한다.

***二乘人天(이승인천)** : 성문승 · 연각승 · 보살승(佛乘)의 3승 가운데 성문과 연각을 말한다. 『전심법요』제7단에 "대개 가르침을 듣고 깨달은 자를 성문이라 하고, 인연을 관찰하여 깨달은 자를 연각이라 한다. 그러나 자기 마음 속에서 깨닫지 못하면 비록 부처가 된다고 하더라도 역시 聲聞佛이라 한다(入矢義高, 禪の語錄8『傳心法要·宛陵錄』, 筑摩書房, p.44)고 한 바와 같이 성문(śrāvaka)은 부처님의 가르침을 직접 듣고 깨달은 사람이고, 연각(pratyeka-buddha)은 獨覺이라고도 하는데 이는 부처님의 가르침에 의하지 않고 홀로 12인연의 도리를 관찰하여 도를 깨달은 사람으로서 고독을 좋아할 뿐 설법교화하지 않는 성자이다. 이승은 다 같이 자기 혼자만 해탈하는 것을 목적으로 하는 출가자들이다. 그러므로 이타의 보살행을 근본으로 하는 대승의 입장에서 이승을 소승이라고 貶稱했던 것이다. 『대반열반경』 권20(『대정장』 권12, p.485하)에 "작은 일이란 이승의 마음이고 보살은 끝내 보리심에서 물러나지 않지만 성문과 벽지불이 될 뿐이다. 영아란 만약 어떤 중생이 생사를 싫어할 때 여래는 곧 이승에게 법을 설하지만 이승의 실체가 있는 것은 아니며, 이승이기 때문에 생사의 허물을 알아 열반의 즐거움을 깨달을 수 있다(小事者卽二乘心, 菩薩終不退菩提心, 而作聲聞辟支佛乘. 又嬰兒者, 若有衆生, 厭生死時, 如來則爲說於二乘, 然實無有二乘之實, 以二乘故, 知生死過, 見涅槃樂.)"

고 한다. 인천은 六道 중 위의 二道을 가리킨다.

*縱發心者, 只發二乘人天心(종발심자, 지발이승인천심) : "비록 발심했을지라도 그것이 '作意'로써 선정 등을 닦는 성문· 연각의 마음과 인천의 즐거움을 원하는 마음을 낼 뿐이라면"의 뜻이다. 여기에서 말하는 '발심'은 앞의 '發無上菩提心'과 다르다.

*人天福盡, 不免還墮(인천복진, 불면환타) : 『자비도량참법』 권2 '발보리심' 제4(『대정장』 권45, p.928하)에 "금일 도량에 업을 같이 한 중생이여, 설사 역겁동안 수많은 선근을 행하여 이에 인천의 과보를 얻었을지라도 아직 출세의 實果를 얻지 못했으면 수명이 마칠 때 복이 다하면 다시 악취로 떨어진다. 몸이 허물어져 괴로움이 닥칠지라도 스스로 피할 힘이 없다. 처음부터 큰 서원을 세우고 광대한 마음을 내지 않으면 생사의 衰惱로부터 영원히 벗어날 수 없다. 서로 함께 금일 마땅히 제불을 생각하고, 견고한 의지를 일으켜 보리심을 발해야 한다. 발심의 공덕은 헤아릴 수 없고 제불보살도 다 설할 수 없다"고 한다. 또 『천축국보리달마선사론』에 "禪觀門에 여러 가지가 있다. 하나는 대승관문이고 또 하나는 소승관문이다. 소승의 성문관법은 數息安般(안반은 安那般那(anā-pāna)의 준말, 數息觀)이다. 안반에는 다음과 같은 것이 있다. 제1선, 제2선, 제3선, 제4선이 있다. 즉 求하는 所有이고, 보는 소유이고, 얻는 소유이다. 인천에 태어나고 비상비비상천에 태어나 쾌락을 얻었을지라도 과보가 다하면 삼악도에 떨어진다(方廣錩主編, 『藏外佛教文獻』 제1집, p.43)"고 한다. 영가현각의 『증도가』[『경덕전등록』 권30(『대정장』 권51, p.460중)]에 "모양에 머무는 보시는 하늘에 나는 복, 마치 하늘에 화살을 쏘는 것과 같다.

세력이 다하면 화살은 다시 떨어지나니 내생을 받을지라도 생각과 같지 않으리라(住相布施生天福, 猶如仰箭射虛空. 勢力盡箭還墜, 招得來生不如意.).”

***或有善知識, 不了無上菩提法**(혹유선지식, 불료무상보제법) : '선지식'이란 말에는 본래 부정적인 의미는 없지만 여기서는 먼저 말한 '眞正善知識'에 대하여 말한 것이기 때문에 진정하지 않는 선지식을 가리킨다.

***儻將二乘聲聞及人天法敎知識**(당장이승성문급인천법교지식) : 위에 말과 관련하여 생각해 볼 때 점수를 주장하는 북종선계의 지도자를 가리키는 말로도 볼 수 있다.

***穢食置於寶器**(예식치어보기) : 이 구는 『유마경』'제자품' 제3(『대정장』권14, p.540하)에 나오는 말이다. 즉, "좋지, 부루나야, 먼저 마땅히 선정에 들어가 이 사람의 마음을 관한 후에 법을 설해야 한다. 더러운 음식을 보배의 그릇에 두는 일이 없어야 한다(唯富樓那, 先當入定觀此人心, 然後說法. 無以穢食置於寶器.)." 승조는 『注維摩詰經』(『대정장』권38, p.353상)에 "더러운 음식으로써 주린 배를 채우는 것은 소승의 법이고, 無上의 보배를 담는 것은 대승의 그릇이다(穢食充飢小乘法也, 盛無上寶大乘器也.)"라고 주기하고 있다. 『유마경』'香積佛品'에는 깨달음의 세계를 음식(香飯 · 甘露飯)에 비유하여 설법한 내용이 나온다.

***雖獲小善生天之福, 若盡**(수획소선생천지복, 약진) : 호적본은 B본에 의하여 '之'자를 '天'자로 고치고, '雖獲少善生天, 天福若盡'이라고 읽고 있다. 이후의 텍스트는 모두 호적본을 답습하고 있다. 저본(돈박본)·P본·S1본에 '之'자로 되어 있기 때문에 저본을 따랐다.

7. 반야바라밀을 배워야 함

知識, 今發心學般若[①]波羅蜜相應之法, 超[②]過聲聞緣覺等, 同釋迦牟尼佛授彌勒記, 更無差別.[③] 如二乘[④]人執定, 經歷劫[⑤]數. 如須陀洹在定八萬劫, 斯陀含在定六萬劫, 阿那含在定四萬劫, 阿羅漢在定二萬劫, 辟支佛在定十千劫. 何以故. 住此定[⑥]中劫數滿足. 菩薩摩訶薩方乃投機說法, 能[⑦]始發菩提心, 同今日知識發菩提心不別. 當二乘[⑧]在定時, 縱爲說無上菩提法, 終不肯領受. 經云, 天女語舍利弗云, 凡夫[⑨]有返覆, 而聲聞[⑩]無也. 已來登此壇場[⑪]學修般若波羅蜜時, 願知識各各心口發無上菩提心, 不離坐下, 悟中道第一義諦.

【校記】

① B본은 「般若」의 2자가 빠져 있음.

② B본은 「超」자가 「起」자로 오사되어 있음.

③ B본은 「更無差別」의 4자가 「亦更無別」로 되어 있음.

④ B본은 「乘」자가 「家」자로 되어 있음.

⑤ 저본은 「劫數」의 2자가 誤倒되어 있음. B본·P본·S1본에 의거하여 고침.

⑥ B본은 「定」자가 「宅」자로 오사되어 있음.

⑦ B본은 「能」자가 「然」자로 되어 있음.

⑧ B본은 「乘」자가 「家」자로 오사되어 있음.

⑨ B본은 「凡夫於佛法」으로 되어 있음. 『유마경』 원문은 B본과 같음.

⑩ 저본은 「聞用」으로 되어 있고, 또 「聞」자에 삭제부호가 붙어 있음. B본·P본·S1본에 의거하여 「用」자를 삭제함.

⑪ B본은 「壇場」의 2자가 「道場」으로 되어 있음.

【번역】

여러분, 지금 발심하여 반야바라밀과 상응하는 법을 배워 성문과 연각 등을 뛰어 넘으면 석가모니부처님이 미륵에게 수기를 준 것과 조금도 다름이 없다. 저 이승인은 선정에 집착하여 수 많은 세월을 지내왔다. 예를 들면 수다원은 선정에서 팔 만겁을, 사다함은 선정에서 육 만겁을, 아나함은 선정에서 사 만겁을, 아라한은 선정에서 이 만겁을, 벽지불은 선정에서 만겁을 각각 지냈다. 왜냐하면 이 선정 가운데 머물면서 劫數를 채우려고 하기 때문이다. 그러나 보살마하살이 근기에 맞는 설법을 하고, 보리심을 발하는 것과 금일 여러분들이 보리심을 발하는 것과는 다르지 않다. 성문과 연각의 2승이 선정에 있을 때 비록 그를 위하여 위없는 깨달음의 불법을 설할지라도 끝내 즐겁게 받아들이지 않는다.

경에 天女가 사리불에게 말하기를,

"범부는 反復이 있으나 성문은 없다"

고 말씀하셨다. 이미 이 계단에 올라와 반야바라밀을 수학하려고 한다면 여러분들은 각자 마음으로 위없는 깨달음의 마음을 일으켜 이 자리를 떠나지 않고 중도제일의제(불성)를 깨닫기를 발원해야 한다.

【注記】

***般若波羅蜜**(반야바라밀) : 범어 prajñā-pāramitā과 빠리어 paññā-pāramī를 음사한 말이다. 智度·慧度·明度·明度無極이라 의역하는데 '완전한 지혜'란 의미이다. 제법의 실상을 완전히 비추어 보는 보살의 大慧를 가리킨다. 선에서 반야바라밀이란 의식적인 유무의 두 분별심을 모두 초월하여 일체의 흔적이 없는 철저한 공의 자리를 가리킨다. 모든 부처님은 이 반야바라밀로부터 나왔기 때문에 반야바라밀은 제불의 어머니가 되며, 육바라밀 가운데 중심이 된다. 돈황본 『육조단경』 제24단에서는 "마하반야바라밀이라는 것은 인도의 범어이며 중국어로 말하면 큰 지혜로써 저 언덕에 이른다는 뜻이다. 이 가르침은 반드시 실천하는데 있는 것이지 입으로 외우는데 있지 않다. 입으로만 말하고 행하지 않으면 허깨비와 같고 요술과 같다. 그러나 반야바라밀법을 닦고 행하는 사람은 그 법신(마음)이 부처와 같다(般若波羅蜜者, 西國梵語, 唐言智慧到彼岸. 此法須行, 不在口念, 口念不行, 如幻如化. 修行者法身與佛等也.)"고 한다. 『남양화상문답잡징의』 제46단 '蔡鎬問忠禪師中道義'에 "有와 無를 모두 버리고 중도 또한 없어야 한다'고 한 것은 바로 無念입니다. 무념은 일념입니다. 一念은 일체지입니다. 일체지는 매우 깊은 반야바라밀입니다(有無雙遣中道[亦]亡者, 卽是無念. 無念卽是一念. 一念卽是一切智. 一切智卽是甚深般若波羅蜜)"라는 말이 있고, 같은 제19단의 '일행삼매·무념'과 『남종정시비론』 제47단에 "무념은 반야바라밀이고, 반야바라밀은 일행삼매다(是無念者, 卽是般若波羅蜜. 般若波羅蜜者, 卽是一行三昧.)라고 한다.

***釋迦牟尼佛授彌勒記**(석가모니불수미륵기) : 授記는 또 受記라

고도 표현한다. 부처님이 제자에게 장래에 성불할 것을 예고하고 보증하는 말이다. 미륵(Maitreya)은 慈氏라고도 하며, 『彌勒下生成佛經』에 석가불이 "56억 7천만 년 후에 이 사바세계에 출현하여 華林園 안의 龍華樹 아래에서 성불하고 3회의 설법으로 석존의 교화에서 빠진 모든 중생을 제도하려는 이로서 석가모니부처님 다음으로 성불할 것을 보증받은 보살이라"고 한다. 『보살처태경』 권2 '三世等品' 제5(『대정장』 권12, p.1025하)에 "부처님이 미륵에게 고하기를, … 미륵이여, 마땅히 너는 또 수기를 받아 56억 7천만세에 이 樹王 아래서 무상정각을 이룰 것이라는 것을 알아야 한다." 또 『一切智光明仙人慈心因緣不食肉經』(『대정장』 권3, p.458하)에서는 다음과 같이 말하고 있다. "부처님이 式乾에게 고하기를, 너는 지금 마땅히 알아야 한다. 이 때 白兎王이란 자는 지금 나의 몸이 석가모니불이다. 그 때 兎兒라는 사람은 지금 라후라이다. 그 때 송경선인이란 자는 지금 이 대중 가운데 바라문의 아들인 미륵보살마하살이고, 내가 열반에 든 후 56억만 세에 마땅히 양거전륜성왕의 국토 화림원 중의 금강좌처인 용화보리수 아래서 불도를 이루고 오묘한 법륜을 굴릴 것이라는 것을(佛告式乾, 汝今當知. 爾時白兎王者, 今現我身釋迦文尼佛是. 時兎兒者今羅睺羅是. 時誦經仙人者, 今此衆中婆羅門子彌勒菩薩摩訶薩是, 我涅槃後五十六億萬歲, 當於穰佉轉輪聖王國土華林園中金剛座處龍華菩提樹下, 得成佛道, 轉妙法輪.)."

***須陀洹在定八萬劫 … 辟支佛在定十萬劫(수타원재정팔만겁 … 벽지불재정십만겁)** : 수다원·사다함·아나함·아라한은 성문이 수행하여 얻은 증과에 의하여 분류한 성문의 네 가지 境位이다. 벽지불은 연각을 가리키는데 이승인이다. 성문과 연각의

이승인에게 다섯 가지 병이 있는데 각각 8만겁·6만겁·4만겁·2만겁·1만겁을 경과한 후에 大果를 얻지만 모두 여래는 아니라고 『대반열반경』 '現病品'에 설하고 있다.

"가섭이여, 이 대승대열반경전에 5종의 사람이 있고, 病處가 있는데 여래가 아니다. 무엇이 다섯 가지인가? 하나는 三結을 끊고 수다원과를 얻어 지옥·축생·아귀에 떨어지지 않고 인천에 일곱 번 돌아왔다가 영원히 모든 괴로움을 끊고 열반에 들어가는 것이다. 가섭이여, 이를 첫 번째 사람의 병처라고 하는 것이다. 이 사람은 미래에 8만겁을 지나 곧 마땅히 아뇩다라삼막삼보리를 얻을 것이다(迦葉, 有五種人於是大乘大涅槃典. 有病行處非如來也. 何等爲五. 一斷三結得須陀洹果, 不墮地獄畜生餓鬼, 人天七返永斷諸苦入於涅槃. 迦葉, 是名第一人有病行處. 是人未來過八萬劫, 便當得成阿耨多羅三藐三菩提.). 가섭이여, 두 번째 사람이라는 것은 세 가지 결박을 끊고 탐·진·치 삼독이 엷어져 사다함과를 얻어 한 번 와서 영원히 모든 괴로움을 끊고 열반에 들어가는 것이다. 가섭이여 이를 두 번째 사람의 병처라고 한다. 이 사람은 미래에 6만겁을 지나 곧 마땅히 아뇩다라삼막삼보리를 얻을 것이다(迦葉, 第二人者, 斷三結縛薄貪恚癡, 得斯陀含果名一往來, 永斷諸苦入於涅槃. 迦葉, 是名第二人有病行處. 是人未來過六萬劫, 便當得成阿耨多羅三藐三菩提.). 가섭이여, 세 번째 사람은 5하분결을 끊고 아나함과를 얻어 다시는 이곳에 오지 않고 영원히 여러 가지 괴로움을 단절하고 열반에 들어가는 것이다. 이것이 세 번째 사람의 병처라고 한다. 이 사람은 미래에 4만겁을 지나 곧 마땅히 아뇩다라삼막삼보리를 얻을 것이다(迦葉, 第三人者, 斷五下結得阿那含果, 更不來此, 永斷諸苦入於涅槃. 是

名第三人有病行處。是人未來過四萬劫, 便當得成阿耨多羅三藐三菩提.). 가섭이여, 네 번째 사람은 영원히 탐욕·진에·우치를 끊고 아라한과를 얻어 번뇌를 남김없이 모두 끊고 열반에 들어가더라도 또한 기린이 홀로 가는 것과 같지 않다. 이것이 네 번째 사람의 병처라고 한다. 이 사람은 미래에 2만겁을 지나 곧 마땅히 아뇩다라삼막삼보리를 얻을 것이다(迦葉, 第四人者, 永斷貪欲瞋恚愚癡得阿羅漢果, 煩惱無餘入於涅槃, 亦非騏驎獨一之行. 是名第四人有病行處. 是人未來過二萬劫, 便當得成阿耨多羅三藐三菩提.). 가섭이여, 다섯 번째 사람은 영원히 탐욕·진에·우치를 끊고 벽지불도를 얻어 번뇌를 남김없이 모두 끊고 열반에 들어가는데 이는 진실로 기린이 홀로 가는 것과 같다. 이것이 다섯 번째 사람의 병처라고 한다. 이 사람은 미래에 1만겁을 지나 곧 마땅히 아뇩다라삼막삼보리를 얻을 것이다. 가섭이여, 이것이 다섯 번째 병처이며, 여래가 아니다(迦葉, 第五人者, 永斷貪欲瞋恚愚癡得辟支佛道, 煩惱無餘入於涅槃, 眞是騏驎獨一之行. 是名第五人有病行處. 是人未來過十千劫, 便當得成阿耨多羅三藐三菩提. 迦葉, 是名第五人有病行處, 非如來也.)."

신회는 이 『열반경』에 의하여 空定에 머무는 이승을 비판한 것이다. 이런 비판은 남양혜충·마조도일·백장회해에도 보인다. 『조당집』 권3 '혜충장'에 "또 묻기를, 어떤 선지식이 말하기를, '도를 배우는 사람이 단지 본심을 깨닫기만 하면 죽음이 다가왔을 때 껍질을 훌쩍 벗어 한 쪽에 두고 靈臺인 覺性만이 훨훨 떠나는 것을 해탈이다'라고 했는데 이것은 어떻게 이해해야 합니까?" 혜충국사가 대답하기를, "이는 아직도 二乘과 외도의 생각을 면치 못했다. 이승인은 모두 유위의 생사를 싫어하여 여의려 하고 무여열반을 즐겨 구하려고 하고 있다. 노자도 말하기를 '나에게 큰 걱정이 있는 것은 내 몸이 있기 때문이다' 라고 했다. 冥諦를 좋아하여 지극한 도라고 여겨 마침내는 명제에 나아간다. 수다원은 팔만 겁, 사다함은 육만 겁, 아나함은 사만 겁, 아라한은 이만 겁, 벽지불은 만 겁 동안 선정에 머물고, 외도도 또한 팔만 겁 동안 비상비비상천에 머문다. 이승은 겁이 다 채워지면 오히려 廻心하여 대승으로 돌아가지만 외도는 겁이 다 차도 생사에 윤회함을 면치 못한다." 또 『마조어록』에 "그러므로 성문은 깨달았다가 다시 미혹해지지만 범부는 미혹에서 깨닫는다. 성문은 성인의 마음에 본래 수행지위·인과·계급 등 마음으로 헤아리는 망상이 없는 줄을 모른다. 그래서 因을 닦아 과를 얻어 空定에 머물며 8만겁·2만겁을 보낸다. 비록 이미 깨닫기는 했을지라도 깨닫고 나서는 다시 미혹해 지는 것이다(所以聲聞悟迷, 凡夫迷悟. 聲聞不知聖心, 本無地位因果階級, 心量妄想. 脩因證果, 住於空定, 八萬劫二萬劫. 雖卽已悟, 悟已却迷.)." →(『馬祖の語錄』, p.24). 또 『백장광록』(Z.118-83b)에도 "옛날 10대제자인 사리불·부루나·正信의 아난·邪信의 善星 등은 각각 牓樣이 있고, 각각 則候가 있을지라도 모두가 導師에게 설파당하는 것은 4선8정의 아라한으로 선정에 머물며 8만겁을 보냈기 때문만은 아니다. 그들은 이 소행에 집착하여 淨法酒에 취해 있다. 따라서 성문은 불법을 들을지라도 위없는 도심을 발할 수 없고, 그 때문에 선근을 끊은 사람은 불성이 없다고 한 것이다(向前十大弟子, 舍利弗·富樓那·正信阿難·邪信善星登, 箇箇有牓樣, 箇箇有則候, 一一被導師說破, 不是四禪八定阿羅漢等, 住定八萬劫, 他是依執所行, 被淨法酒醉故. 聲聞人聞佛法, 不能發無上道心, 所以斷

善根人無佛性.).”

***須陀洹(수다원)** : 범어 srotāpanna와 빠리어 sotāpanna를 음역한 것이고, 預流라고 번역한다. 預流果를 初果라고 하며 견도에서 삼계의 見惑을 끊고 무루의 성도에 들어간 자리이다. 이 果를 향하여 견혹을 끊고 있는 견도15心의 사이를 預流向이라 한다.

***斯陀含(사다함)** : 범어 sakṛdāgāmin과 빠리어 sakadāgāmin을 음역한 것이며, 一來라고 번역한다. 一來果는 욕계의 修惑에 9품이 있는데 그 가운데 앞의 6품까지의 번뇌를 끊어 버린 성자의 位를 말한다. 이 위에 있는 자가 아직 끊을 수 없는 3품의 수혹을 끊기 위하여 한 번 天界에 태어났다가 다시 人界로 와서 般涅槃(완전한 열반)의 깨달음을 얻어야 하므로 일래라고 한다. 이 6품의 수혹을 끊고 있는 자리를 一來向이라 한다.

***阿那含(아나함)** : 범어 · 빠리어 anāgāmin을 음역한 것이며, 의역하여 不還이라 한다. 不還果는 욕계의 수혹 9품 중 나머지 3품을 끊어 버려서 다시 욕계에 돌아오지 않는 자리이다. 不還向은 그 수혹을 닦아 끊고 있는 자리를 말한다.

***阿羅漢(아라한)** : 범어 arhat, 빠리어 arahan를 음역한 것이며, 應供이라고 의역한다. 阿羅漢果는, 極果, 無學果라고 하여 일체의 견혹과 수혹을 끊고 영원히 열반에 들어 다시 생사의 迷界에 윤회하지 않는 자리이다. 阿羅漢向은 불환의 성자가 아라한과에 이르기까지의 자리를 말한다. 각 位에 向과 果가 있기 때문에 이를 모두 합치면 4向4果가 된다.

***辟支佛(벽지불)** : 범어는 pratyeka-buddha이고, 빠리어는 pacceka-buddha이다. 2승의 緣覺 · 獨覺을 말한다. 다른 사람의 가르침에 의지하지 않고 자기 스스로 연기의 법을 관찰하여 도를 깨

달(無師獨悟)은 성자를 말한다.

***菩薩摩訶薩(보살마하살)** : 범어 bodhiṣattva-mahāsattva, 빠리어 bodbisatta-mahāsatta를 음역한 것인데 菩提薩埵摩訶薩埵라고 음역한다. 보리살타는 道衆生 · 覺有情 · 道心衆生 · 開士 · 大士 등으로 번역하며, 마하살타는 大衆生 · 大有情이라 번역한다. bodhi는 깨달음, sattva는 중생을 뜻하는 말로서 깨달음을 구하기 위하여 수행하는 사람, 즉 구도자. 『대지도론』 권4(『대정장』 권25, p.86상)에 "보살의 마음은 자신도 이롭게 하고 남도 이롭게 하며, 일체 중생을 제도하며, 일체법의 실성을 알며, 아뇩다라삼막삼보리의 도를 행하며, 그리고 일체 현성의 칭찬을 받기 때문에 보리살타라 한다.(菩薩心自利利他故, 度一切衆生故, 知一切法實性故, 行阿耨多羅三藐三菩提道故, 爲一切賢聖之所稱讚故, 是名菩提薩埵."고 한 바와 같이 스스로 불도를 구하고 남도 깨닫게 하려는 사람. 또 대승불교의 이상적인 인간으로서 上求菩提 下化衆生을 실천하는 사람을 뜻한다.

***投機(투기)** : 機는 마음의 작용(mind activities)을 가리킨다. 투기는 스승의 機와 학인의 기가 서로 계합하여 일치하는 것을 가리킨다. 여기서 투기는 보살이 중생의 마음과 능력에 맞추어 가르침을 펴는 것을 말한다. 『벽암록』 제26칙(『대정장』 권48, p.167상)에 "다행스럽게도 백장선사는 정수리에 눈이 있고 팔꿈치 뒤에 靈符가 있어서 사천하를 비춰보고 찾아오는 사람의 형색을 깊이 분별하였기에 문득 내려 친 것이다. 만약 다른 사람이라면 그를 어찌 할 수 없었으리라. 이 스님은 기틀로써 기틀에 투합하고 생각으로써 생각을 주고받았기 때문에 절을 올린 것이다(賴値百丈頂門有眼, 肘後有符, 照破四天下, 深辨來風, 所以便打, 若是別人 無奈他何, 這僧以機投機, 以意遣意,

他所以禮拜)"라는 말이 있다.

*能始(능시) : 북경본(B본)은 '然始'로 되어 있다. 『資治通鑑』개원 29년조의 胡三省의 주에 "'然始'는 지금 오히려 '然後'라고 하는 것이 맞다"고 한다. 영신강의 교기에 "같은 뜻이며 둘 다 모두 '纔始'의 뜻이라"고 한다.

*經云(경운) … : 이 경문은 『유마경』 '불도품'(『대정장』14권, p.549중)에 나오는 말이다. 다만 경에는 천녀가 사리불에게 말했다는 것이 아니고, 대가섭이 사리불에게 말했다는 것이다. "그러므로 문수사리여, 범부는 불법에 반복이 있을지라도 성문은 없다. 왜냐하면 범부는 불법을 듣고 능히 위없는 도심을 일으켜 삼보를 끊지 않기 때문이다. 설사 성문이 종신토록 불법의 力無畏 등을 들을지라도 영원히 위없는 도의를 일으킬 수 없다(是故文殊師利, 凡夫於佛法有返復, 而聲聞無也. 所以者何. 凡夫聞佛法能起無上道心不斷三寶, 正使聲聞終身聞佛法力無畏等, 永不能發無上道意.)"라고 한 말을 인용한 것이다. 경에는 '返覆'이 '返復'으로 되어 있다. 현장역 『說無垢稱經』에는 "그러므로 異生은 능히 佛恩을 갚지만 성문과 연각은 갚을 수 없다"고 번역하고 있다. 즉 反覆(反復과 같음)을 報恩의 뜻으로 생각하고 있다. 앞에 인용한 『마조어록』의 바로 다음에도 이 구를 인용하고 있다.

*舍利弗(사리불) : 범명은 Śāriputra, 빠리명은 Sāriputta이다. 부처님의 10대 제자 가운데 한 사람으로 지혜제일이다. 舍利子, 舍利弗多라고도 한다. 그의 아버지는 底沙(Tiṣya), 어머니는 舍利(Śāri)라고 한다. 그의 어머니의 이름으로부터 사리자라 부르게 되었고 한다. 즉 舍利(Śāri)는 어머니라는 뜻이며, 弗多(Putra)는 弗多羅의 준말로서 아들이라는 뜻이다. 그러므로 舍利女

의 子(아들)이란 말이 된다. 마갈타국 왕사성 마갈타국의 바라문家에서 출생했으며 신통제일인 목건련과 함께 六師外道의 한 사람인 删惹耶(Sañjaya)를 스승으로 섬기다가 뒤에 馬勝比丘로 인하여 부처님께 귀의하였으나 부처님보다 먼저 입적하였다.

***心口(심구)** : 마음과 입이란 뜻이 아니고 당송의 속어로서 '마음'이란 의미이다. 『천축국보리달마선사론』에 "察心門이라고 말한 것은 항상 마음을 看守하는 것으로 말미암는 것이기 때문에 번뇌의 도적인 6근 중의 여섯 개 頭首의 큰 도적을 살핀다. … 말한 바 '察'이라는 것은 '覺察'의 뜻이다. 마음(心口)의 선악 등의 생각을 각찰하여 모두 遺漏를 없게 한다(『藏外佛教文獻』第1輯, p.38)." 『송고승전』 권26 '唐湖州大雲寺子瑀傳'(『대정장』 권50, p.876하)에 "항상 일만 오천의 佛名에 예경하고 겸하여 자비로 참회하고 일야에 한 번 돌고 혹은 2일 3일에 한 번 돈다. 밤에 聖僧 아홉 사람이 참회하는 장소에 내려와 서로 함께 도를 행하고 손가락을 튕기며 간다. 혹은 밤에 등촉도 없이 마음으로 이것을 생각하며 원광으로 방을 비추기를 마치 달속에 앉아 있는 것과 같이 하며(常禮一萬五千佛名, 兼慈悲懺, 日夜一匝, 或二日三日一匝. 夜有聖僧九人降於禮懺之所, 相與行道彈指而去. 或夜無燈燭, 心口是念, 圓光照室如坐月中)." 『伍子胥變文』에 "子胥는 心口로 사유한다(項楚, 『敦煌變文選注』, p.41)." 항초의 주에 '心口思惟'는 당송의 속어이다. 오히려 심구라는 말 자체에 '사유하다'라는 뜻이 있다고 한다. 『오등회원』 권2에도 '사리불은 心口로 사유하고'라는 말이 있다.

***中道第一義諦(중도제일의제)** : 중도는 『중론』 '觀四諦品'(『대정

장』 권30, p.33중)에 "자성이 없기 때문에 공이라고 말하지만 공 또한 공한 것이다. 단지 중생을 인도하려고 하기 때문에 가명으로 말할 뿐이며, 유무의 2변을 여의었기 때문에 중도라고 한다(無自性故空, 空亦復空. 但爲引導衆生故, 以假名說, 離有無二邊故中道.)"고 한다. 즉 중도는 서로 모순대립 되는 것을 초월한 입장이다. 이 모순과 대립을 떠난 중도의 세계는 공의 실천에 의하여 근원적인 마음에서 이루어진다. 그리고 일체의 상대적인 대립을 초월한 깨달음의 세계, 즉 본래심의 세계를 第一義諦라 하고, 이를 眞諦·聖諦·勝義諦라고도 한다. 열반·진여·實相·중도·법계·진공 등은 모든 법 가운데 제일이기 때문에 이들을 제1의제라 한다. 특히 법상종에서는 진여를 제1의제라 하고, 遍計의 제법은 俗諦라 한다. 삼론종에서는 용수의 『중론』에 기초를 두고 "不生不滅, 不常不斷, 不一不異, 不來不去.(『대정장』 권30, p.1)"의 八不中道를 설하여 중도사상을 전개한다. 제1의제(眞諦)라는 것은 『열반경』 '성행품'에 "출세간의 사람에게 보이는 법을 '第一義諦'라 하고, 세간의 사람에게 보이는 법을 '世諦'라 한다"고 한 것처럼 세간 사람들이 진리라고 생각하는 俗諦에 대하여 출세간의 사람들이 보는 최고의 수승한 궁극적인 진리를 의미한다. 중도와 제1의제는 본래 각각 개념화된 말이지만 이것을 하나로 합쳐 '중도제1의제'란 말로 사용한 사람은 천태지의이다. 지의는 제법 실상의 진리를 空·假·中 삼제에 의하여 설명하고, 특히 중제를 중도제1의제라고 한다. 공과 가가 상즉하여 不二而二, 二而不二가 된 완전한 최고의 진리이다. 신회도 이 용어를 사용하고 있지만 그 의미하는 바는 다르다. 『단어』 제22단에 『대반열반경』 '사자후보살품'의 "불성이라는 것은 제1의공이다. 제1

의공은 중도이다. 중도는 부처이다. 부처는 열반이다(남본, p.768하)"라고 한 말에 토대를 둔 설법이 있고, 『남종정시비론』제33단과 『문답잡징의』제19단에 무념을 깨달은 경지를 정의하는 가운데 중도제1의제를 다음과 같이 말하고 있다. "능히 무념을 보는 사람은 6根에 더러움이 없다. 무념을 보는 사람은 佛智에 향할 수 있다. 무념을 보는 것을 이름하여 實相이라 한다. 무념을 보는 것은 中道第一義諦이다. 무념을 보는 사람은 항사와 같은 많은 공덕을 일시에 똑 같이 구비한다. 무념을 보는 사람은 능히 일체법을 낸다. 무념을 보는 사람은 일체법을 수섭한다."

8. 마음으로써 마음을 전함

夫求解脫者, 離身意識五法三自性八識二無我, 離內①外見, 亦不於三界現身意, 是爲宴坐. 如②此坐者, 佛卽印可. 六代祖師,③ 以心傳心, 離文字故. 從上④相承, 亦⑤復如是.

【校記】

① B본은 「內」자 다음에 「見」자가 더 있음.

② 저본은 「如」자 앞에 「而」자가 있음. B본·P본·S1본에 의거하여 삭제함.

③ B본은 「師」자 다음에 첩자부호(ℵ)가 붙어 있음.

④ B본은 「上」자가 빠져 있음.

⑤ B본은 「亦」자가 빠져 있음.

【번역】

무릇 해탈하고자 하는 사람은 몸과 意識, 5법, 3자성, 8식, 2무아 등에 대한 개념을 여의어야 하고, 또 내외의 견을 여의어야 하며, 또한 삼계에서 身意를 나타내지 않는 것이 연좌이다.

이와 같이 좌선하는 사람을 부처님은 인가하였다. 육대조사가 마음과 마음으로 법을 서로 전할 수 있었던 것도 문자를 여의었기 때문이다. 위로부터 서로 전한 방법도 또한 이와 같다.

【注記】

***離身意識五法三自性八識二無我**(이신의식오법삼자성팔식이무아) : 『능가경』 권2에 보살이 수행할 만한 四法行을 설하는 단이 있다. 사법행이라는 것은 '自心이 나타내는 것을 잘 분별하는 것' '外性은 성이 아니라고 관하는 것' '생·주·멸의 견해를 여의는 것' '自覺聖智의 善樂을 얻는 것'이다. 이 자각성지의 선락을 얻기 위한 수행의 대방편을 다음과 같이 설하고 있다. "어떻게 하여야 보살마하살이 자각성지의 선락을 얻을 수 있는가? 말하자면 무생법인을 얻어 제8 보살지에 머물며 심·의·식, 5법, 자성, 2무아의 모양(**相**)을 여의고 意生身을 얻으면 된다(『대정장』 권16, p.489하)"고 한다. 신회의 구는 이 『능가경』의 구를 근거로 한 것이다. 譯文에는 경에 있는 '**相**'자를 보충하여 번역했다. '5법·3자성·8식·2무아'는 『능가경』에 설해져 있는 것을 뛰어넘을 만한 教義이지만 『능가경』의 설은 두 가지로 정리해 볼 수 있다.

『楞伽經』							神 會		
1권 480하	1권 484상	1권 488중	2권 489하	4권 510하	4권 511상	4권 511중	『단어』(8)	『雜徵義』(16)'志德法師問' P.3047R(胡本)	石井本
	心意意識	〃	〃				身意識	心意識	
五法	〃	〃	〃	〃	〃	〃	五法	〃	〃
自性	〃	〃	〃	〃	〃	三自性	三自性	〃	〃
識				識	〃	八識	八識	〃	〃
二無我		二無我	〃	〃	〃	〃	二無我	〃	〃

도표에 의거하여 보면 '심의의식'이 들어가 있는 곳에는 '(8)식'이 제외되어 있고, '(8)식'이 들어가 있는 곳에는 '심의의식'이 제외되어 있다. 高崎直道는 심의의식이란 "심은 아뢰야식, 의는 말나식, 의식은 제6 의식을 가리키지만 이 세 가지를 하나로 보아 전체를 8식으로 나누어 놓은 식설을 가리키는 것이라고 생각한다(高崎直道 『楞伽經』 佛典講座17, 大藏出版, p.92,)"고 한 것처럼 이들은 8식을 대표하고 있다. 그러니까 『능가경』에서는 '심의의식'과 '(8)식'이 중복되어 있지 않다.

그렇지만 身意識은 심의식의 誤記가 아닌지? 왜냐하면 『입능가경』 권8에 "一阿梨耶識, 二意, 三意識 云云."(『대정장』 권16, p.559중)이라 한 말 가운데 대승의 유식학에서는 아리야식은 眞相과 業相의 양면을 俱有한 心(citta)을, 의는 제7말나식(manas)을, 의식은 제6의식(vijñāna)을 각각 가리키고 있기 때문이다. 이와 같이 유식학에서는 識體別說에 의거하여 구분해서 쓰고 있지만 여기 『단어』에서는 신의식을 엄밀하게 구별하지 않고 하나로 통합하여 思慮分別의 의미로 쓰고 있는 것 같다. 부파불교의 『阿毘曇毘婆沙論』 권38(『대정장』 권28, p.281중)에 "심의식에 어떤 차별이 있는가? 차별이 없다. 心이 意이고, 의가 식이다. 이처럼 모두 같은 뜻이기 때문에 차별이 없다. 마치 불을 火라고 하고 炎이라고 하고, 熾라고 하고, 또 燋薪이라 하는 것과 같다(問曰, 心意識有何差別. 答曰, 或有說者, 無有差別. 心卽是意, 意卽是識. 如是等皆同一義, 無有差別, 如火名火亦名炎亦名熾亦名燋薪.)"고 한 것과 같이 구분하지 않고 있다. 식은 모두 분별하는 것을 그 본성으로 삼기 때문에 식으로부터 나온 마음은 전부 망심이다.

그런데 표에도 보이는 바와 같이 『문답잡징의』 제26단 '지덕법사와의 문답'에 '심의식'이 페리오본(호본)에는 들어가 있지만 석정본에는 없다. 이것은 석정본의 편자가 중복된다는 생각 때문에 삭제한 것일 것이다. 그러면 『단어』의 경우는 어떤가? 영신강이 주장하는 것에 의하면 당오대의 河西方音에는 '身'과 '心'은 동음이기 때문에 통용하며, J.Gernet · P.Demieville · W.Liebenthal · 소원본은 '心'으로 고친 것을 옳다고 할 만한가(『敦煌本禪籍校錄』, p.129)라고 의문을 제기하고 있다. 아마도 신회는 바로 다음에 언급할 『유마경』의 '身意'를 염두에 두고 있기 때문에 '身意識'이라 한 것 같고, 중복하는 '심의식'은 아닐 것이다. 지금 통하는 것과 통하지 않는 것과의 亂用을 피하기 위하여 '신의식' 그대로 살렸다.

離身意識에서 '離'는 원효의 記會本 『대승기신론소』 권2(『한국불교전서』 1책, p.744하)에 "여읜다는 뜻으로써 공을 해석한다(以離義而釋空也.)"고 한 바와 같이 유무 등의 양변에서 벗어나는 것을 의미이다.

5法은 '5事'라고도 하며, 迷悟法의 본질이 되는 다섯 가지를 가리킨다. 『입능가경』 권7에 名·相·分別·正智·如如의 5법을 들고 있다. 명은 現象에 대하여 거짓으로 붙인 이름(사물의 가명), 상은 현상의 차별적인 모습(사물의 色相), 분별은 생각하는 망상(분별허망의 想念), 정지는 진여를 아는 지혜(正見의 智), 여여는 만유의 본체로서 사실 그대로의 평등한 진리(不變不異의 진여)를 말한다.

3自性은 유식학에서 제법을 세 가지 방면으로부터 관찰한 것으로서 妄相自性과 緣起自性과 成自性이다. 현장의 신역에서는 遍計所執性(parikalpita-svabhāva)·依他起性(paratantra-svabhāva)·圓成實性(parinişpanna-svabhāva)이라 한다. 분별성은 범부의 망집으로 我와 我所가 있다고 보는 허망한 경계. 의타성은 일체법이 衆緣에 의하여 생기하는 것. 진실성은 의타기성의 본질인 진여실성을 뜻한다.

8識은 『입능가경』 권8(『대정장』 권16, p.559중)에 "所謂八識. 何等爲八. 一者阿梨耶識, 二者意, 三者意識, 四者眼識, 五者耳識, 六者鼻識, 七者舌識, 八者身識."이라 한 것과 같이 眼識·耳識·鼻識·舌識·身識의 前5識과 第6意識·第7末那識·第8阿賴耶識을 가리킨다. 반야를 無分別知라 하고 분석적인 知를 識이라 한다. 선에서는 분석적인 지를 버리고 무분별지를 체득할 것을 권하고 있다.

2無我는 『금강경』(『대정장』 권8, p.749중)에 "無復我相, 人相, 衆生相, 壽者相."이라 한 바와 같이 유정은 5온의 假和合的인 존재이기 때문에 실체가 없다고 하는 人無我(我空·人

空・生空)와 또 『금강경』(『대정장』 권8, p.749중)에 "無法相, 亦無非法相."이라 한 바와 같이 제법은 인연에 따라서 나타난 것이기 때문에 그것에는 독자적인 자성이 없다고 하는 法無我(法空・相空)를 말한다. 즉 개체로서 我의 실체를 부정하는 것을 '인무아'라 하고, 일체존재의 실체를 부정하는 것을 '법무아'라고 한다.

그런데 이외에도 신회가 『능가경』과 관련하여 말하고 있는 단은 본단과 『문답잡징의』 제26단'志德法師問'·『문답잡징의』 제46단'門人蔡鎬의 自覺聖智'·『문답잡징의』 제48단'王弼問'·『문답잡징의』 제50단'志德法師問의 生住異滅' 등이다.

***內外見(내외견)** : 내견과 외견, 즉 주관과 객관이란 사고 『유마경』'문수사리문질품'(『대정장』 권14, p.545상)에 "만약 얻는 것이 없으면 반연도 없다. 무엇을 무소득이라 하는가? 二見을 여의는 것을 말한다. 무엇이 이견인가? 내견과 외견이 무소득이다(若無所得則無攀緣, 何謂無所得. 謂離二見. 何謂二見. 謂內見外見是無所得.)."

***不於三界現身意…佛卽印可(불어삼계현신의…불즉인가)** : 『유마경』'제자품' 제3(『대정장』 권14, p.539하)에 나온다. 宴坐는 좌선과 동의어이다. 이 말은 대승선과 소승선을 구별해 주는 근거가 된다. 부연하면 성문 등 2승은 좌선에 집착하여 좌선을 하기 때문에 定縛의 굴레에서 벗어나지 못하지만 대승선은 좌선을 해도 좌선을 한다는 생각이 없기 때문에 자취를 남기지 않는 것이 그 특징이다. 『유마경』'제자품'(『대정장』 권14, p.539하)에 "내가 옛날에 일찍이 숲속에서 나무 아래에 앉았다. 그때 유마힐이 와서 나에게 말하기를, 야! 사리불아, 반드시 그렇게 앉는 것이 연좌가 아니다. 연좌라는 것은 삼계에 몸과 마음

을 나타내지 않는 것이 연좌이다. 멸진정에서 일어나지 않고 모든 위의를 나타내는 것이 연좌이다. 도법을 버리지 않고 범부의 일을 나타내는 것이 연좌이다. 마음이 안에도 머무르지 않고 밖에도 머무르지 않는 것이 연좌이다. 모든 견에 대하여 움직이지도 않고 37조도품을 수행하는 것이 연좌이다. 번뇌를 끊지 않고 열반에 드는 것이 연좌이다. 만약 이와 같이 좌선한다면 부처님이 인가할 것이다(我昔曾於林中宴坐樹下. 時維摩詰來謂我言, 唯舍利弗, 不必是坐爲宴坐也. 夫宴坐者, 不於三界現身意, 是爲宴坐. 不起滅定而現諸威儀, 是爲宴坐. 不捨道法而現凡夫事, 是爲宴坐. 心不住內亦不在外, 是爲宴坐. 於諸見不動而修行三十七品, 是爲宴坐. 不斷煩惱而入涅槃, 是爲宴坐. 若能如是坐者, 佛所印可.)."

***六代祖師(육대조사)** : 초조 보리달마·2조 혜가·3조 승찬·4조 도신·5조 홍인 ·6조 혜능까지의 6대 조사를 가리킨다. 하택신회는 옥천사 신수에게 배웠지만 나중에 혜능의 제자가 된다. 혜능을 6조로서 거양했다.

***以心傳心(이심전심)** : 문자와 경론에 의거하지 않고 스승과 제자가 직접 문답을 통하여 마음으로써 마음에 불법을 전하는 것이다. 역대의 조사는 이 방법에 의하여 법을 상승했다. 돈황본『육조단경』제9단에 "오조는 밤이 삼경에 이르자 혜능을 조사당 안으로 불러『금강경』을 설했다. 혜능이 한 번 듣고 말이 끝나자마자 곧 바로 깨달았다. 그 날 밤에 법을 전수받았지만 아무도 알아채지 못했다. 곧 바로 돈교의 법과 가사를 전수하여 혜능을 육대의 조사로 삼았다. 가사는 장차 깨달음의 증표가 될 것이며, 계속하여 대대로 서로 전해야 한다. 법은 마음과 마음으로 전해야 하며 마땅히 스스로 깨달아야 한다(周紹良本, p.1

18).” 『선원제전집도서』 권상(『대정장』 권48, p.400중)에 “달마는 인도에서 법을 전수받고 몸소 중국에 이르러 이 나라의 학인들이 대부분 아직 법을 얻지 못하고 다만 名義로써 이해하고 事相(현상)으로써 행을 삼고 있음을 보고 달은 손가락에 있지 않으나 법은 우리의 마음이라는 것을 알게 하고자 했기 때문에 다만 마음으로써 마음을 전할 뿐 문자를 세우지 않았다. 종지를 나타내고 집착을 부수려고 했기 때문에 이런 말을 한 것이지만 문자를 떠나서 해탈을 설할 수 있는 것은 아니다(達摩受法天竺躬至中華, 見此方學人多未得法, 唯以名數爲解事相爲行, 欲令知月不在指法是我心. 故但以心傳心不立文字. 顯宗破執, 故有斯言, 非離文字說解脫也.)”이라고 한 바와 같이 법은 곧 우리의 마음이다. 마음과 마음을 서로 전한다고 하니까 마음이 마치 어떤 물건처럼 생각될지 모르겠으나 우리의 마음은 보고 만질 수 있는 형상이 아니다. 그러면 어떻게 스승과 제자사이에 以心傳心이 이루어질까? 원리는 간단하다. 스승도 정법의 안목을 구족하고 제자도 역시 정법의 안목을 구족했을 때, 다시 말해서 스승의 법과 제자의 법이 서로 계합했을 때 본래심과 본래심과의 대화로써 以心傳心이 이루어지는 것이다. 이 이심전심의 내용은 다름 아닌 正法眼藏인 것이다. 정법안장이란 말은 801년에 성립된 『보림전』에 최초로 나온다.

*본단에서 신회의 주장에 주의를 해야 할 것은 그는 분명히 『능가경』의 교의를 인용하여 자신의 사상을 전개하고 있지만 『능가경』의 교의를 전적으로 인정하고 있는 것은 아니라는 점이다. 초기 선종에서는 『능가경』을 所依經典으로 삼았지만 그 후 교리적인 성향이 강한 이 경전은 6조 신회에 의하여 밀려나고 『金剛經』이 남종의 소의경전으로 바뀐다. 여기서도 신회는

『능가경』의 영향이 강한 북종계의 이러한 견해들을 멀리하도록 주장하고 있다. 그러나 신회의 이러한 『능가경』 퇴치운동에도 불구하고 조사선시대에 넘어 오면 다시 소의경전이 『능가경』으로 바뀐다.

신회는 사실 능가종을 계승하면서도 또 한편으로는 능가종을 말살하려고 기획한 인물이다. 본단에서도 그는 달마로부터 혜가로 전승된 법이 실제로 능가종의 그것과 다르지 않다는 것을 스스로 폭로하고 있다. 신회의 이런 능가종 말살 운동은 『역대법보기』와 『조당집』으로 계승된다. 그러나 선종이 과거에는 능가종이었다는 사실은 부인할 수 없다.

9. 해탈하지 못 하는 이유

知識一一身, 具有佛性. 善知識不將佛菩提法與人者, 亦不爲人①者安心.② 何以故. 涅槃經云, 早已授人者記, 一切衆生, 本來涅槃, 無漏智性, 本自具足. 何爲不見, 今流浪生死, 不得解脫. 爲被煩惱覆故, 不能得見. 要因善知識指授, 方乃得見. 故卽離流浪生死, 使得解脫.

【校記】

① 鈴木本은 「人」자를 「仁」자로 교기했음.

② P본은 「心」자가 빠져 있음.

【번역】

여러분 각자의 몸에는 불성을 다 갖추고 있다. 그러나 선지식이 부처님의 보리법을 구도자들에게 가르쳐 주지 않는다면 구도자들의 마음을 편안하게 할 수 없다. 왜냐하면 『열반경』에

"일찍이 仁者(구도자)에게 수기하여 말씀하시기를, 일체중생은 본래 열반에 있으며, 일체의 번뇌망념이 없는 지혜의 성품을 본래 스스로 구족하고 있다"

고 하셨기 때문이다. 그런데 무엇 때문에 깨닫지 못하고 지금 생사고해에 윤회하며 해탈하지 못 하는가? 번뇌에 가려져 있기 때문에 능히 깨달을 수 없다. 그러므로 반드시 선지식의 지도를 받아야 비로소 깨달을 수 있다. 그 결과 생사고해에서 유랑하지 않고 해탈할 수 있게 될 것이다.

【注記】

***佛性(불성)** : 범어는 buddhatā · buddhatva이다. 如來性 · 覺性이라고도 하고, 如來藏과 동일시하기도 한다. 모든 사람들이 가지고 있는 부처로서의 본성(種子 · 本因)을 말한다. 즉 부처가 될 수 있는 가능성을 가리키는 말이다. 중생들이 각자 소유하고 있는 불성은 부처가 될 수 있는 가능성을 말하는 것 일 뿐 완전한 인격의 소유자인 부처가 된 것을 말하는 것이 아님을 분명히 구분할 줄 알아야 한다. 이 불성사상은 중국불교에 있어서 반야사상과 더불어 중요시하였으며, 中唐 이후에는 초목 등에도 불성이 있다고 하는 無情佛性說을 주장했으며, 도교에서도 영향을 주어 道性이란 말을 만들어 내게 했다.

***人者(인자)** : 2인칭의 존칭으로 仁者와 같은 말이다. '人'과 '仁'

은 동음으로 서로 통용된다. 당신・諸君・學道者의 뜻. 육조 시대 한역불전에 등장한다. 水谷眞成, 「漢譯佛典における特異なる待遇表現について」(『中國語史研究-中國語とインド學との學接點』所收, 三省堂, 1994)에 상세하게 나와 있다. '人者'라고 표기한 예는 『조계대사전』'풍번문답'에 "움직이는 것은 **人者**의 마음이 스스로 움직일 뿐이다(『慧能研究』, 大修館書店, 1978, p.38)"라고 한 말 중에 인자가 보인다. 2인칭복수의 예는 '諸人者'의 표기가 『연등회요』권20 '덕산장의 시중'에 "**諸人者**여, 알고자 하는가(諸人者, 欲得識麼)?" 같은 '덕산의 시중'이 『정법안장』본에서는 '諸仁者'로 되어 있다.

***安心(안심)** : 달마의 『이입사행론』'담림의 서'에 "如是安心, 如是發行, 如是順物, 如是方便, 此是大乘安心之法."이란 말이 보인다. 도신에게도 「入道安心要方便門」(『능가사자기』)이 있고, 僧稠에 가탁한 「稠禪師意」(P.3559)에도 '大乘安心入道之法'에 대하여 질문을 받고 있다. 안심이란 말이 신회의 시대에는 초기 선종을 특징짓는 법문으로써 관심의 대상이었다. '선지식은 인자에게 마음을 편안하게 하지도 않았다'고 말한 것은 『達摩の語錄』제58단 '혜가장의 안심법문'에 다음 논의를 상기해 보는 것이 좋을 것이다. 즉, "단지 저의 마음을 편안하게 해 주십시오. 답, 비유하건대 재단사에게 (재봉할) 천의 재단을 부탁하는 것과 같다. 재단사는 자네의 비단 천을 손에 들고 나서야 비로소 가위질을 할 수 있다. 처음부터 비단 천을 보지도 못했는데 어떻게 자네를 위하여 허공을 재단할 수 있겠는가? 자네의 마음을 나에게 건네주지 못했는데 도대체 내가 자네에게 어떤 마음을 편안하게 해 준다는 것인가? 나는 절대 허공을 편안하게 할 수는 없다."

***涅槃經云 … 無漏智性本自具足(열반경운 … 무루지성본자구족)** : 『종경록』 권17(『대정장』 권48, p.506상)에도 '涅槃經云'이라고 하면서 인용하고 있지만 『열반경』에는 이 말이 보이지 않는다. 경문은 『열반경』 권10(『대정장』 권12, p.424하, 또 423하)에 나오는 내용을 取義한 것이라고 생각한다. '一切衆生本來涅槃'에 대해서는 『대승기신론』(『대정장』 권32, p.577상)에 "수다라 중에 '이 진여의 뜻에 의지하기 때문에 일체 중생은 본래 상주하여 열반에 든다'고 한다(修多羅中, 依於此眞如義故, 說一切衆生, 本來常住, 入於涅槃.)"라는 말을 인용하고 있다. 이 수다라가 어떤 경인지는 분명하지 않다. 이 말은 깨달음의 근거가 되는 말로서 이런 사상으로 발전하기까지의 사상사를 더듬어 보면, 먼저 『화엄경』 권51 '여래출현품' · 60권『화엄경』 권35 '보왕여래성기품'에 "일체의 모든 중생은 붓다와 똑같은 지혜와 덕성을 구족하고 있다"고 했고, 또 同經 '야마천궁품'에 "心佛及衆生, 是三無差別"(『대정장』 권9, p.465하)이라 했으며, 다음 『법화경』 '방편품'에는 "一切皆性"이라 했고, 그 다음 『열반경』에 "一切衆生皆有佛性"(『대정장』 권12, p.404하)을 주장했으며, 마지막으로 『원각경』에서는 철저한 本覺사상에 입각하여 "衆生本來成佛"(『대정장』 권17, p.915상)이라는 사상까지 발전하였다. '無漏智性本自具足'의 구에 대해서는 『대승기신론』(『대정장』 권32, p.576하)에 본각을 네 가지 뜻으로 설명하는 중에 제2에 "2는 因熏習鏡으로 如實不空이라 한다. … 지혜의 본체는 움직이지 않으며, 무루를 구족하고 중생을 훈습하기 때문에(二者因熏習鏡, 謂如實不空. … 智體不動, 具足無漏熏衆生故.)"라고 했기 때문에 이것을 신회가 취의하여 2구로 한 것이라고 생각한다. 전반의 2구가 『대승기신론』에

수다라(경) 중에 있다라고 한 말에 착안하여 신회는 그 2구가 『열반경』의 '一切衆生悉有佛性'이란 말과 비슷하다고 생각하여 『열반경』에 가탁한 것이라고 여겨진다. 이 2구는 『문답잡징의』에 2번(제6-2단의 '問本有今無偈'와 제26단의 '志德法師問頓悟漸修義') 보이지만 '早已授人者記'가 아니다. 또 26단에는 '經云'이라고만 했을 뿐 『열반경』이라고 말하지 않았다. 또 最澄의 『內證佛法相承血脈譜』에 인용되어 있는 『付法簡子』에는 혜가대사의 말이라고 하여 '一切衆生本來涅槃, 無漏智性本自具足'(『傳教大師全集』 제2권, p.523)이 나온다. 또 '일체중생본래열반'은 규기찬 『성유식론술기』 권10(『대정장』 권43, p.596하)에는 "이 경으로 말미암아 일체의 유정은 본래 열반에 있다고 설한다(由此經說一切有情本來涅槃.)고 했지만 경명은 밝히고 있지 않다. '무루지성본자구족'의 구에 대해서는 司空山本淨의 말(『조당집』 권3)과 또 종밀의 『선원제전집도서』(『대정장』 권48, p.399중)에 4종선 가운에 최상승선을 설명하는 중에 보이지만 신회 이전의 용례에 대해서는 아직 보이지 않는다. 보조의 『수심결』(『대정장』 권48, p.1006하)에 "한 생각을 회광반조하면 자신의 본성을 깨달을 수 있다. 그리고 이 본성의 자리는 원래 번뇌가 없으며 무루의 지성이 본래 스스로 구족되어 있어서 모든 부처와 조금도 다름이 없다(一念廻光, 見自本性. 而此性地, 元無煩惱, 無漏智性, 本自具足, 卽與諸佛, 分毫不殊.)"고 한다.

***使得(사득)** : 어떤 결과를 가져온다는 뜻을 나타내는 말이다. '…이라는 것이 되다'의 뜻이다. '致使'와 동의어이다. 天台智顗說·灌頂記, 『觀音玄義』 권2(『대정장』 권34, p.891하)에 "以十法界身圓應一切, 使得解脫."

10. 모든 學解를 버려라

知識, 承前所有學處, 且除却, 莫用[①]著.[②] 知識學禪已來, 經五・十餘年[③]・卄年者, 今聞深生[④]驚怪. 所言除者, 但[⑤]除妄心, 不除其法. 若[⑥]是正法, 十方諸佛來[⑦]除不得, 況[⑧]今善[⑨]知識能除得. 猶如人於虛空中行住坐臥, 不離虛空. 無上菩提法, 亦復如是 不可除得. 一切施爲運用, 皆不離法界. 經云, 但除其病, 不除其法.

【校記】

① B본은 「用」자가 빠져 있음.

② 저본과 諸本 모두 「看」자로 되어 있음.

③ B본은 「五十餘年」이 「五十年者」로 되어 있음. 호적본은 「五年, 十餘年」으로 되어 있음.

④ S1본은 「生」자가 「法」자로 오사되어 있음.

⑤ 저본은 「但」자가 빠져 있음. B본·P본·S1본에 의거하여 보충함.

⑥ 저본은 「若」자가 「善」자로 오사되어 있음. B본·P본·S1본에 의거하여 고침.

⑦ B본은 「未」자로 오사되어 있음. S1본은 「如來」로 되어 있음.

⑧ B본은 「況」자가 「說」자로 오사되어 있음.

⑨ S1본은 「善」자가 빠져 있음.

【번역】

여러분, 이전에 배운 모든 學解를 우선 버리고 집착하지 말라. 여러분들이 선을 배워 온지 오 년, 십 여 년, 이십 년이란 세월이 지났지만 지금 법문을 듣고 매우 이상한 마음을 내고 있다. 제거한다고 한 것은 단지 망심을 제거할 뿐 그 법을 제거하는 것은 아니다. 만약 그 법이 정법이라면 시방의 여러 부처님이 와서 제거할래도 제거할 수 없거늘 하물며 지금 선지식이 능히 제거할 수 있겠는가? 마치 사람들이 허공중에서 가고 머무르고 앉고 눕고 하는 등 일체의 모든 행동을 하지만 그 허공을 떠나지 않는 것과 같다. 위없는 깨달음의 불법도 또한 이와 같아서 가히 제거할래야 제거할 수 없다. 일체의 행위 동작이 다 법계를 여의지 않고 있다. 경에

"다만 그 병을 제거할 뿐 그 법을 제거하는 것이 아니라" 고 말씀하셨다.

【注記】

***學處**(학처) : 범어 śikṣā-pada, 빠리어 sikkhā-pada를 의역한 말이다. 원래 비구 · 비구니가 반드시 배워야 할 것, 즉 계율 등을 뜻하는 말이지만 여기서는 '배운 모든 내용'을 가리킨다.

***莫用著**(막용착) : '著'은 저본과 諸本 모두 '看'으로 되어 있지만 부정의 명령으로 '看'이 구의 끝에 오는 예는 보지 못했다. 명령을 표현하는 것은 '著' 혹은 '着'이 되어야 한다. '著' '着'과 '看'의 모양이 가깝기 때문에 오기하여 傳寫된 것일 것이다. '著'로 고친 것에 의거하여 번역한다.

***經五 · 十餘年 · 廿年**(경오 · 십여년 · 이십년) : 호적은 '五'자 다음에 '年'자를 보충하고 있지만 저본 그대로 '五年十餘年'의 의미로

이해한다.

***所言除者, 但除妄心, 不除其法**(소언제자, 단제망심, 불제기법) : 『대승기신론』(『대정장』 권32, p.578상)에 "없어진다는 것은 오직 心相만이 없어지는 것일 뿐 心體가 없어지는 것이 아니다(所言滅者, 唯心相滅, 非心體滅.)"고 한 말이 참고된다.

***若是正法 … 皆不離法界**(약시정법 … 개불리법계) : '정법은 어느 누구도 없앨 수 없고, 어디를 가든 무엇을 하든 법계를 떠날 수 없다'고 말한 것은 『사익경』 '분별품' 제3에 다음의 논의를 받아들인 것이다. '망명보살이 제법의 正性을 설하여 부처님께 칭찬을 받을 때 허무하게 범행을 닦았다'고 반성한 5백인의 비구가 '그럼 무엇으로써 도를 닦아야 좋습니까'라고 물었다. 거기서 망명보살은 범천에게 5백 명의 비구를 이끌고 제법정성의 법문에 들어 갈 것을 요청했다.

"범천이 말하기를, 선남자야, 비록 가령 가서 항하사겁에 이를지라도 이와 같은 법문에서 벗어날 수 없다. 비유컨대 어리석은 사람이 허공을 무서워하여 허공을 버리고 아무리 도망을 가더라도 이르는 곳마다 허공에서 벗어날 수 없다. 이 모든 비구도 역시 이와 같다. 비록 또 멀리 갈지라도 공의 모양에서 벗어날 수 없고, 無相의 相에서 벗어날 수 없고, 無作의 상에서 벗어날 수 없다(梵天言, 善男子, 縱使令去至恒河沙劫, 不能得出如此法門. 譬如癡人畏於虛空, 捨空而走, 在所至處不離虛空. 此諸比丘亦復如是. 雖復遠去, 不出空相, 不出無相相, 不出無作相.)." →(『대정장』 권15, p.37상)"

***十方諸佛來除不得**(시방제불래제부득) : '佛'자 다음의 '來'자가 전후의 문맥 때문이라고 한다면 '亦'이 되어야만 할 것이다. 모양이 비슷하기 때문에 誤寫된 것은 아닐까? 혹은 스타인본(S

1본)에 의하여 '여래'라고 해야 하는가?

***行住坐臥**(행주좌와) : 일상의 모든 起居動作을 말하는 것으로 四威儀라고 한다. 『벽암록』 제23칙(『대정장』 권48, p.164중)에 "고인은 행·주·좌·와, 이 도로써 생각을 삼는다(古人行住坐臥, 以此道爲念.)"고 한 말이 있다.

***不離虛空**(부리허공) : 우리가 수저로 밥을 먹으면서 수저질 하는 것을 의식하지 않고 밥을 먹는 것과 또 물고기가 물속에 살면서 물을 의식하지 않고 사는 것과 같은 것은 無心의 경지에서 생활하는 모습을 표현한 말이다. 물이 없으면 물고기가 살 수 없고 사바세계가 없으면 중생들이 살수 없는 것처럼 우리도 허공을 떠나서는 살 수 없는 것이다. 허공속에 살면서 허공에 집착하지 않고, 사바세계에 살면서 사바세계에 집착하지 않으며, 나아가 깨달음 그 자체까지도 초월하여 살아가는 삶의 모습이 종교적인 삶인 것이다.

***一切施爲運用, 皆不離法界**(일체시위운용, 개불리법계) : 施爲는 하다·행하다, 소행·행동·수완·능력의 뜻이고, 運用은 법칙이라든가 기계를 활용하는 것이다. 혜가는 다음과 같이 말한다. "무릇 존재하는 施爲는 끝내 법계의 마음을 벗어날 수 없다(『達摩の語錄』 제24단)." 또 마조의 설법에 다음과 같이 말하는 것으로 계승된다. "일체중생은 무량겁래로부터 法性三昧에서 벗어날 수 없다. 언제나 법성삼매 중에 있으면서 옷 입고 밥 먹고 말하고 서로 상대한다. 일체의 시위는 모두 다 이 법성이다(『馬祖の語錄』, p.24)." 法界는 범어 dharmadhātu, 빠리어 dhammadhātu를 번역한 말이다. 達磨馱都라 음역한다. 계는 세계·요소의 뜻이다. 그러므로 법계는 존재의 근원이며, 진리가 顯現한 곳이란 뜻이다. 또 인연화합으로 된 의식의 대

상인 유위 무위의 모든 제법을 법계라고 하기 때문에 모든 存在를 의미하기도 한다. 그리고 우주세계 · 깨달음의 세계란 뜻으로도 쓰인다.

***經云**(경운) : 『유마경』'문수사리문질품' 제5(『대정장』 권14, p.545상)에 나오는 말이다. 제거해야 할 대상은 마음 속의 번뇌망념인 것이지 마음 그 자체까지 없앨 수는 없으며, 또 없애려고 하는 것은 자기의 마음을 스스로 죽이는 격이 되기 때문에 주의해야 한다.

11. 거친 망심과 미세한 망심

知識, 諦聽. 爲說妄心. 何者是①妄心. 人者等今旣來②此間,③ 貪愛財色男女等, 及念園林屋宅, 此④是麤妄, 應無此心, 爲有細妄, 人者不知. 何者是細妄⑤心. 聞說菩提, 起心取菩提, 聞說涅槃, 起心取涅槃, 聞說空, 起心取空, 聞說淨, 起心取淨, 聞說定, 起心取定. 此皆是⑥妄心, 亦是法縛, 亦是法見. 若作此用心,⑦ 不得解脫, 非本自寂淨.⑧ 心作住涅槃, 被涅槃縛, 住淨, 被淨縛,⑨ 住空, 被空縛, 住定, 被定縛. 作此用心, 皆是⑩障菩提道. 般若經云, 若心取相, 卽著我人衆生壽⑪者. 離一切相,⑫ 卽名諸佛. 離其法相.⑬ 維摩經云, 何爲病⑭本. 爲有攀緣. 云何斷攀緣. 以無所得. 以無所得⑮故, 則無病本. 學⑯道若⑰不識細妄, 如何得離生死大海.

【校記】

① 저본과 P본은 「是」자가 빠져 있음. B본과 S1본에 의거하여 보충함.

② 저본은 「來」자가 빠져 있음. B본·P본·S1본에 의거하여 보충함.

③ 저본은 「間」자가 「聞」자로 오사되어 있음. B본·P본·S1본에 의거하여 고침.

④ P본은 「此」자가 「此此」로 되어 있음. 「此」자에 삭제부호가 붙어 있음. S1본은 「皆」자로 되어 있음.

⑤ B본은 「人者不知何者是細妄」의 9자가 빠져 있음.

⑥ B본은 「是」자가 빠져 있음.

⑦ B본은 「若作此用心」의 5자가 「心若作此心用心」으로 되어 있음. 중간의 「心」자는 불필요한 자임.

⑧ B본은 「淨」자가 「靜」자로 되어 있음.

⑨ B본은 「住淨被淨縛」의 5자가 빠져 있음.

⑩ B본은 「是」자가 빠져 있음.

⑪ S1본은 「壽」자가 「受」자로 되어 있음.

⑫ B본과 P본은 「相」자가 「諸相」으로 되어 있음.

⑬ B본은 「相」자가 「想」자로 오사되어 있음.

⑭ S1본은 「病」자 앞에 「離」자가 더 있음.

⑮ B본은 「以無所得以無所得」의 8자가 「以無所所得」으로 되어 있음. P본은 「以無所有得以無所有得」으로 되어 있음.

⑯ B본은 「學」자가 「覺」자로 오사되어 있음.

⑰ 저본·P본·S1본은 「若」자가 없음. B본에 의거하여 보충함.

【번역】

여러분, 자세히 들어라. 망심에 대하여 말하겠다. 무엇이 망심인가? 구도자들이 지금 여기에 와서 재색과 남녀를 탐애하고 정원의 숲이나 가옥 등을 생각하는 것 등은 거친 망념이니 마땅히 이런 마음은 없어야 하며, 또 미세한 망념이 있지만 구도자들은 이를 잘 모르고 있다. 무엇이 미세한 망심인가? 보리를 설하는 것을 듣고 마음(망심)을 일으켜 보리를 취하려 하고, 열반을 설하는 것을 듣고 마음을 일으켜 열반을 취하려 하고, 공을 설하는 것을 듣고 마음을 일으켜 공을 취하려 하고, 청정을 설하는 것을 듣고 마음을 일으켜 청정을 취하려 하고, 선정을 설하는 것을 듣고 마음을 일으켜 선정을 취하려고 하는 것 등, 이런 마음들이 모두 망심이며, 또한 법에 속박된 것이며, 또한 법에 대한 잘못된 견해이다. 만약 이러한 마음을 일으키면 결코 해탈할 수 없고 본래 자성의 적정이라 할 수 없다. 마음이 열반의 경지에 머무르게 되면 열반의 속박(涅槃縛)을 받게 되고, 청정함에 머무르게 되면 청정의 속박(淨縛)을 받게 되고, 空에 머무르게 되면 공의 속박(空縛)을 받게 되고, 선정에 머무르게 되면 선정의 속박(定縛)을 받게 된다. 이와 같이 마음을 쓰는 것은 모두 다 깨달음의 세계로 나아가는데 장애가 된다.

『般若經』에

"만약 마음에 모양을 취하게 되면 我相·人相·衆生相·壽者相에 집착하게 된다. 일체의 모든 상을 여의면 諸佛이라 한다. 그러므로 법상을 여의어야 한다"

고 말씀하셨다.

『維摩經』에

“무엇이 병의 근본입니까? 攀緣입니다. 어떻게 반연을 끊습니까? 無所得(공)으로써 끊습니다. 얻을 것이 없기(공) 때문에 병의 근본도 없는 것입니다”

라고 말씀하셨다. 도를 배우는 사람이 만약 미세한 망념을 알지 못한다면 어떻게 생사의 대해를 여읠 수 있겠는가?

【注記】

***麤妄, 細妄(추망, 세망)** : 망심은 惑·번뇌·染心이고, 그것을 麤와 細로 나눈 것은 유식론과 『기신론』에 보인다. 유식론에서는 惑에 煩惱障(아집으로 생긴 것)과 所知障(법집으로 생긴 것)의 이장이 있고, “또 이 번뇌장과 소지장의 이장에 分別起과 俱生起의 두 가지 번뇌가 있다. … 분별기란 邪師·邪教·邪思惟의 연에 의하여 분별계탁하여 일어나는 후천적인 麤大한 혹이고, 구생기란 邪師 등에 의하여 생긴 번뇌가 아니고 유정이 태어나면서부터 선천적으로 본래 가지고 있는 미세한 혹이다(深浦正文, 『唯識論解說』, 第一書房, 1985, pp.391～392)” →(1934年 龍谷大學出版部發行の復刻本)라고 한다.

『기신론』에는 불각의 相을 3종상(無明業相·能見相·境界相)과 6종상(智相·相續相·執取相·計名字相·起業相·業繫苦相)으로 나누고, 또 마음의 미혹함에 6종 染心(6染)이 있고, 이 6염은 추와 세로 정리하면서 다음과 같이 말하고 있다. “또 생멸상을 나누면 2종이 있다. 무엇이 둘인가? 하나는 추이며, 심과 상응하기 때문이다. 다른 하나는 세이며, 심과 상응하지 않기 때문이다. 또 麤中麤는 범부의 경계이고, 麤中細와 細中麤는 보살의 경계이고, 세중세는 부처의 경계이다(『대정장』 권32,

p.577하). '심과 상응하는 추한 염심'이라는 것은 표층적인 心相[(지상 : 대상경계에 대한 好惡의 판단)·(상속상 : 판단의 지속)·(집취상 : 집착을 일으키는 것)]과 상응하여 일어난 麤大한 迷心이다. 그러므로 곧 바로 그것이라고 판단하는 망심이다. '마음과 상응하지 않는 미세한 망심'이라는 것은 잠재적으로 홀로 일어나는 미세한 미심이다. 그러므로 그 작용에 의하여 그것이라고 판단하기 어려운 망심이다. 덧붙여서 추중추인 망심은 범부의 경계에서 알 수 있고, 추중세와 세중추인 망심은 보살의 경계에서 알 수 있으며, 세중세의 망심은 부처의 경계에서만 알 수 있는 뜻이라는 것은 池田魯參, 『現代語譯大乘起信論』, 大藏出版, 1998, p.163하단에 지적하고 있다.

신회가 말하는 추세는 池田의 설명으로부터 판단해 보면 『기신론』에 말하고 있는 범부의 경계에서 아는 추중추가 麤妄에 해당하고, 보살의 경계에서 아는 추중세와 세중추가 細妄인 것 같다. 유식론에서 말하는 추대한 혹(분별기)과 미세한 혹(구생기)과는 다른 것이고, 오히려 번뇌장(아집)과 소지장(법집)이 신회가 주장하는 추세에 해당한다고 하는 것은 바로 뒤에 細妄心을 法縛·法見 모두 말하고 있는 것이 확실한 증거이다.

***爲有細妄(위유세망)** : 이 '爲'자는 동작과 상태가 잔존하는 것을 표현하는 부사이다. '尙'의 뜻이다. 江藍生, 『魏晉南北朝小說詞語匯釋』'「爲(4)」條'(語文出版社, 1988). 董志翹·蔡鏡浩, 『中古虛飼語法例釋』'「爲復(2)」條'(吉林教育出版社, 1994)을 보라.

***何者是細妄心(하자시세망심)** : 호적본·송본·양본은 '心'자 앞에서 끊고 '심'자를 다음에 이어서 읽고 있지만 추망과 세망 모두 망심이기 때문에 '細妄心'이라고 읽었다. 다음 제12단의 첫

머리에 "知識, 各用心諦聽, 聊簡自本淨心. 聞說菩提, 不作意取菩提.…"와 같은 모양으로 이해한다.

***起心**(기심) : 마음을 일으키는 것은 곧 망상·망심·망념이 일어나는 것을 의미한다. 『기신론』(『대정장』권32, p.577상)에 "첫째 智相이다. 경계에 의하여 마음이 일어나 愛와 不愛를 분별하기 때문에"라고 말하고 있는 것으로 보아 마음을 일으키는 것은 망상임을 알 수 있다. 돈황본 『단경』제36단에도 '起心卽是妄'이라 하고 있다. '作意'와 함께 깨달음을 장애하는 심리이다. 그 반대가 無念이다. 『단어』제20단에는 "마음을 일으켜 밖으로 구하려고 하는 것은 삿된 구함이다." 또 『단어』제15단에 "출정 이후에 起心하여 일체 세간의 유위를 분별하는 것을 지혜라고 하지만 경중에는 분명히 망심이라고 한다"고 설하고 있고, "住心看淨, 起心外照, 攝心內證"이라고 숙어화 하여 비판하고 있으며, 『남종정시비론』에서는 몇 번이나 언급하고 있다. 『종경록』권34(『대정장』권48, p.615중)에는 "마음을 일으키지 않는 것을 현묘로 삼아야 하며, 집기를 심이라 한다. 마음을 일으켜 보는 것은 망상이다. 그러므로 진여가 아니다(以不起心爲玄妙, 以集起名心. 起心看卽妄想. 故非眞知.)"라고 한다.

***空**(공) : ① 범어 śūnya · śūnyatā와 빠리어 suñña · suññatā를 번역한 것이며, 舜若라 음역한다. 선불교에서 공의 실천적인 입장을 표현한 말로 無執着 · 無礙라는 말이 있다. 어디에도 집착을 하지 않고, 또 걸림이 없는 삶은 어떻게 이루어질까? 마음을 비우는 공의 실천에 의해서만 가능하다. 번뇌망념을 비우고 지혜를 체득하는 이치를 수학의 0(naught)의 논리로써 설명하면, 수학의 0을 처음 발견한 사람은 대승불교의 空觀修行者이다. 이 0은 +1로부터 시작되는 무한대의 실수도 아니고,

또 -1로부터 시작되는 무한대의 실수도 아니지만 텅 비어 있기 때문에 +1로부터 시작되는 모든 실수와 -1로부터 시작되는 모든 실수를 포용할 수 있는 수이다. 우리가 마음을 닦는 수행의 이치도 이와 같다. 즉 마음의 본질은 空寂하지만 그 공적한 마음자리에 티끌만한 번뇌망념이라도 일어나면 공적한 마음은 망념으로 꽉 차버리지만 반대로 망념을 비워버리면 우주를 감싸고도 남게 된다. ② 공은 또 空無·虛無·空理·空想·空位등의 뜻으로도 쓰인다.

*淨(정) : 『대지도론』 권63(『대정장』 권25, p.508하)에 필경공(공 또한 공한 것)은 필경청정이다. 사람들이 '공'이란 말을 두려워하기 때문에 '청정'이란 말을 사용할 뿐이다(畢竟空, 卽是畢竟淸淨. 以畏空故, 言淸淨.)라고 한 것으로 보아 공과 淸淨은 같은 뜻임을 알 수 있다. 선불교에서 번뇌를 染이라든가 塵이라고 말하는 것에 대해서 마음의 본질은 공적하다고 한다. 그런데 주의해야 할 점은 이 청정을 染淨의 상대적인 개념으로 이해해서는 안 되고, 空寂이라는 말과 같은 의미로 보아야 한다. 왜냐하면 자성은 염정이나 선악 등 상대적인 개념을 모두 초월한 중도의 입장에 있기 때문이다. 그러므로 청정을 염정의 상대적인 개념으로 이해하면 이치에 맞지 않는다.

*法縛(법박) : 보리와 열반이라고 한 성스러운 개념에 매혹되어 그것에 집착하는 것. 『원각경』(『대정장』 권17, p.915상)에 "마땅히 알아야 한다. 보살은 법에 속박을 받지 않으며, 법에서 벗어나려고도 하지 않는다(當知菩薩, 不與法縛, 不求法脫.)"고 한다. 쉽게 말해서 법박은 교법에 집착하여 그 교법에 속박되는 것, 즉 가르침에 깨달음이 있다고 고집하는 法執과 같은 뜻이다. 부처에 집착하면 佛縛이 되어 해탈할 수 없기 때문에 부처

도 마구니(佛魔)고, 불법도 마구니(法魔)이다.

***法見**(법견) : 법이 실재한다고 고집하는 잘못된 사고나 견해. 법에 관한 잘못된 관념이다. 또 하나의 법만 옳고 다른 법은 그르다고 생각하는 잘못된 견해. 『대지도론』 권45(『대정장』 권25, p.384하)에 "아견·지자·견자·불견·보살견·모든 중생견 등과 유무, 단상 등 사견·오중 내지 모든 불법과 전법륜 등의 여러 법견, 바로 보살은 능히 이 세 가지 견해를 끊을 수 있다. 그러므로 항상 대중 가운데서 설법하는 것이다(我見及知者見者, 佛見菩薩見諸衆生見等, 及有無斷常等邪見, 五衆乃至諸佛法轉法輪等諸法見. 是菩薩能斷是三種見. 故當於大衆中說法.)." 『백장광록』에 "문수는 7불의 조사이다. 또 사바세계의 최고 우두머리 보살이다. 상스럽게도 부처를 보는 생각과 법을 듣는 생각을 지어 부처의 위신력을 받기 때문에 오히려 두 철위산에 내려간다. … 만약 佛見·法見·모든 일체 유무 등의 견해를 지으면 眼翳見이라 한다."

***心作住涅槃**(심작주열반) : 마음이 허망하게 열반이 있다는 생각을 하여 그 열반에 집착하는 것을 의미한다. 호본·송본·양본·영본은 '心'자를 앞 구에 붙여서 읽고 있지만 그렇게 되면 '作'자가 필요 없게 된다. 그래서 영신강은 '作…疑衍'이라고 교기하고 있다. 鈴木本과 篠原本의 훈독법을 따랐다. '心作'은 60권『화엄경』 권25 '십지품'(『대정장』 권9, p.558하)에 "삼계는 허망하며, 단지 이 마음이 지었(心作)을 뿐이다"라고 말한 것처럼 '마음의 작용(에 의하여 만들어 낸 것)'의 뜻이다. 신회의 '起心'·'作心'·'作意'에는 모두 이 뜻이 포함되어 있다.

***般若經云**(반야경운) : 『금강반야바라밀경』 중에 다음 굵은 글씨를 인용한 것이다. "是諸衆生, **若心取相則爲著我人衆生壽**

者. 若取法相卽著我人衆生壽者.(『대정장』 권8, p.749중)," "世尊, 我今得聞如是經典, 信解受持不足爲難. 若當來世後五百歲, 其有衆生得聞是經信解受持, 是人則爲第一人希有. 何以故. 此人無我相人相衆生相壽者相. 所以者何. 我相卽是非相, 人相衆生相壽者相, 卽是非相. 何以故. **離一切諸相則名諸佛**. (『대정장』 권8, p.750중)." 다만 최후의 '離其法相'은 경중에 보이지 않고 또 문맥상 불필요한 말이다. 본문에 없는 편이 오히려 좋은 구가 되며, 후인이 필사할 때 섞여 들어 온 것은 아닌지? 그렇기 때문에 이 구는 曇曠撰, 『金剛般若經旨贊』 권상에 "何以故. 須菩提, 若菩薩有我相人相衆生相壽者相, 卽非菩薩. (『대정장』 권8, p.749상)"의 경문에 대하여 "夫眞菩薩者, 一於自身, 無其我相, 二者於衆生, **離其法相**, 故能常度一切衆生. (『대정장』 권85, p.78중)"이라고 한 말 중에 '離其法相'이 보인다. 若心取相에서 相은 想과 통용된다. 我人衆生壽者는 4相을 말한다. ① 我相은 5온의 화합으로 구성된 법에 대하여 實我가 있다고 하고, 또 내 것이 있는 것으로 착각하는 것, ② 人相은 나는 사람이므로 地獄趣나 畜生趣보다 수승하다고 그릇되게 생각하는 것, ③ 衆生相은 나는 중생이기 때문에 부처가 될 수 없다는 잘못된 생각, ④ 壽者相은 오래 살고 싶어 하는 생각, 또 태어나면서부터 일정한 목숨을 가지고 있다는 생각, 즉 생명에 대한 집착으로 다른 사람이 죽는 것을 보고도 자기는 죽지 않는다고 그릇되게 생각하는 것, 즉 4相은 중생이 자신의 心身에 대하여 잘못 인식하고 집착하는 부분을 네 가지로 나누어 설명한 것이다. 『금강경』(『대정장』 권8, p.752중)에 "世尊說我見人見衆生見壽者見, 卽非我見人見衆生見壽者見, 是名我見人見衆生見壽者見."이라 한 바와 같이 4상은 단지 그 이름이 4상일 뿐 그 어디에도 4상의 본질은 없다는 뜻이다.

***法相**(법상) : 法性과 상대되는 말로 제법이 가지고 있는 본래의 모습, 즉 제법실상을 말한다. 부파불교에서는 개별적인 존재의 실체성은 부정했지만 대상을 인정하는 我空法有를 주장했다. 즉 人無我을 주장한 것이다. 그런데 대승불교에서는 개별적인 존재의 실체성 뿐만 아니라 대상까지도 인정하지 않는 法無我를 주장한 것이다. 이 단에서는 인무아는 물론이고 법무아까지 초월할 것을 주장하고 있다.

***維摩經云**(유마경운) : 『유마힐소설경』 권중 '문수사리문질품' 제5의 구이다. "我旣調伏亦當調伏一切衆生. 但除其病而不除法. 爲斷病本而敎導之. **何謂病本**. **謂有攀緣**. 從有攀緣則爲病本. 何所攀緣, 謂之三界. **云何斷攀緣**. **以無所得**. 若無所得則無攀緣. 何謂無所得. 謂離二見. 何謂二見. 謂內見外見, 是無所得.(『대정장』 권14, p.545상)." '以無所得故, 則無病本'은 『유마경』에서는 '若無所得, 則無攀緣'으로 되어 있지만 신회가 변형하여 일련의 經典句인 것처럼 취급하고 있다. 攀緣은 범어 ālambana를 번역한 말이다. 緣은 外境의 對象을 가리킨다. 대상에 의하여 마음이 기동하여 마음이 그 대상에 이끌려 대상으로 되돌아가는 것, 이것은 곧 번뇌망상의 始元이며 근본이 되는 것이다.

***無所得**(무소득) : 무소득과 유소득은 『금강경』에 "如來昔在然燈佛所, 於法有所得不, 世尊, 如來在然燈佛所, 於法實無所得." (『대정장』 권8, p.749하)이라고 한 말을 근거로 한 것이다. 무소득은 主客·有無 등을 止揚(초월)한 중도의 진리를 체득하여 모든 사물에 집착함이 없는 것을 말한다. 그러므로 무소득은

마음에 일체의 相이 남아 있지 않는 경지를 가리킨다. 이에 반해 物心에 집착하여 분별하게 되면 반드시 取捨選擇이 뒤따르게 되는데 이를 有所得이라 한다. 그러므로 유소득은 마음에 아직 상이 남아 있는 상태를 가리킨다. 無所得이나 無所有는 空의 의미를 다르게 표현한 것이다.

*이 일단은 북종의 청정선을 비판하는 내용이 들어 있다. 이런 내용은 『단어』 제12 · 15 · 25단, 석정본 『문답잡징의』 제11단에도 보인다. 여기에서 지적하고 있는 涅槃縛 · 淨縛 · 定縛 · 空縛 이외에도 고요함을 추구하게 되면 고요함에 구속되는 靜縛이 또 있다. 宗寶本 『六祖壇經』 '頓漸8'(『대정장』 권48, p.358중)에 "대답하기를, '항상 대중들에게 마음을 응주하여 고요함을 보고 오래도록 좌선하며 눕지 않도록 가르치십니다.' 혜능이 말씀하시기를, 마음을 응주하여 고요함을 보는 것은 병이지 선이 아니다. 오래 앉아 있는 것은 몸을 구속하는 것이기 때문에 禪理에 있어서 무슨 이익이 있겠는가(對曰, 常指誨大衆, 住心觀靜, 長坐不臥. 師曰, 住心觀靜, 是病非禪. 長坐拘身, 於理何益.)"라고 한 바와 같이 고요함을 추구하게 되면 靜縛이라고 하는 禪病에 떨어져 아무리 수행해도 이익이 없다는 것이다.

12. 자기의 청정심

知識,① 各用心諦聽. 聊簡自本淸淨心. 聞說菩提, 不作意取菩提. 聞說涅槃, 不作意取涅槃. 聞說淨, 不作意取淨. 聞說空, 不作意②取空. 聞說定, 不作意取定. 如是用心, 卽寂淨③涅槃. 經④云,斷煩惱者，不名涅槃，煩惱不生，乃名涅槃．譬如鳥飛於空．⑤ 若住空，⑥ 必有墮落⑦之患．如⑧學道人，修無住心，心住於法，卽是住著，不得解脫．經云，更無餘病，唯有空病，空病亦空．所空亦復空．⑨ 經云，常行無念⑩實相智慧．若以法界證法界者，卽是增上慢人．

【校記】

① S1본은 「識」자가 損缺되어 있음.

② B본은 「意」자가 빠져 있음.

③ B본은 「寂淨」의 2자가 「冣靜」으로 되어 있음. 榮本의 교기에는 「冣」는 「最」의 俗體이다. 「寂」의 속체인 「宋」과 비슷하기 때문에 오사한 것이다. 「靜」은 「淨」과 동음으로 假借한 것이나 「靜」이 옳다고 되어 있음.

④ B본은 「經」자가 빠져 있음.

⑤ B본은 「空」자 「虛空」으로 되어 있음.

⑥ B본은 「若住空」이 「若住於空」으로 되어 있음.

⑦ B본은 「落」자가 「洛」으로 오사되어 있음.

⑧ S1본은 「如」자가 빠져 있음.

⑨ B본은 「所空亦復空」의 5자가 「又復」으로 되어 있음. S1본은 「所」다음에 「空」자가 빠져 있음.

⑩ B본은 「常行」의 「行」자가 「求」자로 되어 있음. 경문과는 합치함. S1본은 「行無」의 2자가 빠져 있음.

【번역】

여러분, 각자 마음을 가다듬고 자세히 들어라. 자신의 본래 청정한 마음을 점검해 보자. 보리를 설하는 것을 듣고 작의심(조작된 마음)으로써 보리에 집착하는 마음을 내지 말아야 한다. 열반을 설하는 것을 듣고 작의심으로써 열반에 집착하는 마음을 내지 말아야 한다. 청정을 설하는 것을 듣고 작의심으로써 청정에 집착하는 마음을 내지 말아야 한다. 空을 설하는 것을 듣고 작의심으로써 공에 집착하는 마음을 내지 말아야 한다. 선정을 설하는 것을 듣고 작의심으로써 선정에 집착하는 마음을 내지 말아야 한다. 이와 같이 마음을 쓰는 것이 곧 적정한 열반이다. 경에

"번뇌를 끊는 것을 열반이라 하지 않고, 번뇌가 일어나지 않는 것을 열반이라 한다"

고 말씀하셨다. 비유컨대 마치 새가 허공을 나는 것과 같다. 만약 새가 허공에 머물러 버리면 반드시 떨어질 위험이 있다. 만약 도를 배우는 사람이 머무름이 없는 마음을 닦지만 마음이 법에 머물러 버리면 곧 住着하게 되어 해탈할 수 없게 된다. 경에

"다른 병은 없고, 오직 공병만 있을 뿐이다. 공병 역시 공하다"

고 했습니다. 공하다고 생각하는 것도 또한 공한 것이다. 또 경에 「항상 思念이 없이 실상을 볼 수 있는 지혜를 행하라」고 하셨다. 만약 법계로써 법계를 깨달으려고 하는 사람은 바로 增上慢人이다.

【注記】

***聊簡(료간)** : 料簡·料揀이라고도 표기한다. 聊는 料와 동음이고, '헤아리다·도모하다'의 뜻이다. 簡은 揀과 동음이고 '선택하여 취하는 것'이다. 점검·검토의 뜻으로 쓰이고 있다.

***自本淸淨心(자본청정심)** : 자신에게 본래부터 있는 청정한 마음. '本來淸淨心'이란 말과 같다. 曇曠의 『大乘起信論廣釋』 권4(『대정장』 권85, p.1138하), 돈황본 『단경』(周紹良本, p.117), 『종경록』 권98 '大原和尙語'(『대정장』 권48, p.942중), 황벽의 『전심법요』(入矢義高本, p.20) 등에 '自本心'이란 말이 있지만 '자본청정심'에 대한 용례는 다른 곳에서는 보이지 않는다. 신회의 독자적인 표현이라고 생각된다. 자성청정심이라고 말하는 것이 일반적이다. 또 自本淸淨心을 『전심법요』에서는 '本源淸淨心'·'本源淸靜心'이라 했고, 『완릉록』에서는 '本源眞性佛'이라 한다.

***聞說菩提(문설보리)…** : 『종경록』 권97(『대정장』 권48, p.941상)에 인용하고 있는 南嶽慧思(515~577)語에 완전히 같은 표현이 있다. "南嶽思大和尙이 말하기를, 만약 배움을 말한다면 먼저 반드시 마음을 통달해야 한다. 마음을 만약 통달하게 되면 일체법을 일시에 모두 통달하게 된다. 청정함을 설하는 것을 듣고 청정하다는 생각을 내지 않는 것이 곧 본래 스스로 청정한 것이다. 공을 설하는 것을 듣고 공에 집착해서는 안 된다. 마치 새가 허공을 날 때 잠시라도 허공에 멈추어버리면 반드시 떨어질 위험성이 있다. 무주는 본래 자성의 체이다(南嶽思大和尙云, 若言學者, 先須通心. 心若得通, 一切法一時盡通. 聞說淨不生淨念, 卽是本自淨. 聞說空, 不取空. 譬如鳥飛於空, 若住於空, 必有墮落之患. 無住, 是本自性體.)."

*不作意(부작의) : 작의는 '起心'과 같다. 일부러 무엇인가를 하려고 하는 것. 신회의 상용어 중에 하나이다. 『단어』제21단에 "但不作意, 心無有起, 是眞無念." 『단어』제24단에 "有無雙遣, 境智俱亡. 莫作意, 卽自性菩提."라고 한 말이 있다. 또 慧皎, 『고승전』권8'義解篇'의 논에 말하기를, "언어의 길이 끊어졌는데 말이 있으면 그 뜻이 상하게 되고, 심행처가 끊어졌는데 생각을 지으면 그 진실을 잃게 된다(言語路絶, 則有言傷其旨, 心行處斷, 則作意失其眞.)"고 한다. →(『대정장』권50, p.382하).

*如是用心, 卽寂淨涅槃(여시용심, 즉적정열반) : 잘못된 용심은 말할 필요도 없고, 올바른 용심일지라도 적정열반에는 위배된다. 『문답잡징의』제51단'伽羅蜜多三藏의 제자인 康智圓問'에 "용심하면 있게 되고, 있으면 곧 생멸한다. 용심함이 없으면 아무 것도 없어서 생함도 없고 멸함도 없다"라고 말한 것처럼 이미 있으면 起心·作意할 수밖에 없다. 따라서 작의심으로써 열반과 보리를 취하지 않도록 바르게 용심한다 해도 그것은 마음이 있는 것이고 본래 적정열반은 아닌 것이다. 그러나 여기에서는 신회가 바른 것을 본연의 자세로 하는 '不作爲'·'不起心'과 '용심'이 서로 모순되는 것까지 생각하여 말한 것은 아니다. 앞의 제11단에 '마음을 일으켜 열반과 보리를 취하는 이런 용심은 해탈도 아니고 寂淨도 아니다'라고 잘못된 용심을 설한 것에 대하여 바른 용심은 부작의 불기심이라고 대중에게 알기 쉽게 설한 것뿐이라고 생각한다. 『문답잡징의』제16단'論用心'에는 용심에 대하여 논하고 있다. 즉 "지금 용심이라고 말한 것은 작의를 말하는 것인가, 부작의를 말하는 것인가"라고 묻고 있다. 신회는 부작의의 용심과 작의의 용심을 생각하

고 있었던 것이지만 이 두 가지 용심은 모두 조복심일 뿐이기 때문에 초월하지 않으면 안 된다고 논하고 있다. 寂淨은 寂靜과 같은 말이며, 열반의 뜻이다. 열반은 범어 nirvāṇa, 빠리어 nibbāna의 음역이다. nir는 '불어 끄다'는 뜻이고, vāṇa는 '불(火)'이란 뜻이다. 그러므로 '불을 불어 끄다'는 의미이다. 『잡아함경』 권18(『대정장』 권2, p.126중)에 "무엇을 열반이라 하는가? 사리불이 말하기를, '열반이란 탐욕이 다하고 진에가 다하고 우치가 다하여 일체의 모든 번뇌가 영원히 소멸한 것을 열반이라 한다'고 한다(云何爲涅槃, 舍利弗言, 涅槃者, 貪欲永盡, 瞋恚永盡, 愚癡永盡, 一切諸煩惱永盡, 是名涅槃.)." 부파불교에서는 열반을 두 가지로 나누었다. 즉 번뇌를 영원히 소멸한 覺者가 아직 육신이 남아 있는 생전의 상태인 有餘依涅槃과 각자가 육신을 멸한 사후의 상태인 無餘依涅槃의 2종으로 분류했다. 대승불교에서는 本來自性淸淨涅槃 · 有餘依涅槃 · 無餘依涅槃 · 無住處涅槃의 4종 열반을 주장한다. 첫째 본래자성청정열반은 일체중생의 심성이 본래 청정한 것을 가리키고, 마지막 무주처열반은 생사와 열반의 그 어디에도 머무르지 않는 불보살의 悲智圓滿한 열반을 가리킨다. 열반 그 자체까지도 뛰어넘고 다시 중생의 세계로 되돌아오는 무주열반은 보살사상의 극치를 이룬다. 이 4종 열반에 대해서는 『成唯識論』 권10(『대정장』 권31, p.55중)을 보라.

***經云**(경운)… : '煩惱不生乃名涅槃'이란 말은 『열반경』 권25 '光明遍照高貴德王菩薩品'(『대정장』 권12, p.514하· 758하)에서 인용한 것이다. 따라서 위의 경문을 '卽寂淨'에서 끊고 '涅槃經云'이라고 하는 것도 가능하지만 '寂淨(靜)'이란 열반과 同義로써 연용하여 쓰는 경우도 많기 때문에 여기서는 위에 붙여

읽었다. '열반'의 두 자가 중첩하여 있었다고 보아도 좋다. 그리고 이 경문은 하택신회가 남종선의 종지인 無念사상을 수립하는데 직접적인 영향을 미친 내용이다.

***譬如鳥飛於空. 若住空, 必有墮落之患**(비여조비어공. 약주공, 필유타락지환) : 새가 하늘을 나는 비유는 경전에 많이 보인다. 『증일아함경』 권15(『대정장』 권2, p.622중)에는 "마치 새가 허공을 날 때 걸림이 없는 것과 같다(如鳥飛空, 無有罣礙.)"고 한 것처럼 어디에도 장애가 없는 비유로써 사용되고 있지만 자취를 남기지 않는 비유로써 사용된 예가 가장 많다. 즉 『出曜經』 권26(『대정장』 권4, p.751상)에 "鳥飛虛空而無足跡, 如彼行人說言無趣."·『대품반야경』 권4(『대정장』 권8, p.241하)에 "비유하자면 마치 새가 허공을 날 때 자취를 남기지 않는 것과 같다(譬如鳥飛虛空無有跡.)." 또 80권본『화엄경』 권50 '여래출현품'(『대정장』 권10, p.265중)에 "제법을 요지하면 본성은 적멸하다. 마치 새가 허공을 날 때 자취를 남기지 않는 것과 같다(了知諸法性寂滅, 如鳥飛空無有跡.)." 사공산 본정의 게송에 "견문각지하는데 장애가 없고, 聲·香·味·觸·法은 항상 삼매에 있다. 새가 공중에서 그저 나는 것과 같이 취함도 없고 버림도 없고 증애도 없다"(『전등록』 권5)라고 한 것은 종적이 없는 비유이다.

새가 공중에서 떨어지지 않는 것은 하늘에 머무르지 않기 때문이라고 한 것은 『대품반야경』 권18(『대정장』 권8, p.350중)에 다음과 같이 말한 것에 의한다. "비유하자면 마치 날개 있는 새가 허공을 비등하며 떨어지지 않는 것과 같다. 비록 공중에 있을지라도 허공에 머무르지 않는다. 수보리야, 보살마하살도 또한 이와 같이 공해탈문을 배우고, 무상무작의 해탈문을 배워도 깨달음으로 삼지 않는다. 깨달음으로 삼지 않기 때문에 성문과 벽지불지에 떨어지지 않는다(譬如有翼之鳥飛騰虛空而不墮墜. 雖在空中, 亦不住空. 須菩提, 菩薩摩訶薩亦如是, 學空解脫門, 學無相無作解脫門, 亦不作證. 以不證故, 不墮聲聞辟支佛地.).” 이것을 응용하여 ‘若住於空必有墮落之患.’이라고 한 것은 앞의 남악혜사이다.

***無住心(무주심)** : 신회의 『현종기』(『전등록』 권30, p.459중)에 “세존이 멸도한 후부터 서천의 28조는 다 같이 무주심을 전했다(自世尊滅後, 西天二十八祖, 共傳無住之心.)”고 하고, 돈황본 『육조단경』 제57단에도 “여래께서 열반에 드신 후 부처님의 가르침이 중국으로 유입되었다. 다 같이 머무름이 없는 마음을 전한 것은 우리의 마음이 머무름이 없기 때문이다(如來入涅槃, 法敎流東土. 共傳无住[心], 卽我心无住.)”고 한다. 『단어』 제23단에 ‘지금까지 여러분에게 무주심을 보여주었습니다’라고 말한 것에 의하여 『단어』의 주제는 무주심이고, 무념과 함께 신회의 사상을 대표하는 중요한 개념임을 알 수 있다. 『유마경』 ‘관중생품’(『대정장』 권14, p.547하)에 “또 묻기를, 무주는 무엇을 근본으로 하는가? 답, 무주는 근본이 없다. 문수사리야, 무주의 근본으로부터 일체법을 세우느니라(又問, 無住孰爲本, 答曰, 無住則無本, 文殊師利, 從無住本立一切法.)”라고 한 것과 또 『放光般若經』에 “진제를 움직이지 않고 제법의 입처로 삼는다(不動眞際而爲諸法立處.)”고 한 것과 그리고 『조론』(『대정장』 권45, p.153상)에 “不動眞際爲諸法立處.”고 한 말은 신회가 知의 철학을 세우는 사상적 배경이 되는 말이다. 그리고 돈황본 『육조단경』 제17단에 “무주라는 것은 사람들의 본성이다. 즉 생각 생각이 머무르지 않으면 전념의 생각 생각과 후념의 생각 생각이 상속하여 단절하지 않게 된다. 만약 한 생각이

끊어지면 법신은 곧 바로 색신을 떠나게 된다. 생각할 때마다 항상 모든 대상에 대하여 주착함이 없어야 한다. 한 생각이 만약 주착하게 되면 생각 생각이 곧 머무르게 되는데 이를 계박이라 한다. 모든 대상경계에 대하여 생각 생각마다 머무르지 않으면 곧 계박은 없는 것이다. 그렇기 때문에 무주로써 근본을 삼는 것이다.(无住者, 爲人本性. 念念不住, 前念念念, 後念念念, 相續無有斷絶. 若一念斷絶, 法身卽是離色身. 念念時中, 於一切法上无住. 一念若住, 念念卽住, 名繫縛. 於一切法上, 念念不住, 卽无縛也. (是)以无住爲本.)"이라고 주장한 것과 같이 남종선의 本體인 無相과 더불어 무주는 남종선의 근본사상이다.

平井俊榮에 의하면 '無住'와 '無所住'는 『반야경』의 중심사상이지만 한역의 반야경전에는 명확한 형태로 제시되고 있는 것이 없고, 『소품반야경』 권1(『대정장』 권8, p.540중)에 "여래는 머무는 바가 없고, 무주심을 이름하여 여래라 한다"고 말하고 있다. 무주심이란 어떠한 곳에도 머무르지 않는 마음으로 결국 집착을 가지지 않는 마음이다, 내용적으로는 무소득·무집착과 완전히 같은 공의 실천적인 측면을 표시하는 말이다. 그러나 한역반야경을 보는 한 '不住…'라고 표현된 것이 많고, '無住法'은 일체법에 자성과 실체가 없고, 어떠한 법에도 주착함이 없는 상태이며, 空性에 가까운 개념내용을 가지고 있는 말로 나타나 있다. 후에 선의 종지를 나타내는 개념으로써 정착한 '무주'는 『반야경』에 설한 이러한 두 가지 뜻을 종합하고 있다. 『반야경』이 본질적' 잠재적으로 가지고 있는 '무주'의 이념을 이론적으로 기초를 세워 『반야경』의 종지로써 현재화 한 사람은 吉藏(549~623)이다. 그는 『大品經義疏』 권6(Z.38, p.73d)

에 "반야는 무주로써 종지를 삼는다"라고 기술하고 있고, 『삼론현의』(『대정장』 권45, p.14하)에는 "뜻의 근본은 무주로써 체의 중도를 삼는다. 이것이 합문이다. 체의 중도에서 열어 양용으로 하는데 말하자면 진과 속이다. 이것이 용의 중도로 개문이다(義本者, 以無住爲體中. 此是合門. 於體中, 開爲兩用, 謂眞俗. 此是用中, 卽是開門也.)"라고 논하는 '무주'는 중도의 본체이고 실상과 진여를 표시하는 개념으로 쓰고 있으며, 『유마경』 '관중생품'에 "무주의 본체로부터 일체법을 세운다"라고 한 말을 많이 인용하고 있다. 이것에 의하여 길장은 모양과 이름이 없는 제법의 실상을 나타내는데 적절한 개념으로 '무주'를 사용했다. 이 말은 일체를 공으로 보아 어떠한 것에도 집착할 것이 없다고 하는 『반야경』 이래의 주체적인 공의 실천을 여실하게 보여주는 말이고, 후에 禪者가 '무주'를 스스로의 종지로 간주한 이유가 여기에 있다. 신회는 길장에 의하여 형성된 '무주'에 연속하는 사상을 전개했으며, 특히 『금강경』의 '應無所住而生其心'이라고 말한 마음의 국면에 집약하여 '무주'를 파악하여 자신의 사상을 철저하게 확립했다. 平井俊榮, 『中國般若思想史硏究-吉藏と三論宗-』 第2篇第5章第3節 '無住の槪念の形成と展開,' 春秋社, 1976. 참조

***經云, 更無餘病 (경운, 경무여병)…** : 『유마경』 '문수사리문질품' 제5(『대정장』 권14, p.545상)에서 인용한 것이다. "나와 열반 이 둘은 모두 공하다. 왜 공한가? 단지 이름뿐이기 때문에 공하다. 이와 같이 두 법은 결정된 본성이 없다. 이러한 평등을 얻으면 다른 병은 없고, 오직 공병만 있을 뿐이며, 공병 또한 공한 것이다(我及涅槃, 此二皆空. 以何爲空. 但以名字故空. 如此二法, 無決定性. 得是平等, 無有餘病, 唯有空病, 空病亦

空.).” 그리고 『如來莊嚴智慧光明入一切佛境界經』 권하(『대정장』 권12, p.246중)에 “공 또한 이와 같아서 이름이 공인 것이며, 공 그 자체는 어떠한 법으로도 가히 설할 수 없는 것을 이름하여 공이라 한 것이다(空亦如是說名空, 空而無法可說名之爲空.)”라고 한 말도 참고가 된다.

왕유의 ‘夏日過靑龍寺謁操禪師’ 시에 “龍鍾의 한 늙은이, 천천히 걸어서 禪宮에 참알하고, 義心의 뜻을 묻고자, 아득하게 空病이 空인 것을 아니. 산하는 天眼의 속에 있고, 세계는 법신 가운데 있네.”라고 한 것은 『유마경』을 근거로 한 표현이다. 『유마경』의 이 일단이 당시에 관심을 불러일으켰던 것을 알 수 있다(孫昌武, 『中國文學中的維摩與觀音』). 신회는 이 『유마경』의 구에 또 일구를 더하여 해설한다. “공병도 실은 공한 것이지만 공한 것도 또한 공하기 때문에(공병을 공이라고 하는 것) 거기에 머무러서는 안 된다”고 한다.

『중론』 ‘관행품’(『대정장』 권30, p.16하)에 “대성께서 공을 설하신 것은 모든 삿된 견해를 여의게 하기 위함이다. 만약 또 다시 공에 집착한다면 제불도 교화할 수 없다(大聖說空法, 爲離諸見故, 若復見有空, 諸佛所不化.)”고 한 것은 ‘惡取空’자를 비판하는 말이다. 선불교에서도 공에 집착하는 ‘落空’을 경계하고 있다(入矢義高本 『傳心法要』, p.12). 『三論玄義』(『대정장』 권45, p.7상)에 “만약 또 공에 집착하면 어떠한 약으로도 가히 그 병을 없앨 수 없다. 힐난하여 말하기를, ‘이미 공병에 집착했다면 왜 有라는 약을 먹여서 공병을 지식시켜 제도하지 않는가?’ 답, 만약 유로써 교화하면 또 다시 유에 정체한다(若復著空, 卽無藥可滅也, 難曰, 旣著空病, 何故不服有藥而言息化. 答若以有化, 還復滯有.”)고 한 말이 있고, 『摩訶

止觀』제4의 上(『대정장』권46, pp.38하·41상)에도 같은 내용이 나온다.

***所空亦復空**(소공역복공) : 『금강삼매경』'입실제품'에 설하고 있는 3空 중의 하나이다. "3空이란 空相 또한 공하고, 空空(畢竟, 空相亦空) 또한 공하며, 所空(畢竟, 空空亦空) 또한 공하다(『대정장』권9, p.369중)." 所空은 能空과 상대되는 말이다. 能空은 제법이 공한 사실을 인식하는 주체인 마음을 가리키고, 소공은 공한 대상을 말하는 것으로 그 대상에는 외부의 대상인 물질과 내부의 대상인 마음이 있다. 그런데 외부의 물질을 인식하는 마음 그 자체도 본질은 또한 공하기 때문에 공하다고 생각하는 것까지도 역시 공한 것이다. 돈황본 『육조단경』제42단에 "밖으로 미혹하면 모양에 집착하게 되고, 안으로 미혹하면 공에 집착하게 된다. 대상을 접하면서도 대상에 집착하지 않고, 공 가운데 있으면서도 공에 집착하지 않는 것이 미혹하지 않는 것이다.(外迷着相, 內迷着空. 於相離相, 於空離空, 卽是不迷.)"라고 한 말도 참고가 된다.

***經云, 常行無念實相智慧**(경운, 상행무념실상지혜) : 『유마경』'보살행품'(『대정장』권14, p.554중)의 구이다. "항상 무념이면 실상의 지혜가 작용한다(常求無念, 實相智慧行.)." 常行의 '行'자가 경에는 '求'로 되어 있다. 북경본은 경문과 같다. 라집의 주에는 "상념을 취하지 않아야 한다. 범부는 有念으로 지혜를 행하기 때문에 뽐내고 거만함이 더욱 심하다. 그러므로 보살은 무념의 지혜를 구한다(無取相念也. 凡夫行有念智慧, 則高慢益甚. 是故菩薩求無念智慧也.)." →(『대정장』권38, p.408상). 實相은 諸法實相의 준말이다. 一實·一如·一相·無相·法身·法性·涅槃·實際 등은 모두 실상의 異名들이다.

***若以法界證法界者**(약이법계증법계자) : 법계는 공하고 가히 알 수 없으며 얻을 만한 실체가 없는데 마음대로 법계가 있다는 생각을 내어 법계를 체득했다고 하면 증상만인이 된다. 梁의 曼陀羅仙譯 『문수사리소설마하반야바라밀경』 권상의 다음 논의를 취의한 것이다. "사리불이 문수사리에게 말하기를, '부처님은 법계에서 아뇩다라삼막삼보리를 얻었습니까?' 문수사리가 말하기를, '얻지 않았습니다. 사리불이여!' 왜냐하면 세존이 곧 법계이기 때문입니다. 만약 법계로써 법계를 깨닫고자 한다면 이는 곧 쟁론입니다. … 부처님이 문수사리에게 고하기를, '여러 보살들이 도량에 앉을 때 아뇩다라삼막삼보리를 覺悟합니까?' 문수사리가 말하기를, '보살은 도량에 앉아서 아뇩다라삼막삼보리를 각오하지 않습니다. 왜냐하면 저 보리의 모양은 조금이라도 가히 얻을 수 없는 것을 아뇩다라삼막삼보리라고 하기 때문입니다. 無相의 보리에 누가 능히 앉을 수 있으며 또한 일어나는 사람도 없습니다. 그렇기 때문에 보살이 도량에 앉아 있는 것을 보지도 못했고, 또한 아뇩다라삼막삼보리를 깨닫지도 않았습니다.' 문수사리가 부처님께 사뢰기를, '…만약 보리가 있음을 보고 취하여 깨달았다고 한다면 이런 무리들은 마땅히 증상만인임을 알아야 합니다'(舍利弗語文殊師利言, 佛於法界, 不證阿耨多羅三藐三菩提耶. 文殊師利言, 不也舍利弗. 何以故. 世尊卽是法界. 若以法界證法界者卽是諍論. … 佛告文殊師利, 諸菩薩等坐道場時, 覺悟阿耨多羅三藐三菩提不. 文殊師利言, 菩薩坐於道場, 無有覺悟阿耨多羅三藐三菩提. 何以故. 如菩提相, 無有少法而可得者, 名阿耨多羅三藐三菩提. 無相菩提誰能坐者亦無起者. 以是因緣不見菩薩坐於道場, 亦不覺證阿耨多羅三藐三菩提. 文殊師利白佛言, … 若言見

有菩提而取證者, 當知此輩卽是增上慢人.)." →(『대정장』권8, p.728중하).

또 『이입사행론』제24단(柳田聖山, 『達摩の語錄』, p.119)에도 "보살은 법계(진리의 세계)로써 舍宅을 삼고 사무량심으로써 戒場을 삼는다. 그러므로 모든 施爲(행위)는 끝내 法界心에서 벗어나지 않는다. 왜냐하면 그의 마음 자체가 진리이기 때문이다. 설령 그대가 어떠한 언동을 하고 날뛰고 춤추더라도 모두가 진리의 세계에서 벗어나지 않고, 또 다시 법계에 들어가지도 않는다. 만약 진리의 세계로써 진리의 세계를 깨닫고자 한다면 이는 어리석은 사람이다(菩薩以法界爲舍宅, 四無量心爲戒藏. 凡有施爲, 終不出法界心. 何以故, 體是法界故. 從你種種云爲, 跳踉蹄蹶, 悉不出法界, 亦不入法界. 若以法界入法界, 卽是癡人.)."

법계로써 법계를 깨닫게 되면 법계는 깨달았지만 깨달은 그 법계가 남아 있기 때문에 완전한 깨달음이라고 할 수 없다. 완전한 깨달음은 법계 그것마저도 없어져야 한다. 『傳心法要』제1단(入矢義高, 『傳心法要·宛陵錄』(禪の語錄8), 筑摩書房, p.6)에 "부처로 하여금 부처를 찾게 하거나 마음으로써 마음을 잡으면 겁이 다하고 형체가 다하여도 끝내 얻을 수 없다(使佛覓佛, 將心捉心, 窮劫盡形, 終不能得.)." 또 같은 책 제2단(p.13)에 "마음을 가지고 마음을 없애려고 하면 마음이 도리어 남게 된다(將心無心, 心却成有.)."고 한 것도 같은 논리이다.

***增上慢(증상만)** : 『유마경』'관중생품'(『대정장』권14, p.548상)에 "만약 얻음이 있고 깨달음이 있다고 하면 불법에 증상만이 된다(若有得有證者, 卽於佛法爲增上慢.)"고 한 말이 있다. 증상만은 7慢(慢 · 過慢 · 慢過慢 · 增上慢 · 卑慢 · 我慢 · 邪慢)의

하나. 聖道를 얻지 못했으면서도 이미 얻었다고 뽐내는 교만심을 말한다. 『전심법요』(『대정장』권48, p.381하)에도 "내가 능히 깨달아 얻었다고 하는 것은 모두 증상만인이다(謂我能證能得, 皆增上慢人.)"라고 한다.

*『俄藏敦煌文獻』第8册[Dx1920+Dx1921](上海古籍出版社, 1997)의 잔편은 본단과 그 이하의 것이 내용은 같지만 표현에 차이가 크다.

Dx1920+Dx1921 殘片

·····於空, 必有墮落(之患)	:	······空病, 空病亦空, 空
··········其法. 問, 云何	:	············必有住處, 名
·················名有所	:	···········青黃赤白諸色
··········諸相, 即是如來	:	··········是涅槃者卽般若
·····云, 如來所得法, 無實	:	·············即是阿耨多羅
············者, 即名般若	:	···········性, 故深遠. 若

『俗語言研究』第5期(禪文化研究所發行, 1998), p.46.

13. 자성공적심

知識, 一切善惡, 總莫思量. 不得凝心住, 亦不得將心直視心. 隨①直視住, 不中用. 不得垂②眼向下. 便隨③眼住, 不中用. 不得作意攝心, 亦不得④遠看近看. 皆不中用. 經云, 不觀是菩提, 無憶念故. 即是自性空⑤寂心.⑥

【校記】

① B본은 「隨」자가 「隋」로 되어 있음.

② B본은 「垂」자가 「睡」로 되어 있음.

③ B본은 「隨」자가 「隋」로 되어 있음.

④ 저본·B본·P본·S1본 모두 「復」자로 오사되어 있음. 영목본과 호본에 의거하여 고침.

⑤ B본은 「空」자가 「悾」자로 오사되어 있음.

⑥ B본과 S1본은 「心」자가 없음. P본은 「心ᄽ」로 되어 있음.

【번역】

여러분, 일체의 선악을 모두 한꺼번에 사량하지 말라. 절대 마음을 응집하여 머무르게 해서는 안 되고, 또 마음을 가지고 마음을 직시해서도 안 된다. 왜냐하면 직시하는 대상에 따라 머물러 버리기 때문에 올바른 선법이라 할 수 없다. 눈을 드리워 아래로 향하게 해서는 절대 안 된다. 그러면 곧 바로 눈을 따라 머물러 버리기 때문에 이것도 역시 올바른 좌선법이라고 할 수 없다. 그리고 의식적으로 산란한 마음을 수섭하려고 해서도 절대 안 되고, 또 멀리 보거나 가까이 보아서도 절대 안 된다. 이러한 선법들은 모두 올바르다고 할 수 없다. 경에 말씀하시기를,

"관찰하여도 관찰했다는 의식이 없는 것이 깨달음이며, 그것은 憶念이 없기 때문이다"

라고 했다. 이러한 마음이 곧 자성공적심인 것이다.

【注記】

***一切善惡總莫思量**(일체선악총막사량) : 『조계대사전』에 "대사

가 薛簡에게 고하기를, 만약 心要를 가지고자 한다면 일체의 선과 악을 모두 사량하지 말라. 심체는 담적하지만 응하여 작용함에 자유롭다(『慧能硏究』, p.47).” 『조당집』 권2 ‘혜능장’에도 “여래의 지견을 얻고자 한다면 일체 선악을 모두 사유하지 말라. 그러면 자연히 깨달을 수 있고, 심체는 담연하여 항상 적정하며, 지혜의 묘용은 항하사와 같이 다양하다.” 혜흔본 이후의 『단경』에는 “선도 생각하지 않고 악도 생각하지 않는, 바로 그러한 때 어느 것이 명상좌의 본래면목인가?” 大珠慧海의 『돈오요문』에 “일체 만물을 사량하지 말며, 일체 선악을 모두 사량하지 말라(平野宗淨, 『頓悟要門』, p.37).” 그리고 『전심법요』 제16단(入矢義高, 『傳心法要』, p.85)에 “선도 생각하지 말고 악도 생각하지 말라. 바로 그러한 때 나에게 명상좌의 父母未生時의 면목을 가져와 보아라.” 이들은 모두 종래에 혜능의 말로 알고 있었으나 돈황자료가 발견되면서 신회가 최초로 한 말임을 알게 되었다. 나중에 육조혜능의 중도의 실천법문으로 탈화된 것이다. 즉 『조당집』 권2 ‘홍인화상전’과 『전등록』 권4 ‘몽산도명장’에 혜능이 3품장군 출신인 惠順에게 大庾嶺에서 “不思善, 不思惡”이라고 법문한 내용이 바로 신회(684~758)의 이 구절을 모태로 한 것이다. 그런데 돈황본 『육조단경』 제11단에는 단지 혜능이 대유령에서 혜순에게 법을 전했다고만 했을 뿐 구체적으로 어떤 법을 전했는지에 대한 내용은 없다(能於嶺上, 便傳法惠順).

신회의 이 말은 중국인들이 선악 · 유무 · 단상 등 양변을 한꺼번에 초월하는 공(중도)의 실천적인 수행체계를 구체적으로 표현한 것이다. 이 중도를 구체적으로 실천하는 방법은 망념이 일어나면 망념이 일어난 사실을 자각하는 것이다. 자각함으로써 망념은 없어지고 망념이 이어지는 것을 끊어 주게 된다. 『단어』 제36단에 "若有妄起, 卽覺, 覺滅卽是本性無住心."라 했고, 같은 내용이 『남종정시비론』 제48단과 석정본 『문답잡징의』 제14단에도 나온다. 이 내용을 이어 규봉종밀(780~841)은 '念起卽覺 覺之卽無'라 했고, 송대 종색(?~?)이 지은 『禪苑淸規』 내의 「좌선의」에서는 '念起卽覺, 覺之卽失'이라고 간결하게 표현했다. 그런데 '一切善惡, 總莫思量'이란 말이 신회의 『단어』에 최초로 나오지만 이 말의 구체적인 실천방법인 '念起卽覺, 覺之卽失'이란 말과의 직접적인 연결은 신회의 어록에는 보이지 않고 종밀의 『禪源諸詮集都序』에서부터 맹아하기 시작하여 송대 宗賾선사의 「坐禪儀」에서는 분명히 연결시켜 제시하고 있다. 이 둘을 서로 비교해서 보면, 『都序』에서는 "모든 모습이 공한 줄 깨달으면 마음에 저절로 망념은 없어진다. 망념이 일어나면 곧 바로 망념이 일어난 사실을 깨달아라. 그러면 망념은 사라진다. 이것이 수행의 묘문이다[覺諸相空, 心自無念, 念起卽覺, 覺之卽無, 修行妙門.(『대정장』 권48, p.403상)]"라고 했고, 종밀의 사상을 계승하여 종색은 『緇門警訓』에서 "일체의 선악을 전부 사량하지 말라. 망념이 일어나면 곧 바로 망념이 일어난 사실을 깨달아라. 그러면 망념은 사라진다. 이와 같이 오래도록 하여 망념이 없어지면 저절로 만법과 하나가 되는 것이다. 이것이 좌선의 요술이다[一切善惡, 都莫思量. 念起卽覺, 覺之卽失. 久久忘緣, 自成一片. 此坐禪之要術也.(『대정장』 권48, p.1047중)]"라고 했다. 그리고 『勅修百丈淸規』의 「좌선의」에서는 "일체의 선악을 전부 사량하지 말라. 망념이 일어나면 곧 바로 망념이 일어난 사실을 깨달아라. 그러면 항상 깨어 있어서 어둡지도 혼미하지도 산란하지도 않을 것이다. 이와 같이 일념이 지속되어 단절되지도 않고, 고정되지도 않게 하는 것이 좌선의 요술이다[一切善惡. 都莫思量. 念起卽覺. 常覺不昧. 不昏不散. 萬年一念. 非斷非常. 此坐禪之要術也.(『대정장』 권48, p.1143상)]"라고 했다.

***不得凝心住** (부득응심주)… : 起心作意하여 마음을 응집시켜서 생각을 단절하는 坐禪入定을 부정하는 말이다. 예를 들면 동산법문의 문헌으로 보이는 『天竺國菩提達摩禪師論』(方廣錩 主編, 『藏外佛教文獻』 第1輯)에는 15가지 선문의 법이 서술되어 있지만 '마음을 看守'하는 것이 기본으로 되어 있다. 신회에 의하면 '마음을 간수'하는 것 뿐만 아니라 '禪定絶念'하는 것도 또한 起心作意로 간주한다. 絶念은 마음을 머무르게 하는 것이기 때문에 자성공적심을 장애하는 요인이 된다. 이하에 거론되고 있는 '將心直視心' '垂眼向下' '遠看近看'은 마음을 응집하는 구체적인 방법이다. 따라서 作意禪이 되는 것이다. 『단어』 제15단에 나오는 "凝心入定, 住心看淨, 起心外照, 攝心內證"의 4句도 같이 연관시켜 생각해 보아야 한다.

***隨直視住不中用**(수직시주불중용) : B본에는 '隨'자가 '墮'로 되어 있다. 이것에 의하면 '直視住에 떨어지기 때문에 올바른 수행법이라고 할 수 없다'라고 읽는 것이 가능하다. 다음 구인 '隨眼住不中用'도 같은 모양이다. 북종선이 좌선방편의 형식에 얽매여서 좌선하는 것을 비판하고 있다.

'不中用'은 '쓸모없다.·유익하지 않다·도움이 되지 않는다'의 뜻이다. '中'은 去聲이다. 漢 代에 이미 용례가 있다(羅振玉, 『俗語』·陳汝衡, 『說苑珍聞』 附錄「輟耕錄考證」, 上海古籍出版社, 1981). 또 '不中'의 용례는 張相, 『詩詞曲語辭滙釋』·周一良, 「洛陽伽藍記的幾條補注」(『魏晉南北朝論集續編』, 北

京大學出版社, 1991)·項楚, 『王梵志詩校注』第247首注, 上海古籍出版社, 1991·同, 『敦煌歌辭總編匡補』, 新文豊出版公司, 1994, p.285에 보인다. 달마의 『이입사행론』제56단에 "문, '무엇을 鬼魅心이라 하는가?' 답, '눈을 감고 선정에 드는 것이다.' 문, '제가 마음을 가다듬고 선정에 들면 동요하지 않습니까?' 답, '그것은 선정에 구속되는 것이기 때문에 쓸데없는 짓이다(不中用).'" →(柳田聖山, 『達摩の語錄』, p.212).

'不得作意攝心'은 돈황본 『육조단경』제14단에 "除妄不起心, 卽是一行三昧. 若如是, 此法同無情, 却是障道因緣."라는 말과 돈황본 『단경』제17·31단의 "莫百物不思, 念盡除却."이란 말도 같이 생각해 봐야 한다. 『禪關策進』'諸祖法語節要第一'의 「鵝湖大義禪師垂誡」(『대정장』권48, p.1098중)에 "단지 형체를 잊고 마음을 죽이려고 하지 말라. 이것은 치료하기 어려운 병으로서 가장 깊은 병이다(莫只忘形與死心. 此箇難醫病最深.)"고 한다.

'遠看近看'은 구체적인 좌선공부이다. 『능가사자기』'홍인장'에 "네가 좌선할 때 평면에 몸을 단정히 하고 바르게 앉아 몸과 마음의 긴장을 풀고 空際가 다할 때까지 멀리 一字를 보라. 반드시 진척이 있을 것이다. 만약 또 초심자로서 반연이 많은 사람은 우선 마음속으로 일자를 보라(柳田聖山, 『初期の禪史Ⅰ』, p.288)." 『수심요론』(『대정장』권48, p.378중)에는 "만약 처음으로 좌선을 배우는 사람은 『관무량수경』에 의지해야 한다. 단정히 앉아서 몸을 바르게 하고 눈을 감고 입을 다물며 마음은 앞으로 平視하며 생각에 따라 원근에 하나의 日想을 만들어 진심을 지키고 생각 생각에 머무름이 없으면 곧 기식을 잘 조절해야 한다(若有初心學坐禪者, 依觀無量壽經. 端坐正

念. 閉目合口, 心前平視, 隨意近遠, 作一日想守眞心, 念念莫住, 卽善調氣息.)"고 한다. 『대승무생방편문』에 "앞을 향해 멀리 보고 뒤를 향해 멀리 보며 사유상하를 일시에 똑 같이 보라. 허공이 다할 때까지 보고 항상 淨心의 눈으로써 보고, 간단함이 없이 또 조금이라고 한정하지 말고 보며, 수행자가 그렇게 몸과 마음을 조절하여 쓰면 장애가 없을 것이다(向前遠看, 向後遠看, 四維上下一時平等看. 盡虛空看, 長用淨心眼看, 莫間斷亦不限多少看, 使得者然身心調用無障礙.)." →(『대장장』 권85, p.1273하).

*經云不觀是菩提無憶念故(경운불관시보제무억념고) : 『유마경』 '보살품'(『대정장』 권14, p.542중)에 "관하지 않는 것이 보리이다. 모든 연을 떠났기 때문이다. 행하지 않는 것이 보리이다. 억념이 없기 때문이다(不觀是菩提, 離諸緣故. 不行是菩提, 無憶念故.)"의 4구중 2구를 제외하고 전후의 2구를 연결한 것이다. 『주유마경』 권3(『대정장』 권38, p.362하)에 "不觀是菩提離諸緣故, 승조가 말하기를, '관은 연으로부터 생하며, 연을 떠나면 관할 것이 없다.' 不行是菩提無憶念故, 승조가 말하기를, '행은 생각으로부터 나오며, 생각이 없기 때문에 행도 없다'(不觀是菩提離諸緣故, 肇曰, 觀生於緣, 離緣卽無觀 不行是菩提無憶念故, 肇曰, 行生於念, 無念故無行也.)라고 승조가 주한 것처럼 억념은 思念의 뜻임을 알 수 있다. 원래 憶念은 범어 smṛti, 빠리어 sati를 의역한 말로서 과거의 기억을 잊어버리지 않고 불러일으키는 것이다.

*본단에 대해서는 柳田聖山·梅原猛, 『佛教の思想7·無の探究<中國禪>』(角川書店, 1969, pp.119~120. 角川文庫ソフィア本은 p.141)에 柳田의 번역과 해설이 있다.

*이 일단은 신회가 전통적인 삼학 중에서도 특히 북종선이 계와 정의 두 단계에서 머물고 있는 것을 비판하고 있다. 계는 선악을 분별하고, 정은 마음을 응집시키는 것이라고 생각하기 쉽다. 신회는 그러한 어리석은 생각을 비판하고 있는 것이다. 본단에 "눈을 아래로 뜨고 수면에 빠져서도 안 된다. … … 경전에도 「관하지 않는 것이 보리다. 보리에는 억념이라는 것이 없기 때문에」라고 말하고 있다. 결국 본래 적정의 상태를 말하는 것이다"라고 한 것처럼 신회의 머리 속에는 항상 북종의 삼학이 떠나지 않고 있다. 북종은 불교의 전통을 대표하지만 신회는 그것을 인정하지 않고 비판한다. 신회는 『단어』제14단에 "무주란 적정을 말한다. 적정의 본체를 定이라고 한다. 적적한 본체 상에 자연지가 있어서 본래 적정한 본체를 알 수 있는 것을 慧라고 한다. 이것이 곧 정혜평등이다"라고 한 것처럼 무주의 본체 상에서 정혜평등을 주장하고 있다. 그는 마음을 응집시키는 것을 강하게 반대한다. 심지어 관찰하는 것도 결국은 마음을 응집시키는 것이기 때문에 인정하지 않고 있다. 마음을 응집시키는 것과 상대되는 말이 무주이다. 신회가 주장하는 무주는 적정의 뜻이고, 적정은 곧 무주의 의미이기 때문에 무주와 적정은 같은 것이다. 예를 들면 "무주체 상에 자연지가 있다(『단어』제14, 15단)"라고 한 것과 페리오본 『남양화상문답잡징의』제5단에 "무념체 상에 本智가 있다"고 한 것은 같은 의미이다. "적정한 본체 상에 자연지가 있어서 본래 적정한 본체를 안다"고 한 것은 신회가 최초로 한 말이다. 적정과 무주를 가지고 자연지의 본체로 삼은 것은 신회의 뛰어난 생각이다. 특히 마음의 자유로운 움직임의 근저에 이미 지혜가 작용하고 있다고 하는 발상은 참으로 높이 평가하지 않을 수 없다.

14. 무주심을 아는 知

'心[1]有是非不.'

答, '無.'

'心有去來處不.[2]'

答, '無.'

'心有青黃赤白不.'

答, '無.'

'心有住處[3]不.'

答, '心無住處.[4]'

和上言, '心旣無住,[5] 知心無住[6]不.'

答. '知.'

'知[7]不知.'

答, '知.[8]'

今推到無住處立知, 作沒.[9] 無[10]住是寂淨,[11] 寂淨[12]體卽名爲[13]定. 從[14]體上有自然智, 能知本寂淨[12]體, 名爲惠. 此是定惠等. 經云, 寂上起照. 此義如是. 無住心不離知, 知不離無住.[15] 知心無住,[16] 更無餘知. 涅槃經云,[17] 定多惠少, 增長無明,[18] 惠多定少, 增長邪[19]見, 定惠等者, 明見佛性. 今[20]推心到無住處便立知, 知心空寂, 卽是用處. 法華經云[21] 卽同,[22] 如來知見, 廣大深遠. 心無邊際, 同佛廣大, 心無限量,㉓ 同佛㉔深遠, 更無差別.㉕ 看㉖諸菩薩㉗行甚㉘深般若波羅蜜,㉙ 佛㉚推諸菩薩病處如何. 般若經云, 菩薩摩訶薩, 應如是㉛生淸淨心, 不應住色生心, 不應住聲香味觸法生心, 應無所住而生其心.㉜ 應無所住㉝者, 推㉞知識無住心是. 而生其心者, 知心無住是.

【校記】

① S1-1본은 「心有是非不 … 答無」까지 24자가 「有限量不. 無.」로 되어 있다.

② 저본·P본·S1본은 「心有去來處不」의 6자가 「心有住處不, 有去來處不」로 되어 있지만 다음에 「心有住處不」의 물음이 있기 때문에 「有住處不」가 필요 없는 말이라고 생각되어 삭제함. B본은 이 4자가 없음.

③ B본은 「處」자가 빠져 있음.

④ S2-1본은 「答心無住處」의 5자가 「無」로 되어 있음.

⑤ S2-1본은 「和上言心旣無住」의 7자가 「心記無住處」로 되어 있음. B본은 「和上」의 「上」자가 「尙」으로 되어 있음. B본은 「心旣」의 「旣」자를 「卽」자로 訂正하고 있음. 영목본은 「卽」자로 되어 있음.

⑥ S2-1본은 「無住」의 2자가 「無住處」로 되어 있음.

⑦ S2-1본은 「知不知答知」의 5자가 없음.

⑧ B본과 S1본은 「知」자가 빠져 있음.

⑨ S2-1은 「今推到無住處立知作沒」의 10자가 「問, 今何處住心到無住處, 緣沒事更立知.」로 되어 있음.

⑩ S2-1본은 「無住是寂淨 … 更無餘知」의 62자가 「心無住是. 若不立知, 心無住卽落無旣(記)空去, 是以立知. 無住是本寂體, 本寂體上自有本智, 知知(衍)本寂淨體, 名爲定惠等. 本寂體有自性定惠, 本智能知爲用.」으로 되어 있음.

⑪ B본은 「寂淨」의 2자가 빠져 있음. S1본「寂淨體」로 되어 있음.

⑫ B본은 「淨」자가 「靜」자로 되어 있음.

⑬ B본은 「爲」자가 빠져 있음.

⑭ B본은 「從」자가 없음.

⑮ 저본과 S1본은 「無住」 앞에 「卽無」의 2자가 더 있음. 불필요한 글자이기 때문에 P본에 의거하여 바로 잡음. B본은 「住」자가 빠져 있음.

⑯ B본은 「知心無住」의 4자가 「心卽無住」로 오사되어 있음.

⑰ S2-1본은 「涅槃經云」의 4자가 중복되어 있음.

⑱ S2-1본은 「無明」의 2자가 「愚癡」로 되어 있음.

⑲ B본은 「邪」자가 「耶」자로 되어 있음.

⑳ S2-1본은 「今推心到無住處便立知 … 卽是用處」의 18자가 「今推到無住處, 無住是本自性寂, 知是用. 寂是照體, 照是寂用. 卽寂是體, 本自性定, 卽照是(用), 本自性惠. 卽定(是)惠體, 卽惠是定用. 離定無別惠, 離惠無別定. 卽定是惠, 卽惠卽是定. 如燈與光, 雖兩名, 體不別. 卽燈卽是光, 卽光是燈. 離燈無別光, 離光無別燈. 卽燈是光體, 卽光是燈用.」로 되어 있음. ( ) 안의 글자는 교정자가 삽입한 것임.

㉑ S2-1본은 「云」자가 「中說」로 되어 있음.

㉒ S1본과 S2-1본은 「同」자가 「用」자로 오사되어 있음.

㉓ 저본과 S1본은 「限量」의 2자가 誤倒되어 있음. B본·P본·S2-1본에 의거하여 바로 잡음.

㉔ B본과 S1본은 「佛」자 빠져 있음.

㉕ S2-1본은 「更無差別」의 4자가 「更亦不別」로 되어 있음.

㉖ S2본은 「看」자가 없음.

㉗ S2-1본은 「諸菩薩」의 3자가 「諸佛菩薩」로 되어 있음.

㉘ B본은 「甚」자가 빠져 있음.

㉙ B본은 「蜜」자가 「蜜多」로 되어 있음.

㉚ S2-1본은 「佛」자가 「釋迦牟尼佛」로 되어 있음.

㉛ B본은 「如是」의 2자가 빠져 있음.

㉜ B본은 「應無所住而生其心」의 8자가 「應此並用無所住」로 오사 되어 있음. S2-1본은 「而生」의 2자가 빠져 있음. 호교본의 교기에 "平本(B)은 「應」자 아래에 「無所住而生其心」이 빠져 있고, 「此並用」의 3자를 덧붙이고 있다. 이 3자는 불필요한 자이기 때문에 교기한다"고 적고 있음.

㉝ 저본·B본·P본·S1본 모두 「應無所住」의 4자가 빠져 있음. S2-1본에 의거하여 보충함. 호교본은 「無所住」의 3자를 보충하고 있음.

㉞ B본·P본·S1본은 「推」자가 「今推」로 되어 있음.

【번역】

"마음에 시비가 있는가?"

"없다."

"마음이 왔다 갔다 하는 곳이 있는가?"

"없다."

"마음에 푸르고 누렇고 붉고 흰 색깔이 있는가?"

"없다."

"마음이 머무르는 곳이 있는가?"

"마음에는 머무르는 곳이 없다."

"화상이 말하기를, 마음이 이미 머무름이 없다고 한다면 마음이 머무름이 없는 그 사실을 아는가?"

"안다."

"정말 아는가?"

"확실히 안다."

지금 머무름이 없는 곳에 이르러 지를 세울 수 있는가?"

"무주는 '적정'이며, 적정한 본체를 '정'이라 한다. 적정한 본체에 자연지(근본지)가 있어서 능히 본래 적정한 본체를 알 수 있는 것을 '혜'라고 한다. 이것이 정혜가 동등한 것이다.

경에 말씀하시기를, 「적정한 본체에 觀照(지혜의 작용)가 일어난다」고 한다. 이 뜻은 같은 의미이다. 머무름이 없는 마음은 知를 떠나지 아니하고, 知는 무주를 여의지 않는다. 단지 마음이 머무름이 없는 사실만 알 뿐 또 다른 앎이란 없다.

『涅槃經』에 말씀하시길, 「선정이 많고 지혜가 적으면 무명이 증장하고, 지혜가 많고 선정이 적으면 삿된 견해가 증장하며, 선정과 지혜가 동등하여야 분명히 불성을 보게 된다」고 한다. 지금 마음이 머무름이 없는 곳에 이르러 곧 바로 지를 세워 마음이 공적한 사실을 아는 것이 知의 작용이다." 『법화경』에서 말하는 것과 같이 「여래의 지견은 광대하고 심원하다」고 한다. 중생의 마음이 끝이 없는 것은 부처님의 광대함과 같고, 중생의 마음에 한계가 없는 것은 부처님의 심원함과 같아서 조금도 차이가 없다. 모든 보살들이 매우 깊은 반야바라밀을 행하는 것을 보고 부처님은 어떻게 여러 보살들의 잘못된 곳을 헤아려 알고 있는 것일까?

『반야경』에 말씀하시길, 「보살마하살은 마땅히 있는 그대로 청정심을 내어야 하고, 마땅히 물질에 머물러서 마음을 내서도 안 되며, 마땅히 소리 · 향기 · 맛 · 촉감 · 법(존재)에 머물러 마음을 내어서도 안 되며, 반드시 머무는 바 없이 그 마음을 일으켜야 한다」고 한다. '마땅히 머무는 바가 없다'고 한 것은 지금 여러분의 머무름이 없는 마음을 추지하는 것이며, '그 마음을 일으킨다'고 한 것은 마음이 무주인 사실을 아는 것을 말한다.

【注記】

*본단 이전에는 1인칭으로 말을 했지만 여기서부터는 문답형식으로 되어 있다. 본단은 『南陽和尙問答雜徵義』의 모태가 되는 단이다. 즉 초기 선불교에서 선문답은 學道者들이 서로 徵問하는 형식으로 되어 있다. '心有是非不'라고 청중이 묻고 신회가 대답해 가는 것이다. 호교본· 송교본· 양본· 형본· 영교본에는 신회의 쪽에서 '心有是非不'라고 묻고, 청중으로부터 답을 이끌어내어 誘導해 가는 문맥으로 파악하고 있다. 본단은 저본· B본· P본· S1본 이외에 이본으로서 S2-1본이 있다. S2-1본에서는 명확하게 청중이 묻고, 신회가 대답하는 형식으로 되어 있다. 이 텍스트는 대체로 異同이 많기 때문에 본단 語注의 끝에 S2-1본의 문구와 훈독을 첨부했다.

***靑黃赤白(청황적백)** : 4顯色이라고 하는데 일체의 모든 색을 대표하는 말이다. 이 네 가지 색을 줄여서 청황이라고도 한다. 참고로 長(길고) · 短(짧고) · 方(모나고) · 圓(둥근 것)은 4形色이라고 한다. 이 네 가지 현색과 형색은 眼識의 所緣境(인식대상)이다.

***心無住處**(심무주처) : 『승천왕반야바라밀경』 권4(『대정장』 권8, p. 710하)에 "마음은 주처도 없고, 소연(대상)도 없다(心無住處, 亦無所緣.)"란 말이 있다.

***今推到無住處立知作沒**(금추도무주처입지작몰) : S2-1본에도 "問, 心到無住處, 緣沒事更立知(질문, 마음이 머무름이 없는 곳에 도달하면 어떤 일이 일어나고 또 지를 세울 수 있는가?)" 라는 문형으로 되어 있다. 즉 청중이 묻는 것으로 되어 있기 때문에 이 구를 청중의 물음으로 읽는다. 덧붙이면 송교본·형본·양본·영교본은 신회의 말로 취급하고 있고, 호교본과 소원본은 애매한 표기로 되어 있다. 鈴木本과 中村譯本은 청중이 묻는 것으로 되어 있다. 왜 '知'를 정립했는가라고 말하는 이유는 저본·B본·P본·S1본에서는 서술하고 있지 않지만 S2-1본에서는 다음과 같이 말하고 있다. "만약 知를 세우지 않고 마음이 無住가 되면 곧 無記空에 떨어진다. 그러므로 지를 세운 것이다." 무기공은 지혜의 작용이 끊어져 暗昏한 상태. 다음의 제15단에 '墮無記空'이란 선정에 들어 있을 때 지혜가 없는 '凝心入定'이란 것이 밝혀지고 있다.

作沒은 唐代의 속어로서 '어떻게'라는 뜻의 의문사. 作麽·作勿·作摩와 같은 뜻의 의문사이다.

불성의 지혜작용을 '知'와 '見'으로 나누어 최초로 설명한 사람은 신회이다. 마음의 본체는 空寂하며, 그 공적한 本體 위에 知가 작용한다고 주장한다. 이때의 지를 空寂知·自然智·無師智·般若智라 한다. 이 知의 철학은 淸涼澄觀(738~839)을 거쳐 규봉종밀(780~841)은 "知之一字 衆妙之門"이란 명구로 신회의 지의 철학을 요약했다. 그런데 신회가 주장하는 지는 정적인 지가 아니라 일상생활 속에서 끊임없이 작용하는 동적인 지혜를 가리킨다. 지와 견의 용례에 대해서는 『단어』 제21단과 『남종정시비론』 제14단을 보라.

*無住是寂淨(무주시적정) : '무주'는 반야의 중심사상이고, '寂淨(靜)'은 '涅槃寂靜'이라고 한 것처럼 열반의 중심적 개념이다. 이들이 모두 마음의 속성으로서 병렬하고 있는 것은 이미 『釋摩訶衍論』 권9(『대정장』 권32, p.658하)에 "그 마음은 적정하고 머무름이 없이 머문다"라고 했고, 또 현장역 『大乘大集地藏十論經』 권10(『대정장』 권13, p.775상)에 "그 마음은 적정하여 머무름이 없고, 모양이 없어서 取着할 것도 없으며, 평등하게 머문다"고 한 말이 있지만 반야와 불성의 두 사상을 모두 마음의 속성으로 보아 동일하게 하나로 묶어 '定慧平等'을 이끌기 위한 명제로 한 것은 신회의 발상일 것이다.

*從體上有自然智(종체상유자연지) : 寂靜한 心體 위에 작용하는 자연지를 가리킨다. 이런 주장의 전고는 『화엄경』 권51 '여래출현품' · 60권『화엄경』 권35 '보왕여래성기품'에 "일체의 모든 중생은 붓다와 똑 같은 지혜와 덕성을 구족하고 있다." 또 同經 '야마천궁품'에 "心佛及衆生, 是三無差別." 『법화경』 '방편품'에 "一切皆性." 『열반경』에 "一切衆生皆有佛性." 또 『열반경』 권10에 "一切衆生本來涅槃, 無漏智性本自具足." 『원각경』에 "衆生本來成佛"이라고 한 말을 근거로 하여 주장한 것이다. 공적체상에 작용하는 자연지에 대해서는 『단어』 제15단에 "從空寂體上起知." 『돈오무생반야송』에 "眞如無念, 非念想能知." · "知空寂而了法身." 『하택대사현종기』에 "眞如無念, 非想念而能知." 『문답잡징의』 제5단 '拓拔開府問'에 "自性空寂, 空寂體上, 自有本智." · 同 제11단 '蘇晉問'에 "本空寂體上, 自有般若智能知, 不假緣起." · 동 제15단에 "無住體

上自有本智."·동 제26단에 "般若波羅蜜自有智." 동 제5단에 "無念體上自有智命."를 보라.

자연지는 중생이 선천적으로 俱有하고 있는 본래적인 無作의 자연지. 모든 지혜의 근본이며, 後得智를 내는 근본이 되기 때문에 근본지라 하고, 또 근본무분별지·무분별지·如理智·正體智라고도 한다. 이에 대하여 후득지는 如量智·權智·俗智라고 한다. 신회는 자연지를 無師智와 나란히 함께 사용하고 있는 곳이 많다. 신회에 의하면 중생은 이것이 있음으로 인하여 돈오한다고 한다. 『단어』제9단에 "一切衆生本來涅槃, 無漏智性本自具足"이라고 했기 때문이다. 『문답잡징의』제26단 '志德法師問'에 "생사를 버리지 않고 열반에 드는 것이 돈오이다. 그러므로 경에 '자연지·무사지'가 있다"고 한 것이다. 그는 자연지·무사지를 돈오의 근거로 삼고 있다. 『승천왕반야경』권4(『대정장』권8 p.710상)에 "훌륭하십니다. 大士여, 자연지·무애지·평등지·무사지·대비장엄을 통달했습니다(善哉, 大士, 通達自然智無礙智平等智無師智大悲莊嚴.)." 『법화경』'비유품'(『대정장』권9, p.13중)에 "만약 어떤 중생이 佛 世尊으로부터 법문을 듣고 信受하여 부지런히 정진해서 일체지·불지·자연지·무사지·여래의 지견·(10)력·(4)무소외를 구하면 무량한 중생을 불쌍히 여겨 안락하게 하고 천인을 이롭게 하며 일체를 도탈한다. 이것을 대승이라 한다(若有衆生, 從佛世尊聞法信受, 勤修精進, 求一切智佛智自然智無師智如來知見力無所畏, 愍念安樂無量衆生, 利益天人度脫一切. 是名大乘.)."

***定惠等**(정혜등) : 신회의 주장에 의하면 "적정한 본체가 정이고, 그 적정한 본체에 자연지가 本有하고 있어서 그 본체를 아는 것이 혜이다. 이것을 '정혜평등'이라" 한다. 즉 적정한 본체가

있는 그대로 자기를 인식한다는 것이다. 환언하면 선정과 지혜의 본체는 동일하지만 체와 용의 관계에 있는 것을 말한다. 이것을 제17단에서는 "定惠雙修, 不相去離"라 했고, 등과 빛, 체와 용의 관계로 설명하고 있다. '定惠等(學)'에 대해서는 『남종정시비론』 제8단, 『문답잡징의』 제24단 '哲法師問定惠等', 同 제34단 '王維問'에도 설하고 있다. 小川隆, 「荷澤神會の人と思想」(『禪學硏究』 69號, 1991) 참조

*經云寂上起照(경운적상기조) : 경에 대해서는 자세하지 않다. 제12단의 주에 언급한 남악혜사의 말에 이어 "무주는 본래 자성의 체이다. 적정하면서도 그 마음을 내는 것이 조용이다(無住, 是本自性體. 寂而生其心, 是照用.)"라고 한다. →『종경록』 권97(『대정장』 권48, p.941상). 현각의 『선종영가집』 '優畢叉頌第6'(『대정장』 권48, p.391중)에 "정혜는 모두 근본을 같이 한다. 근본을 같이 할 때는 무연의 자비이다. 정혜가 있을 때는 적정하여 항상 비춘다. 적정하여 항상 비출 때는 서로 도운다. 무연의 자비가 있을 때는 서로 부정한다. 같이 부정하기 때문에 優畢叉(평등)하다. 같이 긍정하기 때문에 毘婆(觀)·奢摩(止)이고, 사마타이기 때문에 비록 적정하지만 항상 비춘다. 비파사나이기 때문에 비록 비추지만 항상 적정하다. 우필차이기 때문에 비추지도 않고 적정하지도 않다(定慧於是同宗. 宗同則無緣之慈. 定慧則寂而常照. 寂而常照則雙與. 無緣之慈則雙奪. 雙奪故優畢叉. 雙與故毘婆奢摩, 以奢摩他故, 雖寂而常照. 以毘婆舍那故, 雖照而常寂. 以優畢叉故, 非照而非寂.)"고 한다. 寂靜體上에 비춤이 갖추어져 있다고 하는 寂照一體의 사상에는 아직 도달하지 못했지만 거기에 이르는 과정의 한 단계라고 볼 수 있다. 道液의 『淨名經關中釋抄』(760년성립) 권하(『대정

장』 권85, p.521상)에 "또 불심은 적정하지 않음이 없기 때문에 비추면 보지 않음이 없고, 지혜가 선정을 떠나지 않으면 적정하면서 비춘다(又佛心無不寂故照無不見, 惠不離定卽寂而照.)"고 한 말이 보인다.

선정의 경지에서 지혜의 작용이 드러난다고 하는 것은 默照禪의 사상적 근거가 되는 말이다. 經文속의 寂照는 默照와 같은 의미이다. 묵조에서 묵은 寂默의 뜻으로 默默하게 좌선하는 것, 조는 照用의 뜻으로 심성이 靈妙하게 작용하는 것을 가리킨다. 즉 묵묵히 좌선하는 중에 영묘한 지혜가 작용한다는 의미이다. 僧肇(?~414)의 『肇論』(『대정장』 권45, p.156상)에는 '묵조'라는 말이 최초로 나온다. 灌頂(561~632)의 『大般涅槃經疏』(『대정장』 권38, p.103하)에 "부처의 지혜는 묵조다"라는 말이 있고, 청량징관의 『澄觀心要』(『대정장』 권51, 459하)에 "無住心體에 靈智가 불변하다"는 말이 보인다. 그리고 북종의 『大乘無生方便門』(『대정장』 권85, p.1274중)에 '寂照'라는 말이 나오는데 이러한 경문의 사상을 근거로 하여 송 대에 묵조선이 성립되었다고 생각한다. 보조지눌의 『修心訣』에도 "모든 법의 공적한 자리에 靈知가 어둡지 않는 것, 이것이 곧 공적한 영지의 마음이다(諸法皆空之處, 靈知不昧, 卽此空寂靈知之心.)"라고 한 말이 있다.

***涅槃經云 … 定惠等者明見佛性**(열반경운 … 정혜등자명견불성) : 이와 똑 같은 것은 『열반경』에는 없지만 '사자후보살품'(『대정장』 권12, 북본 p.547상·남본 p.792하)에 "십주보살은 지혜의 힘은 많지만 삼매의 힘은 적다. 그러므로 분명히 불성을 볼 수 없다. 성문과 연각은 삼매의 힘은 크지만 지혜의 힘은 적다. 그래서 불성을 볼 수 없다. 제불 세존은 선정과 지혜가

평등하기 때문에 불성을 분명히 보아서 확실히 걸림이 없는 것이 마치 손바닥 안에 있는 암마륵의 열매를 보는 것과 같다(十住菩薩智慧力多三昧力少, 是故不得明見佛性. 聲聞緣覺三昧力多智慧力少, 以是因緣不見佛性. 諸佛世尊定慧等, 故明見佛性了了無礙, 如觀掌中菴摩勒果.)"고 하고, '가섭보살품'(『대정장』권12, 북본 p.580중· 남본 p.827하)에 "만약 어떤 사람이 신심은 있지만 지혜가 없으면 이 사람은 무명을 증장하게 된다. 만약 지혜는 있지만 신심이 없으면 이 사람은 삿된 견해를 증장하게 된다(若人信心無有智慧, 是人則能增長無明. 若有智慧無有信心, 是人則能增長邪見.)"라고 한다. '사자후보살품'의 '是故不得明見佛性'과 '以是因緣不見佛性'의 구에 '가섭보살품'의 '增長無明'과 '增長邪見'의 구를 결합하여 신회는 이 구를 만든 것이다. 신회의 이 구는 『문답잡징의』제34단 '王維問'에도 『열반경』의 구라고 하여 인용하고 있다. 그러나 경증으로써 인용한 『열반경』의 '정혜등'은 선정과 지혜를 삼학과 독립한 항목으로 인식하여 양자를 수학하는 量의 균형을 유지하는 것을 의미하는 것이고, 신회가 말한 '정혜등'과는 근본적으로 다르다. 단지 '凝心入定'한 신수와 보적계의 선에 대한 비판으로써 『열반경』의 이 구는 유효할 것이다.

***無明(무명)** : 범어 avidyā, 빠리어 avijjā를 번역한 것이다. 사물의 진리를 바로 보지 못하는 우치를 말한다. 진리를 장애하는 근원적인 번뇌이다. 이 무명에서 貪·瞋·癡 3毒이 갈라져 나오고, 또 이 3독에서 6종 근본번뇌인 貪·瞋·癡·慢·疑·惡見이 갈라져 나온다.

***法華經云卽同如來知見廣大深遠(법화경운즉동여래지견광대심원)** : 종래의 교본에는 모두 '卽同如來知見廣大深遠'을 『법화

경』의 구로 보았지만 『법화경』'方便品'에 의하면 "如來知見廣大深遠"(『대정장』권9, p.5하)만이 인용의 구이다. S2-1본에서는 '法華經中說卽同…如來知見廣大深遠'으로 되어 있다. 『단어』 제15단, 『문답잡징의』제26단 '志德法師問頓悟漸修'에도 '卽同如來知見廣大深遠'의 구가 사용되고 있지만 『법화경』의 구라고는 말하지 않고, 신회 자신의 말인 것처럼 사용하고 있다.

知見이란 意識에 의하여 아는 것을 '知'라 하고, 眼識에 의해 보는 것을 '見'이라고 하기 때문에 지견은 자기의 사려분별에 의한 견해를 가리킨다. 이때의 지견은 지혜와 다르다. 지혜는 반야의 무분별지로서 사려분별을 떠난 마음의 작용을 말한다. 그러나 지견이 지혜와 동일한 뜻으로 쓰일 때는 '佛知見'이나 '知見波羅蜜'이라고 한 경우이다. 이때의 지견을 正智見 또는 智見이라고도 하는데 이는 理事를 證知하는 智慧의 작용을 말하는 것이지 알음알이(知見解會)의 작용을 말하는 것은 아니다.

***般若經云 … 應無所住而生其心**(반야경운 … 응무소주이생기심) : 『금강반야경』(『대정장』권8, p.750중, 岩波文庫本, p.64)에 보이는 구이다. 반야공의 주체적 실천에 대한 본연의 자세를 서술한 것이다. 頓悟眞宗의 要決이 되는 것으로서 『금강경』의 이 구에 처음으로 주목한 것은 侯莫陳琰(660~714)의 『頓悟眞宗金剛般若修行達彼岸法門要決』이다. 거기에 다음과 같이 말하고 있다.

"문, 『금강반야경』에 말하기를, '마땅히 물질에 머물러서 마음을 내어서도 안 되고, 소리·향기·맛·촉감·존재에 머물러서 마음을 내어서도 안 된다. 마땅히 머무름이 없이 그 마음을 내어야 한다'고 했는데 그 뜻이 어떠합니까?"

"답, 훌륭하고, 훌륭하다. 이 뜻을 잘 물었다. 네가 물은 것을 觀하면 근본이 純熟할 것이다. 너를 위하여 법요(생각을 내지 않고 피안에 도달함)를 설하겠다. 자세히 들어라. 이것은 보살이 몸을 닦고 마음으로 행하여 피안에 도달하는 것이다. 배우고자 하는가? 琰이 이르기를, '要妙를 듣고 信受奉行하기를 원하옵니다.' 師가 말하기를, '일체의 마음이 없는 것을 「無所」라고 한다.' 또 '마음을 일으키지 않는 것을 「住」라고 한다.' '而生其心'이란 應은 「마땅히」이고, 生은 「보다」이다. 그러므로 無所處에서 보는 것이 곧 「이생기심」이다." 上山大峻, 「チベット譯'頓悟眞宗要決'の硏究」(『禪文化硏究所紀要』8號, 1976, p.96). 伊吹敦, 「『頓悟眞宗金剛般若修行達彼岸法門要決』と荷澤神會」(三崎良周編『日本·中國佛教思想とその展開』所收, 山喜房佛書林, 1992)은 신회가 "갖가지 북종문헌, 특히 『要決』에 많은 영향을 받아 그것에 의하여 자신의 사상을 형성했다"고 한다.

신회는 『문답잡징의』 제5단 '拓拔開府問', 동 제20단 '苗侍郎問'에서도 이 구를 들고 나와 '無住(空寂)體上, 自有本智'의 경증으로 삼고 있다.

이처럼 신회가 應無所住, 而生其心이란 구에 관심을 가지기 시작하면서부터 나중에는 6조 혜능의 開悟의 인연으로까지 발전한다. 그러면 定惠等을 전제로 하여 이 경문을 좀 더 구체적으로 살펴보자. 돈황본 『육조단경』(제13단)에 혜능의 최초 법문이 정혜일치의 법문이다. 그래서 남종선을 일명 '定慧法門'이라고도 한다. 특히 신회는 법문을 정혜에 배대하여 해석하려는 경향이 강하다. 예를 들면 "應無所住, 而生其心"을 『단어』 제14단에서 '應無所住'는 無住心이라 했고, '而生其心'은 마음이 무주인 사실을 아는 것이라고 한다. 정혜의 관계로 구체화 되어 있는 것은 『문답잡징의』 제5단 '拓拔開府書'이다. 즉, '應無所住'는 '本寂之體'이고, '而生其心은 '本智之用'이다. 전자는 선정의 당체인 공적심을 가리키고, 후자는 공적체상에 반야의 지혜가 작용하는 것을 나타낸 말이다. 이 사상을 계승하여 『宗鏡錄』 권97(『대정장』 권48, p.941상)에는 "무주는 본래 자성의 본체가 공적한 것을 말하고, 이생기심은 조용이다(無住是本自性體寂, 而生其心, 是照用."라고 한 것이다.

無住心이란 신회는 『금강경』의 "應無所住而生其心"을 근거로 하여 무주심을 설명하고 있는데, 마음은 자성이 없기 때문에 고정불변한 상태로 있지 않고 끊임없이 변화한다는 뜻이다. 돈황본 『단경』 제17단에 "무주는 사람의 본성이다"고 했고, 『돈오요문』 제4단에서는 '無住處'와 '無住心'을 다음과 같이 논하고 있다. "마음이 어디에 머물러야 곧 머무는 것인가? 머무름이 없는 곳에 머무는 것이 곧 머무는 것이다. 머무름이 없는 곳이란 무엇인가? 일체의 모든 곳에 머무르지 않는 것이 곧 머무름이 없는 곳에 머무는 것이다(問, 心住何處卽住. 答, 住無住處卽住. 問, 云何是無住處. 答, 不住一切處, 卽是住無住處.)." →(平野宗淨, 禪の語錄6 『頓悟要門』, 筑摩書房, 1970, p.14.). 『단어』 제25단도 참조

*S.6977第1斷簡(S2-1)의 교정본문을 적어보면 다음과 같다.

"'[心]有限量不.' '無.' '心有住處不.' '無.' '心記(案, 記當作旣)無住處, 知心無住處不.' 答, '知.' 問(案, 此下衍今何處住四字), '心到無住處, 緣沒事更立知.' '[知]心無住處是. 若不立知, 心無住卽落無旣(案, 旣當作記)空法. 是以立知. 無住是本寂體, 本寂體上自有本智, 知(案, 此下衍一知字)本寂淨體,名爲定惠等. 本寂體有自性定惠, 本智能知爲用. '涅槃經云(案, 此下衍涅槃經云四字), 定多惠少, 增長愚癡, 惠多定少, 增長邪見. 定惠等者, 明見佛性. 今推到無住處, 無住是本自性寂, 知是用. 寂是照體, 照是寂用. 卽寂是體, 本自性定, 卽照是[用], 本自性惠. 卽定[是]惠體, 卽惠是定用. 離定無別惠, 離惠無別定. 卽定是惠, 卽惠卽是定. 如燈與光, 雖兩名, 體不別. 卽燈卽是光, 卽光是燈. 離燈無別光, 離光無別燈. 卽燈是光體, 卽光是燈用. 法華經中說卽用(案, 用當爲同字之誤), 如來知見, 廣大深遠. 心無邊際, 同佛廣大, 心無限量, 同佛深遠, 更亦不別. 諸佛菩薩行甚深般若波羅蜜, 釋迦牟尼佛推諸菩薩病處如何. 般若經云, 菩薩摩訶薩, 應如是生清淨心, 不應住色生心, 不應住聲香味觸法生心, 應無所住[而][生]其心. 應無所住者, 推知識無住心是. 而生其心者, 知心無住是.

本體起用, 善分別世間青黃赤白. 心不隨分別起是定. 入定如凝心入定, 此落無旣(案, 記當作記)空. 出定後, 分別[ ]惠不等, 定惠[ ](下缺)."

"'마음에 한량이 있는가?' '없다.' '마음에 주처가 있는가?' '없다.' '마음에 이미 주처가 없다면 마음에 주처가 없다는 것을 알 수 있는가?' '알 수 있다.' 문, '마음이 무주처에 도달하면 무엇으로 말미암아 다시 知를 세울 수 있는가?' '마음이 무주인 사실을 아는 것이 지이다. 만약 지를 세우지 않고 마음이 무주가 되면 무기공에 떨어지고 만다. 그렇기 때문에 지를 세우는 것이다. 무주는 본래 적정한 본체이며, 본래 적정한 본체 위에 本智가 있어서 本寂淨體를 아는 것을 정혜등이라 한다. 본적체에 자성의 정혜가 있으며, 본지는 (이것을)능히 아는 것을 작용이라 한다. 『열반경』에 이르기를, 「선정이 많고 지혜가

적으면 우치가 늘어나고 지혜가 많고 선정이 적으면 사견이 늘어난다. 선정과 지혜가 평등하여야 분명히 불성을 볼 수 있다.」지금 무주처에 이르면 무주는 본래 자성의 적정이며 지는 작용이다. 적정은 비춤의 본체이고, 비춤은 적정의 작용이다. 적정은 본체이고 본래 자성의 선정이며, 비춤은 작용이고 본래 자성의 지혜이다. 선정은 지혜의 본체이고, 지혜는 선정의 작용이다. 선정을 떠나서 따로 지혜가 없고, 지혜를 떠나서 따로 선정이 없다, 선정은 곧 지혜이고 지혜가 곧 선정이다. 마치 등과 빛이 비록 이름은 둘이지만 본체는 하나인 것과 같다. 등이 곧 빛이고, 빛이 곧 등이다. 등을 떠나서 따로 빛이 없고 빛을 떠나서 따로 등이 없다. 등은 빛의 본체이고 빛은 등의 작용이다. 『법화경』 중에 설한 것과 같이 「여래의 지견은 광대하고 심원하다.」 마음이 변제가 없는 것은 부처의 광대함과 같고, 마음이 한량이 없는 것은 부처의 심원함과 같아서 또한 다르지 않다. 모든 불보살은 매우 심오한 반야바라밀을 행하고, 석가모니불은 모든 보살의 아픈 곳이 어딘지을 안다. 『반야경』에 이르기를, 「보살마하살은 마땅히 있는 그대로의 청정심을 내어야 하며 물질에 머물러서 마음을 내어서도 안 되며, 소리·향기·맛·촉감·존재에 머물러서 마음을 내어서도 안 되며, 마땅히 머무름이 없이 그 마음을 내어야 한다.」 응무소주라는 것은 여러분들의 무주심이다. 이생기심이라는 것은 마음이 무주인 것을 아는 것이다.'

본체가 작용을 일으켜 세간의 청·황·적·백을 잘 분별한다. 마음이 분별을 따라 일어나지 않는 것이 선정이다. 입정할 때 만약 마음을 응집하여 선정에 들면 무기공에 떨어진다. 출정 후에 분별[　]惠不等, 定惠[　]下缺.)."

15. 공적체상의 반야지

本[1]體空寂, 從空[2]寂體上起知, 善分別世間靑黃赤白,[3] 是惠.[4] 不隨分別起,[5] 是定.[6] 只如凝心入定,[7] 墮[8]無記[9]空. 出定[10]已[11]後, 起心[12]分別[13]一切世間有爲,[14] 喚此爲惠,[15] 經中名爲妄心. 此則惠時則無定, 定時則無惠. 如是解者, 皆不離煩惱. 住心看淨, 起心外照, 攝心內證,[16] 非解脫心, 亦是法縛心, 不中用. 涅槃[17]經云, 佛告瑠[18]璃光菩薩,[19] 善男子, 汝莫作入甚深空定,[20] 何以故. 令大衆鈍故. 若入定, 一切諸般若[21]波羅蜜[22]不知故. 但自知本體寂淨,[23] 空無所有, 亦無住著, 等同虛空, 無處不遍. 卽是[24]諸佛眞如身. 眞如是無念之體, 以是義故, 故[25]立無念爲宗. 善[26]見[27]無念者, 雖具見聞覺知, 而常空寂. 卽戒定惠學, 一時齊等, 萬行俱備. 卽同如來知見, 廣大深遠. 云何深遠. 以不見性, 故言深遠. 若了見性, 卽無深遠.

【校記】

① S2-1본은 「本體空寂從空寂體上起知」의 11자가 「本體起用」으로 되어 있음.

② S1본은 「空」자 다음에 「空」자 더 있음.

③ S1본은 여기 「白」자까지만 있고 이하는 없음.

④ S2-1본은 「是惠」의 2자가 빠져 있음.

⑤ S2-1본은 「不隨分別起」의 5자가 「心不隨分別起」로 되어 있음.

⑥ B본은 「定」자가 「空」자로 오사되어 있음.

⑦ B본은 「凝」자를 「疑」로 오기하고 있고, 또 「如疑」를 誤倒하여 「疑如」로 적고 있다. S2-1본은 「入定如凝心入定」으로 되어 있음.

⑧ B본은 「墮」자가 「隨」자로 오사되어 있음. S2-1본은 「此落」으로 되어 있음.

⑨ B본과 S2-1본은 「記」자가 「旣」로 되어 있음.

⑩ 저본과 P본은 「出定」의 2자가 「後空」으로 되어 있음. B본에 의거하고 고침.

⑪ S2-1본은 「已」자가 본래 없음.

⑫ S2-1본은 「起心」의 2자가 본래 없음.

⑬ S2-1본은 여기 「分別」까지만 있음. 다음에 「惠不等定惠」의 5자가 남아 있지만 저본·B본·P본과 문자가 일치하지 않음.

⑭ B본은 「爲」자가 빠져 있음.

⑮ B본은 「惠經中名爲」의 5자가 빠져 있음.

⑯ B본과 P본은 「證」자가 「澄」자로 되어 있음.

⑰ P본은 「涅槃」의 2자가 「卄卄」(菩薩의 俗寫體)로 오사되어 있음.

⑱ B본은 「瑠」자가 「琉」자로 되어 있음.

⑲ B본은 「菩薩」의 2자가 「仏」자로 오기되어 있음.

⑳ 저본·B본·P본 모두 「空定」의 2자가 빠져 있음. 『대반열반경』의 경문에 의거하여 보충함. 호교본의 교기에 "이것은 『대반열반경』'고귀덕왕보살품'에 나오는 말이다. 경문에는 남북본 모두 '汝今莫入甚深空定. 何以故. 大衆鈍故.'라고 되어 있다.

저본(P본)과 平本(B본)은 모두 '汝莫作入甚深'으로 되어 있다. 지금 경문에 의거하여 「作」자를 삭제하고 「空定」의 2자를 보충한다. '令大衆鈍故'의 5자는 저본과 평본 모두 「令」자가 있는 것은 매우 흥미있는 일이다. 신회가 8세기에 본 경문에는 「令」자가 있었는지도 모른다. 그러므로 나는 감히 제거하지 않는다"라고 적고 있다. 이것에 비해 榮新江의 교본은 "신회가 경을 인용한 것은 많은 기억에 의지하고 있으므로 자주 경문과는 맞지 않는다. 게다가 신회어록에는 구어체를 많이 쓰고 있다. 그가 인용한 경문도 또한 구어화의 경향이 있다. 여기의 경문에는 「令」자가 없고, 「莫」은 「莫作」으로 되어 있으며, 「空定」을 삭제하고 「令」자를 더하고 있다. 이런 문체가 당오대의 사람들이 읽기에 좋은 어조였을 것이다. 따라서 경문에 의거하여 고칠 필요가 없다"고 부연한다.

㉑ B본은 「般若」의 2자가 빠져 있음.

㉒ B본은 「蜜」자가 「容」자로 오사되어 있음.

㉓ B본은 「淨」자가 「靜」자로 되어 있음.

㉔ 저본은 「是」자가 빠져 있음.

㉕ B본은 「故」자가 없음.

㉖ B본과 P본은 「善」자가 「若」자로 되어 있음.

㉗ B본은 「見」자가 없음.

【번역】

마음의 본체는 공적하며 공적한 본체상에 知가 일어나 세간의 푸르고 누렇고 붉고 흰 색을 똑똑히 분별하는 것은 혜이다. 분별하는 것을 따라서 망념을 일으키지 않는 것은 정이다. 다만 '마음을 응집시켜 선정에 들려고'하면 무기공에 떨어진다. 출정한 후에 마음을 일으켜 일체 세간의 유위법을 분별하는 것을 혜라고 하지만 경전 중에는 분명히 망심이라고 했다. 이러한 경우는 지혜가 작용하고 있을 때 선정이 없으며, 선정의 상태에 있을 때 지혜가 없는 것이다. 이와 같이 이해하고 있는 사람은 모두 번뇌에서 벗어날 수 없다. '마음을 멈추어 그 청정함을 보고, 마음을 일으켜 밖을 비추며, 마음을 수섭하여 안으로 증득하는 것'은 해탈심이 아니고, 또 법에 속박된 마음이기 때문에 올바른 선법이라고 할 수 없다.

『열반경』에

"부처님이 유리광보살에게 말씀하시기를, 선남자야, 너희들은 매우 깊은 허무한 선정에 들어가서는 절대 안 된다. 왜냐하면 여러분들을 우둔하게 만들기 때문이다"

라고 한다. 만약 이런 선정에 들면 일체의 모든 반야바라밀을 알지 못하기 때문이다. 다만 스스로 본체가 적정하고 공하여 소유할 것이 없는 줄 알면 집착하는 것도 없고 허공과 같이 어디에도 두루하지 않는 것이 없다. 이것이 모든 부처님의 진여법신이다. 진여는 번뇌망념이 없는 무념의 본체이다. 이러한 의미 때문에 무념을 세워 궁극적인 진리로 삼는 것이다. 무념을 분명히 깨달은 사람은 비록 보고 듣고 깨달아 알지라도 항상 공적하다. 이것은 계·정·혜 삼학이 하나가 되어 동시에 작용하는 것이며 육도만행이 구비되는 것이다. 또 여래의 지견과 같이 광대하고 심원하게 된다. 왜 심원한가? 성품을 깨닫지 못했기 때문에 심원하다고 한 것이다. 만약 똑똑히 성품을 깨닫게 되면 심원함조차도 없는 것이다.

【注記】

***本體空寂, 從空寂體上起知**(본체공적, 종공적체상기지) : 신회의 가장 기본적인 주장명제이다. '起知'는 '지를 일으키는 것'이 아니고, '지가 일어난다'는 뜻이다. 앞의 제14단에 "從體上有自然智"라고 한 것과 같다. '知'에 대해서는 『단어』 제14단 語注를 보라. 『문답잡징의』 제5단 '拓拔開府問'에 『금강경』의 "故般若經云, 應無所住而生其心. 應無所住, 本寂之體. 而生其心, 本智之用."이라고 한 것과 같이 『금강경』의 '應無所住而生其心'의 사상과 결부시키고 있다. 아마도 단순히 『금강경』의 사상으로부터 "空寂體上自有本智"란 명제를 이끌어 낸 것은 아니고 자신의 기본명제를 『금강경』과 결부시킨 것일 것이다.

***善分別**(선분별) : 분별에는 識의 작용에 의하여 분별해서 인식하는 '妄分別'이 있고, 이것에 비해 모든 사물을 올바르게 판단하여 인식하는 반야지의 작용인 '善分別'이 있다. 신회는 공적체상(깨달음의 당체)에 작용하는 반야지의 작용을 선분별이라고 한 것이다.

***凝心入定**(응심입정) : 바로 다음에 나오는 "住心看淨, 起心外照, 攝心內證"과 합하여 신회가 비판적으로 정리한 북종선의 주장이다. 『남종정시비론』 제11단에 "지금 같지 않다고 한 것은 신수선사는 사람들에게 「마음을 응집시켜 선정에 들게 하고, 마음을 머무르게 하여 청정함을 看하게 하며, 마음을 일으켜서 밖으로 모든 사물을 비추게 하고, 마음을 가다듬어서 안으로 깨닫도록」 가르치고 있습니다. 이런 이유 때문에 같지 않은 것입니다"라고 북종선의 선법을 정리하고 있다. 이 논에서는 비판의 대상이 신수선사이지만 『단어』에서는 그 대상이 누구인지 이름을 밝히고 있지 않다.

*無記空(무기공) : 일체제법을 도덕적인 입장에서 분류하면 선과 악 그리고 선도 악도 아닌 무기로 나누어지지만 여기서는 그러한 의미가 아니고 '無記空定'을 가리킨다. 무기공이란 惺惺寂寂하지 않은 沒自覺상태에 빠진 것을 의미한다. 즉 지혜의 작용이 끊어져 목석과 같이 된 상태를 말한다. 昏暗의 空이다. '무기'에는 불교용어로서 '14무기'·'선악무기'가 있지만 여기서는 혼암·혼침의 뜻이다. 『원각경대소초』 권12상(Z.15, p.3c)에 "非無記란 생각이 '한결같이 적정으로 치달아 공에 빠져 鑑弁하는 바가 없는 것이 아닌 것'을 나타낸다. 그러므로 비무기라 한다"는 것은 주해를 잘 한 것이다. 『선종영가집』 '奢摩多頌第四·六種料簡'(『대정장』 권48, p.390중)을 설하는 중에 무기라는 말이 보인다. "첫 번째 병에 두 가지가 있다. 하나는 緣慮이고, 다른 하나는 무기이다. … 무기란 비록 선악 등의 일을 반연하지 않을지라도 그러한 것은 모두 진심이 아니고 단지 昏住일 뿐이다(第一病者, 有二種. 一緣慮, 二無記. … 無記者, 雖不緣善惡等事, 然俱非眞心, 但是昏住.)." 돈황본 『육조단경』 제24단에는 "定心으로 앉지 말라. 그러면 무기공에 떨어진다"고 경계시키고 있고, 『혈맥론』(『대정장』 권48, p.374상)에는 "만약 견성하지 않고 일체시중에 무작의 생각을 지으려고 한다면 이는 큰 죄를 지은 사람이고 어리석은 사람이며 무기공 가운데 떨어져 昏昏한 것이 마치 술에 취한 사람과 같아서 好惡를 가릴 줄 모르게 된 것이다(若不見性, 一切時中, 擬作無作想, 是大罪人, 是癡人, 落無記空中, 昏昏如醉人, 不辨好惡.)." 『대반열반경』 권36(『대정장』 권12, p.849상)에 空을 부연 설명하는 중에 '무기공'이 나온다. 西口芳男, 「禪學點描(6)-無記-」(『禪文化』 153號) 참조

*起心(기심) : 돈황본 『육조단경』 제36에 "起心卽是妄"이라고 한 바와 같이 기심은 動念과 같은 뜻으로서 망념을 일으키는 것이다. 『전심법요』 제1단에 "생각을 일으키면 곧 어긋난다(動念卽乖)"고 한 것과 같은 뜻이다(入矢義高, 『傳心法要·宛陵錄』, p.6).

*有爲(유위) : 유위법의 준말로 유위는 범어 saṁskṛta, 빠리어 saṅkhata를 의역한 말이다. 造作되어진 것이란 의미이다. 『阿毘達磨大毘婆沙論』 권23(『대정장』 권27, p.117중)에 "무엇을 연기법이라고 하는가? 일체 유위법을 말한다(云何緣起法, 謂一切有爲法)"고 한 것처럼 여러 가지 인연화합에 의하여 생성된 존재, 즉 현상계의 사물을 가리킨다.

*經中名爲妄心(경중명위망심) : 특정의 경전 이름을 들 수는 없지만 중생의 분별은 망분별이고, 허망분별이라고 보는 것은 불교의 일반적인 견해이다.

*妄心(망심) : 迷妄의 마음. 그릇된 분별심. 선악업을 일으키는 業識을 말한다. 『대승기신론』(『대정장』 권32, p.576중)에 "일체중생은 망심을 소유하고 있기 때문에 생각 생각에 늘 분별한다(依一切衆生以有妄心念念分別)"고 한다. 이러한 念念分別을 없애는 방법은 念念自覺을 통하여 근원적인 心源의 세계로 되돌아가는 길밖에 없다.

*看淨(간정) : 『관심론』에 "보살마하살은 깊은 반야바라밀다를 행할 때 사대오음을 요달하여 空無我 중에서 자기의 마음을 了見하는데 두 가지의 차별이 있다. 무엇이 그 둘인가? 하나는 淨心이고, 또 하나는 染心이다. 그 정심이라는 것은 무루진여의 마음이고, 그 염심이라는 것은 유루무명의 마음이다[西口, 「敦煌寫本七種對照『觀心論』」(『禪學硏究』 第74號, p.133上段)

].” 이와 같이 마음을 정심과 염심으로 나누어 관찰하는 입장이다.

***住心看淨, 起心外照, 攝心內證(주심간정, 기심외조, 섭심내증)** : 위의 ‘凝心入定’과 함께 이 4구는 신회가 『관심론』이나 『대승무생방편문』 등 북종계의 전적에 나오는 觀心主義禪을 요약하여 만든 것이다. 북종선의 看心看淨의 내용을 단적으로 표현하고 있는 것인데 그는 기회가 있을 때마다 이 4구를 들고 나와 북종 신수의 觀心主義的인 태도를 예리하게 비판하고 있다. 『남종정시비론』 제20단에도 나온다. 『임제록』(『대정장』 권47, p.499중)에서는 “학도자들이 만약 마음을 응주하여 고요함을 보려고 하거나 마음을 일으켜 밖으로 비추려 하거나 마음을 수섭하여 안으로 깨달으려 하거나 마음을 응집하여 선정에 들려고 하는 이러한 무리들은 모두 조작이다(爾若住心看靜, 擧心外照, 攝心內澄, 凝心入定, 如是之流, 皆是造作.)”이라 한다.

***法縛心不中用(법박심불중용)** : 법박은 법에 집착하여 법의 진실한 뜻을 깨닫지 못함으로 인하여 야기되는 속박이다. 『達摩の語錄』 제56단에도 ‘斂心禪定’을 부정하는 다음과 같은 말이 있다. “문, ‘무엇을 鬼魅心이라 하는가?’ 답, ‘눈을 감고 선정에 드는 것이다.’ 문, ‘저는 마음을 거두어들여 선정에 들면 움직이지 않는다.’ 답, ‘이것은 선정에 속박받는 것이기 때문에 올바른 좌선법이 아니다’(柳田聖山, 『達摩の語錄』, p.212).”

***涅槃經云(열반경운)** : 『열반경』 ‘고귀덕왕보살품’(『대정장』 권12, p.490하·p.733하)의 구. “선남자야, 너는 지금 매우 깊은 空定에 들어가지 말라. 왜냐하면 대중이 우둔하기 때문이다.” 『백장광록』(Z.118, p.83d)에 “매우 깊은 선정에 머물러 다시 昇進할 수 없는 것은 삼매의 魔이다. 오래 동안 耽翫하기 때문이

다"라고 한 것은 『열반경』의 내용을 받아들인 것이다. 空定은 공허한 선정 · 허무한 선정.

*若入定一切諸般若波羅蜜不知故(약입정일체제반야바라밀부지고) : 호적은 "이 一句는 신회가 '令大衆鈍故'라고 말한 경문을 해석한 것이라"고 주기하고 있다.

*空無所有(공무소유) : 필경에 아무것도 남아 있는 것이 없이 空無한 것. 『대지도론』권31(『대정장』권25, p.292중)에 "이와 같이 일체 제법의 본성은 가히 얻을 수 없기 때문에 性空이라 한다. 문, '필경에 공하여 소유할 것이 없으면 이것이 곧 성공인데 지금 왜 거듭 설하는가?' 답, '필경공이란 것은 遺餘가 없는 것을 말하며, 성공이란 것은 본래 항상 그러한 것을 말한다.' … 필경공이란 마치 허공과 같아서 항상 생함도 없고 멸함도 없으며, 더럽지도 않고 깨끗하지도 않다(如是一切諸法性不可得故名爲性空. 問曰, 畢竟空無所有則是性空, 今何以重說. 答曰, 畢竟空者, 名爲無有遺餘, 性空者, 名爲本來常爾. … 畢竟空如虛空常不生不滅不垢不淨.)." 또 『법구경』 '觀三處空得菩提品第4'(『대정장』권85, p.1433중)에 "비유컨대 마치 범부가 밤에 꿈에서 보는 것과 같이 몸에 갖가지 광명이 빛나고 백미의 음식을 먹고 또 멀리 가는 것을 보지만, … 깨어날 때 몸의 광명이 평소와 같이 소멸하고 멀리 가지도 않으며 광명과 색상은 공하여 소유할 것이 없다(譬如凡夫夜夢見, 身種種光明, 食百味食, 復見遠行, … 及其覺時, 身光尋滅, 亦不遠行, 光明色相, 空無所有.)."

*住著(주착) : 어떤 대상을 인식한 후 그 대상에 집착하는 것.

*眞如是無念之體以是義故 … 雖具見聞覺知而常空寂(진여시무념지체이시의고 … 수구견문각지이상공적) : 진여와 무념을

결부한 것은 『기신론』에 다음과 같이 말한 것을 근거로 한 것일 것이다. "또 생멸문으로부터 진여문으로 곧 바로 들어가는 것을 顯示한다. 이른바 오음을 추구함에 물질과 마음만으로 하며 육진의 경계는 필경에 무념이 된다. 마음에 형상이 없으면 시방에 그것을 구하여도 끝내 얻을 수 없다. 마치 사람이 미혹하기 때문에 동쪽을 서쪽이라 하는 것도 실제로 방향에는 변함이 없는 것과 같이 중생도 이와 같다. 무명의 미혹함 때문에 마음(心)을 念이라 하는 것도 실제로 心은 움직임이 없다. 만약 능히 관찰하여 **마음이 무념인 줄 알면 곧 수순하여 진여문에 들어 갈 수 있기** 때문이다(復次顯示從生滅門卽入眞如門. 所謂推求五陰色之與心, 六塵境界畢竟無念. 以心無形相十方求之終不可得. 如人迷故謂東爲西方實不轉, 衆生亦爾. 無明迷故謂心爲念心實不動. 若能觀察知心無念, 卽得隨順入眞如門故.)." →(『대정장』권32, p.579하). 眞如는 범어 tathatā · bhūta-tathatā를 번역한 것이다. 사물이 존재하는 그대로의 모습. 만유에 遍在해 있는 근원적인 實相, 즉 만유의 본체를 말한다. 이는 우주의 일체 현상 또는 존재를 일관하고 있는 근원적인 理法이다. 또 이것은 석존이 성취한 無上正等覺의 내용이자 부처의 본체이며, 바로 부처 그 자체이다. 이는 일체의 모든 존재의 본성이기 때문에 法性이라고도 한다. 이 진여를 대변하는 말로 法界 · 不虛妄性 · 平等性 · 實際 · 虛空界 · 無我性 · 空性 · 無相 · 自性淸淨心 · 佛性 · 法身 · 如來藏 등이 있다. 『大乘起信論』(『대정장』권32, p.576상)에 "진여라는 것은 모양이 없다. 언설의 극한은 말에 의하여 말을 버리는 것을 이르는 것이다. 이 진여의 본체는 버릴 수 없다. 일체의 법이 모두 참되기 때문이다. 또 세울 것도 없다. 일체의 법이 모두

다 똑같기 때문이다. 그러므로 일체의 법이 말할 수 없고 생각할 수도 없기 때문에 진여라고 한 것임을 알아야 한다(言眞如者, 亦無有相. 謂言說之極, 因言遣言. 此眞如體無有可遣. 以一切法悉皆眞故. 亦無可立. 以一切法皆同如故. 當知一切法不可說不可念故. 名爲眞如.)"라 했고, 원효의 記會本 『대승기신론소』 권1(『한국불교전서』 1책, p.736상)에 "진여란 보낼 것이 없는 것을 '진'이라 하고, 세울 것이 없는 것을 '여'라 한다(言眞如者, 無遣曰眞, 無立曰如.")고 한다.

무념은 남종선의 종지인데 그 말이 『기신론』에 보인다. 즉, "心性은 항상 망념이 없는 無念이기 때문에 不變이라 이름한다. 一法界를 깨닫지 못했기 때문에 마음이 (본심과) 상응하지 못하고 홀연히 망념이 일어나는 것을 無明이라 한다(『대정장』 권32, p.577하)"고 한 말과 동론 p.576중에 "만약 어떤 중생이 무념을 관할 수 있다면 곧 불지에 향하게 된다(若有衆生能觀無念者, 則爲向佛智故.)"고 한다. 『현종기』에는 "無念을 宗旨로 하고, 無作을 根本으로 하며, 眞空을 本體로 하고, 妙有를 作用으로 한다"고 하고, 돈황본 『육조단경』 제17단에도 "無念을 宗旨로 하고, 無相을 本體로 하며, 無住를 根本으로 한다"고 한 바와 같이 무념은 남종의 근본사상이다. 그는 망념이 일어나지 않는 念不起를 무념이라고 보고 있다.

『문답잡징의』 제25단 '嗣道王問'에 다음과 같은 문답이 있다. "문, '(念과 眞如는) 이미 차별이 없다면 어째서 진여를 念(생각)한다고 하십니까?' 답, '말한 바 念이라는 것은 진여의 작용이고, **진여는 念의 본체인 것**입니다. 이런 의미 때문에 무념을 세워서 宗旨로 삼는 것입니다. 만약 무념을 본다면 비록 보고·듣고·느끼고·분별(見聞覺知)할지라도 항상 공적합니다

.'" '眞如是無念之體'와 '眞如者卽是念之體'라고 한 것은 기술상에 모순이 있지만 이것은 『문답잡징의』 제25단에서는 무념을 설명함에 있어서 '무'와 '념'을 나누어 버렸기 때문에 생긴 것이고, 사상의 입각점은 무념에 있으며, 념이라고 해도 무념의 념이다. 또 돈황본 『육조단경』 제17단에도 같은 의미의 논술이 보인다. "여러분, 남종 돈교 최상승 법문에서는 옛날부터 모두 무념을 세워 종지로 삼았으며, 무상을 본체로 삼았고, 무주를 근본으로 삼았다. … 그래서 남종돈교에서는 무념을 세워 종지로 삼는 것이다. 세상 사람들은 대상을 보지 않음으로써 망념을 일으키지 않으려고 하고 있다. 만약 번뇌망념이 없으면 무념 또한 세울 필요가 없다. 없다고 하는 것은 무엇이 없는 것이며, 생각한다고 하는 것은 무엇을 생각한다고 하는 것인가? 없다는 것은 분별적인 모든 번뇌를 여의는 것을 말하고, 생각한다는 것은 진여본성을 생각하는 것을 말한다. 진여는 생각하는 것의 본체이며, 생각하는 것은 진여의 작용인 것이다. 자성이 생각을 일으켜 비록 보고 듣고 깨달아 알지라도 여러 가지 대상경계에 집착하지 않으면 항상 자유롭다."

見聞覺知는 感覺知覺의 작용. 눈으로 물질을 식별하는 작용이 見이고, 귀로 소리를 식별하는 작용이 聞이며, 코·혀·몸으로 향기·맛·촉감을 식별하는 작용이 覺이고, 意(제6의식)로 法을 식별하는 작용이 知이다. 그러나 우리의 인식작용은 크게 보고 아는 것과 듣고 아는 것으로 나눌 수 있다. 그러므로 開悟의 機緣도 거의 대부분 이 두 가지에 의해서 이루어진다. 하나는 눈으로 보고 깨닫는 것과 또 하나는 귀로 듣고 깨닫는 것이 있다. 예를 들면 香嚴智閑(?~898)선사는 어느 날 마당을 쓸다가 기와 조각이 대나무에 부딪치는 소리를 듣고 깨달았으며(『조당집』권19, '香嚴章'), 潙山靈祐(771~853)의 法嗣인 靈雲志勤(?~?)선사는 어느 날 산길에서 복숭아꽃이 활짝 핀 모습을 보고 30년 만에 홀연히 깨달다고 한다. 『碧巖錄』제78칙(『대정장』권48, p.205중)에 "단지 하나의 窠窟만 지키지 말라. 일체 모든 곳이 전부 관음으로 들어가는 문이며, 고인이 말하기를 '소리를 듣고 도를 깨닫고 색을 보고 마음을 밝힌다'고 한다(莫只守一窠一窟, 一切處都是觀音入理之門, 古人亦有聞聲悟道. 見色明心.)"고 한 말도 참조

***戒定惠學一時齊等**(계정혜학일시제등) : 이미 제4단과 제14단에서 서술한 바 있다. 계·정·혜의 삼학에는 분명한 階梯가 있지만 신회는 그러한 교리적 체계를 완전히 불식하고 계와 정을 혜에 收斂하고 있다.

***如來知見廣大深遠**(여래지견광대심원) : 『법화경』'방편품'(『대정장』권9, p.9하)의 구이지만 여기에서는 신회자신의 말이다. 前段(제14단)을 보라.

***見性**(견성) : 여기에서는 돈오의 뜻이다. 원래는 불성·자성·性空·性淨 등을 보는 것을 뜻한다. 견성사상은 인도에서는 자성청정심이 여래장사상으로 발전하였고, 중국에서는 불성이라고 처음으로 기록한 『열반경』이 南地에서 연구하는 도중에 일어났다(『藤田正浩, 「禪宗の見性思想とインド如來藏思想」). →『印度學佛教學研究』卷31, 1號. 『열반경』권28 '사자후보살품'(『대정장』권12, p.792하·p.547상)에 "제불세존은 선정과 지혜가 균등하기 때문에 명확히 불성을 보아 확실히 걸림이 없는 것이 마치 손바닥 안의 암마라 열매를 보는 것과 같다. 불성을 본다고 하는 것은 모양을 버리는 것이다(諸佛世尊, 定慧等故, 明見佛性, 了了無礙, 如觀掌中菴摩勒果. 見佛性者, 名爲捨相.)"고

하고, 또 권27(『대정장』권12, p.538하·p.783하)에는 "도를 수습하는 사람은 불성을 본다. 불성을 보는 자는 아뇩다라삼막삼보리를 얻을 수 있다(修習道者, 爲見佛性. 見佛性者, 爲得阿耨多羅三藐三菩提.)"고 한 말이 있다. 불성을 보는 것이 보리를 얻는 것이라고 주장하고 있다. 그리고 『涅槃經集解』권33(Z.94, p.236b)에 僧亮의 말로서 '견성성불'의 구가 처음으로 보인다. 그 후 견성은 北周 慧影의 『大智度論疏』, 수 혜원의 『대승의장』에 보이고[伊藤隆壽, 「見性の歷史的考察」(『宗學研究』15號)], 또 길장의 『대승현론』권3에 '佛性義十門'을 주장하는 중에 '見性門'의 항을 세우고 있다[栗谷良道, 「吉藏書中にみられる見性思想」(『宗學研究』23號)]. 村上俊은 "『대승현론』에 '견성'과 '돈오'와의 관련을 어떻게 파악할 것인가 하는 그 선구적인 문제의식을 볼 수 있다고는 해도 견성에 돈오의 의미가 명확하게 부여되도록 한 것은 초기 선종집단의 출현을 기다리지 않으면 안 된다. 문헌적으로 신회는 견성이란 말에 돈오의 의미를 가미하여 사용한 최초의 인물이다"[「佛性の問題-頓悟との關連において-」(『禪文化研究所紀要』第21號, p.126)]고 논한다. 그의 견성사상은 돈황본 『육조단경』으로 계승되었다(제29단에 "마치 큰 바다가 여러 가지 흐름을 받아들여 크고 작은 물을 합쳐 하나가 되게 하는 것과 같다. 이것이 견성이다."). 한편 우두종의 6조로 지목되고 있는 혜충에게 『見性序』의 저술이 있었다고 하고, 牛頭慧忠-佛窟惟則의 법을 이은 天台雲居智禪師가 華嚴院僧繼宗에게 견성성불의 의미를 해명한 문답이 있다(『경덕전등록』권4). 또 대주혜해의 『돈오요문론』에도 견성을 하도록 주장하고 있고, 달마에게 귀속되는 『혈맥론』은 돈오견성사상의 압권일 것이다. 돈황 선종문헌의 『法性論(擬題)』에는 “말 한 바 견성이라고 한 것은 그 불성을 위로는 모든 부처님으로부터 아래로는 청개구리와 개미에 이르기까지 평등하게 함께 가지고 있어서 잃어버릴 수도 없고 파괴할 수도 없는 것은 마치 금광에 여러 가지 자갈과 모래에 섞여 현현하지 못하는 것과 같다. 만약 용광로를 만나면 곧 진금을 얻어 여러 가지 가락지와 장엄구를 만들 수 있다. 비록 모양은 다양할지라도 金性은 바꿀 수 없다. 일체 중생도 이와 같다. 여러 가지 習漏에 가려져 있기 때문에 법신이 현현할 수 없다. 만약 선지식의 지도를 받아 일체법은 문자에 집착해 있지 않고 모든 분별을 떠나 있으며 內證의 所行은 모든 言論을 끊고 있다는 것을 알면 망상은 일어나지 않고 자연히 불성이 현현할 것이다(『鈴木大拙全集』第2卷, p.444)”라고 한 말에서 금과 광석과의 비유를 들어 소박한 견성설을 설명하고 있다. 『七祖法寶記』(『諸經要抄』)에는 견성을 경문에 의하여 설명하고 있는 것이 많이 보인다.

16. 육진삼매

各各至心. 令知識得頓悟解脫.

若眼見色, 善分別一切色, 不[1]隨分別起, 色中得自在, 色中得解脫, 色塵三昧足.

耳聞聲, 善分別一切聲, 不隨分別起, 聲中得自在,[2] 聲中得解脫, 聲塵三昧足.

鼻聞香, 善分別一切香, 不隨分別起, 香中得自在, 香中得解脫, 香塵三昧足.

舌嘗味, 善分別一切味,③ 不隨分別起, 味中得自在, 味中得解脫, 味塵三昧足.

身覺種種觸, 善能分別觸, 不隨分別起, 觸中得自在, 觸中得解脫,④ 觸塵⑤三昧足.

意分別一切法, 不隨分別起, 法中得自在, 法中得解脫, 法塵三昧足.

如是諸根善分別, 是本惠. 不隨分別起, 是本定.

【校記】

① 「不」 자 앞에 아마도 「心」자가 빠진 것 같다. 이하 「不隨分別起」도 마찬가지이다. 제15단 교기 ⑤를 보라.

② B본은 「在」자 다음에 「聲中得自在」의 5자가 더 있음.

③ B본은 「善分別一切味」의 6자가 「不隨善能分別種〻味」로 오사되어 있음.

④ B본은 「觸中得自在觸中得解脫」의 10자가 「觸中得解脫觸中自在」로 되어 있음.

⑤ B본은 「塵」자가 「中」자로 오사되어 있음.

【번역】

각자 마음을 지극히 하라. 여러분들로 하여금 단번에 깨달아 해탈하도록 하겠다.

만약 눈으로 사물을 볼 때 일체의 사물을 똑똑히 분별하지만 그 분별하는 것을 따라 집착심을 일으키지 않으면 사물 가운데서 자유를 얻고, 사물 중에서 해탈을 얻어 색진삼매가 구족되는 것이다.

귀로 소리를 들을 때 일체의 소리를 분명히 분별하지만 그 분별하는 것을 따라 집착심을 일으키지 않으면 소리 가운데서 자유를 얻고, 소리 중에서 해탈을 얻어서 성진삼매가 구족되는 것이다.

코로 냄새를 맡을 때 일체의 냄새를 분명하게 분별하지만 그 분별하는 것을 따라 망념을 일으키지 않으면 냄새를 맡는 가운데서 자유를 얻고, 향기 중에서 해탈을 얻어 향진삼매가 구족되는 것이다.

혀로 맛을 볼 때 일체의 맛을 똑똑히 분별하지만 그 분별하는 것을 따라 집착심을 일으키지 않으면 맛을 보는 가운데서 자재를 얻고, 맛을 보는 중에서 해탈을 얻어 미진삼매가 구족되는 것이다.

신체가 여러 가지 촉감을 느낄 때 그 촉감을 따라 집착심을 일으키지 않으면 촉감하는 가운데서 자유를 얻고, 촉감하는 중에서 해탈을 얻어 촉진삼매가 구족되는 것이다.

의식이 일체의 존재를 분별할 때 그 분별하는 것을 따라 집착심을 일으키지 않으면 존재 가운데서 자유를 얻고, 존재 중에서 해탈을 얻어 법진삼매가 구족되는 것이다.

이와 같은 모든 인식기관이 대상을 분명하게 분별하는 것은 본래의 지혜이다. 그 분별하는 것을 따라 집착심을 일으키지 않는 것은 본래의 선정이다.

【注記】

***頓悟解脫**(돈오해탈) : 본서의 서명인 『南陽和上**頓教解脫**禪門直

了性壇語』에서 보여주고 있듯이 '돈오해탈'은 본서의 주요사상 가운데 하나이다. 신회에 있어서 '돈오'와 '해탈'은 다른 것이 아니라 일체이다. 전환적인 논리구조인 돈오는 어떤 순서나 차례의 단계를 밟지 않을 뿐만 아니라 일체의 방편을 무시하고 단번에 근원적인 본래심과 일념상응하여 곧 바로 불성을 깨닫는 것을 말한다. 돈오사상의 전고는 『유마경』 '제자품'(『대정장』 권14, p.541상)에 "卽時豁然, 還得本心." 『화엄경』 '梵行品'(『대정장』 권9, p.449하)에 "初發心時便成正覺." 『열반경』 '가섭보살품'(『대정장』 권12, p.590상)에 "發心畢竟二不別." 영각현각의 『증도가』(『대정장』 권51, p.460중)에 "一超直入如來地." 등을 들 수 있다.

***善分別一切色不隨分別起**(선분별일체색불수분별기) : 現象하는 일체의 諸相을 분별하면서 제상의 본래 모습을 잃지 않는 것이다. 잃어버리면 망분별이 된다. 선분별이란 진실을 잃지 않고 분별하는 것이다. 번역은 '不'자 앞에 '心'자를 보충하여 읽으면 의미가 잘 통한다. 『유마경』 '불국품'(『대정정』 권14, p.537하)의 偈句에 "바르게 모든 法相을 분별할 수 있으면 제1의제에 움직임이 없다"고 한 것을 부연한 것이다. 전단(제15단)의 주에 인용한 돈황본 『육조단경』 제17단에 "자성이 생각을 일으켜 비록 보고 듣고 깨달아 알지라도 여러 가지 대상경계에 집착하지 않으면 항상 자유롭다. 『유마경』에 말하기를, '밖으로는 여러 가지 대상경계를 똑똑히 분별하지만 안으로 진여자성의 자리에서는 동요가 없다'고 한다(性起念, 雖卽見聞覺知, 不染萬境, 而常自在. 維摩經云, 外能善分別諸法相, 內於第一義而不動.)."

***色塵三昧足**(색진삼매족) : 색진(안식의 인식대상)과 안근(눈)이

둘로 나누어진 것이 아니고 一心으로 되어 있는 것. '足'은 완전·완벽·만족의 뜻이다. '색진삼매'는 『화엄경』'현수품'(『대정장』권10, pp.77하~78상)의 句偈에 "안근 중에서 바른 선정에 들고 색진 중에서 선정으로부터 나와 色性의 부사의를 현시함도 일체 천인은 능히 알 수 없다. **색진 중에서 바른 선정에 들어** 눈에서 선정이 일어나 마음이 어지럽지 않고, 또 눈은 무생으로 일어남이 없으며, 본성은 공하여 적멸하기 때문에 짓는 것이 없다(於眼根中入正定 於色塵中從定出 示現色性不思議 一切天人莫能知 於色塵中入正定 於眼起定心不亂 說眼無生無有起 性空寂滅無所作.")고 한 것을 근거로 한 주장인 것 같다. 『화엄경』에도 이하에 耳·鼻·舌·身·意의 5근과 聲·香·味·觸·法의 5진에 대하여 같은 뜻의 게를 설하고 있다. 이 6對의 12頌에 대하여 현수법장은 『화엄경탐현기』권4에서 10事5對의 무애(根境無礙, 理定과 事定의 無礙, 理觀과 事觀의 無礙, 出入無礙, 二利體用의 無礙)를 설하고 있으며 '根境無礙'를 다음과 같이 설하고 있다. "第1對의 근경무애는 이미 근을 관하여 선정에 들어가면 또한 마땅히 근으로부터 나와야 한다. 이 근이 곧 경이라는 것을 나타내려고 하기 때문에 경으로부터 나오는 것이다. 일심의 연기는 둘이 아니면서 둘이기 때문이다(第一對根境無礙, 旣觀根入定, 還應從根出. 爲顯此根則是境故從境出也. 以一心緣起無二而二故.)." →(『대정장』권35, p.191중). 『조당집』권3 사공산 본정선사의 見聞覺知의 게에 "견문각지하는데 장애가 없으면 聲·香·味·觸은 항상 삼매다."

***諸根善分別是本惠, 不隨分別起是本定**(제근선분별시본혜, 불수분별기시본정) : 전단(제15단)에도 "本體空寂, 從空寂體上起知, 善分別世間靑黃赤白是惠, 不隨分別起是定"라고 한 것

도 같은 취지이다. '本'이라는 형용사를 붙여서 '本惠' '本定'이라고 한 것은 정혜평등의 혜이고 정이라는 의미가 들어가 있다.

17. 정혜쌍수

經中不捨道法而現凡夫事.① 種種運爲世間, 不於事上生念, 是定惠雙修, 不相去離. 定不異惠, 惠②不異定. 如③世間燈光, 不相去離. 卽燈之時光家體, 卽光之時燈家用. 卽光之時不異燈, 卽燈之時不異光. 卽光之時不離燈, 卽燈之時不離光. 卽光之時卽是燈,④ 卽燈之時卽是光, 定⑤惠亦然. 卽定之時是惠體, 卽惠之時是定用. 卽惠之時不異定, 卽定之時不異惠. 卽惠之時卽是定, 卽定之時卽是惠. 卽惠之時無有惠, 卽定之時無有定. 此卽定惠雙修, 不相去離. 後二句者, 是維摩詰默⑥然眞入⑦不二法門處.⑧

【校記】

① B본은 「事」자가 빠져 있음.
② B본은 「惠」자가 빠져 있음.
③ 저본은 「如」자가 「如是」로 되어 있음. 「是」자는 불필요한 자라 생각되어 B본과 P본에 의거하여 삭제함.
④ 저본은 「燈」자 다음에 「之時」의 2자가 더 있음. B본과 P본에

의거하여 삭제함.

⑤ B본은 「之」자가 빠져 있음.

⑥ B본은 「默」자가 「嘿」자로 되어 있음.

⑦ 저본과 P본은 「眞入」의 2자가 「入眞」으로 되어 있고, B본은 「入直」으로 되어 있음. 경문에 의거하여 고침.

⑧ 저본과 P본은 「處」자가 빠져 있음. B본에 의거하여 보충함.

【번역】

경중에 "진리의 도법을 버리지 않고 범부의 일을 나타낸다"고 한다. 세상에서 여러 가지 일상생활을 하는 가운데 그 일에 대하여 망념을 일으키지 않는 것이 선정과 지혜를 동시에 닦는 것이고, 선정과 지혜는 서로 떨어질 수 없다. 선정이 지혜와 다르지 않고, 지혜가 선정과 다르지 않다. 이는 마치 세간의 등과 그 빛이 서로 떨어질 수 없는 것과 같다. 즉, 등이라는 것은 그 빛의 본체이고, 빛이라는 것은 등의 작용이다. 빛이라는 것은 등과 다르지 않고, 등이라는 것은 그 빛과 다르지 않다. 빛이라는 것은 등과 떨어질 수 없고, 등이라는 것은 그 빛과 떨어질 수 없다. 그러므로 빛이라는 것은 곧 등이고, 등이라는 것은 곧 빛이다. 선정과 지혜도 또한 이와 마찬가지다. 선정이라는 것은 지혜의 본체이고, 지혜라는 것은 선정의 작용이다. 지혜라는 것은 선정과 다르지 않고, 선정이라는 것은 지혜와 다르지 않다. 그러므로 지혜라는 것은 곧 선정이고, 선정이라는 것은 곧 지혜이다. 지혜가 작용하고 있을 때 지혜가 작용한다는 생각도 없고, 선정에 들어 있을 때 선정에 들어 있다는 생각이 없어야 한다. 이것이 선정과 지혜를 동시에 닦는 것이며, 이들은 서로 떨어질 수 없다. 뒤의 두 구는 유마힐이 말없이 진실로 불이법문에 들어간 곳이다.

【注記】

*經中不捨道法而現凡夫事(경중불사도법이현범부사) : 『유마경』 '제자품'(『대정장』 권14, p.539하)에 "不捨道法而現凡夫事是爲宴坐"라고 한 말에서 인용한 것이다. 호적은 경문에 의거하여 '是爲宴坐'의 4자를 더 보충하고 있다. 그러나 榮校本에 말하기를, "『단어』의 이 곳은 청중에게 경중에 말한 '도법을 버리지 않고 범부의 일을 나타낸다'는 부분을 제시한 것이고 경문을 인용한 것은 아니기 때문에 보충할 필요가 없다"고 한다. 榮의 주장이 옳다고 생각한다. 여기서는 연좌를 말하려고 하는 것은 아니다. 신회에게 있어서 과제는 색신 그대로 해탈하는 것이기 때문에 별명 『不可思議解脫法門』이라고 하는 이 경을 인용한 것이다.

*定惠雙修不相去離(정혜쌍수불상거리) : '정혜쌍수'는 偏習을 떠난 뜻이 보통이지만[그 예는 『대승의장』 권10(『대정장』 권44, p.666하)에 있음], 신회가 말한 정혜쌍수는 선정과 지혜가 체와 용인 것처럼 절대 떨어질 수 없는 관계에 있다고 주장한다. 제14단에서 언급한 정혜평등과 같은 뜻이다. 제12단의 語注에 게재한 『종경록』 권97의 남악혜사의 말에 이어 말하기를, "무주는 본래 자성의 체이다. 적정하면서 그 마음을 내는 것은 조용이다. 적정은 자성의 정이고, 조는 자성의 혜이다. 선정은 지혜의 본체이고, 지혜는 선정의 작용이다. 선정을 떠나서 따로 지혜가 없고, 지혜를 떠나서 따로 선정이 없다. 선정에 있을 때가 곧 지혜이고, 지혜가 작용할 때가 곧 선정이다. 선정에 있을

때 선정이 없고, 지혜가 작용할 때 지혜가 없다. 왜냐하면 자성 그 자체는 여여하기 때문이다. 마치 등과 빛이 비록 이름은 둘이지만 그 체는 다르지 않는 것과 같다. 등이 곧 빛이고, 빛이 곧 등이다. 등을 떠나서 따로 빛이 없고, 빛을 떠나서 따로 등이 없다. 등은 빛의 본체이고, 빛은 등의 작용이다. 정혜쌍수는 서로 떨어질 수 없다(無住, 是本自性體. 寂而生其心, 是照用. 卽寂是自性定, 卽照是自性慧. 卽定是慧體, 卽慧是定用. 離定無別慧, 離慧無別定. 卽定之時卽是慧, 卽慧之時卽是定. 卽定之時無有定, 卽慧之時無有慧. 何以故. 性自如故. 如燈光雖有二名, 其體不別. 卽燈是光, 卽光是燈. 離燈無別光, 離光無別燈. 卽燈是光體, 卽光是燈用. 卽定慧雙修, 不相去離.)." →(『대정장』권48, p.941상).

또 S.2669『法性論(擬題)』(P.3357V본은 『大乘諸法二邊義』의 표제를 가지고 있음)에 "선정이란 여러 가지 연이 일어나지 않는 것을 定이라 하고, 능히 모든 대상을 깨닫는 것을 慧라고 한다. 선정에 있을 때 지혜를 방해하지 않고 지혜가 작용할 때 선정을 방해하지 않는다. 선정에 있을 때는 이는 지혜의 본체이고, 빛이 비출 때는 해의 작용이다(『鈴木大拙全集』第2卷, p. 445).

돈황본 『육조단경』제13단에도 "여러분, 남종돈교의 최상대승 법문에서는 선정과 지혜로써 근본을 삼는다. 어리석어 알지도 못하면서 선정과 지혜가 다르다고 말해서는 절대 안 된다. 선정과 지혜의 본체는 하나이지 둘이 아니다. 다시 말해서 선정은 지혜의 본체이고 지혜는 선정의 작용인 것이다. 즉 지혜가 작용할 때 선정은 지혜에 있으며, 선정의 상태에 있을 때 지혜는 선정에 있는 것이다. 여러분, 이러한 의미가 바로 선정과 지혜가 평등한 것이다." 동 제15단에 "여러분, 선정과 지혜는 무엇과 같은가? 마치 등과 등불과 같다. 등이 있으면 등불도 있고 등이 없으면 등불도 없다. 등은 등불의 본체이고 등불은 등의 작용이다. 그 이름은 둘이지만 본체는 둘이 아니다. 이 정혜의 법이라는 것도 이와 마찬가지다(周紹良本, pp.120～121)."

신회는 또 『문답잡징의』 제24단에서도 哲法師의 定惠等義에 대한 질문에 다음과 같이 대답하고 있다. "한 생각의 망념도 일어나지 않아 허공과 같이 텅 비어 소유할 것이 없는 것을 곧 바른 선정이라 합니다. 망념이 일어나지 않고 공하여 소유할 것이 없는 것을 보고 깨달아 아는 것을 바른 지혜라 합니다. 만약 이와 같다면 선정에 들어 있을 때를 이름하여 지혜의 본체라 하고, 지혜가 發現될 때가 바로 선정의 작용인 것입니다. 入定해 있을 때 지혜와 다르지 않고, 지혜가 발현될 때 선정과 다르지 않는 것입니다. 선정에 들어 있을 때가 바로 지혜가 발현되는 때이고, 지혜가 발현될 때가 바로 선정에 들어 있는 때입니다. 선정에 들어 있을 때도 선정에 들어 있다는 생각도 없고, 지혜가 발현될 때 지혜가 발현된다는 생각도 없는 것입니다. 왜냐하면 본성 그 자체가 如如하기 때문이며 따라서 선정과 지혜는 같다고 하는 것입니다."

또 『단어』의 이본으로 보이는 S2-1본은 제14단의 문맥에서 『열반경』을 인용한 후, 그 다음 『법화경』을 인용할 때까지의 사이에 정혜를 체용과 등광에 비유하여 설명하는 단이 삽입되어 있다. 제14단의 語注 끝의 자료를 보라.

또 澄觀의 『華嚴經隨疏演義鈔』 권34(『대정장』 권36, p.262상)에 "水南의 선지식이 말하기를, '본체의 작용을 知라 하고, 작용의 본체를 寂이라 한다. 마치 등이 곧 빛이고, 빛이 곧 등인 것과 같다'고 한다. 등은 본체이고 빛은 작용이다. 둘이 아니면서 둘인 것이다. 知의 一字는 衆妙의 문, 이는 수남의 말이다(水南善知識云, 卽體之用名知, 卽用之體爲寂. 如卽燈之時卽是光, 卽光之時卽是燈. 燈爲體光爲用. 無二而二也. 知之一字衆妙之門, 亦是水南之言也.)"라고 한 말이 있다. 『종경록』 권34(『대정장』권48, p.615중)에도 수남의 이 말을 인용하고 있다. '水南善知識'을 鎌田茂雄은 신회라고 하지만(『선원제전집도서』제24단 '知之一字衆妙之門의 注') 신회를 수남선지식이라고 부른 자료는 지금까지 보이지 않고 있다.

여기에 자주 사용되고 있는 '卽～之時'라고 한 용어는 '～라고 말할 때야말로·～라고 하는 것이야말로' 혹은 '～에 대하여 말하면'이란 뜻이다. 예를 들면 『돈오요문론』제41단에 "卽修之時, 卽入佛位"라고 말한 것은 "수행할 때야말로 부처의 境位에 들어간다"는 의미이다. 또 '～家'는 '～의 측'·'～의 입장'의 뜻이고, '楚家'·'寺家'·'縣家'(나라나 단체, 공적기관)는 흔히 보는 예이지만 여기처럼 '光家'·'燈家'라는 一般名辭에도 붙고, 또 '無爲家'·'有爲家'(『전등록』권28 마조의 시중에 "不盡有爲, 不住無爲. 有爲是無爲家用, 無爲是有爲家依. 不住於依, 故云如空無所依.")와 '愚痴家'(『이입사행론』에 "不生不滅是愚痴家余習, 不可用.") 등 추상적인 술어에도 붙는다. 일종의 義學用語이다.

그리고 定慧란 정은 본래 범어 samādhi(音譯 : 三摩地 또는 三昧)를 번역한 것이다. 그 의미는 마음을 하나의 대상에 專注하여 산란하지 않게 하는 정신통일 또는 그러한 상태를 말한다. 혜는 범어 mati를 번역한 것이고, 음역하면 末底, 摩提가 된다. 心所중의 하나로서 구사론에서는 10大地法의 하나이고,

유식론에서는 5別境心所의 하나이다. 事理를 분별하여 결정하며 의심을 결단하고, 또 사리를 통달하는 심리작용을 말한다. 그리고 智와 慧는 通名이지만 둘을 상대하여 보면, 有爲의 事相을 바르게 이해하는 것을 智라 하고, 無爲의 空理를 바르게 이해하는 것을 慧라 한다. 돈황본 『육조단경』 제46단 36對法을 설명하는 중에 惠는 癡와, 智는 愚와 각각 상대되는 개념으로 사용하고 있다.

***後二句者是維摩詰默然眞入不二法門處**(후이구자시유마힐묵연진입불이법문처) : 後人의 주가 본문에 섞여 들어간 것은 아닌지? '後二句'는 무엇을 지칭하는지 애매하다. '定惠雙修, 不相去離'를 가리킨다고 하는 사람도 있고, '卽慧之時無有慧, 卽定之時無有定'을 가리킨다고 하는 사람도 있다. 卽慧之時無有慧, 卽定之時無有定은 대승선의 본질을 보여주고 있는 말이다. 즉 선정과 지혜 그 자체까지도 완전히 초월한 입장을 대변하고 있다. '유마힐…'는 『유마경』 '入不二法門品'(『대정장』 권14, p.551)에 "이 때 문수사리가 유마힐에게 묻기를, '우리들은 각자 말을 다 했습니다. 인자께서 말씀하십시오, 무엇이 보살의 入不二門입니까?' 그 때 유마힐은 묵연히 아무 말이 없었다. 문수사리가 감탄하여 말하기를, '훌륭하고 훌륭하십니다. 문자와 말이 없는 것이 참으로 불이법문에 들어가는 것입니다'(於是文殊師利, 問維摩詰, 我等各自說已. 仁者當說. 何等是菩薩入不二門. 時維摩詰默言無言. 文殊師利歎曰. 善哉善哉. 乃至無有文字語言, 是眞入不二法門.)"라고 한 말에 의거한 것이다. '眞入'은 저본과 P본은 '入眞'으로 되어 있고, B본은 '入直'으로 되어 있지만 경문에 의거하여 고친다. 호적은 '中古寫本에서는 直眞의 2자가 자주 혼용되고 있으며, 本篇의

표제가 頓教解脫禪門直了性壇語인 것, 그리고 이 章이 돈오해탈을 특별히 설하고 있는 것' 때문에 령목본의 교정에 따라서 '直入'으로 했다고 하지만 따르지 않는다.

維摩詰은 생몰년대 미상. 범명은 Vimalakīrtī이다. 부처님의 속세 제자이다. 維摩詰 · 毘摩羅詰栗致 · 毘摩羅詰이라 음역하며, 줄여서 보통 維摩라고도 한다. 淨名 · 無垢稱 · 滅垢鳴이라 의역한다. 일본 聖德太子의 『維摩經義疏』卷上(『대정장』권56, p.20상)에 "유마힐이란 자는 이미 정각에 오른 위대한 성인이다. … 유마힐은 인도음이며, 중국말로는 정명이라 한다. 빛을 누구려 세속과 함께 하지만 여러 가지 더러움에 물들지 않기 때문에 淨名이라 한다(維摩詰者, 乃是已登正覺之大聖也. … 維摩詰, 是西國之音, 秦言淨名, 和光同塵, 不爲衆累所染, 故名稱淨名也.)"라고 그의 이름을 해설하고 있다. 석존 당시 인도의 毘舍離城(毘耶離城)의 장자로서 대승보살도를 닦아 無生忍을 얻어 변재가 뛰어났으며, 유마거사가 병상에 있을 때 문수보살이 병문안을 와서 不二法門을 문답코자 하였으나 유마거사는 불이법문은 불가사의하기 때문에 단지 침묵만 지켰다. 『유마경』에서 설하고 있는 般若皆空 · 無相不可得 · 煩惱卽菩提 · 生死卽涅槃의 사상은 후대 인도의 불교뿐만 아니라 중국의 선불교에도 지대한 영향을 미쳤다. 『維摩經義疏』는 두 종류가 있다. 일본의 성덕태자가 지은 것(5卷)이 있고, 중국의 수나라 吉藏이 지은 것(6권, 『대정장』권38에 수록)이 있다.

不二는 一이다. 一은 二와 상대적인 말이 아니라 가장 근본적이고 근원적인 것을 가리키는 말이다. 즉 상대적인 차별이나 대립을 초월한 절대평등의 경지를 나타내는 말이다. 『碧巖錄』

제84(『대정장』 권48, p.209하)에 "유마힐이 여러 대보살로 하여금 각각 불이법문을 설하도록 했다. 그 때 32명의 보살은 모두 2見, 즉 유위와 무위, 진제와 속제의 2제를 합하여 하나의 견해로 만들어 불이법문을 설했다(維摩詰令諸大菩薩, 各說不二法門, 時三十二菩薩, 皆以二見, 有爲無爲, 眞俗二諦, 合爲一見, 爲不二法門.)"고 한 말이 있다.

18. 번뇌가 곧 보리

爲知識聊簡煩惱卽菩提義. 擧虛①空爲喩. 如虛空本無動靜,② 明來是明家空, 暗來是暗家空. 暗空不異明, 明空不異暗.③ 虛空明暗自來去, 虛空本來④無動靜. 煩惱與菩提, 其義亦然. 迷悟別⑤有殊, 菩提性元⑥不異.

【校記】

① B본은 「虛」자가 「處」자로 되어 있음.

② 저본과 P본은 「靜」자가 「淨」자로 되어 있고, B본에 따라 고침.

③ B본은 「暗空不異明, 明空不異暗」의 10자가 「不異暗空」의 4자로 되어 있음.

④ B본은 「來」자가 빠져 있음.

⑤ B본은 「別」자 앞에 「雖」자가 있음.

⑥ B본은 「元」자가 「无」자로 되어 있음.

【번역】

여러분에게 잠시 '번뇌가 곧 보리'인 뜻을 설명해 보겠다. 허공을 들어 비유해 보자. 허공에는 본래 움직임도 없고 고요함도 없지만 밝음이 오면 밝은 허공이 되고, 어두움이 오면 어두운 허공이 되는 것과 같다. 이 때 어두운 허공의 본질은 밝은 허공과 다르지 않고, 밝은 허공의 본질은 어두운 허공과 다르지 않다. 허공중의 밝고 어두움은 스스로 왔다갔다 하는 것일 뿐, 허공 그 자체에는 본래 동정이 없다. 번뇌와 보리의 의미도 또한 그러하다. 미혹함과 깨달음은 각각 다름이 있으나 깨달음의 본성은 원래 다르지 않다.

【注記】

*聊簡(료간) : 제12단의 어주를 보라. 점검·검토의 뜻이다.

*煩惱卽菩提(번뇌즉보리) : 이 구는 『유마경』'제자품'의 舍利弗章(『대정장』권14, p.539하)에 "번뇌를 끊지 않고 열반에 들어가는 것을 宴坐라고 한다(不斷煩惱而入涅槃是爲宴坐)"고 한 주장을 토대로 한 것이다. '生死卽涅槃'의 구와 함께 중국불교에서 널리 알려진 말이지만 그 최초의 전거가 되는 경전은 명확하지 않다[高崎直道, 「生死卽涅槃」(『東方學會創立五十周年記念東方學論集』, 1997)]. 『주유마경』(『대정장』권38, p.345중)에 "不斷煩惱而入涅槃是宴坐"의 구에 羅什은 "번뇌가 곧 열반이기 때문에 번뇌를 끊은 후 열반에 들어감을 기다리지 않아도 된다(煩惱卽涅槃故, 不待斷而後入也)." 이어 승조는 "번뇌의 참된 성품이 곧 열반이다. 지혜의 힘이 강한 자는 번뇌를 관찰하여 곧 바로 열반에 들어가기 때문에 번뇌를 끊은 후 열반에 들어가는 것을 기다릴 필요가 없다(煩惱眞性卽是涅槃. 慧力强者觀煩惱卽是入涅槃, 不待斷而後入也.)"라고 주를 달

고 있지만(『대정장』권38, p.345중) '煩惱卽菩提'의 구는 수·당 초기 경부터 많이 보이는 것처럼 되어 있다. 천태지의(538~598)의 『마하지관』권1상(『대정장』권46, p.6상)에 "經云, 煩惱卽是菩提, 菩提卽是煩惱."라는 말이 있고, 동 『법화현의』권7하(『대정장』권33, p.773중), 또 慧遠의 『대승의장』권18(『대정장』권44, p.828중), 唐 波羅頗蜜多羅 譯, 『대승장엄경론』권6'隨修品'(『대정장』권31, p.622중)에도 보인다.

경전으로는 『대보적경』권52'菩薩藏會'(현장 역)에 "煩惱之性卽菩提性"(『대정장』권11, p.309중)이 있고, 疑經은 『법구경』(『대정장』권85, p.1434중)에 "煩惱卽菩提品"이 있다. 同旨로서 『思益經』(『대정장』권15, p.36하)에 "생사를 떠나서 열반을 얻는 것이 아니다." 또 同經에 "생사의 본질이 그대로 열반이며, 열반의 본질이 그대로 모든 존재의 본질임을 알아야 한다"(『대정장』권15, p.51중)라는 말이 있다. 상기한 경들의 내용을 요약하면 생사 가운데 열반이 있는 것이지 생사를 떠나서 열반이 따로 존재하는 것이 아니라는 말이다.

禪籍에는 돈황본 『육조단경』제26단에 "여러분, 번뇌가 곧 보리이다. 전념이 미혹하면 범부이고, 후념(금념)이 깨어 있으면 부처이다(善知識, 卽煩惱是菩提. 前念迷卽凡, 後念悟卽佛.)." 또 誌公和尙의 '十四科頌'에 "菩提煩惱不二"가 있고, "靜亂不二"·"生死不二"(『전등록』권29)에도 이 구가 보인다. 騰騰和尙의 '了元歌'(『전등록』권30)에도 보인다. 同旨로서 달마의 『二入四行論』제29단에 "생사의 본질 그대로가 열반이다(不須捨生死始是涅槃.)"고 한 말이 있다.

***虛空本無動性(허공본무동성)**: 『금강삼매경』'無相法品第2'(『대정장』권9, p.367상)에 "심법을 내지 않으면 의지가 없고 제행

에 머물지 않는다. 마음이 항상 공적하여 다른 모양이 없는 것은 마치 저 허공이 움직임과 머무름이 없는 것과 같다(不生心法, 卽無依止, 不住諸行. 心常空寂, 無有異相, 譬彼虛空無有動住.)"고 한다. 『문답잡징의』제6단 '本有今無偈(2)'에 "'본래 있다(本有)'라고 하는 것은 본래 불성이 있다는 것을 말하는 것이고, '지금은 없다(今無)'라고 하는 것은 번뇌에 가려져 보이지 않아 지금은 없는 것이며, 불성이 삼세에 계속해서 없는 것은 불성의 본체는 상주하지만 삼세는 생멸법이기 때문이라"고 설명하고 있다. 그리고 "불성과 번뇌가 함께 있는가, 함께 있지 않는가?"라는 질문에 대하여 다음과 같이 대답하고 있다. "함께한다. 비록 함께 할지라도 생멸법에는 거래가 있으나 불성에는 거래가 없다. 왜냐하면 불성은 항상하기 때문이다. 마치 허공과 같다. 명암에는 거래가 있을지라도 허공에는 거래가 없다. 따라서 거래가 없기 때문에 삼세에는 생멸하지 않는 법(佛性)이 없다"고 하며, 생멸거래하지 않고 항상하는 불성은 시간(삼세)을 초월해 있는 것으로서 허공에 비유하여 설명하고 있다. 덧붙여서 불성을 허공에 비유한 것은 남본『열반경』권13 '聖行品'(『대정장』권12, p.687중)에 "허공은 無爲이기 때문에 항상하다. 불성도 무위이기 때문에 항상하다. 허공이라는 것은 곧 불성이다(虛空無爲是故爲常. 佛性無爲是故爲常. 虛空者卽是佛性.)"라는 말이 보인다. 후에『南泉語要』(『古尊宿語要』禪學叢書之一, p.9 上段右)에 "明暗去來, 虛空不動搖."의 구를 인용하고 있다.

***煩惱與菩提其義亦然, 迷悟別有殊, 菩提性元不異(번뇌여보리기의역연, 미오별유수, 보리성원불이)** : 허공에 밝음이 오면 明空(菩提)이 되고, 어두움이 오면 暗空(번뇌)이 되듯이 번뇌와

보리도 또한 그와 같다. 迷(번뇌)와 悟(보리)에는 차이가 있지만 허공처럼 부동불변인 보리성(불성)에는 변이가 없다. 『문답잡징의』 제43단 '房綰問煩惱卽菩提義'에 완전히 같은 뜻의 문답이 있다. 또 제12조 富那耶奢尊者의 게에 "迷悟如隱顯, 明暗不相離."(『조당집』 권2, 『경덕전등록』 권1)가 있다.

일반적으로 번뇌의 空性과 법성이 그대로 보리라고 간주하여 '번뇌즉보리'를 설명하는 것이 보통이다. 예를 들면 『대승장엄경론』 권6 '隨修品'(『대정장』 권31, p.622중)에 "법성 밖에 따로 제법이 있지 않기 때문에 번뇌가 곧 보리라고 설하는 것이다. 해석하기를, '경전 가운데 무명과 보리는 동일하다고 설한 것과 같이 이 무명의 법성에 보리의 이름을 시설하는 것을 이른다'(由離法性外 無別有諸法 是故如是說 煩惱卽菩提. 釋曰, 如經中說, 無明與菩提同一, 此謂無明法性施設菩提名.)"고 한다. 그런데 신회의 설명은 그와 같이 간명하지 않다. 번뇌와 보리에 공통하는 불변부동의 허공(菩提性)을 설정하여 '번뇌즉보리'를 주장하고 있으며, '卽'은 허공을 개입하는 것에 의하여 성립하는 것이다. 앞에 인용한 『문답잡징의』 제6단(2)에는 허공을 불성에 비유하여 불성과 번뇌의 관계를 『열반경』의 인용을 통하여 설하고 있다. 불성과 번뇌는 동시에 생기하지만 불성의 지혜작용에 의하여 번뇌의 어두움이 파괴되어 밝아지며, 불성이 나타나지만 그 때 처음으로 나타나는 것은 아니고, 물론 있었던 것이 드러난 것이다. 보리에 대해서는 언급을 하고 있지 않지만 어두움이 사라지고 밝게 된 불성이 나타나는 것이 보리를 이루는 것이기 때문에 여기에서도 허공에 비유된 불성을 개입하여 번뇌와 보리가 연결되고 있어서 『단어』 본단의 논지와 다르지 않다. '공적체상에 本智가 있다'고 한 것은 바로 허공에 비유된 불성을 가리킨다.

***菩提性(보리성)** : 菩提(bodhi)를 구역에서는 '道'라 했고, 신역에서는 '覺'이라 번역했다. 보리성은 범어와 한문이 혼용한 말로서 覺性이란 뜻이다. 『대승기신론』(『대정장』권32, p.577상)에 "보리법(깨달음의 지혜)의 본성은 일체의 차별적인 망념을 이탈한 無念의 경계이고, 그것은 중생의 차별적인 인식에 의하여 파악될 수 있는 것이 아니라"고 한다.

19. 무주심이 곧 불심

經云, 如自觀身實相, 觀佛亦然. 知心①無住是觀. 過去諸佛心, 亦同知識今日無住心無別. 經云, 我觀如來, 前際不來, 後際不去, 今則無住.

【校記】

① 저본과 P본은 「心」자가 없음. B본에 의거하여 보충함.

【번역】

경에 "스스로 몸의 진실한 모습을 관찰하는 것과 같이 부처님을 관찰하는 것도 또한 그렇게 하라"고 말씀하셨다. 마음이 머무르지 않는다는 사실을 아는 것이 관이다. 과거 모든 부처님의 마음도 금일 여러분의 머무름이 없는 마음과 동등하여 차별이 없다. 경에 "내가 여래를 관찰해 보니 과거에도 오지 않았고, 미래에도 가지 않을 것이며 지금도 머무름이 없다"고 한다.

【注記】

***經云(경운)**… : 『유마경』'見阿閦佛品'(『대정장』 권14, p.554하)에 보이는 구이다. 『보장론』'本際虛玄品'(『대정장』 권45, p.149하)에도 이 二句를 인용하고 있다. "몸의 실상을 관한다고 하는 것은 곧 一相이다. 일상은 空相이다. 다만 空하여 모양이 없기 때문에 더럽지도 않고 깨끗하지도 않으며, 범부도 아니고 성인도 아니며 있지도 않고 없지도 않으며, 삿되지도 않고 바르지도 않다. 체성은 상주하여 생함도 없고 멸함도 없는 것이 本際이다(夫觀身實相者卽一相也. 一相者卽空相也. 但空無相故卽非垢非淨, 非凡非聖非有非無非邪非正. 體性常住不生不滅卽本際也.)."

***知心無住(지심무주)** : 楊曾文의 『神會和尙禪話錄』에 '知無住(心)'이라고 하여 '住' 다음에 '心'자를 옮겨 놓은 것은 잘못이다. '知心無住'는 제14단에 이미 나왔다. 무주는 『유마경』 '관중생품'(『대정장』 권14, p.547하)에는 "또 묻기를, '전도망상은 무엇을 근본으로 하는가?' 답, '무주를 근본으로 한다.' 또 묻기를, '무주는 무엇을 근본으로 하는가?' 답, '무주는 근본이 없다.' 문수사리야, 무주의 근본으로부터 일체법을 세운다(又問, 顚倒想孰爲本. 答曰, 無住爲本. 又問, 無住孰爲本. 答曰, 無住則無本. 文殊師利, 從無住本立一切法.)"이라고 한 말이 있다. 달마의 『二入四行論』 제29단에 "머무르되 머무른다는 생각도 없이 머무르는 것이 참된 머무름이다(住無住名爲住)"라고 한 말이 있다.

***經云, 我觀如來(경운, 아관여래)**… : 『유마경』'見阿閦佛品'(『대정장』 권14, p.555상)에 전항의 글에 이어서 이 구가 있다. 단 '無住(본래부터 정지하지 않는 것)'는 '不住(現象으로써 멈추

지 않는 것)'로 되어 있다. 신회가 자신의 용어인 '無住'로 고친 것. 『금강경』의 다음 글의 취지와 같다. "수보리야, 만약 어떤 사람이 '여래는 혹 오기고 하고, 혹 가기도 하고, 혹 앉기도 하고, 혹 눕기도 한다'라고 말하면 이 사람은 내가 설한 바 뜻을 이해하지 못한 것이다. 왜냐하면 여래란 온 적도 없고 또한 간 적도 없기 때문에 여래라 한 것이다."

20. 법계를 통달해야 함

夫①求法者, 不著佛求, 不②著法求, 不著衆求. 何以故. 爲衆生心中各③有佛性故. 知識,④ 起心外求者, 卽名邪⑤求. 勝天王言,

大王, 卽是如實.

世尊, 云何如實.⑥

大王, 卽⑦不變異.

世尊, 云何⑧不變⑨異.

大王, 所謂⑩如如.

世尊, 云何如如.

大⑪王, 此可智知, 非言能說, 離相無相, 遠離思量, 過覺觀境. 是爲菩薩了達甚深法界,⑫ 卽同佛知見.

【校記】

① B본은 「夫」자가 「未」자로 오사되어 있음.

② B본은 「不」자가 빠져 있음.

③ B본은 「各」자가 「各自」로 되어 있음.

④ 저본은 「知識」에서 「識」자가 빠져 있음. B본은 「若」자로 되어 있음. P본에 의거하여 바로 잡음.

⑤ B본은 「邪」자가 「耶」자로 되어 있음.

⑥ 諸本 모두 「世尊云何如實」의 6자가 없음. 호교본은 『승천왕반야경』에 의거하여 보충하고 있음. 『보리달마남종정시비론』의 인용에도 이 6자가 있음.

⑦ B본은 「卽」자가 빠져 있음.

⑧ 저본과 P본은 「云」자가 빠져 있음. B본에 의거하여 보충함.

⑨ 『승천왕반야경』에는 「變」자가 없음.

⑩ 저본은 「謂」자가 「爲」자로 되어 있음. 『남종정시비론』의 인용에는 「謂」자로 되어 있음. B본과 P본에 의거하여 바로 잡음.

⑪ 저본은 「大」자가 「天」자로 오사되어 있음.

⑫ B본은 「界」자가 빠져 있음.

【번역】

"대개 법을 구하는 사람은 부처에 의지하여 법을 구해서도 안 되고, 법에 의지하여 법을 구해서도 안 되며, 스님에 의지하여 법을 구해서도 안 된다"고 말씀하셨다. 왜냐하면 중생의 마음 속에 각각 불성을 본래부터 가지고 있기 때문이다. 여러분, 마음을 일으켜서 밖에서 법을 구하려고 하는 것을 삿된 구함이다. 『勝天王』에 말씀하시기를,

"대왕, 바로 여실입니다."

"세존이시여, 무엇이 여실입니까?"

"대왕, 변화하지 않는 것입니다."

"세존이시여, 무엇이 변화하지 않는 것입니까?"

"대왕, 이른바 여여입니다."

"세존이시여, 무엇이 여여입니까?"

"대왕, 이것은 지혜로써 알 수 있는 것일 뿐 말로써 능히 설명할 수 있는 것이 아니며, 모양과 모양 없음을 모두 떠나 있고 사량분별을 멀리 여의었으며 거친 번뇌와 미세한 번뇌까지도 뛰어넘어 있습니다."고 하셨다. 이는 보살이 매우 깊은 법계를 요달하면 부처님의 지견과 동등해 지는 것을 말하는 것이다.

【注記】

*__夫求法者__(부구법자)… : 『유마경』'不思議品' 제6(『대정장』 권14, p.546상)에 보이는 구이며, "만약 법을 구하려고 한다면 일체법에 대하여 마땅히 구하는 바가 없어야 한다(若求法者, 於一切法應無所求.)"라고 끝을 맺고 있다. '著'는 집착의 뜻이다. 현장역에서는 "諸求法者, 不求佛執及法僧執(『대정장』 권14, p.570중)"으로 되어 있다. '衆'은 僧伽(saṁgha), 즉 僧의 뜻이다. 결국 불·법·승에 집착하여 법을 구하지 말라는 의미이다.

*__爲衆生心中各有佛性故__(위중생심중각유불성고) : 『열반경』중에는 "一切衆生(皆)有佛性"의 구가 많이 보인다. 제9단에도 『열반경』의 구라고 하면서 "一切衆生, 本來涅槃, 無漏智性, 本自具足"이란 말을 인용하고 있다. 그런데 『열반경』에 "중생의 마음 속에 부처가 될 수 있는 불성이 있는 것만은 분명하지만 어디에 있다고는 말할 수 없다. 왜냐하면 어디에 있다고 말해 버리면 편견에 떨어지기 때문이다"(『대정장』 권12, p.571하~572중)라고 한 말에 주의해야 한다.

***邪求(사구)** : 『방광반야경』 권8(『대정장』 권8, p.59중)에 "만약 어떤 선남자 선여인이 보살의 도를 구하고자 함에 의지하는 생각이 있으면 곧 삿된 구함이다. 지은 바 선을 본래 의지하는 생각으로 구했다면 이는 삿된 구함이다. 모든 邪求는 제불 세존이 稱譽하지 않는 것이다(若有善男子善女人, 求菩薩道有倚想者, 則爲邪求. 所作善本倚想求者是爲邪求. 諸有邪求者, 諸佛世尊所不稱譽.)"라고 한 말이 있다. '倚'는 다른 것에 의지하거나 기대는 것, '想'은 想念·觀念이다.

***勝天王言(승천왕언)**… : 승천왕이란 陳優禪尼國王子月婆首那譯 『승천왕반야바라밀경』에 나오는 사람. 인용은 本經 卷2 '法界品'(『대정장』 권8, p.694상)에 의거한 것이다.

"勝天王白佛, '世尊, 何等爲法界.' 佛告勝天王言, '大王, 卽是如實.' '世尊, 云何如實.' '大王, 卽不變異.' '世尊, 云何不異.' '大王, 所謂如如.' '世尊, 云何如如.' '大王, 此可智知, 非言能說, 何以故, 過諸文字, 離語境界口境界故, 無諸戲論, 無此無彼, 離相無相, 遠離思量, 過覺觀境, 無想無相, 云云,'"

이처럼 『승천왕반야경』에는 법계에 대하여 설명하고 있으며, 인용한 후에 신회가 "이것이, 보살이 완전히 법계를 통달한 것이다"라고 한 것은 이것에 따른 것이다. 『남종정시비론』 제22단, 『문답잡징의』 제52단(2) '遠法師問禪師修何法'에도 인용하고 있다.

***如如(여여)** : 우주만법의 본체. 『傳心法要』(『대정장』 권48, p.380상)에 "여여한 본체는 안으로 마치 목석과 같아서 동요함이 없다(如如之體, 內如木石, 不動不搖.)"라고 한 것과 같이 있는 그대로의 진실한 모습으로 眞如와 같은 말이다. 『능가경』에서 설한 5법, 즉 名·相·妄想·正智·如如 가운데 하나이다.

만유제법의 理體는 같고 평등하므로 如라 하고, 하나의 如에 一法界의 천차만별의 제법을 두루 갖추고 있어 어느 것이든지 본체로 말하면 如하지 않는 것이 없기 때문에 如如라고 하는 것이다. 즉 如의 뜻이 하나만이 아니므로 如하고 如하다는 뜻이다.

***覺觀**(각관) : 言語의 근원이 되는 작용. 『유마경』'제자품'에 "법에는 명자가 없다. 언어가 끊어졌기 때문이다. 법에는 설명이 필요없다. 각관을 떠나 있기 때문이다(法無名字. 言語斷故. 法無有說. 離覺觀故.)"라고 한 것을 僧肇가 注記하기를, "각관은 麤心이고, 언어의 근본이다. 眞法은 모양이 없기 때문에 각관 그 자체에서 벗어나 있다. 각관에서 이미 벗어나 있으면 또 언설이 없다(覺觀麤心, 言語之本. 眞法無相故, 覺觀自離. 覺觀旣離則無復言說.)"라고 한다(『대정장』권38, p.346중). 覺과 觀을 구체적으로 설명하면 각은 총체적으로 대강 관찰하고 추측하는 麤思의 정신작용, 즉 사물을 추리하는 마음의 조잡한 작용이다. 관은 분석적으로 상세하게 관찰하는 細思의 정신작용, 즉 미세한 작용이다. 전자는 범어로 vitarka라 하고, 후자는 vicāra라 한다. 구사론에서는 不定地法에, 유식론에서는 四不定의 심소에 각각 속한다. 이 둘은 선정의 마음을 방해한다.

***佛知見**(불지견) : 부처님의 無上智慧라는 의미. 원래 『법화경』'방편품'에 나오는 말이다.

21. 知·見·無念

知識自身中有佛性, 未能了了見. 何以故. 喩如此處各各思量家中住宅①衣服臥具及一切等物，具知有，更不生疑．此名爲知，不名爲見．若行到宅中，具如②上所③說之物，卽名爲見，④ 不名爲知．今所學⑤者，具依他說，知身中有佛性．未能了了見．但不作意，心無有起，是眞無念．畢竟不離知，知不離見．

【校記】

① B본은「住宅」의 2자가 誤倒되어「宅住」로 되어 있음.

② B본은「如」자가「知」자로 오기되어 있음.

③ 저본과 B본은「所」자가 빠져 있음. P본에 의거하여 보충함.

④ 저본은「見」자가「是」자로 오사되어 있음.

⑤ B본은「學」자가「覺」자로 오사되어 있음.

【번역】

여러분은 신의 몸속에 불성을 가지고 있으면서 아직 분명히 보지 못하고 있다. 왜냐하면 마치 이곳에서 여러분들 각자의 가정에 있는 주택이나 의복·와구 및 일체의 여러 가지 가재도구들을 생각한다고 할 때 자세하게 그 도구들이 있는 것을 알고 다시는 의심하지 않는 것과 같기 때문이다. 이러한 경우 知(안다)라고 하지 見(본다)이라고 하지는 않는다. 만약에 직접 주택에까지 가서 분명히 위에서 말한 물건들과 같다면 見이라고 하지 知라고는 하지는 않는다. 여러분들이 지금 배워서 알고 있는 것은 분명히 타인의 말에 의하여 몸 가운데 불성이 있다는 것을 알고 있는 것일 뿐 아직 똑똑히 깨닫지 못하고 있다. 단지 마음에 조작됨이 없어서 망심이 일어나지 않는 것이 참된 무념이다. 무념은 끝내 知를 여의지 않고, 知는 見을 여의지 않는다.

【注記】

***知識自身中有佛性未能了了見**(지식자신중유불성미능료료견) : 이 내용은 『능가사자기』 '혜가장'에서도 인용하고 있는데 『십지경』에서 주장하는 유명한 일절이다. 즉, "『십지경』에 이르기를, '중생의 몸 가운데 금강불성이 있다. 마치 일륜과 같이 본체가 밝고 원만하며 광대무변하다. 단지 오음의 두터운 구름에 가려져 있기 때문에 중생은 볼 수 없을 뿐이다. … '(『대정장』 권85, p.1265하)." 이 『십지경』의 구는 『수심요론』에서 인용한 것을 그대로 재인용한 것이다. 그리고 돈황본 『육조단경』 제29단에도 같은 취지가 나온다. 柳田聖山, 『初期の禪史 I』, p.152에 상세한 주가 있다.

***作意**(작의) : 원래 유식학의 용어이다. 心所로서 범어 manaskāra를 번역한 것이다. 구사론에서는 大地法의 하나이고, 유식론에서는 5遍行心所의 하나이다. 이 심소는 우리들이 어떤 대상을 인식할 때 활동하고 있지 않은 마음을 자극하여 受·想·思의 심리작용을 할 수 있도록 마음을 驚覺시켜 주는 역할을 한다. 그러나 여기서는 그와는 다른 의미로 사용하고 있다. 억지로 造作한 마음을 작의라 한다.

***若到宅中具如上所說之物**(약도택중구여상소설지물) : 저본에는 '所'자가 없다. P본에 의거하여 보충함. 또 '具'자를 호적이 '見'자로 고친 이후 대부분 그 설을 따르고 있다. 근래 榮新江은 '具見'으로 교정하고 있지만 고치거나 보충한 것도 아닌 애매한 입장을 취하고 있다. 게다가 '見'을 설명하는 곳에 '見'자

는 사용하지 않는 것이 좋다. 신회는 이 '견'이라고 말한 것에 대하여 "신회가 삼십 여 년 동안 배운 바 공부는 오직 見자에 있다(『남종정시비론』 제7단)"라고 말하고 있다.

***畢竟不離知, 知不離見**(필경불리지, 지불리견) : 앞에서 언급한 '知'는 기억, 이해란 의미도 있지만 지는 또 공적한 본체에서 작용하는 지혜란 의미도 있다. 여기서는 '知'와 '見'과 '無念'을 결합한 것이다. 호적은 '畢竟'의 아래에 '見'자를 보충했지만 '不離知'의 주어는 '무념'이기 때문에 '見'자가 필요 없다. 『단어』 제14단에도 "무주심은 지를 떠나지 않고 지는 무주심을 떠나지 않는다"고 설하고 있고, 또 『문답잡징의』 제5단에 拓拔開府의 서간 앞에 둔 시랑(척발개부)과의 문답에 말하기를, "작의(조작)하지 않는 것이 곧 무념입니다. 무념의 본체 위에 스스로 지혜의 생명이 살아 있습니다. 근본지의 생명은 實相입니다. 제불보살은 무념으로써 해탈의 법신을 삼습니다"라고 설하고 있다.

신회는 여기서 지식으로서, 혹은 比量으로서의 知로부터 체험으로서, 혹은 現量으로서의 見을 설하고 있다. 그럼 불성을 현량으로서의 견, 즉 체험이란 어떤 의미일까? 신회는 무념으로 설명하고 있다. 『단어』 제15단에 "진여는 무념의 본체이다. 이런 의미 때문에 무념을 세워 종지로 삼는다. 무념을 보는 자는 비록 견문각지할지라도 항상 공적하다"라고 설하고, 무념을 보는 자는 '知'를 구족하며, 게다가 불성(무념)을 현량으로서 체험하고 있다. 불성을 현량으로서 알고 있는 것이 바로 '見'이다. 신회가 30여 년 동안 '見'이란 한 글자를 가지고 공부했다고 한 것은 바로 불성을 현량으로서 어떻게 확인할 수 있는가를 구명한 것에 지나지 않는다. 그에 대한 해답은 무념이었다. 신회는 무념과 견을 완전히 하나로 본 것이다. 종밀이 "홍주는 '마음의 본체는 指示하지 않고 다만 능히 語言 등으로써 그것을 체험하여 불성이 있다는 사실을 안다'고 말하고, 이것은 量顯이다. 하택은 바로 '마음의 본체는 능히 알 수 있으며, 知는 바로 이 마음이다'라고 말한 후 知에 의거하여 마음을 드러낸 것, 이것이 現量이 나타난 것이라"고 한 말이 참고가 된다(鎌田茂雄本, p.336).

22. 생멸문에서 진여문으로 頓入

一切衆生, 本來無相. 今言相者, 並是妄心. 心若無相, 卽是佛心. 若作心不起, 是識定, 亦名法見. 心自性定. 馬鳴云, 若有衆生觀無念者, 則爲佛智故. 今所說般若波羅蜜, 從生滅門頓入眞如門, 更無前照後照, 遠看近看, 都無此心. 乃至七地以前①菩薩, 都總驀過. 唯指佛心. 卽心是佛. 經云, 當如法說. 口說菩提,② 心無住處. 口說涅槃,③ 心唯④寂滅. 口說解脫, 心無繫縛.

【校記】

① P본은 「前」자가 빠져 있음.
② B본은 「菩提」가 「菩薩」로 오사되어 있음.
③ 저본과 P본은 「涅槃」의 2자가 「菩薩」로 오사되어 있음.
④ B본은 「唯」자가 說자로 오사되어 있음.

【번역】

일체 중생은 본래 모양이 없다. 지금 모양이라고 하는 것은 모두 망심이다. 마음에 만약 모양이 없으면 이것이 곧 부처의 마음이다. 그러나 만약 의도적으로 망념을 일으키지 않으려고 한다면 이것은 識定(의식적인 定)인 것이며, 또한 법견인 것이다. 마음의 본성은 본래 고요한 것이다. 마명보살이 말하기를, "만약 어떤 중생이 무념을 관찰한다면 곧 부처의 지혜를 행하기 때문이다"고 한다. 지금 말 한 반야바라밀이라는 것은 생멸문에서 진여문으로 단번에 들어간 것이기 때문에 먼저 비추고 나중에 비추는 것도 없으며, 멀리 보고 가까이 보는 것과 같은 對立心들은 이 마음에는 없다. 내지 7지 이전의 보살일지라도 모두 다 단번에 뛰어 넘을 수 있다. 오직 부처의 마음만 있을 뿐이다. 그래서 마음이 바로 부처(卽心是佛)라고 한 것이다. 경에 "마땅히 있는 그대로 설하라"고 했다. 입으로는 깨달음을 말하더라도 마음에는 머무름이 없어야 한다. 또 입으로는 열반을 말하더라도 마음에는 오직 적멸해야 한다. 그리고 입으로는 해탈을 말하더라도 마음에는 계박이 없어야 한다.

【注記】

***若作心不起是識定亦名法見, 心自性定(약작심불기시식정역명법견, 심자성정)** : '作'은 作意의 作이고, '일부러~하다 · 억지로~하다'의 뜻이다. '識定'은 起心入定하는 것. 『문답잡징의』 제15단에 澄禪師와의 문답에 다음과 같이 말하고 있다. "(신회가) 묻기를, '선정을 닦을 때 반드시 작의가 필요합니까?' (澄)답, '필요합니다.' (신회가) 질문하기를, '이미 작의가 들어

가면 이것은 곧 의식적인 선정(識定)이 되는데 어떻게 견성할 수 있겠습니까?'"

'法見'은 어떻게 해서라도 경전 그대로 따르면서 그것만을 주장하는 것에 의해서 도리어 偏頗에 빠지는 견해. 하나의 법에 집착하여 그 한가지만을 옳다고 하고 다른 것은 그르다고 하는 일종의 편벽된 집착심이다.

'自性定'이란 본래 움직임이 없는 것. 『종경록』 권97(『대정장』 권48, p.940상)에 인용한 도신의 말에 "마음의 선정을 알고자 한다면 바로 앉을 때 그 앉음을 아는 것은 이 마음이고, 또 망념이 일어나고 있음을 아는 것도 이 마음이며, 망념이 일어나지 않음을 아는 것도 이 마음이며, 내외가 없음을 아는 것도 이 마음이며, 이치가 다하여 본심으로 돌아가면 마음은 이미 청정하며, 청정은 본성이다. 내외는 오직 일심뿐이며, 이것이 지혜의 모양이다. 움직임이 없는 마음을 분명히 깨닫는 것을 자성정이라 한다(夫欲識心定者, 正坐時知坐是心, 知有妄起是心, 知無妄起是心, 知無內外是心, 理盡歸心, 心旣淸淨, 淨卽本性. 內外唯一心, 是智慧相. 明了無動心, 名自性定.)"고 한다. 그리고 돈황본 『육조단경』 제41단 지성의 참문에 "마음자리에 그릇됨이 없는 것은 자성의 계이고, 마음자리에 어지러움이 없는 것은 자성의 정이며, 마음자리에 어리석음이 없는 것은 자성의 혜이다(心地无非是自性戒, 心地无亂是自性定, 心地无癡(是)自性惠.)"라고 한 것은 삼학을 자성에 의하여 정의하고 있다. '無非·無亂·無痴'는 자성의 계·정·혜가 성립하기 위한 조건은 아니고 본래 無非·無亂·無痴인 것을 말하는 것이다.

***妄心(망심)** : 『기신론』(『대정장』 권32, p.578상)에 "무명염법의 因

이 있기 때문에 곧 진여를 훈습하며, 훈습하기 때문에 곧 망심이 있게 된다. 妄心이 있어서 곧 무명을 훈습하여 진여법을 요달하지 못하기 때문에 별안간 망념이 일어나 망경계를 나타낸다. 망경계염법의 緣이 있기 때문에 곧 망심을 훈습하여 그로 하여금 念着케 하여 여러 가지 업을 지어서 모든 심신의 고통을 받게 한다(以有無明染法因故卽熏習眞如, 以熏習故則有妄心. 以有妄心卽熏習無明, 不了眞如法故, 不覺念起現妄境界. 以有妄境界染法緣故, 卽熏習妄心, 令其念着造種種業, 受於一切身心等苦.)"고 한다. 이와 같이 일체중생이 모두 망심이 있기 때문에 생각할 때마다 분별하여 진여와 상응하지 않다가 진여법의 끊임없는 훈습을 받아 망심은 곧 소멸하고 법신이 나타나는 것이다.

***識定**(식정) : 식은 본래 了別(識別)하는 것으로써 그 본성을 삼는다. 그 요별의 대상은 心境이다. 그러므로 識定, 즉 의식적인 선정은 분별심으로 하는 선정이기 때문에 망심의 선정이 되는 것이다.

***馬鳴云**(마명운) : 여기서는 마명보살이 직접 한 말인 것처럼 표기하고 있으나 『기신론』을 보면 마명보살이 직접 한 말이 아니라 다른 어떤 경전에서 인용하고 있는 것으로 되어 있다.

***若有衆生觀無念者**(약유중생관무념자)… : 『대승기신론』 '解釋分第1, 顯示正義'의 구이다. "菩薩地가 다한 정도의 사람은 방편을 만족시켜서 一念이 상응하고 마음의 처음 일어나는 相을 깨달아 마음에 初相이 없으니 이는 微細念을 멀리 여의었기 때문이며 심성을 보게 되어 마음이 곧 상주하니 이를 究竟覺이라고 한다. 그러므로 경에서 만약 어떤 중생이 無念을 볼 수 있다면 곧 佛地에 향하게 된다(若有衆生能觀無念者, 則爲

向佛智故.)"고 한 것(『대정장』권32, p.576중)과 같이 원문은 '向佛智'이지만 신회는 '向'자를 생략하고 중생의 무념과 불지를 동등하게 두고 있다. 즉 다음 글의 "從生滅門頓入眞如門"를 이끌어 내기 위함이다. 인용문 중의 '故'자는 호적 이후 다음에 이어서 읽었다. 여기는 高崎直道가 특히 문제삼아 飜譯調의 현저한 부분이라고 지적한 곳이다(岩波文庫, 『大乘起信論』解說, p.303). 이 '고'자는 文末에서 긍정의 어기를 강하게 하는 것이고, 원인과 이유를 표시하는 것이 아니며, 역경에 있어서 특수한 어법 중의 하나인 것 같다. 분명히 次文은 인용문에 의하여 전개되고 있는 것은 사실이지만 인용원문 중에 '고'자가 있기 때문에 앞 쪽으로 붙인다. 그리고 『기신론』에서 인용한 수다라는 어떤 경인지 알 수 없다.

***從生滅門頓入眞如門**(종생멸문돈입진여문) : 『대승기신론』'해석분제1, 현시정의'(『대정장』권32, p.579하)의 말미에 "또 **생멸문으로부터 진여문으로 곧 바로 들어가는 것**을 顯示한다. 이른바 오음을 추구함에 물질과 마음만으로 하며 육진의 경계는 필경에 무념이 된다. 마음에 형상이 없으면 시방에 그것을 구하여도 끝내 얻을 수 없다. 마치 사람이 미혹하기 때문에 동쪽을 서쪽이라 하는 것도 실제로 방향에는 변함이 없는 것과 같이 중생도 이와 같다. 무명의 미혹함 때문에 마음(心)을 念이라 하는 것도 실제로 心은 움직임이 없다. 만약 능히 관찰하여 마음이 무념인 줄 알면 곧 수순하여 진여문에 들어 갈 수 있기 때문이다(復次顯示從生滅門卽入眞如門. 所謂推求五陰色之與心, 六塵境界畢竟無念. 以心無形相十方求之終不可得. 如人迷故謂東爲西方實不轉, 衆生亦爾. 無明迷故謂心爲念心實不動. 若能觀察知心無念, 卽得隨順入眞如門故.)." 원문은 "從

生滅門卽入眞如門"이지만 신회는 '卽'자로 '頓'으로 고쳐 돈오의 의미를 보다 강하게 드러내고 있다. 생멸문과 진여문은 『대승기신론』에 一心을 진여문과 생멸문의 양면으로 나누고 있는데 그 중 생멸문은 여래장의 一心이 인연을 따라 생멸하는 현상부문을 말하는 것인데, 이는 마음이 현실에서 생멸변화하는 차별의 면으로부터 마음을 이해하는 입장이다. 반면에 진여문은 생멸변화 하는 만유의 본체로서 불생불멸하고 차별이 없는 평등한 진여의 부문을 가리키는 것인데, 이는 일심의 본체인 진여의 면으로부터 마음을 이해하는 입장이다. 同 '입의분'의 원효소에 "진여문중에 대승의 체가 있고, 생멸문중에 체상용이 있다(眞如門中有大乘體, 生滅門中有體相用.)"라고 한 말도 참고가 된다. 그리고 동 '歸敬述意'의 원효소에 진여문에서 止行을 닦고, 생멸문에서 觀行을 닦아 지관이 동시에 이루어질 때 만행이 구비된다(依眞如門修止行, 依生滅門而起觀行. 止觀雙運, 萬行斯備.)고 한 말을 꼭 명심해야 한다.

***更無前照後照(경무전조후조)** : '照'는 지혜의 작용이다. 돈황본 『육조단경』제13단에 "학도인은 작의로써 먼저 선정에 들어가야 지혜가 작용하고 먼저 지혜가 있어야 선정에 들 수 있다고 생각하여 선정과 지혜가 각각 다르다고 말하지 말라. 이러한 생각을 가지게 되면 법에 두 가지 모양이 있게 된다. 입으로는 선을 말하면서 마음으로 선하지 않으면 선정과 지혜가 일치하지 않는 것이다. 마음과 입이 모두 선해야 안과 밖이 하나가 되며 선정과 지혜가 일체가 되는 것이다"라고 한 것에 대응한다. 또 『낙경하택신회대사어』에도 육조의 第5問에 "먼저 선정을 닦아야 나중에 지혜가 나오며, 먼저 지혜가 있어야 후에 선정에 들 수 있다고 하는데 선정과 지혜의 선후는 어느 것이 바

릅니까?(『경덕전등록』 권28)"라고 한 것처럼 정혜의 선후를 문제삼고 있다. 遠看近看의 문제점은 『대승무생방편문』에서 주장하고 있는 住心看淨과 같이 강제로 원근을 看하려고 하기 때문에 원근의 분별심에 떨어질 수 있다.

*七地以前菩薩(칠지이전보살) : 불교학에서는 修行階梯上에 범부로부터 성자의 지위에 들어가 완성에 이르기까지 10지의 단계가 있다. 이 중 7지의 원행지는 이승에서부터 보살로 옮기는 단계이고, 8지의 부동지부터는 완성에 진입하는 단계이다. 구체적으로 말하면 보살이 닦아 나아가야 할 52위의 수행단계 중 특히 제41위부터 제50위까지를 10地라고 한다. 이 가운데 第8不動地는 수행을 완전히 완성한 단계를 말한다. 왜냐하면 노력이나 정진을 하지 않아도 저절로 보살행이 행해지는 無功用의 자리이기 때문이다. 이것에 비해 第7遠行地까지의 보살은 아직 번뇌가 남아 있기 때문에 보살도를 닦지 않으면 본래의 상태로 되돌아간다.

*佛心(불심) : 선에서는 불심과 부처를 둘로 보지 않고 불심이 그대로 부처라고 본다. 그리고 이 불심은 번뇌를 제거한 후 나타나는 것이 아니라 본래부터 있었다고 생각한다. 이런 사고가 발전하여 망심을 떠나서 따로 불심이 존재하는 것이 아니고 망심이 바로 불심이라고 주장하게 된다.

*卽心是佛(즉심시불) : 『관무량수경』(『대정장』 권12, p.343상)에 부처를 觀想할 때의 마음을 "이 마음이 부처를 만들고, 이 마음이 부처다(是心作佛, 是心是佛.)"라고 말하고 있다. 그러나 여기서는 마음에 부처의 모양이 없는 '無相'과 마음이 일어나지 않는 '無念'을 가리키고 있기 때문에 이미 내용은 상당한 차이가 있다. 신회는 여기서 정형구로써 말하고 있는 것으로

미루어 보아 그 당시에 널리 유포되었던 一句라고 생각된다. 즉심즉불의 전고는 또 『반주삼매경』(『대정장』 권13, p.906상)에도 "마음이 부처를 만들며, 마음이 부처이다(心作佛, 心是佛.)"라고 한 말이 있으며, 『화엄경』 '야마천궁품'(『대정장』 권9, p.465하)에도 "心佛及衆生, 是三無差別"이라고 한 말이 있다. 禪籍에는 梁 代 寶誌和尙(418~514)의 『大乘讚=誌公和尙大乘讚十首』[『전등록』 권29(『대정장』 권51, p.449중)]에 "마음이 부처인 줄 모르면 정말로 당나귀를 타고 당나귀를 찾는 것과 같다(不解卽心卽佛, 眞似騎驢覓驢.)"라고 한 말이 보이고, 또 傅大師(497~569)의 『心王銘』[『전등록』 권30(『대정장』 권51, p.547상)]에 "근본을 알면 마음을 알고, 마음을 알면 부처를 본다. 마음이 부처이고, 부처가 마음이다. 생각마다 불심을 생각하고, 불심은 부처를 생각하는 것이다. … 스스로 自心을 관찰하면 부처가 안에 있는 줄 알게 된다. 밖을 향해 부처를 찾지 말라. 마음이 곧 부처이고, 부처가 곧 마음이다(了本識心, 識心見佛. 是心是佛, 是佛是心. 念念佛心, 佛心念佛. … 自觀自心, 知佛在內. 不向外尋. 卽心卽佛, 卽佛卽心.)"라고 한 말이 있다. 이런 사상을 계승하여 조사선의 대성자인 馬祖道一(709~788)은 학인을 접화할 때 隨時의 설법으로 이 말을 많이 사용했다. 『傳燈錄』 권6 '마조도일장'(『대정장』 권51, p.246상)에 "어떤 학인이 묻기를, '화상께서는 왜 마음이 부처라고 하십니까?' 화상이 말하기를, '어린 아이의 울음을 달래기 위함이다.' 학인이 말하기를, '울음이 그쳤을 때는 어떻게 하십니까?' 화상이 말하기를, '마음도 아니고 부처도 아니다'(僧問, 和尙爲什麽說卽心卽佛, 師云, 爲止小兒啼, 僧云, 啼止時如何, 師云, 非心非佛.)"라고 한다. 마음도 아니고 부처도 아니라는 말을 남전보원은

"不是心, 不是佛, 不是物."(『무문관』 제26칙)이라고 한다. 그런데 선에서 즉심즉불을 최초로 주장한 사람은 신회이다. 여기서 주의해야 할 것은 신회가 주장하는 '심'과 마조가 주장하는 '심'이 각각 다르다는 것이다. 전자는 번뇌망념에 상대되는 심(불성·眞性)을, 후자는 진망을 나누지 않는 심(중생심 전체)을 각각 가리킨다.

***經云(경운)**… : 『유마경』 '제자품' 제3(『대정장』 권14, pp.539하~540상)에 나오는 목련설법의 일단이다. 원문에는 "부처님이 대목건련에게 고하기를, '너는 유마힐에게 가서 문병하도록 하라.' 목련이 부처님에게 아뢰기를, '세존이시여, 저는 감히 그에게 나아가 문병할 수 없습니다. 왜냐하면 제가 옛날에 비야리대성에 들어가 마을에서 여러 거사들에게 설법한 적이 있습니다.' 그 때 유마힐이 와서 저에게 말하기를, '자 대목련이여, 백의거사를 위하여 설법해 보시구려. 마땅히 인자가 설한 것과 같지 않습니다. 대개 **법을 설하는 자는 마땅히 이와 같이 설해야 합니다**. 법에는 중생도 없고 중생의 더러움을 여의었기 때문에…'"라고 하면서 이하 법의 모든 모양을 열거한 후 '자 대목련이여, 법의 모양은 이와 같으니 어찌 가히 설할 수 있겠는가?'라고 꾸지람을 들은 기억이 있습니다(佛告大目犍連, 汝行詣維摩詰問疾. 目連白佛言, 世尊, 我不堪任詣彼問疾. 所以者何. 憶念我昔入毘耶離大城, 於里巷中爲諸居士說法. 時維摩詰來謂我言, 唯大目連, 爲白衣居士說法. 不當如仁者所說. 夫說法者當如法說. 法無衆生離衆生垢故, … 唯大目連, 法相如是豈可說乎.)." 본문에 '口說菩提' 이하는 신회의 부연임과 동시에 자신의 설법에 대한 확인이기도 하다. 유사한 글은 『문답잡징의』 제48단 남양태수 王弼과의 문답에도 보인다.

*寂滅(적멸) : 줄여서 滅이라고도 한다. 범어 nirvāṇa, 빠리어 nibbāṇa를 번역한 것이다. 『대지도론』권55(『대정장』권25, p.450상)에 "삼독과 모든 희론을 없앴기 때문에 적멸이라 한다(滅三毒及諸戲論故名寂滅.)"고 했고, 『유마경』'제자품'(『대정장』 권14, p.541상)에 "법은 본래 그러하지 않다. 지금 멸함이 없는 것이 적멸의 뜻이다(法本不然. 今則無滅, 是寂滅義.)"라는 말도 참고가 된다.

*繫縛(계박) : 束縛과 같은 뜻. 마음의 번뇌망상 때문에 외계의 사물이나 心境에 집착하여 스스로 자유를 구속하여 속박 받는 것을 말한다. 結縛(『유마경』'見阿閦佛品'『대정장』권14, p.555상)과 같은 뜻으로서 번뇌의 異名이다. 간단히 줄여서 繫 또는 縛이라고도 한다. 『金七十論』卷中(『대정장』권54, p.1256상)에는 自性縛·布施縛·變異縛의 3종 박을 세우고 있다.

23. 중도까지 초월해야 함

向來指知識①無住心, 知不知. 答, 知.②

涅槃③經④云, 此是第一義空.⑤ 若三處俱空,⑥ 卽是本體空⑦寂. 唯有中道, 亦不在其中.⑧ 中道義因邊而立.⑨ 猶如三指並同.⑩ 要因⑪兩邊, 始立⑫中指. 若無兩邊, 中指亦⑬無. 經云, 虛空無中邊, 諸佛身亦然. 諸佛解脫法身, 亦如虛空無中邊.⑭ 知識, 常須作如是解.

【校記】

① 저본은 「知識」의 2자가 「智識」으로 되어 있음. B본과 P본에 의거하여 고침.

② S2-2본은 「答知」의 2자가 없음. 그러나 S2-2본은 여기에 「維摩經云, 心不在外, 心不在內, 不在中間. 有處所不. 無」의 21자가 있음.

③ 저본과 P본은 「涅槃」의 2자가 「菩提」로 오사되어 있음. B본과 S2-2본에 의거하여 고침.

④ B본은 「經」자가 없음.

⑤ S2-2본은 「此是第一義空」의 6자가 「第一義空是此義」로 되어 있음.

⑥ S2-2본은 「空」자가 「無」자로 되어 있음.

⑦ B본은 「卽是本體空」의 5자가 빠져 있음.

⑧ S2-2본은 「其中」의 2자가 빠져 있음.

⑨ 저본과 B본은 「中道義因邊而立」에서 「中」자가 빠져 있음. P본에 의거하여 보충함. 또 B본은 「而」자 없음. S2-2본은 「言其口口因口而立」으로 되어 있음. 결락된 세 개의 口안에 들어갈 수 있는 자는 차례로 「中·者·邊」일 것이다.

⑩ S2-2본은 「同」자가 본래 없음.

⑪ S2-2본은 「因」자가 「得」자로 되어 있음.

⑫ S2-2본은 「立」자가 「有」자로 되어 있음.

⑬ B본은 「亦」자가 「上」자로 오사되어 있음.

⑭ S2-2본은 「諸佛解脫法身, 亦如虛空無中邊」의 13자가 「心同虛空故諸佛法身亦無中邊」으로 되어 있음. B본은 「佛」자가 빠져 있음.

【번역】

지금까지 여러분에게 머무름이 없는 마음을 가르쳐 주었는데 "확실히 알았습니까?" 대답, "알았습니다."

『열반경』에 "이것(無住心)은 제1의공이다"라고 했다. 만약 안팎과 중간의 세 곳이 모두 공하면 본체는 공적하다. 오직 중도만 있을 뿐 중간이라는 것은 존재하지 않는다. 중도의 뜻은 가로 말미암아 세울 수 있다. 마치 세 개의 손가락이 함께 있는 것과 같다. 요컨대 양변의 두 손가락으로 인하여 비로소 가운데 손가락을 세울 수 있는 것이다. 만약 양변의 두 손가락이 없다면 가운데 손가락도 또한 있을 수 없다. 경에 "허공에는 중간과 가가 없는 것과 같이 여러 불신(법신)도 또한 그러하다"고 한다. 제불의 해탈법신도 또한 마치 허공중에 가운데와 가가 없는 것과 같다. 여러분, 항상 반드시 이와 같이 생각을 해야 한다.

【注記】

*涅槃經云(열반경운)… : '사자후보살품'(『대정장』권12, p.524중, p.768하)에 "선남자야, 일체중생은 능히 12인연을 볼 수 없다. 그러므로 윤회한다. … 선남자야, 이 때문에 나는 모든 경전 중에서 설하기를, '만약 어떤 사람이 12인연을 보는 자는 곧 법을 본다. 법을 보는 자는 곧 부처를 본다'고 한 것이다. 부처라는 것은 불성이다. 왜냐하면 일체제불은 이로써 본성을 삼기 때문이다. 선남자야, 12(인)연을 관하는 지혜에 무릇 네 가지 종류가 있다. … 이런 의미 때문에 12인연을 불성이라 한다. 불성이라는 것은 제1의공이다. 제1의공을 중도라 한다. 중도라는 것은 부처이다. 부처라는 것은 열반이다(善男子, 一切衆生

不能見於十二因緣. 是故輪轉. … 善男子, 是故我於諸經中說, 若有人見十二緣者卽是見法. 見法者卽是見佛. 佛者卽是佛性. 何以故. 一切諸佛以此爲性. 善男子, 觀十二緣智凡有四種. … 以是義故, 十二因緣名爲佛性. 佛性者卽第一義空. 第一義空名爲中道. 中道者卽名爲佛. 佛者名爲涅槃.).”

신회의 인용은 경문의 '佛性'을 '此(無住心을 가리킴)'로 치환하고 있다. 다음에 중도의 설명으로 옮긴 것은 『열반경』에 이어지는 "第一義空名爲中道"라고 한 것에 의하지만 그것을 모르면 이해하기 어렵다. 그런데 S6977호 본 第2斷簡(S2-2)에는 이 부분이 잔존하고 있는데 다음과 같이 기재되어 있다.

"[ ]無住心. 知不知. 維摩經云, 心不在外, 心不在內, 不在中間. 有處所不. 無. 涅槃經云, 第一義空. 是此義. 若三處俱無, 卽是本體空寂. 唯有中道, 亦不存. 言其[中][者], 因[邊]而立, 猶如三指並, 要得兩邊, 始有中指. 若無兩邊, 中[指][亦][無]. [ ]諸佛身亦然. 心同[虛]空, 故諸佛法身, 亦無中邊. [ ]是解. 今將無上菩提法分付知識, …" [ ]의 글자는 주해자가 보충한 것임.

이 S2-2에는 "지금까지 무주심에 대하여 말해 왔습니다만 알았습니까? 무주심이라는 것은 『유마경』에 말한 것과 같이 밖에도, 안에도, 중간에도 없는 마음을 말하는 것입니다. 장소가 있습니까? 없습니다. 『열반경』에 제1의공이라고 한 것은 바로 이 의미입니다. 내·외·중간의 세 곳이 없는 것이 본체가 공적한 것입니다. …"라고 하며, 『열반경』이 계속해서 중도에 대하여 언급하고 있는 것을 몰라도 "若三處俱無" 이하에 전개되고 있는 문맥으로 보아 중도의 내용을 충분히 이해할 수 있도록 되어 있다. 중도의 설명은 『문답잡징의』 제10단 簡法師와의 문답에 中邊義를 논하는 데에도 같은 표현이 보인다.

또 『열반경』을 저본과 P본은 '菩薩經'이라고 하고 있지만 B본('經'자가 없음)과 S2본을 따랐다. 이것은 사본에서 보살을 '+ + ++'로, 열반을 '卅卅'이라는 특수한 약호로써 서사한 것이기 때문에 轉寫할 때 混同한 것일 것이다.

***第一義空**(제일의공) : 第1義는 범어 paramārtha를 번역한 말이다. 第1義空은 18空(『大智度論』)의 하나로서 勝義空의 다른 이름이다. 眞實空·眞境空이라고도 하는데 소승의 但空에 대하여 涅槃도 實相도 공하다는 뜻이다. 즉 공한 것까지도 공한 중도실상의 공을 가리킨다. 『열반경』 권27(『대정장』 권12, p.524중)에 "佛性者卽第一義空. 第一義空名爲中道. 中道者卽名爲佛. 佛者名爲涅槃."이라 한 바와 같이 불성·제1의공·중도·불·열반을 같은 내용으로 보고 있다. 『기신론』(『대정장』 권32, p.580상)에 "세간의 제법은 필경에 본체가 공하며, 내지 열반과 진여의 법도 또한 필경에 공하다. … 진여와 열반의 본성은 오직 공할 뿐이다(世間諸法, 畢竟體空, 乃至涅槃眞如之法, 亦畢竟空. … 眞如涅槃之性. 唯是其空.)"고 한다.

***三處**(삼처) : 內·外·中間을 말함.

***空寂**(공적) : 空은 인연화합이 이루어지지 않아서 諸相이 없는 것이고, 寂은 起滅이 없어서 寂靜한 상태를 말한다. 그러므로 공적은 한 물건도 없기 때문에 기멸이 없는 적정한 상태를 표현 말이다.

***中道**(중도) : 범어 madhyamā-pratipad를 번역한 것이다. 중도는 불교의 근본적인 입장을 대변하고 있는 말로서 有無·斷常·是非·去來 등의 兩邊을 떠난 不偏中正의 도를 말한다. 『중론』'觀四諦品'(『대정장』 권30, p.33중)에 "자성이 없기 때문에

공하며, 공 또한 공하다. 다만 중생을 인도하기 위하여 가명으로 설한 것일 뿐이며, 유와 무의 양변을 떠난 것을 중도라 한다(無自性故空, 空亦復空. 但爲引導衆生故, 以假名說, 離有無二邊故中道.)"고 한다.

***經云**(경운)… :『如來莊嚴智慧光明入一切佛境界經』(『대정장』권12, p.248상)의 偈文이지만『七祖法寶記(諸經要抄)』에『入佛境界經』이라고 하여 인용하고 있는데 아마도 이와 같은 經抄로부터 이용한 것일 것이다. "『入佛境界經』에 말하기를, 허공에는 中邊이 없다. 제불의 법신도 그러하다. 마음은 허공과 같기 때문에 無所觀에 경례한다." 이 게문은『능가사자기』'홍인장'(柳田聖山,『初期の禪史 I』, p.287),『돈오요문론』권상(平野宗淨,『頓悟要門』, p.114), 또 돈황사본『文殊師利菩薩無相十禮』(『대정장』권85, p.1296중)에도 인용하고 있는 것으로 보아 잘 알려져 있는 句인 것 같다. 그리고『如來莊嚴智慧光明入一切佛境界經』(『대정장』권12, p.243하)에 "비유하건대 마치 허공이 일체의 모든 곳에 평등한 것과 같이 분별과 달리 분별이라 할 것도 없고, 생멸도 없으며, 과거·미래·현재도 아니고 가히 볼 수 있는 것도 아니고 희론도 아니며, 색이 없어서 보일 수도 나타낼 수도 없으며 접촉할 수도 감쌀 수도 없으며, … 저 허공에는 高下와 중간이 없다(譬如虛空一切處平等. 無分別異分別. 不生不滅. 非過去非未來非現在. 不可見不可戱論. 無色不可示不可表. 不可觸不可護. … 而彼虛空無高下中.)"라고 한 말과 또 同經, p.246중에 "허공은 평등하여 평평하거나 낮거나 높지도 않다(如虛空平等. 虛空非平非下非高.)"라고 한 말도 있다.

***虛空**(허공) : 天空·空中·太虛와 같은 말이다.『기신론』(『대정

장』권32, p.580상)에 "여래의 법신은 필경에 적막하여 마치 허공과 같다(如來法身, 畢竟寂寞, 猶如虛空.)"고 한 것처럼 법신을 허공에 비유하고 있다.

***法身(법신)** : 범어 dharma-kāya를 번역한 말이다. 3身의 하나로서 法佛·法身佛·自性身·法性身·實佛 등과 같은 말이다. 만유의 근본이 되는 究極絶對의 존재이며, 진리 그 자체를 말한다. 그러므로 일체의 모든 존재는 법신에 의하여 顯現되는 것이다.

24. 위없는 도법을 분부함

今將無上道法①分付知識. 引經.② 若領此語, 六波羅蜜, 恒沙③諸佛, 八萬四千諸三昧門, 一時灌④入知識身心. 維摩經云, 菩提⑤不可以身得, 不可以心得. 寂滅是菩提. 滅諸相故. 不可以身得, 心不在外. 不可以心得, 身不在內.⑥ 寂滅是菩提, 中間⑦無處所. 滅諸相故, 一切妄念不生. 此照體獨立, 神無方所.⑧ 知識, 當如是用.⑨ 如上根上智人⑩見說般若波羅蜜,⑪ 便能領受,⑫ 如說修行.⑬ 如中根人, 雖未得,⑭ 若懃諮問, 亦得入.⑮ 如下根人⑯但至信不退,⑰ 當來亦能入大乘⑱十信位中.

【校記】

① S2-2본은 「道法」의 2자가 「菩提法」으로 되어 있음.

② S2-2본은 「引經」의 2자가 「引經證」으로 되어 있음.

③ S2-2본은 「恒沙」의 2자가 「恒沙功德」으로 되어 있음.

④ S2-2본은 「灌」자가 「灌注」로 되어 있음.

⑤ S2-2본은 「菩提」의 「提」자 다음에 「者」자가 더 있음. 그 다음에 「不可以身得, 不可以心得. 寂滅是菩提, 滅諸相故」의 4구 19자가 없음.

⑥ B본은 「身不」에서 「身」자가 빠져 있음. S2-2본은 이것에 대응하는 구가 없고, 「不攝心ㅁㅁ臆裏」로 되어 있음.

⑦ S2-2본은 「中間」 앞에 「爲」자가 더 있음.

⑧ S2-2본은 「此照體獨立神無方所」의 9자에 대응하는 구가 없고, 「過去ㅁ迦ㅁㅁ爲菩薩授菩提記, 是此義. 經云, 離是菩提, 離諸妄想故. 不觀是菩提, 無憶念故」로 되어 있음.

⑨ 저본은 「當如」에서 「如」자를 「知」자로 오사하고 있음. S2-2본은 「善作如是用」으로 되어 있음. B본·P본·S2-2본에 의거하여 「如」자로 고침.

⑩ 저본과 P본은 「如上」의 「如」자를 「得」자로 오사하고 있음. B본은 「如」자가 빠져 있음. S2-2본은 「如上根人」으로 되어 있음. S2-2본에 의거하여 「如」자로 고침.

⑪ S2-2본은 「蜜」자가 빠져 있음.

⑫ S2-2본은 「受」자가 「授」자로 되어 있음. 2자는 서로 통용.

⑬ S2-2본은 「如說修行」의 4자가 없음.

⑭ S2-2본은 「雖未得」의 3자가 「隨領未得」으로 되어 있음.

⑮ S2-2본은 「亦得入」의 3자가 「亦能得入」으로 되어 있음.

⑯ 저본·B본·P본은 「如下」의 「如」자가 없음. S2-2본에 의거하여 보충함.

⑰ S2-2본은 「但至信不退」의 5자가 「但能志信不退」로 되어 있음.

「至」와 「志」는 동음.

⑱ B본은 「大乘」의 「乘」자를 「家」자로 오사되어 있음. S2-2본은 「聖位」로 되어 있음.

【번역】

이제 위없는 道法(진리)을 여러분에게 분부할 것이다. 경을 인용하여 설명한다. 만약 이 말을 받아들이면 육바라밀과 항하사수와 같은 여러 부처님과 팔만사천가지의 모든 삼매들이 일시에 여러분들의 몸과 마음속으로 들어갈 것이다. 『유마경』에 말씀하시기를, "보리는 가히 몸으로써 얻을 수 있는 것도 아니며, 마음으로써 얻을 수 있는 것도 아니다. 적멸이 보리이다. 이는 모든 모양이 소멸했기 때문이다"라고 한다. '가히 몸으로써 얻을 수 있는 것도 아니다'라고 한 말은 마음이 몸밖에 있는 것이 아님을 말한 것이다. '마음으로써 얻을 수 있는 것도 아니다'라고 한 말은 몸이 마음 안에 있는 것이 아님을 말한 것이다. '적멸이 보리이다'라고 한 말은 안팎과 중간과 같은 처소가 없음을 말한 것이다. '모든 모양을 멸했기 때문이다'라고 한 말은 일체의 망념이 일어나지 않는 것을 말한 것이다. 이 반야지의 작용은 다른 것에 의지하여 존재하는 것이 아니며, 그 불가사의한 작용은 방향과 장소가 없다. 여러분, 마땅히 이와 같이 用心해야 한다. 근기와 지혜가 뛰어난 사람은 반야바라밀을 설하는 것을 듣고 곧 받아들여 설한대로 수행한다. 근기가 보통인 사람은 비록 아직까지 받아들이지 못했을지라도 만약 정성스럽게 자문하면 또한 반야바라밀에 들어 갈 수 있다. 근기가 하열한 사람은 단지 믿음이 퇴보하지 않는 지위에만 이를 수 있다면 미래에 또한 능히 대승의 십신위에 들어갈 수 있다.

【注記】

***道法(도법)** : 菩提法. 깨달음의 법. 『유마경』'제자품'(『대정장』 권14, p.539하)에 "道法을 버리지 않고 범부의 일을 나타낸다. 이것을 연좌라 한다." 『단어』 제1단에도 "모든 불보살과 진정한 선지식은 위없는 깨달음의 법을 가지고 여러분의 마음에 투합하여 구경에 해탈할 수 있게 한다"라고 한다.

***引經(인경)** : 호적 이후 衍文으로 여겨져 왔다. S2-2본은 '引經證'으로 되어 있다. 납득할 만한 경전의 어구가 구체적으로 인용되었던 흔적이다. 榮新江은 다음과 같이 말한다. "『단어』의 원본에는 이곳에 신회가 인용한 경문의 원문이 있었던 것 같다. 그래서 다음 글에 '若領此語'라고 한 것이다. 여기에 경문을 인용하지 않고 '引經'이라고 제시한 것은, 혹은 鈔者가 숙지했던 경문이었기 때문에 구체적으로 인용하지 않았겠지만 여기에 경문을 끌어올 필요가 있다고 말한 標識을 붙여두었는지도 모른다. 후에 鈔寫한 자가 그것을 알지 못하고 '引經'의 두 자를 正文에 삽입해 버렸기 때문에 원래의 인용문을 알지 못하게 만들어 버렸던 것이다(『敦博本禪籍校錄』, p.173)"고 한다.

***六波羅蜜(육바라밀)** : 대승보살이 수행하는 여섯 가지 행위. 범어 ṣaḍ-pāramitā를 음사한 것이다. pāramitā는 到彼岸·度라 의역한다. 여기서 피안은 이상의 세계인 열반을 가리킨다. 생사의 고해를 건너 이상경인 열반의 저 언덕에 이르는 여섯 가지 방편, 즉 보살이 수행하는 바라밀법의 여섯 가지. ① 檀那波羅蜜(dāna-pāramitā) : 자비로 널리 베푸는 행위(보시), ②

尸羅波羅蜜(śīla-pāramitā) : 불교의 윤리도덕에 계합하는 행위(지계), ③ 羼提波羅蜜(kṣānti-pāramitā) : 여러 가지 어려운 일을 참는 것(인욕), ④ 毘梨耶波羅蜜(vīrya-pāramitā) : 항상 수행에 힘쓰고 게으르지 않는 것(정진), ⑤ 禪那波羅蜜(dhyāna-pāramitā) : 마음을 한 곳에 집중하여 통일 하는 것(선정), ⑥ 般若波羅蜜(parājñā-pāramitā) : 삿된 지혜와 나쁜 소견을 버리고 진실한 지혜를 얻는 것(지혜) 등이다. 이들 중 반야바라밀이 근본이 되며, 보살의 자비행은 六度의 실천에서부터 시작된다.

***八萬四千諸三昧門(팔만사천제삼매문)** : 모든 선정의 가르침을 말한다. 여기서 8만4천이라고 하는 것은 꼭 그 수가 8만4천이라는 뜻이 아니라 그 수가 무수히 많음을 형용한 말이다. 예를 들면 八萬四千煩惱・八萬四千法門・八萬四千塵勞 등이 있다.

***維摩經云(유마경운)** : '보살품'(『대정장』 권14, p.542중)의 구. "만약 미륵이 滅度하면 일체 중생도 마땅히 멸도한다. 왜냐하면 제불은 일체 중생이 필경에 적멸하여 곧 涅槃相이 없어지면 또 다시 멸하지 않는다는 것을 알기 때문이다. 그러므로 미륵이여, 이 법으로써 모든 천자를 유혹하는 일은 없다. 정말로 아뇩다라삼막삼보리의 마음을 발하지 않은 자도 또한 물러나는 자가 없다. 미륵이여, 마땅히 이 모든 천자로 하여금 보리를 분별하는 견해를 버리도록 해야 한다. 왜냐하면 **보리라는 것은 몸으로써 가히 얻을 수 있는 것이 아니며, 마음으로써 가히 얻을 수 있는 것도 아니기 때문이다. 적멸이 보리이다. 모든 모양을 멸했기 때문이다.** 관하지 않는 것이 보리이다. 모든 연을 떠났기 때문이다. 행하지 않는 것이 보리이다. 억념이 없기 때문이다. 끊는 것이 보리이다. 모든 견해를 버렸기 때문이다.

여의는 것이 보리이다. 모든 망상을 여의었기 때문이다(若彌勒得滅度者, 一切衆生亦應滅度. 所以者何. 諸佛知一切衆生畢竟寂滅卽涅槃相不復更滅. 是故彌勒, 無以此法誘諸天子. 實無發阿耨多羅三藐三菩提心者, 亦無退者. 彌勒當令此諸天子捨於分別菩提之見. 所以者何. 菩提者, 不可以身得, 不可以心得. 寂滅是菩提. 滅諸相故. 不觀是菩提, 離諸緣故. 不行是菩提, 無憶念故. 斷是菩提, 捨諸見故. 離是菩提, 離諸妄想故.).”

*不**可以身得, 心不在外(불가이신득, 심부재외)** : 『유마경』‘보살품’(『대정장』 권14, p.542중)의 “菩提者, 不可以身得, 不可以心得. 寂滅是菩提. 滅諸相故.”의 구를 같은 『유마경』‘제자품’(『대정장』 권14, p.541중)의 “心亦不在內, 不在外, 不在中間.”과 대응하여 설명하는 것에 의하여 보리는 내·외·중간의 어디에도 있지 않고 무주심인 것을 시사하고 있다. 신회의 독자적인 형식일 것이다.

***寂滅(적멸)** : 『유마경』‘보살품’(『대정장』 권14, p.542중)에 “적멸이 보리이다. 모든 모양을 떠났기 때문이다(寂滅是菩提. 滅諸相故.)”라고 한 말이 있다.

***照體獨立, 神無方所(조체독립, 신무방소)** : ‘照體’는 반야의 眞智이고, ‘神’은 그 작용의 불가사의함을 말한 것이다.

‘照體獨立’은 징관(738～838)의 『心要法門』에 “만약 일념이 생하지 않으면 전후의 시간이 끊어지고 照體는 독립하며 物我가 모두 같게 된다(『경덕전등록』 권30에 수록)”고 한 것이 보이고, 종밀의 『華嚴心要門註』에는 “眞智가 현전하면 아와 아소가 모두 同體가 된다(Z.103, p.303c)”라고 주를 달고 있다.

‘神無方所’는 『주역』‘繫辭上傳’에 “易은 천지를 본뜬다. 그러므로 능히 천지의 도를 彌綸한다. … 주야의 도를 통달해 안다. 그러므로 神은 방향이 없고 易은 體가 없다"고 한다. 또 柳田聖山, 『達摩の語錄』 제48단에 "심체는 開通하여 장애가 없다. 그러므로 이름하여 보리심이라 한다. 마음은 涯畔이 없고, 또한 방소도 없다. … 마음은 내·외·중간에 있지 않고, 또한 모든 방향에도 있지 않다. 마음은 주처가 없다. 이것이 법의 주처이다"라고 한다. 『종경록』 권21에 인용하고 있는 『十四科淨土義』(『대정장』 권48, p.533중)에 "경전에 항하사와 같은 불국토가 있다고 하는 것은 모두 성인이 접물하는 방편이다. 부처는 실제로 국토가 없다. 무엇으로써 그것을 밝힐 수 있는가? 대개 形累를 면하지 못한 자는 원래 반드시 국토에 가탁하여 스스로 살아야 한다. 8住 이상은 영원히 色累에서 벗어나 조체가 독립하여 神에 방소가 없다. 따라서 국토를 사용할 필요가 있겠는가(經有恒沙佛國者, 皆是聖人接物之近跡. 佛實無土. 何以明之. 夫未免形累者. 故須託土以自居. 八住已上, 永脫色累, 照體獨立, 神無方所. 用土何爲.)"라고 한다.

***當如是用**(당여시용) : 여기 '用'은 '用心'이다. 수행과 가르침에 대해 유의해야 할 사항이나 마음가짐을 말한다. 신회의 어록에서는 '용심'을 "聞說菩提, 起心取菩提, … 若作此**用心**, 不得解脫, 非本自寂淨. 心作住涅槃, 被涅槃縛, … 作此**用心**, 皆是障菩提道.(『단어』 제11단)"와 "**用心**卽有, 有卽生滅.(『문답잡징의』 제51단)"이라 한 것과 같이 부정적으로 사용된 경우와 "知識, 各**用心**諦聽, 聊簡自本淸淨心, 聞說菩提, 不作意取菩提, … 如是**用心**卽寂靜涅槃(『단어』 제12단)"과 같이 긍정적으로 사용된 경우와 그리고 "今日設無遮大會, 非爲功德, 爲天下學道者定是非, 爲天下**用心**者弁邪正(『남종정시비론』 제38단)"과 같이 중립적으로 사용된 경우가 있다. 여기서는 긍정적

용법이다.

*上根上智人(상근상지인) : 돈황본 『육조단경』 제28단에 "最上乘法, 爲大智上根人說."이란 말이 있다. 근은 根機이다. 機는 각 개인이 처해 있는 개별적인 상황을 가리킨다. 또 마음의 활동(mind activities)을 말할 때도 있다. 마음의 작용이 민첩하고 영리한 사람을 利機이라 하고, 마음의 작용이 느리고 둔한 사람을 鈍機이라 한다. 그러나 주로 근기의 상하를 나누는 기준은 원력이나 신심의 강약에 의거한다. 원력이나 신심이 돈독하고 강한 사람은 상근기에 속하고, 그렇지 않는 사람은 하근기에 속한다. 그리고 정토교에서는 범부성불을 주장하기 때문에 각 개인의 근기나 능력은 상관하지 않고, 오로지 稱名念佛을 통하여 극락세계에 왕생할 것을 주장한다.

*如說修行(여설수행) : 어떤 가르침을 사람에게 부촉할 때 사용하는 말로써 불전에 자주 보이는 상투적인 구이다. 『유마경』 '촉루품'(『대정장』 권14, p.557상)에 "만약 이와 같이 물듦도 없고 집착함도 없는 매우 깊은 경전에 두려움이 없이 능히 그 가운데 들어가 법문을 들은 후 마음이 청정해져서 수지하고 독송하여 **설한 것과 같이 수행**할 수 있다면 마땅히 이것은 오래 동안 道行을 닦은 것임을 알아야 한다(若於如是無染無着甚深經典, 無有恐畏能入其中, 聞已心淨受持讀誦如說修行, 當知是爲久修道行.)"고 한다.

*當來(당래) : 미래, 미래의 것. 項楚의 『寒山詩注』 091에 "세상에 많이 아는 사람이 있지만 우치 때문에 한갓 괴로워한다. 當來에 善을 구하려 하지 않고 오직 惡因을 짓는 것만 알 뿐이다"라고 한 주를 보라.

*信不退(신불퇴) : 4불퇴(信不退 · 位不退 · 證不退 · 行不退)의

하나. 보살수행 계위의 처음인 10信位 중 第6信位 이상의 보살은 邪見을 다시 일으키지 않고 信心을 확립하는 자리이다.

*大乘十信位(대승십신위) : 보살이 수행해야만 하는 52위의 제1단계인 최초 10위. 불법의 진리를 믿어 의심이 없는 자리이다. 10信은 信心·念心·精進心·慧心·定心·不退心·護法心·廻向心·戒心·願心이다.

*이 단은 S2-2본에도 보이지만 꽤 異同이 심하다. 이하에 衣川이 정리하고 교록한 것을 토대로 하여 적어보면 다음과 같다.

"今將無上菩提法分付知識. 引經證. 若領此語, 六波[羅]蜜, 恒沙功德, 諸佛八萬四千諸三昧門, 一時瓘(灌)注, 入知識身心. 維摩經云, 「菩提者不可[以]身得」, 心不在外, 「不可以心得」, 不攝心□□臆裏. 「寂滅是菩提」, 爲中間無處所. 「滅諸相故」, 一切妄念不生. *過去□迦乃□爲菩薩授菩提記, 是此義. 經云, 「離是菩提, 離諸妄想故. 不觀是菩提, 無憶念故」. 知識, 善作如是用."

如上根人見說般若波羅[蜜], 便能領授(受). 如中根人, 雖領未得, 若懃諮問, 亦能得入. 如下根人但能志(至)信不退, 當來亦能入聖位.

위 원문의 *표 이하 6자는 영신강의 교록에는 過去[釋]迦[牟][尼](『敦博本禪籍校錄』, p.173)로 되어 있다.

25. 자성

只如學道,① 撥妄取淨,② 是垢淨,③ 非本自淨. 華④嚴經云, 譬如拭巾有垢, 先著灰汁, 然⑤用淸⑥水洗之. 此雖得淨, 未名爲淨. 何以故. 此淨爲因垢得淨, 猶故不淨. 維摩經云, 非垢行, 非淨行, 是菩薩行. 知識, 正用心時,⑦ 若有妄⑧起, 思憶⑨遠近, 不須攝來. 何以故. 去心旣是病, 攝來還是病.⑩ 去來皆是病.⑪ 經云, 諸法無來去, 法性遍一切處. 故法無去來.⑫ 若有妄起卽覺, 覺妄俱滅,⑬ 卽是本性無住心. 有無雙遣,⑭ 境智俱亡. 但⑮莫作意, 卽自性菩提. 若微細心, 卽用不著. 本體空寂,⑯ 無有一⑰物可得, 是名阿耨菩提.⑱ 維摩經云, 從無住本, 立一切法. 涅槃⑲光戒光, 亦復如是. 自性空寂,⑳ 無有形相.

【校記】

① B본은 「學道」의 2자가 「學道人」으로 되어 있음.

② B본은 「淨」자가 「靜」자로 되어 있음.

③ B본은 「垢淨」의 「垢」자를 「怙」자로 오사하고 있음.

④ B본은 「華」자가 「花」로 되어 있음.

⑤ 호적이 「然後」라고 校補한 후 모든 사람들이 이를 따르고 있지만 「然」에는 「後」의 뜻이 있기 때문에 「後」자가 필요없다. 영신강은 「然」자는 「乃」와 同義라고 한다(『敦博本禪籍校錄』, p.177).

⑥ B본은 「淸」자가 「淨」자로 되어 있음.

⑦ 저본·B본·P본은 「正用心時」의 4자가 「非用心時」로 오사되어 있음. S2-2본에 따라 고침.

⑧ S2-2본은 「妄」자가 「妄心」으로 되어 있음.

⑨ S2-2본은 「憶」자가 「憶念」으로 되어 있음.

⑩ S2-2본은 「還是病」의 3자가 「可不是病」으로 되어 있음.

⑪ B본은 「去來皆是病」에서 「病」자가 빠져 있음. S2-2본은 「所以來去皆是病」으로 되어 있음.

⑫ S2-2본은 「經云諸法無來去法性遍一切處故法無去來」의 18자가 없음.

⑬ 저본과 P본은 「覺妄俱滅」에서 「妄俱滅」의 3자가 빠져 있음. B본은 「覺滅」로 되어 있음. S2-2본에 의거하여 고침. 종밀은 『원각경대소초』上의 4(Z.14-140b)와 『원각경약소초』上의 2(Z.15-66d)에서 다음과 같이 주기하고 있다. "荷澤云, 妄起卽覺, 妄滅覺滅, 覺妄俱滅, 卽是眞如.(『대정장』권39, p.538하)"

⑭ B본은 「遺」자가 「遠」자로 오사되어 있음.

⑮ 저본과 ·P본은 「但」자 없음. B본은 「俱」자로 되어 있음. 령목본에 의거하여 「但」자로 校改함

⑯ S2-2본은 「本體空寂」 다음에 「今則不然」의 4자가 더 있음.

⑰ S2-2본은 「有一」의 2자가 없음.

⑱ S2-2본은 「阿耨菩提」의 4자가 「阿耨多羅三藐三菩提, 常須如是解」로 되어 있음. S2본은 그 다음도 諸本과 異同이 심함.

⑲ 저본과 P본은 「涅槃」의 2자가 「菩提」로 오사되어 있음. B본에 의거하여 고침.

⑳ 저본과 P본은 「寂」자가 빠져 있음. B본에 의거하여 보충함.

【번역】

그저 도를 배움에 있어서 망념을 제거하고 청정을 취하려고 하는 것은 때 묻은 청정함이지 본래의 청정함이 아니다.

『화엄경』에 말씀하시기를,

“비유하자면 마치 걸레가 더러울 때 먼저 회즙을 바른 후에 맑은 물로 그것을 씻어내는 것과 같다”

고 한다. 이 때 비록 걸레는 깨끗해졌을지라도 아직 완전히 청정하다고 할 수 없다. 왜냐하면 이 깨끗함은 더러움을 없애고 깨끗함을 얻었기 때문에 오히려 깨끗하지 않는 것이다.

『유마경』에 말씀하시기를

“더러운 행도 아니고, 청정한 행도 아닌 것이 보살행이라”

고 한다.

여러분, 바르게 마음이 작용하고 있을 때 만약 망념이 일어나면 멀고 가까운 것을 생각하여 마음을 수섭해서는 절대 안 된다. 왜냐하면 망심을 제거하려는 것도 이미 병이며, 망심을 수습하려는 것도 또한 병이기 때문이다. 마음을 왔다갔다 하게 하는 것은 모두 병인 것이다. 경에 말씀하시기를,

“모든 법은 거래가 없으며, 법성은 일체의 모든 곳에 두루한다”

고 한다. 그러므로 법에는 거래가 없는 것이다. 만약 망념이 일어나면 망념이 일어난 사실을 곧 바로 자각하면 깨달음과 망념이 모두 없어지는데 이것이 곧 본성의 무주심인 것이다. 이 자리에는 있음과 없음도 모두 없고 대상과 지각도 모두 없다. 단지 조작심을 일으키지 않으면 그것이 바로 자성의 보리인 것이다. 어떤 미세한 마음도 작용함이 없다. 본체는 공적하기 때문에 한 물건도 가히 얻을 수 없는 것을 위없는 깨달음이라고 한다.

『유마경』에 말씀하시기를,

"무주의 본체로부터 일체의 법을 세운다"

고 한다. 열반의 광명과 계의 광명도 또한 이와 같다. 자성은 공적하여 형상이 없는 것이다.

【注記】

*只如(지여) : 고대어의 '至如'·'至若'·'至於'에 상당하며, 새롭게 화제를 표시할 때 사용한 당시의 連詞.

*華嚴經云(화엄경운)… : 『화엄경』에는 보이지 않는다. 『열반경』 '사자후보살품'(『대정장』 권12, 南本卷29, p.793하·北本卷31, p.548중)에 "단단한 나무을 뽑으려면 먼저 손으로써 흔든 후 뽑으면 쉽게 뽑기는 것과 같이 보살의 정혜도 또한 이와 같다, 먼저 선정으로써 움직인 후 지혜로써 뽑는다. 선남자야, 더러운 옷을 씻으려면 먼저 회즙으로써 세탁한 후 맑은 물로써 헹구면 옷은 청결해 지는 것과 같이 보살의 정혜도 이와 같다(如拔堅木先以手動後則易出, 菩薩定慧亦復如是. 先以定動後以智拔. 善男子, 如浣垢衣先以灰汁後以清水衣則鮮潔, 菩薩定慧亦復如是.)." 또 『文殊師利問經』(『대정장』 권14, p.503상)에 "비유하자면 더러운 옷을 회즙으로써 세탁하면 더러움은 없어지고 옷만 남는 것과 같다. 왜냐하면 더러움이 이미 없어졌기 때문이다. 더러움이 없어졌기 때문에 옷은 깨끗해진다. 이와 같이 문수사리여, 모든 허물은 더러움 때문이고, 지혜의 물로써 마음의 더러움을 씻어야 한다. 마음의 더러움이 없어졌기 때문에 청정해지는 것이다. 부처님이 지금 祇夜(geya: 重頌)를 설한 것은 '비유하자면 더러운 옷과 같다. 세탁하여 회즙에 담구고 또 회즙으로써 세탁하면 이 옷은 깨끗해진다. 이와 같이 과환으로써 심식을 더럽게 하지만 세탁하여 지혜의 회즙으로

헹구면 마음은 곧 청정해 진다'(譬如垢衣以灰汁澣濯, 垢滅衣在. 何以故. 垢已去故. 以垢去故衣得淸淨. 如是文殊師利, 諸過爲垢, 以智慧水洗除心垢. 以除心垢故成淸淨. 佛說此祇夜, 譬如垢汚衣 澣治以灰汁 以灰汁澣治 是衣得淸淨 如是以過患 染汚於心識 澣以智慧灰 心卽得淸淨.)." 이와 같이 경전에는 더러운 옷을 회즙으로 세탁하여 깨끗해지는 비유를 들어 더러움을 설명하고 있지만 신회는 그러한 경전의 상식을 뒤집고 있다. 부연하면 더러움을 버리고 깨끗함을 취하게 되면 더러움은 버려졌지만 깨끗함이 남아 있기 때문에 완전한 중도의 실천이라고 할 수 없다. 왜냐하면 깨끗함이 도리어 자신을 얽어매는 구속물이 되기 때문이다(淨縛). 돈황본 『육조단경』 제18단에 "청정함은 형상이 없는데도 도리어 청정한 모양을 세워 이것을 공부라고 말하고 있지만 이러한 견해를 가진 사람은 자신의 본성을 장애하기 때문에 도리어 청정함에 속박을 받게 된다(淨无形相, 却立淨相, 言是功夫, 作此見者, 障自本性, 却被淨縛.)" 고 한 말도 참고가 된다. 『단어』 제12단 어주 '若以法界證法界者'를 보라.

***猶故(유고)** : 依然히(여전히)의 뜻이다. 용례는 陳秀蘭의 『敦煌俗文學語彙溯源』(岳麓書社, 2001)을 보라. 『대지도론』 권30(『대정장』 권25, p.282중)에 "만약 혜안이 없다면 비록 육안이 있을지라도 여전히 눈먼 것이다(若無慧眼雖有肉眼猶故是盲.)."

***維摩經云, 非垢行非淨行是菩薩行(유마경운, 비구행비정행시보살행)** : '문수사리문질품'(『대정장』 권14, p.545중)에 있어서 갖가지 보살행을 설하는 일단의 구이다. 이 인용구 앞에 "범부가 살고 있는 생사의 세계에 있으면서도 汚行을 하지 않고, 성현의 경지인 열반의 세계에 안주하지만 영원히 滅度하지 않는

것이 바로 보살행이다. 범부행도 아니고 賢聖行도 아닌 것이 바로 보살행이다"라고 한 것은 생사와 열반, 더러움과 깨끗함의 양변을 동시에 초월할 것을 주장하는 대승의 보살행을 제시하고 있는 말이다.

***經云**(경운) : '諸法無來去'는 60권『화엄경』권28 '十忍品제24'의 偈句(『대정장』권9, p.584하). '法性遍一切處'는 80권『화엄경』권28 '십회향품'의 게구(『대정장』권10, p.156하)인 "法性遍在一切處"을 의거한 것이다.

***若有妄起, 卽覺. 覺妄俱滅, 卽是本性無住心**(약유망기, 즉각. 각망구멸, 즉시본성무주심) : 이 내용은 규봉종밀이나 종색선사가 주장한 "念起卽覺, 覺之卽失"의 모태가 되는 말이며, 또 돈오견성의 구체적인 실천을 제시하고 있는 말이기도 하다. 종밀의 『원각경대소초』上之四, 『원각경약소초』上之二(Z14, p.140b·Z15, p.66d·『대정장』권39, p.536하)에 "하택이 말하기를, '망념이 일어나면 곧 바로 자각하라. 망념이 멸하고 깨달음도 멸하여 깨달음과 망념이 함께 멸하면 곧 이것이 진여이다'"라고 한 것과 같은 의미이다. 이 말의 전고는 『대승기신론』(『대정장』 권32, p576중)에 "범부는 전념이 악을 일으키는 것을 깨닫기 때문에 능히 후념을 그치게 하여 그로 하여금 일어나지 않게 한다(凡夫人覺知前念起惡故, 能止後念令其不起.)"라고 한 것이다. 『단어』제13단 참조. '覺妄俱滅'은 저본과 P본은 覺, B본은 覺滅로 되어 있지만 S2-2본에 의거하여 校改한다. 또 『남종정시비론』제32단에 "여러 지식들이여, 마음에 만약 망념이 일어나면 곧 바로 각조하라. 일어난 망심이 이미 멸하면 각조도 저절로 없어진다. 이것이 무념이다"라고 한 것도 참조하라.

*有無雙遣(유무쌍견) : 隋 慧遠의『大般涅槃經義記』권6(『대정장』권37, p.758상)에 11空 중 제10의 空空에 대하여 설한 단에 보이는 것이 가장 빠른 예이다. "지금까지의 9공은 따로따로 있음과 없음을 논파했지만 제10의 공공은 **있음과 없음을 동시에 버린다**. 또 앞의 9공은 있음과 없음의 성을 버렸지만 제10은 그 있음과 없음의 별상을 버린다. 앞의 있음과 없음은 둘 다 함께 공이기 때문에 공공이라 한다. 이것이 무슨 의미인가? 인연의 법은 있음과 없음이 동체이다. 동체이기 때문에 無法을 있다고 하고, 유법을 없다고 한다. 없음이 있음이기 때문에 있음은 곧 있지 않음이다. 있음은 없는 것이기 때문에 없음은 곧 없지 않음이다. 있지도 않고 없지도 않는 것이기 때문에 공공이라 한다(上來九空別破有無, 第十空空有無雙遣. 又前九空遣有無性, 第十遣其有無別相. 前有及無二俱是空故曰空空. 是義云何. 因緣之法有無同體. 以同體故無法爲有有法爲無. 無爲有故有卽非有. 有爲無故無卽非無. 非有非無故曰空空.)." 또 혜원은 18공의 제4 공공에 대해서도 "있음과 없음을 동시에 버리는 것을 공공이라 한다[『대승의장』권4(『대정장』권44, p.553하)]"고 설하고 있다. 신회는 그러한 교의로부터 벗어나 "有無雙遣, 中道亦亡"이라는 말을 내세워 자신의 선의 핵심과 결부시켜 다음과 같이 빈틈없이 체계적으로 설하고 있다. "유와 무를 둘 다 버리고 중도 또한 없어지면 이것이 곧 무념이다. 무념은 일념이고 일념은 일체지이며 일체지는 매우 심오한 반야바라밀이고 반야바라밀은 여래선이다(『문답잡징의』제46단 '門人蔡鎬見武皎問忠禪師中道義')." 그러나 우두종계의 작품이라고 생각되고 있는『무심론』에는 有無雙遣하고 중도도 없는 경지를 묘각위에 배당하고 있지만 그 妙라고 하는 것도 없

다고 하지 않으면 또 불도의 至極이 아니라고 할 수 있다. 『무심론』(『대정장』 권85, p.1270상)에 "십주의 修心은 有를 잊고 無에 들어가는 것이며, 또 그 유무를 雙遣함도 없이 중도도 잊어버리지 않으면 아직 크다고 하지 않는다. 또 중도도 잊고 3處가 전부 다하면 位는 묘각에 미친다. 보살이 비록 삼처를 버렸을지라도 능히 그 묘한 것을 버릴 수 없다면 또한 크다고 할 수 없다. 또 그 묘를 잊으면 불도는 지극하여 있을 곳이 없다(十住修心妄(忘)有入無, 又無其無有雙遣不妄(忘)中道, 亦未爲太. 又忘中道三處都盡, 位皆妙覺. 菩薩雖遣三處, 不能無其所妙, 亦未爲太. 又忘其妙則佛道至極, 則無所存.)"고 한다. 『기신론』'解釋分(顯示正義)'(『대정장』 권32, p.576상)에 "심성은 본래 생함도 없고 멸함도 없지만 일체 제법은 오직 망념에 의하기 때문에 차별이 있는 것이다. 만약 망념을 여의면 일체 경계의 모양은 없다(心性不生不滅, 一切諸法唯依妄念而有差別. 若離妄念則無一切境界之相.)"와 "일체법은 본래부터 언설을 떠나 있고 名字를 떠나 있으며 心緣을 떠나 있기 때문에 필경에 평등하여 變異가 없고 파괴할 수도 없다(一切法從本已來. 離言說相離名字相離心緣相. 畢竟平等無有變異不可破壞.)"라고 한 말도 법의 본질을 이해하는데 참고가 된다.

***覺(각)** : 각의 뜻에 대해서는 『기신론』(『대정장』 권32, p.576중)에 "깨달음의 뜻이란 심체가 망념을 여읜 것을 말한다. 망념을 여읜 모양이라는 것은 허공계와 같아서 두루하지 않는 바가 없다(覺義者, 謂心體離念. 離念相者等虛空界無所不遍.)"고 한다.

***境智俱亡(경지구망)** : 境智双亡(忘)이라고도 한다. 梁 代의 경에 이미 사용되고 있었으며 일반적인 술어로 되었다고 생각한다. 梁 寶亮等集의 『대반열반경집해』 권38(『대정장』 권37, p.500상)

에 11공의 제11 大空을 설명하기를, "대공이라는 것은 전에 이미 境을 버리고 지금 또 智를 버려서 경과 지를 모두 잊어야 비로소 대라고 한다(大空者, 前已遣境, 今復遣智, 境智雙忘, 始爲大也.)." 唐 法琳의 『弁正論』 권1(『대정장』 권52, p.491하)에 "玄源이란 것은 경과 지가 모두 없는 것이다. 진제라고 하는 것은 방편과 진실이 여기에 없는 것이다(玄源也者, 則境智俱亡. 眞際也者, 則權實斯泯.)." 또 『영가집』(『대정장』 권48, p.389중)에 "境智双忘." 智顗說·湛然略, 『유마경약소』 권7(『대정장』 권38, p.589상) "境智俱忘"의 구가 사용되고 있다. 지경은 주관인 지혜와 그 대상인 객관의 경계. 즉 所觀의 理를 境이라 하고, 能觀의 心을 智라 한다. 境智俱融이란 말이 있는데 이는 觀하는 지혜와 그 대상인 경계가 서로 융합하여 둘의 구별이 없어진 것을 말한다.

*但莫作意(단막작의) : 『단어』 제21단에도 다음과 같은 말이 있다. "단지 생각을 짓지 말 것이며, 마음이 일어나지 않으면 이것이 참된 무념이다."

*自性菩提(자성보리) : 本來 있는 그대로의 보리이다. 수의 闍那崛多譯 『諸法本無經』 권상(『대정장』 권15, p.762중)에 "비록 발보리심을 讚說할지라도 마음이 자성보리인 것을 안다(雖讚說發菩提心, 而亦知心自性菩提.)." 또 『종경록』 권22(『대정장』 권48, p.538상)에 "『유마경』에 말하기를, '관하지 않는 것이 보리이다. 모든 연을 떠났기 때문이다.' 보리가 所觀의 경계가 아니라면 능연의 마음도 없다. 소관의 경계가 공한 것은 실상보리이고, 능연의 마음이 적정한 것은 자성보리이다(維摩經云, 不觀是菩提. 離諸緣故. 菩提非所觀之境, 則無能緣之心. 所觀境空, 即實相菩提, 能緣心寂, 即自性菩提.)."

***微細心(미세심)** : 일반적으로 멸진정에 들어가기 전의 3종심, 즉 想心·微細心·微微心의 하나인 미세한 심의식을 말한다(『구사론기』 권29, 『대정장』 권41, p.436중). 그러나 신회가 말하는 미세심이라는 것은 그러한 것이 아니고 제법의 染淨을 미세하게 분별하는 心念을 말하는 것이고, 특히 淸淨에 집착한 법집인 細妄心을 가리킨다. 『대승기신론』(『대정장』 권32, p.576중, 岩波文庫本, p.30)의 시각을 설명하는 단에 "菩薩地盡과 같이 방편을 만족하고 일념에 상응하여 마음이 처음 일어나는 것을 깨달아 **미세한 망념**을 멀리 여의었기 때문에 심성을 깨달아 마음이 상주하는 것을 구경각이라 한다(如菩薩地盡, 滿足方便一念相應, 覺心初起心無初相, 以遠離微細念故, 得見心性, 心卽常住名究竟覺.)"라고 설하고 있는 微細念은 미세한 망심이고, 신회가 말하는 미세심은 이것에 해당한다. 송의 子璿, 『起信論疏筆削記』 권11(『대정장』 권44, p.357하)에 "四中에 소를 세분한 것은 법집이 俱生하기 때문이다. 오직 마음뿐인 경계에 미혹하여 見은 밖으로부터 미세심을 일으켜 염정을 분별하기 때문에 '不了'라 한다(四中疏細分者, 法執俱生故. 迷唯心境見從外來起微細心, 分別染淨故, 云不了.)"고 한다.

***本體空寂(본체공적)** : 『단어』 제15단에 다음과 같은 말이 있다. "본체는 공적하다. 공적한 본체 위에 知가 일어나 세간의 청·황·적·백을 잘 분별하는 것을 혜라고 한다." 그밖에도 자주 나오는 원리이다.

***有無一物可得, 是名阿耨菩提(유무일물가득, 시명아뇩보리)** : 『금강반야바라밀경』(『대정장』 권8, p.751하)에 "我於阿耨多羅三藐三菩提, 乃至無有少法可得, 是名阿耨多羅三藐三菩提."라고 한 것을 근거로 한 주장이다. 『大珠慧海和尙語』(『경덕전등

록』권28, 『대정장』권51, p.442중)에 다음 문답이 있다. "청룡소를 강의하던 좌주가 묻기를, '경에 법을 가히 설할 수 없는 것을 설법이라고 했는데 선사는 어떻게 생각하십니까?' 스님이 말하기를, '반야의 본체는 필경에 청정하기 때문에 일물도 가히 얻을 수 없는 것을 무법이라 한다. 그러나 반야의 공적체 중에 항사와 같은 묘용을 구족하고 있기 때문에 어떤 일이든지 모르는 것이 없는 것을 설법이라' 한다(講靑龍疏座主問, 經云, 無法可說是名說法. 禪師如何體會. 師曰, 爲般若體畢竟淸淨無有一物可得, 是名無法. 卽於般若空寂體中具河沙之用, 卽無事不知, 是名說法.)." 阿耨菩提는 阿耨多羅三藐三菩提의 준말. 범어 anuttara-samyak- sambodhi, 빠리어 anuttara-sammā-sambodhi의 음사이다. 『飜譯名義集』권5(『대정장』권54, p.1130상)에 "아뇩다라삼막삼보리는 『조론』에 이르기를, '진나라 말로는 無上正遍知라 하며 도가 막대하여 위가 없다. 그 도는 진실로 발라서 어떠한 법이라도 모르는 것이 없다. 그래서 正遍知라 한다.' 苑師가 말하기를, '阿는 여기 말로하면 無란 뜻이고, 耨多羅는 上이라 번역하며, 三藐은 正이라 번역하고, 三은 遍正이라 하며, 菩提는 覺이라 한다(阿耨多羅三藐三菩提, 肇論曰, 秦言無上正遍知, 道莫之大, 無上也. 其道眞正無法不知, 正遍知也. 苑師云, 阿此云無, 耨多羅翻上, 三藐翻正也, 三遍也等也, 菩提覺也.)"라 한 바와 같이 구역은 無上正遍知·無上正遍道라 하고, 신역은 無上正遍等覺이라 한다. 가장 높은 깨달음. 無上菩提와 같은 말이다.

***維摩經云, 從無住本, 立一切法(유마경운, 종무주본, 입일체법)** : 『유마경』'관중생품'(『대정장』권14, p.547하)에 "무주는 근본이 없다. 문수사리야, 무주의 근본으로부터 일체법을 세운

다(無住則無本. 文殊師利. 從無住本立一切法.)"는 말이 있다. 『돈오요문론』 제34단에도 인용하고 있다.

***涅槃光**(열반광) : 열반의 자성으로서 특히 공덕을 빛에 비유한 것. 남본 『열반경』 권9 '보살품' 제16(『대정장』 권12, p.658중하)에 "저 일월광은 모든 밝음 중에 으뜸으로서 일체의 모든 밝음이 능히 미치지 못한다. 위대한 열반의 빛도 또한 그와 같아서 모든 계경의 삼매광 중에서도 가장 수승하여 모든 경전의 삼매가 소유한 광명이 능히 미치지 못한다. 왜냐하면 위대한 열반의 빛은 능히 중생의 모든 모공 안으로 들어갈 수 있기 때문이다. 중생이 비록 보리심이 없을지라도 능히 보리의 인연을 지을 수 있다. 그러므로 또 대반열반이라 한다(如日月光諸明中最, 一切諸明所不能及. 大涅槃光亦復如是, 於諸契經三昧光明最爲殊勝, 諸經三昧所有光明所不能及. 何以故. 大涅槃光能入衆生諸毛孔故. 衆生雖無菩提之心, 而能爲作菩提因緣. 是故復名大般涅槃.)."

***戒光**(계광) : 佛戒를 찬탄한 표현이며, 계를 외우면 입으로부터 빛을 발하기 때문에 계는 곧 어두움을 파괴하는 빛인 것이다. 그러나 여기는 그러한 일반적인 이해를 떠나서 『단어』 제5단에 "반드시 유작계와 유작혜를 빌려서 무작의 계와 혜를 나타낸다"라고 서술하고 있는 것처럼 유작계를 빌려서 현현한 무작계의 그 자성으로서 가진 덕을 빛에 비유한 것이다. 바로 다음에 "자성은 공적하여 형상이 없다"라고 말한 것은 그 때문이다. 그러한 戒光思想의 기초는 『범망경』에 설하고 있는 心地戒가 있다. 권하에 다음과 같이 설하고 있다.

"내가 지금까지 이 세계에 8천 번 반복하여 이 사바세계를 위하여 금강화광왕좌에 앉음으로부터 내지 마혜수라천왕궁까지 이 중의 일체 대중을 위하여 간략히 심지법문품을 열어 끝을 낸다. 또 천왕궁으로부터 아래로 염부제의 보리수 아래에 이르기까지 이 지상의 일체 중생, 범부인 癡闇人을 위하여 우리의 本師 노사나불심지 중의 초발심 중에 항상 외운 바의 一戒, 광명금강보계를 설한다. 이것이 일체 모든 부처의 본원이고, 일체 보살의 본원으로서 불성종자이다. 일체 중생은 모두 불성이 있다. 일체의 意識과 色心은 情과 心 모두 佛性戒 중에 들어간다. … 부처님이 모든 보살에게 고하기를, '내가 지금 반월마다 스스로 제불의 法戒를 외운다. 여러분, 일체의 발심보살도 또한 외워보라. 내지 십발취·십장양·십금강·십지의 모든 보살들도 외워보라. 그러면 계광이 입으로부터 나올 것이다. 연이 있고 인이 없는 것이 아니기 때문이다. 빛과 빛은 청·황·적·백·흑이 아니고, 물질도 아니고 마음도 아니며 있지도 않고 없지도 않으며 인과의 법도 아니다. 이것이 제불의 본원이고 보살의 근본이며 대중과 모든 불자의 근본이다'(吾今來此世界八千返, 爲此娑婆世界坐金剛花光王座, 乃至摩醯首羅天王宮, 爲是中一切大衆略開心地法門品竟. 復從天王宮下至閻浮提菩提樹下, 爲此地上一切衆生凡夫癡闇之人, 說我本盧舍那佛心地中初發心中常所誦一戒, 光明金剛寶戒. 是一切佛本源, 一切菩薩本源, 佛性種子. 一切衆生皆有佛性. 一切意識色心是情是心皆入佛性戒中. … 佛告諸菩薩言, 我今半月半月, 自誦諸佛法戒. 汝等, 一切發心菩薩亦誦. 乃至十發趣十長養十金剛十地諸菩薩亦誦. 是故戒光從口出. 有緣非無因故. 光光非靑黃赤白黑, 非色非心, 非有非無, 非因果法. 是諸佛之本源菩薩之根本, 是大衆諸佛子之根本.)." →(石田瑞麿, 『佛典講座14·梵網經』, p.45·p.61, 『대정장』권24, p.1003하·p.1

004상중).

*S2본의 第2斷簡(S2-2)에는 첫 머리의 汚와 淨에 관한 71자의 논의가 없고, 다음과 같이 되어 있다.

"知識, 正用心時, 若有妄心起, 思憶念遠近, 不須攝來. 何以故. 去心旣是病, 攝來可不是病. 所以來去皆是病. 若有妄起, 卽覺. 覺妄俱滅, 卽[ ]莫作意. 卽是自性菩提. 若微[細]心, 卽用不着. 本體空寂, 今則不然. 無物可[得], 是名阿耨多羅三藐三菩提. 常須如是解. 涅槃經云, 「身雖人身, 心同佛心」. 更與知識料簡現前微細處, 盡[ ]不可知[ ]可現, 卽滿足法身體, 同法界量等. 菩薩空[ ](下缺)."

[ ]안의 글자는 注記者가 넣은 것임.

26. 초발심에 경례함

發心畢竟二①不別, 如是二心先心難.
自未得度先度他, 是故敬②禮初發心.
初發已③爲天人師,④ 勝出聲聞及緣覺.
如是發心過三界, 是故得名最無上.

【校記】

① B본은 「二」자가 「亦」자로 되어 있음.

② 「敬」자가 『열반경』과 『남종정시비론』에는 「我」자로 되어 있음.

③ 저본은 「已」자가 「止」자로 오사되어 있음. P본에 의거하여 고침. B본은 「以」자로 되어 있음.

④ 「天人師」가 『열반경』에는 「人天師」로 되어 있음.

【번역】

"초발심과 구경각의 둘을 구별할 수 없어,
이 두 마음 중에 어느 것이 先心인지 구별하기 어렵네.
자신을 제도하지 않고 남을 먼저 제도할세,
그래서 초발심에 敬禮하도다.
처음 발심한 이후 인천의 스승이 되어,
성문과 연각의 경지를 모두 벗어났도다.
이와 같은 발심은 삼계를 뛰어넘을세,
그러므로 가장 높아 위가 없다 하네."

【注記】

***發心畢竟二不別**(발심필경이불별)… : 이하 8구는 『열반경』'가섭보살품'의 말미에 있는 게이다. 북본은 권38(『대정장』권12, p.590상), 남본은 권34(『대정장』권12, p.838상). 이 8구의 게는 『보리달마남종정시비론』제35단에도 인용하고 있다. 초발심의 중요성은 60권『화엄경』권8'범행품'(『대정장』권9, p.449하, 80권본은 『대정장』권10, p.89상)의 말미에 "처음 발심할 때 곧 정각을 이루어 일체법의 진실한 본성을 알아 慧身을 구족한다. 다른 것에 말미암아 깨닫는 것이 아니다(初發心時便成正覺, 知一切法眞實之性, 具足慧身. 不由他悟.)"라고 설해져 있지만 『단어』제6단에서는 "선지식을 만나 무상보리심을 발하라" 라고 강조하고 있다. 또 『문답잡징의』제42 '弟子無行問'에는 『화엄경』을 인용하여 초발심의 중요함을 설하고 있다. 여기서는 보살계를 마칠 때 초발심을 찬탄하고 수계한 도속을 격려하는 것일 것이다.

發心畢竟二不別에서 發心은 불도를 성취하기 위하여 최초로 일으키는 마음인 初發心을, 畢竟은 구경각을 각각 가리킨다. 이는 처음 발심한 때의 마음과 정각을 이룬 때의 마음이 둘이 아니라 하나라는 뜻이다.

***自未得度先度他**(자미득도선도타) : 『열반경』 권19 '고귀덕왕보살품'(『대정장』 권12, p.733중)에도 "또한 생각을 내지 말고, 우리가 법을 듣고 먼저 스스로 자신을 제도하고, 그러한 후에 남을 제도하라. … 먼저 남을 위하고, 그러한 후에 자신을 위하라(亦莫生念, 我聽法已先自度身, 然後度人. … 先爲他人, 然後爲身.)." 단지 여기서는 돈오의 취지로부터 다음 구의 '초발심'에 주목하고 있는 것이다. 自未得度先度他는 대승보살의 利他精神을 보여주고 있는 말이다. 대승불교의 4대 보살인 文殊菩薩·普賢菩薩·觀世音菩薩」·地藏菩薩 등은 이미 성불할 수 있었음에도 불구하고 일체중생을 모두 구제하지 않고서는 결코 먼저 정각을 이루지 않겠다는 큰 원력을 세워 놓고 지금도 이타행을 하고 있는 보살들이다. 이와 같이 대승불교에 있어서 보살이 열반에 드는 것은 곧 보살의 죽음을 의미하기 때문에 끊임없는 이타행을 그 생명으로 하는 것이다. 예를 들면 지장보살이 세운 서원으로써 그는 지옥세계에서 고통을 받는 중생들을 다 제도하지 않고서는 결코 성불하지 않겠다(地獄未除誓不成佛)는 큰 서원을 세웠고, 또 아미타불이 세운 48원이나 보현보살이 세운 10대원도 역시 이타행을 근본으로 한 서원들이다.

***初發心已爲天人師**(초발심이위천인사) : 『열반경』의 경문에는 '天人師'가 '人天師'로 되어 있다. '發心畢竟二不別'의 게문은 不空譯 『金剛頂瑜伽中發阿耨多羅三藐三菩提心論』(『대정장』 권32, p.573하), 징관의 『華嚴經隨疏演義鈔』 권85(『대정장』

권36, p.669하), 신라 太賢찬 『보살계본종요』(『대정장』권45, p.915하)에 인용하고 있고, 모두 '天人師'로 되어 있다. 이쪽이 통용되고 있었던 것 같다. '천인사'는 부처님의 10號 가운데 하나이지만 여기는 천계와 인계의 스승(佛의 10호도 이 뜻임)이란 의미이고, '人天師'와 같은 뜻이다.

27. 평등설법

諸家借問, 隱而不說. 我於此門, 都不如是. 多人少人, 並皆普說. 若於師處受得禪法, 所學各自平章, 唯通其心. 若心得通, 一切經①義無不通者. 佛在日, 亦有上中下衆生, 投佛出家. 過去諸佛說法, 皆對八部衆說, 不私說, 不偸說. 譬如日午時, 無處不照. 如龍王降雨, 平等無二, 一切草木, 隨類受潤. 諸佛說法,② 亦復如是. 平等心說, 無分別心說. 上中下衆, 各自領解. 經云, 佛以一音演說法, 衆生隨類③各自④解.

【校記】

① B본은 「經」자가 「經論」으로 되어 있음.

② 저본은 「法」자가 빠져 있음.

③ B본은 「類」가 缺損되어 있음.

④ B본은 「自」자가 「得」자로 되어 있음. 경문과 합치함.

【번역】

여러 사람들에게 물어보면 숨기며 말을 하지 않는다. 그러나 우리의 이 남종의 선문에서는 전혀 그런 일은 없다. 사람이 많든 적든 상관없이 모두에게 널리 설한다. 만약 화상의 처소에서 선법을 전해 받게 되면 배운 내용은 각자 스스로 음미하여 오직 그 마음이 통할 뿐이다. 만약 마음이 통하면 일체 모든 경전의 뜻이 통하게 된다. 부처님이 살아 계실 때도 상중하 근기의 중생이 있어 부처님께 몸을 던져 출가했다. 과거의 모든 부처님이 법을 설한 것은 다 팔부대중들을 상대하여 설한 것이며 사사로이 설하지 않았고 몰래 설하지 않았다. 비유컨대 마치 태양이 정오에 있을 때 비추지 않는 곳이 없는 것과 같다. 또 용왕이 비를 내릴 때 평등하여 차별을 두지 않으며, 일체의 초목이 종류에 따라 똑 같이 윤택함을 받는 것과 같다. 모든 부처님의 설법도 또한 이와 같다. 모두 평등한 마음으로 설하며 분별심이 없이 설한다. 그래서 상중하의 중생들은 각자 근기에 따라 받아들여 이해한다. 경에 말씀하시기를, "부처님은 일음으로써 법을 연설하지만 중생들은 부류에 따라서 각자 이해한다"고 한다.

【注記】

***諸家借問隱而不說**(제가차문은이불설) : 어금니에 음식물이 끼인 것 같은 말투이다. 諸家는 북종계의 선승들을 가리킨다. '제가는 숨기고 일부러 설하지 않는다'라고 비판하고 있기 때문에 '나의 입장에서는 어떠한 것도 숨기는 것이 없이 설한다'고 하는 의미가 隱藏되어 있다. '누구에게나 설한다'고 하는 미묘한 어투를 하고 있는 것으로부터 생각해 보면 普寂과 義

福이 장안과 낙양에서 왕공귀족만을 상대로 하여 설법하고 일반대중을 상대로 하지 않은 것을 대중들 앞에서 비판하는 의도가 깔려 있는 것 같다. 즉 나는 그들과는 다르며, 대중을 위하여 수계법회를 열어 누구에게나 법을 설하고 있다는 보살정신을 내세우고 있다. 『남종정시비론』 제16단에서는 더 명백하게 공언하고 있다. "천하에 도를 배우는 사람들이 모두 때때로 의심을 풀려고 진실한 종지를 물으면 보적선사는 모두 세차게 꾸짖어 문도를 쫓아 버렸습니다. 비록 의심을 품고 있는 사람일지라도 감히 질문할 수 없었습니다. 이런 것이 도대체 옳은 일입니까, 그른 일입니까? 옛날에 석가여래가 살아계셨을 때 다른 곳에서 온 여러 보살과 성문 그리고 일체의 모든 외도 등이 여래께 詰問하면 하나하나 모두 자세히 대답해 주셨습니다. 우리 소주의 혜능대사가 살아계셨을 때 모든 사람들이 와서 徵問할 경우에도 역시 하나하나 모두 자세하게 대답해 주셨습니다. 도대체 보적선사는 어떤 경론에 의거하여 사람들이 질문하는 것을 허락하지 않는 것이며, 이렇게 해서야 누가 종지의 옳고 그름을 알 수 있겠습니까?(天下學道者, 皆往決疑, 問眞宗旨, 並被普寂禪師, 倚勢唱使門徒拖出. 縱有疑者, 不敢呈問. 未審爲是爲非. 昔釋迦如來在日, 他方諸來菩薩及諸聲聞, 一切諸外道等, 詰問如來, 一一皆善具答. 我韶州大師在日, 一切人來徵問者, 亦一一皆善具答. 未審普寂禪師, 依何經論, 不許借問, 誰知是非.)."

***並皆(병개)** : 두 자가 하나의 말로 된 것. 모두·전체의 뜻이다.

***平章(평장)** : 『역대법보기』에 "淨衆寺와 寧國寺의 小金師와 張大師는 무주화상을 모셔간다는 소식을 듣자 당황한 나머지 모든 율사들과 協議(平章)하여 방해를 기도했다(柳田聖山, 『初

期の禪史Ⅱ』, p.190)"라고 한 것처럼 다른 사람과 複數로 상담하고, 의논하고, 商量하는 것이 일반적이다(『唐五代語言詞典』, p.28). 그러나 여기서는 복수는 아니고 제각기 스스로 음미하는 뜻이라고 생각한다.

***唯通其心(유통기심)** : 이미 제12단과 제17단에 인용한 南嶽思大和尙의 어에 "만약 배움을 말한다면 먼저 반드시 마음이 통해야 한다. 마음이 만약 통하게 되면 일체법은 일시에 모두 통하게 된다(『종경록』 권97)." 『관심론』에도 "마음은 만법의 근본이다. 일체 제법이 단지 마음에서 생긴 것이라면 만약 마음을 요달하면 만행을 구비하게 된다(西口芳男, 「敦煌寫本七種對照『觀心論』」→『禪學研究』74號, 1996, p.132)"라고 한 것처럼 마음을 근본으로 한 것은 이 시대의 통념이었다.

***八部衆(팔부중)** : 8종의 異類. 天龍八部라고도 한다. 석존에게 교화를 받고 불교를 수호하도록 한 고대 인도의 귀신. 8종은 天·龍·夜叉·乾闥婆·阿修羅·迦樓羅·緊那羅·摩睺羅迦이다.

***譬如日午時, 無處不照(비여일오시, 무처불조)** : 불보살의 평등한 자비를 태양이 일체 모든 것을 평등하게 비추는 것에 비유한 것은 『마하반야바라밀경』 권1 '習應品'(『대정장』 권8, p.222중)에 "사리불이여, 비유컨대 태양이 떠오를 때 광명은 두루 염부제를 비추어 그 밝음을 입지 않는 사람이 없는 것과 같이 보살마하살도 이와 같다. 육바라밀 내지 18불공법을 행하여 아뇩다라삼막삼보리를 얻어 무량한 아승지 중생을 도탈한다(舍利弗, 譬如日出時, 光明遍照閻浮提, 無不蒙明者, 菩薩摩訶薩亦如是. 行六波羅蜜乃至十八不共法, 得阿耨多羅三藐三菩提, 度脫無量阿僧祇衆生.)"라고 한 말이 있고, 또 『대지도론』 권35

(『대정장』 권25, p.322중)에도 보인다.

***如龍王降雨, 平等無二**(여용왕강우, 평등무이)… : 『대지도론』 권19(『대정장』 권25, p.197하)에 "비유컨대 마치 용왕이 내리는 비는 온 천하에 두루 뿌리기 때문에 차별이 없고, 큰 나무와 큰 풀은 뿌리가 크기 때문에 많이 받으며, 작은 나무와 작은 풀은 뿌리가 작기 때문에 적게 받아들이는 것과 같다(譬如龍王降雨普雨天下, 雨無差別. 大樹大草根大故多受, 小樹小草根小故少受.)." 또 비가 일체 초목에 내리 쏟아 질 때 그 종류에 따라 습윤을 받는다는 것은 『법화경』 '약초유품'에 나온다. 용왕이 비를 내린다는 이야기는 『사익경』 권6『대정장』 권15, p.91중) · 『화엄경』 권5 '여래출현품'(『대정장』 권10, p.269중) · 『화엄경』 권39 '십지품'(『대정장』 권10, p.206하)등에도 보인다. 돈황본 『육조단경』 제28단에 "비유컨대 마치 그 빗물이 하늘에 있는 것은 아니지만 원래 용왕이 강과 바다 가운데서 몸으로 이 물을 끌어와 일체 중생과 일체 초목과 일체 유정과 무정으로 하여금 모두 다 촉촉하게 물의 습윤을 받게 하는 것과 같다(譬如其雨水, 不從天有, 元是龍王於江海中, 將身引此水, 令一切衆生, 一切草木, 一切有情无情, 悉皆蒙潤.)"는 말이 있다.

***平等心說(평등심설)** : '평등심'은 일체중생을 차별하지 않고 평등하게 이로움을 주는 자비심. 『불소행찬』 권3(『대정장』 권4, p.22하)에 "태자는 그 가르침을 듣고 기뻐서 아뢰어 말하기를, '너는 평등심으로써 잘 가르쳐서 증애가 없다'(太子聞其教 歡喜而報言 汝以平等心 善誨無愛憎)."

***無分別心說(무분별심설)** : 『대보적경』 권34에는 법을 연설할 때 諸相을 분별하면 그 사람은 망념으로 분별하는 것이기 때문에 법을 설하는 것이 아니며, "분별하지 않았기 때문에 그는 능히

법을 잘 설할 수 있다"(以無分別故 彼能善說法) →(『대정장』 권11, p.194하)고 한다. 이것으로부터 생각해 보면 평등심은 설법하는 대상에 대하여 한 말임에 반해 무분별심은 설법하는 주체인 신회자신이 무념의 입장에서 걸림이 없이 설법하는 것을 말한 것임을 알 수 있다.

***經云, 佛以一音演說法**…(경운, 불이일음연설법)… : 『유마경』 '불국품'(『대정장』 권14, p.538상)에 "부처님은 일음으로써 법을 연설하지만 중생들은 부류에 따라 각각 이해한다(佛以一音演說法, 衆生隨類各得解.)"라고 한 게문을 인용한 것이다. 단 저본의 '自'는 '得'으로 되어 있다. 이 구는 『대비파사론』 권79(『대정장』 권27, p.410상)에 보이고, 『대보적경』 권17'無量壽如來會'(『대정장』 권11, p.93상)의 게에도 "세존은 하나의 음성으로 연설하지만 유정들은 각각 부류에 따라 이해한다(世尊能演一音聲, 有情各各隨類解.)"라고 한 말이 있다.

28. 여래의 설법을 의지하여야 함

知識, 若學般若波羅蜜, 須廣讀大乘經典. 見諸教禪者, 不許頓悟, 要須隨①方便始悟. 此是大下品之見. 明鏡可以鑒②容, 大乘③經可以正心, 第一莫疑依佛語. 當淨三業, 方能入得大乘.④ 此頓門一依如來說修行, 必不相悞.⑤ 懃⑥作工夫. 有疑者⑦來相問. 好去.

【校記】

① 저본은 「隨」자가 빠져 있음. B본과 P본에 의거하여 보충함.

② B본은 「鑒」자가 「監」자로 되어 있음. 「監」은 「鑒」의 古字.

③ B본은 「乘」자가 「家」자로 되어 있음.

④ B본은 「乘」자가 「家」자로 되어 있음.

⑤ 저본과 B본은 「悞」자가 「悟」자로 오기되어 있음. P본에 의거하여 고침.

⑥ B본과 P본은 「懃」자가 「勤」로 되어 있음.

⑦ B본은 「者」자가 빠져 있음.

【번역】

여러분, 만약 반야바라밀을 배우려고 한다면 반드시 대승경전을 폭넓게 탐독해야 한다. 선을 가리키는 많은 사람들을 보면 돈오를 인정하지 않고 반드시 방편에 따라야 비로소 깨달을 수 있다고 강조하고 있다. 이것은 바로 최하품의 견해이다. 밝은 거울이라야 가히 얼굴을 비출 수 있고 대승경전이라야 가히 마음을 바르게 할 수 있기 때문에 절대 부처님의 말씀에 의지하는 것을 의심해서는 안 된다. 마땅히 신구의 삼업을 청정히 하여야 비로소 능히 대승의 세계에 들어 갈 수 있다. 이 돈교문에서는 여래의 설법을 단지 한번만 의지하여 수행하면 반드시 서로 속임이 없을 것이다. 정성스럽게 공부하시오. 또 의심이 있는 사람은 와서 물으시오. 그럼 안녕히 가십시오.

【注記】

***須廣讀大乘經典**(수광독대승경전) : 『단어』에 인용하고 있는 대

승경전은 『열반경』·『유마경』·『금강반야경』·『화엄경』·『법화경』·『대승기신론』·『능가경』·『入佛境界經』·『승천왕반야바라밀경』 등이 있지만 그 중에서도 특히 『열반경』과 『유마경』의 인용빈도가 현저하다. 이는 신회가 『열반경』의 불성사상과 『유마경』의 반야사상을 통합하여 실천이론을 체계화하려고 했던 것이라고 볼 수 있다.

***見諸教禪者，不許頓悟，要須隨方便始悟，此是大下品之見(견제교선자, 불허돈오, 요수수방편시오, 차시대하품지견)** : 여기에 보이는 '방편'은 구체적으로는 북종계의 『대승오방편』을 가리키는 것이라고 생각해도 좋다. 李邕이 지은 보적의 비명인 「大照禪師塔銘」에 "능히 방편문을 열어 眞實相을 보인다"(『李北海全書』 권9, 『전당문』 권262)고 하고, 「第七祖大照和尙寂滅日齋讚文」에도 "弘正導師에 의하여 五方便을 연다"(S.2512, 田中良昭, 『敦煌禪宗文獻の硏究』, p.555)라고 한 것이 보인다. 이 오방편을 신회는 4구로 총괄하여 "凝心入定, 住心看淨, 起心外照, 攝心內證"이라고 하면서 『단어』와 『남종정시비론』에서 여러 번 비판하고 있다. 『남종정시비론』 제13단에 "遠法師가 묻기를, '이와 같은 교문(凝心入定…의 방편문을 가리킴)은 불법이 아닙니까? 무엇 때문에 북종선의 교설을 인정하지 않습니까?' 신회화상이 대답하기를, '돈교와 점교가 서로 같지 않기 때문에 인정하지 않는 것입니다. 우리 6대의 조사는 한 사람 한 사람 모두 「單刀直入적으로 바로 견성하여 깨닫는다」고 말하였기 때문에 단계적인 수행은 언급하지 않았습니다. 모름지기 도를 배우는 사람은 단번에 자신의 불성을 보고 점차로 인연을 닦아 지금 여기의 생멸심을 여의지 아니하고 해탈을 해야 합니다. 비유컨데 마치 어머니가 단박에 자식

을 낳아 우유를 주고 점차로 양육하여 그 자식의 지혜가 자연히 증장하게 하는 것과 같습니다. 단박 깨달아 불성을 본다는 것도 또한 이와 같은 것으로 지혜가 자연히 점차적으로 증장하게 되는 것이기 때문에 인정하지 않는 것입니다.'" 方便은 범어·빠리어 upāya를 번역한 말이다. 방은 방법, 편은 便宜. 즉 편의한 방법이란 의미이다. 부처님이 중생을 깨달음의 세계로 인도하기 위해서 假設한 임시의 가르침이나 수단을 말한다. 여기서는 북종선에서 설하고 있는 다섯 가지 방편문을 가리킨다.

***明鏡可以鑑容(명경가이감용)** : 甘泉和尙[아마도 마조의 법을 이은 甘泉志賢(『송고승전』 권9)일 것이다]의 말에 "만약 자기의 마음이 본래 부처라는 것을 깨달으면 일체는 단지 가명뿐이다. 하물며 또 모든 三有일까보냐? 명경은 가히 얼굴을 비출 수 있고, 대승은 가히 마음을 인정할 뿐이다(若了自心本來是佛者, 一切唯假名. 況復諸三有. 則明鏡可以鑒容, 大乘可以印心.)"라고 한 말이 있다(『종경록』 권98, 『대정장』 권48, p.943중). 최후의 2구는 인용한 것 같으며 시대는 내려오지만 만약 감천의 인용이 본래의 것이라고 하면 신회가 '대승'을 '대승경'으로 바꾼 것이 된다. 감천의 설법에는 이 직전에 "천경만론(에 의거하여 구하려고 하면)은 단지 自心을 모르기 때문에(千經萬論, 只緣不識自心.)"라고 말하면서 12부경의 근본인 自本心을 알아야 한다고 설한다.

***第一莫**…(제일막)… : '第一'은 금지를 강하게 하는 부사. '절대로·단호히'의 뜻이다.

***頓門(돈문)** : 돈오를 인정하지 않는 모든 敎禪者에 대하여 신회 자신의 법문을 '돈문'이라고 부른 것이다. '頓教解脫禪門' 혹은 '頓悟法門'을 이른다. 이 돈오를 인정하지 않는 모든 교선

자는 앞에 인용한 『남종정시비론』 제13단에는 북종 신수계의 선자에 比定하고 있다. 돈문은 선종 내에서 漸門에 대한 말이기도 하며, 6대조사가 전한 '돈오법문'을 말하는 것이다. 『문답잡징의』 제26단 '志德法師問'에 "또 경에 말씀하시길, '중생이 견성하면 불도를 이룬다'고 하셨고, '용녀가 찰나에 보리심을 일으켜 정각을 이루었다'고 하셨습니다. 또 '중생들로 하여금 佛知見에 들도록' 하셨습니다. 만약 돈오를 인정하지 않았다면 여래는 마땅히 널리 5乘을 설하였을 것입니다. 지금 이미 5승을 설하지 않고 오직 중생으로 하여금 불지견에 들도록 하셨다고만 말하고 있습니다. 이러한 경전의 의미로 볼 때 오직 돈문을 나타낼 뿐입니다." 돈문이란 말은 신회가 사용한 것이 가장 빠르다. 왕유의 「육조능선사비명병서」(『唐文粹』 권63)에 보이는 용례도 이미 신회의 영향을 받은 것이다. 종밀은 『선원제전집도서』 제6단에서 "저 부처님은 돈교와 점교를 설했고 선은 돈문과 점문을 열었지만 2교와 2문은 각각 서로 符契한다"고 설하여 교의 돈교와 점교를 선의 돈문과 점문에 상응시켜 그 일치를 설한 독자적인 교선일치의 교판론을 전개했다. 신회와 거의 동시대의 曇曠의 『大乘起信論廣釋』 권5(『대정장』 권85, p. 1167하)에 "彼是漸教, 此是頓門"라고 한 말이 보이는데 돈교를 말하는 돈문이 사용된 예도 있지만 징관의 『大方廣佛華嚴經隨疏演義鈔(화엄대소초)』 권63(『대정장』 권36, p.502하)에는 "疏의 '大乘七覺' 아래는 6에 理觀을 밝힌다. 즉 돈문의 禪意이다. 제법을 생각하지 않으면 곧 깨달음을 생각하기 때문에(疏. 大乘七覺下, 六明理觀. 卽頓門禪意. 不念諸法卽是念覺故.)"라고 한 것처럼 교판론의 돈교개념을 초월한 당시의 선종을 돈문이라고 불렀던 것 같다.

***有疑者來相問**(유의자래상문) : 돈황본『육조단경』제48단에 혜능이 입멸하려고 할 때 문인들을 불러놓고 이와 비슷한 말을 한다. 즉 "너희들에게 의심이 있으면 빨리 물어라. 내가 너희들을 위하여 의심을 풀어주고 미혹한 것을 다 없애서 너희들을 편안하게 하리다(汝等有疑早問, 爲汝破疑, 當令迷者盡, 使汝安樂.)."

***好去**(호거) : 도량을 떠나는 대중들에게 보내는 위로의 인사말. 나중에 남은 사람들이 말하는 송별의 인사말이다. '안녕(히 가십시오)'이란 뜻.

『南陽和上頓教解脫禪門直了性壇語』 終

부 록

Ⅰ. 頓悟無生般若頌

미리 봐 두기

1. 原本

저본은 S.5619호(『무심론』에 連寫되어 있음, 册子本. 이하 '原卷A'라 함)와 S.468호(一紙의 斷簡. 이하 '原卷B'라 함)이다.

兩本은 각각 다른 사본이면서 본문은 완전히 중복되는 곳이 없이 연속한다. 말하자면 S.5619호는 수제부터 '用而無功, 空而常鑑, 用而'까지, 전체의 약 3분의 1이 있고, S.468호는 '不有, 卽是眞空. 空而不無, 玄知妙有'부터 미제까지 전체의 3분의 2가 있다. 두 본으로 수미가 모이면 완전한 텍스트가 된다(上山大峻에 의하면 양본 모두 후대(860~1000년경)의 사본이라 함).

校本에는 『현종기』(『경덕전등록』 권30)과 『현종론』(『종경록』 권99)을 사용했다. 『현종론』은 『현종기』의 약 7분의 1정도의 양만 있고, 첫 머리 부분·중단·후단의 글을 발췌하여 이은 것이다. 또 [ ]의 문자는 교본에 의거하여 보충한 것이지만 대개 원본에 대한 疊字符號가 탈락한 곳이다.

호적이 만년에 거듭 교정한 본인 『頓悟無生般若頌殘卷』(S.468)도 참조했다. 이것은 『전등록』 30권(『대정장』 권51, p.459중)에 수록된 『荷澤大師顯宗記』의 후반에 해당하는 단편이다.

『전등록』권99(『대정장』권48, p.949상중)에서는 『顯宗論』이란 제목으로 발견되었다.

2. 校錄本

교록본은 다음 네 가지를 참고했다.

① 胡適校錄本(胡本)台灣中央硏究院『歷史語言硏究所集刊』29本, 1958년, 후에 『神會和尙遺集』附錄, p.396, 1968에 재록.

② 鈴木大拙校錄本(단 S.5619호만), 『鈴木大拙全集』卷3, 岩波書店, 1968년에 수록.

③ 石峻等編, 『中國佛敎思想資料選編』第2卷 第4册에 수록(호본의 재록, 중화서국, 1983년).

④ 楊曾文校錄本, 『神會和尙禪話錄』, p.50에 수록(호본에 후기를 더한 것, 중화서국, 1996년).

그밖에 校印本은 『鳴沙餘韻』78(岩波書店, 1930)이 있다.

解題와 寫本

1. 해제

『頓悟無生般若頌』1篇은 762년경에 작송된 것으로 추정하며, 唐의 荷澤神會(684~758)가 無念을 종지로 하는 남종의 주장을 반야사상위에서 통합한 가곡이다. 종래에 『荷澤大師顯宗記』(『경덕전등록』권30권에 수록)라는 이름으로 알려진 것과 同本이다. 단 돈황본 쪽이 더 간결하며, 『宗鏡錄』권99에 인용된 『

顯宗論』은 그 중간에 위치한다. 『전등록』 권30과 『全唐文』 권916에도 실려 있다. 『荷澤大師顯宗記』의 원형은 돈황본 『頓悟無生般若頌』이라고 생각한다.

1926년 11월 대영박물관에 머물고 있던 호적은 前半을 殘缺한 『頓悟無生般若訟(頌)』의 尾題가 있는 하나의 사본(S.468호)를 읽고 있던 중에 『경덕전등록』에 실려 있는 『하택대사현종기』와 거의 흡사한 어구가 있다는 것을 발견하게 되었다. 1930년 1월 『荷澤大師神會遺集』을 출판할 때 『현종기』를 가지고 교정한 『돈오무생반야송』을 권4에 수록하고 '傳衣의 중요함을 설한 이 송은 진실로 신회의 손에 의하여 이루어진 것'이라고 논급했다(『神會和尙遺集』, pp.200～208).

矢吹慶輝(1879～1939)는 1916년 6월부터 11월까지, 또 1922년 12월부터 이듬해 7월에 걸쳐서 두 차례나 대영박물관에 머물면서 돈황사본을 조사하여 白寫眞(흑백사진)을 촬영했다. 시취의 귀국 후에도 그 작업은 계속 이어져 예정된 계획이 간신히 완료된 것은 1925년 1월이었고, 사진은 대소의 두 가지 형을 합하여 6천 수 십 매에 달했다(『鳴沙餘韻』 '自序·후기'에 '스타인이 수집한 돈황출토 支那 고사본의 조사'를 보라). 그 성과는 1930년 10월 『鳴沙餘韻』으로써 결실을 맺었고, 암파서점에서 출판되었다. 그 도판 78에는 『무심론』에 이어 서사되어 있는 『돈오무생반야송』이라는 수제를 가진 하나의 사본(시취는 S.296호라고 했지만 현재 S.5619호임)을 게재했지만 시취는 목차에도 著錄하지 않았다. 그런데 『명사여운』(1933년 4월, 암파서점)에서 이것을 한 번 바꾸어 잘못 채택한 것이 호적의 『하택대사신회유집』에 의하여 신회와 관계되는 古禪籍이라는 것을 알 수 있게 되었다. 그러나 여기에서도 시취는 또 실수를 범했으며(시취가 실수를 범한 이유에 대하여 호적은 다음과 같이 말하고 있다. "시취박사는 당시 내가 『현종기』를 사용하여 2백 33자를 보충한 것만 보았을 뿐 이 게송의 全文을 자세히 분석하지 않았고, 내가 교정하여 보충한 것은 단지 후반의 3백 12자이고, 이것이 런던에서 베낀 돈황사본인 것에 주의하지 않았으며, 내가 보충하여 완성한 5백 여 자가 전부 S.468호라고 오해했다." →『신회화상유집』, p.393), 따라서 두 가지 돈황사본의 『돈오무생반야송』이 유통되고 있었음을 파악하고 兩本을 합해서 하나의 본으로 완성하여 『돈오무생반야송』이 된 것을 보지 못했기 때문에 그 발견의 공은 다시 호적에게 돌려야 할 것이다.

호적이 『명사여운』을 읽은 것은 1958년 11월 중의 일이었으며, 곧 바로 『명사여운』도판 78의 20행의 '송'을 校寫했는데 바로 32년 전에 교사한 『돈오무생반야송』의 전반에 해당하는 것임을 알고(『신회화상유집』, p.394) 全文을 교록하여 『新校定的敦煌寫本神會和尙遺著兩種』의 최 말미에 부록으로 첨부했다.

현재에는 『돈오무생반야송』을 신회의 저작이라고 가정한 호적의 설이 정설로 되어 있지만 그 설을 다시 한 번 더 검토해 보고 싶다.

호적은 당초 『현종기』에 '서천28조설'이 보였기 때문에 신회의 저작이라는 것을 의심했다. 왜냐하면 '서천28조설'은 신회의 생전에는 아직 나타나지 않았다고 보았기 때문이다. 그런데 『현종기』와 매우 유사한 『돈오무생반야송』을 보고 '서천 28조설의 성립이 매우 늦은 것은 사실이지만 그 시작은 신회의 생전에 있었고, 신회가 주장한 것인지도 모른다'고 한 주장을 수정하여 『현종기』를 신회의 저작이라고 인정하고 『돈오무생반야송』은 『현종기』의 원래 제목이며, 신회의 손에 의해 이루어진 것이라고 가정했다(『신회화상유집』, p.202). 그 이유로서 다음의 네 가지 조건을 들고 있다.

① 『돈오무생반야송』은 28조를 언급하지 않았지만 '傳衣'가 설해져 있다. 이 전의설은 신회의 몰후에 성립한 『조계대사전』에 나타나 있고, 『돈오무생반야송』(762)은 『조계대사전』(781) 앞에 성립했다.
② 첫 머리의 "無念爲宗, 無作爲本"의 구는 신회의 중요한 사상 중에 하나이다.
③ 『돈오무생반야송』 중의 "無念, 念者卽念眞如"의 구는 『신회어록』 '嗣道王問'에 보이는 것이다.
④ 『돈오무생반야송』 중의 "覺滅心空, 一念相應, 頓超凡聖." 은 '돈오설'이고 『신회어록』 중에 여러 번 나오는 것이다.

이러한 이유 때문에 "『돈오무생반야송』은 신회의 사상이라고 보아도 좋다"고 생각하여 『돈오무생반야송』을 신회가 지은 것이라고 상정했다. 그러나 이때 호적은 전반을 잔결한 S.466호 사본에만 의거하여 고찰한 결과 실제로 ②와 ③은 그가 보충한 『현종기』에 의거하여 생각한 것이기 때문에 『돈오무생반야송』

이 신회의 손에 의하여 이루어진 것이라고 하는 증거는 되지 않으며, ①과 ④만이 유효하다. 요컨대 호적은 『돈오무생반야송』과 『현종기』의 사상적 차이에 주의하지 않고 『현종기』가 신회의 저작이기 때문에 『돈오무생반야송』도 그럴 것이라고 가정한 것에 지나지 않았던 것이다. 여기에서 우선 『현종기』에 대하여 생각해 보자.

『현종기』에 있어서 최대의 문제는 '서천28조설'이 들어가 있는 점이다. 호적은 당초 이것에 의하여 신회의 저작이라고 믿지 않았다. 『현종기』의 해당역주에 서술하겠지만 29조설이 먼저 나타나고 그 후에 28조설이 전개된다. 신회는 생전에 29조설을 주장했을 가능성은 있지만 28조설은 그의 생전에는 아직 출현하지 않았다.

다음으로 "內傳心印, 印契本心, 外傳袈裟, 將表宗旨."의 『현종기』의 4구는 『남종정시비론』·『보림전』·『조당집』·『전등록』에 비슷한 구가 보이지만 『남종정시비론』의 것과 다른 문헌들 사이에 대단히 큰 상이점이 하나 발견된다. 그것은 『현종기』·『보림전』·『조당집』·『전등록』은 '印'을 전하는 마음에 '契'하는 것인데 대하여 『남종정시비론』은 '契'을 전하는 마음에 '印'하는 것으로 되어 있는 것이다. 즉 『현종기는 』는 『남종정시비론』의 구를 직접 받아들인 것이 아니고 『조당집』과 『전등록』이 『보림전』을 받아 들이고 있는 것에 의거하여 『현종기』도 『보림전』을 받아들이고 있는 것 같다. 『현종기』 해당 역주를 보라.

"六根不染, … 一切時中, 獲無所得." 이 단의 112자는 여기에 대응하는 『돈오무생반야송』은 겨우 52자이며 가장 異同이

심한 단이지만 『돈오무생반야송』에는 없고 『현종기』에만 서술하고 있는 "心如境謝, 境滅心空."의 구는 실제로 종밀의 『선원제전집도서』27단에 '密意破相顯性敎'를 설하는 단에 보이는 구이다.

『현종기』에 "如卽處處能通, 達卽理事無礙"의 구가 보이지만 신회는 '이사무애'를 말하지 않았다. 이것에 대응하는 '송'의 구는 '理淨處事能通, 達事理通無礙'이다. '이치로서 본래 청정한 마음이 실현되려면 사상에 대처하여 잘 통해야 하며 사에 통달하려면 이법에 잘 통하여 걸림이 없어야 한다'는 뜻이다. 원래 '이사무애'는 화엄교학의 술어이며 이와 사의 一體不二인 것을 말하는 것이기 때문에 『돈오무생반야송』의 句意로부터는 벗어나 있다. 사실 종밀에 있어서 이사무애는 징관 이상으로 그 색채가 농후함으로 종밀의 사상에 가깝다.

이상의 여러 가지 이유 때문에 『현종기』는 9세기 중엽까지 신회에게 가탁되어 온 것이라고 생각한다. 『현종기』가 『돈오무생반야송』을 부분적으로 베끼기도 하고 句를 부가하여 이루어진 것은 양자를 읽고 비교해 보면 분명하다. 그럼 『돈오무생반야송』이 신회의 손에 의하여 이루어진 것이라면 왜 『현종기』를 개변하지 않으면 안 되었던 것일까?

『돈오무생반야송』의 주제는 제명에서 보여주고 있는 바와 같이 한 마디로 말해서 '無生般若'이다. 그런데 『현종기』의 그것은 '無念爲宗, 無作爲本'이고, 이 구 때문에 곧 연상되는 것은 육조혜능의 남종선의 슬로건이라고 할 수 있는 "無念爲宗, 無住爲本, 無相爲體"란 『육조단경』의 구가 떠오른다. 결국 『현종기』는 그 주제를 '무생반야'로부터 가장 정통적인 남종선의 근간을 보여주는 句로 변경한 것이다. 『현종론』의 첫 구가 "無念爲宗, 無住爲本"으로 되어 있는 것이 그 증거가 될 것이다. 『돈오무생반야송』으로부터 『현종기』를 베낀 것이라고 하는 것은 그 주제를 무생반야로부터 정통적인 남종선의 슬로건으로 옮기기 위한 것이다. 그럼 왜 주제를 변경하지 않으면 안 되었던 것일까? 그것은 아마도 『돈오무생반야송』이 『대승무생방편문』의 '대승'에 대해서는 '돈오'를, '무생방편'에 대해서는 무생반야를 '문'에 대해서는 '송'으로 각각 대항하려고 『돈오무생반야송』이라고 제명한 것이며, 『대승무생방편문』에 대항할 목적으로 자신의 선사상을 생각한 것일 것이다. 그러나 9세기가 되어 신수와 보적의 법계가 급속히 쇠퇴함과 더불어 『돈오무생반야송』이 지어진 역사적인 사명은 끝이 나고 가장 정통인 남종의 선사상으로서 『돈오무생반야송』은 『현종기』로 개변되어 변형된 체로 당시 대두하고 있던 홍주종에 대항할 필요가 있었던 것은 아니었을까라고 추측해 본다.

2. 사본

『돈오무생반야송』의 사본은 돈황문서 중에서 두 가지가 발견되었다.

그 하나는 1926년 호적이 런던 대영박물관에서 발견한 抄本으로서 編號는 S.468(『敦煌寶藏』卷4, p.20. →『神會語錄第四殘卷』)이고, 제목은 『頓悟無生般若訟一卷』이라고 되어 있는데

首部가 없다. 호적은 이것과 『경덕전등록』권30에 수록되어 있는 『荷澤大師顯宗記』와 대조하여 교정하고 보충해서 『頓悟無生般若頌』이라고 제목을 달아 『神會和尙遺集』권4(亞東圖書館, 1930)에 수록했다. 그는 頌 가운데 있는 禪宗祖師傳衣의 설법에 의거하여 書跋중에서 지적하기를, "傳衣說은 옛날부터 없었으며, 신회에 이르러 비로소 창도된 설이며, 그의 어록 상에서 증명되고 있다"고 한다. 이 송의 말단에 특별히 설한 전의 설은 중요하며, 이 송은 신회의 손에서 나온 것으로서 반야사상과 그의 사상이 집약되어 있는 매우 중요한 歌頌이다.

돈황의 문서 중 다른 하나의 사본은 일본의 矢吹慶輝(1879～1939)가 1925년 영국의 런던 대영박물관에서 발견한 大英博物館本인데 편호는 S.296(지금의 S.5619호 본과 동본. S.296호 본은 『敦煌寶藏』卷3에, S.5619호 본은 『敦煌寶藏』卷44, pp.27～28에 각각 수록되어 있음.)과 S.468(『敦煌寶藏』卷4, p.20)이고, 조편은 1930년 巖波書店에서 출판한 『鳴沙餘韻』제78圖版에 수록되어 있다. 이 책에 首部는 있으나 끝부분이 없고, 겨우 20행만 남아 있다.

호적의 만년연구에 의하여 앞의 두 사본은 원래 같은 『돈오무생반야송』의 전후 두 부분임이 밝혀졌다. 그는 1958년에 두 사본을 거듭 새롭게 합하여 베끼고 교정하여 대만 『中央研究院歷史語言研究所刊』29本 중에 발표했다. 호적이 세상을 떠난 후 이 글은 『新校定的敦煌寫本神會和尙遺著兩種』의 「附錄」으로 편집하여 재판한 『신회화상유집』의 附編에 수록되어 있다.

頓悟無生般若頌

無念是實相眞空, 知見是無生般若. [般若]照眞達俗, 眞空理事皆如. 此爲宗本也.

夫眞如無念, 非念想能知.① 實相無生, 豈生心②能見. 無念念者, [則]③念摠持. 無生生者, 則生實相. 無住而住, 常住涅槃. 無行而行, 能超彼岸. 如如不動, 動用無窮. 念念無求,④ 常求⑤無念. 菩提無得, [得]⑥佛法身. 般若無知, 知一切法. 卽定是惠, 卽惠無生. 無生實相眞空, 無行能周法界. 六度自玆圓满, 道品於是無虧. 我法二空, 有無雙泯. 不到不至, 不去不來. 體悟三明, 心通八解. 功成十力,⑦ 富有七財. 入不二門, 獲⑧一乘理. 湛然常寂, 應用無方. 用而無功, 空而常鑒.⑨ 用而不有,⑩ 卽是眞空. 空而不無,⑪ 玄知妙有.⑫ [妙有]則摩訶般若, 眞空卽淸淨涅槃. 般若通秘微之光, 實相達眞如之境. 般若無照, 能照涅槃. 涅槃無生, 能生般若. 涅槃般若, 名⑬異體同. 隨義立名, 法無定相. 涅槃能生⑭般若, [卽名]⑮眞佛法身. 般若圓照涅槃, 故號如來知見. 知卽知常⑯空寂, 見卽直見無生.

知見分明, 不一不異. 動寂俱妙, 理事皆如. 理淨⑰處事能通, 達事理通無礙.

六根無染, 定慧之功. 想念⑱不生, 眞如性淨. 覺滅心空, 一念相應, 頓超凡聖. 無不能無, 有不能有. 行住坐臥, 心不動搖. 一切時中, 空無所得.

三世諸⑲佛, 教指如斯.⑳ 菩薩大悲, 轉相傳授. 至於達摩, 屆此爲初. 遞代㉑相傳, 于今不絶. 所[傳]秘教, 意在得人. 如王髻珠,㉒ 終不妄與. 福德㉓智惠, 二種莊嚴, 解行相應, 方能建立.

衣爲法信, 法是衣宗. 衣㉔法相傳, 更無別付. 非衣不弘於法, 非法不受於衣. 衣是法信之衣, 法是無生之法. 無生旣㉕無虛妄, 法乃㉖空寂之心. 知空寂而了法身, [了法身]而眞解脫.

頓悟無生般若頌㉗一卷

【校記】

① 원권A는 「非念**想**能**知**」가 「非念**相**能**之**」로 되어 있음. 「之」와 「知」는 동음 혼용. 호교본이 『현종기』에 의거하여 고친 것을 따름.

② 『현종기』와 『현종론』은 「生心」이 「色心」으로 되어 있음.

③ 원권A는 「則」자 빠져 있음. 댓구가 되는 다음 구는 「則」자가 있음. 호교본에 따라 보충함.

④ 원권A는 「求」자가 「來」자로 오기 되어 있음. 호교본이 『현종

기』에 따라 고친 것을 따름.

⑤ 원권A는 「求」자 앞에 도치부호(乙)로 보이는 것이 붙어 있음. 호교본은 이것에 의거하여 「求常無念」으로 교록하고 있고, 령목본은 그대로 「常求無念」이라 했음. 『현종기』는 「求本無念」으로 되어 있고, 『현종론』은 「常求無念」으로 되어 있음. 『현종론』에 따름.

⑥ 원권A는 「得」자가 빠져 있음. 댓구인 다음 구가 「般若無知, 知一切法」이기 때문에 앞 구인 「菩提無得」의 「得」자에 첩자부호를 뺀 것임. 호교본에 따름.

⑦ 원권A는 「功成十力」의 4자가 「切成不力」으로 오사되어 있음. 「切」는 「功」의 속자(張涌泉, 『敦煌俗字研究』). 「不」자는 호적이 『현종기』에 의거하여 고친 것을 따름. 그런데 호적은 「功成」을 「成功」으로 誤記하고 있음.

⑧ 호본은 「獲」자를 「權」자로 오기하고 있음.

⑨ 원권A는 「空而常鑒」의 4가 「功而常監鑒」으로 되어 있음.

⑩ 「用而」까지는 원권A에 의거했고, 「不有」 다음은 원권B에 의거했음. 「用而」와 「不有」가 한 단어인 것은 『현종기』에 의해 판명됨.

⑪ 원권B는 「空而不無」의 4자가 「空而不應用無方用而無功無」로 되어 있음. 『현종기』를 보면 「應用無方用而無功」의 8자가 필요 없는 자임을 알 수 있음.

⑫ 「玄知妙有」의 4자가 『현종기』에는 「便成妙有」로 되어 있음.

⑬ 원권B는 「名」자가 「我」로 오기되어 있음. 호본이 『현종기』에 의거하여 고친 것을 따름.

⑭ 원권B는 「生」자가 「見」자로 되어 있음. 앞에 「涅槃無生, 能生般若」와 같이 연결해 보면 「生」자 맞을 것이다. 『현종기』는 「

生」자로 되어 있음.

⑮ 원권B는 「[卽名]眞佛法身」의 6자가 「具佛法僧」으로 오사되어 있음. 『현종기』에 의거하여 「卽名」의 2자를 보충하고 「眞佛法身」으로 고침. 호본은 「[卽名]具佛法身」으로 고치고 있음. 그는 “『顯宗記』作眞佛法身. 按具字也可通, 故留備一本”이라고 주기하고 있음.

⑯ 원권B는 「常知」의 2자를 서로 도치하여 「知常」으로 되어 있음. 댓구인 다음 구 「見卽直見無生」에 의거하여 고침.

⑰ 호본은 「淨」자를 「靜」자로 고치고 있음.

⑱ 원권B는 「想念」의 2자가 「相念」으로 되어 있음.

⑲ 원권B는 「諸」자가 「之」자로 되어 있음. 『현종기』는 「諸」자로 되어 있음.

⑳ 원권B는 「如斯」의 2자가 「如如」로 되어 있음. 호본이 『현종기』에 의거하여 고친 것을 따름.

㉑ 원권B는 「代」자가 「伐」자로 되어 있음.

㉒ 원권B는 「髻珠」의 2자가 「繫珠」로 오사되어 있음. 호본이 『현종기』에 의거하여 고친 것을 따름.

㉓ 원권B는 「德」자가 「得」으로 되어 있음. 「德」과 「得」은 동음자. 『현종기』에 의거하여 고침.

㉔ 원권B는 「衣」자가 「依」로 되어 있음. 『현종기』에 의거하여 고침.

㉕ 「旣」자가 『현종기』에는 「卽」자로 되어 있음.

㉖ 「乃」자가 『현종기』에는 「是」자로 되어 있음.

㉗ 원권B는 「頌」자가 「訟」자로 되어 있음. 同音互用.

1. 무념

無念是實相眞空, 知見是無生般若.

[般若]照眞達俗, 眞空理事皆如. 此爲宗本也.

【번역】

무념은 실상진공이고, 지견은 무생반야이다. 무생반야는 진제를 비추고 속제를 달통하며, 실상진공에서는 본체와 차별상이 모두 같다. 이것(무념)이 종지의 근본이다.

【해설】

무념이 곧 실상이고, 진공이며, 반야이다. 반야이기 때문에 지견이 있는 것이다. 이 지견은 실상이 무생임을 안다. 그리고 진과 속을 사무쳐 照達한다. 진과 속, 이와 사는 진공 가운데 하나가 된다. 선에서는 이것을 근본 종지로 삼는다.

【注記】

***無念是實相眞空, 知見是無生般若**(무념시실상진공, 지견시무생반야) : '實相眞空'은 無念體의 공적함을 표현한 것이고, '無生般若'는 그 공적체상에 知見이 구족되어 있음을 말한 것이다. 『단어』제15단에 "마음의 본체는 공적하며 공적한 본체상에 知가 일어나 세간의 푸르고 누렇고 붉고 흰 색을 똑똑히 분별하는 것은 혜이다. … 다만 스스로 본체가 적정하고 공하여

소유할 것이 없는 줄 알면 집착하는 것도 없고 허공과 같이 어디에도 두루하지 않는 것이 없다. 이것이 모든 부처님의 진여법신이다. 진여는 번뇌망념이 없는 무념의 본체이다. 이러한 의미 때문에 무념을 세워 궁극적인 진리로 삼는 것이다. 무념을 분명히 깨달은 사람은 비록 보고 듣고 깨달아 알지라도 항상 공적하다." '實相眞空'은 원래 『금강삼매경』'總持品第8'(『대정장』 권9, p.373중)에 "그 때 지장보살이 말하기를, '법상은 이와 같이 내외가 모두 공하고, 대상과 지혜는 둘 다 본래 적멸하다. 여래께서 말씀하신 **實相眞空**, 즉 이와 같은 법은 集(괴로움의 원인)이 아니다'(爾時地藏菩薩言, 法相如是內外俱空, 境智二衆本來寂滅. 如來所說實相眞空, 如是之法卽非集也.)"라고 한 것과 같이 '내외가 모두 공하고, 경지가 본래 적멸한 상태'에 있는 것을 실상진공이라고 한다. '무생반야'도 원래는 『금강삼매경』'無生行品제3'(『대정장』 권9, p.368상)에 보이는 것이다. 즉 "부처님께서 말씀하시기를, '보살이여, 선은 움직이는 것이다. 움직이지도 않고 선정도 아닌 것은 無生禪이다. 선정의 본성이 무생이라면 선의 모양은 생함을 떠나 있다. 禪性이 무주라면 선의 움직임에 머무르지 않는다. 만약 禪性에 動靜이 없다면 곧 바로 무생을 얻는다. 무생반야도 또한 머무름에 의지하지 않고, 마음 또한 움직이지 않는다. 이 지혜 때문에 무생의 반야바라밀을 얻는 것이다.' 심왕보살이 말하기를, '존자여, 무생반야는 일체처에 머무름도 없고 일체처를 떠남도 없다. 마음에 주처가 없는 것은 장소가 없이 머무르는 마음이다. 머무름이 없는 무심은 마음에 머무름을 생하지 않는다. 이와 같은 주심은 무생의 머무름이다. 존자여, 마음이 생함이 없이 머무르는 것(宋元明과 宮內廳圖書寮本은 '無生行'으로 되어 있음)은 불가사의하고, 불가사의 중에 可(說)과 不可說이 있다'(佛言, 菩薩, 禪卽是動. 不動不禪是無生禪. 禪性無生, 離生禪相. 禪性無住, 離住禪動. 若知禪性無有動靜, 卽得無生. 無生般若, 亦不依住, 心亦不動. 以是智故, 故得無生般若波羅蜜. 心王菩薩言, 尊者, 無生般若, 於一切處無住, 於一切處無離. 心無住處, 無處住心. 無住無心, 心無生住. 如此住心, 卽無生住. 尊者, 心無生住不可思議. 不思議中可不可說.)." 『금강삼매경』에서 말하는 무생반야는 '무생행품'의 첫 머리에 심왕보살이 "어떻게 생함이 없는데 무생인을 얻을 수 있는가(云何無有生, 而得無生忍.)"라는 물음에서부터 시작되지만 부처님은 그 물음의 모순을 규명해 가는 것으로써 참된 무생인을 설하고 있다. 무생반야는 생과 불생이라는 상대성을 초월한 차원의 참된 무생행의 상태를 말하는 것이다. 그러나 여기서 신회가 말하는 '무생반야'는 '無生卽空寂, 般若卽智慧'라는 것이고, 공적한 상태를 본체로 하는 지혜를 의미하는 것이다. 그리서 '知見是無生般若'라고 한 것이다. 무생반야를 설한 『금강삼매경』의 글은 『문답잡징의』 제53단(2) '遠法師問禪師修何法'에도 인용하고 있다. 신회는 『문답잡징의』 제11단 '禮部侍郎蘇晉問'에 "본래 공적한 본체 위에 스스로 반야의 지혜가 있어 능히 알 수 있다. 그렇기 때문에 연기를 빌리지 않는다. 만약 연기를 세운다면 곧 차제(단계)가 있게 된다." 또 『문답잡징의』 제26단 '志德法師問'에 "自心이 본래부터 공적한 것이 돈오이다"라고 말한 것처럼 자심은 본래 공적하고, 거기에 저절로 반야의 지혜가 갖추어져 있다는 것이 頓悟라는 것이다. 무생반야에 돈오을 붙여 '돈오무생반야송'이라고 한 것은 이 때문이다. 단 對句表現으로는 되어 있고 '頌'이라고 말하면서도 전체 韻이 없는 것은 참으로 의심스럽다. 실상은 諸法實相의 준말이다. 모든 존재의 있는 그대로의 진실한 모습을 말한다. 제법의 실상을 관찰하는 것을 實相觀, 즉 '理觀'이라 하고, 이에 비해 唯識觀은 '事觀'이라 한다. 또 제법실상이라는 말은 대승불교에서 주장하고 있는 진리의 구체적인 표현이다. 그러므로 실상은 法身·涅槃·實際와 같은 말이다. 眞空은 有空의 상대가 끊어져 모든 迷情의 모습을 떠나 있고 思慮가 끊어진 불가득의 반야체를 말한다. 진공은 일체의 차별과 대립이 끊어진 空般若의 세계로 볼 수 있는데 이 세계가 다름 아닌 참된 선정의 경지이다. 이 空寂한 선정의 경지에서 妙心의 지혜가 작용하는데 이것을 妙有(不空般若)라 한다. 묘유는 진공의 心體上에서만 작용한다. 無生은 無를 부정사로 보기보다 無爲의 뜻으로 보아 의식 이전의 절대의 세계로 보는 것이 좋다. 즉 무생은 인연화합에 의하여 생기하기 이전의 세계인 공의 세계로 세간생멸의 모습을 떠난 당체를 말한다. 생기하지 않으면 곧 소멸할 것도 없기 때문에 無生滅 또는 無生無滅의 준말로 보면 이해가 쉽다. 일체의 현상은 그 본질적인 면에서 보면 고정불변한 실체가 없고, 空寂하기 때문에 생하고 멸하는 것 등의 변화가 없음을 의미한다. 『전등록』 '大珠慧海章'(『대정장』 권51, p.247하)에 "생함을 아는 것이 곧 무생의 법이며, 생을 떠난 법은 없기 때문에 무생이 있다고 하는 것이다(知生卽是無生法, 無離生法說有無生.)"라고 한 말이 있다.

***照眞達俗(조진달속)**: 후대의 자료이기는 하지만 『종경록』 권27(『대정장』 권48, p.568상)에 "우리 이 종문에서 일승의 妙는 오직 일념심 뿐이며, 진실을 비추고 세간을 통달하여 무상각을 성취하는 것을 도량이라 한다. 왜냐하면 眞을 비출 때 理는 統하지

않음이 없고, 속을 통달할 때 事는 원만하지 않음이 없기 때문이다. 그러므로 『유마경』에 말하기를, '한 생각으로 일체법을 아는 것이 도량이다. 왜냐하면 일체지를 성취하기 때문이다'(我此宗門一乘之妙, 唯以一念心, 照眞達俗, 成無上覺, 名爲道場. 何者. 照眞則理無不統, 達俗則事無不圓. 所以維摩經云, 一念知一切法是道場. 成就一切智故.)"라고 한 말이 있다. '照'와 '達'은 모두 지혜의 작용을 가리킨다. 반야의 지혜로써 진과 속을 사무쳐 비추어 보아 둘이 아닌 사실을 깨닫는 것을 의미한다.

***眞空理事皆如(진공이사개여)** : 실상진공에는 理는 事와 相卽하고, 사는 이와 상즉하는 그대로 진실이다. '理事皆如'에는 용례가 거의 없지만 [『종경록』 권5(『대정장』 권48, p.440하)]에 復禮法師가 천하의 학자에게 질문한 '眞妄偈'에 대한 종밀선사의 해석에 "복례선사는 어찌 진망이 모두 공적하고 이사가 모두 여여한 줄 모릅니까(復禮法師, 豈不知眞妄俱寂, 理事皆如.)"라고 한 예가 있다. 종밀은 理와 事가 서로 상즉해 있는 관계를 논하고 있다. 이런 理와 事의 논리는 화엄의 논리이다. 理는 우주의 진리・평등의 진여를, 事는 차별의 만상・隨緣의 現相을 각각 가리킨다. 이에 비해 體와 用의 논리는 반야의 논리이며, 性과 相의 논리는 유식의 논리이다.

2. 진여

夫眞如無念, 非念想能知. 實相無生, 豈生心能見. 無念念者, [則]念摠持. 無生生者, 則生實相.

【번역】

대개 진여는 무념이기 때문에 상념으로 능히 알 수 있는 것이 아니다. 실상은 무생이므로 마음을 일으켜서 어찌 능히 볼 수 있겠는가! 무념의 念이라는 것은 총지를 생각(念)하는 것이다. 무생의 生이라는 것은 실상을 生하는 것이다.

【해설】

진여는 무념이기 때문에 念想(분별심)으로써 알 수 있는 것이 아니며, 실상 역시 무념이기 때문에 분별심으로 볼 수 있는 것이 아니다. 無念의 念이란 무분별을 분별하는 것이며, 無生의 生이란 실상 바로 그 자체이다. 그러나 실상은 고정불변하고 情態的인 것이 아니라 무생이면서도 생생하게 살아 있는 것이다.

【注記】

*眞如無念(진여무념) : 『단어』 제15단에 "진여는 무념의 본체이다" 라고 한 말이 있고, 진여에 무념이 결부된 것은 『기신론』의 주장을 이은 것이라고 하는 것은 『단어』 제15단 (注記)의 어주를 보라.

*非念想能知(비념상능지) : 제법의 실상인 진여의 참된 모습은 분별의식의 작용인 알음알이로써는 알 수 없고, 오직 반야의 지혜로써만 알 수 있다는 뜻이다.

*實相無生(실상무생) : 제법의 실상은 無生·無滅·無起한 것이다. 라집역 『佛藏經』 권중(『대정장』 권15, p.796하)에 "제법의 실상은 생함도 없고 일어남도 없다(諸法實相, 無生無起.)." 또 『주

유마경』 권9(『대정장』 권38, p.412중)에 승조의 주로서 "실상은 무생이지만 지금 현재 생함이 있다(實相無生, 而今現有生.)"라고 한 구가 있다.

***生心**(생심) : 분별심을 가리킨다.

***無念念者〔則〕念總持**(무념념자〔칙〕념총지) : 총지라는 것은 기억하고, 지식과 법을 保持하는 것이며, 그로부터 생긴 힘을 말한다. 보통 '得念總持'라는 것은 '념과 총지를 얻는다'는 뜻이고, '총지를 念함을 얻는다'는 의미는 아니다. 『유마경』'보살품'(『대정장』 권14, p.554중)에 "得念總持, 所聞不忘"이라고 하지만 그 주에 "得念. 승조가 말하기를, '正念이다.' 總持. 나집이 말하기를, '念으로써 념을 가지고, 持는 능히 법을 가지는 것이다. 그러므로 이미 념이라 하고, 또 지라 한 것이다.' 또 말하기를, '많은 생각이 늘어나면 持를 이룬다'(得念. 肇曰, 正念. 總持. 什曰, 以念持念, 持能持法. 故旣言念又言持. 亦云衆念增長, 則成持也)"라고 주를 달고 있다(『대정장』 권38, p.408상). 결국 '念總持'라는 것은 正念으로써 법을 보지하는 것을 의미한다. 그러나 여기서는 '총지를 념한다'라고 읽을 수밖에 없다. 그런데 前文의 댓구가 "**眞如無念**, 非念想能知. **實相無生**, 豈生心能見"이고, 그것에 대응하는 "**無念**念者〔則〕**念**○○, **無生**生者則**生實相**"이라고 말한 것 때문에 '○○'에 들어가야 할 것은 '총지'보다도 '**眞如**'인 것이 자연스럽다. 『문답잡징의』 제25단 '嗣道王問'에 "없다는 것은 두 가지 법이 없는 것이며, 생각한다고 하는 것은 오직 진여를 념할 뿐이다"라고 하고, 『현종기』도 "無念念則念眞如"라고 했기 때문에 여기도 '진여'라고 해야 되는 것이 아닐까?

3. 무주

無住而住, 常住涅槃. 無行而行, 能超彼岸. 如如不動, 動用無窮. 念念無求, 常求無念. 菩提無得,

【번역】

머무름이 없이 머물러야 항상 열반에 머물 수 있다. 행함이 없이 행하여야 능히 피안을 초월할 수 있다. 여여하여 움직이지 않지만 움직이는 작용이 무궁하다. 생각할 때마다 구함이 없지만 항상 무념을 구한다. 보리는 얻을 수 없지만

【해설】

머무른다는 생각이 없이 머물기 때문에 항상 열반에 머물며, 간다는 생각이 없이 가기 때문에 언제나 피안에 있는 것이다. 옴도 없고 감도 없어서 꼼짝도 하지 않는 것 같지만 그 가운데 무궁한 능력이 나온다. 이와 같이 지혜가 끊임없이 상속하지만 거기에는 바라는 것이 없다. 그렇다고 해서 무정과 같은 목석이냐 하면 절대 그렇지 않다. 괴로워 하는 중생들을 위하여 항상 걱정하고 자신이 병에 든다. 보살의 본원은 여기서부터 시작된다. 보살은 구함이 없이 구하고(無求而求), 행함이 없이 행하며(無行而行), 망념을 일으키지 않고 생각하고(無念而念), 분별없이 분별한다(無分別而分別). 이를 깨달음의 행동이라고 말하지만 이것은 얻음이 없는 얻음(無得의 得)인 것이다.

【注記】

***如如不動, 動用無窮**(여여부동, 동용무궁) : '여여부동'에 대하여 『승천왕반야경』 권 3'法性品第5'(『대정장』 권8, p.701하)에 다음과 같이 설하고 있다. "생사와 열반이 여여하면 일체법이 여여하다. 대왕이여, 말한 바 如라는 것은 不異라는 것이다. 不變·不生·無諍은 진실이다. 무쟁이기 때문에 여여라고 하는 것이다. 여실하게 지견하면 제법은 생하지 않으며, 제법이 비록 생할지라도 여여하여 움직임이 없다. 여여는 비록 일체를 생할지라도 제법은 여여하여 생함이 없다. 그래서 법신은 청정하여 변함이 없기가 마치 허공과 같아서 無等等이라 한 것이다(生死涅槃如如卽是一切法如如. 大王, 所言如者名爲不異. 無變不生無諍眞實. 以無諍故說名如如. 如實知見諸法不生, 諸法雖生如如不動. 如如雖生一切, 諸法如如不生. 是名法身淸淨不變猶如虛空無等等.)." 여기에 '여여는 일체법을 생한다'라고 설한 것은 '動用無窮'을 가리키는 것일 것이다. 『단어』 제20단에도 '如實'·'如如'에 대하여 『승천왕반야경』으로부터 인용하고 있고, 『남종정시비론』의 『금강경』 선양부분에는 여섯 번이나 인용하고 있다. 여여는 있는 그대로의 모습. 진여나 실상과 같은 말이다. 『전심법요』(『대정장』 권48, p.380상)에 "여여한 본체는 안으로는 목석과 같아서 동요가 없다(如如之體, 內如木石, 不動不搖.)"고 한다.

4. 般若無知

[得]佛法身. 般若無知, 知一切法.

【번역】

부처의 법신은 얻을 수 있다. 반야는 무지이나 일체법을 안다.

【해설】

법신은 반야를 인격화한 것이며, 반야는 법신을 논리적으로 풀어 놓은 것이다. 반야는 無知를 본체로 하기 때문에 일체법을 아는 것이다. 분별심의 知는 한정되어 있다.

【注記】

***般若無知, 知一切法(반야무지, 지일체법)** : 『조론』'반야무지론'(『대정장』 권45, p.153상)에 "대개 아는 것이 있으면 알지 못하는 것이 있다. 聖心은 무지이기 때문에 알지 못하는 것이 없다. 알지 못하는 지를 일체지라 한다(夫有所知, 則有所不知. 以聖心無知, 故無所不知. 不知之知, 乃曰一切知.)"고 하고, 길장 찬 『금강반야소』 권1(『대정장』 권33, p.89중)에도 "般若無知, 無所不知"라는 구가 있고, 『남종정시비론』 제7단에도 "반야는 무지이지만 어떠한 것이든 알지 못하는 것이 없다. 어떠한 것이라도 알지 못하는 것이 없기 때문에 본다(見)라고 말할 수 있는 것이다." 『돈오입도요문』 제6단(平野宗淨, 禪の語錄6 『頓悟要門』, 筑摩書房, 1970, p.18.)에도 "반야는 앎이 없으나 어떠한 것이든 모르는 것이 없다. 반야는 봄이 없으나 어떠한 것이든 보지 않는 것이 없다(般若無知, 無事不知. 般若無見, 無事不見.)"라고 한 말이 있다. 無知의 知는 실상을 아는 知인 무분별의 반야지를 가리킨다. 그러므로 반야의 지는 無知의 知(無得의 得, 不見의 見, 不聞의 聞)가 되고, 반야지의 대상은

無相의 相이 되는 것이다. 法眼宗의 제2조인 天台德韶(891~972)의 제6회 示衆에 "般若無知, 對緣而照."(『續藏經』 1輯2編乙9套5册), 또 임제종 황룡파의 개조인 黃龍慧南(1002~1069)의 『黃龍慧南禪師法語』에 "般若無知, 隨緣卽照"(『대정장』 권47, p.630중)라고 한 말은 般若無知를 적극적으로 해석한 것이다. 그리고 道元(1200~1253)의 『正法眼藏』'密語'에 "무지의 지로써 부처를 보고 법을 듣는다"는 말이 있다.

5. 定慧不二

卽定是惠, 卽惠無生. 無生實相眞空, 無行能周法界.

【번역】

선정이 곧 지혜이나 지혜 그 자체는 생함이 없다. 생함이 없는 실상인 진공은 행함이 없지만 능히 법계에 두루한다.

【해설】

선정이란 것은 지혜에 입각한 선정이 되어야 하고, 지혜란 것은 선정에 입각한 지혜가 되어야 한다. 지혜는 분별을 초월해 있고, 또 무지이기 때문에 무생이다. 바로 그 무생에서 실상을 보며, 그 실상은 진공이다. 이런 진공의 상태에서 행동의 작위성이란 있을 수 없다. 無知・無生・無行의 세 가지는 선의 논리인 동시에 선의 실천이다. 이 세 가지 논리와 실천이 절대무의 세계인 법계에서 이루어진다.

【注記】

*卽定是惠(즉정시혜) : 『단어』제17단에 정혜쌍수를 설한 곳에 "卽定之時卽是惠"라고 한 말과 같은 취지이다.

*卽慧無生(즉혜무생) : 無念의 空寂體 위에 반야지가 작용하지만 그 흔적을 남기지 않는 모습을 표현한 말이다. 왜냐하면 지혜의 본성에 어떤 모양이 있는 것은 아니기 때문이다. 그래서 돈황본 『육조단경』제26단에 "般若無形相, 智慧性卽是"라고 한 것이다.

6. 육도

六度自茲圓滿, 道品於是無虧.

【번역】

육바라밀이 이(진공)로부터 원만하고, 깨달음으로 나아가는 도품이 여기에서 다 이루어진다.

【해설】

또 법계에서 육도만행이 나오며, 분별계교심의 행위는 비록 선하다할지라도 원만하다고 할 수 없다. 왜냐하면 선이라는 한계성을 극복하지 못했기 때문이다.

【注記】

*六度(육도) : 六波羅蜜을 말함.

*道品(도품) : 37도품을 말한다. 도품은 범어 bodhi-pākṣika를 번역한 것이다. 또 菩提分 · 覺支 · 覺分이라고도 한다. 깨달음에 이르는 실천덕목을 37가지로 나누어 놓은 것, 37도품이란 四念處(四念住) · 四正勤(四正斷) · 四如意足(四神足) · 五根 · 五力 · 七覺支(七菩提分) · 八正道(八聖道)의 七科이다. 여기서는 37가지만을 한정하여 말하는 것이 아니라 깨달음으로 나아갈 수 있는 모든 실천덕목을 가리키는 것 같다. 『유마경』'불도품'(『대정장』권14, p.549하)에 "도품을 실천하는 선지식은 이로 인하여 정각을 이룬다(道品善知識, 由是成正覺.)"는 말이 있다.

7. 二空

我法二空, 有無雙泯. 不到不至, 不去不來.

【번역】

자아와 제법도 다 공하고, 있음과 없음도 모두 없다. 도달하는 것도 아니고 이르러 들어가는 것도 아니며, 가는 것도 아니고 오는 것도 아니다.

【해설】

아법은 人法과 같은 말이다. 즉 주관과 객관, 유와 무의 대립세계를 가리키는 말이다. 절대무의 세계에서는 유무의 대립으로 인한 분별심은 없다. 따라서 이 眞實在에서는 가도 가는 것이 아니고 와도 오는 것이 아니다.

【注記】

*我法二空(아법이공) : 人法二空 · 生法二空 · 我法俱空 · 我法無我라고도 하며, 줄여서 二空 · 二無我라고도 한다. 공은 本體나 實體라고 하는 고정불변한 자성을 부정하는 말이다. 我空과 法空의 二空이란 일체의 모든 법은 인과 연의 화합에 의해서 존재하기 때문에 고정불변한 아와 법의 실체를 인정하지 않는 것을 말한다. 이 이공을 주장하는 이유는 五蘊의 假和合에 의해서 형성된 자아의 존재를 실재로 인정하는 아집과 사대의 가화합에 의해서 존재하는 제법의 자성이 항존불변하다고 고집하는 법집의 망견을 破斥하기 위함이다.

*不到不至(불도불지) : 『현종기』에는 '不彼不此'로 되어 있다.

8. 분별지

體悟三明, 心通八解. 功成十力, 富有七財. 入不二門, 獲一乘理.

【번역】

몸으로는 삼명을 깨닫고, 마음으로는 팔해탈을 통달한다. 그 효험으로 십력을 이루고, 넉넉하여 일곱 가지 聖財가 가득하다. 둘이 아닌 법문을 깨달아 일승의 이치를 손에 넣는다.

【해설】

철저하게 절대무의 입장에 서게 되면 분별지의 기능도 또한 그 능력을 발휘한다. 그러면 행위 면에서도 자유로운 행위가 이루어진다. 그래서 不二의 문에 들어가 일승의 현묘한 진리를 획득한다고 한 것이다. 종교적, 철학적 가치는 바로 여기에 완성되는 것이다.

【注記】

***體悟三明, 心通八解(체오삼명, 심통팔해)** : 삼명은 범어 tisro vidyāḥ와 빠리어 tisso vijjā를 번역한 말이다. 六神通 중 숙명통·천안통·누진통을 가리킨다. 明(밝음)은 지혜의 광명을 가리킨다. 불타와 아라한이 최초로 깨달음에 도달했을 때 반드시 얻는 세 가지 지혜. 지혜의 광명을 가지고 어두운 어리석음을 깨뜨리기 때문에 3명이라 하고, 또 三達이라고도 한다. 그 3명은 ① 宿住隨念智作證明 : 자기와 다른 사람에 대하여 과거세의 운명과 상태를 밝게 아는 지혜로써, 곧 '宿命明'이라고도 한다. ② 天眼智作證明(死生智證明) : 자기와 다른 사람에 대하여 미래의 운명과 상태를 밝게 아는 지혜로써, 곧 '天眼明'이라고도 한다. ③ 漏盡智作證明 : 일체의 번뇌를 斷盡하고 깨달음을 얻은 지혜로써, 곧 '漏盡明'이라고도 한다. 팔해는 범어 aṣṭa vimokṣa와 빠리어 aṭṭha vimokkha를 음역한 말이다. 팔해탈·八背捨·八解脫處·八背處라고도 한다. 멸진정에 이르기 위한 여덟 가지 內觀. 그것에 의하여 탐욕을 버리고 그 계박으로부터 해탈하는 것. 八種은 초선·제2선·제4선·四無色定(空無邊處·識無邊處·無所有處·非想非非想處)·멸진정이다. 『대비파사론』 권84(『대정장』 권27, p.434중)에 "八解脫者, 一有

色觀諸色解脫. 二內無色想觀外色解脫. 三淨解脫身作證具足住. 四超諸色想, 滅有對想, 不思惟種種想, 入無邊空, 空無邊處具足住解脫. 五超一切空無邊處, 入無邊識, 識無邊處具足住解脫. 六超一切識無邊處, 入無所有無所有處具足住解脫. 七超一切無所有處入非想非非想處, 具足住解脫. 八想受滅身作證, 具足住解脫."이라고 한 바와 같이 팔해는 ① 色想이 內心에 있으므로 제거하기 위하여 外境에 있는 不淨觀을 닦는 것. ② 내심에 색상은 사라졌으나 다시 이것을 확실하게 하기 위하여 계속해서 부정관을 닦는 것. ③ 앞에서 닦았던 부정관의 마음을 버리고, 외경의 색상에서 청정한 면을 관하므로 탐욕심이 생기지 않아 몸에서 淨解脫을 깨달아 구족히 살아가는 것. ④ 물질적인 相을 다 멸하여 空無邊處定에 들어가는 것. ⑤ 空無邊處心을 버리고 識無邊處定에 들어가는 것. ⑥ 識無邊心을 버리고 無所有處定에 들어가는 것. ⑦ 無所有心을 버리고 非想非非想處定에 들어가는 것. ⑧ 受·想 등을 버리고 滅盡定에 들어가는 것. 이 팔해탈은 팔종의 觀念이며, 이 관념에 의한 힘으로써 오욕의 경계를 여의고, 탐하고 고집하는 마음을 버리기 때문에 背捨라 하고, 또 이것으로 말미암아 삼계의 번뇌를 끊고 아라한과를 증득하므로 해탈이라 한다. 내용상으로는 구차제정과 유사하다. 팔해탈을 얻어야 俱解脫阿羅漢이 된다. 팔해탈에 대해서는 『장아함경』 권10 '大緣方便經'·『중아함경』 권24 '大因經' 참조. 『유마경』 '불도품'(『대정장』 권14, p.549하)에 "八解之浴池, 定水湛然滿."이라는 말이 있다.

***功成十力, 富有七財(공성십력, 부유칠재)** : 十力은 범어 daśa-bala와 빠리어 dasa-bala를 의역한 것이다. 如來十力이라고도 한다. 여래가 구족한 열 가지 智力을 말함. 붓다의 18不共法 가

운데 10가지. ① 處非處智力(道理와 非道理, 시비와 선악을 辨別하는 智力, 즉 일체법의 옳고 그름을 여실히 아는 것). ② 業異熟智力(선악업과 그 과보를 여실히 아는 지력, 즉 일체중생의 과거·현재·미래의 업보를 여실히 아는 것). ③ 靜慮解脫等持等至智力(四靜慮[四禪]·팔해탈·諸三昧·八等至 등의 선정을 다 아는 지력, 즉 모든 선정·해탈·삼매의 순차와 深淺을 여실히 아는 것). ④ 根上下智力(중생의 근기에 대하여 上下利鈍 등을 아는 지력, 즉 중생의 모든 근기의 승열을 여실히 아는 것). ⑤ 種種勝解智力(중생의 意向·欲望 등을 아는 지력, 즉 중생의 갖가지 모든 욕망을 여실히 아는 것). ⑥ 種種界智力(중생의 여러 가지 界地나 각별한 性類를 아는 지력, 즉 세간의 여러 가지 무수한 본성을 아는 것). ⑦ 遍趣行智力(業行의 能趣·所趣를 두루 아는 지력, 즉 일체가 도달하는 도[六道·열반 등의 나아가는 것]를 아는 것). ⑧ 宿住隨念智力(여실히 과거세의 여러 가지 일을 기억해 내어 다 아는 힘, 즉 모든 중생의 갖갖가지 숙명을 아는 것). ⑨ 死生智力(미래세의 생사와 善趣·惡趣 등을 아는 지력, 즉 천안을 가지고 중생의 생사로부터 미래의 일을 아는 것). ⑩ 漏盡智力(번뇌를 단진하는 방법을 알아서 훌륭한 漏盡者가 되는 지력, 즉 해탈의 경지와 그것에 도달하는 방법을 아는 것)이다. 『대지도론』 권23(『대정장』 권25, p.235하), 『法門名義集』(『대정장』 권54, 198상). 七財는 범어 sapta-dhanāni를 번역한 것. 七聖財라고도 한다. 불도를 이루는 성스러운 일곱 가지의 법을 재물에 비유해서 일컫는 말. 7재란 信·戒·慚·愧·聞·施(捨)·慧이다. 『유마경』 '불도품'(『대정장』 권14, p.549하)에 "富有七財寶, 教授以滋息."이라는 말이 있다.

***入不二門**(입불이문) : 『유마경』'入不二法門品'에 의거한 것이다. 여기서 入은 '깨닫다'의 뜻이고, 둘이 아닌 不二는 곧 一(하나)을 말하는데 一은 근본·근원·본래의 세계·중도의 세계·깨달음의 세계를 가리킨다. 善과 惡이 둘이 아니고, 生과 死가 둘이 아니며, 번뇌와 보리가 둘이 아니고, 是와 非가 둘이 아닌 하나의 세계는 바로 상대적인 차별의 세계를 초월한 중도의 세계를 가리킨다. 따라서 入不二門이란 상대적인 차별의 세계를 초월하여 절대평등의 경지에 들어가는 것을 의미한다. 반야의 논리를 토대한 不二의 세계는 양변을 초월할 수 있는 공의 실천에 의하여 근원적인 본성의 자리에서만 이루어진다. 『유마경』'入不二法門品'(『대정장』권14, pp.550중~551하)에는 문수사리 등 32보살과 유마힐거사가 入不二門에 대해서 문답을 하고 있는 가운데 여러 보살은 생멸이라든가 선악 등의 상대적인 원리에 입각하여 그것을 넘어선 절대의 이치를 발견한 것이 入不二法門이라 했고, 문수사리는 언설로써 표현할 수도 없고 알 수도 없는(無言無說無示無識), 바로 그것이 입불이법문이라고 한데 대하여 유마힐은 침묵으로써 입불이법문을 대변한다. 이 세 가지의 의미에 대하여 여러 가지 설이 있으나 『註維摩詰經』권8에 僧肇는 유마의 경지가 최고라 했고, 『維摩經義記』권3 말에 慧遠은 상대의 부정에 의하여 고차원적인 절대의 세계를 나타내는 여러 보살의 입장인 遣相門과 상대 그것이 바로 절대라고 하는 문수과 유마의 입장인 融相門으로 나누어 논하고 있다.

***獲一乘理**(획일승리) : 삼승(성문승·연각승·보살승)에 대한 일승(eka-yāna)은 一佛乘이라고도 한다. 이 일승이란 말은 『법화경』'방편품'(『대정장』권9, p.8상)에 "시방의 불토 중에 오직 일

승의 가르침만 있을 뿐 이승도 없고 삼승도 없다(十方佛土中, 唯有一乘法, 無二亦無三.).” 또 “모든 부처님은 방편으로써 일불승에 힘을 쏟았으며, 나누어 삼승을 설한다(諸佛以方便力於一佛乘, 分別說三.)” →(『대정장』권9, p.7중)라고 한 데에서 유래한 것이다. 법화에서 삼승을 羊·鹿·牛에, 일승을 大白牛車에 비유하여 각각 설명하고 있다. 이 경전에서 삼승은 方便일 뿐이고, 일승이야말로 眞實이라고 한다. 그러므로 법화에서는 會三歸一을 주장하는 것이다. 獲一乘理란 삼승의 방편으로 중생을 깨달음의 경지로 유인하는 것이 아니라 일승의 도리로써 직접 바로 佛果에 이르도록 하는 것을 말한다.

9. 진공묘유

湛然常寂, 應用無方. 用而無功, 空而常鑒. 用而不有, 卽是眞空. 空而不無, 玄知妙有.

【번역】

반야의 본체는 담연하여 항상 적정하지만 그 응용은 방향과 장소에 구애를 받지 않는다. 작용하지만 功績이 없고, 공적하지만 항상 비춘다. 작용하지만 흔적을 남기지 않는 것이 곧 진공이다. 공적하지만 없지도 않아서 반야지는 미묘하게 존재한다.

【해설】

절대무의 실재세계에는 어떠한 모양도 논리도 세울 수 없다.

따라서 무상이 곧 상이고, 상이 곧 무상이며, 긍정이 곧 부정이고, 부정이 곧 긍정인 이치가 되는 것이다. 그렇지만 그 세계가 절대 무질서한 세계는 결코 아니다. 寂然하여 不動하지만 다양한 사물에 응하여 그 기능을 자유롭게 발휘한다. 그러나 기능은 흔적이 없다. 즉 知는 공적체상에서 나와 모든 실상을 있는 그대로 비추지만 흔적을 남기지 않기 때문에 진공인 것이다. 공하다고 해서 완전히 없는 것이 아니라 항하사와 같은 묘용이 있다. 이것이 묘유이다. 그러므로 진공묘유는 절대무와 같다.

【注記】

***湛然常寂, 應用無方(담연상적, 응용무방)** : 담연은 물이 맑고 깊은 모양이고, 상적은 항상 고요한 상태이다. 신회에게 있어서는 진여·반야바라밀의 체에 본래부터 갖추어진 智·定慧平等의 상태를 말하는 구. 여기서도 무생반야의 상태를 표현한 구로 되어 있다. 『문답잡징의』 제27단 '常州司戶元思直問'에 "진여의 체는 가히 얻을 수 없기 때문에 空이라 한다. 능히 不可得의 본체가 湛然常寂하지만 항사의 묘용이 있는 것을 볼 수 있기 때문에 불공이라 한다." 동 제31단 '潤州司馬王幼琳問'에는 반야바라밀, 동 제34단'王維問(2)'에는 정혜평등에 대하여 말하고 있다. 또 『조계대사전』에서는 혜능이 中使薛簡에게 "心體는 湛寂하지만 응용이 자유롭다"고 설했다. 『조당집』 권2 '혜능장'에는 "心體湛然常寂, 妙用恒沙"로 되어 있다. 『전등록』 권5 '六祖慧能章'(『대정장』 권51, p.236상)에는 "너가 만약 심요를 알고자 하거든 단지 일체 선악을 모두 사량하지 말라. 그러면 자연히 청정한 심체에 들어갈 수 있고 담연상적하여 묘용이 항사와 같을 것이다(汝若欲知心要, 但一切善惡, 都莫思

量. 自然得入淸淨心體, 湛然常寂妙用恒沙.)"라고 한 말이 있다.

***用而無功, 空而常鑑**(용이무공, 공이상감) : 무생반야는 작용하고 있을지라도 하등의 흔적을 남기지 않는 몰종적이고, 공적하면서도 항상 대상을 비추는 작용이 있다. 다음의 "用而不有, 卽是眞空. 空而不無, 玄知妙有"의 구와 함께 무생반야의 상태를 표현한 것이다.

***用而不有, 卽是眞空. 空而不無, 玄知妙有**(용이불유, 즉시진공. 공이불무, 현지묘유) : 『현종기』와 『현종론』은 '玄知'를 '便成'으로 바꾸어 대구의 형식으로 정돈하고 있다. 楊校本은 '玄知'는 通하지 않으므로 校改하지만 반드시 그럴 필요는 없다. '현지'는 玄妙深奧한 지혜로서 반야의 지혜에 해당한다. 『홍명집』 권8에 인용한 『滅惑論』(『대정장』 권52, p.51상)에 "적멸하여 무심하면 현지는 더욱 빛을 비춘다(寂滅無心而玄智彌照)"라는 말이 있다. 진공과 묘유는 함께 연기의 공사상을 단언한 것이고, 합하여 진공묘유라고 한다. 智顗說·灌頂記 『인왕호국반야경소』 권3에 경의 '觀空品第2'(『대정장』 권8, p.825하)의 첫머리에 "보살은 四生을 교화하지만 색의 如, 수상행식의 여, … 육도와 사섭 등 일체행의 여, 二諦의 여를 관하지 않는다(菩薩化四生不觀色如, 受想行識如, … 六度四攝一切行如, 二諦如.)"라고 한 '如'를 疏解하여 말하기를, "질문, '淨名에 「일체중생은 모두 如하고, 일체법도 또한 여하며, 승가의 현성도 또한 여하고, 미륵에 이르기까지 모두 여하다」라고 말한 것은 지금 어떤 차이가 있습니까?' 대답, '저것은 진공이고, 이것은 묘유이다.' 질문, '진공과 묘유란 무엇인가?' 답, '動이 곧 寂인 것은 진공이고, 적이 곧 동인 것은 묘유이다. 진공이

기 때문에 항상하지 않고, 묘유이기 때문에 끊어짐이 없다. 진공은 생사에 머무르지 않고, 묘유는 열반에 머무르지 않는다. 묘유이기 때문에 능히 大悲를 일으키고, 진공이기 때문에 능히 大慈를 낸다'(問淨名云, 一切衆生皆如也, 一切法亦如也, 衆聖賢亦如也, 至於彌勒亦如也. 與今何異. 答彼是眞空, 此是妙有. 問眞空妙有云何. 答動卽寂眞空也, 寂卽動妙有也. 眞空故非常, 妙有故非斷. 眞空不住生死, 妙有不住涅槃. 妙有故能起大悲, 眞空故能生大慈.)" →(『대정장』권33, p.265하)라고 한 것이 진공·묘유에 대하여 언급한 것 중에 가장 빠른 예이지만 신회보다 앞선 화엄종의 제3조인 법장(643~712)의 『華嚴遊心法界記』(『대정장』권45, p.650상)와 『妄盡還源觀』(『대정장』권45, p.638중)에 진공묘유가 나온다. 신회의 문맥에는 應用無方(用)하면서 湛然常寂(不有)한 것이 진공이고, 담연상적(공)하면서 응용무방(不無)한 것이 묘유이다.

정리하면 진공과 묘유란 열반이나 진여자성을 대상화하는 것까지도 부정하는 절대평등의 세계를 眞空이라고 하는데 진공이라고 해서 아무것도 없는 것이 아니라 이 진공의 상태에서 묘유가 있는 것이다. 묘유의 有는 유무의 상대적인 有가 아닌 非有(유무의 양변을 초월한 有)의 有를 묘유라 한다. 진공은 本體이고, 묘유는 진공의 작용이다. 즉 진공은 일체의 망념을 떠나 사량분별이 끊어진 불가득의 般若體를 말하고, 묘유는 사량분별을 떠난 空寂體上에서 작용하는 불성의 지혜를 말한다. 『현종기』에 "眞空爲體, 妙有爲用."이라고 한 말도 참고가 된다.

10. 마하반야

[妙有]則摩訶般若, 眞空卽淸淨涅槃.

【번역】

묘유는 곧 마하반야이며, 진공은 곧 청정열반이다.

【해설】

묘유를 위대한 지혜라 하고, 진공을 청정열반이라 한다. 이 둘은 같은 것이지만 설명상 나누어 놓은 것일 뿐이다. 반야를 열반의 작용이라고 본다면 열반은 반야의 본체인 것이다. 열반의 내용이 곧 반야이다.

【注記】

***摩訶般若**(마하반야) : 범어 mahāprajñā를 음사한 말. 마하반야바라밀(mahāprajñā-pāramita)의 略語이며, 大般若, 즉 大智慧라는 의미이다. 제법실상을 비추어 보는 지혜이다. 『대지도론』권3에 "마하에는 큰(大)·많은(多)·수승한(勝)의 세 가지 뜻이 있다"고 한다. 돈황본 『육조단경』 제24단에 "무엇을 '마하'라 하는가? 마하란 '크다'는 뜻이다. 마음의 영역은 넓고 커서 마치 허공과 같다(何名摩訶. 摩訶者是大. 心量廣大, 猶如虛空.)"고 하며, 같은 제26단에 "무엇을 반야라 하는가? 반야는 지혜이다. 언제나 생각 생각마다 어리석지 않아 항상 지혜가 상속하는 것(지혜롭게 사는 것)을 반야의 행이라 한다(何名般若. 般若是智惠. 一(切)時中, 念念不愚, 常行智惠, 卽名般若行.)"고 한다.

***眞空卽淸淨涅槃**(진공즉청정열반) : 일체의 상대적인 대립이 끊

어진 절대평등의 세계인 眞空이 바로 공적한 열반이란 뜻이다. 여기서 청정은 染汚의 상대적인 말이 아니라 空寂·寂靜의 의미이다.

11. 涅槃般若不二

般若通秘微之光, 實相達眞如之境. 般若無照, 能照涅槃. 涅槃無生, 能生般若. 涅槃般若, 名異體同. 隨義立名, 法無定相.

【번역】

반야는 비밀스럽고 미묘한 것에 통하는 빛(지혜의 광명)이며, 실상은 진여에 통달한 경지이다. 반야는 비춤이 없으나 능히 열반을 비춘다. 열반은 생함이 없으나 능히 반야를 생한다. 열반과 반야는 이름은 다르지만 본체는 같다. 뜻에 따라 이름을 세운 것일 뿐이며 법(열반과 반야)에는 정해진 모양이 없다.

【해설】

반야의 지혜로써 실상을 비추어 보면 진여의 세계에 도달할 수 있다. 그러나 반야는 무분별이고 무지이기 때문에 비춤이 없다. 비춤이 없기 때문에 능히 열반을 비추어 낸다. 그 열반은 무생이기 때문에 능히 반야를 낸다. 열반과 반야는 그 이름은 둘이지만 본체는 하나이다. 법에는 한정된 모습이 없지만 그 작용에 따라서 여러 가지 이름을 붙이는 것이다.

【注記】

***般若無照, 能照涅槃. 涅槃無生, 能生般若. 涅槃般若, 名異體同. 隨義立名, 法無定相, 涅槃能生般若, 卽名眞佛法身, 般若圓照涅槃, 故號如來知見**(반야무조, 능조열반. 열반무생, 능생반야. 열반반야, 명이체동. 수의입명, 법무정상, 열반능생반야, 즉명진불법신, 반야원조열반, 고호여래지견) : 반야와 열반이 융합된 일단이다. 신회의 저술 성립 연대와 사상의 전개과정은 대체로 세 단계로 나누어 생각해 볼 수 있다. 『단어』와 原『문답잡징의』 등은 남양 용흥사 시대인 북종 공격 이전의 비교적 이른 시기에 성립했다고 생각되는 것은 『금강경』을 중시하는 경향이 보이지 않고 『열반경』과 『유마경』을 주로 인용한 것이 그 특징이다. 북종을 배격한 『남종정시비론』에는 『금강경』이 가장 중시되고 있다. 그리고 반야와 열반이 융합된 『돈오무생반야송』은 가장 만년에 성립된 것으로 추측하고 있다. 鈴木哲雄, 「荷澤神會論」(『佛教史學』第14卷4號, 1969), 平井俊榮, 『中國般若思想史硏究』, 春秋社, 1976, p.694 참조.

***法無定相**(법무정상) : 『열반경』 '범행품'(남본 권18 『대정장』 권12, p.726중 · 북본 권20 『대정장』 권12, p.483중)에 "제불세존께서는 일체법은 모두 정해진 모양이 없다(諸佛世尊, 說一切法, 悉無定相.)"고 설한다. 법이라는 것은 인연화합에 의하여 聚散하는 것이므로 본질적으로나 현상적으로나 모두 일정하게 정해진 모양이 없다. 그래서 『금강경』(『대정장』 권8, p.749중)에도 "정해진 법이 없는 것을 아뇩다라삼막삼보리라 하고, 또 여래는 정해지지 않은 법을 설한다(無有定法名阿耨多羅三藐三菩提, 亦無有定法如來可說.)"고 한 것이다.

12. 能見能照不二

涅槃能生般若, [卽名]眞佛法身. 般若圓照涅槃, 故號如來知見.

【번역】

열반이 능히 반야를 생하는 것을 참된 부처의 법신이라 한다. 반야는 열반을 원만히 비추기 때문에 여래의 지견이라 한다.

【해설】

열반의 측면에서 보면 열반은 또한 능히 반야를 본다고 할 수 있다. 그 열반에는 불·법·승 삼보뿐만 아니라 자비 등 만 덕상을 모두 구족하고 있다. 그렇지만 반야 쪽에서 보면 열반을 원만히 비춘다고 할 수 있다. 따라서 能見과 能照는 하나의 작용에 지나지 않는다. 하나인 사실을 보는 것을 여래의 지견이라 한다. 知가 곧 見이고, 견이 곧 지이다.

13. 知와 見

知卽知常空寂, 見卽直見無生. 知見分明, 不一不異.

【번역】

知는 항상 공적함을 아는 것이고, 見은 곧 무생을 직접 보는 것이다. 이처럼 知와 見은 분명하지만 같지(一)도 않고 다르지(異)도 않다.

【해설】

그러면 지의 대상은 무엇인가? 공적이다. 항상 공적한 본체를 아는 것이 지이다. 견의 대상은 무엇인가? 무생이다. 무생한 그 자체를 보는 것이 견이다. 그러므로 지와 견의 작용은 다르지만 그 본체는 하나이다.

14. 동정일여

動寂俱妙, 理事皆如. 理淨[17]處事能通, 達事理通無礙.

【번역】

움직임과 적정함은 모두 묘하고 理(본질)와 事(현상)는 다 실상이다. 理가 청정하면 사가 능히 통하고, 事를 통달하면 理는 통하여 걸림이 없다.

【해설】

움직이는 것과 고요한 것, 분별하여 지견하는 것과 분별되어 지견 당하는 것이 서로 부정하고 서로 긍정할 때 묘용은 발휘되는 것이다. 부정을 통한 절대긍정이 이루어진 자리에 이와 사는 본래 그대로 자기의 자리를 지키며, 나아가 무애하여 통하지 않는 곳이 없게 된다. 즉 이는 청정한 곳으로부터 나와 사의 다양한 세계에 도달하고, 사는 이와 하나가 되어 본래로 되돌아갈 때 무애의 묘용이 성립하는 것이다. 이러한 경지에서는 이가 곧 사이고 사가 곧 이가 된다. 이는 하나이지만 사는 다양하다. 그러나 이 세계에는 하나가 곧 多이고, 다가 곧 하나이다.

【注記】

***動寂俱妙**(동적구묘) : '大珠慧海和尙語'(『전등록』 권28, 『대정장』 권51, p.443중)에 "자성 밖에 일이 없고 묘용을 쓴다면 **動과 寂이 모두 묘할 것**이며, 마음이 진실하다면 말하고 말하지 않음에 모두 진실할 것이다. 도를 알면 행주좌와가 도이다. 자성에 미혹하기 때문에 만 가지 번뇌가 모두 이로부터 생겨난다(無有性外事, 用妙者動寂俱妙, 心眞者語默總眞. 會道者行住坐臥是道. 爲迷自性萬惑茲生)"고 한다.

***理事皆如**(이사개여) : 이 말은 화엄의 理事無礙사상을 표현한 것이다. 理는 우주의 진리·평등의 진여를, 事는 차별의 만상·隨緣의 현상을 각각 가리킨다. 理를 떠난 事가 있을 수 없고, 사가 없는 이의 세계는 설명이 불가능하다. 그러므로 이사는 작용하고 존재하는 측면에서 보면 분명히 다르지만 그 본질은 서로 하나의 근원을 두고 있다는 의미이다.

***理淨處事能通, 達事理通無礙**(이정처사능통, 달사리통무애) : 앞의 '理事皆如'를 잇고 있다. '理如'의 실현이 '理淨'이고, '事如'의 실현이 '達事'일 것이다. '理淨'이란 이치상으로 본래 청정한 것. 法藏撰, 『범망경보살계본소』 권5(『대정장』 권40, p.645상)에 "好心者는 理淨에 수순하고, 보리의 마음을 믿는다(好心者順理淨信菩提之心)." 또 『法華文句記』(774~782년

성립)권5 중(『대정장』권34, p.247상)에 "세상 사람들은 모두 자신의 理性은 본래 청정하다고 한다. 이치상으로 만약 본래 청정하다면 왜 그것을 닦을 필요가 있는가? 만약 본래 부정하다면 닦는 것도 또한 불가능하지 않은가? 지금 말한 **理淨**(이정은 本有하지만 닦지 않으면 현현하지 않는다)은 이미 청정한 것이 아니다(世人悉謂理性本淨. 理若本淨何用修之. 若本不淨修亦不成. 今云理淨非已淨也.)"라고 한 말이 있다. 『현종기』는 "如卽處處能通, 達卽理事無礙"로 되어 있다.

***無礙**(무애) : 걸림이 없는 자유. 無碍·罣礙라고도 한다. 무애에는 心無礙·色無礙·解無礙·辯無礙 등이 있다. 『大寶積經』권14에(『대정장』권11, p.79상)는 3무애를 설하고 있다. ① 摠持無所罣礙(摠持無礙)는 보살이 대총지(大陀羅尼)를 얻어 善法을 잃지 않고, 악법을 일으키지 않으며 일체의 言語諸法을 분별하여 남김없이 통달하므로 걸림이 없는 것. ② 辯才無所罣礙(辯才無礙)는 보살이 대변재를 얻어 중생의 근기에 따라 대승·소승의 법을 설하여 모두 통달케 하는 것(『頓悟要門』권하에 "客曰, 和尙深達佛旨, 得無礙辯."). ③ 道法無所罣礙(도법무애)는 보살이 대지혜를 얻어서 능히 대승·소승의 법과 세간의 언어와 문자를 통달하는 것을 말한다. 그리고 無礙에는 모든 것이 잘 융합되어 서로 방해하지 않는 圓融無礙와 모든 것에 자재하여 막힘이 없는 自在無礙의 뜻도 있다. 그리고 불타의 지혜를 無礙智, 아미타불의 광명을 無礙光, 부처님을 無礙人, 一乘法을 無礙道라고도 한다.

15. 육근청정

六根無染, 定慧之功. 想念不生, 眞如性淨. 覺滅心空, 一念相應, 頓超凡聖.

【번역】

육근이 물들지 않은 것은 선정과 지혜가 일체가 된 효과이다. 망상의 생각이 일어나지 않는 것은 진여의 본성이 청정하기 때문이다. 망념을 자각한 그 자각까지도 멸하여 마음이 공적하게 되면 일념이 상응하여 단번에 범부와 성인의 경지를 초월한다.

【해설】

눈・귀・코 등 육근이 대상경계에 집착하지 않는 것은 정혜가 일치하기 때문이다. 비록 번뇌망념의 분별심이 일어나더라도 진여의 청정한 본성이 어두워지지 않으면 분별하는 가운데 무분별이 이루어진다. 즉 견문각지의 분별경계가 멸하여 마음이 공적한 것을 말한다. 마음이 공적한 바로 그 자리에서 생각과 생각이 서로 계합할 때 범부와 성인의 차별세계에서 벗어나게 된다.

【注記】

***六根無染**(육근무염) : 『문답잡징의』 제19단 '일행삼매'에 "見無念者, 六根無染."라고 한 말이 보이고, 『남종정시비론』 제33단에 동일한 글이 있다. 慧安과 신회를 사사했다고 하는 大照居士

慧光集釋 『大乘開心顯性頓悟眞宗論』(『대정장』 권85, p.1280중)에는 "육근이 망념에 물들지 않아 널리 중생을 제도하고 자타를 모두 떠나 남으로 하여금 앎을 함께하고 善因을 닦도록 하기 때문에 화신이라 한다(六根無染廣度衆生, 自離離他, 令他同解而修因, 故以化身.)"고 한 말이 보이고, 『대승오방편』의 異本 중 하나인 S.2503호 본(『대정장』 권85, p.1292상)에도 5종 법신을 설하고 있다. "다섯 째 응화법신은 육근이 청정하다(應化法身, 六根無染)"고 한다. 六根은 범어 ṣaḍindriya, 빠리어 cha-indriya를 의역한 것이며, 6識이 6境을 인식할 때 그 所依(인식장소)가 되는 여섯 가지 대상의 인식기관. 즉 眼根(cakṣus-indriya)·耳根(śrotra-indriya)·鼻根(ghrāṇa-indriya)·舌根(jihvā-indriya)·身根(kāya-indriya)·意根(manas-indriya)이다. 또 경전을 읽거나 쓰거나 持戒·참선 등에 의해서 6근이 맑아지는 것을 육근청정이라고 하고, 이것에 의하여 6근의 하나하나는 모두 다른 근의 작용까지도 겸하여 갖추게 된다. 이를 六根互用이라 한다.

***想念不生(상념불생)**: 『七祖法寶記』의 '眞戒'(『대정장』 권85, p.1195상)에 다음과 같이 주를 달고 있다. "일체 중생은 본래 스스로 불성을 가지고 있다. 이 眞戒를 가진 자는 識心見性한 사람이다. 견성할 때 想念이 생하지 않는다. 분별과 유루의 습기가 일어나지 않아 無戒에 들어간다." →[沖本克己, 『禪思想形成史の硏究』, p.257(花園大學國際禪學硏究所硏究報告第5冊)].

***眞如性淨(진여성정)**: 『능엄경』 권8(『대정장』 권19, p.142하)에 "무위의 眞如性淨이 밝게 드러나는 것을 現前地라 한다(無爲眞如性淨明露, 名現前地.)"고 하고, 정각의 『능가사자기』 自

序의 끝 부분(柳田聖山, 『初期の禪史Ⅰ』, p.82)에 "진여의 본성이 청정한 것은 상주하여 멸하지 않는다(眞如性淨, 常住不滅也.)"고 한다.

***覺滅心空(각멸심공)** : 『단어』 제25단에 "만약 망념이 일어나면 곧바로 깨달아라. 깨달음과 망념이 함께 멸하면 본성은 무주심이 된다"라고 한 말과 같다.

***一念相應(일념상응)** : 원래 『대승기신론』에 시각의 四位를 설하는 최종위인 구경각을 서술하는 부분에 나오는 말이다. "보살지가 다하여 방편을 만족하고 일념상응하여 마음이 처음 일어나는 것을 깨달으면 마음에 최초의 모양이 없다. 미세한 망념을 멀리 여의었기 때문에 심성을 볼 수 있다. 마음이 상주하는 것을 구경각이라 한다(如菩薩地盡, 滿足方便一念相應, 覺心初起心無初相. 以遠離微細念故, 得見心性. 心卽常住名究竟覺.)." →(『대정장』 권32, p.576중). 『頌』에는 '頓超凡聖'과 연결하여 돈오의 문맥으로 사용하고 있지만 신회의 사용법도 같다. 『문답잡징의』 제4단 '頓悟不思議'를 설하는 단과 동 제26단 '지덕법사문'에는 "一念相應, 便成正覺"이라 하고 있다.

16. 空無所得

無不能無, 有不能有. 行住坐臥, 心不動搖. 一切時中, 空無所得.

【번역】

없는 것이 곧 없는 것이 아니며, 있는 것이 곧 있는 것이 아니다. 일체의 모든 행동에도 본성은 동요하지 않는다. 언제 어느 때라도 공하여 얻을 것이 없다.

【해설】

무분별의 분별세계는 유무 등의 분별심으로는 접근할 수 없다. 이 경지는 있다고 해도 있다고 할 수 없고, 없다고 해도 없다고 할 수 없다. 언제 어디서 어떠한 행동을 하더라도 마음속에는 분별계탁심으로 동요하는 일이 없다. 공하여 얻을 것이 없다고 한 말이 바로 이를 두고 하는 말이다.

【注記】

***行住坐臥(행주좌와)** : 가고 · 머물고 · 앉고 · 눕는 것. 四威儀라고 함. 일상생활 속에서 이루어지고 있는 모든 행동을 말함. 『碧巖錄』 제23칙(『대정장』 권48, p.164중)에 "고인은 행주좌와, 이것을 도라고 생각한다(古人行住坐臥, 以此道爲念)"는 말이 있다.

***一切時(일체시)** : 범어 asakṛt를 번역한 말. 과거 · 현재 · 미래를 통하여 언제나 그치지 않는 것을 일체시라 한다. '항상' · '늘'의 뜻이다.

***空無所得(공무소득)** : 無所得空과 같은 말이다. 『전심법요』(『대정장』 권48, p.380하)에 "분명히 일체법은 본래 소유할 것도 없고, 또 얻을 것도 없다는 사실을 알아야 한다(決定知一切法, 本無所有, 亦無所得.)"고 한 바와 같이 제법은 모두 인연화합으로 구성되어 있기 때문에 공하여 소유할 것도 없고 얻을 것도 없다는 의미이다.

17. 如如

三世諸佛, 敎指如斯. 菩薩大悲, 轉相傳授. 至於達摩, 屆此爲初. 遞代相傳, 于今不絶.

【번역】

삼세의 모든 부처님이 가르친 내용은 이와 같다. 보살의 대비심은 대대로 전해졌다. 달마에 이르러 이 땅의 초조가 되었다. 대대로 서로 전하여 지금까지 끊어지지 않고 있다.

【해설】

과거·현재·미래의 삼세제불이 가르침을 편 것도 모두 이 여여의 자리에서 벗어나지 않았다. 그래서 보살은 대비의 서원으로써 그 가르침을 계속 이어 받아 마침내 달마에게 이르게 되었다. 달마는 중국에 와서 초조가 되었다. 그리고 대대로 상전하여 오늘날에 이르기까지 여여한 가르침은 끊어지지 않고 있다.

【注記】

***三世**(삼세) : 과거·현재·미래의 총칭. 三際라고도 한다. 世는 遷流의 뜻이다. 인연화합으로 된 有爲의 사물과 현상은 一刹那 사이에도 가만히 있지 못하고 과거·현재·미래에 걸쳐서 시시각각으로 생했다가 곧 멸하는 遷流移動의 과정을 끊임없이 되풀이 한다. 그런데 이와 같은 천류의 과정은 事物의 변화상에서 하는 말이지 사물은 떠나서는 천류의 의미를 설명할 수

없다. 그러나 주의해야 할 점은 禪佛敎에 있어서 과거나 미래가 전생이나 내생을 가리키는 말이 아니라 한 생각의 망념이 일어나면 현재 지금의 참된 자기 모습은 없어지고 과거와 미래가 나누어진다는 사실을 알아야 한다. 『전심법요』(『대정장』 권48, p.381하)에 "범부가 죽음에 임하여 단지 오온이 모두 공하고 사대가 실체가 없으며 참된 마음은 모양도 없고, 거래도 없으며, 살아 있을 때도 본성은 온 적이 없고, 죽을 때도 본성은 또한 가지도 않아서 담연원적한 줄 알면 심경은 일여하다. 단지 이와 같이 곧 바로 깨달을 수 있다면 삼세에 구속을 받지 않기 때문에 바로 세간을 벗어난 사람이 된다(凡人臨欲終時, 但觀五蘊皆空, 四大無我眞心無相, 不去不來, 生時性亦不來, 死時性亦不去, 湛然圓寂, 心境一如. 但能如是, 直下頓了, 不爲三世所拘繫, 便是出世人也.)"라고 한 말이 있다.

***大悲(대비)** : 범어 · 빠리어 mahākaruṇā의 역어이다. 위대한 자비란 뜻이다. 『대지도론』 권27(『대정장』 권25, p.256하)에 "대비는 중생을 연민히 여기기 때문에 능히 괴로움에서 벗어나게 할 수 있다(大悲憐愍衆生故, 亦能令脫苦.)"라고 한 바와 같이 중생의 괴로움을 덜어주는 불보살의 大慈悲心을 말한다. 일반적으로 범부나 성문의 자비를 단지 悲라고만 하고, 불보살의 자비를 大悲라고 한다. 참고로 悲와 慈를 구별해서 말하면 남의 괴로움을 덜어 주는 것을 '悲'라 하고, 남에게 즐거움을 주는 것을 '慈'라고 한다.

***遞代相傳, 於今不絕(체대상전, 어금불절)** : 초조인 보리달마가 전해준 衣法이 2조 혜가를 거쳐 6조 혜능에게까지 면면히 이어진 것을 말한다.

18. 得人

所[傳]秘敎, 意在得人. 如王髻珠, 終不妄與.

【번역】

전해진 마음에서 또 마음으로 전해지는 은밀한 가르침은 그 의도가 사람을 얻는데 있다. 이는 마치 왕의 계주를 최후까지 함부로 주지 않는 것과 같다.

【해설】

부처와 조사가 서로 전해온 은밀한 가르침은 그 사람을 얻는데 있다. 예를 들면 범천왕의 정수리에 있는 보주를 함부로 아무에게나 줄 수 없는 것과 같다. 반드시 얻을 만한 자격이 있는 사람에게 주어야 한다.

【注記】

*__如王髻珠, 終不妄與__(여왕계주, 종불망여) : 법화 7유의 하나인 '髻珠喩'이다. 『법화경』'안락행품'에 나온다. 전륜성왕은 상투 가운데 있는 寶珠만은 功臣에도 절대 함부로 주지 않고 오직 大功臣인 그 사람에게만 주는 것처럼 여래도 그와 같이 함부로 『법화경』을 개시하는 것이 아니고 그에 적합한 사람에게만 개시한다고 한다. "문수사리야, 비유하건대 마치 강력한 전륜성왕이 위세를 가지고 여러 나라들이 항복하도록 하고자함에 여러 작은 왕은 그 명령에 순종하지 않으면 그 때 전륜성왕은 갖가지 병력을 동원하여 가서 토벌하는 것과 같다. 왕은 병사

들 중에 전쟁에 공이 있는 사람을 보고 곧 대단히 기뻐하며 공에 따라 상을 주기도 하고, 혹은 田宅과 聚落과 城邑을 주기도 하며, 혹은 의복과 몸을 치장할 도구를 주며, 혹은 여러 가지 보배·금·은·유리·자거·마노·산호·호박·코끼리·말·수레·노비·인민 등을 줄지라도 오직 상투 가운데 있는 明珠만은 간직한 채 주지 않는다. 왜냐하면 오직 왕만의 정수리에 이 하나의 구슬이 있기 때문이다. 만약 그것을 주면 왕의 모든 권속은 반드시 대단히 놀라 괴이하게 생각할 것이다. 문수사리여, 여래도 또한 이와 같다. 선정과 지혜의 힘으로써 법의 국토를 얻어 삼계에 법왕이 된다. 그런데 여러 마왕은 순순히 따라 항복하지 않기 때문에 여래와 賢聖의 여러 장수들은 그들과 함께 전쟁한다. 그 유공자는 마음 또한 기뻐서 사부대중 가운데서 그들을 위하여 여러 경전을 설하여 그 마음을 즐겁게 하고, 선정·해탈·무루의 根과 力·여러 가지 법재를 주며, 또 열반의 城을 주어 멸도할 수 있도록 하고 그 마음을 인도하여 모두 즐겁게 하기도 하지만 그들을 위하여 이 『법화경』을 설하지 않는다. 문수사리여, 전륜왕은 여러 병사들 중에 큰 공이 있는 자를 보고 마음이 매우 기뻐서 이 믿기 어려운 구슬이 오래 동안 상투 중에 간직한 채 함부로 주지 않고 있다가 지금 주는 것과 같이 여래도 또한 이와 같다(文殊師利, 譬如强力轉輪聖王, 欲以威勢降伏諸國, 而諸小王不順其命, 時轉輪王, 起種種兵而往討罰. 王見兵衆戰有功者, 卽大歡喜隨功賞賜, 或與田宅聚落城邑, 或與衣服嚴身之具, 或與種種珍寶金銀琉璃車磲馬腦珊瑚虎珀象馬車乘奴婢人民, 唯髻中明珠不以與之. 所以者何. 獨王頂上有此一珠. 若以與之, 王諸眷屬必大驚怪. 文殊師利, 如來亦復如是. 以禪定智慧力得法國土王於三界. 而諸魔王不

肯順伏, 如來賢聖諸將與之共戰. 其有功者心亦歡喜, 於四衆中爲說諸經令其心悅, 賜以禪定解脫無漏根力諸法之財, 又復賜與涅槃之城言得滅度, 引導其心令皆歡喜, 而不爲說是法華經. 文殊師利, 如轉輪王見諸兵衆有大功者心甚歡喜, 以此難信之珠久在髻中, 不妄與人, 而今與之, 如來亦復如是.).” →(『대정장』 권9, pp.38하~39상; 岩波文庫本, pp.270·272).

19. 복덕과 지혜

福德智惠, 二種莊嚴, 解行相應, 方能建立.

【번역】

복덕과 지혜의 두 가지로 장엄하고 견해와 실천이 상응하여야 비로소 종지를 세울 수 있다.

【해설】

지혜와 복덕의 두 가지가 갖추어지지 않으면 안 된다. 즉 사상과 실천이 서로 상응할 때 비로소 佛祖가 전해준 가르침을 세울 수 있다.

【注記】

***解行相應**(해행상응) : 解(이해·견해)와 行(수행·실천)이 일치하고 있는 것. 만상의 이치를 알고 그 이치를 일상생활 속에서 실천하는 것을 말한다. 수행하는 사람이 먼저 教義를 이해하는 것

을 解 또는 解門이라 하고, 그것을 몸소 실천에 옮기는 것을 行 또는 行門이라 한다. 이 둘은 행자가 반드시 갖추어야 할 것이므로 해는 눈에, 행은 발에 각각 비유한다. 길을 바르게 가려면 눈과 발이 서로 떨어지지 않고 반드시 함께 하여야 하므로 '知目行足'이라 한다. 길장의 『勝鬘寶窟』권하의 말(『대정장』권37, p.87상)에 "만약 해와 행이 서로 도우면 반드시 성불할 수 있다(若能解行相資, 必得成佛.)." 智顗說·湛然略 『유마경약소』권2(『대정장』권38, p.594하)에 "직심은 해이고 발행은 행이다. 해는 행을 이끌고, 행은 해를 돕는다. 해와 행이 서로 이루어지면 눈과 다리가 구비되어 청량지에 이르게 되는 것을 깊고 넓은 마음이라 하는 것과 같다(直心是解發行是行. 解導於行行資於解. 解行相成如目足備到淸涼池名深廣心也.)." 또 『능가사자기』'도신장'(柳田聖山, 『初期の禪史 I』, p.225)에 "옛날에 智敏禪師가 학인들에게 가르치기를, '도를 배우는 방법은 반드시 해와 행이 相扶해야 한다. 먼저 마음의 근원과 모든 체용을 알아야 하며 이치를 보는 것이 밝고 맑아 똑똑하고 분명하여 미혹이 없으면 그러한 후에 효과가 가히 나타날 것이라'(又古時智敏禪師訓曰, 學道之法, 必須解行相扶. 先知心之根源及諸體用, 見理明淨, 了了分明無惑, 然後功業可成.)"고 한 것처럼 모두 근본은 해와 행이 서로 도우는 것에 의하여 깨달음의 경지에 도달할 수 있다고 본다. 그러나 신회는 해와 행이 서로 도와서 점차로 경지가 향상되는 것을 말하지 않고 갑자기 해와 행이 일치하지 않으면 안 된다고 한다. 신회는 이것을 돈오라고 표현하지는 않았지만 확실히 돈오를 말하는 것이다. 『보림전』권8'달마장'에 "해와 행이 상응하는 것을 이름하여 조사라고 한다"고 한것은 신회의 주장을 계승한 것일 것이다.

20. 법과 가사

衣爲法信, 法是衣宗. 衣法相傳, 更無別付. 非衣不弘於法, 非法不受於衣. 衣是法信之衣, 法是無生之法.

【번역】

옷(袈裟)은 법(종지)을 전한 증표이고 종지는 가사의 근본이다. 가사와 법을 대대로 전했을 뿐 그밖에 다른 것을 부촉하지 않았다. 가사가 아니면 법을 펼 수 없고 법이 아니면 가사를 전수할 수 없다. 그러므로 가사는 종지를 전한 증거가 되는 가사이고, 법은 생함이 없는 법이다.

【해설】

가사를 전했다고 하는 것은 법을 전했다는 일종의 인가증명이다. 가사의 의미는 법에 있다. 가사와 법을 전한 것 이외에 어떠한 것도 전한 적이 없다. 가사란 증표가 되기 때문에 그 사람이 현전하여 법이 전해진 것을 의미한다. 법이 없는 곳에 가사가 있어서는 안 된다. 가사는 분명히 법의 소재를 표시하는 증표이다. 그리고 그 법이라는 것은 무생의 법이다. 유무와 생멸의 분별심을 허용하지 않는 여여의 법이다. 이 무생인 여여의 법은 무념의 당체이고, 지견의 用處이다. 또 이 자리는 일체의 대립을 떠난 자리이기 때문에 선정과 지혜가 하나인 곳이고, 반야와 열반이 둘이 아닌 곳이다.

【注記】

***衣爲法信, 法是衣宗 … [了法身]而眞解脫**(의위법신, 법시의종 … [료법신]이진해탈) : 안으로는 법에 계합한 以心傳心의 법을 전하고, 밖으로는 그 증표로써 가사를 전한 것을 말한다. 이른바 傳衣說로서 이는 하택신회가 최초로 주장한 것이다. 781년경에 성립한 것으로 보이는 『조계대사전』(『慧能研究』, p.35)에 전해 받은 가사를 혜능에게 부촉하고 홍인은 다음과 같이 말한다. "가사는 법의 신표이고, 법은 이 가사의 근본이다. 위로부터 서로 전했으며 다시 따로 부촉하지 않는다. 가사가 아니면 법을 전하지 않고, 법이 아니면 가사를 전하지 않는다. 가사는 西國의 師子尊者가 相傳하여 불법이 단절되지 않게 했다. 법은 여래의 매우 깊은 반야이고, 반야가 공적하여 무주인 사실을 알면 법신을 요달하고, 불성이 공적하여 무주인 사실을 아는 것은 참된 해탈 해탈이다. 너는 가사를 가지고 갈만하다(衣爲法信, 法是衣宗. 從上相傳, 更無別付. 非衣不傳於法, 非法不傳於衣. 衣是西國師子尊者相傳, 令佛法不斷. 法是如來甚深般若, 知般若空寂無住, 卽而了法身, 見佛性空寂無住, 是眞解脫.)." 가사는 사자존자가 전했다고 함으로써 신회의 전의설보다도 進化하고 있지만 『돈오무생반야송』을 계승하고 있다. 대대로 달마의 가사를 전하여 법의 신표로 삼아 지금 조계의 혜능에게 전하고 있다는 전의설은 신회가 創唱하는 것이고, 달마의 가사를 전하고 있지 않은 신수 – 보적의 법문을 '師承是傍'이라고 하는 근거로 삼고 있다. 『남종정시비론』 제9단에 "위로부터의 상전은 한 사람 한 사람에게 모두 달마의 가사를 수여하여 증명으로 삼고 있다. 그 가사는 지금 소주에 있으며, 이제 다시는 다른 사람에게 수여하지 않는다. 다른 물건을 가

지고 서로 전하고 있다고 하는 것은 그릇된 주장이다(從上相傳, 一一皆與達摩袈裟爲信. 其袈裟今見在韶州, 更不與人. 餘物相傳者, 卽是謬言.).” 또 제10단에 “비록 법이 가사에 있는 것은 아닐지라도 대대로 (법의) 상승을 나타내는 것은 가사를 전하여 증명으로 삼는 것이다(法雖不在衣上, 表代代相承, 以傳衣爲信.)”라고 한다. 석정본 『신회어록』 말미에 있는 ‘六祖의 傳記’에도 전법의 증거가 된 전의는 중요한 전기의 구성요소가 되고 있으며, 이후의 전등사에 계승된다. 『역대법보기』에는 혜능으로부터 받은 가사를 則天武后가 資州智詵에게 주고, 그것이 처적 – 무주 – 무상으로 전해졌다고 주장하여 정통성의 근거로 삼고 있으며, 『조계대사전』에도 傳衣의 가사가 조계에 간수하고 있다고 주장한다. 그러나 곧 전법의 증거로서 傳衣付法頌(돈황본 『육조단경』 제49단)이 나오고, 그것을 발전시켜 傳法偈(『보림전』)가 나옴으로써 전의부법설의 역사적인 역할은 끝을 맺는다.

***衣法(의법)** : 衣는 가사이며, 이것을 傳法의 信標로 삼았다. 法은 바로 다음에 나오는 무생의 법이다. 선종에서는 스승이 제자에게 법을 부촉함과 동시에 그 증거로서 가사를 전했다고 한다.

***法是無生之法(법시무생지법)** : 남종 돈교의 법은 無生無滅의 반야바라밀법임을 강조하는 말이다. 무생은 인연화합이 조성되기 이전의 본래 세계를 가리킨다.

21. 無生

無生旣無虛妄, 法乃空寂之心. 知空寂而了法身,

[了法身]而眞解脫.

【번역】

무생은 이미 허망함이 없는 것이며 법은 공적한 마음이다. 지는 공적한 그대로인 채 법신을 명확히 알며, 그 법신을 명확히 아는 것이 참된 해탈이다.

【해설】

무생은 眞實在 바로 그 자체이기 때문에 허망한 법이 아니다. 그것은 공적한 본체이고, 무분별의 마음이다. 몸과 마음은 하나이기 때문에 공적한 본체가 곧 무분별의 마음인 것이다. 공적은 단순히 空無한 것을 말하는 것은 아니다. 즉 분별심의 이면에 있는 공적한 본체를 가리키는 것이 아니라는 뜻이다. 절대무는 결코 분별심의 영역에 구속되지 않는다. 이를 인격적으로 혹은 행위적으로 말하면 법신이라 한다. 왜냐하면 작용이 그로부터 무궁무진하게 나오기 때문이다. 이러한 도리를 완전히 깨달았을 때 해탈했다고 한다.

【注記】

*법乃空寂之心(법내공적지심) : 여기서 법은 곧 心法을 말하며, 공적에서 空은 인연의 假和合이 이루어지지 않아 諸相이 없는 것을, 寂은 起滅이 없는 寂靜을 각각 지칭한다. 그러므로 마음의 법은 본래 공하여 기멸이 없고 靜寂하다는 것이다.

*眞解脫(진해탈) : 일체의 번뇌장을 다 끊고 증득하는 불타의 열반을 가리킨다. 속박을 여의는 것이 解이고, 자재를 얻는 것이 脫이다.

Ⅱ. 荷澤大師顯宗記

荷澤大師

無念爲宗, 無作爲本. 眞空爲體, 妙有爲用.

夫眞如無念, 非想念而能知. 實相無生, 豈色心而能見. 無念念者, 卽念眞如. 無生生者, 卽生實相. 無住而住, 常住涅槃. 無行而行, 卽超彼岸. 如如不動, 動用無窮. 念念無求, 求本無念. 菩提無得, 淨五眼而了三身. 般若無知, 運六通而弘四智. 是知卽定無定, 卽慧無慧, 卽行無行. 性等虛空, 體同法界. 六度自茲圓滿, 道品於是無虧. 是知我法體空, 有無雙泯. 心本無作, 道常無念. 無念無思, 無求無得. 不彼不此, 不去不來. 體悟三明, 心通八解. 功成十力, 富有七珍. 入不二門, 獲一乘理. 妙中之妙, 卽妙法身. 天中之天, 乃金剛慧. 湛然常寂, 應用無方. 用而常空, 空而常用. 用而不有, 卽是眞空. 空而不無, 便成妙有. 妙有卽摩訶般若, 眞空卽淸淨涅槃. 般若是涅槃之因, 涅槃是般若之果. 般若無見, 能見涅槃. 涅槃無生, 能生般若. 涅槃般若，名異體同，隨義立名，故云法無定相．涅槃能生般若，卽名眞佛法身．般若能建涅槃，故號如來知見．知卽知心空寂，見卽見性無生．知見分明，不一不異．故能動寂常妙，理事皆如．如卽處處能通，達卽理事無礙．
六根不染，卽定慧之功．六識不生，卽如如之力．心如境謝，境滅心空．心境雙亡，體用不異．眞如性淨，慧鑒無窮．如水分千月，能見聞覺知．見聞覺知，而常空寂．空卽無相，寂卽無生．不被善惡所拘，不被靜亂所攝．不厭生死，不樂涅槃．無不能無，有不能有．行住坐臥，心不動搖．一切時中，獲無所得．
三世諸佛，敎旨如斯．卽菩薩慈悲，遞相傳受．自世尊滅後，西天二十八祖，共傳無住之心．同說如來知見．至於達磨，屆此爲初．遞代相承，於今不絕．所傳秘敎，要藉得人．如王髻珠，終不妄與．福德智慧，二種莊嚴．行解相應，方能建立．
衣爲法信，法是衣宗．唯指衣法相傳，更無別法．內傳心印，印契本心．外傳袈裟，將表宗旨．非衣不傳於法，非法不受於衣．衣是法信之衣，法是無生之法．無生卽無虛妄，乃是空寂之心．知空寂而了法身，了法身而眞解脫．

【번역】

無念을 宗旨로 하고, 無作을 근본으로 하며, 眞空을 본체로 삼고, 妙有를 작용으로 삼는다.

저 眞如인 無念은 想念으로써 능히 알 수 있는 것이 아니다. 實相인 無生을 어찌 色心으로 능히 볼 수 있으리오? 무념의 念이란 것은 곧 진여를 생각하는 것이다. 무생의 生이란 것은 곧 實相을 생하는 것이다. 住함이 없이 주하여야 항상 열반에 머무를 수 있다. 행함이 없이 행하여야 곧 피안을 초월할 수 있다. 如如하여 움직이지 않지만 움직이는 작용이 무궁하다. 생각생각마다 구함이 없어야 본래의 무념을 구할 수 있다. 보리는 얻을 수 없지만 五眼을 맑게 하여 三身을 깨달을 수 있게 한다. 반야는 無知이나 여섯가지 신통을 부리고 四智를 넓게 한다. 선정에 들어 있으면서도 선정에 들어 있다는 생각이 없어야 하고, 지혜로운 생활을 하면서도 지혜로운 생활을 한다는 생각이 없어야 하며, 수행을 하면서도 수행을 한다는 생각이 없어야 하는 줄 알아야 한다. 성품은 허공과 같고, 그 본체는 법계와 같다. 6바라밀이 이로부터 원만하고, 道品이 이에서 이지러짐이 없다. 我와 法의 본체가 모두 공하고, 有와 無의 차별심도 다 없는 줄 알아야 한다. 마음은 본래 짓는 바가 없고, 도에는 항상 망념이 없다. 망념도 없고 사려도 없으며, 구할 것도 없고 얻을 것도 없다. 저것도 아니고 이것도 아니며, 가는 것도 아니고 오는 것도 아니다. 몸으로는 3明을 깨닫고, 마음으로는 8해탈에 통달한다. 그 공덕으로 10力을 이루고, 넉넉하여 7珍이 있다. 둘이 아닌 법문을 깨달아 一乘의 도리를 얻는다. 묘한 가운데 묘한 것은 곧 묘한 법신이며, 하늘 가운데 하늘은 金剛의 지혜이다. 湛然히 常寂하지만 그 응용은 방향과 장소가 없다. 작용하지만 항상 空하고, 空하지만 항상 작용한다. 작용하지만 존재하지 않는 것이 곧 이 眞空이다. 空하지만 없지도 않아서 문득 妙有를 이룬다. 묘유는 곧 마하반야이며, 진공은 곧 청정열반이다. 반야는 열반의 因이고 열반은 반야의 과이다. 반야는 봄이 없으나 능히 열반을 본다. 열반은 生함이 없으나 능히 반야를 생한다. 열반과 반야는 이름은 다르지만 본체는 같다. 뜻에 따라 이름을 세운 것이기 때문에 법에는 정해진 모양이 없다. 열반이 능히 반야를 생하는 것을 곧 이름하여 참된 부처의 법신이라 한다. 반야는 능히 열반을 세우기 때문에 如來의 知見이라 한다. 知는 곧 마음이 공적함을 아는 것이고, 見은 곧 본성이 생함이 없음을 보는 것(깨닫는 것)이다. 知와 見이 분명히 구분되지만 같지(一)도 않고 다르지(異)도 않다. 그러므로 능히 움직임과 寂靜함이 항상 묘하지만 理(본성)와 事(현상)는 모두 여여하다. 處處에 능히 통달하여 理事가 걸림이 없다.

6근이 오염되지 않는 것은 定慧의 작용이다. 6識의 분별심이 생하지 않는 것은 변함이 없는 진여자성의 힘이다. 마음에 만약 경계가 끊어지면 경계가 멸하여 마음이 空寂해진다. 마음과 대상이 둘 다 없어지면 체와 용이 모두 하나가 된다. 진여의 본성은 청정(공적)하나 지혜의 작용은 무궁하다. 비유하자면 물이 천개의 달을 나누는 것과 같이 능히 見聞覺知한다. 見聞覺知하지만 항상 공적하다. 공하면 모양이 없고, 적정하면 생함이 없다. 선악에 구애되지 않고, 고요함과 시끄러움에 떨어지지 않는다.

생사를 싫어하지 않고, 열반을 좋아하지 않는다. 없는 것이 곧 없는 것이 아니며, 있는 것이 곧 있는 것이 아니다. 어떠한 행동을 하더라도 마음은 동요하지 않는다. 언제 어디서라도 얻을 것이 없는 경지를 얻는다.

삼세제불이 가르친 뜻은 이와 같다. 보살의 慈悲를 번갈아 相傳하여 받았다. 세존 멸도 후부터 서천28조에 이르기까지 머무름이 없는 마음을 함께 전했으며 여래의 지견을 다 같이 설했다. 달마에 이르러 이 땅의 초조가 되었다. 대대로 相承하여 지금까지 끊어지지 않고 있다. 전하는 바 秘敎는 반드시 사람을 의지하여야 한다. 마치 왕의 髻珠를 최후까지 헛되이 주지 않는 것과 같다. 복덕과 지혜 두 가지로 장엄하고 불법의 이해과 실천이 상응하여야 비로소 법을 능히 세울 수 있다.

衣(袈裟)는 法의 신표가 되고, 法은 바로 가사의 근본이 된다. 오직 가사와 法만을 서로 전할 뿐 또 다른 법은 없다. 안으로는 心印을 전하여 本心에 계합함을 인가하고 밖으로는 가사를 전하여 그것으로써 종지를 나타낸다. 가사가 아니면 법을 전하지 않고, 법이 아니면 가사를 전수하지 않는다. 가사는 바로 法의 신표로써의 가사인 것이며, 법은 바로 生함이 없는 法인 것이다. 무생은 허망함이 없는 것이고, 이는 곧 공적한 마음이다. 공적을 알고 법신을 깨달으며 그 법신을 깨닫는 것이 곧 眞解脫이다.

【注記】

***顯宗記**(현종기) : 『전등록』 권5 '신회장'(『대정장』 권51, p.245상)에 "천보4년에 비로소 양종을 결정하여 '南能은 돈종이고, 北秀

는 점교'이며, 이에 『현종기』를 지어 세상에 성행하게 한다(天寶四年, 方定兩宗, 南能頓宗北秀漸教, 乃着顯宗記, 盛行于世.)"라고 적고 있다. 『宋史』 권205 '藝文志4'에도 "僧神會荷澤顯宗記一卷"이 저록되어 있다. 『종경록』 권99에는 '현종론'이라고 제명하여 『현종기』의 첫 머리 부분과 중단 및 후단의 글을 발췌하여 묶어서 약 7분의 1 정도의 분량으로 된 것을 실고 있다.

*無念爲宗, 無作爲本(무념위종, 무작위본) : '무념'이 신회선사상의 근간인 것은 많은 학자들이 인정하는 것이다. 『단어』 제15단, 『문답잡징의』 제25단 '嗣道王問無念法'에도 "진여는 무념의 본체이고, 이런 의미 때문에 무념을 세워 종지로 삼는다"라고 한다. '무작'은 無作意·無作爲의 뜻이고, 신회의 중요한 용어 중에 하나인 '不作意'(『단어』 제12단의 주기 참조)라고 한 것과 거의 같은 의미라고 보아도 좋다. 단 '無作爲本'의 용례는 다른 곳에는 보이지 않는다. 그러나 '無念無作'이 합쳐진 예로서는 『문수반야경』(『대정장』 권8, p.731상·p.738상)에 "반야바라밀은 무변·무제·무명·무상… 법계에는 한계가 없고, 또한 제한된 수가 없는 것과 같다. 이를 반야바라밀이라고 한다. 또 보살마하살의 행처인 행하지도 않고 행하지 않는 것도 아닌 행동에 대하여 모두 일승에 들어가는 것을 이름하여 행처가 아니라고 한다. 왜냐하면 무념무작이기 때문이다(般若波羅蜜無邊無際無名無相. … 猶如法界無有分齊亦無限數. 是名般若波羅蜜. 亦名菩薩摩訶薩行處, 非處非不行處, 悉入一乘名非行處. 何以故. 無念無作故.)"라고 하고, 또 이어서 일행삼매를 설하는 부분에도 보인다. 선종(『보림전』)계 『四十二章經』(『註四十二章經』) 제2장(『대정장』 권39, p.518상)에 "출가사문이란

자는 먼저 욕망을 끊고 애착을 버려야 한다. 자신의 심원을 알고 부처의 깊은 이치를 통달해야 한다. 부처의 무위를 깨달아 안으로 얻은 것이 없고 밖으로 구하는 것이 없어야 한다. 마음이 도에 얽매이지 않고 또한 업을 짓지 않아야 한다. **無念無作**하고 무수무증하며 모든 위를 지나 스스로 崇最한 것을 도라 한다(出家沙門者, 斷欲去愛, 識自心源, 達佛深理, 悟佛無爲, 內無所得, 外無所求, 心不繫道, 亦不結業, 無念無作, 無修無證, 不歷諸位, 而自崇最, 名之爲道.)"라고 한다. 선종계 『사십이장경』은 『보림전』 권1의 '석가모니불장'에 보이는 것이 최초이고, 그 제2장은 『보림전』에는 없는 부분이지만 『보림전』을 이은 『조당집』 권1의 '석가모니불장'에 인용하고 있다. 또 『낙경하택신회대사어』의 '시중'(『전등록』 권28. →『대정장』 권51, p.439중하)에 "그러므로 무념이 최상승이라는 것을 알아야 한다. … 스스로 청정하면 境慮가 생하지 않는다. 지음이 없으면 반연이 스스로 그친다. … 이처럼 최상승은 마땅히 무작이어야 한다(故知無念爲最上乘. … 自淨則境慮不生. 無作乃攀緣自息. … 若最上乘應當無作.)." 석정본 『신회어록』 말미의 『대승돈교송병서』에도 "無念則境慮不生, 無作則攀緣自息"이라고 하여 짝으로 사용하고 있다. 이러한 것으로부터 무념과 무작을 짝으로 한 "無念爲宗, 無作爲本"이란 구가 성립할 수 있는 충분한 설득력을 가지게 되며, 따라서 신회의 선사상에 어긋나지 않는 것이다. 『현종론』에는 첫 머리의 이 부분은 "無念爲宗, 無相爲體, 無住爲本"으로 되어 있다. '무념위종, 무주위본'의 구는 돈황본 『육조단경』 제17단에 "無念爲宗, 無相爲體, 無住爲本"라고 한 것에 의하여 잘 알려져 있다. '무주위본'은 원래 『유마경』 '관중생품'의 구이다. 무주·무주심도 무념과 함께 신회의 선사상을 표현하는 중요한 개념이라는 것은 『단어』 제12단에 '무주심'의 어주를 보라. 그 주에 '어떠한 것에도 집착하지 않는 것이라고 말한 『반야경』 이래의 주체적인 공의 실천을 여실히 보여 주는 말'이라고 한 바 있다. '무작'도 의미와 내용은 '무주'와는 다르지만 역시 공의 주체적인 실천을 나타내는 말이라고 보아도 좋을 것이다. 무념과 무작의 관계는 남종선의 종지인 무념, 즉 반야바라밀을 체득하기 위해서는 무작과 무상의 실천이 근본이 되어야 한다는 뜻일 것이다. 그리고 조선시대 得通己和(1376～1433)가 說誼한 『金剛般若波羅蜜經五家解說誼』 권상의 '曹溪六祖禪師序'에 "『금강경』이란 無相으로 宗을 삼고, 無住로써 體를 삼으며, 妙有로써 用을 삼는다"고 한 말이 있다.

***眞空爲體, 妙有爲用**(진공위체, 묘유위용) : 『단어』 제15단에 "本體空寂, 從空寂體上起知"라고 한 말에서 '本體空寂'은 진공에 해당하고, '空寂體上起知'는 묘유에 해당한다. 다음 글에 "妙有則摩訶般若"라고 한 것처럼 『현종기(론)』에도 묘유는 반야의 지이다. 그러나 진공·묘유라는 一對의 어휘는 『돈오무생반야송』·『현종기(론)』 이외 신회의 저작 중에 보이지 않는다. 체·용에 대해서는 정혜일체를 설명하는데 응용되고 있다(『단어』 제17단).

***眞如無念**(진여무념) : 『돈오무생반야송』의 주를 보라.

***非想念而能知**(비상념이능지) : '想念'은 분별심을, '知'는 반야지를 각각 가리킨다. 진여가 망념이 없는 무념인 사실을 분별심으로써는 알 수 없고, 오직 무분별의 반야지로써만 알 수 있다는 뜻이다.

***實相無生**(실상무생) : 『돈오무생반야송』의 주를 보라.

***色心**(색심) : 색은 물질을, 심은 정신을 가리키며, 名色이라고도 한다. 여기서 색심은 身心, 즉 중생의 사량분별심을 가리킨다.

***無念念者卽念眞如**(무념념자즉념진여) : 『문답잡징의』 제25단 '嗣道王問無念法'에 다음과 같은 논의가 있다. "질문, '無(없다)란 어떤 법이 없다는 것이며, 念(생각한다)이란 어떤 법을 생각한다는 것인가?' 대답, '無란 二法(유무 · 선악 · 시비 등 2見의 분별심)이 없다는 것이며, 念이란 오직 진여자성만을 생각하는 것이다.' 질문, '생각(念)하는 것과 진여와는 어떤 차이가 있는가?' 대답, '차이가 없다.' 질문, '이미 차이가 없다면 왜 진여를 念(생각)하라고 말하는가?' 대답, '지금 말하는 그 念은 진여의 작용이고, 진여는 念의 본체인 것이다. 이런 의미에서 무념을 세워서 宗旨로 삼는 것이다. 만약 무념을 보는 자는 보고 · 듣고 · 느끼고 · 분별(見聞覺知)하더라도 항상 공적하다.'" 『현종론』은 "眞如無念, 念者卽念眞如"로 되어 있고, 다음 구도 『현종기』에 "無生生者, 卽生實相"라고 한 것을 "實相無生, 生者卽生實相"이라 하고 있다. 그런데 念이 妄念인지 아니면 진여자성의 작용(正念)인지 잘 구별해야 한다. 물론 여기 無念의 念은 진여자성의 작용이다. 돈황본 『육조단경』 제17단에 "없다고 하는 것은 무엇이 없는 것이며, 생각한다고 하는 것은 무엇을 생각한다고 하는 것인가? 없다는 것은 분별적인 모든 번뇌를 여의는 것을 말하고, 생각한다는 것은 진여본성을 생각하는 것을 말한다. 진여는 생각하는 것의 본체이며, 생각하는 것은 진여의 작용인 것이다.(無者, 無何事, 念者, 念何物. 無者, 離二相諸塵勞, 念者, 念眞如本性. 眞如是念之體, 念是眞如之用.)"이라고 할 때의 念도 역시 진여자성의 작용을 가리킨다.

***如如不動, 動用無窮**(여여부동, 동용무궁) : 『돈오무생반야송』의 주를 보라. 如如는 『능가경』에서 주장하는 五法의 하나로서 진여를 가리킨다. 만유제법의 理體는 동일 평등하기 때문에 如라 한다. 또 하나의 如에 일법계의 천차만별의 제법을 다 갖추어 어느 것이든지 체로 말하면 如하지 않는 것이 없으며, 그리고 如의 뜻이 하나만이 아니므로 如如라 한다.

***念念無求, 求本無念**(념념무구, 구본무념) : 『현종론』에는 "念念無求, **常求**無念"으로 되어 있다. 『돈오무생반야송』은 "念念無來, 常求無念"으로 되어 있는 '求'자의 위에 倒置符號인 것처럼 보이는 墨跡이 있다. 『돈오무생반야송』(교기5)를 보라. 『현종론』은 첫 머리부터 이 구까지 있으며, 다음 "菩提無得, … 湛然常寂, 應用無方"까지의 138자가 없고, "用而常空, 空而常用…"에 접속되어 있다.

***彼岸**(피안) : 범어·빠리어 pāra를 번역한 말이다. 『釋禪波羅蜜次第法門』권1의 上(『대정장』권46, p.478상)에 "저 언덕에 이른다고 하는 것은 생사는 이 언덕이 되고, 열반은 저 언덕이 된다. 번뇌가 가운데 흐르지만 보살은 無相으로써 妙慧를 삼아 선정의 배를 타고 항해하여 생사의 이 언덕으로부터 열반의 저 언덕으로 건너간다(言到彼岸者, 生死爲此岸, 涅槃爲彼岸. 煩惱爲中流, 菩薩以無相妙慧, 乘禪定舟航, 從生死此岸, 度涅槃彼岸.)"고 한 바와 같이 생사윤회의 미혹한 세계를 此岸이라 하고, 깨달음의 경지인 해탈열반의 세계를 피안이라 하고 있다.

***菩提無得, 淨五眼而了三身**(보리무득, 정오안이료삼신) : 『돈오무생반야송』에는 '菩提無得, [得]佛法身'로 되어 있다. [ ]안의 글자는 文意에 의하여 보충한 것임. '菩提無得'은 반야계 경전

의 주요 테마이다. 예를 들면 『금강경』(『대정장』 권8, p.751상·岩波文庫本, p.94.)에 "실로 법으로서 여래의 아뇩다라삼막삼보리를 얻을 수 없다(實無有法如來得阿耨多羅三藐三菩提.)." 또 『御注金剛經宣演』 권하(『대정장』 권85, p.34상)에 "8지의 무공용행과 불과 중에는 보리도 얻음이 없다(八地行及佛果中, 菩提無得.)." 오안이란 말은 범어 pañca-cakṣu, 빠리어 pañca-cakkhu를 번역한 것이다. 『유마경』 '제자품'(『대정장』 권14, p.541하)에 "많은 마구니를 항복받고 五道를 건너 오안을 청정히 하여 오력을 얻고 오근을 세운다(降伏衆魔度五道, 淨五眼得五力立五根.)"고 하고, 또 『금강경』(『대정장』 권8, p.751중)에도 오안이 나온다. 다섯 가지 眼力. ① 肉眼은 범부들이 가지고 있는 육체의 눈. ② 天眼은 색계의 천인이 소유하고 있는 눈. ③ 慧眼은 연기의 실상을 보는 지혜의 눈. ④ 法眼은 보살이 모든 중생을 제도하기 위하여 일체의 법문을 照見하는 눈. ⑤ 佛眼은 육안·천안·혜안·법안의 4안을 구족한 불타의 눈을 지칭한다. 三身이란 말은 범어 tri-kāya를 번역한 것이다. 佛身을 셋으로 나눈 것. 『最勝王經』 권2에는 법신·보신·화신을 설하고 있고, 『大乘義章』 권19에는 법신·응신·화신을 설하고 있지만 『十地經論』에 의하여 3신불을 설명하면, ① 法身(dharma-kāya)은 진여의 理體에 인격적인 의미를 부여하여 법신이라 하는데 이 법신은 無形無色의 理佛이다. ② 報身(sambhoga-kāya)은 因位의 願行에 따라 나타난 불신으로서 아미타불이 그 대표적인 사례이다. 즉 菩薩位의 어려운 수행정진을 한 결과로 얻은 相好具定의 불신이다. ③ 應身(nirmāṇa-kāya)은 보신불을 친견하지 못한 이를 제도하기 위하여 나타난 불신으로 역사적 존재인 석가모니불이 대표적인 사례이다. 이는 중생의 근기에 응하여 화현한 불신이다. 또 법상종에서 自性身·受用身·變化身의 3신설을 주장한다. 前說한 불신과 이를 서로 비교하여 도표로 그려 보면 다음과 같다.

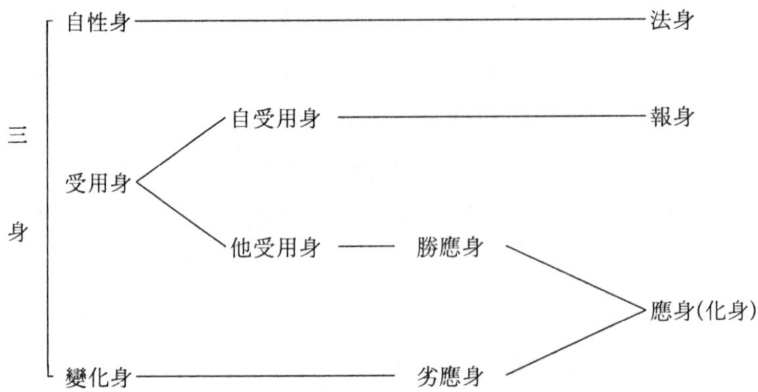

그러나 돈황본 『육조단경』 제20단에도 삼신불을 설하고 있는데 이 삼신이 각각 다른 것이 아니라 本體가 동일하다고 주장한다(돈황본 『단경』 제53단에 "化身報身及法身, 三身元本是一身"). 부연하면 『단경』에서의 삼신불은 객관적인 대상으로 설하지 않고 자기자신의 본성에 구족된 삼신불을 설하고 있다. 이런 自性三身佛의 사상을 계승하여 『임제록』(『대정장』 권47, p.497중)에서는 "그대 一念의 마음에 청정한 광명이 바로 그대 집안의 법신불이고, 그대 일념의 마음 가운데 분별이 없는 광명이 바로 그대 집안의 보신불이며, 그대 일념의 마음 가운데 분별이 없는 광명이 바로 그대 집안의 화신불이다. 이 3종의 몸은 바로 그대로 지금 나의 눈 앞에서 나의 설법을 듣는 사람이다(爾一念心上淸淨光. 是爾屋裏法身佛. 爾一念心上無分別光. 是爾屋裏報身佛. 爾一念心上無差別光. 是爾屋裏化身佛.

此三種身是爾卽今目前聽法底人.)"라고 한 바와 같이 더욱더 구체적으로 三身一體說을 주장하고 있다.

***般若無知, 運六通而弘四智**(반야무지, 운육통이홍사지) : '반야무지'는 『조론』'반야무지론'에 의거한 말. 『돈오무생반야송』의 주를 보라. '육통'은 육신통. 불보살이 정혜의 힘으로 얻은 여섯 가지 신통력(abhijñā)을 가리킨다. ① 天眼通은 범부의 육안으로 볼 수 없는 것을 보는 신통력. ② 天耳通은 인간의 귀로는 듣지 못하는 소리를 듣는 신통력. ③ 他心通은 다른 사람의 마음을 자유자재하게 아는 신통력. ④ 宿命通은 과거세의 생사를 자재하게 아는 신통력. ⑤ 神足通은 如意通이라고도 한다. 부사의하게 경계를 변신하여 나타내기도 하고, 걸림 없이 날아다니기도 하는 신통력. ⑥ 漏盡通은 자재하게 번뇌를 끊는 신통력이다. 四智는 유식학에서 주장하는 여래의 네 가지 지혜. 佛果에 이르러 有漏의 마음인 범부의 8식을 전환하여 얻은 여래의 4가지 無漏智를 말한다. 『성유식론』권10((『대정장』권31, p.56상)에서 주장하고 있는 四智說을 보면, ① 大圓鏡智(鏡智, ādarśa-jñāna)는 第8阿賴耶識이 불과에 도달했을 때 모든 習氣가 없어진 후 얻은 지혜. 한 점의 티끌도 없는 거울에 삼라만상이 비칠 때나 비출 때 부족함이 없이 원만하고 분명하게 비추고 나타내 주는 것과 같이 이 지혜도 그와 똑 같이 萬德이 원만하므로 대원경지라 한다. 이 지혜의 본체는 不動하여 나머지 3智의 근본이 된다(『佛地經』(『대정장』권16, p.721중). ② 平等性智(平等智, samatā-jñāna)는 第7末那識을 전환하여 얻은 지혜. 通達位에서 그 일분을 증득하고, 佛果에 이르러 그 전분을 증득한다. 이는 자기와 타인 및 일체의 모든 것이 평등한 것임을 알아서 크게 자비심을 일으키는 지혜

이다. ③ 妙觀察智(觀智, pratyavekṣaṇā-jñāna)는 第6意識을 전환하여 얻은 지혜. 妙는 불가사의한 힘의 자재를 말하고, 관찰은 제법을 살펴보는 것을 말한다. 즉 중생을 위하여 법륜을 굴리고, 중생으로 하여금 여러 가지 번뇌를 끊어서 대안락을 얻게 하는 지혜이다. ④ 成所作智(作事智, kṛtyānuṣṭhāna-jñāna)는 前5識을 전환하여 얻은 지혜. 10지 이전의 보살과 이승 및 범부 등을 利樂케 하기 위하여 10方에서 3업으로 갖가지 변화하는 모습을 보여 각자 이락을 얻게 하는 지혜이다. 밀교에서는 이 4지를 차례로 아촉불·보생불·아미타불·불공성취불의 4여래에 배대하였다. 이들은 모두 報身이다. 『돈오무생반야송』에는 "般若無知, 知一切法"으로 되어 있다.

***卽定無定, 卽慧無慧, 卽行無行, 性等虛空, 體同法界**(즉정무정, 즉혜무혜, 즉행무행, 성등허공, 체동법계) : '卽定無定, 卽慧無惠'는 『단어』 제17단에 "지혜가 작용하고 있을 때 지혜가 작용한다는 생각도 없고, 선정에 들어 있어도 선정에 들어 있다는 생각이 없어야 한다"는 주장과 취지가 같다. '卽行無行'은 바로 앞 구와 같은 말투로 이어진 것이다. 『돈오무생반야송』은 '卽定是惠, 卽惠無生, 無生實相眞空, 無行能周法界'로 되어 있다.

***六度**(육도) : 육바라밀을 말함.

***道品**(도품) : 『돈오무생반야송』의 주를 보라.

***我法體空**(아법체공) : 『돈오무생반야송』의 我法二空과 같은 뜻이다. 그 해당 주를 보라.

***心本無作, 道常無念, 無念無思, 無求無得**(심본무작, 도상무념, 무념무사, 무구무득) : 『돈오무생반야송』에는 이 4구가 없다. '心本無作'은 『능가사자기』 '도신장'(『대정장』 권85, p.128

8중)에 "공은 무상이고, 무상은 무작이다(空卽無相, 無相卽無作.)"라고 한 바와 같이 무작은 분별과 조작이 끊어져 일체의 모양이 없는 본연 그대로의 상태를 말한다. 마음의 본성은 본래 공적하여 有無·去來·彼此·善惡·遠近 등의 상대적인 세계를 초월해 있다는 뜻이다. 無念無思에서 우리는 念과 思가 명확하게 구분되지 않지만 유식학에서는 이를 분명히 구분한다. 念(smṛti)은 어떤 일을 기억하여 잃어버리지 않는 것을 그 본성으로 하고, 思는 조작하여 선악 등의 업을 짓는 것을 그 본성으로 하는 心所(심리작용)이다. 그러나 여기서는 그런 뜻이 아니고 둘 다 6식의 분별작용인 妄想을 가리킨다. 또 앞에서 본 바와 같이 念이 진여자성의 작용으로 쓰일 때는 正念이기 때문에 어록을 볼 때 혼돈하지 않도록 주의해야 한다.

***體悟三明, 心通八解**(체오삼명, 심통팔해) : 『돈오무생반야송』의 주를 보라.

***功成十力, 富有七珍**(공성십력, 부유칠진) : 十力은 『돈오무생반야송』의 주를 보라. 七寶를 말함. 범어는 sapta-ratna이다. ① 金. ② 銀 ③ 瑠璃(琉璃·毘瑠璃·吠瑠璃) ④ 玻瓈(頗胝迦, 水精) ⑤ 車渠(硨磲, 大蛤·白珊瑚) ⑥ 赤珠(赤眞珠) ⑦ 瑪瑙. 7진(7보)은 이와 같지만 그 이면에 담긴 불교적인 뜻은 『돈오무생반야송』의 7재와 같다. 『돈오무생반야송』의 주를 보라. 『남종정시비론』제40단 주를 보라.

***入不二門**(입불이문) : 『돈오무생반야송』의 주를 보라.

***一乘理**(일승리) : 『돈오무생반야송』의 주를 보라.

***妙中之妙, 卽妙法身, 天中之天, 乃金剛慧**(묘중지묘, 즉묘법신, 천중지천, 내금강혜) : '妙中之妙'는 경론에서는 최고의 가르침과 열반 등 불가사의하고 미묘한 법을 표현할 때 쓰는

말이다. 『종경록』 권32(『대정장』 권48, p.603상)에 "하나의 신령스러운 진성은 움직이는 것도 아니고 고요한 것도 아니다. … 그러므로 조사가 말하기를, '자연도 아니고, 인연도 아니라'고 한다. 묘한 것 중에서도 묘하고, 현묘한 것 중에서도 현묘한 것은 삼라만상의 빛 중에 나타나고 그것을 찾아도 근원은 보이지 않는다(一靈眞性, 非動非靜. … 所以祖師云, 非自然, 非因緣. 妙中之妙, 玄中玄, 森羅萬像光中現, 尋之不見有根原.)." '天中之天'은 부처님의 尊號이기도 하지만 여기서는 최승최고의 뜻이다. '金剛慧'는 究極의 지혜에 비유한 것이다. 금강석과 같이 단단한 지혜란 뜻으로 제법실상의 이치를 통달한 10지의 만심에서 얻어지는 지혜를 금강혜라 한다. 『능가사자기』 '도신장'(『대정장』 권85, p.1287중 · 柳田聖山, 『初期の禪史 I』, p.199)에 "앉을 때 마땅히 심식이 처음 움직이는 것을 깨달아야 한다. … 금강혜로써 꾸짖기를 마치 초목이 아무것도 모르는 것처럼 해야 한다. 앎이 없는 것을 아는 것을 일체지라 한다(坐時當覺, 識心初動. … 以金剛惠徵責, 猶如草木無所別知. 知所無知, 乃名一切智.)"고 하고, 柳田聖山은 『유마경』 '不二品'에 보이는 금강혜의 용례를 끌어와 주를 달고 있다(동, p.204). 신회는 '初發心時便成正覺'하는 것은 금강혜가 일어나기 때문이라고 설하고 있다. 『문답잡징의』 제42단 '比丘無行又問頓悟'에 "질문, '… 어떻게 龍女가 찰나에 발심하여 곧 바로 정각을 이룹니까?' 신회화상이 대답하기를, '… 비유컨대 마치 한 타래의 실과 같이 그 수가 무량할지라도 만약 합하여 한 가닥의 노(繩)를 만들어 나무 토막 위에 올려놓고 날카로운 칼로 한번 베면 동시에 모두 끊어진다. … 실의 수가 비록 많을지라도 하나의 칼을 이기지 못 한다. 보리심을 발하는 것도 이와 같다. 만약 진정한 선지식의 선교방편으로써 진여를 바로 보임을 만나면 금강혜를 써서 모든 位地(수행단계)의 번뇌를 끊고 활연히 깨달아 스스로 법성이 본래 공적한 것을 본다. … 금강혜가 일어날 때 무엇인들 이루지 못하겠는가?'" 『돈오무생반야송』에는 이 4구 16자가 없다.

***湛然常寂, 應用無方**(담연상적, 응용무방) : 『돈오무생반야송』의 주를 보라.

***用而常空, 空而常用**(용이상공, 공이상용) : 이 구는 『이입사행론』'잡록제1'에 "질문, '무엇을 일체법의 非有非無라고 하는가?' 답, '… 마음은 색이 아니기 때문에 非有이고, 늘 작용하면서 그치지 않기 때문에 비무이다. 또 활동하지만 항상 공적하기 때문에 비유이고, 공적하지만 항상 활동하기 때문에 비무이다'(柳田聖山, 『達摩の語錄』, p.188)." 또 정각의 『능가사자기』의 自序(柳田聖山, 『初期の禪史 I 』, p.82), 달마에 가탁한 『안심법문』(『대정장』권48, p.939하)에도 보인다. 또 비슷한 말로는 '寂而常用, 用而常寂'이 있다. 원래는 『肇論』의 '般若無知論'(『대정장』권45, p.154하)에 "작용하면서 寂靜하고, 적정하면서 작용하기 때문에 작용과 적정은 본체가 하나이다. 다 같은 본체에서 나왔지만 이름은 다르다(用卽寂, 寂卽用, 用寂體一. 同出而名異.)"고 한 것에 의거한 것이지만 『大乘止觀法門』(『대정장』권46, p.661하)에 "또 지행이 이루어지기 때문에 작용하지만 항상 적정하고, 관행이 이루어지기 때문에 적정하지만 항상 작용한다(又止行成故卽用而常寂, 觀行成故卽寂而常用.)"고 한 것처럼 지관행이 성취된 상태를 말하고 있다. 천태의 지의, 삼론의 길장, 화엄의 법장 등에 의하여 널리 사용되었던 구이다. 북종 문헌의 『대승무생방편문』에도 다음과 같이

말하고 있다. "체와 용은 분명하여 망념을 떠난 것을 체라 하고, 見聞覺知하는 것은 용이다. 적정하지만 항상 작용하고, 작용하지만 항상 적정하여 작용이 곧 적정이다. 모양을 떠난 것이 적정이기 때문에 적정하면서 비추고 비추면서 적정한 것이다. 寂照라는 것은 성으로 인하여 모양을 일으키는 것이며, 조적이라는 것은 모양을 거두어들여 성으로 되돌아 가는 것이다(體用分明, 離念名體, 見聞覺知是用. 寂而常用, 用而常寂, 卽用卽寂. 離相名寂, 寂照照寂. 寂照者, 因性起相. 照寂者, 攝相歸性.)." →(『대정장』 권85, p.1274중·『鈴木大拙全集』第3卷, p.172). 『현종론』은 이 양구를 포함하여 '般若無見能見涅槃, 涅槃無生能生般若'(단 중간에 '般若是涅槃之因, 涅槃是般若之果'의 2구는 없음)까지 54자가 더 있다. 『돈오무생반야송』은 "用而無功, 空而常鑑"으로 되어 있다. 그 주를 보라.

***用而不有, 卽是眞空, 空而不無, 便成妙有**(용이불유, 즉시진공, 공이불무, 편성묘유) : 『돈오무생반야송』의 주를 보라. 단 '便成'은 '玄知'로 되어 있다.

***般若無見能見涅槃, 涅槃無生能生般若, 涅槃般若名異同體, 隨義立名故云法無定相, 涅槃能生般若卽名眞佛法身, 般若能建涅槃故號如來知見**(반야무견능견열반, 열반무생능생반야, 열반반야명이동체, 수의입명고운법무정상, 열반능생반야즉명진불법신, 반야능건열반고호여래지견) : 『돈오무생반야송』의 해당 주를 보라. 단 '般若無**見**能**見**涅槃'은 '般若無**照**能**照**涅槃'에, 또 '般若**能建**涅槃'은 '般若**圓照**涅槃'으로 되어 있다. '法無定相'은 『열반경』 '범행품'(『대정장』 권12, p.726중·p.483중)에 나온다.

***知卽知心空寂, 見卽見性無生**(지즉지심공적, 견즉견성무생) :

신회는 불성의 작용을 지식·比量으로서의 知와 체험·現量으로서의 見으로 나누어 설명한다. 知는 무념체상에 작용하는 반야지이고, 見은 心眼으로 불성을 직접보고 확인하는 것이다. 『단어』 제21단을 보라. '知心空寂'은 「智者大師與陳宣帝書」에 보이는 구이다. "마음이 공적한 사실을 알면 곧 공적한 법문에 들어간다(知心空寂, 卽入空寂法門). →(『종경록』 권100, 『대정장』 권48, p.952하)." 「智者大師與陳宣帝書」는 돈황유서인 『澄心論』과 같은 것이며, 또 그 첫머리 부분은 『능가사자기』의 '도신장'에 인용된 '智敏禪師訓'과 같은 것이라는 것은 關口眞大의 『達摩大師の硏究』, p.246~269에 논술하고 있다. '見性無生'은 『경덕전등록』 권13 '종밀장'의 蕭相公이 올린 견해에 종밀이 注한 곳에 보인다. '三昧諸波羅蜜門, 亦一時空寂, 更無所得'에 주하여 말하기를, "산란과 삼매, 차안과 피안, 이것은 相待하고 對治하는 설이다. 만약 마음이 무념인 줄 알고, 성이 무생인 줄 알면 곧 定亂과 眞妄은 일시에 공적하다. 그러므로 무소득이라 한다(散亂與三昧, 此岸與彼岸, 是相待對治之說. 若知心無念見性無生, 則定亂眞妄一時空寂. 故無所得也.). →(『대정장』 권51, p.307상)." 『裵休拾遺問』 제23단에도 보이지만 거기에는 '若知**心**無念見性無**生**'의 구는 '若知**念**無念見性無**性**'(石井修道, 「眞福寺文庫所藏の『裵休拾遺問』の翻刻」, 『禪學硏究』 60號)로 되어 있다. 『돈오무생반야송』에는 '知卽常知空寂, 見卽直見無生'으로 되어 있다.

***理事皆如**(이사개여) : 『돈오무생반야송』의 주를 보라.

***如卽處處能通, 達卽理事無礙**(여즉처처능통, 달즉이사무애) : '理事無礙'는 別敎一乘인 『화엄경』의 一眞法界의 입장을 표현한 화엄학의 술어 중 하나이다. 화엄학에서는 절대평등한 진

리의 본체를 理라 하고, 차별의 현상계를 事라 한다. 법장의 『화엄경탐현기』 권3(『대정장』 권35, p.160중)에 盧舍那佛品所說의 華嚴世界海에 구족한 10종의 무애를 설하는 중에 나온다. 즉 "2에 이사무애는 완전히 진성과 같아서 刹相이 완연한 것을 말한다(二理事無礙, 謂全同眞性而刹相宛然.)"라고 한다. 『돈오무생반야송』은 '理淨處事能通, 達事理通無礙'로 되어 있다.

*六根不染… 一切時中獲無所得(육근불염… 일체시중획무소득) : 이 단의 112자는 이것에 대응하는 『돈오무생반야송』에는 52자로 되어 있으며, 가장 異同이 심한 단이다.

『현종기』	『돈오무생반야송』
六根不染, 卽定慧之功. 六識不生, 卽如如之力. 心如境謝, 境滅心空. 心境雙亡, 體用不異.	六根無染, 定慧之功. 想念不生,
眞如性淨, 慧鑒無窮. 如水分千月, 能見聞覺知. 見聞覺知, 而常空寂. 空卽無相, 寂卽無生. 不被善惡所拘, 不被靜亂所攝. 不厭生死, 不樂涅槃.	眞如性淨. 覺滅心空, 一念相應, 頓超凡聖.
無不能無, 有不能有. 行住坐臥, 心不動搖. 一切時中, 獲無所得.	無不能無, 有不能有. 行住坐臥, 心不動搖. 一切時中, 空無所得.

*六識(육식) : 범어 ṣaḍ-vijñāna, 빠리어 cha-viññāṇa를 의역한 말이다. 6境(色·聲·香·味·觸·法)을 覺知하는 6종의 심식 작용인 眼識·耳識·鼻識·舌識·身識·意識을 가리킨다. 우리가 어떤 대상을 인식할 때 6식만으로는 인식을 할 수 없고 반드시 인식장소(인식기관)인 根과 대상인 境과 인식의 주체인 識의 三事가 서로 화합할 때 비로소 인식작용이 이루어진다. 이런 인식관계를 '三事和合'이라 한다. 『瑜伽師地論』 권69(『대

장장』 권30, p.683하)에 "무엇을 依緣의 차별이라 하는가? 소의와 소연의 차별로 말미암아 안식 등 육식의 차별을 세운다. 안식은 모든 물질의 경계를 요별하고, 나머지 식은 각각 자신의 경계를 요별하며, 의식은 눈의 대상 내지 일체법을 요별하는 것으로써 경계를 삼는다(云何依緣差別, 謂由所依所緣差別, 建立眼等六識差別. 眼識了別諸色境界, 餘識各各了自境界, 意識了別一切眼色乃至意法以爲境界.)"라고 한 바와 같이 눈으로 사물을 인색할 때 감각기관인 눈과 대상인 사물과 인식의 주체인 식이 동시에 존재하여야 覺知가 이루어지는 것이다.

***心如境謝, 境滅心空**(심여경사, 경멸심공) : 『종경록』 권34에 종밀의 『선원제전집도서』 제27단의 密意破相顯性教로부터 다음과 같이 인용하고 있다. "또 마음은 홀로 일어나지 않고 대상에 의지하여 비로소 생한다. 대상은 스스로 생하지 않고 마음을 말미암아 현현한다. 마음이 여여하면 대상은 사라지며 대상이 사라지면 마음은 공하게 된다(且心不孤起, 託境方生. 境不自生, 由心故現. 心如境謝, 境滅心空.). →(『대정장』 권48, p.614하)." 단 五山版『도서』는 '心如卽境謝, 境滅卽心空'[石井·小川「『禪源諸全集都序』の譯注研究(4)」(『駒澤大學佛教學部論集』27號, p.46)]으로 되어 있다. 明版의 그것은 '心如'가 '心空'으로 되어 있다.

***體用不異**(체용불이) : 體用一體의 관계를 잘 보여주는 한 가지 예를 들어보면, 『전등록』 권9 '潙山靈祐章'(『대정장』 권51, p.265상)에 "위산, '오늘은 종일토록 그대와 찻잎을 땄는데 그대의 소리만 들리고 모습은 보이지 않으니 그대의 본래 모습을 드러내 봐라.' 앙산, '묵묵히 차나무를 시시각각 흔들어댔다.' 위산, '그대는 작용은 얻었는데 본체는 얻지 못했군.' 앙산, '이상하

군요. 그럼 화상께서는 어떻습니까?' 이 말을 들은, 위산, '아무 말이 없었다.' 그 모습을 본, 앙산, '화상께서는 본체만 얻고 작용은 얻지 못하셨군요.' 위산, '그대에게 20대를 때리겠다'(師謂仰山曰, 終日摘茶, 只聞子聲, 不見子形, 請現本形相見. 仰山撼茶樹. 師云, 子只得其用, 不得其體. 仰山云, 未審. 和尙如何. 師良久. 仰山云, 和尙只得其體, 不得其用. 師云, 放子二十棒.)"는 선문답이 있다.

***眞如性淨**:『돈오무생반야송』의 주를 보라.

***慧鑒無窮(혜감무궁)**:『대반열반경집해』권8(『대정장』권37, p.412 하)에 보이는 구이다. "대개 지혜의 비춤이 무궁하다고 하는 것은 반야의 작용이다(蓋談慧鑒無窮, 卽般若也.)."

***水分千月(수분천월)**: 法琳撰,『弁正論』권1(『대정장』권52, p.492 중)의 구이다. "다만 부처의 가르침은 비움으로써 名義가 넓어진다. … 毘城에는 생각을 돌이켜 법에 입문하는 모범이 있고, 영산에는 지말을 거두어들여 근본으로 돌아가는 가르침이 있다. 그 작용은 물이 천 개의 달을 나누는 것과 같고, 본체는 거울이 만 가지 형상을 비추는 것과 같다(但佛敎沖曠名義弘多. … 毘城有迴情入法之謨, 靈山有攝末歸本之訓. 在用如水分千月, 爲體若鏡鑒萬形.)."

***見聞覺知, 而常空寂(견문각지, 이상공적)**:『단어』제15단의 구이다. "똑똑히 무념을 보는 자는 비록 견문각지할지라도 항상 공적하다." 또『문답잡징의』제25단 '嗣道王問'에도 같은 글이 있다. 이 구는『유마경』'불국품'(『대정장』권14, 537하)에 "모든 법의 모양을 분명히 분별하지만 근원적인 마음자리에는 동요가 없다(能善分別諸法相, 於第一義而不動.)"라고 한 말을 근거로 한 주장이며, 돈황본『육조단경』제17단에는 "자성이 생

각을 일으켜 비록 보고 듣고 깨달아 알지라도 여러 가지 대상 경계에 집착하지 않으면 항상 자유롭다(自性起念, 雖卽見聞覺知, 不染萬境而常自在.)"라고 표현하고 있다. 見聞覺知는 눈으로 색을 보고, 귀로 소리를 듣고, 코와 혀와 몸으로 냄새와 맛과 촉감을 감각하고, 뜻으로 법을 아는 것. 感覺과 覺知의 기능인 6식의 인식작용을 가리킨다. 6식을 견문각지에 각각 배대해 보면, 안식은 見에 해당하고, 이식은 聞에, 비식・설식・신식의 3식은 覺에, 의식은 知에 각각 상당한다.

***空卽無相, 寂卽無生(공즉무상, 적즉무생)** : 공적을 공과 적으로 나누어 설명하는 것. 이는 중국인의 논리표현 중의 하나이다. 예를 들면 『남종정시비론』 제32단에 "숭원법사가 질문하기를, '선사는 어떤 법을 닦고(修), 어떤 행을 실천(行)하십니까?' 신회화상이 대답하기를, '반야바라밀법을 닦고(修), 반야바라밀행을 실천(行)합니다'"라고 한 말에서 수행을 수와 행으로 나누어 문답하고 있다. 공을 無相에 배당하여 설명하는 것은 三三昧의 상투이지만 적을 無生에 배대한 것은 아직 보지 못했다. 『百論』 卷上(『대정장』 권30, p.170하)에 "무상이란 일체의 모양을 억념하지 않는 것이다. 일체의 감수를 떠나 과거·현재·미래에 마음에 집착이 없고 일체법이 자성에 없기 때문에 의지할 것도 없다. 이것을 무상이라 한다(無相名一切相不憶念. 離一切受, 過去未來現在法, 心無所著, 一切法自性無故, 則無所依. 是名無相.)"는 말이 있다.

***不厭生死, 不樂涅槃(불염생사, 불락열반)** : 『승천왕반야바라밀경』 권6(『대정장』 권8, p.717상)에 보이는 구이다. "보살마하살은 방편력을 갖추어 오래도록 생사에 머물면서 무량무변의 부처를 친견하고 무량무변의 정법을 듣고서 무량무변의 중생을

교화한다. 그러므로 보살마하살은 생사를 싫어하지 아니하고 열반을 좋아하지 않는다(菩薩摩訶薩, 具方便力久住生死, 得見無量無邊諸佛, 及聞無量無邊正法, 教化無量無邊衆生. 是故菩薩摩訶薩, 不厭生死不樂涅槃.).” 그밖에 『대지도론』(『대정장』 권15, p.172중), 『대승무생방편문』(『대정장』 권85, p.1725하), 『大乘本生心地觀經』 권7(『대정장』 권3, p.323하) 등에도 이 구가 보인다. 또 『金剛般若經旨贊』 권하(『대정장』 권85, p.105상), 『淨名經集解關中疏』 권하(『대정장』 권85, p.475중) 등의 注疏類에도 기술하고 있는 것을 보면 당시에 많이 사용되었던 구였음을 알 수 있다.

***自世尊滅後, 西天二十八祖, 共傳無住之法, 同說如來知見**(자세존멸후, 서천이십팔조, 공전무주지법, 동설여래지견) : 이 24자는 『돈오무생반야송』에 대응하는 구가 없다. 호적은 당초 『현종기』에 ‘西天二十八祖’의 구가 있는 것에 의하여 신회의 저작을 의심했지만 『돈오무생반야송』의 후반부가 있는 S.468호가 『현종기』와 비슷하다는 것을 알고 『돈오무생반야송』은 『현종기』의 原題이고, 후에 『현종기』라고 고친 것이라 한다. 그것과 함께 신회는 8조설로부터 점차로 수정하여 28조설로 고친 것이라고 다시 생각했다(胡適, 『神會和尙遺集』「跋頓悟無生般若頌」, p.200이하). 신회는 서천 8조설의 입장이었다는 것은 『남종정시비론』에 기술되어 있는 것이지만 과연 만년에 29조설 혹은 28조설로 고쳤는지 고치지 않았는지에 대해서는 연구자의 일치된 견해가 없다. 柳田聖山의 『初期禪宗史書の硏究』는 “신회자신은 평생 오른쪽의 東西13代說을 고치지 않았다(p.124)”라고 서술하고 있고 鈴木哲雄은 그 설을 이었다(『唐五代禪宗史』, p.324). 근년의 연구는 서천28조의 미비점을 개

선한 29조설이 먼저 생기고, 그 후에 28조설이 전개파생되었다고 보고 있고, 신회는 만년에 29조설로 移行했다고 추론하는 것은 伊吹敦의 「敦煌本『壇經』の形成」(『アジアの文化と思想』4號, p.172)이고, 적극적으로 논하는 것은 古賀英彦의 「壇經神會原本へ」(『花園大學文學部紀要』28號)·「神會とその後の燈史」(『佛教史學研究』41-1)이다. 만약 만년에 신회가 29조설을 주장했다할지라도 28조설은 신회 몰후의 전개라고 보여지기 때문에 『현종기』는 신회에 가탁하여 저작한 것이 된다. 『현종론』은 『현종기』의 첫머리 부분·중단·후단의 글을 발췌하여 연결한 것이지만 후단부터 '西天諸祖, 共傳無住之心, 同說如來知見'만을 발췌하고 있다. 원래 서천 28조였던 것을 『현종론』이 '西天諸祖'라고 한 것인가, 처음부터 '서천제조'였던가는 알 수 없지만 만약 『현종기』가 후세에 신회에게 가탁하여 저작된 것이라면 이 어긋남에 어떠한 의미도 없다. 단지 만약 『현종기』의 신회진설을 논할 때는 중요한 것이 될 것이다. 서천28조는 석존의 제자 摩訶迦葉을 제1조로 하여 제28조 보리달마에 이르는 28인의 인도 조사이다. 돈황본 『육조단경』에 의거하여 그 28조의 이름을 열거하면 다음과 같다. 제1조摩訶迦葉 · 제2조阿難 · 제3조末田地 · 제4조商那和修 · 제5조優婆掬多 · 제6조提多迦 · 제7조佛陀難提 · 제8조佛陀蜜多 · 제9조脇比丘 · 제10조富那奢 · 제11조馬鳴 · 제12조毘羅長者 · 제13조龍樹 · 제14조迦那提婆 · 제15조羅睺羅 · 제16조僧迦那提 · 제17조僧迦耶舍 · 제18조鳩摩羅駄 · 제19조闍耶多 · 제20조婆修盤多 · 제21조摩拏羅 · 제22조鶴勒那 · 제23조師子比丘 · 제24조舍那婆斯 · 제25조優婆堀 · 제26조僧迦羅 · 제27조須婆蜜多 · 제28조菩提達摩 등이다. 전하는 문헌에 따라 그 명칭에 약간의 차이가 있다. 이런 서천 조통설의 근거는 『達摩多羅禪經』(411年譯)의 9조설과 『廬山出修業方便禪經統序』의 3조설, 『付法藏因緣傳』(472년역)의 24조설, 『摩訶止觀』(594년작)의 24조설, 「嵩岳法如禪師行狀」의 동토 6조설, 「大通禪師碑銘」의 동토 6조설, 『傳法寶記』(712～)의 동토 7조설, 『楞伽師資記』(713～)의 동토 8조설, 『菩提達摩南宗定是非論』(732년작)의 서천 13조설과 동토 6조설, 『神會錄』(師資血脈傳)의 동토 7조설, 『左溪大師玄朗碑』(754년작)의 29조설, 『歷代法寶記』(774년작)의 서천 29조설과 동토 6조설 등을 토대로 하여 돈황본 『육조단경』(약790년작)에서는 『역대법보기』의 제7조彌遮迦를 빼고 서천 28조설과 동토 6조설을 주장하게 된다. 그 후 『보림전』(801년작)에는 서천 28조와 동토 6조설을 주장하게 되는데 특히 『寶林傳』(801)은 가장 최초로 각 조사의 전기와 전법게 그리고 특히 讖偈를 많이 첨부하였다. 그 다음 『조당집』(952)에서는 과거 7불과 서천 28조 및 동토 6조의 약전과 전법게를 수록하고 있다. 이 이후에 저작된 전등사서들은 모두 『조당집』의 설을 추종하고 있다. 그런데 돈황본 『육조단경』에서는 과거 7불의 전등을 최초로 언급하고는 있지만 7불의 이름은 구체적으로 열거하지 않고 있다. 과거7불의 이름과 전기 및 전법게는 『祖堂集』(952년작)에서 언급하고 있다. 그러므로 조통설은 『조당집』에서 완성되었다고 볼 수 있다. 이 조통설에서 주목해야 할 점은 대승불교의 핵심 인물인 용수·마명·세친 등을 열거하고 있는 것은 중국의 선불교가 대승불교의 모든 사상을 계승하고 있다는 사실을 강조하기 위한 것이라고 본다.

***共傳無住之心(공전무주지심)** : 돈황본 『육조단경』제57단에 "如來入涅槃, 法敎流東土, 共傳無住心."이란 말이 있다.

***要藉得人**(요자득인) : 여기서 人은 正法眼藏을 계승할 사람을 가리킨다. 도를 펴는 弘道는 사람에 의해서 도가 전파되는 것이지 道 그 자체가 펴지는 것은 아니다. 부처님의 혜명이 계승되는 것도 이와 같다. 어록에서 정법안장을 계승할 사람을 '其人'·'要人' 등으로 표현하고 있다.

***如王髻珠, 終不妄與**(여왕계주, 종불망여) : 『돈오무생반야송』의 주를 보라.

***解行相應**(해행상응) : 『돈오무생반야송』의 주를 보라.

***衣爲法信, 法是衣宗 … 了法身而眞解脫**(의위법신, 법시의종 … 요법신이진해탈) : 傳衣를 설하는 이 최종단이 『조계대사전』에 받아들여지고 있는 것은 『돈오무생반야송』의 주에 이미 기술했다. 이 단에 포함되어 있는 '內傳心印, 人契本心, 外傳袈裟, 將表宗旨'의 4구 16자는 『돈오무생반야송』에는 없고, 『현종기』에는 있다. 매우 유사한 구는 『남종정시비론』 제9단에 서천동토의 전법조사를 기술하는 단과 또 『보림전』 권8 '혜가장'·『조당집』 권2 '혜가장'·『경덕전등록』 권3 '달마장'에 보이지만 一字一句가 정확히 일치하는 것은 아니고 약간 차이가 있다. 각각 서로 비교해 보면 다음과 같다.

『현종기』	內傳心印	印契本心	外傳袈裟	將表宗旨
『정시비론』	內傳法契	以印證心	外傳袈裟	以定宗旨
『보림전』	內傳法印	以契證心	外受袈裟	以定宗旨
『조당집』	內傳心印	以契證心	外受袈裟	而定宗旨
『전등록』	內傳法印	以契證心	外付袈裟	以定宗旨

이와 같이 보면 잘 알 수 있듯이 『남종정시비론』만이 '契'를 전하여 마음에 '印'을 찍는 것이고, 『현종기』·『보림전』·『조당집』·『전등록』은 '印'을 전하여 마음에 '契'합하는 것으로 되어 있다. 결국 『현종기』의 구는 『남종정시비론』 구의 직접

적인 영향을 받은 것은 아니며, 『조당집』·『전등록』이 『보림전』을 받아들인 것처럼 『현종기』도 『보림전』을 수용한 것으로 생각된다.

(정리)

앞에서 『돈오무생반야송』과 『현종기』를 서로 대조해 본 결과 양자 사이에 다소 다른 점이 있음을 알 수 있다. 돈황본 『돈오무생반야송』은 처음부터 지금의 모습처럼 완전했던 것은 아니고 먼저 胡適이 돈황본의 후반을 교간하여 『신회화상유집』에 실었다. 나머지 전반은 鈴木大拙이 런던 대영박물관 동양학 연구소에서 복사해 와서 전후 두 부분을 합하여 완성하였다. 돈황본에는 『돈오무생반야송』이란 이름이 붙어 있다. 이것이 아마 원명이라고 생각한다.

『돈오무생반야송』의 禪的 의미는 하택신회의 선사상은 '知'의 철학 위에 서 있다고 해도 과언이 아니다. 그의 선사상 저변에 흐르고 있은 것은 知이다. 지로써 모든 실천철학을 설명해 가는 것이 그의 선사상의 특색이다. 이 지는 분별심의 지가 아니고 고차원적인 무분별의 분별지이다. 혜능이 말한 선정과 지혜는 결코 분리될 수 없는 定慧不二의 지이자 體用一如의 지이며, 만법일여의 지이다. 그러므로 이 지는 절대성을 가진다.

신회가 강조하는 지는 見性의 '見'과 같다. 그가 주장하는 견성사상은 지가 없으면 이루어질 수 없다. 다시 말해서 지의 철학위에 견성사상이 서 있는 것이다. 지의 구체적인 표현이 견인 것이다.

『돈오무생반야송』에 "진여는 무념이어야 알 수 있다"·"반야는 無見이라야 능히 본다"·"지는 곧 마음의 공적을 아는 것이다"·"공적한 체 법신을 안다"라고 한 언구들은 신회 이전에는 볼 수 없었던 말들이다.

晩唐 이전인 8세기는 선의 흥륭기이다. 사실 8세기 이후의 선은 이 시기의 사상과 실천을 생육시키고 발달시킨 연장선에 불과하다. 이러한 발전이 이루어질 수 있도록 터전을 마련해준 사람이 신회이다. 그의 반야와 무생은 반야철학의 직계사상으로서 卽非의 논리가 중추를 이루고 있다. 이 즉비의 논리는 선사상에 있어서 매우 중요하다. 선이란 사실 이것을 행위적으로 옮겨 놓은 것이다.

『돈오무생반야송』·『현종기』·『현종론』의 대조표

『頓悟無生般若頌』	『顯宗記』
無念是實相眞空, 知見是無生般若. [般若]照眞達俗, 眞空理事皆如. 此爲宗本也.	無念爲宗, 無作爲本. 眞空爲體, 妙有爲用.
夫眞如無念, 非念想能知. 實相無生, 豈生心能見. 無念念者, [則]念摠持. 無生生者, 則生實相. 無住而住, 常住涅槃. 無行而行, 能超彼岸. 如如不動, 動用無窮. 念念無求, 常求無念. 菩提無得, [得]佛法身. 般若無知, 知一切法. 卽定是惠, 卽惠無生. 無生實相眞空, 無行能周法界. 六度自玆圓滿, 道品於是無虧. 我法二空, 有無雙泯. 不到不至, 不去不來. 體悟三明, 心通八解. 功成十力, 富有七財.	夫眞如無念, 非想念而能知. 實相無生, 豈色心而能見. 無念念者, 卽念眞如. 無生生者, 卽生實相. 無住而住, 常住涅槃. 無行而行, 卽超彼岸. 如如不動, 動用無窮. 念念無求, 求本無念. 菩提無得, 淨五眼而了三身. 般若無知, 運六通而弘四智. 是知卽定無定, 卽慧無慧, 卽行無行. 性等虛空, 體同法界. 六度自玆圓滿, 道品於是無虧. 是知我法體空, 有無雙泯. 心本無作, 道常無念. 無念無思, 無

入不二門, 獲一乘理. 湛然常寂, 應用無方. 用而無功, 空而常鑒. 用而不有, 卽是眞空. 空而不無, 玄知妙有. [妙有]則摩訶般若, 眞空卽清淨涅槃. 般若通秘微之光, 實相達眞如之境. 般若無照, 能照涅槃. 涅槃無生, 能生般若. 涅槃般若, 名異體同. 隨義立名, 法無定相. 涅槃能生般若, [卽名]眞佛法身. 般若圓照涅槃, 故號如來知見. 知卽知常空寂, 見卽直見無生. 知見分明, 不一不異. 動寂俱妙, 理事皆如. 理淨處事能通, 達事理通無礙.	求無得. 不彼不此, 不去不來. 體悟三明, 心通八解. 功成十力, 富有七珍. 入不二門, 獲一乘理. 妙中之妙, 卽妙法身. 天中之天, 乃金剛慧. 湛然常寂, 應用無方. 用而常空, 空而常用. 用而不有, 卽是眞空. 空而不無, 便成妙有. 妙有卽摩訶般若, 眞空卽清淨涅槃. 般若是涅槃之因, 涅槃是般若之果. 般若無見, 能見涅槃. 涅槃無生, 能生般若. 涅槃般若, 名異體同, 隨義立名, 故云法無定相. 涅槃能生般若, 卽名眞佛法身. 般若能建涅槃, 故號如來知見. 知卽知心空寂, 見卽見性無生. 知見分明, 不一不異. 故能動寂常妙, 理事皆如. 如卽處處能通, 達卽理事無礙.
六根無染, 定慧之功. 想念不生, 眞如性淨. 覺滅心空, 一念相應, 頓超凡聖. 無不能無, 有不能有. 行住坐臥, 心不動搖. 一切時中, 空無所得.	六根不染, 卽定慧之功. 六識不生, 卽如如之力. 心如境謝, 境滅心空. 心境雙亡, 體用不異. 眞如性淨, 慧鑒無窮. 如水分千月, 能見聞覺知. 見聞覺知, 而常空寂. 空卽無相, 寂卽無生. 不被善惡所拘, 不被靜亂所攝. 不厭生死, 不樂涅槃. 無不能無, 有不能有. 行住坐臥, 心不動搖. 一切時中, 獲無所得.
三世諸佛, 教指如斯. 菩薩大悲,	三世諸佛, 教旨如斯. 卽菩薩慈悲, 遞相傳受. 自世尊滅後, 西天二十

<table>
<tr>
<td>轉相傳授. 至於達摩, 屆此爲初. 遞代相傳, 于今不絶. 所[傳]秘教, 意在得人. 如王髻珠, 終不妄與. 福德智惠, 二種莊嚴, 解行相應, 方能建立.

衣爲法信, 法是衣宗. 衣法相傳, 更無別付. 非衣不弘於法, 非法不受於衣. 衣是法信之衣, 法是無生之法. 無生旣無虛妄, 法乃空寂之心. 知空寂而了法身, [了法身]而眞解脫.

頓悟無生般若頌一卷</td>
<td>八祖, 共傳無住之心. 同說如來知見. 至於達磨, 屆此爲初. 遞代相承, 於今不絶. 所傳秘教, 要藉得人. 如王髻珠, 終不妄與. 福德智慧, 二種莊嚴. 行解相應, 方能建立.

衣爲法信, 法是衣宗. 唯指衣法相傳, 更無別法. 內傳心印, 印契本心. 外傳袈裟, 將表宗旨. 非衣不傳於法, 非法不受於衣. 衣是法信之衣, 法是無生之法. 無生卽無虛妄, 乃是空寂之心. 知空寂而了法身, 了法身而眞解脫..</td>
</tr>
<tr>
<td colspan="2">『顯宗論』</td>
</tr>
<tr>
<td colspan="2">我此禪門一乘妙旨, 以無念爲宗, 無住爲本, 眞空爲體, 妙有爲用.
夫眞如無念, 非念想能知. 實相無生, 豈色心能見. 眞如無念, 念者卽念眞如. 實相無生, 生者卽生實相. 無住而住, 常住涅槃. 無行而行, 能超彼岸. 如如不動, 動用無窮. 念念無求, 常求無念. 用而常空, 空而常用. 用而不有, 卽是眞空. 空而不無, 便成妙有. 妙有卽摩訶般若, 眞空卽淸淨涅槃. 般若無見, 能見涅槃. 涅槃無生, 能生般若. 西天諸祖, 共傳無住之心, 同說如來知見.

[『종경록』(『대정장』권48, p.949상중)에 수록된 것을 발췌한 것)]</td>
</tr>
</table>

Ⅲ. 洛京荷澤神會大師語

해제

이 텍스트는 宋의 道原이 편찬한 『경덕전등록』 권28의 '諸方廣語'(『대정장』 권51, p.439중~p.440상)에 수록되어 있으며, 전체는 3단으로 이루어져 있다. 1단은 시중, 2단은 무념문답, 3단은 혜능과의 6문6답이다. 3단 전체를 기록한 자료는 다른 데는 보이지 않으며, 1034년(景祐元年)에 도원의 『경덕전등록』을 删定(요약)하여 15권으로 한 王隋의 『傳燈玉英集』 권14에는 1단과 3단을 기록하고 있고, 1183년(淳熙10年)에 이루어진 悟明의 『宗門聯燈會要』 권3 '하택신회장'은 2단을, 1253년(淳祐12年)에 만들어진 普濟의 『五燈會元』 권2 '西京荷澤神會章'에는 3단만 게재하고 있다.

1930년(민국19년) 호적은 上海 亞東圖書館에서 『신회화상유집』을 출판하여 그 부록으로 이 텍스트를 게재했다. 그것에 의하면 2단은 『神會語錄』 第1殘卷의 張燕公(張說)과의 문답(『남양화상문답잡징의』 제13단)을 근본으로 하여 删削한 것이고, 3단은 제1답·제2답·제4답·제6답 등과 혜능·신회의 사상과 그리고 답하는 방법이 같지 않다. 따라서 6문 6답은 후대 사람들이 僞作했다고 주장한다. 1단 시중에 대해서는 어떠한 comment도

하지 않고 호적은 신회의 말로 보고 있었던 것 같다. 지금 좀 더 자세히 고찰해 보자.

신회의 시중과 관계가 깊은 자료가 있다. 『大乘頓教頌幷序』와 『종경록』 권97(『대정장』 권48, p.940상)에 기록된 오조홍인의 교설(이하 '오조교설')이다. 『대승돈교송』은 석정본 『신회어록』의 말미에 부록된 것으로 신회제자의 손에 의하여 이루어진 것이며, 신회의 시중과 중복되는 것이 三箇所가 있고, 약간 字句의 차이가 있다. 한편 오조교설은 3단으로 이루어져 있는데 제1단은 『수심요론』을 근본으로 하여 변형한 것이고, 제2단에는 신회의 시중 "一切在心, 邪正由己. 不思一物, 卽是自心. 非智所知.(오조교설은 '唯智能知'로 되어 있고, 『종경록』 권75에서 인용한 '祖師云'에서는 '智者能知'로 되어 있음), 更無別行."의 6구 24자가 거의 그대로 보이고, 제3단은 전법게이다. 신회시중의 진위를 논할 때 이런 자료의 성질과 공통되는 字句의 차이로부터 신회시중과의 선후관계를 파악해야 하겠지만 중요한 실마리가 되는 단서가 지금 이 예에서는 보이지 않기 때문에 그 판단을 내릴 수 없다. 그러므로 신회시중의 내용 그 자체로부터 판단할 수밖에 없다. 시중에는 '教有頓漸' '無念' '無作' '定慧雙修' '見無念體' 등, 신회가 사용한 사상의 용어가 보이지만 반대로 '覺有淺深' '定慧雙修如拳如手' '無外馳求' 등, 신회의 것이라고 볼 수 없는 듯한 용어도 포함되어 있다. 이 경우 진위의 판정에 중요한 것은 그러한 용어 쪽이다. 그런데 신회의 것으로서 잘 알려진 용어를 사용하여 신회와 유사한 점은 확률을 높일 수 있지만 위작자가 몸을 둔 시대에 통용되고 있던 선사상의 용어일 경우 상당한 주의를 하지 않으면 혼동될 가능성이 매우 크다.

우선 1단의 시중이다. 시중은 고좌에 올라가 대중들에게 법을 설하는 것이지만 그것을 시중이라고 부르게 된 것은 마조 때부터이다. 물론 본래는 시중이라고 부르지 않았던 설법이 후세에 재편됨에 따라 시중이라고 부르게 된 것이 없는 것은 아니기 때문에 시중을 가지고 바로 위작이라고 할 수는 없지만 적어도 마조 이후의 후세에 재편된 것일 것이다. 다음 '覺有深淺'에 대해서는 본문에 주를 단 것처럼 신회에게는 그러한 사상은 보이지 않는다. 『기신론』의 시각을 설하는 단에 불각·상사각·수분각·구경각의 4각이 설해지고 있지만 이것이 '각유심천'의 구체적인 내용이라고 한다면 신회는 시각의 상대적인 범주로서 각의 심천을 논하는 것이 아니고, 한 주먹에 각을 멸하는 것에 의하여 보살지가 다한 무념의 자리에 직입한다[西口, 「(念起卽覺)考」(『禪文化硏究所紀要』第24號, 1998)]. '定慧雙修如拳如手'에 대해서는 확실히 정혜쌍수를 설하지만 그것을 설명하는 것은 등광과 체용의 비유로써 하고 있으며, 拳手를 비유로 하고 있지 않다. '如拳如手'는 중생과 부처가 다르지 않다는 것의 비유로써 마조가 사용한 것이다(『馬祖の語錄』, 禪文化硏究所, p.142). '無外馳求'는 마조선에서 끊임없이 충고하는 것이다. 『馬祖の語錄』(『馬祖の語錄』, 禪文化硏究所, p.24)에 "선은 취하고 악은 버리며 공을 관찰하여 선정에 들어가면 바로 有爲에 떨어진다. 게다가 밖으로 치달아 구하면 더더욱 멀어진다(取善取惡, 觀空入定, 卽屬造作. 更若**向外馳求**, 轉疏轉遠.

)." 또 "일체를 다 갖추었으므로 조금도 부족함이 없어 작용이 자유자재하니 어찌 밖에서 구할 필요가 있겠느냐(一切具足, 更無欠少, 使用自在. 何假**向外求覓**.)?" →(『馬祖の語錄』, 禪文化硏究所, p.55). 이후에도 자주 사용했던 용어로 그 이전에는 보이지 않는 것이다. 이 상의 검토에 의해 1단의 신회시중은 마조 이후에 『대승돈교송』과 '오조교설'의 구를 빌리고 신회의 禪語와 합쳐 마조선에 섞여 들어갔으며, 아마도 하택종의 최후의 빛을 보인 시기, 즉 회창파불(845~847) 이전에 위작되어진 것이라고 추정한다.

2단의 무념문답은 호적의 주장에 따른다.

3단의 6문 6답에 대해서는 6문의 發問은 모두 신회의 기본적 문헌인 『단어』·『남종정시비론』·『문답잡징의』에서 설한 것과 관계가 있는 것 뿐이고, 제4문의 '돈점의 선후'는 신회보다도 종밀과 관계가 깊다. 이와 같이 대장경 내의 여섯 곳의 의문점은 신회의 생각에 따라 제기한 것은 아니며, 하택신회와 관계가 있는 것 뿐이라고 말한 것은 6문 6답이 위작된 당시 하택종의 敎義를 혜능과 신회에게 가탁하여 말하게 한 것일 것이다. 호적이 바로 지적하고 있는 것이지만 6문6답은 전체가 완전하게 압운으로 되어 있는 것은 아니다. 그러나 偈語의 형식을 취하고 있어 중당 이후의 선에 많이 보이는 형이다.

洛京荷澤神會大師語

宋道原編 『景德傳燈錄』卷28'諸方廣語'(東禪寺版)

(1) 示衆

洛京荷澤神會大師示衆曰, 夫學道者, 須達自源. 四果三賢, 皆名調伏. 辟支羅漢, 未斷其疑. 等妙二覺, 了達分明. 覺有淺深, 敎有頓漸. 其漸也, 歷僧祇劫, 猶處輪廻. 其頓也, 屈伸臂頃, 便登妙覺. 若宿無道種, 徒學多知. 一切在心, 邪正由己. 不思一物, 卽是自心. 非智所知, 更無別行. 悟入此者, 眞三摩提. 法無去來, 前後際斷. 故知無念爲最上乘. 廓徹淸虛, 頓開寶藏. 心非生滅, 性絶推遷. 自淨則境慮不生, 無作乃攀緣自息. 吾於昔日, 轉不退輪, 今得定慧雙修, 如拳如手. 見無念體, 不逐物生. 了如來常, 更何所起. 今此幻質, 元是眞常. 自性如空, 本來無相. 旣達此理, 誰怖誰憂. 天地不能變其體. 心歸法界, 萬象一如. 遠離思量, 智同法性. 千經萬論, 只是明心. 旣不立心, 卽體眞理, 都無所得. 告諸學衆, 無外馳求. 若最上乘,應當無作. 珍重.

【번역】

낙경 하택신회대사 법어

(1) 시중

낙경의 하택신회대사가 示衆하여 말하기를, "대개 도를 배우는 사람은 반드시 자기의 근원을 통달해야 한다. 4과와 3현은 모두 조복이다. 벽지와 나한은 아직 그 의심을 끊지 못했다. 등각과 묘각의 2각은 깨달음이 분명하다. 깨달음에는 깊고 얕음이 있고 가르침에는 돈점이 있다. 그 漸이라는 것은 아승지겁을 지나도 오히려 윤회하는 것을 말한다. 그 頓이라는 것은 팔을 굽혔다 펴는 사이에 문득 묘각에 오르는 것을 말한다. 그러나 만약 숙세에 도의 종자가 없으면 단지 지식을 배워서 박식하게 될 뿐이다. 일체가 다 마음에 있기 때문에 바름과 삿됨도 자기에게 기인한다. 한 물건도 생각하지 않을 때가 바로 자기의 본심이다. 이 본심은 지혜로써 알 수 있는 것도 아니고 또 별다른 수행도 필요로 하지 않는다. 지금 여기에서 깨닫는 것이 참된 三摩提이다. 법에는 오고 감도 없고 앞뒤의 시간이 끊어져 있다. 그러므로 무념이 최상승법인 줄 알아야 한다. 밝게 사무치고 淸虛하여야 단번에 寶藏을 열수 있다. 마음은 생멸하는 것이 아니어서 성품은 遷移가 끊어져 있다. 스스로 청정하면 경계와 사려가 생기지 않고, 작의가 없으면 반연이 저절로 쉰다. 나는 옛날에 不退輪을 굴렸다. 지금 定慧雙修을 얻으니 마치 주먹과 같고 손과 같다. 무념의 본체를 보니(깨달으니) 물건을 따라 생함이 없다. 여래의 常住를 깨달았으니 다시 무엇이 일어나겠는가?. 지금 이 허깨비 같은 모양도 원래는 참되고 항상하는 것이었다. 자성은 허공과 같아서 본래 형상이 없다. 이미 이런 도리를 통달했으니 누가 두려워하고 누가 근심하리요? 천지도 능히 그 본체를 변화시키지 못한다. 마음이 법계로 돌아가면 萬象은 하나가 된다. 사량을 멀리 여의면 지혜가 법성과 같아진다. 千經萬論이 다만 마음을 밝힐 뿐이다. 이미 마음을 세우지 않았다면 진리는 도저히 얻을 수 없는 것임을 체득하게 된다. 여러 學徒에게 알리노니 밖을 향해 치구하지 말라. 이렇듯 最上乘法은 응당 無作(조작됨이 없는 것)이어야한다. 쉬십시오."

【注記】

***示衆(시중)** : 주지나 선사가 대중에게 교법을 설하는 上堂法門을 말한다. 垂示와 같은 말이다.

***洛京(낙경)** : 洛陽의 古稱이다. 신회는 天寶4年(745, 62세)부터 천보12년(753, 70세)까지 낙양의 하택사에 주석했다. '洛京'을 사용한 자료는 이외에 『唐洛京荷澤寺神會傳』(송 찬영, 『송고승전』)이 있다. 낙양은 장안에 대하여 東都라고도 하기 때문에 '東京荷澤寺'(『역대법보기』와 종밀의 『神會第7』)라고도 하고 『大唐東都荷澤寺』(문인비구혜공, 『탑명』)라고도 한다. 또 五代의 後梁·後晉 때부터 낙양에 대하여 '西京'이란 이름을 사용하도록 했기 때문에 그 당시 쓰여졌던 것은 '在西京荷澤寺'(『조당집』 '하택화상장')·'西京荷澤寺神會禪師'(『경덕전등록』)라고 한다.

*道原(도원) : 생몰년대 미상. 법안종의 인물이다. 天台德韶(891~972)에게 참학하여 그의 법을 이어 받아 蘇州(江蘇省) 承天永安院에 주석했다. 『景德傳燈錄』30권을 편집했으며, 경덕원년(1004)에 眞宗皇帝에게 『경덕전등록』을 奉進하여 입장을 윤허받았다.

*景德傳燈錄(경덕전등록) : 五燈錄(『景德傳燈錄』·『天聖廣燈錄』·『建中靖國續燈錄』·『聯燈會要』·『嘉泰普燈錄』각30권)의 하나이다. 宋의 承天道原이 엮었다. 元代의 刊本 말미에 기록된 鄭昴의 跋에 의하면 湖州 鐵觀音院의 拱辰이 지은 것이라고도 한다. 景德元年(1004)에 이루어져 楊億(楊文公)이 교정하고 眞宗에게 上進하여 入藏을 칙허받았다. 본서는 禪宗傳燈史書 중 가장 대표적인 문헌으로 당대에 이루어진 『寶林傳』·『續寶林傳』·『眞門聖胄集』 등의 뒤를 이어 達摩禪의 傳燈相承說을 대성하여 師資機緣의 어구를 모아 엮은 記言體의 譜錄이다. 과거 7불로부터 西天의 28대, 東土의 6대를 거쳐 法眼文益의 嗣에 이르기까지 대략 53世 1701인(그 중 951인만 전기가 있음)을 언급하고, 다시 권말에 偈贊·頌銘·歌箴 등 대표적인 것을 합해 기록했다. 5장에 수집한 것은 卷著에 양억의 序와 원의 延祐가 쓴 重刊의 狀과 서래년표가 있으며 卷首에 양억이 李維에게 보낸 글과 長樂鄭昴의 跋과 천동굉지 및 劉裵가 쓴 紹興重刊의 後序가 붙어 있으나 양억의 序 이외에는 어느 것이나 重刊의 시기에 첨가된 것이다. 『四部叢刊』의 본도 또한 宋刻이라 해도 당초의 그대로가 아닌 듯하고 오늘날에는 醍醐寺나 東寺에 있는 복주 東禪寺版 大藏本(元豐3年刊)을 최고본이라고 본다. 景祐3년(1034)에 승상 王隋가 본서를 刪定하여 『景德玉英集』15권을 편집해서 同書

또한 入藏을 칙허받았다. 본서는 또한 본격적인 禪宗史書일 뿐만 아니라 儒家에도 큰 영향을 주었다. 朱子의 『伊洛淵源錄』·黃梨州의 『明儒學案』·萬季野의 『儒林宗派』 등도 모두 본서의 체제를 모방한 작품들이다. 『대정장』 권51·『四部叢刊』 3編 子部·『宋藏遺珍』 上4-5에 수록되어 있다.

***自源(자원)** : 자신의 근원인 청정한 본성을 가리킨다. 源은 心源·本源이라고도 한다. 『남종정시비론』 제36단에 편자의 말로서 다음과 같은 말이 있다. "화상의 禪池에서 나온 慧水는 그 윤택함을 항상 心源에서 끌어내고 있다." 그렇지만 신회자신은 이 용어를 사용하지 않았다. 오히려 "학도자는 반드시 단번에 불성을 보아야 한다"(『남종정시비론』 제13단)라고 하고, "신회가 30여년 동안 배운 공부는 오직 '見'의 한 자에 있다"(『남종정시비론』 제7단)라고 한 것처럼 본성·불성을 보는 것을 근본으로 하고 있다. 따라서 이 한 글자(源)만 보아도 이 텍스트는 신회의 말이라고는 생각되지 않는다. 물론 『경덕전등록』 권5 '신회장'에 육조와의 문답에는 신회에게 '本原'이라는 용어를 사용하도록 하여 그 '본원, 불성'이라는 사고를 물리치고 있다. 『전등록』 권5(『대정장』 권51, p.245상)에 "나에게 한 물건이 있지만 머리도 없고 꼬리도 없으며, 이름도 없고 字도 없으며, 등도 없고 얼굴도 없다. 여러 학도자들은 이것을 알고 있는가?" 신회가 나아가 말하기를, "이것은 제불의 본원이고, 신회의 불성입니다." 조사가 이르기를, "너에게 名字도 없다고 했거늘 너는 어찌 본원·불성이라고 하는가?(吾有一物, 無頭無尾, 無名無字, 無背無面, 諸人還識否. 師乃出曰, 是諸佛之本原, 神會之佛性. 祖曰, 向汝道無名無字, 汝便喚本原佛性.)"라는 말이 있다. 그런데 『대승돈교송』에 있어서는 "본원에 통달한 자

는 성을 본다"라고 한다. 또 『馬祖の語錄』 제10단(2)에 "『中本起經』에 말하기를, '마음을 알고 本源을 통달한다'"라고 하고, 금릉 우두산 제1세 법융에게 4조 도신이 "항하사와 같이 많은 묘덕은 모두 심원에 있다(河沙妙德總在心源)"라고 교시하고 있다[『경덕전등록』 제4(『대정장』 권51, p.227상)]. 그리고 이 심원은 자신의 근원일 뿐만 아니라 만법의 근원이기도 하다. 大珠慧海의 『頓悟入道要門論』 제2단(平野宗淨, 禪の語錄6 『頓悟要門』, 筑摩書房, p.7)에 "'왜 근본으로부터 닦아야 하는가?' 마음이 근본이기 때문이다. … 일체의 선악은 모두 자신의 마음으로 생긴다. 그러므로 마음이 근본이 되는 것이다(云何從根本修. 答, 心爲根本. … 善惡一切, 皆由自心. 所以心爲根本也.)"고 한 말이 있다.

***四果三賢**(사과삼현) : 사과란 아함경전 등에서는 예류과(수다원과), 일래과(사다함과), 불환과(아나함과), 무학과(아라한과)로서 성자의 四位를 말하며, 삼현은 五停心, 別相念住, 總相念住를 닦은 자로서 범부의 聖位(資糧位)를 가리킨다. 대승경전에서는 십주, 십행, 십회향의 위에 있는 자를 말한다. 『남종정시비론』 제5단에 "숭원법사가 거듭 묻기를, '선사는 삼현, 십성, 사과의 사람 등에게 마음을 쓰고 있습니다만 지금은 어떤 지위에 있습니까?' 화상이 말하기를, '10지를 만족한 자리에 있습니다'"라고 한다.

***調伏**(조복) : 스스로의 심신을 다스려 악을 억제하는 것. 『화엄경탐현기』 권4(『대정장』 권35, p.109상)에 "조복이란 조는 조화이고, 복은 제멸이다. 신·어 등의 업을 조화롭게 하고 당겨서 다스리며, 모든 악행을 제복하여 제멸하기 때문에 조복이라 한다(調伏, 調者和御, 伏者制滅. 調和控御身語等業, 制伏除滅諸

惡行故.)"라고 한 것과 같이 신·구·의 삼업을 조화롭게 하고 모든 악을 制伏하는 것을 말한다. 석정본 『문답잡징의』 제11단(注記) 참조. 『문답잡징의』 제16단에 『유마경』의 말을 인용하여 신회는 다음과 같이 말하고 있다. "『유마경』에 말하기를, 그 마음을 조복하는 것은 성문법이다. 마음 조복하지 못하는 것은 우인법이다. … 수다원도 조복이다. 사다함도 조복이다. 아나함도 조복이다. 아라한도 조복이다. 비상정 및 비비상정도 조복이다. 사선도 조복이며, 삼현도 모두 조복이다." 나아가 신회는 신수·보적·항마장의 조복선과 부조복선도 역시 초월해야 한다고 설하고 있다. 『남종정시비론』 제11단에 "숭원법사가 또 질문하기를, '두 분(혜능·신수)이 이미 동학이라면 왜 같지 않습니까?' 신회화상이 대답하기를, '지금 같지 않다고 한 것은 신수선사는 사람들에게 「마음을 응집시켜 선정에 들게 하고, 마음을 머무르게 하여 청정함을 看하게 하며, 마음을 일으켜서 밖으로 모든 사물을 비추게 하고, 마음을 가다듬어서 안으로 깨닫도록」 가르치고 있습니다. 이런 이유 때문에 같지 않은 것입니다.' 숭원법사가 질문하기를, '무엇 때문에 혜능선사는 「마음을 응집시켜 선정에 들게 하고, 마음을 머무르게 하여 청정을 간하게 하며, 마음을 일으켜서 밖으로 사물을 비추게 하고, 마음을 收攝하여 안으로 깨닫도록」 가르치지 않습니까? 어떤 것이 혜능선사의 수행법입니까?' 신회화상이 대답하기를, '이러한 것은 조복심입니다.' 숭원법사가 질문하기를, '그러면 마땅히 마음을 응집시켜 선정에 들지도 않게 하고, 마음을 머무르게 하여 청정을 看하게 하지도 않게 하고, 마음을 일으켜 밖으로 모든 사물을 비추지도 않게 하고, 마음을 수섭하여 안으로 깨닫지도 않게 해야 합니까?' 신회화상이 대답하기를, '이것은 바로 어리석은 사람의 가르침입니다. 마음을 조복하는 것과 조복하지 않는 것의 두 가지 수행법을 모두 여의는 것이 곧 혜능 선사의 수행법입니다.'"

*辟支·羅漢(벽지·나한) : 벽지불(독각)과 아라한(성문4과 중 하나인 무학위)은 소승의 깨달음을 얻은 2種 인으로 이승이다. '未斷其疑'라고 하지만 벽지불과 아라한이 품은 의심이라는 것이 구체적으로 어떠한 것인지는 알 수 없다.

*等·妙二覺(등·묘이각) : 等正覺(등각)과 묘각을 가리킨다. 보살 52위 중 최후의 2위. 단지 신회는 사과·삼현·십성·이승에 대해서는 언급을 해도 등각과 묘각에 대해서는 언급을 하고 있지 않다. 『大乘頓敎頌』에도 나온다. 『菩薩瓔珞本業經』권하(『대정장』권24, p.1017상단 이하)와 『天台四敎儀』(『대정장』권46, p.779상)에 의거하여 보살계위를 설하는 것을 보면, 등각은 보살수도의 52계위 중 제51위를 가리킨다. 제10지인 法雲地의 위에 있고, 최고의 佛位인 妙覺地 아래에 있는 단계이다. 삼아승지겁의 수행을 끝내고 묘각을 얻기 직전의 계위로 極果에 인접하고 있기 때문에 隣極이라고도 하고, 또 一生補處・有上士・金剛心이라고도 한다. 묘각은 보살수행의 52계위 중 최후의 제52위이다. 등각위를 거쳐서 번뇌가 다하고 지혜가 원만히 구족된 계위를 말한다. 또 佛果位에서 등각보살이 무명을 끊고 들어가는 최상위로서 불가사의한 無上正覺位를 묘각지라고도 한다.

*覺有淺深(각유천심) : 깨달음을 천심에 따라 분류하는 사상은 신회에게는 없다. 깨달음의 천심이란 구체적으로 『기신론』의 시각단에서 설하고 있는 四位라는 것인지, 아니면 解悟와 證悟라는 것인지? 징관의 『화엄경행원품소』권2'修證淺深'(Z.14, p.

252A)에 "만약 깨달음의 모양을 밝히자면 두 가지가 있다. 하나는 解悟이다. 이는 性과 相을 명확히 요달하는 것이다. 또 하나는 證悟이다. 이는 마음의 玄極에 도달하는 것을 말한다"고 한다. 종밀이 징관의 설을 받아들이고 있는 것에 대해서는 吉津宜英, 『華嚴禪の思想史的研究』(大東出版社, 1985)第4節에 詳說하고 있다.

***敎有頓漸(교유돈점)** : 頓漸二敎는 교상판석의 기본이다. 신회도 다음과 같이 말하고 있다. 『문답잡징의』제42단(3)에 "사람에게는 利鈍이 있고, 가르침에는 돈점이 있다." 또 『남종정시비론』제1단에 "오직 돈교의 법을 전했으며, 출세하여 삿된 종지를 논파했다." 또 『남종정시비론』제38단에 "선문의 돈교는 제가와 같지 않다." 돈오보다도 돈교 쪽이 더 일찍이 호칭되었다. 신회의 『단어』도 具名을 『南陽和上頓敎解脫禪門直了性壇語』(그 해당 주를 보라)라고 하지만 신회는 돈오(『단어』제16단·제28단)과 함께 돈교도 강조했다. 교는 사람의 근기에 맞추어 설해야 하기 때문에 돈점이 있을 수 있지만 법에는 돈점이 있을 수 없다. 그래서 돈황본 『육조단경』제39단에 "法卽一種, 見有遲疾. … 法無漸頓, 人有利鈍, 故名漸頓."이라 한 것이다.

***僧祇劫(승기겁)** : 승지는 阿僧祇(asamkhya의 음사)의 약어. 가히 숫자로 셀 수 없을 정도로 많은 수. 겁도 천문학적인 수의 시간. 즉 무량한 시간이란 뜻이다.

***屈伸臂頃(굴신비경)** : 대단히 짧은 시간에 비유하여 '力士가 팔을 굽혔다 폈다할 정도의 사이'라고 하고 있다. 아함경전에 나오는 정형적인 표현이다. 대승경전의 『관무량수경』(『대정장』권12, p.345하)에도 다음과 같이 말하고 있다. "이 사람의 목숨이

마치고자 할 때 선지식이 그를 위하여 아미타불국토의 즐거운 일을 널리 설하고 또 법장비구의 48대원을 설함을 만난다. 이 일을 듣고 곧 명종하면 마치 壯士가 팔을 굽혔다 폈다하는 사이와 같이 곧 서방극락세계에 태어난다(此人命欲終時遇善知識, 爲其廣說阿彌陀佛國土樂事, 亦說法藏比丘四十八大願. 聞此事已尋卽命終, 譬如壯士屈伸臂頃, 卽生西方極樂世界.)."

***其漸也歷僧祇劫猶處輪廻, 其頓也屈伸臂頃便登妙覺(기점야역승기겁유처윤회, 기돈야굴신비경편등묘각)** : 『대승돈교송』에 거의 같은 구가 있다. "그 漸이라는 것은 僧祇의 劫數를 쌓을지라도 오히려 윤회를 하고, 그 돈이라는 것은 팔을 굽혔다 펴는 사이와 같이 곧 바로 묘각에 오른다."

***若宿無道種(약숙무도종)** : '宿'은 옛날부터·생전부터(宿命)의 뜻. '道種'은 도과의 종자. 불성과 여래장에 가까운 의미를 가진다. 『마하반야바라밀경』 권12(『대정장』 권8, p.307하)에 "수보리가 말하기를, '무슨 이유 때문에 보살마하살은 능히 이와 같이 아는 것을 이 보살마하살의 반야바라밀이라고 하는가?' 부처님이 말씀하시기를, '도종을 알기 때문이다'(須菩提言, 何因緣故, 菩薩摩訶薩, 能如是知, 是名菩薩摩訶薩般若波羅蜜. 佛言, 知道種故.)." 또 당 魏靜의 『禪宗永嘉集序』(『대정장』 권48, p.387하)에 "심주와 도종은 일곱 번 깨끗하게 밝혀야 서로 빛을 발하고, 戒月과 悲花는 세 번 비워 빛을 내어야 광채가 난다(心珠道種, 瑩七淨以交輝. 戒月悲花, 耿三空而列耀.)."

***徒學多知(도학다지)** : '단지 지식을 배워서 박식이 되는 것'만으로는 첫머리에서 말한 "夫學道者, 須達自源"과 부합하지 않는다. '多知'는 박식이다. 『역대법보기』에 "이는 蘇宰相의 손녀로서 총명하고 黠惠(영리·지혜)하여 널리 배우고 많이 알아서

(多知) 어떠한 질문에도 막힘이 없었다"(柳田聖山, 『初期の禪史Ⅱ』, p.255). 『소실육문』'혈맥론'(『대정장』권48, p.375중)에 "만약 본성을 깨달으면 독경하고 염불할 필요가 없다. 널리 배워 많이 아는 것은 이익이 없고, 神識은 더욱 혼미하게 될 뿐이다(若見本性, 不用讀經念佛. 廣學多知無益, 神識轉昏.)."

***一切在心, 邪正由己. 不思一物, 卽是自心. 非智所知, 更無別行**(일체재심, 사정유기. 불사일물, 즉시자심. 비지소지, 경무별행) : 『남종정시비론』제2단에 다음과 같이 말하고 있다. "나는 「망심이 일어나면 여러 가지의 法(경계)이 일어나고, 망심이 사라지면 여러 가지 법이 없어진다」라고 들었다. 일체의 모든 법은 자기 자신으로부터 생기는 것이다." 거의 같은 모양의 구가 『종경록』권97(『대정장』권48, p.835중)에 보인다. 즉, "조사가 말하기를, '일체 모든 것은 마음으로 말미암아 일어나기 때문에 삿된 것도 바른 것도 모두 자기에게 있다. 아무것도 사량하지 않으면 그 상태가 바로 본심이다. 지혜로운 사람은 능히 (이런 도리를) 알기에 또 다른 행동을 하지 않는다'(如祖師云, 一切由心, 邪正在己. 不思一物, 卽是本心. 智者能知, 更無別行.)."

***三摩提**(삼마제) : 범어 samādhi를 음사한 말이다. 三昧 · 摩帝 · 三摩底 · 三摩諦 · 三摩地라고도 음사하며, 靜慮 · 正受라 의역한다. 오로지 마음을 하나의 대상에 집중하는 心一境性, 즉 마음을 한곳에 집중하여 산란하지 않게 하는 정신작용을 말한다. 다만 '三摩提'는 신회의 용어가 아니다. 『遺敎經』(『대정장』권12, p.1111상)에 "마음을 한 곳에 통일하여 제어하면 어떤 일이든 성취하지 못할 것이 없다(但制心一處, 無事不辯)"는 말이 있다. 『대지도론』권28에 여러 가지 三昧門을 설하고 있

다.

*法無去來(법무거래) : 공을 표현하는 定型句의 하나. 『유마경』 '제자품'(『대정장』 권14, p.540상)에 "法無去來, 常不住故." 같은 모양의 구가 『단어』 제25단에 "諸法無去來"라는 것이 있다. 그 해당 주를 보라. 또 『남종정시비론』 제21단에도 다음과 같이 말하고 있다. "생함도 없고 멸함도 없으며, 거래도 없다. 일체 제불은 이 가운데서 나왔다." 『대승돈교송』에 같은 구인 "법에는 거래가 없다"가 있다.

*前後際斷(전후제단) : 전제(과거)와 후제(미래)가 이어서 일어나지 않고 단절되어 있는 것. 공을 표현하는 정형의 하나. 『유마경』 '제자품'(『대정장』 권14, p.540상)에 "法無有人, 前後際斷故."라는 말이 있다. 그 내용을 신회는 『단어』 제19단과 『문답잡징의』 제26단·제46단에서 『유마경』 '견아촉불품'(『대정장』 권14, p.555상)의 말을 인용하여 다음과 같이 말하고 있다. "경(『유마경』)에 이르기를, '내가 여래를 관해 보니 전제로부터 오지도 않았고, 후제에 가지도 않을 것이다. 지금도 무주이다.'" 경에는 "我觀如來, 前際不來, 後際不去, 今則不住."로 되어 있다.

*無念爲最上乘(무념위최상승) : 신회는 念不起의 무념을 최상승선(여래선)의 내용으로 보고 있다. 『문답잡징의』 제42단에 "무념은 일념이고, 일념은 일체지이며, 일체지는 심오한 반야바라밀이고, 반야바라밀은 여래선이다"고 한다. 또 『남종정시비론』 제33단에 "무념이 반야바라밀이며, 반야바라밀이 일행삼매다"고 한다.

最上乘(최상승) : 『남종정시비론』 제27단에 "'여래는 대승을 발한 자를 위하여 설하고, 최상승을 발한 자를 위하여 설한다'고 한다. 왜냐하면 비유컨대 大龍이 염부제에 비를 내리지 않는 것과 같기 때문이다. 만약 염부제에 비를 내리면 나뭇잎이 떠다니는 것과 같다. 만약 큰 바다에 비를 내리면 그 바다는 늘지도 않고 줄지도 않는다. 그러므로 대승심을 낸 이나 최상승심을 낸 이는 금강반야바라밀의 가르침을 듣고서도 놀라거나 겁내지 않는다"고 한 것처럼 여기서는 대승과 최상승을 병렬하고 있다. 그러나 『문답잡징의』 제11단에는 다음과 같이 대승과 최상승을 구별하고 있다. "예부시랑인 소진이 질문하기를, '어떤 것이 대승이며, 어떤 것이 최상승인가?' 대답하기를, '보살승이 대승이고, 佛乘이 최상승이다.' 질문, '대승과 최상승이 어떤 차이가 있는가?' 대답, '대승이라고 하는 것은 보살이 보시바라밀을 행함에 三事의 본체가 空한 것인 줄 관찰하고, 육바라밀도 역시 그와 같이 관찰하기 때문에 대승이라고 한다. 최상승이란 것은 단지 본래 자성이 공적한 줄 깨달으면 삼사의 자성이 본래 공한 것인 줄 알고, 또 다시 觀行을 일으키지 않는 것이다. 또 나머지 육바라밀도 그와 같이 관하는 것을 최상승이라고 한다.'" 즉 대승은 '觀'이지만 최상승은 '知'이다. 또 『남종정시론』 제34단에 '頓悟最上乘論'이라는 말이 있는데 이는 『남종정시비론』의 별명이다. 또 신회가 관여했다고 여겨지는 돈황본 『육조단경』(『대정장』 권48, p.343상)의 具名은 『南宗頓教最上大乘摩訶波若波羅蜜經六祖惠能大師於韶州大梵寺施法壇經』(S.5475호 본)인데 여기 最上大乘은 '最上乘'을 가리킨다. 돈황본 『육조단경』 제28단(정유진, 돈황본 『육조단경연구』, 서울 : 경서원, p.280)에 "최상승의 가르침이며 큰 지혜와 상근기의 사람을 위하여 설한 것이다(最上乘法, 爲大智上根人說.)"란 말이 있다.

*廓徹清虛(곽철청허) : 『선문경』(柳田聖山, 『禪佛教の硏究』, p.310)에도 "선남자야, 모든 번뇌를 수섭하여 둘이 아닌 법문에 들어가 청허를 밝게 사무쳐 담연히 선정에 응주해야 한다(善男子, 攝諸塵勞, 入不二門, 曠徹清虛, 湛然凝定.)"는 말이 있다.

*寶藏(보장) : 珍寶를 저장하는 창고란 뜻으로 불성을 寶庫에 비유한 것이다.

*無作(무작) : 三三昧 중의 하나인 무작이 아니고, 無作意, 無作爲라는 것이다. 하택대사 『현종기』에 "무작을 근본으로 한다"라고 하지만 신회는 무작보다도 무념을 선호한다. 『문답잡징의』제25단에 "무념을 세워 종지로 한다"라고 한 것을 비롯하여 여러 번 무념을 언급한다. 예를 들면 『남종정시비론』제33단, 『단어』제15단, 『문답잡징의』제13단· 제19단· 제32단· 제46단. 또 無住(『단어』제14단· 제24단, 『문답잡징의』제20단)도 잘 사용한다. 무작에 대해서는 도리어 『남종정시비론』제3단에 "無作을 수학할지라도 무작으로써 깨달음을 삼지 않아야 한다"고 한다.

*攀緣(반연) : 『단어』제11단에 경의 말로써 인용하고 있다. "『유마경』에 말하기를, '무엇이 병의 근본이 되는가? 반연이 있기 때문이다. 어떻게 반연을 끊는가? 얻는 것이 없으면 병의 근본도 없다'(維摩經云, 何爲病本. 爲有攀緣. 云何斷攀緣. 以無所得故, 則無病本.)"이라고 인용하고 있다. 그 주를 보라.

*心非生滅, 性絶推薦. 自淨則境慮不生, 無作乃攀緣自息(심비생멸, 성절추천. 자정칙경려불생, 무작내반연자식) : '心非生滅'은 마음은 생과 멸을 모두 떠나 있다는 것, 즉 心의 空寂을 의미한다. 거의 같은 표현이 『대승돈교송』에 "마음은 생멸이 있지만 법은 거래가 없다. 망념이 없으면 경계(境慮)가 생하지 않고 작의가 없으면 반연이 저절로 끊어진다"고 한다. 단 첫

구인 '心非生滅'(신회시중)에 대하여 '心有生滅'(대승돈교송)로 되어 있다. 『문답잡징의』 제17단'神足問'에는 "우리의 마음은 본래 공적할지라도 자신도 모르는 사이에 망념이 일어난다. 만약 망념을 자각하면 깨달음과 망념이 저절로 모두 없어진다. 이것이 곧 마음을 아는 것이다."라고 한 것처럼 신회는 마음은 원래 공적(無生滅)하며, 망념이 생멸한다고 하는 입장이다.

***轉不退輪(전불퇴륜)** : 『유마경』 '불국품'(『대정장』 권14, p.537상)에 "이미 능히 수순할 수 있으면 불퇴륜을 굴릴 수 있다. 법상을 잘 알고 중생의 근기를 알면 모든 대중은 無所畏를 얻을 수 있다(已能隨順, 轉不退輪. 善解法相, 知衆生根, 蓋諸大衆, 得無所畏.)"는 말이 있다. 물러나지 않는 법륜을 굴린다고 하는 것은 설법하는 것이고, 불퇴륜은 불퇴전법륜의 약어이다. 불퇴의 법을 깨달은 불보살의 설법을 가리킨다. 단 신회가 옛날에는 설법자였고, 지금은 설법자가 아니라는 사실은 아니다. 아마도 옛날에는 교학에 머무르고 있었다는 것을 말하는 것일 것이다.

***定慧雙修(정혜쌍수)** : 『단어』 제17단에 정혜쌍수는 燈과 光이 一體인 것처럼 서로 떨어질 수 없는 관계에 있다고 한다. 즉, "선정과 지혜도 또한 이와 마찬가지다. 선정은 지혜의 본체이고 지혜는 선정의 작용이다. 지혜는 선정과 다르지 않고, 선정은 지혜와 다르지 않다. 지혜가 곧 선정이며 선정이 곧 지혜이다. 지혜가 작용하고 있을 때 지혜가 작용한다는 생각도 없고, 선정에 들어 있어도 선정에 들어 있다는 생각이 없어야 한다. 이것이 선정과 지혜를 동시에 닦는 것이며, 이들은 서로 떨어질 수 없다"고 한다. 그 주를 보라. 『문잡잡징의』는 '定慧等學'이라 한다. 즉 『문답잡징의』 제24단에 "哲法師가 질문하기

를, '선정과 지혜가 같다는 것이 어떤 뜻인가?' 대답하기를, '… 이것을 선정과 지혜는 같다(定慧等學)고 하는 것이다.'" 『문답잡징의』 제34단에 "왕시어가 질문하기를, '어떤 때 선정과 지혜가 평등한가?' 신회화상이 대답하기를, '… 이것이 定慧等學이다.'" 돈황본 『육조단경』 제13단에는 정혜평등이 『단어』 제17단과 거의 같은 모양으로 다음과 같이 설하고 있다. "선정과 지혜가 다르다고 말해서는 절대 안 된다. 선정과 지혜의 본체는 하나이지 둘이 아니다. 다시 말해서 선정은 지혜의 본체이고 지혜는 선정의 작용인 것이다. 즉 지혜가 작용할 때 선정은 지혜에 있으며, 선정의 상태에 있을 때 지혜는 선정에 있는 것이다. 여러분, 이러한 의미가 바로 선정과 지혜가 평등한 것이다."

***如拳如手**(여권여수) : 『역대법보기』 '달마다라장'에는 '等'에 비유하지 않고 '甚疾'에 비유하여 다음과 같이 말하고 있다. "두 바라문이 손을 뻗쳐 遠公에게 말하기를, '손이 주먹이 되고 주먹이 손이 된다. 이것이 빠르지 않는가?' 원공이 대답하기를, '너무 빠릅니다.' 두 바라문이 말하기를, '아직 빠르다고 말할 수 없다. 번뇌가 보리인 것, 이것을 빠르다고 한다'"(柳田聖山, 『初期の禪史Ⅱ』, p.68). 또 『馬祖の語錄』에는 부처와 중생의 관계를 손과 주먹에 비유하여 다음과 같이 말하고 있다. "미혹하면 중생이고, 깨달으면 佛道이다. 중생을 떠나서 따로 부처가 없다. 이는 손이 주먹이 되고, 주먹이 손이 되는 것과 같다"(禪文化硏究所, p.142).

***見無念體, 不逐物生**(견무념체, 불축물생) : 이 구는 『선원제전집도서』 제46단과 또 『종경록』 제36단(『대정장』 권48, p.627중)에도 '荷澤云'이라고 하면서 인용하고 있다. "하택이 말하기를,

'무념의 본체를 깨달으면 대상을 따라 망념이 일어나지 않는다.' 또 말하기를, '일념에 본성이 상응하면 팔만가지 바라밀행이 일시에 같이 작용한다'(荷澤云, 見無念體, 不逐物生. 又云, 一念與本性相應, 八萬波羅蜜行, 一時齊用.)."

***了如來常(요여래상)**: 『남종정시비론』 제5단에 "마음으로 여래가 상주함을 깨달았다(心了如來常)"고 하는 동일한 구가 있다.

***幻質(환질)**: 질은 물질, 육체. 환질은 허깨비와 같은 육체. '今此幻質, 元是眞常'과 거의 같은 뜻의 구가 『증도가』에 보인다. 즉, "無明實性卽佛性, 幻化空身卽法身." 그러나 신회의 기본적 자료에는 환질이 그대로 眞常이라는 사고는 보이지 않는다. 이것도 마조선으로부터 전개하는 선사상이다. 眞常은 眞實常住 또는 眞空常寂의 준말이다.

***天地不能變其體(천지불능변기체)**: 『대승돈교송』에 거의 같은 표현의 구가 있다. "천지는 능히 그것의 상주를 변화시킬 수 없다(天地不能變其常)."

***千經萬論, 只是明心(천경만론, 지시명심)**: 『혈맥론』(『대정장』 권48, p.375상)에 "가사 천경만론을 설할지라도 만약 본성을 깨닫지 못하면 단지 이는 범부일 뿐이다. … 만약 본성을 깨달으면 12부경은 모두 불필요한 문자이다. 천경만론은 단지 마음을 밝히는 것일 뿐이다. 곧 바로 계회하면 敎가 무슨 소용이 있겠는가(假使說得千經萬論, 若不見本性, 只是凡夫. … 若見本性, 十二部經總是閑文字. 千經萬論只是明心. 言下契會, 敎將何用.)?"

***旣不立心(기불입심)**: '마음을 세우지 않는다'고 하는 것은 목적을 달성하기 위하여 고의로 마음을 일으키지 않는 것이다. 『종경록』 권98(『대정장』 권48, p.943중)에 "수나라 (慧)命大師의 『

融心論』에 말하기를, '… 이곳은 幽玄하여 융심으로써 가히 알 수 있다. 만약 마음으로써 융심하면 융심이 아니다. 마음이 항상 여실하다면 무엇 때문에 융심할 필요가 있겠는가? 실로 **마음을 세우지 않는 것**을 융심이라고 한다'(隋朝命大師融心論云, … 此處幽玄, 融心可會. 若以心融心, 非融心矣. 心常如實, 何所融也. 實不立心, 說融心矣.)." 『문답잡징의』제51단에 "제불은 智覺에 의하여 성도한 것인데 지각을 떠나면 무엇이 도입니까?"라는 질문에 대하여 다음과 같이 대답하고 있다. "道體(도의 본체)는 물건도 없고, 比量도 없으며, 智覺의 照用과 동·부동의 법도 없고, **心地와 意地도 세우지 않으며**, 거래도 없고, 내외와 중간도 없으며, 처소도 없고, 적정도 아니고, 평정함과 산란도 없고, 공하여 이름도 없고, 모양도 없고, 念도 없고, 思도 없고, 知見도 미치지 않아 깨달을 것도 없다. 왜냐하면 도의 본성 모두 얻을 것이 없기 때문이다."

***珍重(진중)** : 佛家에서 특히 선승들이 상견하고 작별할 때 서로 하는 말. 自愛하라는 뜻으로 '안녕히' '그럼 소중히' 등으로 번역한다.

(2) 無念問答

人問, 無念法有無否.

師曰, 不言有無.

曰, 恁麽時作麽生.

師曰, 亦無恁麽時. 猶如明鏡. 若不對像, 終不見像. 若見無物, 乃是眞見.

【번역】

(2) 무념에 대한 문답

어떤 사람이 질문하기를, "무념의 법이 있습니까, 없습니까?"

스님이 말하기를, "있다고도 없다고도 말할 수 없습니다."

말하기를, "이러한 때 어떻게 해야 합니까?"

스님이 말하기를, "또 이러한 때라는 것도 없습니다. 마치 밝은 거울이 만약 형상을 대하지 않으면 끝내 형상은 나타나지 않는 것과 같습니다. 만약 한 물건도 없음을 보면 이것이 곧 眞見입니다."

【注記】

이 무념문답은 『문답잡징의』 제13단에 張燕公(667~730)과 신회와의 문답을 근거로 한 것이다. 석정본에 의거하여 적어보면 다음과 같다.

장연공이 질문하기를, "'선사는 평소에 무념의 법을 설하여 사람들에게 수학토록 권하시는데 도대체 무념법이라는 것이 있습니까?"

대답하기를, "무념의 법은 있다고도 할 수 없고, 없다고도 할 수 없습니다."

문, "어째서 무념은 있다고도 또한 없다고도 말할 수 없습니까?"

답, "만약 무념이 있다고 말해도 세간에서 있다고 말하는 것과 같은 것이 아니고, 만약 그것이 없다고 말해도 세간에서 없다고 하는 것과 똑같은 것이 아닙니다. 그러므로 무념은 있다 없다고 말할 수 없습니다."

문, "그러면 '어떻게' 불러야 합니까?"

답, "'어떻게'라고 하는 말도 맞지 않습니다."

문, "그러면 도대체 무엇이라고 해야 합니까?"

답, "또 한 물건(一物)이라고도 말할 수가 없습니다. 그래서 무념은 가히 설할 수 있는 법이 아닙니다. 지금의 언설은 질문에 대답하기 위한 것입니다. 만약 질문에 대답하지 않는다면 결국 언설은 필요 없는 것입니다. 비유컨대 마치 밝은 거울 앞에 만약 대상이 나타나지 않으면 결국 거울에는 형상이 나타나지 않는 것과 같습니다. 지금 형상을 비춘다고 말하는 것은 대상물이 있기 때문에 그 모양이 나타나는 것입니다."

문, "만약 대상물이 없으면 비춥니까? 비추지 않습니까?"

답, "지금 비춘다고 말하는 것은 대상물이 있고 없고 관계없이 언제나 비추고 있는 것입니다."

문, "이미 형상이 없고, 또 언설도 없으며, 일체의 有無 모두를 세우지 않았습니다. 그런데 지금 비춘다고 하는 것은 도대체 무엇을 비춘다는 것입니까?"

답, 지금 비춘다고 말한 것은 거울이 밝기 때문에 거울 자신의 본성이 비추고 있는 것입니다. 만약 중생의 마음이 청정하면 자연히 대지혜의 광명이 나와 無餘의 세계(寂靜한 佛의 세계)를 비추는 것입니다.

문, “이미 이와 같다면 어떤 때에 무념을 체득할 수 있습니까?”

답, “다만 없음(일체의 대상경계나 망념이 없어진 자리)을 볼 뿐입니다.”

문, “이미 없다면 무엇을 봅니까?”

답, “비록 볼지라도 ‘무엇’이라고 부를 수는 없습니다.”

문, “이미 ‘무엇’이라고도 부를 수 없다면 무엇을 ‘본다’라고 합니까?”

답, “아무것도 없는 것을 보는 것이 眞見이고, 常見인 것입니다.”

【注記】

***無念法有無否(무념법유무부)** : 想念이 없는 법(무념법)이 정말로 있는 것인가라는 소박한 질문이다.

***不言有無(불언유무)** : 세간에서 ‘있다’ ‘없다’라고 말하는 차원을 초월해 있다는 뜻이다. 무념에 대해서 신회는 다음과 같이 설명하고 있다. 『단어』 제15단에 “다만 스스로 본체가 적정하고 공하여 소유할 것이 없는 줄 알면 집착하는 것도 없고 허공과 같이 어디에도 두루하지 않는 것이 없다. 이것이 모든 부처님의 진여법신이다. 진여는 번뇌망념이 없는 무념의 본체이다. 이러한 의미 때문에 무념을 세워 궁극적인 진리로 삼은 것이다. 무념을 분명히 깨달은 사람은 비록 보고 듣고 깨달아 알지라도 항상 공적하다.” 또 『남종정시비론』 제33단에 “무엇이 무념인가(무념의 실천을 어떻게 하는가)? 이른바 유무도 생각하지 않는 것이며, 선악도 생각하지 않는 것이며, 유변제와 무변제도 생각하지 않는 것이며, 유한량과 무한량 등 일체의 상대

적인 차별심도 생각하지 않는 것을 말한다. 또 보리도 생각하지 않는 것이며, 보리로써 생각을 삼지도 않는 것이며, 열반도 생각하지 않는 것이며, 열반으로써 생각을 삼지도 않는 것, 이것이 바로 무념이다." 그리고 『문답잡징의』 제25단 '嗣道王問無念法'에 "또 질문하기를, '無(없다)란 어떤 법이 없다는 것이며, 念(생각한다)이란 어떤 법을 생각한다는 것인가?' 대답하기를, '無란 二法(유무 · 선악 · 시비 등의 분별심)이 없다는 것이며, 念이란 오직 진여자성만을 생각하는 것이다'"라고 설하는 것처럼 定言的인 설명이 이루어지고 있다. 그러나 여기서는 실체화·관념화·목적화 될지도 모르는 설명을 피한 것이다.

***又無恁麽時**(우무임마시) : '있기 때문에도 없기 때문에도 아니라'는 것을 관념화하여 구하는 것을 부정한다. 『문답잡징의』 제13단에는 "또 한 물건(一物)이라고도 말할 수가 없다. 그래서 무념은 가히 설할 수 있는 법이 아니다. 지금의 언설은 질문에 대답하기 위한 것이다. 만약 질문에 대답하지 않는다면 결국 언설은 필요 없다[亦不作一物. 是以無念不可說. 今言說者, 爲對問故. 若不對問, 終無言說.('亦不作一物'은 페리오본과 스타인본 모두 '亦不作勿生<어떠한 것도 아니다>'으로 되어 있다.)]."

***猶如明鏡. 若不對像, 終不見像. 若見無物, 乃是眞見**(유여명경. 약불대상, 종불견상. 약견무물, 내시진견) : 명경은 무념의 비유. 『전등록』의 문맥에는 '見'이 왜 나왔는지 알 수 없지만 『문답잡징의』 제13단(본서 冒頭의 주를 참조)에 의하면 다음과 같다. "明鏡(무념)은 대상물의 유무에 상관없이 항상 자성으로서 비추는 작용(見)이 있으며, 무여열반의 세계를 비추고 있다. 어떠한 때에 그러한 일이 실현되는가 하면 단지 없음을

보고, 어떠한 것도 없음을 볼 때이다. 그것이 진견이다"고 한다. '見無物'이란 법(대상)으로써 볼만한 것이 없는 것이다. 『玄沙廣錄』상에 "하나의 법도 너와 더불어 눈으로 보고, 귀로 듣고, 의식으로 알고, 몸으로 배우는 것이 없는 것"(『玄沙廣錄』, 禪文化硏究所, p.117)이라고 말한 것과 같은 것이다. 남본『열반경』권23'고귀덕왕보살품'(『대정장』권12, p.757상)에 "보살마하살이 대열반미묘경전을 닦아서 허공을 보지 않는다. 왜냐하면 부처와 보살은 비록 오안이 있을지라도 보지 않기 때문이다. 오직 혜안이 있어 능히 그것을 본다. 혜안이 보는 것은 법(대상)으로써 가히 보는 것이 없다. 그러므로 본다고 한다. 만약 봄에 어떠한 것도 없는 것을 허공이라고 한다면 이와 같은 허공을 實이라 한다. 실이기 때문에 항상 없다고 한다(菩薩摩訶薩修大涅槃微妙經典, 不見虛空. 何以故. 佛及菩薩雖有五眼所不見故. 唯有慧眼乃能見之. 慧眼所見無法可見 故名爲見. 若見無物('見'자는 宋元明의 3본과 북본은 '是'로 되어 있음)名虛空者, 如是虛空乃名爲實. 以是實故則名常無.)." 또『문답잡징의』제37단 '廬山簡法師問'에 "명경이라면 능히 만상을 비출 수 있기 때문이다. 만상이 그 거울 안에 나타나지 않을 때도 비추는 것을 묘하다고 할 수 있다. 왜냐하면 여래는 무분별지로써 능히 일체를 분별하기 때문이다. 어찌 분별하는 마음으로써 능히 일체를 분별할 수 있겠는가?"라고 한 것도 참고할만하다.

***眞見(진견)** : 범어 tattva-darśana를 번역한 말이다. 진리를 보는 법신의 작용을 말한다. 『문답잡징의』제13단을 보라.

(3) 惠能과의 六問六答

師於大藏經內有六處有疑, 問於六祖.

第一問, 械定慧曰, 戒定慧如何所用. 戒何物, 定從何處修, 慧因何處起, 所見不通流.

六祖答曰, 定則定其心, 將戒戒其行. 性中常慧照, 自見自知深.

第二問, 本無今有有何物, 本有今無無何物. 誦經不見有無義, 眞似騎驢更覓驢.

答曰, 前念惡業本無, 後念善生今有. 念念常行善行, 後代人天不久. 汝今正聽吾言, 吾卽本無今有.

第三問, 將生滅却滅, 將滅滅却生. 不了生滅義, 所見似聾盲.

答曰, 將生滅却滅, 令人不執性. 將滅滅却生, 令人心離境. 未若離二邊, 自除生滅病.

第四問, 先頓而後漸, 先漸而後頓. 不悟頓漸人, 心裏常迷悶.

答曰, 聽法頓中漸, 悟法漸中頓. 修行頓中漸, 證果漸中頓. 頓漸是常因, 悟中不迷悶.

第五問, 先定後慧, 先慧後定. 定慧後初, 何生爲正.

答曰, 常生淸淨心, 定中而有慧. 於境上無心, 慧中而有定. 定慧等無先, 雙修自心正.

第六問, 先佛而後法, 先法而後佛. 佛法本根源, 起從何處出.

答曰, 說卽先佛而後法, 聽卽先法而後佛. 若論佛法本根源, 一切衆生心裏出.

【번역】

(3) 혜능과 6문 6답

대사는 대장경 안의 여섯 곳에 의심이 있어 육조혜능에게 질문했다.

첫 번째 질문, 혜·정·혜 삼학에 대하여 묻기를, "계·정·혜를 어떻게 써야 합니까? 계는 무엇이며, 정은 어느 곳에서 닦아야 하며, 혜는 어느 곳에서 일어나는지 생각이 통하지 않습니다."

육조 대답, "선정이란 자신의 마음을 편안하게 하는 것이며, 계로써 자신의 행을 다스리는 것이다. 본성 중에 항상 지혜가 비치면 스스로 보고 스스로 아는 것이 깊어진다."

두 번째 질문, "본래는 없었으나 지금은 있다고 하는데 어떤 것이 있으며, 본래는 있었으나 지금은 없다고 하는데 어떤 것이 없습니까? 경을 통하여 있고 없음의 뜻을 보지 못했으니 정말로 당나귀를 타고 또 당나귀를 찾는 것과 같습니다."

대답, "전념의 악업은 본래 없는 것이며, 후념에 선이 생겨나는 것은 지금은 있는 것이다. 생각 생각에 항상 선행을 행하면 후대에 인천이 오래 지속되지 않을 것이다. 네가 지금 바로 나의 말을 듣고 있을 때 내가 본래 없다가 지금 있는 것이다".

세 번째 질문, "생으로써 멸을 멸각하고 멸로써 생을 멸각한다고 합니다. 생멸의 뜻을 몰라서 소견이 벙어리이나 봉사와 같습니다."

대답, "생으로써 멸을 멸각하는 것은 사람으로 하여금 본성에 집착하지 않게 하는 것이다. 멸로써 생을 멸각하는 것은 사람으로 하여금 마음이 대상을 여의게 하는 것이다. 그러나 생멸의 2변을 여의고 스스로 생멸의 병을 제거하는 것만 못하다."

네 번째 질문, "먼저 돈오하고 나중에 점수하기도하며, 먼저 점수하고 나중에 돈오한다고도 하는데 돈점을 깨닫지 못한 사람은 마음 속에 항상 미혹하여 번민스럽습니까?"

대답, "법을 듣는 것은 돈 가운데 점인 것이며, 법을 깨닫는 것은 점 가운데 돈인 것이다. 수행은 돈 가운데 점이며, 증과는 점 가운데 돈인 것이다. 돈과 점이 항상 원인이 됨을 알면, 깨달음 속에는 미혹한 번민이 없다."

다섯 번째 질문, "먼저 선정을 닦아야 나중에 지혜가 나오며, 먼저 지혜가 있어야 후에 선정에 들 수 있다고 하는데 선정과 지혜의 둘 중 어느 것을 먼저하고 어느 것이 나중에 해야 바릅니까?"

대답, "항상 청정한 마음을 내면 선정 중에 지혜가 있다. 대상경계에 대하여 무심하면 지혜 중에 선정이 있다. 선정과 지혜는 평등하여 선후가 없기 때문에 쌍수하면 자신의 마음은 바르게 된다."

여섯 번째 질문, "부처가 먼저이고 법이 나중이며, 또 법이 먼저이고 부처가 나중이라고 합니다. 부처와 법의 본래 근원은 어디에서부터 일어나 나오는 것입니까?"

대답, "설법하는 입장에서는 부처가 먼저이고 법이 나중이며, 법을 듣는 입장에서는 법이 먼저이고 부처가 나중이다. 만약 부처와 법의 본래 근원을 말한다면 일체 중생의 마음 속에서 나온다."

【注記】

***第一問戒定慧曰, 戒定慧如何所用. 戒何物**(제일문계정혜왈, 계정혜여하소용. 계하물) : 『傳燈玉英集』권14에는 '戒定慧曰'의 4자가 없고, '第一問, 戒定慧如何所用. 戒何物'로 되어 있다. 『五燈會元』권2 '하택신회장'에는 '戒定慧如何'의 5자가 없고, '第1問戒定慧曰, 所用戒何物'로 되어 있다.

***定則定其心, 將戒戒其行. 性中常慧照, 自見自知深**(정칙정기심, 장계계기행. 성중상혜조, 자견자지심) : 돈황본 『육조단경』에 의하면 혜능의 삼학은 심지의 자성으로써 설명하고 있으며, 여기와는 다르게 되어 있다. 오히려 『단어』제4단에 "諸惡莫作은 계이고, 自淨其意는 정이다"라고 설하는 것이 '定則定其心, 將戒戒其行'에 가깝고, 또 동 제14단에 "寂靜의 體는 정이다. 體上에 自然智가 있어서 능히 본래 적정한 본체를 아는 것은 혜이다"라고 설하고 있는 것은 '性中常慧照, 自見自知深'에 가깝다.

***本無今有有何物, 本有今無無何物**(본무금유유하물, 본유금무무하물) : 『문답잡징의』제6단에 『열반경』의 "本有今無, 本武今有"의 게에 대한 논의가 있다.

***前念惡業本無, 後念善生今有**(전념악업본무, 후념선생금유) :

'本無今有有何物'이라고 말한 신회의 물음에 대하여 대답한 것이다. '本無'는 악업이고, '今有有何物'은 善이다. 『문답잡징의』 제6단에는 "'本無今有'란 본무는 본래 번뇌가 없는 것이고, 금유는 금일 번뇌가 있는 것이다"고 설하고 있다. '本無今有'는 번뇌에 대하여 말한 것이고, 여기서는 상당히 변질되어 있다.

***吾卽本無今有(오즉본무금유)** : 너에게 있어서 나(혜능)은 '本無今有'이다. 결국은 '本無今有有何物'에 대답하고 있을 뿐이고, '本有今無無何物'에 대해서는 답하고 있지 않다.

***將生滅却滅, 將滅滅却生(장생멸각멸, 장멸멸각생)** : 『남종정시비론』 제35단에 신회가 질문하는 같은 모양의 글이 있다.

"신회화상이 말하기를, '일체의 대소승경론에 설하기를, 「중생이 해탈하지 못하는 것은 생과 멸의 두 마음이 있기 때문이라」고 한다. 또 『열반경』에 이르기를, 「일체의 모든 존재는 무상하고 이것은 생멸법이다. 생멸이 다하여 없어지면 적멸해서 즐거움이 된다」고 한다. 도대체 그 생과 멸은 가히 멸하는 것인가? 가히 멸하지 않는 것인가? 생으로써 멸을 멸하게 하는 것인가? 멸로써 생을 멸하게 하는 것인가? 생이 능히 스스로 생을 멸하게 하는 것인가? 멸이 능히 스스로 멸을 멸하는 것인가? 청컨대 법사여, 일일이 자세하게 대답해 주십시오.' 숭원법사가 대답하기를, '또한 모든 경론에서 이와 같이 설하는 것을 들었을지라도 이 뜻에 이르러서는 실로 알지 못했습니다. 선사께서 만약 이 뜻을 안다면 대중을 위하여 설해주기 바랍니다.' 신회화상이 대답하기를, '설하는 것을 사양하지는 않겠지만 두려운 것은 이해하는 자가 없을까 염려된다.' 숭원법사가 말하기를, '도속이 일 만 명이 넘게 있는데 가히 이해하는 자가 한 사람이라도 없겠습니까?' 신회화상이 말하기를, '보라! 보입니까, 보이지 않습니까?' 숭원법사가 말하기를, '본다는 것은 무엇을 본다는 것입니까?' 신회화상이 말하기를, '과연 보지 못하는군요.'"

숭원법사와의 이 문답은 『문답잡징의』 제14단에도 보인다.

***將生滅却滅, 令人不執性**(장생멸각멸, 영인불집성) : 이 논리는 상견과 단견에 집착하고 있는 외도를 논파하는 논리와 같다. 『조계대사전』에 中師薛簡이 질문한 것에 대하여 혜능이 답한 곳에 다음과 같은 문답이 있다.

"설간이 말하기를, '대사여, 무엇이 대승의 견해인가?' 대사(혜능)가 말하기를, '『열반경』에 이르기를, 「明과 無明을 범부는 둘로 보지만 智者는 그 본성이 둘이 아님을 안다. 둘이 아닌 본성은 실성이다.」 …생하지도 않고 멸하지도 않으며 性相은 언제나 변함이 없다.' 설간이 묻기를, '대사가 불생불멸이라고 설한 것은 외도와 어떤 차이가 있는가? 외도도 역시 불생불멸이라고 설한다.' 대사가 대답하기를, 외도가 불생불멸이라고 설한 것은 생으로써 멸을 그치게 하는 것이기 때문에 멸이 도리어 멸하지 않는다. 나는 본래부터 無生을 설하기 때문에 지금 또한 無滅이다. 따라서 외도와 같지 않다(『慧能硏究』, p.46)."

***未若離二邊, 自除生滅病**(미약리이변, 자제생멸병) : 신회는 숭원법사에게 '보라, 보는가 보지 않는가'라고 시사했지만 그 뜻은 "무념을 보는 자는 견문각지할지라도 항상 공적하다"(『단어』 제15단)라고 말한 것처럼 '무념을 보라'고 하는 것이고, 또 본래 공적한 사실을 아는 것이다. 그것에 의하여 '생멸의 두 마음'이 소멸한다. 또 張燕公(張說)과의 무념문답에는 '아무것도

없는 것을 보라'고 말한다. 여기서 '(생멸의) 二邊을 여의면'이라고 대답한 것은 표현의 방법은 다르지만 내용적으로는 비슷하다. 東禪寺版·開元寺版·四部叢刊本·金藏本 및 『傳燈玉英集』은 '未却離二邊'으로 되어 있을지라도 '却'에는 뜻이 통하지 않는다. 『오등회원』은 '若'으로 되어 있다. 그것을 따라 고려판·元延祐本·明版 등의 『경덕전등록』에는 '若'으로 고친 것을 따랐다.

***先頓而後漸, 先漸而後頓(선돈이후점, 선점이후돈)** : 돈점에 대하여 신회는 『문답잡징의』 '無行間' 제42단(2)에 "발심에 돈점이 있고, 미오에 遲疾이 있다." 동 제42단(3)에 "사람에는 利鈍이 있고, 敎에는 돈점이 있다." 또 『남종정시비론』 제13단에 "도를 배우는 사람은 반드시 단번에 자신의 불성을 보고 점차로 인연을 닦아 지금 여기의 생멸심을 여의지 아니하고 해탈을 해야 한다. 비유컨대 마치 어머니가 단박에 자식을 낳아 우유를 주고 점차로 양육하여 그 자식의 지혜가 자연히 증장하게 하는 것과 같다. 단번에 깨달아 불성을 본다는 것도 또한 이와 같다. 지혜가 자연히 점차적으로 증장하게 된다"라고 한다. 결국 신회는 돈오점수를 말하지만 돈점의 선후를 나누어 논하는 것은 아니다. 종밀은 『도서』 제19단에 "悟와 修에 돈점이 있다"고 하여 ① 점수돈오, ② 돈오점수, ③ 돈수점오, ④ 점수점오, ⑤ 돈수돈오, ⑥ 法無頓漸, 頓漸在機로 분류하고, 後段(제46단)에는 돈오돈수(돈수돈오)의 깨달음을 解悟(先悟後修)와 證悟(先修後悟)로 분류하고 있다. 종밀의 돈점의 수증설에 대해서는 石井·小川, 「『禪源諸詮集都序』の譯注研究(2)」·「同(7)」(『駒澤大學佛教學部研究紀要』 53號·56號)의 (19)·(46)의 주를 보라.

*聽法頓中漸, 悟法漸中頓. 修行頓中漸, 證果漸中頓(청법돈중점, 오법점중돈. 수행돈중점, 증과점중돈) : 자세한 전거는 알 수 없다. 지금 하나 알고 있는 것으로써 다음과 같이 이해할 수 있다. 청법(가르침을 듣는 것)과 수행(가르침을 실천하는 것)에 대하여 같이 돈중점으로 취급하고 있지만 청법으로부터 수행으로 실천의 깊이가 있다고 생각되어 지고, 또 悟法(가르침을 이해하는 것)과 證果(마음의 玄極에 이르는 것)에 대하여 같이 점중돈으로 취급하고 있지만 오법으로부터 증과로 깨달음의 깊이가 있다고 보여지기 때문에 같은 점중돈의 표현일지라도 다르다고 생각한다. 그 돈오의 차이를 해오(性과 相을 明了하는 것)와 증오(마음의 현극에 이르는 것)에서 구하여 의미를 생각하면 대략 다음과 같이 된다. 청법이란 돈오(해오)하기 위하여 필요한 점수이고, 오법이란 증과를 향해 점수하기 위하여 필요한 돈오(해오)이다. 수행이란 돈오(해오)로써 증과하는데 필요한 점수이고, 증과란 悟後의 점수를 위해 필요한 돈오(증오)이다.

*頓漸是常因(돈점시상인) : 修가 因인 것은 이해할 수 있지만 頓이 因이라는 것은 어떻게 말해야할까? 前注에서 고찰한 것으로부터 생각해 보면 해오의 돈오가 증과(증오)를 향해 점수하기 위한 因이고, 증오(증과)의 돈오가 오후의 수행을 위한 인이 된다는 뜻인지?

*先定後慧, 先慧後定. 定慧後初, 何生爲正(선정후혜, 선혜후정. 정혜후초, 하생위정) : 『문답잡징의』 제34단(1)에 왕유가 남양 용홍사의 신회와 惠澄禪師를 초청하여 여러 날 서로 이야기를 주고받을 때 신회와 혜징의 견해에 상위가 있는 것이 문제가 되어 신회는 "지금 같지 않다고 말한 것은 징선사는 반

드시 먼저 선정을 닦은 후에 그 선정으로 인하여 지혜가 發現되도록 해야 한다고 한다. 그러나 그렇지 않다는 것을 알 수 있다. 지금 바로 侍御와 함께 말할 때 선정과 지혜가 동시에 작용하고 있다"고 대답한다. 아마도 이때에 행해졌다고 생각되는 문답이 同제15단 '問澄禪師'에 보이고 있고, 신회에게 "어떤 법을 닦아야 견성할 수 있는가?"라는 물음에 징선사는 "먼저 반드시 좌선을 배워 선정을 닦아야만 한다. 선정을 얻은 후에 선정으로 인하여 지혜를 발하고, 지혜로써 곧 바로 견성할 수 있다"고 대답한다. '何生'의 生은 아마도 의문사에 붙는 접미사. 의문사에 붙는 예로서는 '作麽生' '作勿生' '何似生' '怎生' '甚生' '若爲生' 등이 있지만 '何生'의 예는 지금 이곳 외에 다른 데는 보이지 않는다.

***常生淸淨心, 定中而有慧. 於境上無心, 慧中而有定**(상생청정심, 정중이유혜. 어경상무심, 혜중이유정) : 정혜일체로서의 쌍수는 체와 용의 관계로써 설명한 것이 남악혜사 이래 常套이지만(『단어』제17단의 해당 주를 보라) 여기서는 체용을 사용하지 않고 설명하고 있다. 즉 청정심을 내는 것이 정과 일체가 된 혜의 작용이고, 대상경계에 대하여 무심한 것이 혜와 일체가 된 정이라고 한다. 신회는 『단어』제17단에서 "세상에서 여러 가지 일상생활을 하는 가운데 그 일에 대하여 망념을 일으키지 않는 것이 선정과 지혜를 동시에 닦는 것이고, 선정과 지혜는 서로 떨어질 수 없다"라고 설하고 있지만 '不於事上生念'과 '於境上無心'은 같은 내용이라고 보아도 좋다. 또 혜에 대하여 신회는 "본래 寂淨(靜)한 심체를 능히 아는 것을 혜라 한다"고 설명한다. '本寂靜體'와 '(自性)淸淨心'은 본질적으로 동일한 것이지만 '안다'는 것이 아니고 '생한다'라고 말하는 것

은 신회와 다른 것이다.

***先佛而後法, 先法而後佛. 佛法本根源, 起從何處出. 答曰, 說卽先佛而後法, 聽卽先法而後佛**(선불이후법, 선법이후불. 불법본근원, 기종하처출. 답왈, 설즉선불이후법, 청즉선법이후불) : 『문답잡징의』 제47단에 거의 같은 문제가 다음과 같이 논의되고 있고, 『頓悟要門』(禪の語錄6, p.67)에도 같은 논의가 보인다.

"낙양현의 현령인 서악이 질문하기를, '일체제불과 제불의 阿耨多羅三藐三菩提法(佛智)은 다 이 경으로부터 나왔다. 도대체 부처가 먼저인가, 법이 먼저 인가? 만약 부처가 먼저라면 어떤 가르침을 받아 成道했는가? 만약 이 법이 먼저라면 법은 곧 어떤 사람이 설한 것인가?' 대답하기를, '만약 문자의 입장에서 논하면, 佛이 먼저이고, 法이 나중이다. 만약 寂滅法 가운데서 말하면 법이 먼저이고, 불이 나중이다. 또 경전의 뜻에 의하여 밝혀 보면, 경에 말씀하시기를, 「모든 부처님의 스승은 이른바 법이다. 법이 항상하기 때문에 제불도 또한 항상하다」고 한다. 부처님이 어떤 가르침을 받아 성도했는가에 대한 질문은 경의 말씀에 따르면 「중생은 무사지가 있고, 자연지가 있다」고 한다. 중생이 자연지를 이어 받아서 끊임없이 修習하여 적멸법을 깨달아 성불하는 것이다. 부처님도 마침내 이 법을 가지고 끊임없이 중생을 교화했다. 중생이 부처님의 가르침을 이어받아 수습하면 정각을 이룰 수 있다.'"

이 문답은 돈황유서 『大乘起世論』(P.2039V, 『藏外佛教文獻』 제3집에 錄文이 있음)의 표제 아래에 四行에 걸쳐서 다음과 같이 抄寫되어 있다.

"未審佛先, 法先. 佛若在先, 佛稟何教(원문은 이 아래에 필

요 없는 '何教' 2자가 있음)成. 法先, 何人說. 答, 若論文字法, 佛先法後., 若論寂滅法, 法先佛後. 經云, 「諸佛之師, 以爲法也. 以法常故, 諸佛亦常.」 稟何教而成道. 經云(원문은 이 아래에 필요 없는 '所說' 2자가 있음), 「衆生有無(원문은 '無'가 없음)師智自然智.」 任運證寂滅法. 於佛轉教衆生, 衆生承佛, 得成正覺."

'부처가 먼저인가, 법이 먼저인가'라는 질문은 후한 말 경에 번역한 『大方便佛報恩經』 권6(『대정장』 권3, p.157중)에 삼보에 귀의하는 선후의 문제를 다루는 곳에 다음과 같이 설하고 있다. "부처는 법으로써 스승을 삼기 때문에 부처는 법에서 나온다. 법은 부처의 어머니이고, 부처는 법에 의지하여 머문다. 묻기를, '부처가 만약 법으로써 스승을 삼는다면 삼보 중에 왜 법이 처음이 되지 않는가?' 답, '법이 비록 부처의 스승일지라도 법은 부처가 아니면 홍포될 수 없다. 그래서 도는 사람으로 말미암아 퍼진다고 한 것이다. 따라서 부처가 처음에 있는 것이다'(佛以法爲師, 佛從法生. 法是佛母, 佛依法住. 問曰, 佛若以法爲師者, 於三寶中何不以法爲初. 答曰, 法雖是佛師, 而法非佛不弘. 所謂道由人弘. 是故佛在初.)." 이 말 이후에 삼보에 귀의하는 선후가 문제되어 법과 부처의 선후가 논의되었다. '說'한다면 '先佛後法'인 것인지 이해하기 어렵지만 『문답잡징의』 제47단을 참고하면 '설'은 말로 표현하여 법을 설하는 것이고, '聽'은 말을 초월한 적멸의 理法을 스스로 聽取하는 입장으로 이해할 수 있다. 『대방편불보은경』에서 "부처는 법으로부터 나왔다"고 말하는 것은 이 때문 일 것이다.

Ⅳ. 歌詩

(『荷澤寺神會和尙五更轉』·『五言詩』·『南宗讚』)

1. 해제와 사본

1) 해제

荷澤神會(684~758)가 지은 『荷澤寺神會和尙五更轉』은 『荷澤寺和尙神會五更轉』이라고도 하며, 1권으로 되어 있다. 이것은 표제에서도 알 수 있는 바와 같이 북종선에 대하여 남종선이 보리달마의 正系라고 주장하는 6조 혜능의 제자 하택신회가 唐 開元20年(732)에 滑臺의 大雲寺에서 無遮大會를 열고 북종의 대표자인 崇遠法師와 대론한 『菩提達摩南宗定是非論』 일명 『頓悟最上乘論』의 요지를 가곡으로 요약하여 만든 詩이다. 이 오경전에는 압운이 있는데 3·7·7·7·3·3·3·3·7·7語의 體裁로 구성된 시에서는 各更의 第1句·제2구·제4구·제6구·제8구·제10구(最終句)의 末句文字에 압운이 들어간다. 흔히 押韻의 표시는 밑줄이나 점으로 표시하지만 원본에는 표시가 되어 있지 않다.

『荷澤寺神會和尙五更轉』라고 題名된 2套의 가사 중 第1套는 한 本뿐이지만 제2투는 『남종정사정오경전』과 『남종대승오경전』이라는 斷簡을 포함하여 15본의 사본이 전해지고 있기 때문에 돈황에서 널리 수용되었던 것으로 알 수 있다. 오경전이란 옛날 육조 말에 연원을 둔 가요의 형식이며 일몰로부터 일출에 이르기까지 하룻밤을 다섯 부분으로 나눈어 一(初)更부터 五更까지의 다섯 수의 가사를 붙인 가곡이다. 更은 순서대로 지나간다는 의미 때문에 다가오는 시간의 이름이며, 轉은 차례를 따라 돈다는 뜻일 것이다. 여섯 명의 선사가 偈와 五更轉과 行路難을 지은 우화적인 구성을 가지고 사본(P.3409, S.5996+S.3017)에 "更贈五更轉, 禪師**依次各轉一更**"(S.5996)라고 말하고, 오경전이 다섯 수가 書寫된 후 "第六禪師默然**無更可轉**, 卽作勸請人一偈"(S.3017)라고 말하고 있기 때문이다(田中良昭, 『敦煌禪宗文獻の硏究』, p.323). 오경전 가사의 가장 빠른 실례는 『樂府詩集』권33 '相和歌辭'에 보이는 陳의 伏知道 「從軍五更轉五首」이고, 황량한 변경의 戍衛地에서 밤에 망보고 있는 정경을 更을 따라 7언4구로 노래한 것, 管絃을 따라 商調의 淸越哀傷의 곡조인 것 같다. 수당시대에는 유해함과 더불어 다양화했고 궁정 太樂署의 梨園에서도 敎習되어졌다. 가사는 3언·5언·7언을 섞은 雜言體가 일반적이고, 그 體式에도 여러 가지 변형이 있지만 한 곡의 句格의 정돈된 定格聯章을 특색으로 하고, 시간이 걸리는 分時體 定格聯章曲에는 그 밖에 12時·12月·百世篇이 있다(任半塘, 『敦煌歌辭總編』권5, p.6). 말하자면 오경전은 '밤의 노래'(숫자풀이 노래)이지만 원래는 밤을 세워 부지런히 일하는 사람에 의하여 부른 노동가, 軍歌였고, 악기의 반주도 없이 소박한 組曲이 樂府·敎坊에 받아들여져 세련을 가했던 것이다. 또 현존하는 가사는 일부를 제외하고 반드시 更을 따른 내용은 없어지고 있어 종교가사에 있는 것도 경을 따라 사상을 심화하는 구성은 아니다. 특히 신회의 오경전은 계단

을 밟지 않은 돈오설을 주제로 하고 있어 오경전의 형식에는 맞지 않는다. 돈황가사에 종교적인 내용의 색채가 농후한 것은 주로 막고굴 三界寺와 그밖에 사원의 遺書的인 성격이 반영되었기 때문이며, 오경전이 당시 널리 情歌俗曲으로서 유행하고 있었던 것이 근대에 이르기까지 민간에서 불려져 이어지고 있었던 것인지도 모른다. 실로 오경전은 일본에도 전해졌다. 圓仁의 오대산의 구법목록에 『달마화상오경전일권』을 기록한 것에는 단지 가사만 있으나 강호시대 長崎唐通辭의 교과서에 명대 五更調 '醉胡蝶'가사의 唐音과 笛譜를 실고 있는 것은 일본에 있어서도 불려졌던 증거이다[青木正兒, 「本邦に傳へられたる支那の俗謠」(『青木正兒全集』 第2卷)].

『하택사신회화상오경전』이 신회의 사상을 전하는 내용을 가진 것은 여심할 여지가 없지만 과연 그가 몸으로 지은 것인지는 속단할 수 없다. 그러나 종밀의 『원각경약소초』 권하의 1, 經文에 "無明眞如, 無異境界"의 疏에 '古德云'으로서 第2套1更의 2句 '迷則眞如是妄想, 悟則妄想是眞如'가 인용되고 있는 것은 종밀이 이 오경전을 단순한 가곡이라고 보지 않았던 것을 나타내는 것이다. 제2투 사본의 15본 중 1본에 신회의 이름이 붙어 있고, 3본에 '南宗定邪正'이라는 신회의 口號을 붙이는 것으로 보아 신회가 지었거나 신회에 연관되는 작품으로서 수용되고 있던 것은 틀림없다. 그럼 이 오경전의 곡은 어떠한 장소에서 불렀던 것일까? 여기에는 入矢義高가 藤井有隣館藏의 오경전인 '太子入山修道讚'의 해설에 가사의 앞에 붙여진 1句 '道場屈請蹔(暫)'을 '설법이나 法事가 시작되기에 앞서 모인 대중에 의하여 불러졌던 것을 보여준다'는 말로 여겼던 이해가 참고할 만하다. 방증으로 들수 있는 '五台山讚'은 聯章의 첫 머리가 '佛子, 道場屈請暫時間, 至心聽讚五台山'에서 시작한다. 즉 '오대산찬'은 법회 전에 오대산 신앙을 권하는 노래로서 불렀던 것이지만 그 가사로부터 이해할 수 있는 것도 있고 여기서부터 종교가사의 일반적인 용도를 추측할 수 있다. 종교가사류의 사본이 대개 여러 종류로 연속해서 베낀 형식을 취한 것도 위와 같은 의도를 가지고 준비한 것을 보여주는 것일 것이다. 『하택사신회화상오경전』도 신회의 전기로부터 알 수 있는 것처럼 각지에서 성대하게 개최한 무차대회와 수계회 등의 법회에서 모인 대중에 의해 불러졌던 것인도 모른다.

참고로 『荷澤寺神會和尙五更轉』(第2套), 일명 『南宗定邪正五更轉』의 끝에 호적이 교정한 抄本 세 가지를 수록한다.

『五言詩一首』는 돈박본(077호), 북경본(北7233V), P.2045의 3본이 알려져 있다. 어느 것이나 『하택사신회화상오경전』 제2투(남종정사정오경전)의 후에 이어 베껴진 것은 그 4경의 말구 '只爲担麻不重金'을 이어서 '爲報担麻者, 如何不重金'의 2구가 있는데 이들과 밀접하게 관련하기 위함이다. 그 내용은 『금강경』·『법화경』·『장아함경』을 典故로 한 哲理詩의 취지이지만 의도하는 것은 '欲離相非相, 還將心照心'이라는 觀心批判이고, 제2투(『남종정사정오경전』)의 附篇이라는 위치에 있다.

『남종찬』에는 '行住坐臥常作意' '今生作意斷慳貪'의 구가 있고, 신회의 '不作意'의 사상과 맞지 않기 때문에 호적도 이미 지적하고 있는 바와 같이 신회가 지은 것이 아니다. 오히려 이

『남종찬』에 노래되어 지고 있는 사상, 즉 '번뇌에 가려진 불성'·'유위공덕의 부정'·'좌선에 집착하는 것의 부정'·'경전에 집착하는 것의 부정'· 거기서부터 '행주좌와의 중에 있어서 마음이 게으르지 않도록 觀心에 힘쓰고 삼독을 끊고 열반에 나간다'고 하는 수행방식이야말로 신회가 공격한 이른바 북종의 선법과 다름 없다. 그러면 이 『남종찬』의 '남종'이라는 말은 신회 이전, 남북종이 갈라지기 이전의 '남종'이다. 사실 '남종'이란 말은 신회 이전에 있었던 정각의 『반야심경주』 李知非의 서에 보이는 정도이고, 신회가 '南能北秀'의 의미를 부여함으로부터 기색이 선명한 당파적인 용어가 되었으며, 표제가 될 수 있게 되었다. 그렇다면 이것은 신회 이후 '남종'의 이름을 가진 재주장인 것일까? 혹은 이미 당파성을 상실한 '선종'이라는 정도의 의미일까? 사본은 현재 15본이 알려져 있지만 많게는 10세기 경의 것도 있고, 그 때 돈황의 법회에서 불러진 가사이었을 것이다. 사실 부르면서 전승되었기 때문에 사본 사이에서의 문자의 異同이 상당히 많다.

(참고문헌)

*入矢義高, 「敦煌發見の勸善文」(『墨美』第62號, 1975).
*任半塘, 『唐聲詩』, 上海古籍出版社, 1982.
*任半塘, 『敦煌歌辭總編』, 上海古籍出版社, 1987.
*王昆吾, 『隋唐五代燕樂雜言歌辭研究』, 中華書局, 1996.
*鈴木哲雄, 『唐五代禪宗史』, 山喜房佛書林, 1985.
*胡適, 『神會和尙遺集』附錄, 中華民國57(1968).

2) 사본

돈황문서 중에서 오경전이란 이름을 가진 가곡가사의 사본이 여러 종류가 발견되었는데 그 가운데 가히 신회가 지은 것이라고 확정할 수 있는 두 종류 중 그 하나는 돈황출토 영국 런던 대영박물관본(Stein 6103號 殘卷)과 이것에 연속되어 있는 Stein 2679호 잔권의 머리 부분 5행까지의 것이고, 다른 하나는 돈황출토 Stein 2679호의 제1수 끝 부분에 이어 기록된 13행으로『大乘五更轉』이나『南宗定邪正五更轉』과 내용이 같다.『南宗定邪正五更轉』의 현존사본은 8~9개의 복사본이 유통되고 있다. 이를 좀 더 상세히 말하면『南宗定邪正五更轉』은 1권으로 된『南陽和尙南宗定是非五更轉』을 가리킨다. 줄여서『南宗五更轉』이라고도 한다. 위에서 언급한 바와 같이『大乘五更轉』(Stein 4634, Pelliot 4617)과『荷澤寺和尙神會五更轉』의 第2首와 동일한 내용이며, 이는 定格聯章五更轉類의 일종이다. 이것은 饒宗頤과 Paul Demiêville의『敦煌曲』(Airs De Touen-Houang-editions du Centre National de la Recherche Scientifique, 1971)과 그리고 任二北의『敦煌曲校錄』(上海文藝聯合出版社, 1955)에 수록되어 있다. 유통본은 호적의『신회화상유집』‘부록’(중화민국57, 1968)에 실려 있다. 이 역주본에서는 서로 내용을 달리하는 2수 중 전자의 이름을『荷澤寺神會和尙五更轉』으로, 후자의 이름을『南宗定邪正五更轉』으로 각각 정리하여 이들을 모태로 삼고 나머지는 부록형식을 취하여 수록했다.

① 『하택사신회화상오경전』

호적은 1960년 『神會和尙語錄的第三個敦煌寫本』(臺灣 : 歷史語言硏究所集刊外編第4種 『慶祝薰作賓先生六十五歲論文集』上册에 실려 있음)의 3에 의거하여 런던 대영박물관소장본인 S.6103호 殘卷 · S.2679호 잔권을 원래대로 한 폭으로 연결하여 베낀 고서로 만들었다. 前幅의 抄에는 『하택화상오경전』이라는 7자를 검게 제목을 붙혔고, 오른쪽에는 朱筆로써 더한 '寺神會'의 3자가 있으며, 합하면 『하댁사신회화상오경전』이 된다. 다만 이 前 폭에는 3경만 남아 있고, 후폭은 다른 부분과 연결이 되어 있다. 호적은 이 兩幅을 합하여 교정하여 베꼈으며, 비록 20자 정도 모자랄지라도 뜻은 명확했다. 여기에 게재한 신회의 第1首 오경전은 호적이 교정한 본이다(胡校本).

② 『남종정사정오경전』

여기에 소개한 것은 敦博 077호 抄本上의 제3개 복사본인데 『남양화상돈교해탈선문직료성단어』의 뒤에 붙어 있다. 그 후면에 『오언율시』 한 수가 있다. 首部의 오경전과 붙어 있는 오언율시는 파리 국립도서관소장본인 P.2045호 長卷에도 보인다. 1958년 호적은 校寫한 『단어』 뒤에 이 수부의 오경전과 붙어 있는 오언율시를 부가하여 교사해서 『단어』의 부록으로 만들어 『新校定的敦煌寫本神會和尙遺著兩種』(臺灣 : 『歷史語言硏究所集刊』 제29본과 호적기념관에서 새로 출판한 『神會和尙遺集』의 부록)중에 발표했다. 여기에 발표한 돈박본은 교정 중에 파리본과 호적본을 참고했다. 부록으로 실은 몇 개는 호적이 교정한 기타 오경전을 따랐고, 모두 다 다른 초본이며, 본문을 기록하고, 校註를 달았다.

위에 언급한 敦煌寫本들을 정리하면 다음과 같다.

① Stein 6103호 본(『敦煌寶藏』卷45, p.32)

② Stein 2679호 본(『敦煌寶藏』卷22, p.214)

③ Pelliot 2045호 본(『敦煌寶藏』卷113, p.106)

④ 돈박077호 본(『甘肅藏敦煌文獻』第6卷, p.94-45)

⑤ 露6 · 鹹18.

그 외 S.4654 · S.6083 · S.6923(2種) · S.2629 등이 있다.

2. 『荷澤寺神會和尙五更轉』①(第1套)

一更②初

涅槃城裏見眞如　妄想③是空非有實

不言爲④有不言無⑤　非垢淨　離空虛

莫作意　入無餘　了性卽知當解脫

何勞端坐作⑥功夫

二更催

知心無念是如來　妄想是空非有實⑦

□□⑧山上不勞梯　頓見竟　佛門開

寂滅樂　是菩提　□□□⑨燈恒普照

了見聲⑩香無去來

三更深

無生□□[11]坐禪林　內外中間無處所
魔軍自滅不來侵　莫作意[12]　勿凝心.
住自在　離思尋　般若本來無處所
作意何時悟法音.

四更蘭[13]

□□□□□□□[14]　□□[15]共傳無作法
愚人造作[16]數數[17]般　易不易[18]　難不難[19]
□□□[20]　本來禪　若悟刹那應卽見
迷時累劫闇中觀.

五更分

淨體由[21]來無我人　黑白見知而不染
遮莫靑黃寂不論　了了見　的知眞
隨無相　離緣因　一切時中常解脫
共俗和光不染塵.

『하택사신회화상오경전』제1투의 사본과 교록본

사본은 S.6103호 본과 이것과 銜接한 S.2679호의 한 본뿐이다. 이 套는 入矢義高가 1959년에 새롭게 발견한 스타인본『단경』·『문답잡징의』의 존재와 함께 S.6103호를 호적에게 서신으로 알렸는데 호적은 이것과 S.2679호에 의하여 「神會和尙語錄的第三個敦煌寫本」(1960년)에 「荷澤寺神會和尙五更轉兩首」로서 제2투와 함께 발표했으며, 입시의고도 재차 「敦煌定格聯章曲子補錄」(1960)에 교록을 발표했다. 지금까지 교록본은 다음 여섯 가지가 있다.

① 胡適, 「神會和尙語錄的第三個敦煌寫本『南陽和尙問答雜徵義…劉澄集』」(『歷史語言硏究所集刊』外編第4種, 慶祝董作賓先生65歲論文集, 台北 : 1960, 후에 『胡適校敦煌唐寫本神會和尙遺集』, 胡適紀念館, 1968에 재록).

② 入矢義高, 「敦煌定格聯章曲子補錄」(『東方學報京都』第35冊, 1964).

③ 巴宙, 「敦煌韻文集」(佛教文化流通處, 高雄 : 1965년, 단 S.6103호 뿐).

④ 任半塘, 『敦煌歌辭總編』下冊(上海古籍出版社, 1987년).

⑤ 任半塘·王昆吾, 『隋唐五代燕樂雜言歌辭集』上冊(巴蜀書社, 成都 : 1990년).

⑥ 楊曾文, 『神會和尙禪話錄』(中華書局, 北京 : 1996년).

또 임반당은 呂秋逸, 『敦煌佛教歌辭校本』을 참고하였지만 아직 보이지 않음. 또한 ④에 대하여 項楚, 『敦煌歌辭總編匡補』(敦煌叢刊2集, 新文豐出版公司, 臺北 : 1994년)가 있다.

【校記】

① 표제는 『하택화상오경전』, 또 '하택'과 '화상' 사이의 우측에 '寺 神會'라고 別筆로써 朱書되어 있다.

② 原卷에 「一更」의 2자는 殘缺. 殘劃에 의거하여 바로 잡음.

③ 「想」자는 원권에 「相」자로 되어 있음. 2경의 제3구와 동일.

④ 「爲」자는 원권에 「未」자로 되어 있지만 의미가 통하지 않음. 任校가 呂校에 의거하여 고친 것을 따름.

⑤ 「無」자는 원권에 결손. 諸校本에 따름.

⑥ 「端坐作」의 3자가 원권에 殘缺. 잔획에 의거하여 바로 잡음. 모든 교본도 동일함.

⑦ 「實」자가 원권에 缺損. 1경의 제3구에 의거하여 바로 잡음

⑧ 원권에는 2자가 결손. 任校는 「無生」이라고 보수했지만 제2자의 잔획으로부터 추지해 보면 「涅槃」일 것이다.

⑨ 원권에는 3자가 결손. 「般若之」가 아닌지?

⑩ 「聲」자가 원권에는 「磬」자오 오기되어 있음.

⑪ 2자가 원권에 결손. 임교는 「何必」이라고 보수하고 있음. 項楚의 『匡補』에서는 「法忍」이라고 했음. 여기서는 임교에 따름.

⑫ 「意」자 다음에 원권에는 「入無餘」의 3자가 더 있지만 삭제부호를 붙이고 있음.

⑬ 「闌」자가 원권에는 「蘭」자로 오사되어 있음.

⑭ 원권에는 7자가 결손.

⑮ 2자가 원권에 결손. 제4구의 「愚人」으로부터 추지해 보면 「智者」가 아닐까? 이상 S.6103에 의거한 것임. 이하 「共傳」부터는 S.2679에 의거함.

⑯ 「作」자가 원권에는 「化」자로 오사되어 있음.

⑰ 「數數」의 2자가 원권에는 원권에는 첩자부호가 붙어 있음.

⑱ 「易不易」의 3자가 원권에 잔결. 임교본에 따름.

⑲ 「難不難」의 3자가 원권에 잔결. 임교본에 따름.

⑳ 원권에 앞의 1자 결손, 뒤의 2자 잔결. 임교본은 「殺似」라고 보

수했음.

㉑ 「由」자가 원권에 「猶」라고 되어 있음. 제교본을 따름.

【번역】

『荷澤寺 神會和尙의 五更轉』

1更初. 涅槃城 안에서 진여를 보도다. 妄想은 空하여 실체가 있는 것이 아니며, 있는 것이 아니라고도 말할 수 없고 그렇다고 해서 없다고도 단언할 수 없네. 더럽거나 깨끗한 것도 아니고, 空虛과 같도다. 의식적인 생각을 일으키지 않으면, 無餘의 세계를 깨달을 수 있네. 성품을 요달하면 마땅히 해탈할 줄 알게 되니, 어찌 수고롭게 端坐하여 공부하리요?

2更催. 마음에 망념이 없는 줄 아는 것은 여래다. 망상은 空하여 실체가 있는 것이 아니며, □□산위를 수고스럽게 오르지 않도다. 단번에 깨달아 마치면, 佛門이 열린다. 적멸의 즐거움, 이것이 보리로다. □□□의 등불이 항상 널리 비추고, 馨香을 똑똑히 보니 거래가 없도다.

3更深. □□□이 생함이 없는 禪林에 앉도다. 內・外・中間의 처소가 없고, 魔軍이 스스로 멸하여 침입하지 않도다. 의식적인 생각을 일으키지 말고, 마음을 응집하려고 하지 말라. 자유롭게 살며, 思尋을 여의었도다. 반야는 본래 처소가 없으니, 작의로써 어느 때 법음을 깨달으리요?

4更蘭. □□□□□□□, □□無作의 법을 함께 전하니, 어리석은 사람은 조작하는 것이 여러 가지. 쉬운 것 같지만 쉽지 않고, 어려운 것 같지만 어렵지 않으니, □□□이 본래의 선

이로다. 만약 깨달으면 찰나에 응당 곧 바로 볼 것이니, 미혹한 때는 累劫토록 어두움 속에서 보도다.

5更分. 청정한 본체는 본래부터 아상과 인상이 없도다. 흑백을 보아 알지만 물듦이 없고, 설령 푸르고 누렇다고 해도 그 적정은 논할 것이 없네. 똑똑히 보아, 확실히 진리를 알도다. 無相을 따르니 緣因을 여의었도다. 언제 어느 때라도 항상 해탈해 있으니, 세속에 살면서도 세속에 물들지 않도다.

【注記】

압운은 '廣韻'에 의거함. 1경은 魚虞韻通押. 2경은 灰咍齊韻通押. 3경은 侵韻. 4경은 寒桓仙韻通押. 5경은 文眞諄韻通押.

***荷澤寺(하택사)** : 河南省 東都 낙양에 있었던 절. 天寶4年(745)에 육조혜능의 法嗣인 신회가 宋鼎의 초청을 받아 이곳에 주석하였다. 『역대법보기』'六祖慧能章'(『대정장』 권51, p.185중)에 "天寶八載中, 洛州荷澤寺, 亦定宗旨."라고 한 바와 같이 북종의 崇遠法師와 대론하여 종지를 정립한 장소이다.

***五更轉(오경전)** : 5更은 악부 상화가사 청조곡의 이름이다. 중국인들이 하루 밤을 다섯 부분으로 나눈 시간의 단위에 가사와 곡을 붙여서 지은 것인데 一更인 오후 7시부터 五更인 새벽 5시까지 차례대로 바뀌어 나감으로 오경전이라고 한다. 다소 차이가 있기는 하지만 보통 오후 7시부터 9시까지를 初更(一更)이라 하고, 9시부터 11시까지를 二更, 11시부터 오전 1시까지를 三更, 1시부터 3시까지를 四更, 3시부터 5시까지를 五更이라 한다. 이는 밤을 2시간 단위로 새벽까지 나눈 것이다. 五更轉은 오경의 各更에 한 首의 詩를 붙여서 五首를 一篇으로 구성한 體裁이다. 즉 오경전은 五更(章)·5수로 이루어진 것이

基本體裁이다. 그래서 一更(章)이 1수로 總計 5수로 되어 있다. 그러나 1장(更)이 2수로 되어 있는 것도 있어서 총계 10수인 것도 있고, 1장(更)이 3수로 된 것도 있어 총계 15수로 된 長篇도 있다. 1수의 字數 배열은 3·7·7·7의 體例가 일반적이지만 『南宗定邪正五更轉』은 3·7·7·7·3·3·3·3·7·7로 된 장편의 體例이다. 중국인들이 이런 형식으로 시를 쓰는 의미는 무명의 어두움이 점점 깊어졌다가 반대로 다시 무명의 어두움이 차차 엷어져서 지혜가 밝아 오는 모습을 시간의 단위를 빌려서 표현한 것이다. 즉 초경에서부터 3경까지는 무명의 어두움이 깊어지는 것을 나타내고, 3경부터 5경까지는 무명의 어두움이 점점 사라지고 지혜의 밝음이 다가오는 것을 표현하고 있다. 선종관계 오경전은 돈황본으로 『南宗定邪正五更轉』·『荷澤寺神會和尙五更轉』·『南宗讚』이라고도 하는 『五更調』·『無相五更轉』·『維摩五更轉』 등이 있고, 그 밖에 『達摩五更轉』도 있다.

*涅槃城裏見眞如(열반성리견진여) : 수행하여 열반에 이르러 진여의 세계를 보는 것을 旅人이 城門에 힘들게 도착하는 것에 비유한 것은 불전에 일찍부터 보인다(『장아함경』 권4 '유행경'). "諸法實相是**涅槃城**, 城有三門, 空·無相·無作."(『대지도론』 권20) "**城喩涅槃**, 門喩八正, 守門之人, 喩於如來."(북본『열반경』 권40), 또 歌辭에도 보인다. "隅中巳, 隅中巳, 所恨流浪共生死. 法船難達**涅槃城**, 二鼠四蛇從後至."(禪門十二時, 『總編』, p.1348), "黃昏戌, 自有心中如惠日. 但知識說得**涅槃城**, 則是般若波羅蜜."(十二時'原題缺' S.2679「荷澤寺神會和尙五更轉」第二套에 連寫, 『總編』, p.1362), 王梵志詩(第283首)에 "須入**涅槃城**, 速離五濁地."(項楚, 『王梵志詩校注』, 上海古

籍出版社).

***妄想是空非有實**(망상시공비유실) : 열반의 경지에 이르면 일찍이 집착하고 있었던 망상이 空한 줄 안다. 제2투의 1경에 '妄想眞如不異居'라고 말한 것처럼 '망상도 진여도'의 뜻을 포함한다. 『誌公和尙十四科頌』'理事不二'에 "妄想本來空寂, 不用斷除攀緣."(『경덕전등록』 권29).

***不言爲有不言無**(불언위유불언무) : 『문답잡징의』 제45단 '內鄕縣令張万頃問'에서 신회는 '진여' '불성'은 유무의 二邊을 떠나 절대적 항상적이라고 하여 '不有不無'라고 말하고 있다.

*離空虛(이공허) : 제2투 1경에 '見本性, **等空虛**'이라고 말한 것에 의거하여 이 '離'를 '並(줄서다, 늘어서다)'의 뜻으로 이해한다. '空虛'는 '虛空'을 압운의 필요 때문에 도치한 것이다.虛空にひとしい

***莫作意**(막작의) : 보리와 열반을 목적으로 한 의도적 功利的인 수행의 자세를 이 말로써 비판하는 것은 신회의 저작에 보이는 현저한 특징이다. 『단어』 제12단에 "聞說菩提, **不作意**取菩提. 聞說涅槃, **不作意**取涅槃. 聞說淨, **不作意**取淨. 聞說空, **不作意**取空. 聞說定, **不作意**取定. 如是用心, 卽寂靜涅槃. 經云, 斷煩惱者, 不名涅槃. 煩惱不生, 乃名涅槃." 同제25단에 "有無雙遣, 境智俱亡. **莫作意**, 卽自性菩提."

***入無餘**(입무여) : 入(들어간다)이라 하면 門을 떠올리지 않을 수 없고, 문이라 하면 『기신론』의 진여문과 생멸문을 생각하지 않을 수 없다. 入은 생멸의 세계에서 깨달음의 세계로 들어가는 것을 의미하고, 無餘는 범어 anupadhiśeṣa, 빠리어 anupādises를 번역한 말이며, 그 의미는 究竟窮盡·事理至極의 뜻이다. 일체의 번뇌망념이 남아 있지 않은 玄極의 세계를 뜻한다. 여

기서는 무여열반을 가리킨다. 위의 "不作意 … 煩惱不生, 乃名涅槃"과 같은 뜻이다. 『誌公和尙十四科頌』'佛與衆生不二'에 "無有一法可得, 翛然自**入無餘**."

*__了性卽知當解脫(요성즉지당해탈)__ : 了性은 自本淸淨心을 깨닫는 것이다. 『南陽和上頓教**解脫直了性**壇語』는 이것을 설한다. 『문답잡징의』 제44단 '峻儀縣尉李冤問'에도 "질문, '중생은 본래 자성이 청정한데 그 번뇌는 어디에서 생겨나는 것입니까?' 대답, '번뇌와 불성은 같이 있으나 만약 진정한 선지식의 指示를 받으면 능히 본성을 요달하여 도를 깨닫게 되는 것입니다. … 만약 본성을 요달하면 번뇌는 저절로 없어지는 것입니다'(問曰, '衆生本來自性淸淨, 其煩惱從何而生.' 答曰, '煩惱與菩提, 一時而有. 若遇眞正善知識指示, 卽能**了性悟道**. … 如若**了本性**, 煩惱自無.').'" '當'은 當時(즉시)의 뜻이다.

*__何勞端坐作功夫(하로단좌작공부)__ : 제2투1경의 '有作有求非解脫, 無作無求是功夫'에 대응한다. 『남종정시비론』 제14단에 "숭원법사가 질문하기를, '숭악의 보적선사와 동악의 항마장선사 이들 두 대덕은 모두 사람들에게 좌선을 가르칠 때, 마음을 응집시켜 선정에 들게 하고, 마음을 머무르게 하여 청정함을 看하게 하며, 마음을 일으켜서 밖으로 모든 사물을 비추게 하고, 마음을 收攝하여 안으로 깨닫도록 하고 있으며, 이렇게 가르쳐서 敎門을 삼고 있습니다. 선사는 금일 무엇 때문에 선을 말하면서도 사람들에게 좌선하도록 가르치지도 않으며, 나아가 마음을 응집시켜 선정에 들게 하고, 마음을 머무르게 하여 청정함을 看하게 하며, 마음을 일으켜서 밖으로 모든 사물을 비추게 하고, 마음을 수섭하여 안으로 깨닫도록 가르치지도 않고 있습니까? 그렇다면 선사께서는 무엇을 좌선이라고 하십니까?'

신회화상이 대답하기를, '만약 사람들에게 좌선하도록 가르치면서 마음을 응집시켜 선정에 들게 하고, 마음을 머무르게 하여 청정을 看하게 하며, 마음을 일으켜서 밖으로 모든 사물을 비추게 하고, 마음을 수섭하여 안으로 깨닫게 하도록 가르친다면 이는 깨달음(菩提)을 장애하는 것입니다. 지금 坐라고 하는 것은 妄念이 일어나지 않는 것을 坐라고 하고, 지금 禪이라고 하는 것은 자기의 본성을 깨닫는 것을 禪이라고 합니다. 그렇기 때문에 사람들에게 몸으로 앉아서 마음의 움직임을 멈추어 선정에 들도록 가르치지 않습니다. 만약에 그러한 가르침을 가리켜 옳다고 한다면 유마힐은 사리불이 좌선하는 것을 꾸짖지 않아야 마땅할 것입니다'(遠法師問禪師, '嵩岳普寂禪師, 東岳降魔藏禪師, 此二大德, 皆教人坐禪, 凝心入定, 住心看淨, 起心外照, 攝心內證, 指此以爲教門. 禪師今日, 何故說禪不教人坐, 不教人凝心入定, 住心看淨, 起心外照, 攝心內證. 何名坐禪.' 和上答, '若教人坐, 凝心入定, 住心看淨, 起心外照, 攝心內證者, 此障菩提. 今[言]坐者, 念不起爲坐. 今言禪者, 見本性爲禪. 所以不教人坐身住心入定. 若指彼教門爲是者, 維摩詰不應訶舍利弗宴坐.')." 여기에 되풀이 하여 '凝心入定…'이 '端坐作功夫'의 구체적 내용이다. 또 『문답잡징의』 제51단 '康智圓問'에도 "질문, '무엇이 대승의 선정입니까?' 대답, '대승의 선정이라는 것은 用心하지도 않는 것이며, 마음을 보려고(看心)도 하지 않는 것이며, 청정함을 보려고(看淨)도 하지 않는 것이며, 공을 관하지도 않는 것이며, 마음을 머무르게(住心)도 하지 않는 것이며, 마음을 깨끗하게 하려고(澄心)도 하지 않는 것이며, 멀리 보지도 않는 것이며, 가까이 보지도 않는 것이며, 시방도 없고, 항복도 없으며, 怖畏도 없으며, 분별도 없으며, 空에 떨어짐도 없으며, 寂靜에 주함도 없는 것 등, 일체의 모든 허망된 모양이 생겨나지 않는 것을 바로 대승의 선정이라고 합니다.'(問, '何者是大乘禪定.' 答, '大乘定者, 不用心, [不看心], 不看淨, 不觀空, 不住心, 不證心, 不遠看, 不近看, 無十方, 不降伏, 無怖畏, 無分別, 不沈空, 不住寂, 一切妄想不生, 是大乘禪定.')."

*****知心無念是如來(지심무념시여래)** : 무념은 신회사상의 관건이 되는 말이다. 『남종정시비론』 제33단에 "무엇을 무념이라 하는가? 이른바 유와 무도 생각하지 않는 것이며, 선과 악도 생각하지 않는 것이다. … (云何**無念**. 所謂不念有無, 不念善惡, …)"라고 하면서 특히 "보리도 생각하지 않고, 보리로써 목적을 삼지도 않고, 열반도 생각하지 않고, 열반으로써 목적을 삼지도 않는 것이 무념입니다(不念菩提, 不以菩提爲念. 不念涅槃, 不以涅槃爲念, 是爲無念.)"이라는 말을 더하고 있기 때문에 '不作意'인 것이 동시에 무념이다. 그래서 『단어』 제21단에 "但不作意, 心無有起, 是眞**無念**"라고 한 것이다. 이 일구는 "馬鳴云, '若有衆生, 能觀**無念**者, 則爲向佛智.'"(上同)라고 말한 것처럼 『기신론』(『대정장』 권32, p.576중)에 의거한다. 제2투4경에도 "善惡不思卽無念, 無念無思是涅槃." 여기에서 중요한 것은 마음이 무념인 것을 아는 주체를 세워서 그 주체를 확립한 자가 부처다고 말하는 것이다.

*****□□(涅槃)山上不勞梯((열반)산상불로제)** : 『조당집』 권15 '汾州和尙章'에 "又(法華經)云, '畢竟空寂舍.' 又云, '諸法空爲坐.' 此則諸佛如來住無所住處. 若如是知, 卽是住空寂舍, 坐法空座. 擧足下足, 不離道場, 言下便了, 更無漸次. 所謂**不動足而登涅槃山**."

***寂滅樂, 是菩提(적멸락, 시보리)** : 『열반경』 권13 '성행품'에 보이는 雪山童子가 구한 게인 "諸行無常, 是生滅法, 生滅滅已, **寂滅爲樂**." 『남종정시비론』 제35단에 이 게송에 대한 논의가 있다. 또 제2투2경에 "諸行無常是生滅, 但觀實相見如來."

***了見聲香無去來(요견성향무거래)** : 『유마경』 '제자품'에 "법에는 동요가 없다. 6진에 의지하지 않기 때문이다. 법에는 거래가 없다. 항상 머무르지 않기 때문이다(法無動搖, 不依六塵故. 法無去來, 常不住故.)." 제법에 실체가 없다고 알기 때문에 色·聲·香 등의 외경에 접해도 집착하지 않는다. 『단어』 제16단에 "各各至心. 令知識得頓悟解脫. 若眼見色, 善分別一切色, 不隨分別起, 色中得自在, 色中得解脫, 色塵三昧足. 耳聞聲, 善分別一切聲, 不隨分別起, 聲中得自在, 聲中得解脫, 聲塵三昧足. …"

***無生□□(何必)坐禪林, 內外中間無處所(무생□□(하필)좌선림, 내외중간무처소)** : 여기는 修定을 부정하는 문맥이기 때문에 우선 任校에 따른다. 『문답잡징의』 제9단에 "최제공이 질문하기를, '선사는 좌선할 때 한 번 선정에 든 후, 얼마나 있다가 出定하십니까?' 대답하기를, '마음은 방향과 처소가 없는데 어떻게 선정이라는 것이 있겠소'(崔齊公問, '禪師坐禪, 一定已後, 得幾時出定.' 答曰, '**神無方所**, 有何定乎.')"라고 한다. 이것은 유마의 교설에 의거한 것이다. 즉 '제자품'에 "心亦不在內, 不在外, 不在中間." 또 신회는 修習을 빌리지 않는 이유에 대하여 말하고 있다. 즉 "**性體無生**, 刹那成道." 『문답잡징의』 제51단에 "**道體(도의 본체)에는 아무 것도 없다**. 比量도 없고, 智覺의 照用과 동·부동의 법도 없으며, 心地와 意地도 세우지 않고, **거래도 없으며, 내외와 중간도 없고,** 처소

도 없다(道體無物. 復無比量, 亦無智覺照用, 及動不動法, 不立心地意地, 亦無去來, 無內外中間, 復無處所.).”

***魔軍(마군)** : 魔는 범어 māra의 음역인 魔羅의 약어이고, 그 의미는 殺者 · 惡者 · 障碍 · 擾亂 · 惡魔 등의 뜻이 있다. 즉 사람의 몸과 마음을 어지럽게 하고, 사람의 생명을 빼앗아 가며, 善事를 방해하고, 지혜의 목숨을 끊는 惡鬼神을 말한다. 옛날에는 磨로 표기했으나 梁 武帝 때부터 魔로 고쳐 썼다고 한다. 『普曜經』 권6(『대정장』 권3, p.519상)에는 “석존이 성도했을 때 魔王 波旬이 四女를 보내어 여러 가지로 유혹했다”고 전한다. 마의 의미를 內觀的으로 해석할 때는 중생을 괴롭히는 번뇌를 魔라고 한다.

***莫作意, 勿凝心, 任自在, 離思尋**(막작의, 물응심, 임자재, 리사심) : 『단어』 제13단에 “知識, **一切善惡, 總莫思量. 不得凝心住**, 亦不得將心直視心, 隨直視住, 不中用. 不得垂眼向下, 便隨眼住, 不中用. **不得作意攝心**, 亦不得遠看近看, 皆不中用. 經云, ‘不觀是菩提, **無憶念故**,’ 卽是自性空寂心.” 『조계대사전』에 “大師告薛簡曰, ‘若欲將心要者, **一切善惡, 都莫思量. 心體湛寂, 應用自在**.’” ‘凝心’은 마음을 한 곳에 집중하려고 하는 것. 신회가 북종선의 觀心主義적인 선을 요약한 말인 凝心入定을 가리킨다. ‘思尋’의 思(cetanā)는 우리의 본성을 조작하여 業(karman)을 짓게 하는 것을 그 본성으로 하는 번뇌이고, 尋(vitarka)은 覺과 같은 말로 거친 사유작용(번뇌심)을 가리킨다. 이것과 상대되는 것에 미세한 번뇌인 伺(觀, vicāra)가 있다.

***般若本來無處所**(반야본래무처소) : 『문답잡징의』 제52단에 인용한 『금강삼매경』에 “心王菩薩言, ‘尊者, **無生般若, 於一切處**

無住, 於一切處無離. 心無住處, 無處住心. 無住無心, 心無生住, 心卽無生.'"

***□□(智者)共傳無作法, 愚人造作數數般**((지자)공전무작법, 우인조작수수반) : 『남종정시비론』 제11단에 "… 答曰, '今言不同者, 爲秀禪師敎人凝心入定, 住心看淨, 起心外照, 攝心內證. 緣此不同.' 遠法師問, '何故能禪師不凝心入定, 住心看淨, 起心外照, 攝心內證. 何者是能禪師行處.' 和上答, '此是調伏心.' 遠法師問, '應不凝心入定, 不住心看淨, 不起心外照, 不攝心內證.' 和上答, '此是**愚人法**, 離此調伏不調伏二法, 卽是能禪師行處. 故經文[云], 「心不住內, 亦不在外, 是爲宴坐. 如此坐者, 佛卽印可.」 **從上六代已來, 皆無有一人凝心入定, 住心看淨, 起心外照, 攝心內證**. 是以不同.'" 『문답잡징의』 제54단 '대승돈교송'의 序에 "無念則境慮不生, 無作則攀緣自息."

***本來禪**(본래선) : 오경전 『남종찬』의 4경에 "法身體性**本來禪**."

***淨體由來無我人**(정체유래무아인) : 淨體란 『단어』 제14단에 "無住是寂淨, **寂淨體**卽名爲定. 從體上有自然智, 能知**本寂淨體**, 名爲慧. 此是定慧等."라고 말한 청정한 본성. 본래 청정하기 때문에 자타를 나누어 다투는 人我의 見은 아니다. '我人'은 압운 때문에 도치한 것.

***黑白見知而不染, 遮莫靑黃寂不論**(흑백견지이불염, 차막청황적불론) : '黑'·'白'·'靑黃'을 걸친 표현. 견문각지(지각인식)를 하면서도 이것에 집착하지 않고 자유로운 것. 『문답잡징의』 제25단에 "若見無念者, 雖有見聞覺知, 而常空寂." 돈황본 『육조단경』 제17단에 "性起念, 雖卽見聞覺知, 不染萬境, 而常自在." '遮莫'은 六朝부터 나타나 唐代에는 운문에만 사용된 縱

預表現.

***了了見, 的知眞**(요요견, 적지진) : 『열반경』'사자후보살품'에 "諸佛世尊, 定慧等故, **明見佛性, 了了無礙**, 如觀掌中菴摩勒果." 『단어』제21단에 "知識自身中有佛性, 未能**了了見**."

***隨無相, 離緣因**(수무상, 리연인) : 『유마경』'제자품'에 "**法不屬因, 不在緣故**. … 法順空, **隨無相**, 應無作." 또 『문답잡징의』제5단에 "단지 일체중생은 그 마음이 본래 모양이 없습니다. 相이라는 것은 모두 망심입니다. 무엇을 망심이라 합니까? 作意(조작심)로써 마음을 멈추고(住心) 空을 취하고 淸淨을 취하며 내지 마음을 일으켜 보리와 열반을 얻어 깨닫고자 한다면 이는 모두 망심에 속하는 것입니다(但一切衆生, **心本無相**. 所言相者, 並是妄心. 何者是妄. 所作意住心, 取空取定, 乃至起心求證菩提涅槃, 並屬虛妄.)" 『誌公和尙十四科頌』'菩提煩惱不二'에 "佛性天眞自然, 亦**無因緣修造**."

***一切時中常解脫**(일체시중상해탈) : 『단어』제9단에 "涅槃經云, '早已授仁者記. 一切衆生本來涅槃, 無漏智性本自具足.' 何爲不見, 今流浪生死, 不得解脫. 爲被煩惱覆故, 不能得見. 要因善知識指授, 方乃得見, 故卽離流浪生死, 使得解脫."

***共俗和光不染塵**(공속화광불염진) : 和光은 和光同塵의 준말로 빛을 감추고 俗塵과 같게 한다는 뜻이다. 『노자도덕경』제4장에 "和其光, 同其塵."이라고 한 말을 襲用한 것이다. 王弼의 注에 "和光而不汙其體, 同塵而不渝其眞."라고 한다. 『注維摩詰經』권1(『대정장』권38, p.327하)에 "和光俗塵, 因通道敎."라고 한 바와 같이 불교에서는 불보살이나 조사가 중생을 제도하기 위하여 깨달음의 지혜광명을 감추고 번뇌의 世塵과 같이 하고자 세속에 태어나서 중생과 인연을 맺고 그를 조금씩 조금

씩 불법으로 인도하는 것을 말한다. 『誌公和尙十四科頌』'持犯不二'에 "菩薩與俗同居, 淸淨**曾無染世**." 『魏書』'釋老志'에 "和光六道, 同塵萬類."라고 한 말도 같은 뜻이다.

3. 『荷澤寺神會和尙五更轉』

(第2套, 又名『南宗定邪正五更轉』①)-抄本3種-

一更**初**

妄想眞如不異**居**　迷則眞如是妄想

悟卽妄想是眞**如**　念不起　更無**餘**

見本性　等空**虛**②　有作有求非解脫

無作無求是功**夫**

二更**催**

大圓寶鏡鎭安**臺**　衆生不了攀緣境

由斯障閉③心不**開**　本自淨　沒塵**埃**

無染著④　絶輪**廻**　諸行無常是生滅

但觀實相見如**來**

三更**侵**⑤

如來智慧本幽**深**　唯佛與佛乃能見

聲聞緣覺不知**音**　處山窟⑥　住禪**林**

入空定　便凝**心**　一坐還同八萬劫

只爲擔⑦麻不重金.

四更闌⑧

法身體性不勞看　看則住心便作意⑨

作意還同妄想團　放四體　莫攢玩⑩

任本性　自公官⑪　善惡不思卽無念

無念無思是涅槃

五更分

菩提無住⑫復無根　過去捨身求不得

吾師普示不忘恩　施法藥　大張門

去障膜⑬　豁浮雲　頓與衆生開佛眼

皆令見性免沉淪

*『하택사신회화상오경전』제2투의 사본과 교록본

本套에는 15본의 돈황사본이 존재한다. 지금 돈황시 박물관 장본 077호본(任子宜 舊藏本)을 저본으로 하여 아래에 열거한 14본을 校本으로 한다.

(1) 北鹹18(北8325) 수미 온전함.

(2) 北露6(北7233V) 수미 온전, 좌로부터 우로 縱書.

(3) S.2679 首完, 끝부분 약간 남아 있음.

(4) S.4634V 수미 온전.

(5) S.4654 首尾缺, 4경 5경의 殘文.

(6) S.6083 머리 부분은 있으나 끝부분은 없음. 4경 제4구까지 만 있음.

(7) S.6923V(1) 수미 온전.

(8) S.6923V(2) 수미 온전.

(9) P.2045 수미 온전.

(10) P.2270 수미 온전.

(11) P.2690V 머리 부분은 온전하나 끝부분이 없음. 5경 말의 1구가 남아 있음.

(12) 2984V 수미 온전.

(13) 4617 머리 부분은 온전하나 끝부분이 없음. 1경 2구만 남아 있음.

(14) Dx.6178 下半部만 남아 있음.

(사본의 槪況)

저본과 (8)본은 『남종정시비론』과 『단어』에 이어져 필사되어 있고, (10)본은 『대승오방편북종』에 이어 필사되어 있다. (1)·(3)·(4)·(7)·(8)·(11)·(13)본은 『辭阿娘讚』·『禪門十二時』·『出家讚』·『五台山讚』 등의 가사류에 연속하여 필사되어 있다. 그 가운데서도 (11)본은 정면에 『大乘二十二問』이 필사되어 있고, 이면에는 『출가찬』·『僧保福狀』·『禪門十二時讚』·『大乘淨土讚(淨土法身讚)』·『남종찬』에 이어져 필사되어 있으며, 그 다음에 또 『서원문』·『선문십이시찬』·『無相禮』·『남종찬』의 1경이 필사되어 있다. 게다가 『남종찬』과 本套와 『서원문』·『선문십이시찬』 이외는 왼쪽부터 오른쪽으로 행을 따라 서사된 특수한 사본이다. (3)본은 전술의 『하택사신회화상오경전』의 표제를 가진 S.6103본과 銜接하다. 서사년대가 알려져 있는 것은 (5)본이 병오년(946)의 紀年을 가진 문서의 종이 뒤에 있고, (10)본의 紙尾에 別筆로써 '三界寺道眞'의 署名이 있다(도진의 생졸은 약 915~987, 『敦煌學大辭典』). 돈황 선문헌의 사본 서사년대를 3기로 나눈 上山大峻은 (9)본을 중기(790~860), (1)·(3)·(5)·(6)·(7)·(8)·(10)·(11)·(12)의 諸本을 후기(860~1000)로 분류하고 있지만(『敦煌佛教の研究』) (9)본과 (3)본은 같은 필체가 아닐까 생각해 본다. 돈박본의 서사시기에 관하여 榮新江은 「有關敦博本禪籍的幾個問題」(『敦煌學輯刊』, 1994年 第2期, 후에 『敦博本禪籍校錄』 前言)에 상세한 고증을 하여 9세기 후반이라고 추정하고 있다. (14)본은 최근 中西久味, 「『俄藏敦煌文獻』禪籍資料初探」(『比較宗教思想研究』第5輯, 新潟大學大學院現代社會文化研究科·比較宗教思想研究 프로젝트, 2005)에 소개되어 있는 것이다.

교록본은 다음 열 가지가 있다(끝의 괄호 안은 所據의 本數).

① 許國霖, 『敦煌雜錄』, 上海商務印書館, 1927(二).

② 任二北, 『敦煌曲校錄』, 上海文藝聯合出版社, 1955(二).

③ 胡適, 「新校定的敦煌寫本神會和尙遺著兩種」『歷史語言研究所集刊』第29本, 1958(一).

④ 胡適, 「神會和尙語錄的第三個敦煌寫本『南陽和尙問答雜徵義…劉澄集』」3, 神會和尙的五更轉曲子, 『歷史語言研究所集刊』外編第4種, 1960(六).

⑤ 巴宙, 『敦煌韻文集』, 佛教文化流通處, 1965(五).

⑥ 川崎ミチコ, 「禪僧の偈頌, 修道偈Ⅱ, 五更轉類」『敦煌佛典と禪』, 講座敦煌8, 大藏出版社, 1980(十).

⑦ 任半塘, 『敦煌歌辭總編』卷5 雜曲定格聯章, 上海古籍出版社, 1987(十一).

⑧ 任半塘·王昆吾, 『隋唐五代燕樂雜言歌辭集』, 巴蜀書社, 1990(오경전 부분은 ⑦의 簡約本).

⑨ 楊曾文, 『神會和尙禪話錄』, 中華書局, 1996(③에 교기를 더한 것).

⑩ 榮新江, 『敦煌本禪籍錄校』, 江蘇古籍出版社, 1998(十二).

여기에 저본으로 한 돈박본은 精抄本이다. 여러 교본과의 同異를 열거한 것은 번잡함을 피하기 위함이고, 중요한 異文을 가려 적기 위함이다.

【校記】

① 篇題인 『남종정사정오경전』은 (1)본과 (9)본은 같고, (12)본은 『南宗大乘五更轉』(미제 『五更轉一首』), (4)본과 (13)본은 『대승오경전』, (10)본은 『五更轉頌』, (6)본은 『五更轉一首』이라고 각각 題號하고 있다. (3)본은 『하택사신회화상오경전』(S.6103)의 제2투에 해당한다.

② 「空虛」의 2자는 (1)본만 「虛空」으로 되어 있음. 압운(魚韻) 때문에 도치한 것. 저본에 따름.

③ 「障閉」의 2자가 (3)본과 (11)본은 「障蔽」로 되어 있음. 近音으로 의미가 통함.

④ 「染著」의 2자가 (3)본만 「繫著」로 되어 있음.

⑤ 「侵」자가 (2)·(4)·(7)·(8)·(11)본은 「深」자로 되어 있음. 五更轉曲

子에서 3경을 「侵」이라고 한 것은 이 篇뿐이다. 대부분은 「深」이다(제1투도 「深」임). 또 2경을 「深」이라 하고, 3경을 「半」(또는 「滿」)이라 한 것도 있다. 이 편에서 「深」이라고 한 사본은 제2구의 「幽深」이다. ⑾본을 제외한 모든 본은 「由心」으로 되어 있지만(「侵」·「深」·「心」은 모두 侵韻임) 타당성이 없다고 생각함.

⑥ 「處山窟」의 3자가 (1)·(3)·(6)·(9)·⑽·⑿·⒁본은 「處山谷」(⑽본은 「谷」을 「容」으로 오기)으로 되어 있고, (2)·(7)·(8)본은 「住山塔」으로 되어 있으며, (4)본은 「入山谷」으로 되어 있음.

⑦ 「擔」자가 원권과 ⑾본은 「耽」자로 되어 있음. (1)·(4)·(6)·⑽·⑿본에 의거하여 고침(「耽」과 「擔」은 근음).

⑧ 「闌」자는 원권에 「蘭」자로 되어 있음. (2)본에 의거하여 고침.

⑨ 「作意」의 2자가 원권에 빠져 있음. 제본에 의거하여 보충함.

⑩ 「攢玩」의 2자가 원권과 (6)·(9)·⑽·⒁본은 「攢玩」으로 되어 있고, (1)본은 「欑玩」, (7)본과 (9)본은 「巑岏」, (5)본은 「鑽頑」, ⑾본은 「鑽玩」, (3)본과 (4)본은 「攢抏」으로 각각 되어 있음.

⑪ 「公官」의 2자가 (2)·(4)·(7)·(8)본은 「觀看」으로 되어 있음.

⑫ 「無住」의 2자가 (7)본과 (8)본은 「普樹」로 되어 있고, (2)본은 「普遂」로 되어 있으며, (5)본은 「無主」로 되어 있음.

⑬ 「瞙」자가 원권과 ⑽본은 「暎」자로 되어 있음. (6)·(9)·⑿본에 의거하여 고침.

【번역】

『하택사 신회화상의 오경전』(제2투, 일명 『남종의 正邪를 결정하는 오경전』

1更初. 망상과 진여가 따로 있는 것이 아니로다. 미혹하면 진여가 망상이고, 깨달으면 망상이 진여라네. 망념이 일어나지 않아, 다시 남은 것이 없고, 본성을 깨달으니, 비어 허공과 같도다. 지음이 있고 구함이 있으면 해탈이 아니니, 지음도 없고 구함도 없는 것이 공부로다.

2更催. 크고 둥글고 보배로운 거울이 누각에 걸려 있도다. 중생은 반연의 경계를 요달하지 못하여, 이 장애의 가림으로 인하여 마음이 열리지 않네. 본래 스스로 청정하여, 塵埃가 없고, 染著이 없어, 윤회를 끊었도다. 諸行이 無常한 것은 생멸법이기 때문이니, 다만 實相을 관찰하면 여래를 보도다.

3更侵. 여래의 지혜는 본래 그윽히 깊도다. 오직 부처님과 부처님만이 능히 (여래의 지혜를)보고, 성문과 연각은 소리를 분간하여 알아듣지 못하도다. 山窟에 살고, 禪林에 머무르며, 空定에 들어, 문득 마음을 응집하네. 한번 앉음이 도리어 8만겁과 같으니, 단지 삼(麻)만 어깨에 메고 금을 중하게 여기지 않도다.

4更蘭. 법신의 體性을 애써 보려고 하지 말라. 보려고 하면 마음의 움직임을 멈추는 것이어서 곧 의식적인 것이 되나니, 작의는 도리어 망상의 덩어리와 같네. 4체(四大)를 놓아버리고, 장난감을 모우지 않으며, 본성에 맡기니, 스스로 公官이 되도다. 선악을 생각하지 않는 것이 곧 망념이 없는 것이니, 망념도 없고 사려도 없는 것이 열반이로다.

5更分. 보리는 머무름이 없으니 또 뿌리가 없도다. 과거에 몸을 버려 구할래야 구할 수 없으니, 우리 스님(혜능)은 불법을 널리 보여 붓다의 은혜를 잊지 않았네. 法藥을 베풀고, 크게 법

문을 펴 넓히며, 장애를 제거하니, 뜬 구름이 밀려가 훤히 터이도다. 단박에 중생에게 佛眼을 열어 주었으니, 모두 견성하여 沈淪을 면하게 했도다.

【注記】

압운은 '廣韻'에 의거함. 1경은 魚虞韻通押. 2경은 灰咍齊韻同用. 3경은 侵韻. 4경은 寒桓韻同用. 5경은 諄文魂痕韻通押. [變文에 習見됨. 張金泉, 「唐民間詩韻-論變文詩韻-」(『1983年全國敦煌學術討論會文集·文史遺書編』下册, 甘肅人民出版社, 1987)]. 원문의 진한 글자는 押韻을 표시한 것이다.

***南宗定邪正五更轉(南宗定邪正五更轉)**(남종정사정오경전(남종정사정오경전) : 여기에 해당하는 寫本은 S.4654 · S.6083 · S.6923(2種이 있음) · S.2629 · P.2045 · P.2270 · P.2984 · 露6 · 鹹18 등이 있다.

이것은 제목에서 보여주고 있는 것과 같이 북종선에 대하여 남종선이 달마의 정계임을 주장하는 신회가 지은 종론의 기록인 『菩提達摩南宗定是非論』 일명 『頓悟最上乘論』-開元20년(732년)경에 육조혜능의 제자인 하택신회가 활대의 대운사에서 무차대회를 열고 남종이 달마의 정계인 것을 주장할 의도로 북종의 대표자인 숭원법사를 상대로 하여 북종배격의 종론을 기록한 것을 문인인 獨孤沛가 집록하여 서문을 붙인 것-의 요지를 가곡으로 만든 것이다.

各更의 제1句 · 2구 · 4구 · 6구 · 8구 · 10구(최종구)의 句末의 문자에 押韻이 있다. 또 그 체재는 3 · 7 · 7 · 7 · 3 · 3 · 3 · 3 · 7 · 7語로 구성되어 있다.

***妄想眞如不異居, 迷則眞如是妄想, 悟卽妄想是眞如**(망상진여

불이거, 미칙진여시망상, 오즉망상시진여) : 『誌公和尙十四科頌』'眞俗不二'에 "**眞妄本來不二**, 凡夫棄妄覓道." 또 '迷悟不二'에 "**迷時以空爲色, 悟卽以色爲空**, 迷悟本無差別, 色空究竟還同."(『경덕전등록』 권29). 이 주제는 敦煌歌辭에도 보인다. "日出卯, **佛性處煩惱**, 正念知色空, 可得菩提道."(「十二時·學道」『總編』, p.406), "二更靜坐息心神, 喩若日月去浮雲. **未識心時除妄想, 只此妄想本來眞. 眞妄元來同一體, 一物兩名難合會**. 合會不二大丈夫, 歷劫相隨今始解."(「五更轉·假託禪師各轉」同 p.1412). 『원각경』에 "無明眞如, 無二境界."(『대정장』 권17, p.917중). 종밀의 『원각경약소초』 권하1(『대정장』 권39, p.556상)에 "涅槃云, '無明本際, 性本解脫.'"을 인용한 후 '古德云'이라고 하여 이 二句를 인용하고 있다.

***念不起, 更無餘**(염불기, 경무여) : 『문답잡징의』 제24단에 "**念不起, 空無所有**, 卽名正定." 『단어』 제4단에 "**妄心不起**名爲戒, 無妄心名爲定, 知心無妄爲慧." 『남종정시비론』 제14단에 "今言坐者, **念不起爲坐**, 今言禪者, **見本性爲禪**." 돈황본 『육조단경』 제19단에 "念不起爲坐, 見本性不亂爲禪." 『역대법보기』 '無相章'(『대정장』 권51, p.185중)에 "念不起是戒門, 念不起是定門, 念不起是慧門."

***見本性, 等空虛**(견본성, 등공허) : '空虛'는 압운을 위하여 倒裝한 것. 『문답잡징의』 제26단에 "또 경에 말씀하시기를, 「일체중생은 본래 열반중에 있으며, 無漏性의 지혜를 본래부터 구족하고 있다」고 했습니다. 분명히 분별하는 자신의 마음을 헤아려 보면 현재 이치와 상응하는 것은 5법과 3자성을 여의고, 8식과 2무아를 여의며, 內見과 外見을 여의며, 유와 무의 2법을 여의어 필경에는 평등하고, 湛然히 常寂하여 광대하고 무변하

며, 항상 변하지 않는 것입니다. 왜냐하면 본래 자성은 청정하여 그 본체를 가히 얻을 수 없기 때문입니다. 이와 같이 보는 것이 곧 본성을 보는(깨닫는) 것입니다. 만약 사람이 본성을 보면 곧 여래지에 앉게 되는 것입니다(又經云, '一切衆生, 本來涅槃, 無漏性智, 本自具足.' 欲擬善分別自心, 現與理相應者, 離五法三自性, 離八識二無我, 離內見外見, **離有無二法**, **畢竟平等**, **湛然常寂**, **廣大無邊**, **常恒不變**. 何以故. 本自性清淨, 體不可得故. **如是見者**, **卽見本性**. 若見本性, 卽坐如來地.)." 여기의 '離有無二法, … 常恒不變.'이 즉 '허공과 같다'라고 말한 것. 『大乘要語』(『대정장』 권85, p.1206상)에도 "佛性非有如虛空"이라고 한다.

***有作有求非解脫, 無作無求是功夫**(유작유구비해탈, 무작무구시공부) : 『단어』 제5단에 "若修**有作定**, 卽是人天因果, 不與無上菩提相應." 『문답잡징의』 제34단에 "그 때 王侍御가 신회화상에게 질문하기를, '어떻게 불도를 닦아야 해탈할 수 있습니까?' 신회화상이 대답하기를, '중생은 본래부터 마음이 청정합니다. 만약 다시 마음을 일으켜 수행하려고 한다면 그것은 곧 망심이기 때문에 해탈할 수 없습니다'(于時王侍御問和尙言, '若爲修道得解脫.' 答曰, '衆生本自心淨. **若更欲起心有修**, **卽是妄心**, **不可得解脫**.')." 제1투에 '何勞端坐作功夫'의 주를 보라. '無求'는 『전심법요』(『대정장』 권48, p.381상)에 "일체의 불법은 전부 배울 필요가 없다. 단지 구할 것도 없고 집착할 것도 없음을 배우기만 하면 된다. 구함이 없으면 마음은 생하지 않고, 집착함이 없으면 마음은 멸하지 않는다. 생하지도 않고 멸하지도 않는 것이 부처이다(一切佛法, 總不用學. 唯學無求無著. 無求卽心不生, 無著卽心不滅. 不生不滅卽是佛.)."

*__大圓寶鏡鎮安臺__(대원보경진안대) : 밝은 거울(明鏡)은 전통적으로 明智(『장자』 德充符에 '鑑明則塵垢不止.' 『淮南子』 俶眞訓에 '夫鑑明者塵垢弗能薶, 神淸者嗜欲弗能亂')에, 불교에서는 佛智(大圓鏡智)에 각각 비유한다. 여기서는 다음 二句, 즉 '衆生不了攀緣境, 由斯障閉心不開'라고 말한 것처럼 마음에 갖추어진 明察의 작용을 암시하고 있다. 『문답잡징의』 제13단에 "지금 비춘다고 말한 것은 거울이 밝기 때문에 거울 자신의 본성이 비추고 있는 것입니다. 만약 중생의 마음이 청정하면 자연히 대지혜의 광명이 나와 無餘의 세계(寂靜한 佛의 세계)를 비추는 것입니다(今言照者, 以鏡明故, 有自性照. 以衆生心淨故, 自然有大智慧光, 照無餘世界.)." '거울은 언제나 臺에 놓여있다'고 하는 것은 실상을 비추어내고 있는 것을 말한다. 돈황본 『육조단경』 제6단에 신수의 心偈에 "心如明鏡臺."

*__衆生不了攀緣境, 由斯障閉心不開__(중생불료반연경, 유사장폐심불개) : 『大乘頓教頌序』에 "無念則境慮不生, 無作則攀緣自息"(석정본 『신회어록』 권말).

*__本自淨, 沒塵埃, 無染著, 絶輪迴__(본자정, 몰진애, 무염착, 절윤회) : 『大乘頓教頌』에 "戒를 닦는 것이 어떤 것인가? 그 본성을 아는 것이네, 선정을 닦는 것이 어떤 것인가? 망념이 없어서 저절로 청정하게 되는 것이네, 은근히 지혜가 작용하여, 바야흐로 법의 병을 없애도다. 텅 빈 거울이 비추어도 피로하지 않지만, 안개와 티끌이 비춤을 막도다. 밝기가 가을 하늘의 달과 같고, 깨끗함이 明鏡과 같도다. 6진에 오염되지 않고, 문득 8정도에 오르도다(奉戒伊何. 識其本性. 修定伊何. 無念**自淨**. 克懃慧用, 方除法病. 虛鑒不疲, **霧埃莫映**. 朗如秋月, 皎若明鏡. **不染六塵**, 便登八正.)." 그 序에 "其解脫在於一瞬,

離循環於三界.” 돈황본 『육조단경』 제8단 혜능의 심게에 “明鏡本淸淨, 何處染塵埃.” ‘塵埃’의 塵과 埃는 모두 번뇌의 異名이다. 깨끗한 거울에 먼지가 끼면 대상을 비출 수 없는 것과 같이 우리의 청정한 심성에도 번뇌가 일어나면 지혜의 빛이 가려진다. 번뇌가 우리의 심성을 가리는 모습이나 먼지가 깨끗한 거울을 가리는 모습은 똑 같은 이치이다. 진을 俗塵·紅塵이라 표현하기도 한다. 染著은 대상에 집착하는 것. 宗寶本 『육조단경』 ‘般若’(『대정장』 권48, p.350중)에 “若見一切人惡之與善, 盡皆不取不捨, 亦不染著, 心如虛空.”이라고 한 바와 같이 선악 등에 집착을 하지 않으면 마음은 허공처럼 되어 일체를 포용하게 되는 것이다. 輪廻는 범어 saṁsāra를 번역한 말이다. 僧娑洛이라 음역하고, 生死라 의역한다. 윤회는 生死輪廻·輪廻轉生을 줄인 표현이다. 수레바퀴가 돌 때 끝없이 도는 것과 같이 중생이 번뇌와 업에 의하여 3계 6도의 미혹한 생사세계를 왕래하는 것도 꼭 이와 같다는 의미이다. 이 윤회설은 사람이 죽은 후 영혼이 그 몸에서 떨어져 나가 草木과 鳥獸 등에 깃들여 산다는 轉住說로부터 발달한 것이다. 이러한 생각은 인도에서 유명한 업설과 결합되어 멀리 우파니샤드시대로부터 끊임없이 베단타(vedanta)를 통하여 전해왔다. 그리고 상카(Sāṃkhya)학파는 윤회를 非情世間, 즉 일반 자연물에까지 미치는 것으로 보았고, 거기에서 해탈하는 것이 인생의 목적이라고 했다. 바이세시카 (Vaiśeṣika)학파는 윤회에서 벗어나기 위하여 요가수행을 역설하였다. 이와 같이 삼라만상이 윤회하고 있다는 인도인의 사고는 괴로운 사바세계를 초월하려는 의도가 내포되어 있다고 볼 수 있다. 그런데 불교에서는 윤회하는 세계에 지옥·아귀·축생·아수라·인간·하늘의 6道를 주장하고 있지만 엄밀히 말해서 불교의 윤회는 心法의 윤회설이다. 즉 마음 속에서 일어나고 있는 갖가지 괴로움의 내용을 6도(여섯 가지)로 분류해 놓은 것이다. 그밖에 극히 일부이기는 하지만 서양의 사상가 중에서도 윤회설을 주장한 이가 있었던 것 같다. 예를 들면 니체(F. W. Nietzsche, 1844～1900, 독일의 철학자)의 永劫回歸사상을 들 수 있다.

***諸行無常是生滅(제행무상시생멸)** : 제1투 2경의 '寂滅樂, 是菩提'의 주를 보라.

***有佛與佛乃能見(유불여불내능견)** : 『법화경』'방편품'에 "佛所成就第一希有難解之法, **唯佛與佛乃能究盡**諸法實相."에 의거한 것이다.

***聲聞緣覺不知音(성문연각부지음)** : 제1투3경에 "般若本來無處所, 作意何時悟法音."과 같은 취지이다.

***處山窟, 住禪林(처산굴, 주선림)** : 『능가사자기』'홍인장'에 "어떤 사람이 질문하기를, '도를 배움에 무슨 이유로 도시나 읍내 또는 마을에서 하지 않고 산중 생활을 해야 합니까?' 홍인이 대답하기를, '훌륭한 건물의 재목은 본래 심산유곡에서 나오는 것이지 세속에 있는 것이 아니다. 사람들과 멀리 떨어져 있기 때문에 쉽게 칼이나 도끼에 찍히지 않은 채로 하나하나가 훌륭한 재목으로 자라난 뒤에 비로소 귀중한 마룻대나 대들보로 쓰이게 된다. 그러므로 정신을 깊은 골짜기에 머물게 하여 시끄러운 속세의 먼지를 멀리 피하고 본성을 산중에서 키움으로써 세속의 일을 항상 끊어버릴 줄 알아야 한다. 눈앞에 아무것도 없어야만 마음이 저절로 안정된다. 여기서부터 차차 깨달음의 나무는 꽃을 피우고 명상의 숲은 열매를 맺는다'(人問, '學道何故不向城邑聚落, 要在山居.' 答曰, '大厦之材, 本出幽谷,

不向人間有也. 以遠離人故, 不被刀斧損斫, 一一長成大物後, 乃堪爲棟梁之用. 故知栖神幽谷, 遠避囂塵, 養性山中, 長辭俗事. 目前無物, 心自安寧, 從此道樹花開, 禪林菓出也.')"고 한다. 龍谷大學本『수심요론』의 삽입구에 "答曰, '修眞住寂山間勝, 城隍閙亂煩[惱]多, 不如勤住山中學, 不來不去永無魔, 端坐澄心莫隨境, 客塵妄令(念)不來過.'"(『鈴木大拙全集』第2卷).

* **入空定, 便凝心, 一坐還同八萬劫(입공정, 편응심, 일좌환동팔만겁)** : 『단어』 제7단에 "저 이승인은 선정에 집착하여 수 많은 세월을 지내왔다. 예를 들면 수다원은 선정에서 팔 만겁을, 사다함은 선정에서 육 만겁을, 아나함은 선정에서 사 만겁을, 아라한은 선정에서 이 만겁을, 벽지불은 선정에서 만겁을 각각 지냈다. 왜냐하면 이 선정 가운데 머물면서 劫數를 채우려고 하기 때문이다. 그러나 보살마하살은 근기에 맞는 설법을 하고, 능히 보리심을 발한다(**如二乘人執定, 經歷劫數. 如須陀洹在定八萬劫**, 斯陀含在定六萬劫, 阿那含在定四萬劫, 阿羅漢在定二萬劫, 辟支佛在定十千劫. 何以故. 住此定中劫數滿足. 菩薩摩訶薩方乃投機說法, 能始發菩提心.)"고 한다.

* **只爲擔麻不重金(지위담마불중금)** : 『중아함경』 권16 '蜱肆王經,' 『장아함경』 권7 '蔽宿經'에서 설하고 있는 비유. 『열반경』 권9 '如來性品'에도 "譬如痴賊棄捨眞金, 擔負艸木."이라 한다. 『역대법보기』 '淨衆寺無相禪師章'에도 이 비유를 인용하고 있다. "金喩涅槃, 麻喩生死"(柳田聖山, 『初期の禪史 II』, p144). 또 寶誌의 『十四科頌』 '眞俗不二'에 "恰似無智愚人, 棄却眞金擔草." 寒山詩에 "學道多沙數, 幾箇得泥丸. 棄金却擔草, 謾他亦自謾."(項楚, 『寒山詩注』 第96首). 여기서 삼은 좌선을,

금은 지혜를 각각 비유한 말이다. 우리가 좌선을 하는 것은 불성에 본래부터 갖추어져 있는 지혜를 개발하여 지혜로운 삶을 살기 위함이다. 그러나 지혜로운 삶을 뒤로 미루어 놓고 좌선만 한다면 무슨 의미가 있겠는가?

***四體**(사체) : 영가현각(675～713)의 돈황본『禪門秘要訣, 招覺大師一宿覺』(S.2165, S.6000, S.5692, S.4037은 斷簡, P.2104) 제14게에 四大를 사체라고 하고 있다. 즉 "사체를 놓아버리고 무엇이든지 붙들려고 하지 말라(放四體莫把捉)." 똑 같은 게송을 그의『증도가』에서는 "放四大莫把捉."이라고 한 것을 보면 사체와 사대는 같은 의미임을 알 수 있다. 사체는 팔다리와 머리와 몸뚱이. 곧 지수화풍의 4대원소로 구성된 온몸을 가리킨다.

***莫攢玩**(막찬완) : '攢玩'은 여러 사본에 '攢抏'·'巑岏'·'欑玩'·'鑽頑' 등 표기가 다른 疊韻聯綿詞이다. 蔣禮鴻의『敦煌變文字義通釋』에 '王昭君變文'의 "待從寂寞, 如同喪孝(考)之家. 遣妾攢蚖, 仗(狀)似敗兵之將."을 해석하여 '欲行不進'의 모양이라 하고, '集韻' 桓韻'躦, 躦跒, 聚足,'『玉篇』亻部 '儹, 昨丸切, 儹佤 失途皃' '佤 五丸切, 儹佤' 및『법원주림』권56 '貧賤篇述意部'에 "頭戴十年之冠, 身被百結之縷, 鄉里旣無田宅, 雒陽又無主人, 浪宕隨時, 巑岏度日." 등의 용례로부터 '縮手縮脚(긴장되고 위축되다)' '沒精打采(기운이 없어 초라해지다)' '倒霉(낙담해 있다)'의 뜻을 유도해 내고, 또 本套의 예를 인용하여 여기서부터 다음 구의 '任本性'까지를 '망상에 속박된'이라고 해석했다(蔣氏는『敦煌雜錄』의 錄文인 '妄想搏, 莫攢玩'에 의거하고 있음). 장씨의 고증을 근거로 하여 앞 구의 '放四體'(肢體를 폄)를 맞대어 보면 '莫攢玩'이란

'從定發慧' '凝心入定, 住心看淨'이라는 선법에 집착하여 좌선해서는 안 되며, 공덕도 쌓으려고 하지 말고, 入定하여 깨달음을 구하려고도 하지 말라는 의미일 것이다. 양증문은 張衡의 「西京賦」의 '*攢珍寶之玩好*'(보배를 모우며 즐기는 놀이)에 의거하여 '수행의 공덕을 쌓는 것' 또는 '鑽은 참구, 玩은 玩味, 입정하여 禪樂에 집착하는 것'이라고 해석하고 있지만 글자에 집착한 해석에 지나지 않고 聯綿詞의 音에 의하여 뜻을 찾아야 할 것이다. 이것은 唐代의 구어어휘를 받아들인 돈황본 「碎金」이 '巑岏, 疾官反, 五官反'을 채택하고 있는 것부터도 알 수 있다. 兪忠鑫, 釋'攢蚖'(『敦煌學輯刊』第2期, 1989年) 참조.

***自公官**(자공관) : '公官'이 '觀看'으로 되어 있는 사본이 있지만 그것과 앞의 '不勞看'과는 어긋난다. '自公官'으로 한 표현이 익숙하지 않기 때문에 무리하게 고친 것일 것이다. 호적은 문자 그대로 '자기가 주체가 되어서 밖으로부터의 구속을 받지 않는 의미'라고 추측했다. 『行路難』曲(P.3409)제7수에 "身騎精進[馬], 忍辱作鞍轡. 持戒作槍旛, 慈悲爲軍將. 手把禪定弓, 射破三十六軍賊. 獲得菩提勳, **無心是官職**. 差作巡境使, 四方和六賊."(『總編』, p.989 · 항초, 『匡補』, p.158 · 田中良昭, 『敦煌禪宗文獻の研究』, p.327)라고 말하는 것에 의하면 용맹정진을 軍語로서 표현하는 것과 유사한 용법인 것 같다. 이 예를 '自公官'과 나란히 보면 호적의 추측에도 일리가 있다고 말할 수 있다.

***善惡不思卽無念**(선악불사즉무념) : 『단어』제13단에 "知識, 一**切善惡總莫思量**." 『남종정시비론』제33단에 "云何無念. 所謂不念有無, **不念善惡**." 無念은 선악과 유무 등 二邊을 동시에 초월하여 일체의 번뇌망념이 없는 열반의 상태이다. 『조당집』

권2 육조 혜능의 법문에 "심요를 얻고자 하거든 일체 선악 등의 분별을 모두 다 사량하지 말라. 그러면 자연히 심체에 들어가 담연히 상적하면 묘용이 항사와 같을 것이다(欲得心要, 一切善惡都莫思量. 自然得入心體, 湛然常寂, 妙用恒沙.)"라는 말이 있다.

*無念無思是涅槃(무념무사시열반) : 『문답잡징의』 제51단에 "道體無物, 復無比量, 亦無智覺照用, 及動不動法., … 無相, **無念**, **無思**, 知見不及."

*菩提無住復無根(보리무주복무근) : 『유마경』 '관중생품'의 天女의 말에 "**菩提無住處**, 是故無有得者."에 의거한 것이다(僧肇의 注에 '菩提之道, 無爲無相, 自無住處'). 신회는 이것을 전개하여 『단어』 제22단에서 "經曰, '當如法說, **口說菩提**, **心無住處**. 口說涅槃, 心唯寂滅. 口說解脫, 心無繫縛.'"이라고 한다. 『문답잡징의』 제20단에 "得無住心, 卽得解脫." "無住體上自有本智, 以本智能知, 常令本智而生其心." 同 제5단에 "應無所住, 本寂之體, 而生其心, 本智之用. 但莫作意, 自當悟入."이라고 한 것처럼 신회가 주장하는 무주의 근거가 되는 말이다.

*過去捨身求不得(과거사신구부득) : 본생담에 보이는 사신공양식의 구법이 인천의 복을 얻을 뿐이고, 보리에는 이르지 못한다고 말한다. 당시 구법의 방식을 비판하는 것일 것이다.

*吾師普示不望恩(오사보시불망은) : '吾師'는 혜능을 가리킨다. '不望恩'이라는 말투에는 신수가 兩京法主, 三帝國師가 된 것을 암암리에 헐뜯는 의도가 있는 것인지도 모른다. 『남종정시비론』 제10단에 "달마선사로부터 혜능선사에 이르기까지 6대의 조사들 중에 한 사람도 황제의 스승이 되신 분은 없습니다(從

達摩已下, 至能和上, 六代大師, 無有一人爲帝師者.).” 신회자신에 대해서도 다음과 같이 말한다. 『단어』 제27단에 “諸家借問, 隱而不說. 我於此門, 都不如是. 多人少人, 並皆普說. 若於師處受得禪法, 所學各自平章, 唯通其心. 若心得通, 一切經義無不通者. 佛在日, 亦有上中下衆生, 投佛出家. 過去諸佛說法, 皆對八部衆說, 不私說, 不偸說. 譬如日午時, 無處不照. 如龍王降雨, 平等無二, 一切草木, 隨類受潤. 諸佛說法, 亦復如是. 平等心說, 無分別心說. 上中下衆, 各自領解. 經云, 佛以一音演說法, 衆生隨類各自解.” 또 『남종정시비론』 제16단에도 보적을 비판적으로 말하고 있다. 즉, “천하에 도를 배우는 사람들이 모두 때때로 의심을 풀려고 진실한 종지를 물으면 보적선사는 모두 세차게 꾸짖어 문도를 쫓아 버렸습니다. 비록 의심을 품고 있는 사람일지라도 감히 질문할 수 없었습니다. 이런 것이 도대체 옳은 일입니까, 그른 일입니까? 옛날에 석가여래가 살아계셨을 때 다른 곳에서 온 여러 보살과 성문 그리고 일체의 모든 외도 등이 여래께 詰問하면 하나하나 모두 자세히 대답해 주셨습니다. 우리 소주의 혜능대사가 살아계셨을 때 모든 사람들이 와서 徵問할 경우에도 역시 하나하나 모두 자세하게 대답해 주셨습니다. 도대체 보적선사는 어떤 경론에 의거하여 사람들이 질문하는 것을 허락하지 않는 것이며, 이렇게 해서야 누가 종지의 옳고 그름을 알 수 있겠습니까(天下學道者, 皆往決疑, 同眞宗旨, 並被普寂禪師, 倚勢喝使門徒拖出. 縱有疑者, 不敢呈問. 未審爲是爲非. 昔釋迦如來在日, 他方諸來菩薩及諸聲聞, 一切諸外道等詰問, 如來一一皆善具答. 我韶州大師在日, 一切人來徵問者, 亦一一皆善具答. 未審普寂禪師, 依何經論, 不許借問, 誰知是非.)?”

***法藥**(법약) : 불법을 마음의 병을 치료하는 약에 비유한 말이다. 제불보살과 조사의 가르침은 일체 중생의 心病을 치료해 주는 약과 같다는 뜻이다.

***去障膜, 豁浮雲**(거장막, 활부운) : 「五更轉·假託禪師各轉」에 "二更靜坐息心神, **喩若日月去浮雲**, 未識心時除妄想, 只此妄想本來眞."(『總編』, p.1412).

***皆令見性免沈淪**(개령견성면침륜) : 『禪門十二時』에 "平旦寅, 平旦寅, 智慧莫與色爲親. 斷除三障及三業, 遠離六賊及六塵. 金玉滿室非是寶, 忍辱最是無價珍. 男子女人行此事, 不染生死**免沈淪**."(『總編』, p.1348).

(抄本3種)

1) 胡適校『大乘五更轉』

一更初

妄想眞如不異居　迷卽眞如是妄想
悟卽妄想是眞如　念不起　更無餘
見本性　等空虛　有作有求非解脫
無作無求是功夫.

二更催

大圓寶鏡鎭安臺　衆生不了攀[緣]病
由斯鄣閉心不開　本自淨　沒塵埃
無染著　絶輪廻　諸行無常是生滅
得觀實相見如來.

三更深

如來智慧本由心　以佛爲佛乃能見
聲聞緣覺不知音　入山谷　坐禪林
入空定　便凝心　□□還同八萬劫
只爲擔痲不重金

四更蘭

法身體性不勞看　看卽住心便作意
作意還同妄[想]團　放四體　莫攢抏
認本性　自觀看　善惡不思由(猶?)不念
無思無念是涅槃

五更分
菩提無柱(住?)本無根　過去捨身求不得
吾師□逐不妄(忘?)恩　施法藥　大張門
去倞(禁?)障　撥浮雲　本與衆生開佛眼
皆令見性免沉淪.

【번역】

胡適이 교정한 『大乘五更轉』

1更初. 망상과 진여가 따로 있는 것이 아니로다. 미혹하면 진여가 망상이고, 깨달으면 망상이 진여라네. 망념이 일어나지 않아, 다시 남은 것이 없고, 본성을 깨달으니, 비어 허공과 같도다. 지음이 있고 구함 있으면 해탈이 아니니, 지음도 없고 구함도 없는 것이 공부로다.

2更催. 크고 둥근 寶鏡이 安臺를 진압하도다. 중생은 반연의 병을 알지 못하여, 이 장애로 인하여 마음이 닫혀 열지 않네. 본래 스스로 청정하여, 塵埃가 없고, 染著이 없어, 윤회를 끊었도다. 諸行이 無常한 것은 생멸법이기 때문이니, 實相을 관찰하면 여래를 보도다.

3更侵. 여래의 지혜는 본래 마음을 起因하도다. 부처를 부처로 보면 능히 깨달을 수 있고, 성문과 연각은 소리를 분간해 알지 못하도다. 山谷에 들어가, 禪林에 앉아서, 空定에 들어, 문득 마음을 응집하네. □□이 도리어 8만겁과 같으니, 단지 삼(麻)만 어깨에 메고 금을 중하게 여기지 않도다.

4更蘭. 법신의 體性을 애써 보려고 하지 말라. 보려고 하면 마음의 움직임을 멈추는 것이어서 곧 의식적인 것이 되나니, 작의는 도리어 망상의 덩어리와 같네. 4체를 놓아버리고, 장난감을 모으지 않으며, 본성을 확실히 알게 되니, 스스로 관찰하여 보도다. 선악을 생각하지 않는 것은 망념이 일어나지 않기 때문이니, 思도 없고 念도 없는 것이 열반이로다.

5更分. 보리에 줄기가 없는 것은 본래 뿌리가 없기 때문이로다. 과거에 몸을 버려 구할래야 구할 수 없으니, 우리 스님은 □ 마침내 은혜를 헛되게 하지 않았네. 法藥을 베풀고, 크게 법문을 펴 넓히며, 굳센 장애를 제거하니, 뜬 구름을 걷어 내도다. 본래 중생에게 佛眼을 열어 주었으니, 모두 견성하여 沈淪을 면하게 하도다.

【注記】

***胡適校大乘五更轉(호적교대승오경전)** : 여기에 해당하는 敦煌寫本은 S.4634호 본과 P.4617호 본의 2종이 있다. 런던 대영박물관본인 S.4634권의 앞면에는 『無量壽宗要經』이 있고, 뒷면에는 『대승오경전』1首가 있다. 이 본은 오자가 매우 많다. S.4634의 문서에 대해서는 金岡照光교수가 『敦煌出土文學文獻分類目錄附解說』, p.101에서 설명을 하고 있다. 『大乘五更轉

』이라는 首題가 또 있고, 1경부터 5경까지만 잘려져 있으며, 사본도 양호하다. 이 오경전의 내용은 『남종정사정오경전』과 같다.

***衆生不了攀緣病**(중생불요반연병) : 『유마경』'문수사리문질품'(『대정장』권14, p.545상)에 "何謂病本. 謂有攀緣"이라 했고, 종밀의 『도서』에도 "밖으로는 모든 인연을 끊고 안으로는 헐떡거림이 없어서 마음이 마치 장벽과 같아야 가히 도에 들어갈 수 있다(外止諸緣, 內心無喘, 心如墻壁, 可以入道.)"라 한 바와 같이 좌선하는데 근본적인 병은 반연이다.

***如來智慧本由心**(여래지혜본유심) : 『조당집』에 '由心悟道'라 했고, 『傳燈錄』 '慧能章'에는 '道由心悟'란 말이 있는데 이 말은 깨달음의 세계는 마음으로 말미암아 이루어지는 것이며, 道의 모습은 마음에 의해서 드러난다는 말이다. 다시 말해서 도가 곧 마음인 것이다. 그래서 마조도일은 '平常心是道'라고 한 것이다.

***凝心**(응심) : 북종선의 看心看淨의 구체적인 내용인 "凝心入定, 住心看淨, 起心外照, 攝心內證" 의 4구게 가운데 '凝心入定'을 가리킨다. 凝心·住心·起心·攝心은 모두 拂塵的 좌선의 태도를 표현한 말이다.

***看卽住心便作意**(간즉주심편작의) : 북종의 看心看淨의 作意禪을 비판하는 말이다. 즉 看하려고 하는 것이 작의인 번뇌이다. 이 말은 깨달음을 얻기 위해서 좌선하는 待悟禪의 禪病과도 비슷하다. 좌선은 沒蹤迹의 좌선이 되어야 한다. 그래야만 반야바라밀이 이루어지기 때문이다.

***作意還同妄想團**(작의환동망상단) : '애써 ~을 하려고 하는 마음'은 作意性이 들어간 造作心이기 때문에 망상이 되는 것이

다. 예를 들면 凝心·住心·起心·攝心의 마음이나 깨달음을 기다리는 마음·깨달으려고 하는 마음 등은 모두 망심이다. 이런 망심으로써 좌선을 하기 때문에 결코 깨달음은 오지 않고 망상만 늘어나는 것이다.

2) 胡適合校 北京圖書館本『南宗定邪正五更轉』

一更初
妄想眞如不異居　迷則眞如是妄想
悟則妄想是眞如　念不起　更無餘
見本性　等空虛　有作有求非解脫
無作無求是功夫.

二更催
大圓寶鏡鎭安臺　衆生不了攀緣鏡
由斯障閉心不開　本自淨　沒塵埃
無染著　絶輪廻　諸行無常是生滅
但觀實相見如來

三更侵
如來智慧本幽深　此佛此佛乃能見
聲聞緣覺不知音　住山窟　坐禪林
入空定　便凝心　一坐還同八萬劫

只爲擔麻不重金

四更蘭
法身體性不勞看　看則住心便作意
作意還同妄想團　放四體　莫攢抏
任本性　自觀看　善惡無思亦無念
無思無念是涅槃

五更分
菩提無住復無根　過去捨身求不得
君師普示不忘恩　施法藥　大張門
去障膜　豁浮雲　頓與衆生開佛眼
皆令見性免沉淪.

【번역】

胡適이 合校한 北京圖書館本『南宗定邪正五更轉』

1更初. 망상과 진여가 따로 있는 것이 아니로다. 미혹하면 진여가 망상이고, 깨달으면 망상이 진여라네. 망념이 일어나지 않아, 다시 남은 것이 없고, 본성을 깨달으니, 비어 허공과 같도다. 지음이 있고 구함이 있으면 해탈이 아니니, 지음도 없고 구함도 없는 것이 공부로다.

2更催. 크고 둥근 寶鏡이 安臺를 진압하도다. 중생은 반연

의 거울을 알지 못하여, 이 장애로 인하여 마음을 가려 열리지 않네. 본래 스스로 청정하여, 塵埃가 없고, 染著이 없어, 윤회를 끊었도다. 諸行이 無常한 것은 생멸법이기 때문이니, 다만 實相을 관찰하면 여래를 보도다.

3更侵. 여래의 지혜는 본래 그윽히 깊으나, 이에 부처님과 부처님만이 능히 (여래의 지혜를)보고, 성문과 연각은 소리를 분간하여 알지 못하도다. 山窟에 살며, 禪林에 앉아서, 空定에 들어서, 문득 마음을 응집하네. 한번 앉음이 도리어 8만겁과 같으니, 단지 삼(선정)만 어깨에 메고 금(깨달음의 지혜)을 중하게 여기지 않도다.

4更蘭. 법신의 體性을 애써 보려고 하지 말라. 보려고 하면 마음의 움직임을 멈추는 것이어서 곧 의식적인 것이 되나니, 작의는 도리어 망상의 덩어리와 같네. 4體를 놓아버리고, 장난감을 모으지 않으며, 본성에 맡기니, 스스로 관하여 보도다. 선악을 생각하지 않는 것은 또한 무념이며, 念도 없고 思도 없는 것이 열반이로다.

5更分. 보리는 머무름이 없으니 또 뿌리가 없도다. 과거에 몸을 버려 구할래야 구할 수 없으니, 우리 스님은 널리 보여 은혜를 잊지 않았네. 法藥을 베풀고, 크게 법문을 펴 넓히며, 장막을 제거하니, 뜬 구름이 밀려가 훤히 터이도다. 단박에 중생에게 佛眼을 열어 주었으니, 모두 견성하여 沈淪을 면하게 했도다.

【注記】

***攀緣(반연)**：범어 ālambana를 번역한 말이다. 반은 '의지하다'의

뜻이고, 연은 '대상'을 가리킨다. 즉 대상에 의지하여 마음의 작용을 일으키는 것, 다시 말해서 대상을 인식하고 그 대상에 끄달리는 것을 의미한다. 반연은 곧 번뇌망상의 始元이며, 근본이 된다.

3) 胡適校 P.2045號本『南宗定邪正五更轉』

一更初
妄想眞如不異居　迷則眞如是妄想
悟則妄想是眞如　念不起　更無餘
見本性　等空虛　有作有求非解脫
無作無求是功夫

二更催
大圓寶鏡鎭安臺　衆生不了攀緣病
由斯障閉不心開　本自淨　沒塵埃
無染著　絶輪廻　諸行無常是生滅
但觀實相見如來

三更侵
如來智慧本幽深　唯佛與佛乃能見
聲聞緣覺不知音　處山谷　住禪林
入空定　便凝心　一坐還同八萬劫

只爲擔麻不重金

四更蘭

法身體性不勞看　看則住心便作意

作意還同妄想團　放四體　莫攢抏

任本性　自公官　善惡無思卽無念

無念無思是涅槃

五更分

菩提無住復無根　過去捨身求不得

吾師普示不忘恩　施法藥　大張門

去障膜　豁浮雲　頓與衆生開佛眼

皆令見性免沉淪

【번역】

胡適이 교정한 파리의 Pelliot 2045호 본『南宗定邪正五更轉』

1更初. 망상과 진여가 따로 있는 것이 아니로다. 미혹하면 진여가 망상이고, 깨달으면 망상이 진여라네. 망념이 일어나지 않아, 다시 남은 것이 없고, 본성을 깨달으니, 비어 허공과 같도다. 지음이 있고 구함이 있으면 해탈이 아니니, 지음도 없고 구함도 없는 것이 공부로다.

2更催. 크고 둥근 寶鏡이 安臺를 진압하도다. 중생은 반연의 병을 알지 못하여, 이 장애의 가림으로 인하여 마음이 열리지 않네. 본래 스스로 청정하여, 塵埃가 없고, 染著이 없어, 윤회를 끊었도다. 諸行이 無常한 것은 생멸법이기 때문이니, 다만 實相을 관찰하면 여래를 보도다.

3更侵. 여래의 지혜는 본래 그윽히 깊도다. 오직 부처님과 부처님만이 능히 (여래의 지혜를)보고, 성문과 연각은 소리를 분간하여 알아 듣지 못하도다. 山谷에 살고, 禪林에 머무르며, 空定에 들어, 문득 마음을 응집하네. 한번 앉음이 도리어 8만겁과 같으니, 단지 삼(麻)만 어깨에 메고 금을 중하게 여기지 않도다.

4更蘭. 법신의 體性을 애써 보려고 하지 말라. 보려고 하면 마음의 움직임을 멈추는 것이어서 곧 의식적인 것이 되나니, 작의는 도리어 망상의 덩어리와 같네. 4體를 놓아버리고, 장난감을 모으지 않으며, 본성에 맡기니, 스스로 公官이 되도다. 선악을 생각하지 않는 것이 곧 무념이니, 念도 없고 思도 없는 것이 열반이로다.

5更分. 보리는 머무름이 없으니 또 뿌리가 없도다. 과거에 몸을 버려 구할래야 구할 수 없으니, 우리 스님은 널리 보여 은혜를 잊지 않았네. 法藥을 베풀고, 크게 법문을 펴 넓히며, 장애를 제거하니, 뜬 구름이 밀려가 훤히 트이도다. 단박에 중생에게 佛眼을 열어 주었으니, 모두 견성하여 沈淪을 면하게 했도다.

【注記】

***胡適校 P.2045**호 본 『**南宗定邪正五更轉**』: 湖南의 許國霖이 19

36년 북경도서관에 소장하고 있는 돈황사본을 이용하여 『敦煌石室寫經題記』1권과 『敦煌雜錄』兩卷(商務印書館版)을 편집했다. 『돈황잡록』 중의 抄本에 五更轉兩首가 있었는데 그 가운데 1수가 『남종정사정오경전』이다. 이것은 파리의 P.2045호본과 같으며, 말미가 없지만 오언율시가 부록되어 있다. 다른 1수는 단지 오경전이라 제명되어 있고 말미의 부록에 오언율시가 있다. 이 2수의 編號는 전자를 '北鹹18'이라 하고, 후자를 '北露6'이라 하여 구분했다. 호적은 이 양수를 合校하여 1본으로 만들었다.

4. 『五言律詩』①

眞乘實罕遇　至理信幽深
欲離相非相　還將心照心
髻中珠末得　衣裏寶難尋
爲報②擔痲者　如何不重金

【校記】

압운은 '廣韻'에 의거함. 侵韻(오경전의 3경과 같음). 단 律詩의 平仄에는 맞지 않는다.

① 돈황사본 중에 3본이 존재하며, 어느 것이나 『하택사신회화상오경전』第二套(『남종정사정고경전』)의 뒤에 連寫되어 篇題가 없다. 지금 돈황시 박물관장본(077호)을 저본으로 하고 ⑵본과 ⑼본의 2본을 校本으로 한다. 교록본은 ①·④·⑨·⑩본 외에 徐俊의 『敦煌詩集殘卷輯考』(『南宗定邪正五更轉後題詩』와

擬題, 中華書局, 2000)가 있다. (2)본에는 원본을 抄寫한 錄文이 ⑩본에 있고, 이것에 의하면 타본과의 동이가 대단히 심한 것을 알 수 있지만 사실 粗本이기 때문에 이 교기에는 하나하나 그 차이를 적지 않았다.

② 저본에는 「報」자가 「寶」로 되어 있음. (9)본에 의거하여 고침. 근음에 의한 착오

【번역】

『오언율시』

참된 교법, 진실로 만나기 어렵네,
지극한 교리, 참으로 그윽히 깊도다.
相과 相 아님을 여의고자 하려면,
도리어 마음으로써 마음을 비추어야 하네.
상투 속의 구슬을 얻지 못했으니,
옷 속의 보배는 찾기 어렵도다.
삼(麻)을 어깨에 메고 은혜를 갚으려고 하는 사람은,
어찌 금을 중하게 여기지 않는고?

【注記】

***五言律詩** : 한 句가 다섯 자로써 8구를 이루는 시.

***眞乘(진승)** : 해탈로 인도하는 수레. 바른 가르침이나 진실한 교법에 비유한 것이다. 방편의 權教나 인륜도덕의 교나 세속의 선을 닦아 천상에 태어나고자 하는 불교 이외의 가르침에 대하여 참다운 實教를 가리키는 말이다. 『잡아함경』권4(『대정장』

권2, p.27상)에 耕田波羅門이 "나를 위하여 耕田을 설하시고 나로 하여금 밭을 경작하는 법을 알려주십시오"라고 한 질문에 세존이 게로써 답하기를, "신심은 종자가 되고, 고행은 時雨가 된다." … 진실은 眞乘이 되고, 樂住는 懈息이 된다(爲我說耕田, 令我知耕法. 世尊說偈答言, 信心爲種子, 苦行爲時雨. … 眞實爲眞乘, 樂住爲懈息.)"고 한다. 선종에서는 王維撰, 「육조능선사비명병서」에 "남해에 인종법사가 있어서 『열반경』을 강의했다. 선사는 좌하에서 듣고 대의를 묻기를, '있는 그대로 眞乘으로써 했다"(柳田聖山, 『初期禪宗史書の研究』, p.540)고 하는 것이 빠른 용례이다.

*欲離相非相, 還將心照心(욕리상비상, 환장심조심) : 앞 구는 『금강경』(『대정장』권8, p.749중)의 다음 교설에 의거한 것이다. "이 모든 중생은 또 아상·인상·중생상·수자상이 없고, 법상도 없고, 또한 비법의 상도 없다. 왜냐하면 이 모든 중생이 만약 마음에 상을 취한다면 아·인·중생·수자에 집착하게 되고, 만약 법상을 취해도 아·인·중생·수자에 집착하기 때문이다. 왜냐하면 만약 법이 아닌 상을 취해도 아·인·중생·수자에 집착하게 되기 때문이다. **그러므로 마땅히 법을 취해서도 안 되고, 법이 아닌 것을 취해서도 안 된다**(是諸衆生無復我相人相衆生相壽者相, 無法相亦無非法相. 何以故. 是諸衆生, 若心取相則爲着我人衆生壽者, 若取法相卽着我人衆生壽者. 何以故. 若取非法相, 卽着我人衆生壽者. 是故不應取法, 不應取非法.)." 曇曠의 『金剛般若經旨贊』上(『대정장』권85, p.84상)에 '是故不應取法, 不應取非法'의 구에 대하여 "이 도리를 아는 자는 원래 소리처럼 법을 취하여 법이 있다고 하지 않는다. 말을 떠났기 때문에 또한 법을 버리지 않고, 진실을 따르기 때문에

소리처럼 법을 취하지도 않는다. 그래서 능히 법상을 떠날 수 있다. 가르침에 따라 수행하기 때문에 법이 아닌 상을 떠날 수 있다. **相과 非相을 떠났기 때문에 진실에 계합하여 깨달을 수 있다**(是解理者故不如聲取法爲有法. 離言故亦不棄撥法, 順眞故不如聲取法. 故能離法相. 順敎而修, 故離非法相. 離相非相, 契證於眞.)"라고 주를 달고 있다. 또 『단어』 제20단에 인용한 『승천왕반야경』에 "此可智知, 非言能說, **離相無相**, 遠離思量, 過覺觀境."이라고 한 말도 참고가 된다. 다음 구는 觀心을 비판하고 있다. 양증문의 「五言律詩的思想」(『神會和尙禪話錄』, p.241)에서 이 두 구를 "만약 상 혹은 비상의 집착으로부터 해탈하려고 한다면 마음에 요구해야 한다"라고 해석하고 있지만 크게 잘 못된 것이다. 『선원제전집도서』 제29단에 '佛境界의 知'에 대하여 다음과 같이 설명하고 있다.

"知에 대하여 답하기를, '識이 능히 알 바가 아니다. …또한 마음의 경계도 아니다<가히 智로써 알 수 있는 것이 아니다. 만약 지로써 그것을 증득할 수 있다면 所證의 경계에 속한다. 眞知는 경계가 아니기 때문에 가히 지로써 증득할 수 없다. 잠깐만이라고 思心을 일으키면 진지가 아니다. 그래서 『佛頂經』에 이르기를, 「自心이 자심을 취하면 幻(허깨비)이 아닌 것을 幻法으로 만든다」고 한 것이다. 논에 이르기를, 「마음은 마음을 보지 않는다」고 한다. 하택대사가 말하기를, 「마음을 헤아리면 곧 어긋난다」고 한다. 그러므로 북종의 간심은 眞旨를 잃고 있다. 마음으로써 만약 볼 수 있다면 이는 곧 경계이다. 그러므로 마음의 경계가 아니라고 말하는 것이다.>'(答知云, 非識所能識. … 亦非心境界<不可以智知. 謂若以智證之, 卽屬所證之境. 眞知非境界, 故不可以智證. 瞥起思心, 卽非眞知

也. 故經云, 自心取自心, 非幻成幻法. 論云, 心不見心. 荷澤大師云, 擬心卽差. 故北宗看心是失眞旨. 心若可看, 卽是境界. 故此云非心境界.>).” →(『대정장』 권48, p.405상 / 石井·小川, 『禪源諸詮集都序』の譯注硏究(4)『駒澤大學佛敎學部論集』第27號, p.62). ‘將心照心’이란 것은 바로 이것이고, 북종의 간심도 이것이다.

*髻中珠(계중주) : 『법화경』‘안락행품’에 보이는 비유. 同經에 설한 진실의 교에 비유한 것. 『돈오무생반야송』의 ‘如王髻珠, 終不妄與’의 주를 보라.

*衣裏寶(의리보) : 같은 경 ‘오백제자수기품’에 설하고 있는 비유. 여래의 지혜에 비유한 것.

*擔麻(담마) : 『하택사신회화상오경전』 제2투4경에 ‘只爲擔麻不重金’의 주를 보라.

5. 南宗讚

南宗讚一本①

一更長　一更長②
如來智惠③心中藏　不知④自身本⑤是佛
無明障蔽⑥自荒忙　了⑦五蘊⑧　體皆亡
滅六識　不相當　行住坐臥常⑨作意
則⑩知⑪四大是佛堂

一更長[12]　二更長

有爲功德盡無常　世間造作應不久[13]

無爲法會[14]體皆亡　入聖位　坐金剛

諸[15]佛國　遍十方　但知[16]十方[17]原是一[18]

決定得入於[19]佛行

二更長[20]　三更嚴

坐禪執定甚能甛　不信[21]諸[22]天甘露蜜

魔軍眷屬出來看　諸佛教　實[23]福田

持齋戒　得生天　生天終歸還墮落

努力廻心取[24]涅槃

三更嚴[25]　四更闌[26]

法身體性本來禪　凡夫不了生分別

輪廻六趣心不安　求佛性　向裏看

有佛衣[27]　不覺寒　曠大劫來常不悟

今生作[28]意斷慳貪

四更闌[29]　五更延

菩提種子坐紅蓮　煩惱泥[30]中常不染

恒將淨土共金顏　佛在世　八十年

般若意　不在言　夜夜朝朝恒念經

當初求覓一言詮

『남종찬』의 사본과 교록본

『남종찬』에는 15본의 돈황사본이 존재한다. 지금 러시아 과학원 동방 연구소 산크트페테르스브르크 分所(舊 레닌그라드 東方硏究所)藏Φ171호 본(수미 온전. 『俄藏敦煌文獻』第4册)을 저본으로 하여 이하에 열거하는 14본을 교록본으로 했다.

(1) 北乃74(北8371) 수미 온전.

(2) S.4173 수미 온전.

(3) 2963V 수미 온전.

(4) Dx.2175 머리 부분 있고 중간은 어지러워 알 수 없음.

(5) 北人75(北4456V) 끝부분 없고, 1·2·3경은 있음.

(6) S.5529 끝 부분 없고, 1·2경은 있음. 册葉本.

(7) P.2690V 수미 온전.

(8) P.2690V 끝 부분 없고, 1경의 4·5자가 있음.

(9) P.4608V 끝 부분 없고, 1경의 21자가 있음.

(10) S.4654 끝 부분 없고, 1경의 10자가 있음.

(11) S.5689 머리 부분 없고, 5경의 18자가 있음. 册葉本.

(12) 周70 수미 온전. 『敦煌雜錄』下輯(圖板未公布). 『敦煌石室寫經詳目續篇』의 「125, 五更調共2卷」일 것이다. 方廣錩, 「北京圖書館所藏敦煌遺書勘查初記」(神野恭行譯, 『禪文化硏究所紀要』제23호, p.115).

⒀ S.4654V 끝 부분 없고, 1·2·3경이 있음.

⒁ 菫100(北8369) 수미 온전.

(사본의 개황)

⑴본은 『無相禮』·『金剛五禮』·『辭娘讚文』·『涅槃讚』에 이어져 連寫되어 있으며(Gernet, Jacques는 10세기 초본이라고 함), ⑺본과 ⑻본은 「2, 하택사신회화상오경전(제2투, 또 남종정사정오경전이라 함)」의 '사본개요'에서 언급한 것처럼 다른 찬문에 連寫한 『남종찬』이 두 번 필사되어 있다. ⑼본은 「十空讚」과 연사되어 있고, ⑾본은 『佛母讚』과 연사되어 있으며, ⒁본은 『辭道場一本』과 연사되어 있다. 서사시대가 알려져 있는 것은 ⑶본이 '時乾祐四年歲次辛亥'(951)의 紀年을 가진 문서의 紙背에 있고, ⑼본에는 '維時大宋太平興國五年庚辰九月五'의 기년이 있는 契約殘文1행이 있다. 上山大峻의 돈황선문헌 서사년대의 분류에는 ⑴·⑵·⑶·⑹·⑺·⑻·⑽의 諸本은 후기(860~1000)에 속하는 것이라고 한다.

교록본은 다음의 열두 가지가 있다

① 劉復, 『敦煌掇瑣』, 中央研究院歷史語言研究所, 1925.

② 許國霖, 『敦煌石室寫經題記與敦煌雜錄』, 上海商務印書館, 1937(周70, 1본), 후에 黃永武主編, 『敦煌叢刊』初集에 재록, 新文豐出版公司, 1986.

③ 鄭振鐸, 『中國俗文學史』, 長沙商務印書館, 1938(敦煌掇瑣).

④ 胡適, 「神會和尙語錄的第三個敦煌寫本『南陽和尙問答雜

徵義 … 劉澄集』3, 神會和尙的五更轉曲子(7)校寫「五更轉」後記, 『歷史語言硏究所集刊』外編第4種, 1960(周70등 3본).

⑤ 任二北, 『敦煌曲校錄』, 上海文藝聯合出版社, 1955(P.2963V 등 2본).

⑥ 巴宙, 『敦煌韻文集』, 佛教文化流通處, 1965(S.4173 등 3본).

⑦ 川崎ミチコ, 「禪僧の偈頌, 修道偈Ⅱ, 五更轉類」『敦煌佛典と禪』, 講座敦煌8, 大藏出版社, 1980(S.4173 등 7본).

⑧ 陳祚龍, 「新校重訂敦煌古抄讚文十首」『敦煌學園零拾』, 臺灣商務印書館, 1986(Φ171 등 7본).

⑨ 任半塘, 『敦煌歌辭總編』卷5 雜曲定格聯章, 上海古籍出版社, 1987(P.2963V 등 7본).

⑩ 任半塘·王昆吾, 『隋唐五代燕樂雜言歌辭集』, 巴蜀書社, 1990(敦煌歌辭總編).

⑪ 冉雲華, 「『南宗讚』小記」『中國佛教文化硏究論集』, 東初出版社, 1990(Dx.171).

⑫ 王繼如, 「敦煌文獻跋語二則 1. 別本『南宗讚』跋『文獻』, 1990年 第4期(董100).

또 諸本과의 異同을 열거한 것은 번거로움을 줄이기 위함이며, 중요한 異文을 가려 기록한다.

【校記】

① 篇題인 「南宗讚一本」은 (1)본과 (3)본은 같고, (2)·(7)·(9)본은 「南宗讚」, (4)본은 미제에 「南宗定邪讚一本」이라고 되어 있음.

② 「一更長」의 3자는 원권에 「二更長」으로 되어 있음. (3)·(5)·(6)본에 의거하여 고침. (1)·(2)·(7)·(8)·(10)·(12)·(13)·(14)본은 없음.

③ 「智惠」의 2자가 (7)본과 (8)본은 「知惠」로 되어 있음. (10)본과 (13)본은 『體姓』으로 되어 있음.

④ 「知」자가 (8)본은 「之」자로 되어 있고, (13)본은 「了」자로 되어 있음.

⑤ 「本」자가 (13)본은 「便」자로 되어 있음.

⑥ 「蔽」자가 (5)·(7)·(8)본은 「病」자로 되어 있고, (12)본과 (13)본은 「閉」자로 되어 있음.

⑦ 「了」자가 (4)본은 「料」자로 되어 있음.

⑧ 「蘊」자가 (4)본과 (6)본은 「薀」자로 되어 있고, (5)본은 「溫」자로 되어 있으며, (13)본은 「伊」(?)자로 되어 있음.

⑨ 「常」자가 (13)본은 「長」자로 되어 있음.

⑩ 「則」자가 (8)본은 「卽」자로 되어 있음.

⑪ 「知」자가 (6)본과 (13)본은 「之」자로 되어 있음.

⑫ 「一更長」의 3자가 (4)·(7)·(12)·(13)·(14)본은 없음.

⑬ 「久」자가 원권과 (1)·(2)·(3)·(5)본은 「及」자로 되어 있음. (4)·(7)·(13)·(14)에 의거함.

⑭ 「會」자가 (6)·(13)본은 「海」자로 되어 있음.

⑮ 「諸」자가 (13)본은 「之」자로 되어 있음.

⑯ 「知」자가 원권과 (1)·(2)·(3)·(5)·(6)본은 「諸」자로 되어 있고, (4)본과 (7)본은 「之」자로 되어 있음. (12)본은 「知」자로 되어 있음.

⑰ 「十方」의 2자가 (4)본은 먼저 「世界」라고 써놓고 우측에 「十方」이라고 고치고 있음.

⑱ 「原是一」의 3자가 (1)·(2)·(3)본은 「願實一」로 되어 있고, (6)본은 「順一實」로, (7)본은 「願十一」로, (12)·(14)본은 「元是一」로,

⒀본은 「緣十一」로 각각 되어 있음.

⑲ 「於」자가 ⑸·⑺·⑿·⒁본은 「諸」자로 되어 있음.

⑳ 「二更長」의 3자가 ⑺·⑿·⒀·⒁본은 없음.

㉑ 「信」자가 원권과 ⑴·⑵·⑶본은 「宣」자로 되어 있고, ⒀본은 「藉」자로 되어 있음. ⑺·⑿·⒁본은 「信」자로 되어 있음.

㉒ 「諸」자가 ⑸본과 ⒀본은 「之」자로 되어 있음.

㉓ 「實」자가 ⑿본은 「是」자로 되어 있음.

㉔ 「取」자가 ⑶본은 「趣」자로 되어 있음.

㉕ 「三更嚴」의 3자가 ⑷·⑺·⑿·⒁본은 없음.

㉖ 「闌」자가 원권과 ⑴·⑵·⑶·⑷본은 「蘭」자로 되어 있고, ⑺·⑿·⒁본은 「難」자로 되어 있음.

㉗ 「有佛衣」의 3자가 원권과 ⑴·⑵·⑶·⑺·⒁본은 「了佛意」로 되어 있고, ⑷본은 「了口意」로 되어 있음. ⑿본은 「有佛衣」로 되어 있음.

㉘ 「作」자가 ⑷본은 「發」자로 되어 있음.

㉙ 「四更闌」의 3자가 원권과 ⑴·⑵·⑶본은 「四更蘭」으로 되어 있고, ⑷본은 손결. ⑺·⑿·⒁본은 없음.

㉚ 「泥」자가 ⑷·⑺·⑿·⒁본은 「寧」자로 되어 있음.

【번역】

『남종찬』1본

일경은 장하고, 일경은 장하다.
여래의 지혜를 마음속에 간직하고서
자신이 본래 부처인 줄 모르고 있다.

무명의 장애에 가려 갈팡질팡 하고
오온을 깨달으면 어떠한 본체도 없다.
육식을 단멸하는 것은 본래의 마음과 상응하지 않는 것이며
행주좌와에 항상 정신을 가다듬으면
사대가 불당인 줄 알게 된다.
일경은 장하고, 이경은 장하다.
유위의 공덕은 모두 무상하니
세간의 조작은 응당 오래 가지 못한다.
무위의 법회는 실체가 모두 없다.
성인의 자리에 들어가 금강보좌에 앉으니
모든 부처님의 국토가 시방에 두루하다.
다만 시방이 원래 하나인 줄 알면
반드시 부처의 행을 할 수 있다.
이경은 장하고 삼경은 깊다.
좌선하여 선정에 드니 매우 감미로우며
모든 하늘의 달콤한 꿀을 믿지 않아
마구니의 권속에서 빠져나와 보니
모든 부처님의 가르침이 실로 복전이로다.
재계를 수지하면 천상에 태어날 수 있으나
생천은 마침내 되돌아와 삼악도에 타락하고 만다.
노력하여 마음을 돌려 열반을 얻어라
삼경은 깊고 사경은 절정
법신의 체성이 본래 선인데
범부들은 이를 모르고 분별심을 낸다.

육도 윤회는 마음을 불안하게 하고
불성을 구하려고 안을 향해 보니
부처의 옷이 있어서 추위를 느끼지 못하고
무수한 세월동안 항상 깨닫지 못하였으나
금생에 마음을 가다듬어 인색함과 탐욕을 끊는구나
사경은 절정 오경은 늘어남.
깨달음의 종자는 붉은 연꽃에 앉아 있으나
번뇌의 진흙 속에서 항상 물들지 않고
늘 정토와 부처님과 함께 있다.
부처님이 세상에 머무르신 것이 팔십년이나 되었지만
반야의 뜻은 말씀하시지 않으셨다.
밤마다 아침마다 항상 경을 생각하니
당초에 한 마디의 설명을 찾을 수 있었다.

【注記】

압운은 '廣韻'에 의거함. 1경은 陽唐韻同用. 2경은 陽唐韻同用. 3경은 嚴添韻通押/寒先桓韻通押. 4경은 寒仙覃韻通押. 5경은 仙先刪元通押.

***南宗讚一本(남종찬일본)** : 돈황사본 15본 가운데 7본은 수미가 완전하다. 10세기경의 사본이 많으며, 이 당시에 돈황의 종교 행사에서 불렀던 가사였을 것이다. 단지 노래로 부르면서 전승되어졌기 때문에 사본 간에 문자의 異同이 꽤 심하다. 한 首의 체제는 『하택사신회화상오경전』과 같고, 3·7·7·7·3·3·3·3·7·7(진한 자는 압운)의 10구로 이루어진 것과 3·3·7·7·7·3·3·3·3·7·7의 11구로 이루어진 것도 있다. 후자는 首二句의 3·3

을 蟬聯式으로 이어서 나아가는 형식을 취하고 있다. 여기서는 이 체제의 것을 저본으로 한다.

P.2690V는 『남종찬』에 이어서 『하택사신회화상오경전』의 제2투가 필사된 것과 같이 신회의 남종을 찬양하는 것인데도 불구하고 1경에 '行住坐臥常**作意**'와 4경에 '今生**作意**斷慳貪'의 구가 있다. 신회는 '不作意'을 선의 근간으로 삼고 있기 때문에 작의를 부정한다. 호적은 이것을 이유로 『남종찬』은 신회가 지은 것이 아니라고 단정했다.

***荒忙**(황망) : '당황하는, 어수선한'의 뜻을 가진 疊韻聯綿詞이다. 『搜神記』 권16 '辛道度條'에 "度는 당시에 荒忙하게 달려나와 그의 金枕을 안고 있는 것을 보는데 異變이 없다"는 말이 있다.

***不上當**(불상당) : 말이 통하지 않아 그 뜻을 알 수 없다. 『朝野僉載』 권1 '裵有敞條'에 "항주자사인 배유폐가 병이 심하여 전당현의 主簿인 夏榮이 그를 보았다. 영이 말하기를, '使君은 조금도 염려하지 않아도 됩니다. 부인이 일찍이 모름지기 복을 숭상하여 푸닥거리를 했습니다.' 최부인이 말하기를, '푸닥거리를 하는데 무엇이 필요합니까?' 영이 말하기를, '사군이여, 두 여인에게 장가들어 그 일을 막아 삼년을 보내면 위급한 일이 지나갈 것입니다.' 夫人이 화가 나서 말하기를, '이 오랑캐 같은 놈, 미친 소리 하는군. 아이는 몸에 있어서 병이 없다.' 영이 물러나서 말하기를, '夫人이 믿지 않으면 영은 감히 말하지 않겠습니다. 그러나 사군의 목숨은 확실히 세 부인에게 있습니다. 만약 다시 장가들지 않으면 夫人에게 좋지 않은 일이 있을 것입니다.' 부인이 말하기를, '오히려 죽을지라도 이 일에 相當하지 않겠다.' 그 해 부인은 갑자기 사망하고 敝는 다시 두 여인에게 장가를 들었다. 영의 말을 믿었다."

*作意(작의) : 신회는 功利的, 의식적인 수행을 이 말로써 비판한다(『단어』 제21단에 '但不作意, 心無有起, 是眞無念,' 동 제25단에 '莫作意, 卽自性菩提.'). 4경에도 '今生作意取涅槃'라고 한다.

*四大是佛堂(사대시불당) : 사대오온으로 이루어진 몸을 건물에 비유하는 발상은 익히 볼 수 있지만 여기서는 불성을 간직한 것. 『경덕전등록』 권8 '汾州無業章'(『대정장』 권51, p.257상)에 "마조는 그 상모가 瑰偉하고 語音은 종과 같은 것을 보고 말하기를, '외외한 불당, 그 안에 부처가 없구나'(馬祖睹其狀貌瑰偉語音如鐘, 乃曰, 巍巍佛堂其中無佛.)." 또 『종경록』 권98(『대정장』 권48, p.943하)에 "관계화상의 게에 이르기를, '오음산 중의 고불당에서 비로자나불이 주야로 원광을 내도다'(灌溪和尙偈云, 五陰山中古佛堂, 毘盧晝夜放圓光.)."

*有爲功德盡無常(유위공덕진무상) : 『선문경』(柳田聖山, 『禪佛教の硏究』, p.310)에 "有爲功德, 而有劑(際), 空無相福, 不可比量."

*世間造作應不久(세간조작응불구) : '造作'은 유위의 뜻이지만 여기서는 '十二時曲'에 말하는 '世諦榮華應不久'(『敦煌歌辭總編』, p.1361)와 같다.

*無爲法會體皆亡(무위법회체개망) : '有爲功德盡無常'에 대응하여 하는 말. 有目的的, 공리적인 선행(공덕)에 대하여 공리를 떠난 공양(무위법회)은 施者, 受者, 施物의 三事에 집착하지 않아서 청정한 것.

*但知十方原是一(단지십방원시일) : '一'은 一心. 『완릉록』(『고존숙어록』 권3, Z.118, p.97a)에 "十方世界不出我之一心."

*甚能(심능) : '能'에 甚의 뜻이 있다(張相, 『詩詞曲語辭匯釋』, p.

348). 따라서 두 자는 同義連文이다.

*諸天甘露蜜(제천감로밀) : 최고최상인 묘법의 법미. 『대반야경』 권572(『대정장』 권7, p.957상)에 "총지는 묘약과 같아서 능히 중생의 惑病을 치료한다. 또 하늘의 감로와 같아서 복용하는 자는 항상 안락하다(總持猶妙藥 能療衆惑病 亦如天甘露 服者常安樂)." 또 湛然述, 『法華玄義釋籤』 권1(『대정장』 권33, p. 816상)에 "감로문이란 실상상주로서 하늘의 감로와 같아서 이는 죽지 않는 약이다. 지금 해석하면 묘법은 능히 실상에 통하기 때문에 이름하여 문이라 한다(甘露門者, 實相常住如天甘露是不死之藥. 今釋妙法能通實相故名爲門.)."

*魔軍眷屬出來看(마군권속출래간) : 『수능엄경』 권9(『대정장』 권19, p.149중하)에는 색·수·상·음의 10종 선나에서 나타나는 경계를 聖證·聖解라고 오해하면 魔에 농락당해 "(성위에 올랐다)고 거짓말을 하면 대망어죄로 무간지옥에 떨어진다"고 몇 번이나 반복하여 설하면서 想陰의 魔事에 대하여 다음과 같이 말하고 있다. "아난이여, 저 선남자는 수음이 虛妙하여 邪慮를 만나지 않아도 圓定이 發明한 삼마지 중에 마음으로 遊蕩을 좋아하고 그 精思를 들뜨게 하여 선교를 탐구한다. 이 때 천마는 그 편의를 기다린 듯 정사를 들뜨게 하고 사람에게 붙어서 입으로 경법을 설하지만 그 사람은 마가 달라붙은 줄도 모르고, 또 '스스로 무상열반을 얻었다'고 말한다"(阿難, 彼善男子, 受陰虛妙不遭邪慮, 圓定發明三摩地中, 心愛圓明銳其精思貪求善巧. 爾時天魔候得其便, 飛精附人口說經法, 其人不覺是其魔着, 自言謂得無上涅槃.)"고 한다.

*生天終歸還墮落(생천종귀환타락) : 『단어』 제6단에 "又縱發心者, 只發二乘人天心, 人天福盡, 不免還墮."라고 한 그 해당

주를 보라. '終歸' 두 자는 부사로 '마침내'의 뜻이다.

***法身體性本來禪**(법신체성본래선) : 이 선은 마음의 산란을 막아 주고 마음을 통일하는 修法으로서의 선정이 아니다. 육조혜능에게 법을 이은 智策이 육조의 선정에 대하여 다음과 같이 서술하고 있다. "'너의 스승(육조)은 어떤 법을 선정이라고 생각하는가?' 師(지책)이 말하기를, '妙湛圓寂하여 체용이 여여하다. 오음은 본래 공적하고, 육진은 있지도 않다. 나가지도 않고 들어오지도 않으며 안정되지도 않고 어지럽지도 않다. 禪性이 無住이면 禪寂에 머무르지 않는다. 선성이 無生이면 禪相(想)을 내지 않는다. 마음은 허공과 같지만 허공의 량은 없다'"(『조당집』 권3 '智策和尙章.' 「禪性無生, 離生禪相」의 구는 『금강삼매경』 '무생품'에 보인다).

***求佛性, 向裏看**(구불성, 향리간) : 이른바 북종에서 주장하는 看心의 內觀禪을 가리킨다. 『남종정시비론』 제11단에 "今言不同, 爲秀禪師敎人'凝心入定, 住心看淨, 起心外照, 攝心內證,' 緣此不同."

***有佛衣, 不覺寒**(유불의, 불각한) : '有佛衣'의 3자는 諸本에 '了佛意'로 되어 있다. 이것과 비슷한 표현에는 津藝169號 詩에 "禪定消長夜, 心中不覺寒."(徐俊, 『敦煌詩集殘卷輯考』, p.931), '龍牙和尙偈頌95首'의 제80수에 "體得如來意, 知無寒暑侵."(『禪門諸祖偈頌』 卷上之上, Z.116, p.463b)라는 것이 있다. 그러나 다음 '曠大劫來常不悟'의 구와 연결되지 않는다(북경본 周70만 '有佛衣'로 되어 있고, 호적의 교록도 이것을 따르고 있음). 이 '佛衣'는 말이나 경전의 비유일 것이다. 『법화경』 '약왕보살본사품'(『대정장』 권9, p.54중)에 이 경은 일체 모든 經法 중에서 最大의 하나이고, 일체 중생을 잘 구제하는 秘錄

으로서 "裸者가 옷을 얻은 것과 같다(如裸者得衣)"라고 하고, 『법화경』을 옷에 비유하고 있다. 또 『임제록』'시중'(『대정장』 권47, p.501하)에 "대덕들이여, 그대들은 형상을 가리는 옷에 집착하여 이러쿵 저러쿵 떠들지 말라. 옷은 자기 스스로 움직일 수 없으므로 사람이 옷을 입을 수 있는 것이다. 여기에 청정의 옷이 있고, 무생의 옷이 있고, 보리의 옷이 있고, 열반의 옷이 있고, 조사의 옷이 있다. 모든 음성과 언구는 다 이 옷들의 형상과 색깔의 변화를 표현하는 것에 지나지 않는다(大德, 爾莫認衣. 衣不能動, 人能著衣. 有箇淸淨衣, 有箇無生衣, 菩提衣, 涅槃衣, 有祖衣, 有佛衣. 大德, 但有聲名文句, 皆悉是衣變.) →(入矢義高譯注, 岩波文庫, pp.119·120)"라고 한 것처럼 옷은 대상에 응하여 붙인 聲名文句일 뿐이다. 그런데 부처의 마음(결국 자신이 부처인 것)을 깨닫지 않고 부처님의 언설을 고맙게 받아들인 것을 풍자하고 있다.

***菩提種子坐紅蓮(보제종자좌홍연)**：'紅蓮'은 佛心에 비유한 것. 『관불삼매경』 권5(『대정장』 권15, p.668중)에 "爾時佛心如紅蓮華."

***煩惱泥中常不染(번뇌니중상불염)**：『천축국보리달마선사론』에 "『유마경』에 말하기를, '세간에 집착하지 않는 것은 蓮花와 같고, 항상 空寂行에 들어가 모든 법상을 통달하여 걸림이 없으니 공과 같은 無所依에 稽首한다'고 한다. 비록 연화는 진흙 속에서 필지라도 그 진흙에 오염되지 않는다. 비록 行人은 오욕번뇌 속에 앉아 있을지라도 번뇌에 물들지 않는다'(方廣錩主編, 『藏外佛敎文獻』第1輯, p.44).

***當初求覓一言詮(당초구멱일언전)**：『종경록』 권21(『대정장』 권48, p.534중)에 "도는 가히 一言으로써 설명할 수 없고, 도리는 가

히 一義로써 말할 수 없다(道不可以一言詮, 理不可以一義宣.)"고 한다. 이것에 의하면 "도는 한 마디로 究盡할 수 있는 것이 아니기 때문에 처음부터 그렇게 말하는 것을 경전 중에 탐구하고 있다"고 말한 것이다.

V. 하택신회의 전기

1) 大唐荷澤寺歿故第七祖建身塔銘幷序

해제

하택신회의 전기는 765년에 혜공이 지은 「신회탑명」·823년에 종밀이 지은 『원각경대소초』'신회제7'·988년에 贊寧이 지은 『송고승전』'신회전'의 전기자료를 위주로 번역과 語注를 달았다. 『원각경약소초』의 신회전기는 전체를 다 번역하지 않고 『원각경대소초』와 상이한 부분만 번역하고 주를 달았으며, 또 서로 대조해서 볼 수 있도록 도표로 그려 놓았다. 그리고 신회전기 끝에 앞에 언급한 모든 자료와 『圓覺經大疏釋義鈔』'慧能第6'·952년에 靜·筠이 지은 『조당집』의 '신회전'과 '慧寂章'·『송고승전』'慧能傳'·1004년에 道原이 지은 『경덕전등록』'신회전' 등은 5본을 서로 대조해서 볼 수 있도록 대조표를 첨부해 두었다.

표제는 「大唐東都荷澤寺歿故第七祖國師大德於龍門寶應寺龍崗腹建身塔銘幷序」라고 하며, 문인 慧空이 지었다. 같은 문인인 法璘이 永泰元年(765)에 비문을 썼다.

이 탑명의 발견은 溫玉成(중국 하남 용문 문물 보관소 공작인원)의 「記新出土的荷澤大師神會塔銘」(『世界宗教研究』, 198

4年, 第2期, 中國社會科學院)에서 보고된 것이다. 이것에 의하면 1983년 12월 낙양 용문 西山의 북쪽에 있는 당대 보응사 유적의 기초를 파내고 있을 때 신회의 묘가 발견되어 그 묘 가운데서 많은 귀중한 문물과 함께 이 탑명이 출토되었다고 한다. 이 탑명은 한 장의 石板 중앙에 새겨져 있었으며, 돌의 폭은 120센치, 높이는 57센치, 두께 20센치, 중앙에 문자가 새겨져 있는 부분은 폭 48센치라고 한다. 이러한 석판의 형상과 주위에 일곱 문자가 잔존하고 있는 것으로부터 이것이 옛날 墓銘을 다시 이용한 것을 보여주고 있다. 탑명은 계산해 보면 17행, 1행은 20에서 22자로 일정하지 않다. 楷書體로 기록한 것 등을 말하고 이어 탑명의 기술내용에 관하여 온옥성은 (1) 신회의 생졸년, (2) 병부시랑 송정과 樹碑立影, (3) 直指見性과 唯了佛心, (4) 신회와 안사의 난, (5) 탑과 보응사, (6) 문인 혜공과 법린에 대하여 검토하고 있다.

특히 중요한 것은 앞의 여섯 가지 항 중에서 신회의 生卒年歲에 관하여 '享年七十有五, 僧臘五十四夏, 於乾元元年五月十參日, 荊府開元寺奄然坐化'라고 기술한 것이다. 신회의 생졸년에 관해서는 종래 세 가지 설이 있었다. (1) 684~758년설, 『원각경약소초』 권4(『원각경대소초』 권3의 하)에 근거한 것. (2) 668~760년설, 『송고승전』 권8에 근거한 것(呂澂, 『中國佛學源流略講』은 이 설은 채택). (3) 686~760년설, 『경덕전등록』 권5에 근거를 둔 것(陳垣, 『釋氏疑年錄』에 이 설을 채택). 이 탑명에 기록된 것이 『원각경약소초』와 일치하고, 생졸년은 684~758, 享年 75세, 형부 개원사에서 입적했다는 것이 명확하다. 또 신회의 수계는 70년, 신회 21세 때이고, 이것도 諸傳에 자세하게 되어 있지 않았던 것이다.

다음해인 1985년에 竹內弘道의 「新出の荷澤神會塔銘について」(『宗教研究』27號)의 중에서 탑명의 기술내용 고증과 그 日譯이 공표되어 일본의 전문가에도 널리 알려지게 되었다.

이 탑명의 탁본영인은 『洛陽出土歷代墓誌輯繩』(洛陽市 文物 工作隊編, 中國社會科學出版社, 1991年) 圖版576에 수록되어있고, 또 「洛陽唐神會和尙身塔基淸理」(洛陽市 文物 工作隊, 『文物』第3期, 1992年)에도 그 비의 사진과 翻刻이 수록되어 있다.

이 탑명이 새롭게 발견됨에 따라 신회의 생애와 활동에 대하여 전반적으로 재검토하게 되었다.

(참고문헌)

*吳基昱, 「荷澤神會傳研究」(中央研究院歷史語言研究所集刊第59本 第4分, 台灣, 1988.).

*小川隆, 「荷澤神會の人と思想」(『禪學研究』第69號, 1991.).

*李學勤, 「禪宗早期文物的重要發現」(『文物』第3期, 1992.).

*杜繼文·魏道儒, 『中國禪宗通史』(江蘇古籍出版社, 1993.).

*葛兆光, 「荷澤宗考」(『新史學』5卷4期, 1994. 『中國禪思想史-從六世紀到九世紀』, 北京大學出版社, 1995년에 재록.).

*楊曾文, 『神會和尙禪話錄』(中華書局, 1996.).

*小川隆譯, 「楊曾文」<唐代禪宗史の諸問題>(『駒澤大學禪研究所年報』第9號, 1998.).

*田中良昭,「<神會塔銘>と<侯莫陳壽塔銘>の出現とその意義」(『禪文化研究所紀要』第24號<柳田聖山教授喜壽記念論集>, 1998.).

*島津京淳譯注,「大唐東都荷澤寺歿故第七祖建身塔銘并序 慧空撰」(『唐代釋教文選譯注』10, 大谷大學眞宗總合研究所, 同朋舍, 1998.).

*楊曾文,『唐五代禪宗史』(中國社會科學出版社, 1999.).

*田中良昭,「神會研究と敦煌遺書-附, 神會研究著作目錄-」(『駒澤大學禪研究所年報』第12號, 2001.).

*聶清,『荷澤宗研究』(「儒道釋博士論文叢書」, 巴蜀書社, 2003.).

大唐東都荷澤寺歿故第七祖國師大德於龍門寶應寺龍崗腹建身塔銘幷序

門人比丘慧空撰

粤自佛法東流，傳乎達摩，達摩傳可，可傳璨，璨傳道信，信傳弘忍，忍傳惠能，能傳神會．宗乘七葉，永播千秋．

說般若之眞乘，直指見性，談如來之法印，唯了佛心．

有皇唐兵部侍郎宋公諱鼎，迎請洛城，廣開法眼．樹碑立影，道俗歸心，宇宙蒼生，無不廻向．遂行邁江表之際，方有羯胡亂常．般若護持，傳燈有屬．享年七十有五，僧臘五十四夏．於乾元元年五月十參日，荊府開元寺奄然坐化．其時也，異香滿室，白鶴翔空．

有廟堂李公嗣虢王，再迎尊顔於龍門．別有挺生功臣高輔成·趙令珎，奏寺度僧，果乎先願．

和尙昔經行宴息，曾記此山．冥與理通，衆望亦足．其地勢也，北隣天闕，南枕伊川．東望嵩山，遙窺觀之指掌，西臨華岳，隱龍崗之在中．擇日吉祥，建乎身塔．

可大可久　萬古千秋

唯佛與佛　正法東流

宗乘七葉　劫石長休

永泰元年歲次乙巳十一月戊子，十五日壬申入塔.

門人比丘法璘書

【번역】

용문의 보응사 산 기슭에 세워진 당나라 동도의 하택사에서 시적한 제7조 국사대덕의 신탑명과 서문

문인 비구 혜공 지음

불법이 동쪽으로 전해짐으로부터 달마에게 전해지고 달마는 혜가에게 전하고 혜가는 승찬에게 전하고 승찬은 도신에게 전하고 도신은 홍인에게 전하고 홍인은 혜능에게 전하고 혜능은 신회에게 전했다. 종지가 7대로 이어져 영구히 천년 동안 전파되었다. 반야의 진실한 가르침을 설하여 곧 바로 견성을 指示하고 여래의 법인을 말하여 오직 불심을 요달케 할 뿐이었다.

위대한 당나라의 병부시랑 송공, 휘는 정, 즉 송정이 낙양의 도읍으로 (신회를)초청하여 널리 법안을 열었다. 혜능의 비를 세우고 진영당을 세웠으며 도속들은 귀심했고 우주의 백성들이 회향하지 않는 자가 없었다. 마침내 강남에 갔을 때 그 때 막 胡族이 인륜의 도를 어지럽히는 병란이 일어났다. 반야를 호지하고 전등에 권속이 있었다. 향년 75세이고 승납 54夏이다. 건원원년(758) 5월 13일 형부 개원사에서 문덕 좌화했다. 그 때

이상한 향기가 방을 가득 메웠으며 백학이 하늘을 날았다.

황실의 이공 사괵왕은 형주 개원사에서 또 다시 존안을 용문에서 맞이했다. 그 외에 난을 평정한 공신 고보성·조령진이 있어 용문의 묘지에 절을 세울 것을 아뢰어 스님을 배출하게 되었으니 과연 화상의 생전 소원이 이루어지게 된 것이다.

화상이 옛날 용문산에서 경행하고 평안히 쉰 적이 있었으며 줄곧 이 산을 기억하고 있었다. 그윽이 이치와 통하니 사람들이 바라보기에 충분했다. 그 지세는 북으로 동도인 낙양과 가깝고 남으로는 이수를 베개처럼 베고 있다. 동으로는 숭산을 바라보고 있고, 멀리서 그 산(숭산)을 보면 다섯 손과 같으며, 서로는 화악을 내려다보고 있고, 용문산 속에 감싸여 있다. 좋은 날을 택하여 신탑을 세웠다.

그 위대한 업적 오래도록 이어져 천년만년 지속되리
오직 부처와 부처만이 전한 정법이 동으로 흘러
종지가 칠대로 이어졌으니 영원히 늘 쉬소서

영태 원년(765) 을사세 11월 1일 비명을 짓고, 15일 입탑하다.

문인 비구 법린이 글을 씀.

【注記】

***東都**(동도) : 洛陽을 가리킨다. 『신당서』'肅宗紀'에 "(寶應)元年 建卯月辛亥(762년 2월 1일), 以京兆府爲上都, 河南府爲東都, 鳳翔府爲西都, 江陵府爲南都, 太原府爲北都."라 한다.

***荷澤寺**(하택사) : 745년 宋鼎의 초청에 의하여 신회는 낙양 하택사에 들어가 혜능을 육조로 하는 법통설을 주장하며 과격하게

북종공격을 시작했다. 또 『송고승전』에 의하면 "후에 향수전의 공덕이 인정되어 숙종에 의하여 입내하여 공양받고 하택사에 禪宇가 건립되었다"고 한다. 『唐會要』권48에는 하택사에 대하여 다음과 같이 말하고 있다. "하택사 宜人坊은 太極元年(712) 2월 17일에 睿宗이 藩에 있으면서 武太后의 追福을 위하여 세운 곳이다. 처음에는 慈澤寺라고 했으나 신룡2년(706)에 고쳐서 하택사라고 했다. 그 때 서경에 또 하택사를 세웠다"(단 이 기술은 년대가 前後로 바뀌었다. 태극과 신룡을 바꿔 놓아야할 것이다).

***第七祖**(제칠조) : 이 탑명이 신회를 제7조로 한 최초의 史料이다. 신회를 제7조로 한 다른 사료에 종밀찬 『원각경대소초』권3에 "'신회제7' … 貞元12年(796), 황태자에게 詔勅하여 모든 선사를 모아 선문의 종지를 楷定하게 했다. 마침내 신회선사를 세워 제7조 삼고, 내도량의 神龍寺에 칙하여 碑記를 내렸다. 그것은 현재 존재하고 있다. 또 '御製七祖讚文'은 지금 현재 세간에 유포되고 있다." 또 徐岱撰 「唐故招聖寺大德慧堅禪師碑銘並序」(元和元年, 806)에 "하택대사의 諱는 신회이며 그를 7조라 한다"고 한다. 신회에 의한 제7대 논쟁은 『보리달마남종정시비론』제9단과 제10단에 보인다.

***國師**(국사) : 천자로부터 하사받은 국가의 師表라고 할 만한 스님의 존칭. 신회를 국사라고 칭한 것은 이 탑명이 최초이다. 竹內弘道 「新出の荷澤神會塔銘について」는 신회를 '荷澤寺歿故七祖國師'라고 하는 것도 안록산의 난 때 향수전을 모으는데 공이 있어서 숙종이 궁중으로 초청하여 하택사 중에 한 선우를 하사한 신회에 대한 존칭으로서 사용되었던 것이라고 추측하고 있지만 다른데 증거자료가 없다.

***於龍門寶應寺龍崗腹建身塔**(어용문보응사용강복건신탑) : 낙양 용문 西山 北麓에 있는 보응사 안에 세워진 신탑. 단 종밀의 '신회제7'(『원각경대소초』권3)에 의하면 乾元2년(759)에 신회의 棺이 용문에 옮겨져 묘탑이 세워진 후 보응2년(763)에 그 묘탑에 보응사가 세워졌다고 한다. 따라서 혜공의 「신회탑명」은 그 후에 세워졌던 것이 된다. '身塔'은 스님의 유체와 유골을 매장한 장소에 건립한 탑. 羊愉撰 「嵩山會善寺故景賢大師身塔石記」에 이르기를, "起身塔於北巖下, 永奉安焉"(『전당문』권36)이라고 한다. 伊河에 인접한 동도 낙양성의 남쪽 성벽으로부터 멀지 않은 장소에 위치한다. 용문 보응사 안의 신회묘탑은 白居易 「唐東都奉國寺禪德大師照公塔銘並序」(『전당문』권678)에도 "以是月遷葬於龍門山. … 卜兆於**寶應寺荷澤祖師塔**東若干步, 窆而塔焉. … 伊之西北, 洛之南東."라는 말이 보인다.

***門人比丘慧空**(문인비구혜공) : 미상. 혜공이란 이름의 스님은 『송고승전』에 두 사람이 보인다. 권9에 '唐陝州廻鑾寺慧空傳'에 의하면 慧空(696~773)은 이전에 普寂의 禪會에서 개오한 사람이고, 代宗의 부름을 받고 京師의 廣福寺에 주석했으며, 그곳에서 시적했다. 보적의 탑명 중에 대제자의 한 사람으로서 이름을 들고 있는 惠空과 같은 사람이라고 생각된다. 『경덕전등록』권4에는 보적선사의 法嗣로서 거명하고 있다. 또 권24에 '唐京師千福寺楚金傳'에 楚金(698~759)의 제자로서 慧空의 이름이 보인다. 두 사람 모두 '문인비구혜공'과는 아마도 別人인 것 같다.

***粤自佛法東流, 傳乎達摩, 能傳神會, 宗承七葉, 永播千秋**(월자불법동류, 전호달마, 능전신회, 종승칠엽, 영파천추) : 『보

리달마남종정시비론』제2·9·10단과 『문답잡징의』제53단(6)에도 傳衣로써 신표로 삼아 혜능을 육조로 한 祖燈說을 주장하고 있다. 신회의 제자 獨孤沛도 『보리달마남종정시비론』제37단 중에서 "我和尙承六代之後, 付囑分明."이라 주장한다.

***說般若之眞乘, 直指見性, 談如來之法印, 唯了佛心**(설반야지진승, 직지견성, 담여래지법인, 유료불심) : 반야의 진실한 가르침을 설하여 곧 바로 견성을 指示하고 여래의 법인을 말하여 오직 불심을 요달케 할 뿐이었다. '반야'는 반야바라밀, 그것을 닦는 것이 중요하다는 것은 『단어』제7단에 설하고 있다. '견성'에 대해서는 『단어』제15단의 주를 보라.

***有皇唐兵部侍郎宋公諱鼎, 迎請洛城, 廣開法眼**(유황당병부시랑송공휘정, 영청낙성, 광개법안) : 『원각경대소초』'신회제7'에는 "천보4년(745)에 병부시랑 송정의 청으로 동도에 들어갔다. 그래서 정도를 쉽게 펼 수 있었으나 그릇된 도리는 강하게 굳어 있었다. 이로 인하여 조계혜능의 완전한 가르침은 낙양에서 크게 퍼졌으며, 하택의 돈오법문도 천하에 물이 흐르듯 전파되었다"고 하여 이것을 천보4재, 즉 745년 신회의 나이 62세 때의 일이라고 한다. 송정은 廣平利人(하북)의 사람이다. 『신당서』'宰相世系表五上'(中華書局本, p.3357)에 "鼎, 兵部郎中"이라는 말이 보이지만 岑仲勉의 『元和姓纂四校記』에 의하면 '兵部侍郎'의 잘못이라고 지적하고 있다. 郁賢皓의 『唐刺史考全編』에 의하면 개원23년(735)부터 27년(739)에 걸쳐서 潞州刺史, 採訪史, 荊州大都督府長史, 襄州刺史, 按察史, 廣州刺史, 潞州長史 등을 역임했다고 하고, 또 嚴耕望撰 『唐僕尙丞郎表四』(中華書局本, pp.945, 1017)에 의하면 천보3년(744) 아니면 천보4년(745)경에 尙書右丞에서 병부시랑으로 자

리를 옮겨서 10년(751)경까지 任官했던 것을 알 수 있다. 小川隆의 「荷澤神會の人と思想」 주20을 보라.

***樹碑立影(수비입영)** : 『송고승전』 권8 '唐韶州今南華寺慧能傳'(『대정장』 권50, p.755중)에 "신회는 낙양 하택사에서 혜능의 眞堂을 崇樹하고 병부시랑 송정이 비를 만들었다. 신회는 종맥을 서술하고, 여래로부터 서역의 모든 조사 외에 진단의 육조까지 그 모든 진영을 그렸다. 대위방관이 '육엽도서'를 지었다(會於洛陽荷澤寺, 崇樹能之眞堂, 兵部侍郎宋鼎爲碑焉. 會序宗脈, 從如來下西域諸祖外震旦凡六祖, 盡圖績其影. 太尉房琯作六葉圖序.)"고 한다. 송정이 만든 혜능의 비는 歐陽棐의 『集古錄目』 권7(『石刻史料新編』24, 新文豊出版公司, p.17982)과 趙名誠의 『金石錄』 권7(『石刻史料新編』12, 新文豊出版公司, p.8843)에 보인다. 이들에 의하면 혜능의 비가 건립된 곳은 『송고승전』에 말한 낙양 하택사가 아니라 "천보7재(『금석록』에는 '천보11재 2월')에 그 제자 신회가 비를 鉅鹿郡(현 하북성 邢台)의 개원사에 세웠다"고 한다.

***宇宙蒼生, 無不廻向(우주창생, 무불회향)** : 천하의 사람들이 모두 최상승의 선으로 전향했다는 것은 결국 북종으로부터 남종으로 전향한 것을 말한다.

***行邁江表之際(행매강표지제)** : 천보12재(753)에 弋陽에 이어서 균주 무당군으로 옮기고 동13재에 형주 개원사에 주석할 때까지 신회의 流謫을 말한 것이다. 賈餗撰 「楊州華林寺大悲禪師碑幷序」(『全唐文』卷731)에 신회의 제자 雲(靈)坦이 엄밀하게 부촉을 받았다. 그 후 15일째 "하택은 익양으로 좌천되었다. 떠날 때 문인에게 이르기를, '내의 大法은 떨어지지 않았다. 마침내 동서남북으로 왔다갔다할지라도 또한 어찌 항상하지

않으랴.' 그 때가 천보12재(753)였다(一旦密承囑付. 莫有知者. 後十五日而荷澤被遷於弋陽. 臨行謂門人曰, 吾大法弗墜矣. 遂東西南北. 夫亦何恒. 時天寶十二載也.)"고 한다. 또 종밀의 『원각경대소초』 권3의 하 '신회제7'에도 "천보12년(753)에 신회는 대중들을 모아 무엇을 기도했다는 讒言을 받고 칙령에 의하여 익양군(강서성 익양현)으로 쫓겨났으며, 또 무당군(호북성 균주)으로 이주했다. 천보13년(754)에 이르러 恩勅에 의하여 양주로 옮겼으며, 7월에 이르러 또 칙명으로 형주 개원사로 옮겼다. 모두 북종문하의 소행이었다." 『송고승전』 권8 '唐洛京荷澤寺神會傳'에도 "천보 중(742～755)에 어사 노혁이 보적선사에게 아첨하며 편을 짜 신회가 종도를 모아 음모를 꾸미려했다고 誣奏하여 의심을 받으며 불리하기 시작했다. 현종은 신회를 도성으로 소환했다. 그 때 황제는 어가를 타고 소응에 어행했다. 온천궁에서 신회는 알현을 하사받았으며, 말의 이치는 진실로 어긋남이 없었다. 칙명으로 균부로 옮겨 갔다. 2년 후 다시 칙명으로 형주 개원사 반야원으로 옮겨 머물렀다"고 한다. '遂行邁江表之際'란 "(낙양의 도속은 歸心하고, 우주의 창생은 모두 남종의 가르침으로 轉向했지만), 가능한 일인지, 먼 강남의 끝으로 유배되어 갔다"는 뜻. '江表'는 장강의 남쪽, 즉 강남을 말한다. 천보12재(753)에 弋陽으로 流謫된 것을 가리킨다. 천보년간에는 익양군(淮南道光州, 지금의 하남성 潢州縣)과 익양현(강남 西道饒州, 현재의 강서성 익양현)에 있었다('신회제7'의 주를 보라). 강표라고 말한 이상 강서성 익양현을 가리킨다. '신회제7'이 익양군이라고 한 것은 잘못된 것일 것이다. 島津京淳의 「荷澤建身塔銘」에 "建身塔銘에서는 신회가 강남으로 간 것이 과연 유적이었던 것인지를 讀解할 수 없다"(『唐代釋教文選譯注』, p.203)고 주를 달고 있는 것처럼 북종의 모략에 의한 유적이라고 하는 것에 대한 어떠한 언급도 없다. 그러나 '遂'는 '宇宙蒼生, 無不廻向'이라고 말한 상황에 대하여 예상외로 '行邁江表之際'라는 것이 된 것을 의미하는 부사이고, 이러한 표현을 하는 것 때문에 모략에 의한 유적이라는 것을 암시하는 것이라고 한 것은 아닐까? 「신회비명」이 세워진 永泰元年(765) 당시 신회를 유적한 세력은 健在했기[대력7년(772)에 이루어진 獨孤及撰「舒州山谷寺覺寂塔隋故鏡智禪師碑銘」(『전당문』권390)에는 '忍公은 혜능과 신수에게 전했으나 能公은 물러나 조계에서 늙었다. 그 法嗣는 듣지 못했다. 秀公은 보적에게 전했으며, 적공의 문도는 萬人이었는데 堂에 오른 자는 63인이다'고 기술하고 있다. 신수계에 대한 강한 敵愾心을 나타내고 있다] 때문에 명백하게 표현한 것을 피한 것일 것이다. 비명의 돌은 舊墓銘의 돌을 깎아서 다시 이용한 것이고 幅은 120cm, 높이 57cm, 두께 20cm라는 석비는 결코 큰 것은 아니다. 그리고 비문은 중앙에 조잡하게 쓰여져 있을 뿐이다. 당시의 유명한 문장가와 顯官, 또 能書家에 의뢰한 것도 아니고 제자 혜공이 짓고, 법린이 글을 쓴 것은 결코 당당한 비명이라고 말하기는 어렵다. 오히려 보라는 듯한 인상을 받고 있다. 이것은 제자들의 처해 있는 상황, 즉 당시의 하택종에는 신회가 낙양 하택사에 머물렀던 往日과는 다르다. 유적에 의한 세력하락의 상황이 이어졌기 때문인 것은 아닐까?

***方有羯胡亂常(방유갈호난상)** : 신회가 약 2년간의 강남 유적 후에 형주 개원사에 자리잡은 천보13재의 이듬해, 즉 천보14재(755)의 11월부터 약 8년간 계속된 '安史의 難'의 발발을 말한다. '羯胡'는 安祿山과 그의 군사(주로 奚와 契丹)를 적개심을

가지고 이른 말이다. 『구당서』'肅宗紀 천보13재 7월의 制'에 "乃者羯胡亂常, 京闕失守." 黃永年의 「'羯胡''柘羯''雜種胡' 考辨」(『唐代史實考釋』, 聯經出版事業公司, 1998)을 보라. 『송고승전』 권8 '신회전'(『대정장』 권50, p.757상)에 "14년 범양의 안록산은 병사를 일으켜 內向했다. 兩京을 싹 쓸어버리자 파촉으로 駕行했다. 부원수인 郭子儀가 병사를 거느리고 평정하려 했으나 날렵하게 끌려 눈물을 흘리고 말았다(十四年范陽安祿山擧兵內向. 兩京版蕩駕幸巴蜀. 副元帥郭子儀率兵平殄, 然於飛輓索然.)"고 한다.

*般若護持(반야호지) : 신회는 주로 『금강반야바라밀경』으로써 반야를 호지 했다. 『남종정시비론』 제22단에 "도속 여러분, 만약 깊고 깊은 법계를 요달하여 바로 일행삼매에 들어가고자 하는 사람은 먼저 반드시 『금강반야바라밀경』을 수지독송해야 하고, 반야바라밀법을 수학해야 한다고 알렸다(告諸知識, 若欲得了達深深法界, 直入一行三昧者, 先須誦持金剛般若波羅蜜經, 修學般若波羅蜜.)"는 말이 있다. 이 탑명의 앞부분에도 "반야의 진실한 가르침을 설하여 곧 바로 견성을 指示하고 여래의 법인을 말하여 오직 불심을 요달케 할 뿐이었다"고 한다. 덧붙여서 『원각경대소초』 권3의 하 '신회제7'에 "대력5년(770), 조칙에 의하여 조사당의 편액을 하사하고, 眞宗般若傳法之堂이라 했다. 7년에 칙령에 의하여 탑액을 하사했는데 般若大師之塔이라고 불렀다"고 한다. 또 『송고승전』 권8 '신회전'에도 "조서를 내려 대사에게 眞宗이라 謚號하고, 탑을 반야라고 부렀다"고 한다.

*傳燈有屬(전등유속) : 『中華傳心地禪門師資承襲圖』에는 磁州智如, 魏州寂, 荊州惠覺(『송고승전』 권29의 行覺), 太原光瑤(『

송고승전』 권10에 立傳), 涪州郎, 襄州寂藝, 摩訶衍, 西京大願, 淨住晋平(『송고승전』 권29의 進平), 河陽空, 荊州衍, 浮查無名(『송고승전』 권17의 無名, 「唐東都同德寺故大德方便和尚塔銘幷序」에도 보임), 東京恒觀, 潞州弘濟, 襄州法意, 西京法海, 陝州敬宗, 鳳翔解脫, 西京堅(「唐故招聖寺大德慧堅禪師碑」의 慧堅) 이상 19명의 제자 이름이 보인다. 그 밖에 『송고승전』에는 권10에 靈坦(賈餗, 「大悲禪師碑銘」『전당문』 권64), 志滿, 권20에 廣敷, 권21에 神英, 권29에 皓玉 등 제자의 전기가 있다. 『문답잡징의』 제42단의 無行도 제자 중 한 사람이다. 앞에 언급한 磁州智如는 법을 益州南印(唯忠)에게 전하고, 남인은 遂州道圓에게 전했다. 宇井伯壽, 『禪宗史研究』「荷澤宗の盛衰」(岩波書店, 1939)를 보라.

***享年七十有五, 僧臘五十四夏, 於乾元元年五月十參日, 荊府開元寺奄然坐化**(향년칠십유오, 승랍오십사하, 어건원원연오월십삼일, 형부개원사엄연좌화) : '荊州開元寺'는 『원각경대소초』, 『송고승전』 모두 신회가 최후에 머물렀던 곳이라고 한다.

***廟堂李公嗣虢王, 再迎尊顔於龍門**(묘당이공사괵왕, 재영존안어용문) : 楊曾文의 「唐代禪宗史の諸問題」(2)'신회의 낙양 매장과 嗣虢王李巨'의 항에 말하기를,

"'廟堂李公嗣虢王'이란 황족의 李巨라는 사람이다. 『구당서』 권112와 『신당서』 권79의 '李巨傳'에 의하면 이거의 증조부는 당 고조의 第14子인 李鳳이며, 그의 손자 李邕이 사괵왕에 책봉되고 이어서 그의 第2子인 이거가 개원년간에 사괵왕이 되었다. 숙종의 지덕2재(757)에 唐軍은 잇달아서 장안과 낙양을 탈환했지만 이거는 그 익년인 건원원년(758)에 '河南의 尹'에

취임되고, 동경(낙양)을 留守하는 책임을 맡아 상서성의 일을 관장했으며, 東畿採訪 등의 심부름을 맡았다. 그러나 건원2년 2월에는 '苛政' 때문에 수주자사로 貶下되었으므로 낙양에 있었던 것은 10개월 정도 사이가 된다. 건원원년 5월에 신회가 형주 개원사에서 시적했다는 것은 실로 이거가 이 東京留守에 맡겨질 틈도 없는 것이고, 대충 신회의 생전에 그와 교제가 있었기 때문인지, 혹은 다른 이유에 따라 익년, 이거의 주재에 의하여 신회의 유체가 낙양으로 옮겨져 매장되었던 것이다. 그러나 실제로 그의 임기 중에 극히 초보적인 매장이 이루어졌을 뿐이고 塔所는 정했지만 절이 건립된 것은 아니었다. 그리고 건원2년(759년)에는 史思明의 반란군이 다시 낙양을 함락하고 보응원년(762) 10월, 唐軍이 다시 낙양을 탈환했지만 그 사이에 양군의 거듭된 교전으로 낙양과 그 주변일대의 궁전·사원·민가 등은 대규모의 파괴를 당했다. 그와 같이 비상시에 있어서 신회의 유체매장도 중지할 수밖에 없었고, 보응2년(763 / 7월에 光德으로 개원됨)에 이르러 간신히 신회의 탑소에 보응사가 건립되었던 것이다(『원각경대소초』 권3하'신회전'). 「신회탑명」이 최후에 기록한 년대는 영태원년(765) 11월 15일이지만 이것이 정식으로 매장을 완료한 시간임이 틀림없다."

또 그 小川譯의 (주7)과 「荷澤神會の人と思想」에 의하면 신회의 제자인 초성사 혜견은 이 사괵왕 이거에 초빙되어 낙양에 들어간 것이다[「唐故招聖寺大德慧堅禪師碑」 徐岱撰/ 원화원년(806)].

***挺生功臣高輔成, 趙令珎**(정생공신고보성, 조령진) : 『洛陽出土歷代墓志輯繩』과 「洛陽唐神會和尙身塔基淸理」에 실려있는 사진에는 위의 두 자가 선명하지 않지만 島津京淳은 '挺生'이

해독한 것에 따랐다. '걸출한 공신'이라고 칭한 고보성과 조령진은 모두 안사의 난을 평정한 공적이 있었던 군인이다. 고보성은 곽자의의 부지휘로서 활약한 僕固懷恩의 유력한 부하이고, 史朝義(史思明의 아들, 아버지를 살해하고 自立함)를 토벌할 때 北庭朔方의 兵馬使였지만 보응2년(763년) 봄에 공로에 의하여 太子少傅兼御史中丞, 河北副元帥都知兵馬使로 임명되었다(『구당서』 권121 '僕固懷恩傳'). 조령진은 『通鑑』唐紀41, 대력10년(775)에 陜州 병마사로서 그 이름이 보이기 때문에 이 두 사람은 가까운 관계에 있었던 것 같다. 또 병마사란 軍國의 작전지휘관이며, 개원 경부터 임시에 배치되기 시작했다(陳國&, 劉健明主編, 『全唐文職官叢考』, 武漢大學出版社, 1997).

***果乎先願**(과호선원) : 신회의 先願이란 다음 구에 '화상은 여기에서 경행하고 평안히 쉰 적이 있었으며 줄곧 이 산을 기억하고 있었다'고 한 것처럼 신회가 용문산을 항상 마음에 두고 있었던 것과 관련이 있을 것이다. 島津은 張乃翥·葉萬松의 「禪宗七祖荷澤大師神會塔銘引論」(『中原文物』, 1991年 第4期)가 해석하고 있는 선원의 의미를 "결국 선원이란 중원에서 세력을 떨치고 있던 북종의 매장지인 용문에 사후 신탑과 사원을 건립하는 것에 의하여 남종이 중원에서의 세력을 확고하게 하려고 한 것이다"(『唐代釋教文選譯注』, p.207)고 소개하고 있다. 이 추측과 같이 신회는 사후에 용문에서 매장되는 것을 원했을 가능성이 충분히 있다. 혹은 유언이었는지도 모른다.

***經行宴息**(경행연식) : 유행하고 편안히 휴식하는 것.

***冥與理通, 衆望亦足**(명여리통, 중망역족) : 신회는 용문에 매장될 종교적 경지와 人望을 충분히 갖추었다고 말하는 것일 것

이다. '冥與理通'은 알지 못하는 것 가운데 진리와 일치하는 것을 말한다. 『이입사행론』에 "만약 망념을 버리고 진실로 돌아가 벽관에 凝住하여 자타와 범성 등이 하나가 되어 견고히 머물러 옮기지 않고 다시 文敎에 따르지 않으면 이것이 곧 이치와 冥符하는 것이며 분별함이 없고 적연하여 무위한 것을 理入이라 한다"(柳田聖山, 『達摩の語錄』, p.32)고 한다.

***其地勢也(기지세야)** : '地'자는 原碑에 '勢'자 위의 틀밖에 補刻되어 있다. 원비는 원래 글자가 새겨져 있었던 것을 갈아서 평평하게 한 것을 이용하고 있고 틀 외에 원래의 글자(下部에 '祖'·'釋' 우측에 '萬珎' '寺' 거꾸로 된 '釋' 좌측에 '澤寺')가 남아 있다. 또 틀안의 본문 행 외에 후에 첨가했다고 생각되는 글자('遙窺觀之指掌'의 '觀之' '十五日壬申入塔'의 '壬申')가 있다. 틀외의 '地'자는 원래의 刻字가 잔존한 것인지, 후에 부가한 본문인지 판단이 곤란하지만 지금은 島津京淳이 후에 부가된 본문이라고 본 것을 따른다.

***北隣天闕, 南枕伊川(북린천궐, 남침이천)** : 용문산은 낙양의 남쪽 12.5km 지점에 위치하며, 서남에서 흐르는 伊水를 끼고 있고 동서에서 서로 마주 보며 우뚝 솟은 형세를 취하고 있다. 그 동측은 동산인데 후에 백거이가 香山寺를 세웠으며 백씨의 묘도 거기에 있다. 그 서측은 서산이다. 용문석굴은 이수에 임한 벽면에 굴을 뚫었다. 보응사는 서산의 북측에 있다. '天闕'은 천자의 문, 즉 동도인 낙양을 가리킨다.

***嵩山(숭산)** : 하남성 登封市의 북쪽에 있으며, 숭악·嵩高山이라고도 불리며, 태실산·소실산·발우봉 등으로 이루어져 있다. 오악의 하나인 中岳이다. 서쪽의 소실산은 달마가 면벽한 곳으로 알려져 있고, 또 태실산의 숭악사는 북종의 신수제자인 보적이

머문 곳이다. 보적은 이곳에서 신수를 육조로 하여 그것을 이은 7조의 법을 거양했다. 『보리달마남종정시비론』 제10단에 “지금 중악(嵩山)의 보적선사와 동악의 항마장선사 이 두 대덕은 입으로 신수선사가 제6대의 조사라고 주장하고 있지만 도대체 신수선사는 무엇으로써 제6대의 조사임을 증명할 수 있습니까? 우리 소주(남종)의 일문은 위로부터 지금까지 역대 조사들이 전법한 代數를 살펴보면 모두 달마의 가사로써 인가의 증명으로 삼고 있습니다. 지금 보적선사는 숭산에서 비명을 세우고 7조의 조사당을 건립하고 있으며 『傳法寶紀』를 편집하여 7대 조사의 이름을 배열하고 있지만 무엇으로써 그 사실을 증명할 수 있습니까?(見中岳普寂禪師, 東岳降魔藏禪師, 此二大德, 口稱秀禪師是第六代, 未審秀禪師將何爲信, 充爲第六代. 我韶州一門, 徒上已來, 排其代數, 皆以達摩袈裟爲信. 今普寂禪師在嵩山竪碑銘, 立七祖堂, 修[傳]法寶紀, 排七代數, 以何爲信.)”라고 한다(동 제15단에도 같은 뜻의 문장이 있다).

***遙窺觀之指掌**(요규관지지장) : ‘之’는 숭산을 가리킨다. ‘指掌’은 손바닥 안을 가리키는 것처럼 선명하게 보이는 것을 말한다.

***華岳**(화악) : 陝西省 華陰市의 남쪽에 있으며, 秦嶺山脈 중 고봉이다.오악의 하나인 서악이다. 太華山·華山이라고도 한다.

***隱龍崗之在中**(은용강지재중) : ‘용강을 깊숙이 안에 숨기고 있는 모양’이다. 앞의 구 ‘遙窺觀之指掌’에 대하여 대구의 형태로는 되어 있지만 읽을 때는 대구가 안 된다.

***擇日吉祥, 建乎身塔**(택일길상, 건호신탑) : 『원각경대소초』 권3의 하에 의하면 “乾元2年(759)에 遷厝於東京龍門置塔.”이라고 하기 때문에 탑을 안치한 해는 알 수 있지만 구체적인 일월은 모른다.

*可大可久, 萬古千秋(가대가구, 만고천추) : '可大可久'는 『주역』'繫辭上傳'에 "쉬우면 알기 쉽고, 간단하면 따르기 쉽다. 앎이 쉬우면 친함이 있고, 따름이 쉬우면 功이 있다. 친함이 있으면 오래 지속될 수 있고 공이 있으면 크게 될 수 있다. 오래 지속될 수 있는 것은 현인의 덕이고, 크게 될 수 있는 것은 현인의 業이다"고 한 말에 의거한 것이다.

*唯佛與佛, 正法東流(유불여불, 정법동류) : '唯佛與佛'은 『묘법연화경』'방편품'의 "부처가 성취한 바의 가장 희유하고 난해한 법은 오직 부처와 부처만이 능히 제법의 실상을 궁구하여 다할 수 있다(佛所成就第一希有難解之法, 唯佛與佛乃能究盡諸法實相)"고 한 주장에 의거한 것이다. 『하택사신회화상오경전』의 제2투三更侵의 구에도 인용하고 있다.

*宗承七葉, 劫石長休(종승칠엽, 겁석장휴) : '劫石'은 『대지도론』권5(『대정장』권25, p.100하)에 "100년에 한 번 부드러운 천으로 스쳐서 큰 돌이 닳아 없어지는 것을 1겁이라 한다"고 하는 말이 있는데 이는 영원한 시간을 표현할 때 쓰는 말이다.

*永泰元年歲次乙巳十一月戊子, 十五日壬申入塔(영태원년세차을사십일월무자, 십오일임신입탑) : 吳其昱의 『荷澤神會傳研究』(中央研究院歷史語言研究所集刊 第59本第4分, 1988)에 "戊子는 마땅히 戊午朔이 되어야 하며, 15일 壬申은 公元765년 12월 31일이다"고 한다. 결국 영태원년 11월의 무자는 아니기 때문에 무오의 잘못이고, 무오는 1일(초하루). 반 달 후에 입탑한 셈이다.

*法璘(법린) : 僧傳에 보이지 않으며 자세한 전기는 알 수 없다.

2) 『圓覺經大疏鈔』의 神會第7

해제

宗密(780~841)은 과주 서충현(사천성 성도의 동쪽 약 200km 지역)의 호족인 何씨 집안 출신이고, 7살부터 16세 경까지는 유학을, 18세부터 22세 경까지는 경론을 각각 聽習하고, 23세 때 수주(과주 서충의 서남 약 60km 지역)의 義學院에 들어가 유학 공부에 매진했다. 2년 후 서주로부터 수주 대운사에 道圓和尙이 찾아왔을 때 만나 서로 기연이 맞아 출가했다. 출가하여 아직 사미였을 때 『원각경』과 만나 몸과 마음으로 기뻐했으며 그 연구에 한 생애를 바쳤다(鎌田茂雄, 『宗密教學の思想史的研究』第2章 第4節 '종밀의 전기'을 보라.). 그 종밀이 제7조로서 전기를 정리한 '신회제7'은 『원각경』을 주해한 그 최초에 10문으로 나누어 총설하는 중 "8에 '修證階差'라는 것은 만약 단지 教文에만 의거한다면 오직 義解만 일으킬 뿐이며, 말을 망각하고 깨달음을 얻고자 한다면 다시 그 교문에 머물고 말 것이다. 그러므로 이심전심으로써 역대에 끊어지지 않았고 부처님이 가섭에게 부촉함으로부터 지금에 이르기까지 단절되지 않았으며 등불과 등불이 서로 이어져 밝고 밝음이 다함이 없었다(八修證階差者, 謂若但約教文唯生義解, 忘詮修證復有其門. 故以心傳心歷代不絶, 自佛屬迦葉展轉于今, 燈燈相承明明無盡.)"[『大方廣圓覺修多羅了義經略疏』(『대정장』39, p.527상); (Z14-119c, Z15-61A)]라고 주석을 단 것에 대하여 大小의 疏鈔에는 서천과 동토 조사의 전기를 이어 쓴 최후의 조사전에 해당한다.

『원각경대소초』는 長慶3年(823)의 찬술이다(鎌田茂雄, 『宗密教學の思想史的硏究』, p.90). 따라서 『대소초』가 저술된 것은 그것으로부터 후이고, 『약소초』는 또 그 후이다. 만속장경에 수록되어 있는 『대소초』'신회제7'에는 주기가 따로 없지만 주기인 것으로 보이는 것이 본문에 섞여 있다고 생각되는 곳이 많이 있다. 예를 들면 '如孔丘也' '與嵩遠等, 持論一會, 具在南宗定是非論中也' '秀弟子也' '事如祖章' '詰普寂也' '沙灘五台之事' '白馬衛南盧鄭二縣令之事' '曾易服, 執稱負歸' '具如祖傳' 등이다. 喜定6年(1213)의 서를 가지고 사문 淸遠의 『圓覺經疏鈔隨文要解』권7에 의하면 '沙灘五台之事'와 '白馬衛南盧鄭二縣令之事'는 『대소초』에서 큰 글자로 써서 본문으로 되어 있는 것은 잘못이고, 아래 작은 글자로 쓰여 있었다고 말한다. 결국 注記였던 것이 분문에 섞여 들어간 것이다. 이것으로부터 생각해 보면 다른 곳도 『대소초』의 주기였을 가능성이 있다. 이 주기에 있었다고 생각되는 곳이 『약소초』에는 제외되어 있다. 게다가 또 두 곳은 첫 머리의 28자와 李廣琛이 대사 자리의 공중을 지나가는 것을 보았다고 하는 말이 없다. 이들이 제외된 것은 신회의 전기와 본질적으로 관련이 없는 중요한 부분이 아니기 때문일 것이었다. 그러나 '沙灘五台之事'와 '白馬衛南盧鄭二縣令之事' 등의 주기는 본문을 이해하는 중에 귀중하다. 만속장경에 수록된 兩鈔의 '신회제7'중 특히 『대소초』의 것은 오자가 많기 때문에 양초는 서로 참조하여 잘못된 부분을 바로 잡을 만하다[본래 만속장본 이외의 텍스트를 저본으로 해야 되겠지만 『대소초』는 만속장경 이외의 어느 대장경의 목록에도 보이지 않는다(蔡運辰編, 『二十五種藏經目錄對照考釋』, 新文豊出版公司, 1983년). 高山寺에 宋版이 소장되어 있지만 '신회제7'을 포함한 권3은 없다(椎名宏雄, 『宋元版禪籍の研究』, 大東出版社, 1993). 『약소초』는 大明北藏 이후의 장경목록에 저록되어 있고(蔡運辰 전게서), 縮刷大藏經所收本과 대조해 보면 異同은 없다. 송판이 고산사에 소장된(추명굉웅 전게서) '신회제7을 포함한 권4가 존재하고 있지만 아직 보이지 않고 있다.}.

다음으로 『대소초』'신회제7'에는 없고, 『약소초』'신회제7'에 부가된 것에 대하여 고찰해 보자. 『대소초』에는 '신회제7' 이외에 '혜능제6'에도 신회전에 관한 중요한 기사를 싣고 있다. 그런데 그 기사가 『약소초』'혜능제6'에는 없고, '신회제7'에 들어가 있다. 그럼 이를 대조해 보면 다음과 같다.

『대소초』'혜능제6'

(1) 有襄州神會, 姓高. 年十四, 往謂(謁), 因答'無住爲本, 見卽是性,' 挍(校)試諸難. 夜喚審問, 兩心旣契, 師資道合.

(2) 神會北遊, 廣其聞見, 於西京受戒. 景龍年中, 却歸曹溪.

(3) 大師知其純熟, 遂默授密語. 緣達磨懸記, 六代後命如顯絲, 遂不將法衣出山.

『약소초』'신회제7'

(1) 遂往曹溪門下, 答'無住爲本, 見卽是性,' 杖試諸難. 夜喚審問, 兩心旣契, 師資道合.

(2) 後又北遊, 廣其聞見, 上都受戒. 景龍年中, 却歸曹溪.

(3) 曹溪知其純熟, 遂密授語. 緣達磨懸記, 六代後命如顯絲, 遂不令法衣出山.

『中華傳心地禪門師資承襲圖(裵休拾遺問)』에는 (1)과 (3)에 관하여 『祖宗傳記』가 되기 때문에 다시 상세하게 인용하고 있지만 (2)를 빼고 있다. (1)은 『선문사자승습도』를 이어 『조당집』과 『경덕전등록』의 신회장에도 인용하고 있고, (2)는 『경덕전등록』에 계승되고 있다. 그러나 신회전의 중요한 이 전기는 『대소초』'신회제7'에는 실려 있지 않다. '혜능제6'과의 중복을 피하기 위함일 것이다. 그렇지만 『약소초』을 찬술할 때는 『대소초』의 신회전기와 관계되는 기재를 하나로 정리하여 '신회제7'이라고 한 것이다.

1930년 호적은 「荷澤大師神會傳」을 쓴 것에 兩鈔를 자료로써 이용하고 있다. 그러나 왕유가 지은 「육조능선사비」에 '스님을 晩景에 만났으며, 도는 중년에 들었다'고 한 것으로부터 『송고승전』의 기술이 가장 합리적이고 신용할 수 있는 것으로 보았기 때문에 신회전의 기본 자료로서 양초를 부차적인 자료로 다루었다. 그런데 『神會身塔銘』이 발견됨에 따라 생몰년과 형주 개원사에서 시적 등 양초와 일치하기 때문에 양초의 자료적 가치가 인정되었던 것이다. 兩鈔의 '신회제7'에는 이 자료를 제외하고 다른 곳에는 보이지 않는 내용이 많이 있다. 그 중에서도 가장 중요하고 인상적인 것은 북종 보적과 대결하여 여러가지 艱難을 입고, 고심참담한 남종을 홍기한 것을 강하게 표출

하는 점이다. '일은 祖章과 같고' '자세하게는 祖傳과 같다'라고 말하는 것처럼 종밀 이전에 이미 의거했던 것 같다. 하택 제5세(神會→法如→南印→道圓→宗密)를 표방하는 종밀은 당연히 하택종의 남종만이 정계라는 것을 주장하는 입장이었다.

'신회제7'은 『원각경대소초』가 성립한 823년부터 종밀이 시적한 841년까지의 사이에 저술되었다. 회창파불(845~847) 전의 그 시대는 확실히 마조계의 홍주종 세력이 최대로 강성했던 시기이다. 801년에는 서천 초조 가섭으로부터 동토 육조혜능→남악회양→마조도일에 이르는 전법상승의 유래를 설한 『보림전』이 찬술되었으며, 원화10년(815, 원문은 18년이지만 원화는 15년까지이고, 『불조역대통재』 권13이 10년에 지은 것에 따르고 있음), 마조의 문인인 興善惟寬(755~817)과 章敬懷暉(758~815)의 요청에 의하여 張正甫가 懷讓의 비[「衡州般若寺觀音大師碑銘」(『唐文粹』 권62); (『전당문』 권619)]를 짓고, 조계혜능대사→회양→마조→유관·회휘의 전법상승을 모두 공표했다. 또 신회의 제자인 靈坦의 비[「揚州華林寺大悲禪師碑」(825년)]에도 '조계는 이미 시적했고, 그 법을 이은 자는 신회와 회양, 또 갈라져 2宗으로 되었다'(「唐代釋敎文選譯注」, p.249)고 한 말이 있는 것으로 보아 하택이 남종의 정통을 물리치는 존재로서 큰 위협이 되고 있었음을 알 수 있다. 그것 때문에 종밀은 '신회제7'에 대하여 남종을 홍기한 신회의 辛苦와 그 공을 강조하지 않으면 안 되었던 것일 것이다.

『대소초』와 『약소초』 서로 대조해 보면 다음과 같다.

2)『圓覺經大疏鈔』의 神會第7	3)『圓覺經略疏鈔』의 神會第7
宗密撰	宗密撰
『圓覺經大疏釋義鈔』卷三之下(『卍續藏』卷14, p.277右下～左上)	『圓覺經略疏鈔』卷四(『卍續藏』卷15, p.131右下～左上)
(1) 神會第七	神會第七
大師承南宗能和尙, 後[住][①]於東京荷澤寺.[②] 時人皆云荷澤和上.	
和尙姓高.[③] 頂異凡相(如孔丘也[④]), 骨氣殊衆, 聰辯[⑤]難測. 先事北宗秀三年, 秀奉勅追入. 和上遂往嶺南和尙.[⑥]	頂異凡相, 骨氣殊衆, 聰辯難測. 先事北宗秀三年, 因秀奉勅追入, 遂往曹溪門下. 答無住爲本見卽是主,[⑦] 杖試[⑧]諸難. 夜喚審問, 兩心旣契, 師資道合. 後又北遊, 廣其聞見, 上都受戒. 景龍年中, 却歸曹溪. 曹溪知其純熟, 遂密授語.[⑨] 緣達磨懸記, 六代後命如懸絲, 遂不令法衣出山.
和尙行門增上苦行, 供養密添衆甁, 斫氷濟衆. 負薪擔水, 神轉巨石等云云. 策身禮稱, 然燈殿光, 誦經神衛. 律窮五部, 禪感紫雲. 因洛陽詰北宗傳衣之由, 及[⑩]滑臺演兩宗眞僞(與崇遠等持論一會, 具在南宗定是非論中也[⑪]), 便有難起, 開法不得.	和尙行門增上苦行, 供養密添衆甁, 斫氷濟衆. 負薪擔水, 神轉巨石. 然燈殿光, 誦經神衛. 律窮五部, 禪感紫雲. 因洛陽詰北宗傳衣之由, 及滑臺演兩宗眞僞, 便有難起, 開法不得.
然能大師滅後二十年中, 曹溪頓旨, 沈廢於荊吳, 嵩嶽漸門, 熾盛於秦洛.[⑫] 普寂禪師(秀弟子也[⑬]),	然能大師滅後二十年中, 曹溪頓旨, 沈廢於荊吳, 嵩嶽漸門, 熾盛於秦洛. 普寂禪師, 謬稱七祖. 二

謬稱七祖. 二京法主, 三帝門師, 朝臣歸宗, 敕使監衛. 雄雄若是, 誰敢當衝. 嶺南宗途, 甘從毀滅, 法信衣服, 數被潛謀(事如祖章[14]). 傳授[15]碑文, 兩遇[16]磨換(據碑文中所敍[17]). 荷澤親承付屬, 詎敢因循. 直入東都, 面抗北祖(詰普寂也[18]). 龍鱗虎尾, 殉命亡軀. 俠客[20](沙灘五臺之事)·縣官(白馬衛南盧鄭二縣令之事), 三度幾死, 商旅縗服(曾易服執秤負歸[21]), 百種艱難(具如祖傳[22]). 達磨懸絲之記, 驗於此矣. 因淮上祈瑞, 感炭上生芝草,[23] 士庶咸覩. 遂命[24]建立, 無退屈心.	京法主, 三帝門師, 朝臣歸宗, 敕使監衛, 雄雄若是, 誰敢當衝. 嶺南宗途, 甘從毀滅, 法信衣服, 數被潛謀, 傳授碑文, 兩遭磨換. 荷澤親承付屬, 詎敢因循. 直入東都, 面抗北祖. 龍鱗[19]虎尾, 殉命亡軀. 俠客縣官, 三度幾死, 商旅縗服, 百種艱難. 達磨懸絲之記, 驗於此矣. 因淮上祈瑞, 感炭上生芝草, 士庶咸覩. 遂令建立, 無退屈心.
又因南陽答王趙公三車義, 名漸聞於名賢.	又因南陽答王趙公[25]三車義, 名漸聞於名賢.
天寶四載, 兵部侍郎宋鼎請入東都. 然正道易申, 謬理難固. 於是曹溪了義, 大播於洛陽, 荷澤頓門, 派流於天下.	天寶四載, 兵部侍郎宋鼎請入東都. 然正道易申, 謬理難固. 於是曹溪了義, 大播於洛陽, 荷澤頓門, 派流於天下.
然北宗門下, 勢力連天. 天寶十二載,[26] 被讚聚衆, 敕黜弋陽郡, 又移武當郡. 至十三載, 恩命量移襄州, 至七月又敕移荊州開元寺. 皆北宗門下之所致[28]也.	然北宗門下, 勢力連天. 天寶十二載, 被讚聚衆, 敕黜弋陽, 又移武當郡. 至十三載, 恩命量移襄州, 至七月[27]又移荊州開元寺. 皆北宗所致也. 然彼宗主必無此心, 蓋是門下凡愚競於彼我也.
至乾元元年四月後, 頻告門人, 令	至乾元元年四月後, 頻告門人, 令

數問法, 再三深歎無爲一法. 五月十三日中夜示寂, 年七十五. 其夜山南東道節度使荊州[29]刺史季廣琛,[30] 見大師座空中過, 空有聲云, 往開元寺, 迎神會和尙去. 云云.	數問法, 再三深歎無爲一法. 五月十三日中夜示寂, 年七十有五.
二年, 遷厝於東京龍門, 置塔. 寶應二年, 敕於塔所置寶應寺. 大曆五年, 敕賜祖堂額, 號眞宗般若傳法之堂. 七年敕賜塔額, 號般若大師之塔.	二年, 遷厝於東京龍門, 置塔. 寶應二年, 敕於塔所置寶應寺. 大曆五年, 敕賜祖堂額, 號眞宗般若傳法之堂. 七年敕賜塔額, 號般若大師之塔.
貞元十二年, 敕皇太子集諸禪師, 楷定禪門宗旨. 遂立神會禪師爲第七祖, 內神龍寺敕置[31]碑記, 見在. 又御製七祖讚文, 見行於世.	貞元十二年, 敕皇太子集諸禪德, 楷定禪門宗旨. 遂立神會禪師爲第七祖, 內神龍寺敕賜碑記, 現在. 又御製七祖讚文, 現行於世. 緣第七代是中興之主, 故具敍之.
(2) 慧能第6(Z14-277b～c) 有襄州神會, 姓高. 年十四, 往謁(謁). 因答無位爲本, 見卽是性(主), 校(杖)試諸難. 夜喚審問, 兩心旣契, 師資道合. 神會北遊, 廣其聞見. 於西京受戒. 景龍年中, 却歸曹溪. 大師知其純熟, 遂默授密語. 緣達磨懸記, 六代後命如懸絲, 遂不將法衣出山.	

3) 『圓覺經略疏鈔』의 神會第7

【校記】

① 「住」자가 원문에는 없음. 문맥에 의거하여 보충함.

② 「荷澤寺」의 3자가 원문에는 「荷溪寺」로 오기 되어 있음. 다음에 「荷澤和尙」이란 말에 의거하여 고침.

③ 「高」자가 원문에는 「萬」자로 오기 되어 있음. 『대소초』의 '혜능제6'은 「嵩」자로 되어 있음. 『裵休拾遺問』·『조당집』·『송고승전』 등에 모두 「高」자로 되어 있는 것에 의하여 고침.

④ 「如孔丘也」의 4자가 『약소초』에는 없음.

⑤ 「聰辯」의 2자가 원문에는 「總辨」으로 되어 있음. 『약소초』에 의거하여 고침.

⑥ 「遂往嶺南和尙」에서 「和尙」의 2자는 불필요한 자일 것이다.

⑦ 「主」자가 원문에는 「性」자로 되어 있음. 그러나 『배후습유문』과 『조당집』 등에도 같은 문답이 실려 있고, 거기에 모두 「主」자로 되어 있다. 여기서도 이들에 의거하여 「主」자로 고침.

⑧ 「杖試」의 2자는 南宋 淸遠의 『圓覺經疏鈔隨文要解』 권7에 "大鈔에 校試라고 한 것도 杖試로써 바름을 삼는다(Z.15, p.313c)"고 했고, 『대소초』 '혜능제6'의 조에 「校試諸難」이란 말도 참고가 됨.

⑨ 「密授語」의 3자는 『대소초』 '혜능제6'(Z.14, p.277b)에 거의 같은 글이 있다. 거기에는 「默授密語」로 되어 있음. 또 『배휴습유문』에 "傳末云, 和尙將入涅槃, 默授密語於神會"라고 한 말이 있음.

⑩ 「及」자는 『약소초』에 「乃」자로 되어 있음.

⑪ 「與嵩遠等持論一會具在南宗定是非論中也」의 18자는 『약소초』에는 없음. 注文으로 처리함. 호적은 「具在南宗定是非論中也」의 10자를 夾註로 보고 있음(『신회화상유집』, p.337). 「持」자가 원문에는 「詩」자로 오기하고 있음.

⑫ 「秦洛」의 2자가 원문에는 「崇嶽」으로 되어 있지만 "略鈔는 秦洛으로 되어 있다"라고 후인의 주기가 있음. 『약소초』와 『경덕전등록』에 의거하여 고침.

⑬ 「秀弟子也」의 4자가 『약소초』에는 없음. 주문으로 취급함.

⑭ 「事如祖章」의 4자가 『약소초』에는 없음. 주문으로 처리함.

⑮ 「授」가 『약소초』에는 「受」자로 되어 있음. 「授」와 「受」는 서로 통용함.

⑯ 「遇」자가 『약소초』에 「遭」자로 되어 있음.

⑰ 「據碑文中所敍」의 6자가 『약소초』에는 없음. 주문으로 처리함.

⑱ 「詰普寂也」의 4자가 『약소초』에는 없음. 주문으로 처리함.

⑲ 「龍鱗」의 2자가 원문에는 「龍麟」으로 오기되어 있음. 『대소초』에 의거하여 고침.

⑳ 俠客(沙灘五臺之事)·縣官(白馬衛南盧鄭二縣令之事)는 『약소초』에 「사탄」 이하 6자, 「백마」 이하 11자가 각각 없음. 원문은 전부 큰 글자로 쓰여 있고, 본문으로 있지만 청원의 『원각경소초수문요해』 권7에 이 부분에 대하여 주기하기를, "「협객」은 사탄의 오대의 일이며, 「현관」은 백마·위남의 노·정 두 현령의 일이다. 北祖에 대항하여 법을 다툰 것은 바로 이런 부류이다. 이 주는 대초에 큰 글자로 되어 있는데 글자를 잘 못 쓴 것이다[俠客沙灘五臺之事, 縣官白馬衛南盧鄭二縣令之事. 抗北祖而爭法, 此之類也. 此注大疏作大字, 書之訛也.(Z.15, p.313cd)]"라고 한 것에 따라 注文으로 처리한다. 또 「二縣令之

事」의 5자가 원문에는 「二命文事」로 되어 있는데 『隨文要解』에 의거하여 고침.

㉑ 「曾易服執秤負歸」의 7자가 『약소초』에는 없음. 주문으로 처리함.

㉒ 「具如祖傳」의 4자가 『약소초』에는 없음. 注文으로 처리함.

㉓ 「炭上生芝草」의 「上」자가 원문에는 빠져 있음. 『약소초』에 의거하여 보충함.

㉔ 「命」자는 원본에 「盡今」으로 되어 있음. 續藏校記에 의거하여 「命」자로 고침. 『약소초』에는 「令」자로 되어 있음.

㉕ 「王趙公」의 3자는 원문에 「王趙二公」으로 되어 있지만 「二」자는 필요 없는 자. 왕조공은 『남양화상문답잡징의』 제8단에 신회화상과 三車義에 대하여 문답하는 중에 나오는 戶部尙書의 王琚(趙國公)이다. 『대소초』에도 「王趙公」이라고 되어 있음.

㉖ 「載」자가 원문에는 「年」자로 되어 있지만 『약소초』에 의거하여 고침. 天寶3年에 "年을 고쳐 「載」로 했음(『구당서』 권10)." 至德3載 2월에 건원원년이라고 할 때까지 이어짐.

㉗ 「月」자가 원문에 「日」자로 오기되어 있음. 『대소초』에 의거하여 고침.

㉘ 「致」자가 원문에 「毁」자로 되어 있지만 『약소초』에 「致」로 되어 있는 것에 의거하여 고침.

㉙ 「荊州」의 2자가 원문에 「制州」로 오기되어 있음.

㉚ 「李廣琛」의 3자가 원문에 「李廣珠」로 오기 되어 있음. 자세한 것은 '語注'를 보라.

㉛ 「置」자가 『약소초』에는 「賜」자로 되어 있음.

【번역】

『원각경대소초』의 신회제7

종밀 지음

(1) 신회제7

대사는 남종 혜능화상의 법을 이어 후에 동도 하택사에 주석했다. 당시 모든 사람들은 하택화상이라 했다.

화상의 속성은 고씨이다. 정수리는 평범한 모습이 아니었으며 마치 공자와 같았다. 기골은 여러 사람들과 달랐고 총명하고 변재가 뛰어났다. 먼저 북종의 신수선사를 3년간 모셨으며 신수는 칙령을 받들어 입내했다. 화상은 마침내 영남화상에게 갔다.

화상의 수행은 고행을 거듭했고 공양은 은밀하게 대중의 정병에 물을 채우듯 했으며 얼음을 베어내는 것과 같은 각고의 노력으로 대중들을 교화했다. 장작을 짊어지고 물을 길렀으며 신비스럽게 큰 돌을 움직였다. 몸을 채찍질 해 부처님을 예배하고 찬탄했으며, 등불을 밝혀 불전을 빛나게 하고 경전을 독송하면 신들이 호위했다. 율전은 5부를 궁구해 마쳤으며 선정은 자색 구름을 감응케 했다. 낙양에서는 북종의 전의의 근거를 따지고 물었으며 활대에서는 남북양종의 진위(숭원법사 등과 쟁론한 집회, 자세한 내용은 『남종정시비론』 안에 기록되어 있음)를 연출했으나 곧 난리가 일어나 법을 펼 수 없었다.

그래서 혜능대사 멸후 20년 사이에 조계의 돈오종지는 형오에 매몰되었으며, 숭악의 점수의 가르침은 진락에서 융성했다. 보적선사(신수의 제자)는 허위로 7조라고 했다. 낙양과 장안의 법주이고 세 황제의 스승이며 조정 대신들은 귀의하여 숭배했으며, 칙사가 호위했다. 권세는 날로 웅비했으며 어느 누구와도 감히 비교할 수 없었다. 영남 혜능의 종지는 달게 훼멸을 받아들였고 법의 신표인 가사는 여러 차례 음모를 만났다(그 사건은 조장에 기록되어 있는 것과 같음). 전수의 차례를 기록한 혜능대사의 비문을 전수했지만 두 번이나 갈아 바꾸었다(그 비문 중에 서술한 것에 의함). 하택화상은 친히 법의 부촉을 받고 어찌 감히 구습에만 따를 수 있었겠는가(무기력하게 가만히 있을 수 있었겠는가)? 곧 바로 동도에 들어가 북종의 조사인 보적과 얼굴을 맞대고 항쟁하는 것(보적을 힐난함)은 호랑이의 꼬리를 밟고 용의 비늘을 벗기는 것과 같았으며 목숨을 내 놓고 몸을 돌보지 않았다. 협객(사탄과 오대의 사건)과 고을의 장관(백마와 위남의 노와 정의 두 현령의 사건)으로 세 번이나 죽을 뻔 했고, 행상인이 되어 상복을 입고(속복으로 갈아입고 저울을 짊어지고 환속함을 만남) 여러 가지 어려움을 겪었다(구체적인 것은 조전에 기록된 것과 같음). 목숨이 실날에 매달린 것과 같다고 달마가 예언한 것이 여기에서 시험되고 있었다. 회수에서 瑞應을 기원함으로 인하여 감응해 재위에 영지가 피고 민중들이 모두 보았다. 마침내 명분이 확립되어 퇴굴심이 사라졌다.

또 남양에서 趙國公 王琚와 세 가지 수레의 뜻에 대답함으로 인하여 명성이 점차 명현들에게 알려졌다.

천보4년(745)에 병부시랑 송정의 청으로 동도에 들어갔다. 그래서 정도를 쉽게 펼 수 있었으나 그릇된 도리는 강하게 굳어있었다. 이로 인하여 조계혜능의 완전한 가르침은 낙양에서 크게 퍼졌으며, 하택의 돈오법문도 천하에 물이 흐르듯 전파되었다.

그렇지만 북종문하는 그 세력이 하늘에 까지 미쳤다. 천보12년(753)에 신회는 대중들을 모아 무엇을 기도했다는 讒言을 받아 칙령에 의하여 익양군(강서성 익양현)으로 쫓겨났으며, 또 무당군(호북성 균주)으로 이주했다. 천보 13년(754)에 이르러 恩勅에 의하여 양주로 옮겼으며, 7월에 이르러 또 칙명으로 형주 개원사로 옮겼다. 모두 북종문하의 소행이었다.

건원원년(758) 4월 이후 자주 문인들에게 고하기를 종종 법을 묻고 재삼 깊이 무위의 한 법을 찬탄했다. 5월 13일 한 밤중에 시적했으며, 나이는 75세였다.

그 날 밤 산남동도 절도사 형주 자사인 계광침은 신회대사의 좌석이 공중을 지나가는 것을 보았으며 공중에서 하는 말이 "개원사에 가서 신회화상을 맞이하러 가라. … "고 했다.

건원2년(759)에 매장 장소를 낙양 용문으로 옮겨 탑을 세웠다. 보응2년(763)에 칙명으로 탑이 있는 곳에 보응사를 건립했다. 대력5년(770)에 칙명으로 '眞宗般若傳法之堂'이라고 하는 조사당의 편액을 하사했다. 대력7년(772)에는 칙명으로 '般若大師之塔'이라는 탑액을 하사했다.

정원12년(796)에 황태자에게 조서를 내려 선사들을 운집시켜 후세에 규준이 될 선문의 종지를 결정하도록 했다. 마침내 신회선사가 제7조로 확립되었고, 궁중의 신룡사에 조서를 내려 비기를 두었으며, 지금도 있다. 또 천자 스스로 제작한 '7조 찬문'도 지금 세간에 유포되고 있다.

(2) 혜능제6

양주에 신회가 있었는데 속성은 고씨이다. 나이 14세 때 혜능에게 가서 참알했다. "무주가 근본이고, 견이 본성의 주체입니다"라고 대답함으로 인하여 주장자로 두들겨 맞고 여러 가지 난제들을 試問받았다. 그 날 밤 심문하려 했으나 두 사람의 마음이 이미 계합하여 스승과 제자는 도에 합치했다. 신회는 북쪽으로 유행하면서 견문을 넓혔다. 서경에서 계를 받았다. 신룡년중(705~706)에 다시 조계로 돌아갔다. 대사는 그가 순숙했음을 알고 마침내 묵묵히 밀어를 주었다. 달마가 예언하기를 "6대 후에 목숨이 마치 실날에 걸려 있는 것과 같다"고 했기 때문에 곧 법과 가사를 가지고 산에서 나올 수 없었다.

3) 『원각경약소초』의 신회제7

종밀 지음

【번역】

'『원각경약소초』의 신회제7'은 아래의 세 부분을 제외하고 나머지는 글자 몇 자의 출입만 있을 뿐 '『원각경대소초』신회제7'과 같다.

○ 答無住爲本見卽是主, 杖試諸難. 夜喚審問, 兩心既契, 師資道合. 後又北遊, 廣其聞見, 上都受戒. 景龍年中, 却歸曹溪. 曹溪知其純熟, 遂密授語. 緣達磨懸記, 六代後命如懸絲, 遂不令法.

"무주가 근본이고 견은 주체이다"라고 대답하여 지팡이로 얻어 맞았으며 점차 난문을 가지고 마음을 시험받았다. 밤에 불러 자세하게 질문했을 때 이미 두 사람의 마음은 계합하여 스승과 제자는 도에 합치했다. 후에 또 북쪽의 중원으로 유행하여 견문을 넓히고 장안에서 계를 받았다. 경룡년중(707～709)에 다시 조계로 돌아갔다.

○ 然彼宗主必無此心, 蓋是門下凡愚競於彼我也.

그런데 북종의 종주는 반드시 이런 음해의 마음은 없었지만 모두 이 문하의 범우들이 저와 우리를 경쟁한 것이다.

○ 緣第七代是中興之主, 故具敍之.

제7대는 중흥주이기 때문에 구체적으로 기술한 것이다.

【注記】

***姓高(성고)** : 『대소초』는 '萬'으로 오기 되어 있다. 『송고승전』과 『조당집』 등 다른 전기도 성은 고씨라고 하며, 같은 종밀의 『禪門師資承襲道(裵休拾遺問)』(鎌田, 『都序』, p.278)에도 "襄陽의 僧 신회가 있는데 속성은 高"라고 한다. 또 육조혜능이 임종할 때 문인 行滔·超俗·法海 등이 '화상의 법은 누구에게 부촉하려고 하십니까'라는 질문에 혜능은 '부촉받은 자가 20년 후에 北地에서 홍양할 것이다'라고 말하고, 또 '그 사람은 누구입니까'라는 물음에 '만약 알고자 하면 大庾嶺上의 綱(문답)

으로써 그것을 취득해야 한다'고 대답한 傳承이 있다. 종밀은 "祖傳에 이르기를, '嶺上은 높다. 하택의 성은 高이기 때문에 密示한 것 뿐'이라고 주를 달고 있다. 그 전승의 진위는 미루어 두고 후반의 대화와 종밀의 주에 의하여 신회의 성은 高이며, 續藏本『원각경대소초』가 '萬'이라고 한 것은 寫誤라고 보아도 틀리지 않을 것이다.

***頂異凡相(如孔丘也)(정이범상(여공구야))** : 공자는 태어나면서부터 頭頂이 우묵하게 들어갔다. 『史記』권47'孔子世家'에 "生而首上圩頂, 故因名曰丘云." 주에 이르기를, "索隱曰, 圩音烏, 頂音鼎, 圩頂言頂上窳也, 故孔子頂如反宇, 反宇者, 若屋宇之反, 中低而四傍高也." 신회의 異相은 공자의 정수리와 비슷한 것 같다. 南詔大理國의 '梵像圖'(本書口繪참조)에 보이는 신회의 초상에 그 面影을 볼 수 있다.

***骨氣(골기)** : 骨相의 용모로부터 느껴지는 그 사람의 氣骨, 氣迫, 기개. 『경덕전등록』권7'西堂章'(『대정장』권51, p.252상)에 "용모는 특이한 겉모습을 보고 그(서당)에 대하여 말하면, '스님의 기골은 범상치 않으며, 마땅히 법왕의 보좌가 될 만하다'(有相者睹其殊表, 謂之曰, 師骨氣非凡, 當爲法王之輔佐也.)." 또 언설과 종풍으로부터 알려진 그 사람의 기개를 말한다. 『선림승보전』권14 '谷山崇禪師의 贊에 이르기를, "洞山淸稟禪師는 澄心으로 堂錄을 지어, 숭고한 어구를 기록했다. 세심하게 이것을 음미하면 骨氣는 巖頭를 느끼게 한다."

***先事北宗秀三年(선사북종수삼년)** : 신회가 혜능을 참알하기 전에 신수를 삼년간 사사했다는 것은 본 자료에만 보이는 것이다. 『사자승습도』·『대소초』'慧能第六'과 『경덕전등록』에 "나이 14세 때 배알했다"라고 하고, 『육조단경』(돈황본 이외)에는

'13세 때'라고 한다.

*秀奉勅追入(수봉칙추입) : 「荊州玉泉寺大通禪師碑」와 『남종정시비론』에 의하면 신수가 입내한 것은 久視元年(700)이며, 무후의 귀의를 받고 '兩京法主·三帝國師'라고 추앙을 받았다. 장열(張說)의 「형주옥천사대통선사비」(柳田聖山, 『初期禪宗史の書硏究』, p.497)에 "久視年中, 禪師春秋高矣. 詔請而來, 趺坐覲君, 肩輿上殿. 屈萬乘而稽首, 灑九重而宴居. 傳聖道者不北面, 有盛德者無臣禮. 遂推爲兩京法主三帝國師, 仰佛日之再中, 慶優曇之一現." 『남종정시비론』 제17단에 "구시 년(700)에 則天武后는 신수화상을 궁궐의 내도량으로 초정했다. 신수화상이 출발하려 할 때 여러 수행자와 재속인이 화상에게 정례하고 질문하기를, '화상께서 내도량으로 들어가신 이후에 모든 문도들은 어떻게 수도하고, 누구를 의지해야 합니까?' 신수화상이 말하기를, '소주에 훌륭한 선지식이 계시는데 원래 그는 동산 홍인대사의 부촉을 받은 사람이다. 불법은 모두 그에게 다 있다. 너희 모든 제자들 가운데 만일 스스로 의심을 해결하지 못한 자가 있으면 그로부터 의심을 풀어라. 이는 틀림없이 불가사의한 일이며, 곧 바로 불법의 종지를 알게 될 것이다'(久視年, 則天召秀和上入內. 臨發之時, 所是道俗頂禮和上, 借問, 「和尙入內去後, 所是門徒若爲修道, 依止何處.」 秀和上云, 「韶州有大善知識, 元是東山忍大師付囑. 佛法盡在彼處. 汝等諸人, 如有不自決了者, 向彼決疑, 必是不可思議, 卽知佛法宗旨.」)"고 한 말이 있다.

*答無住爲本見卽是主 … 遂不令法衣出山(답무주위본견즉시주 … 수불령법의출산) : 이 부분은 『대소초』'신회제7'에는 보이지 않는다. 그러나 同'혜능제6'에는 기록되어 있다. 『약소초』

에는 '신회제7'에 있다.

신회가 혜능과 처음으로 상견한 모습을 『사자승습도』에서는 『祖宗傳記』의 혜능전을 인용하여 약간 상세하게 기재하고 있다. "傳嗣의 연유는 먼저 이미 서술하여 올렸다. 그러나 너무 간략하여 지금 자세하게 묻는다. 또 위를 이은 『조종전기』에 의하여 좀더 상세히 기술한다. 傳中에 혜능화상을 서술한 곳의 중간에 이르기를, '양양에 신회가 있다. 속성은 고씨이고, 나이 14살(하택이다. 하택은 傳法時에 살았던 절의 이름이다) 때 화상을 참알했다. 화상이 묻기를, 「지식은 멀리서 오느라 대단히 수고가 많았는데 근본을 가지고 왔는가?」 답, 「가지고 왔습니다. 만약 근본이 있다면 마땅히 주인을 알 것이다.」 답, 「신회는 무주로써 근본을 삼으며, 見은 주인입니다.」 대사가 말하기를, 「이 사미야, 어찌 감히 두 번째 것을 취하여 말하는가? 곧바로 주장자로써 난타했다.」 신회는 두들겨 맞고 사유하기를, 「대선지식은 역겁이 지나도 만나기 어려운데 지금 이미 만났으니 어찌 신명을 아끼랴!」' 대사는 그 깊은 깨달음에 이르렀음을 살펴보았기 때문에 그를 시험했다(마치 堯가 舜을 알고 모든 어려움을 歷試하는 것과 같았다)." →(鎌田茂雄, p.277). 『조종전기』에 대해서는 명확하지 않지만 『조당집』과 『경덕전등록』에 이 처음 상견한 문답을 전부 계승하고 있다. '杖試'는 주장자로 난타된 그 마음씨를 시험받는 것. '後又北遊… 上都受戒. 景龍年中, 却歸曹溪'는 『대소초』와 『약소초』에만 보이고, 『경덕전등록』은 이것을 계승하고 있다. 『송고승전』은 '居曹溪數載, 後遍尋名跡'이라고 기록하고 있다. '密授語'는 석정본 『신회어록』 말미의 六代傳記 중 혜가전·승찬전·홍인전에 '密受默語'·'授默語'·'密授默語'라는 말이 있고, 도신전에도

'默受語'라는 말이 있다. 또 최징의『內證佛法相承血脈譜』의 찬화상·도신화상·홍인화상의 조에 인용한 『付法簡了』에도 "便授密語, 以爲法契, … 默受密語"라고 한다. '達磨懸記, 六代如懸絲'는 석정본『신회어록』말미의 육대 전기 중 '달마조'에도 "너희들은 후에 또한 이 난을 피할 수 없을 것이다. 제6대의 후에 이르러 법을 전해받은 자는 목숨이 마치 실에 걸린 것과 같으리라"고 한 말이 初出이다. 이것을 '達磨懸記'라고 한 것은 종밀의 일련의 문헌에 보인다. 즉『선원제전집도서』(鎌田茂雄本, p.141),『사자승습도(배휴습유문)』(鎌田本, p.277),『대소초』권3하'달마조' 등이다.『조계대사전』에는 달마현기라는 것은 없고, 혜능 스스로 다음과 같은 말을 하고 있다. "나는 이 가사를 가지고 세 번이나 자객이 와 내 목숨을 취하려 한 적이 있었다. 나의 목숨은 마치 실에 걸려 있는 것과 같다. 아마도 후의 傳法人도 피해를 입을 것이다. 그러므로 부촉하지 않는다."(『慧能硏究』, p.49). 돈황본『육조단경』제9단에는 "혜능아, 옛날부터 법을 전해 받은 자의 목숨은 마치 실에 걸려 있는 것과 같다. 만약 여기에 있으면 어떤 사람이 너를 헤칠지도 모르기 때문에 너는 빨리 떠나야 한다."(周紹良,『敦煌寫本壇經原本』, p.118). 또 唐 李朝正의『重建禪門第一祖菩提達摩大師碑陰文』에는 "달마의 유언에 이르기를, '나의 법이 제6대에 이른 후 나의 법을 전해 받은 자의 생명이 마치 실에 걸려있는 것과 같으리라.' 그러므로 능히 부촉을 받은 후라도 오히려 사람들 사이에 은둔해야 할 것이다"(『전당문』권998)라고 한다. '顯絲'는 한 가닥의 실에 매달려 있는 것으로 위태로운 것의 비유.『오등회원』권16 '福州雪峰思慧妙湛禪師章'에 "靈山慧命, 殆若懸絲. 少室家風, 危如累卵." →(Z.138, p.3

19a).

***斫氷濟衆(작빙제중)** : 勤苦한 중생을 제도하는 것. '斫氷'은 『楚辭·九歌』의 '湘君'의 "斲氷兮積雪"의 구에 王逸이 注記하기를, "斲은 斫이다. 말하는 심정은 이미 배에 타고 하늘의 盛寒을 만나 그 노를 들고 얼음을 斲斫하는 것이 마치 紛然히 눈을 쌓는 것과 같다. 이미 勤苦한 것을 말한다"(『文選』卷32)고 한 것에 의거한다.

***神轉巨石(신전거석)** : 신비스러운 힘으로 큰 돌을 움직였다. 唐 袁郊의 『甘澤謠』'懶殘章'에 다음과 같은 말이 있다. "(南嶽衡嶽寺에) 산지 한 달, 자사가 큰 산에 제사를 지내고 도로를 수리하는데 매우 혹독함이 닥쳤다. 홀연히 한 밤중에 바람이 불고 벼락이 쳐 한 봉우리가 무너져 그 푸른 산의 비탈길을 큰 돌로 막아버렸던 것이다. 그래서 네다섯 마리의 소를 묶어 그 것을 당기고 또 수 백 명의 사람이 북을 쳐 떠들썩하게 하여 그것을 옮기려고 해도 物力이 다하여 돌이 마침내 고정되고 말았다. 또 다른 통로가 없었다. 나잔이 말하기를, '어찌 그와 같은 번다한 일을 하는가? 내가 그것을 치우겠다'고 하자 대중들이 모두 크게 웃었다. 나잔이 드디어 돌을 밟고 움직여 갑자기 받침대로 굴러 떨어지게 했는데 소리가 마치 천둥벼락이 치는 것과 같았다. 산길이 트이자 대중들이 절을 하고 기뻐서 날뛰며 하나의 郡民 전체가 대단한 성인(至聖)이라고 불렀다. 그 후 태수는 신명과 같이 받들어 모셨다(居一月, 刺史祭岳, 修道路極嚴. 忽中夜風雷而一峰頽下, 其緣山蹬道爲大石所攔. 乃以數牛縻絆而挽之, 又以數百人鼓噪以推之, 物力竭而石愈固. 更無他術. 瓚曰, 奚用如許繁爲. 我始去之. 衆皆大笑. 瓚遂履石而動, 忽轉盤而下, 聲若震雷. 山路旣開, 衆僧禮而踊躍, 一

郡呼爲至聖. 太守奉如神明.).” →『송고승전』권19‘明瓚傳’(『대정장』권50, p.834중). 신회의 영험은 자세하게 알 수 없지만 이것과 비슷한 전설이 있었던 것은 아닐까?

*誦經神衛(송경신위) : 경전독송의 영험. 신회의 『금강경』선양과 관련된 영험담이 있었던 것일 것이다.

*律窮五部(율궁오부) : 오부율을 철저히 연구했다. 오부율이란 법장부의 사분율, 설일체유부의 십송율, 화지부의 오분율, 음광부의 해탈율, 대중부의 마하승지율을 가리킨다.

*禪感紫雲(선감자운) : 현성이 사는 곳에는 자운이 길게 뻗어 있다고 여겼다. 『조당집』권3‘석두장’에 “4조 도신이 쌍봉산에서 대중들에게 고하기를, ‘내가 이 산에 오지 않았을 무덕7년(624) 가을에 여산의 정상에서 멀리 동북을 바라보니 기주 쌍봉산의 정상에는 자색 구름이 마치 지붕처럼 덮여 있고 아래로는 흰 기운이 여섯 갈래로 뻗어 있는 것을 보았다’(四祖在雙峰山告衆曰, 吾未至此山時, 於武德七年秋, 廬山頂上, 東北而望, 見此蘄州雙峰山頂, 上有紫雲如蓋, 下有白氣橫分六道.)”고 한다.

*因洛陽詰北宗傳衣之由, 及滑臺演兩宗眞僞(인낙양힐북종전의지유, 급활대연양종진위) : 이 기술에 의하면 신회는 우선 낙양에 들어가 전의(결국 전법)의 근거를 문질하고 그 후 활대에서 남북논쟁을 전개한다. 이후의 기술에도 혜능으로부터 ‘親承付囑’하고 곧 바로 동도에 들어가 ‘面抗北祖(詰普寂也)’라고 말한 것처럼 『대소초』와 『약소초』의 기술은 일관하고 있다. 그러나 이것은 다른 자료에는 보이지 않는다.

*(與崇遠等持論一會具在南宗定是非論中也)(여숭원등지론일회구재남종정시비론중야) : 『보리달마남종정시비론』은 활대의

대운사에서 개원20년(732)에 행해진 남북의 종지를 정한 공개 토론의 기록이다. 숭원법사와의 논쟁은 개원18년(730)부터 시작된다. 『역대법보기』에는 "開元中滑臺寺, 爲天下學道者, 定其宗旨. … 天寶八載中, 洛州荷澤寺亦定宗旨."(柳田聖山, 『初期の禪史Ⅱ』, p.155)라고 하고, 『경덕전등록』 권5 '신회장'에는 "乃入京. 天寶四年, 方定兩宗."(『대정장』 권51, p.245상)라고 한다.

***便有難起, 開法不得**(편유난기, 개법부득) : '有難起'란 곧 후에 기술하는 "俠客縣官, 三度幾死. 商旅縗服, 百種艱難."을 가리킨다. '開法不得'은 조계남종의 종지를 공식적으로 개법할래야 할 수 없었다는 뜻이다. 이들의 기술도 다른 자료에는 보이지 않는다.

***然能大師滅後二十年中 … 嵩嶽漸門熾盛於秦洛**(연능대사멸후이십년중 … 숭악점문치성어진낙) : 이 부분은 전부 『경덕전등록』 권5 '신회장'에 채택되어 있다. 돈황본 『육조단경』 제49단에는 "내가 멸도한 후 이십 여 년 쯤 삿된 법이 세상을 어지럽게 하여 우리의 종지를 혹란스럽게 할 것이다. 그 때 어떤 사람이 나와 신명을 아끼지 않고 불교의 옳고 그름을 결정하여 종지를 수립할 것이다. 이것이 바로 나의 정법이다(吾滅後二十餘年, 邪法遼亂, 惑我宗旨. 有人出來, 不惜身命, 定佛教是非, 堅立宗旨. 卽是吾正法.)"이라 하여 신회가 개원20년에 남북의 종지를 확정한다고 하는 것을 혜능의 懸記 형태로 제시하고 있고, 『육조단경』이 신회가 아닌 신회파의 손에 이루어진 부분이 있다는 것을 증명하고 있다. 이 현기는 종밀의 『사자승습도(배휴습유문)』에는 "二十年外, 當弘此法, 廣度衆生. 和尙臨終, 門人行滔超俗法海等問, 和尙法何所付. 和尙云, 所付囑者,

二十年外於北地弘揚. 又問, 誰人. 答云, 若欲知者, 大庾嶺上以綱取之. 相傳云, 嶺上者高也. 荷澤姓高, 故密示耳."라고 되어 있다(鎌田茂雄本, p.277). '荊吳'는 吳楚의 땅. 강남 지방. 荊은 楚이다. 『漢書』'諸侯王表序'에 "東帶江湖, 薄會稽, 爲荊吳." '秦洛'의 두 수도에서 보면 시골이다.

***謬稱七祖(유칭칠조)** : 『보리달마남종정시비론』 제16단에 "지금 보적선사는 자칭 제7대라고 하며 거짓으로 신수화상을 내세워 제6대로 삼고 있다"고 한다. 또 보적을 제7조로서 취급하는 자료에는 이하의 碑刻이 존재한다. 李邕의 「崇岳寺碑」(『전당문』 권263)에 "達摩菩薩傳法於可, 可付於璨, 璨受於信, 信恣於忍, 忍遺於秀, 秀鍾於今和尙寂." 이옹의 「大照禪師塔銘」(『전당문』 권262)에 "誨門人曰, 吾受託先師, 傳玆密印, 遠自達摩菩薩導於可, 可進於璨, 璨鍾於信, 信傳於忍, 忍授於大通, 大通貽於吾, 今七葉矣." 嚴挺之의 「大智禪師碑銘幷序」(『전당문』 권280)에 "禪師法輪始自天竺達摩, 大敎東派三百餘年, 獨稱東山學門也. 自可, 璨, 信, 忍, 至大通, 遞相印屬. 大通之傳付者, 河東普寂與禪師二人, 卽東山繼德七代於玆矣."

***二京法主, 三帝門師(이경법주, 삼제문사)** : 보적은 中宗·睿宗·玄宗 등 三帝의 스승이었다. 張說의 「형주옥천사대통선사선사비」에 "兩京法主, 三帝國師"라고 한 것을 근거로 한 것이다. 『보리달마남종정시비론』 제10단에 "숭원법사가 질문하기를, '신수선사는 二京(낙양·장안)의 법주이며, 三帝(측천무후·중종·예종)의 門師가 되신 분인데 어째서 제6대의 조사가 되는 것을 인정하지 않습니까?'" '門師'는 재가인의 佛門에 있어서 師父. 여기서는 황제의 사부, 결국 國師를 말한다.

***嶺南宗途(영남종도)** : 북종과는 다른 혜능남종의 도를 이르는 말

이다. '영남'이란 혜능이 광동의 동남, 신주 출신이고, 소주조계산보림사에서 개법했기 때문에 남종혜능을 가리킨다. '宗途'에 대해서는 종밀은 『약소』 권상2에 "然諸經論俱說萬法一心三界唯心, 宗途有異, 學者罕知."(『대정장』 권39, p.537중)에 대하여 『약소초』 권7에 "宗途란 종지의 途轍이다"(Z.15, p.160b)고 주를 달고 있다.

***法信衣服, 數被潛謀(법신의복, 삭피잠모)** : 『남종정시비론』 제17단에는 보적선사와 동학인 西京 淸禪寺의 光濟가 소주 혜능의 처소에 가서 경룡3년(709) 11월에 소주에 이르러 10여 일이 지난 어느 날 한밤중에 혜능화상의 방으로 들어가 달마로부터 전해져 내려오는 가사를 훔치려고 혜능의 방으로 들어갔으나 한번 고함치는 소리 때문에 미수에 그치고 말았다고 기술하고 있다. 이 말의 진위여부는 좀 더 숙고해 보아야 하겠지만 홍인과 도신 때도 가사도난 미수사건이 있었다고 전한다. 한 벌의 가사를 전하여 법을 전해 받은 자는 목숨이 실에 걸린 것과 같다라고 말한 것과는 별도로 전법의 가사 그 자체가 재앙을 만난 것이다. 예를 들면 『역대법보기』에는 측천무후가 혜능으로부터 전법의 가사를 전해 받아 그것을 資州智詵에게 주었다고 하는 설 등이 '潛謀'했다고 말하는 것에 해당한다.

***祖章(조장)** : 자세히 알 수 없다. 전술한 『사자승습도(습유문)』에 말한 『祖宗傳記』가 아닌지?

***傳授碑文, 兩遇磨換(전수비문, 양우마환)** : 『남종정시비론』 제15단에 다음과 같이 설한 것에 의한다. "개원2년(719) 3월에 형주(湖北省)의 자객인 장행창을 스님으로 위장하여 혜능화상의 머리를 탈취하려 했다. 혜능대사의 신령한 신체가 세 번이나 칼로부터 해침을 받고 盛續한 비명이 두 번 마멸을 겪었다. 또

문도인 무평일 등으로 하여금 소주에 있는 대덕의 비명을 마멸하도록 시키고, 별도로 글을 지어 알리기 위하여 새기고, 또 혜능선사의 碑위에 신수선사를 세워 제6대로 삼고, 스승과 제자가 서로 전해 주고 가사를 전한 이유를 약술했다(開[元]二年中, 三月內, 使荊州刺客張行昌詐作僧, 取能和上頭. 大師靈質, 被害三刀, 盛續碑銘經磨兩遍. 又使門徒武平一等, 磨却韶州大德碑銘, 別造文報鐫, 向能禪師碑上, 立秀禪師爲第六代, [略叙]師資相授及傳袈裟所由.)." 또 석정본 『신회어록』 말미에 있는 六代의 傳記 중 '혜능전'에도 "殿中丞인 韋據가 비문을 지었다. 開元7년(719)에 이르러 사람으로부터 磨改를 당하여 따로 글을 지어 새겨 두었으며 간략히 6대 師資의 相授와 가사를 전한 유래를 기술하였다(殿中丞韋據造碑文. 至開元七年, 被人磨改. 別造文報鐫, 略敍六代師資相授及傳袈裟所由.)"라는 말이 보인다. 위거가 지은 혜능의 비문이 개원7년(719)에 人(무평일)에 의해 마개되었다는 것은 『역대법보기』(『初期の禪史Ⅱ』, p.99)와 『조계대사전』(『慧能硏究』, p.53)에도 보인다. 韋據撰의 비문이 『보림전』 권9 '혜능장'에 기록되어 있었던 것으로 생각했는데 그 逸文이 보고되어 있다(椎名宏雄, 「『寶林傳』卷9·卷10의 逸文」『宗學硏究』22號).

***直入東都, 面抗北祖(詰普寂也)**(직입동도, 면항북조(힐보적야)) : 혜능의 부촉을 받은 후 즉시 동도 낙양에 들어가 북종과 대결한 것은 앞에서도 기록하고 있는 것처럼 『대소초』와 『약소초』에만 보이는 것이다. '北祖'는 신수를 가리킨다. 『太平廣記』 권94에 "화엄화상은 신수에게 배웠다. 선종은 그를 北祖라고 한다"(中華書局本, p.624).

***龍鱗虎尾**(용린호미) : 호랑이의 꼬리를 밟고 용의 逆鱗을 건드리

는 것. 다 같이 위험함을 비유한 것. 또 淸遠의 『圓覺經疏鈔隨文要解』 권7은 다음과 같이 해석하고 있다. "그 북종의 보적·숭원 등과 양종의 진위를 가리는 것을 말한다. 혹은 말하기를, 용은 싸울 때 비늘을 크게 하고, 호랑이는 싸울 때 꼬리를 흔든다고 한다. 지금 이르기를, 龍脛의 비늘은 逆生하여 그것을 건드리는 자는 반드시 손해를 본다. 마치 諫書를 올리는 것과 같다. 그것을 膺鱗이라 한다. 지금 함께 법을 다투는 것은 응린을 이른다. 鈔에 麟으로 되어 있는 것은 잘못이다. 虎尾란 『장자』에 이르기를, 호미를 쓰다듬고 虎鬚를 엮는 것은 거의 그 호구를 피할 수 없을 뿐이다. 사람을 죽음에 보내는 것을 殉이라 한다(Z.15, p.313)." 덧붙여서 청원이 인용한 『장자』 '盜跖篇'의 원문은 "疾走料虎頭, 編虎須, 幾不免虎口哉."이다.

*(**沙灘五臺之事**)(사탄오대지사) : '沙灘'은 강과 바다의 모래가 퇴적하여 형성된 육지, 河海의 洲. '五臺'는 오대산을 가리키는 것일 것이다. 沙灘과 오대산에서 협객의 危難을 만난 사건이라고 하지만 구체적인 내용은 알 수 없다.

*(**白馬衛南盧鄭二縣令之事**)(백마위남노정이현령지사) : 백마와 위남은 모두 같은 滑州(하남성)에 소속된 縣名이다. 백마(활주 백마현)는 滑台, 위남(활주 위남현)은 그 북동에 있으며, 24리 떨어져 있다. 盧와 鄭은 그 二縣令의 성이지만 상세한 것은 알 수 없다. 『조당집』 권3, 『송고승전』 권8에는 노를 천보 중에 신회를 誣奏한 盧弈이라고 同定하지만 盧弈이 백마나 위남 중 어느 쪽의 현령이었다는 증거가 詳明하지 않다.

***百種艱難**(**具如祖傳**)(백종간난(구여조전)) : 『師資承襲圖』(拾遺問)에 말하기를, "대사는 百種艱難 등의 일을 만났다. 모두 앞에서 언급한 약전과 같다. 자세한 것은 本傳에 있다. 다른 기

회에 구체적으로 말할 것이다"(鎌田茂雄本, p.282). 略傳·本傳 역시 祖傳·祖章이라고 하지만 구체적인 것은 명확하지 않다. 『祖宗傳記』를 가리키는 것은 아닌지?

***因淮上祈瑞, 感炭上生芝草**(인회상기서, 감탄상생지초) : 이 기사도 『대소초』 『약소초』에만 보일 뿐이며, 구체적인 것은 미상. 芝草는 靈芝라는 것이며, 瑞草이다.

***因南陽答王趙公三車義**(인남양답왕조공삼거의) : '王趙公'은 趙國公으로 책봉된 王琚(657~746)이다. 호적의 「荷澤大師神會傳」에 이르기를, "현종이 태자였을 때 함께 도모한 太平公主 一派를 제거한 대공신으로 趙國公에 책봉되었다. 개원과 천보 년간에 그는 15주의 자사와 二郡의 태수를 역임했고, 그 15주 중에는 鄧州가 포함되어 있다. 그가 신회를 만난 것은 이 등주 자사 시대, 즉 開元晩年頃의 일이었던 것과 상위하지 않는다." →[小川隆의 「胡適『荷澤大師神會傳』上」(『駒澤大學禪硏究所年報』1號, p.195)]. 『구당서』권106, 『신당서』권121에 立傳되어 있다. 『법화경』 三車義에 대한 문답은 『문답잡징의』제8단에 기록되어 있다.

***天寶四載兵部侍郎宋鼎請入東都**(천보사재병부시랑송정청입동도) : 혜공의 「塔銘幷序」에는 "위대한 당나라의 병부시랑 宋公, 휘는 鼎, 즉 송정이 낙양의 도읍으로 초청하여 널리 법안을 열었다. 혜능의 비를 세우고 진영당을 세웠으며 도속들은 귀심했고 우주의 백성들이 (남종으로)회향하지 않는 자가 없었다"고 한다. 동도 낙양에 초청되었던 때를 천보4년(745)이라고 하는 것은 본 자료와 『경덕전등록』 뿐이지만 『전등록』은 본 자료를 이어받고 있다. 혜공의 「탑명」은 구체적으로 「大唐東都荷澤寺歿故第七祖國師大德於龍門寶應寺龍崗腹建身塔銘」

라고 한 것처럼 낙양에는 하택사에 주석했다. 거기에서의 활약은 『송고승전』 권8 '혜능전'에 "(신)회는 낙양 하택사에서 (혜)능의 眞堂을 崇樹하고 병부시랑 송정은 비를 만들었다. 회는 종파를 서술하고 여래 이하 서역의 모든 조사들 외에 震旦의 육조혜능에 이르기까지 모두 그 진영을 그렸으며, 大尉房琯은 『六葉圖序』를 지었다"(『대정장』 권50, p.755중)고 기술하고 있다. 『역대법보기』에는 "천보8재(749) 중에 洛州 하택사에서 또한 종지를 정했다"(柳田聖山本, p.155)고 하고, 개원18년·19년·20년에 활대의 大雲寺에서 종지를 확정한 논쟁 후 낙양에서도 그것을 행하고 있었다는 것을 알 수 있다. 송정이 비를 제작했다고 하는 것은 『역대법보기』에도 "大常寺丞의 韋據가 비문을 지었다. 개원7년(719)에 이르러 사람(武平一)에게 磨改되어 따로 비를 조성했다. 근대에 보수하여 시랑 송정이 비문을 지었다"는 말이 보인다. 그 비에 대해서는 宋·陳思撰 『寶刻叢編』 권6 '河北東路定州條'에 "당나라 혜능대사비는 唐의 병부시랑 송정이 지었다. 하남 陽翟縣의 丞인 史惟則이 여덟 부분으로 나누어 글을 썼다. 혜능대사의 성은 노씨이고, 남해 신홍인이며, 신홍의 조계에 살았다. 천보7년(748)에 그의 제자 신회가 비를 鉅鹿郡의 개원사에 세웠다「集古錄目」. 조계 혜능대사비는 천보11재(752) 2월에 세웠다「金石錄」"고 한다. 鉅鹿郡은 하북성 邢台이다. 『구당서』 권39·地理2·河北道에 이르기를, "邢州의 위(上)는 수나라의 襄國郡이다. 武德元年(618)에 고쳐서 邢州 總管府라고 했다. … 천보원년(742)에 고쳐서 거록군이라 하고 건원원년(758)에 다시 邢州라고 했다."

송정에 대해서는 正史에 立傳되어 있지는 않지만 『唐尙書省郎官石柱題名考』 권4에 "「表」에 廣平의 宋氏는 낙주 司馬

守儉의 아들인 鼎이며, 兵部郎中(郎中은 잘못)이라"는 사람이다. 이미 「신회탑명」에 주가 있다. 그러나 신회를 낙양 하택사에 맞아들인 사람으로서 특히 중요한 인물이기 때문에 표면상으로 끝내지 않고 번거러움이 있지만 여러 곳에서 散見되는 기사를 정리해 보면 다음과 같다.

① 畿縣丞尉宋遙·皇甫翼. 陳希烈·宋鼎…등은 모두 淸白吏로서 疏脫하여 薦擧한다. (개원)22년(734), 10道에 採訪使를 둠에 公이 천거한 사람의 6인이 여기에 있었다.(『顏魯公文集』권14·崔孝公陋室銘記). 孝公崔沔(670~736)은 이 때 덕행이 결실을 맺은 것을 李華撰「尙書崔孝公集序」에서 다음과 같이 서술하고 있다. "그 때 현인을 추거하고, 陸尙書景融·李揚州瑱·宋上黨遙·宋兵部鼎를 얻어 모두 國器로 삼았다." →(『唐文粹』권92, 『文苑英華』권701, 『전당문』권315).

② (개원)23년(735) 12월 10도채방사에 임명할 진실한 자사현령을 천거하여 陜州刺史 崔希逸·潞州刺史 宋鼎 …등을 上聞하고 詔書를 내려 위로를 베풀었다. →(『册府元龜』권128).

③ 唐 城縣 개원24년에 채방사의 송정을 奏置하다. →(『元和郡縣志』권24'隋州唐城縣條').

④ 張丞相九齡은 우리 宋鼎과 孝廉校理로 오래 동안 있었고, 또 나를 대신하여 荊州가 되었다. 나는 漢陽으로 改置할지라도 또한 按使를 겸했으므로 荊州에 巡至했다. 그 때문에 그를 追賜했다. 張九齡(678~740)은 개원2년(714) 4월에 荊州長史로 좌천되어 28년 봄까지 그 소임을 보았다. →(郁賢皓, 『唐刺史考』).

⑤ (玄宗開元)27년(739) 廣州 刺史持節嶺南經略使인 송정을 潞州都督長史로 삼았지만 정은 兄嘗의 慶州에 내려가 喪逝한

것을 上表陳情하여 재판관리를 다른 주로 옮겨 줄 것을 빌었다. 특별히 조서로서 이것을 윤허했다. →(『册府元龜』 권48).

⑥ 孫逖의 「授宋鼎尙書右丞郭虛己戶部侍郞制」에 이르기를, "通義大夫·尙書刑部侍郞·借紫金魚袋인 송정은 雅操하면서도 곧은 儀範은 사람을 다스리는 그릇이 되었다. … 鼎은 尙書右丞을 대행하는 것을 허락하고, 虛己는 호부시랑을 허락했다. 散官은 각기 원래와 같이(『文苑英華』 권385, 『전당문』 권308)." 嚴耕望撰 『唐僕尙書郞表二』 권8에는 "이리저리 생각해보면 鼎과 虛己는 모두 石臺孝經(石刻御注孝經碑)의 뒤에 이름이 붙어 있고, 때는 (천보)4년(745) 秋冬에 鼎의 직함은 이미 승진하여 正議大夫·行兵部侍郞이 되었다. … 즉 이 칙서는 당연히 천보 초에 이루어졌고, 늦어도 (천보)3년를 넘어설 수 없다"고 고증하고 있다.

⑦ (令狐彰) 아버지의 물흐르는 소리는 천보 중에 鄧州 錄事參軍에 임하여 淸白으로써 이름이 났다. 本道의 採訪使인 송정을 불러 판관으로 삼았다. →(『구당서』 권124·'令狐彰傳,' 『册府元龜』 권728).

⑧ 李華撰, 「荊州南泉大雲寺故蘭若和尙碑」에 이르기를, "(화상)은 엄하면서도 簡重하고, 자애로우면서도 위엄이 있어서 門을 바라보며 능히 나아가는 자가 거의 없었다. 아우인 尙書右丞紹眞(貞)은 행이 몸에 구비되고, 덕은 사람에게 미쳤다. 元老太保의 陸公象先은 名臣인 韓京兆朝宗·宋兵部鼎·韋刑部虛舟 등 모두 慈緣에 계합하여 善誘를 이은 것은 그의 어짊과 같았다."(『文苑英華』 권860, 『전당문』 권319). 남산율과 천태교학을 닦은 南泉 大雲寺 惠眞(693~751)에 대해서는 塚本善隆의 「南嶽承遠傳とその淨土敎」(『東方學報』 第2册, 京都 : 193

1, 후에 『唐中期の淨土教』, 法藏館, 1975에 수록)중에 논급이 있지만 尙書右丞의 紹眞(貞)은 실제의 아우이고, 張正甫(『舊唐書』 권162, 752~834)의 조부에 해당한다는 것은 빠져 있다. 장정보는 남악회양의 비인 「衡州般若寺觀音大師碑銘幷書」(『唐文粹』 권62, 『전당문』 권619)를 지은 사람이다.

***正道易申, 誘理難固**(정도역신, 유리난고) : 出典이 있는 구라고 생각되지만 미상.

***天寶十二載, 被讚聚衆**(천보십이재, 피찬취중) : 『조당집』 권3 '신회전'에는 "천보 중에 어사 盧液(奕)이 북종 보적의 문도로서 신회가 대중을 낙양에 聚集했다고 아뢰었다." 『송고승전』 권8 '신회전'에는 "천보 중에 어사 노혁이 보적에게 아첨하여 편을 짜 '신회는 대중을 모으고 있어서 의심컨대 不利를 싹티우고 있다'고 誣奏했다"고 한다. 노혁에 대해서는 다음 『송고승전』의 주를 보라.

***勅黜弋陽郡, 又移武當郡**(칙출익양군, 우이무당군) : 신회의 제자인 靈坦(709~816)의 비문, 賈餗撰, 「揚州華林寺大悲禪師碑銘幷序」(『唐文粹』 권64, 『전당문』 권731)도 익양군으로 옮긴 것은 천보12년(753) 때라고 한다. "하택은 익양군으로 내몰렸다. 떠날 때 문인에게 말하기를, '나의 大法은 타락하지 않을 것이다.' 마침내 동서남북으로 왔다갔다하며 한 곳에 있지 않았다. 그 때가 천보12재이다." 『송고승전』 권10 '영탄전'(『대정장』 권50, p.767중)에는 "天寶初載(742)에 (신회는) 영탄을 불러 말하기를, '나에게 一句가 있는데 이것은 祖祖相傳하여 조계에 이르렀으며, 조계는 나에게 부촉했다. 너는 그것을 諦受하라. 나에게 앞으로 留難이 있을 것이다.' 마침내 사임하고 遊方했다. 얼마 되지 않아 과연 칙령으로 신회는 익양으로 떠

났다(天寶初載召坦曰, 吾有一句是祖祖相傳至曹溪, 曹溪付吾. 汝諦受之. 吾當有留難. 遂辭遊方焉. 未幾果敕移會于弋陽.).” ‘弋陽郡’은 『구당서』 권40‘地理志3·淮南道光州條’에 “隋의 익양군은 무덕3년(620)에 고쳐 광주라고 했다. … 천보원년(742)에 고쳐 익양군이라 했다. 건원원년(758)에 다시 광주라 했다” 고 한다. 현재 하남성 潢川縣이다. 단 영탄의 비문에는 다만 ‘弋陽’이라고만 기재되어 있다. 『구당서』 권40 ‘江南西道饒州條’에 “수나라 鄱陽郡은 무덕4년(621)에 江左를 평정해 饒州를 두고, 鄱陽 … 익양·上饒 등 九縣을 차지했다. (무덕)7년(624)에 상요를 없애고 익양에 편입했다”고 하고, “건원원년에 衢州의 常山, 饒州의 익양, 建州의 三鄉, 撫州의 一鄉을 나누어 信州를 두었다”(同卷40‘江南道信州條’)고 한다. 건원원년(758) 이후 신주에 소속된 익양은 지금의 강서성 익양군이다. 호적이 『荷澤大師神會傳』에서 “弋陽은 현재의 강서성 익양에 있다”(小川隆譯注(上), p.95)고 하는 것은 이 때문이다. 「신회탑명」에 “行邁江表之際”라고 하기 때문에 강남의 西道饒州弋陽縣이라고 보는 것이 좋을 것이다. 『약소초』가 “勅黜弋陽”이라고 한 것이 바르다. ‘武當郡’은 『구당서』 권39‘지리지2 山南東道均州條’에 “隋의 淅陽郡 무당현은 義寧2年(617)에 절양의 무당과 균주의 二縣을 나누어 무당군을 두었다. … 무덕4년(621)에 고쳐서 균주가 되었다. … 천보원년(742)에 고쳐서 무당군이 되고, 건원원년(758)에 다시 균주가 되었다”고 한다. 현재의 호북성 丹江口市이다. 『조당집』과 『송고승전』에는 誣奏되어 곧 바로 물러났던 것은 아니며 현종은 장안 근교의 照應縣의 온천에 行幸하여 신회를 불러내어 접견했던 곳, 신회의 언론대응이 황제의 뜻에 들어맞았기 때문에 먼 곳으로 옮기는 것을 恩赦에 의하여 균주로 옮겼다고 하는 것과 꽤 상태가 다르다.

***至十三載, 恩命量移襄州, 至七月又勅移荊州開元寺(지십삼재, 은명량이양주, 지칠월우칙이형주개원사)** : 신회의 流謫에 대해서는 모든 史料의 기술이 일치한다(단 『조당집』과 『송고승전』에 균주와 형주를 말한 뿐). 즉 천보12재(753)에 익양군으로 유적되어 균주(무당군)과 양주 등을 지나 최종적으로 형주 개원사에 자리잡았다고 한다. 그 원인이 북종의 압력 때문이라는 것과 罪狀이 聚徒가 아니라 聚衆이라고 하는 것도 공통된 견해이다. 이것에 의하여 지금 신회의 일파가 북종에 脅威를 줄 정도의 세력이 되고 있었던 것을 상상할 수 있다. 또 신회가 형주 개원사로 이주한 시기에 대하여 本傳에서는 천보13재(754)의 7월이라고 하지만 『조당집』 권3 '신회전'에는 "지덕2년(757)에 숙종(재위 756~762)이 勅하여 형주로 옮겨 개원사에 머물렀다"고 한다. 「비명」과 『경덕전등록』 '신회전'에는 이 기술이 없다. 『송고승전』 '신회전'에는 二年이라고만 기재되어 있다. 그 직전에 천보년 중의 노혁에 의한 讖言의 기술과 직후 14년에 안록산의 난에 대한 기술이 있기 때문에 천보2年의 일과 같이 적고 있어서 혼란을 불러일으키지만 均部로 조서에 의하여 이주하고부터 2년이 되었다는 뜻이다. '量移'는 죄가 있어 먼 지방으로 좌천되었지만 恩赦에 의하여 가까운 지역으로 바뀌는 것. 淸의 顧炎武撰, 『日知錄』 권32에 말하기를, "당나라 사람은 죄를 지으면 먼 지방으로 貶竄되어도 사면을 받으면 近地로 개선되며, 그를 量移라 한다. 『구당서』 '현종기'에 '개원20년 11월 庚午 后土를 脽上(산서성)에 제사를 지내고 천하에 큰 사면을 베풀어 좌강한 관리를 근처에 量移했다. 27

년 2월 己巳에 尊號(開元聖文神武皇帝)를 더하고 천하에 큰 사면을 베풀어 좌강한 관리를 근처에 량이했다. 量移의 글자는 비로소 여기에서 본다.'" '襄州'는 『구당서』 권39 '地理志2 山南東道襄州條'에 이르기를, "수나라의 양주군은 무덕4년(621) 王世充을 평정하고 고쳐서 양주라고 했다. 隋의 舊名에 연유한 것이다. …천보원년(742)에 고쳐서 양양군이 되었다. …건원원년(758)에 다시 양주라고 했다." 현재 호북성 襄樊市이다. '荊州'는 『구당서』 권39 '지리지2 山南東道荊州江陵府條'에 이르기를, "수나라 南郡"이기도 하고, 무덕 초에 蕭銑이 의거한 곳이다. 4년(621)에 銑을 평정하고 고쳐서 형주라 했다. …천보원년(742)에 고쳐서 강릉군이라 하고 건원원년(758) 3월에 다시 荊州 大都督府라 했다. 현재 호북성 荊沙市이다.

***至乾元元年 … 五月十三日中夜示滅, 年七十五(지건원원년 … 오월십삼일중야시멸, 년칠십오)** : 건원원년은 서력 758년이다. 세수 75세로 시적했다고 말했기 때문에 生年은 서력 684년이 된다. 이 기술은 「탑명」과 부합한다. 『조당집』은 '상원원년(760) 5월 13일 歿'이라고 하며, 세수는 기재하지 않았다. 『송고승전』에는 상원원년(760)에 93세로 시작했다고 하고, 『경덕전등록』은 상원원년 5월 13일에 俗壽 75로 시적했다고 하지만 상원원년 시적 세수 93세설은 訂正되어야만 한다. '無爲一法'은 석정본 『신회어록』[『문답잡징의』 제21단(2)]에 불법은 같은데 설하는 방법이 다른 이유를 묻는 건광법사에게 다음과 같이 설하고 있다. "본성의 허무한 이치를 세상 사람들은 알지 못하고 자기가 생각한 것만을 생각한다. 그 때문에 같지 않는 것이다. 범부는 말할 것도 없다. 여래는 무위의 一法을 설할지라도 일체의 현성은 차별이 있다(如此本性虛無之理, 時人不

了, 隨念而成. 以是不同, 非論凡夫. 如來說無爲一法, 一切賢聖而有差別).”

*山南東道節度使荊州刺史季光琛(산남동도절도사형주자사계광침) : ‘荊州’ ‘季廣琛’은 원문에는 ‘制州’ ‘李廣珠’로 되어 있다. 이것에 의하여 小川은 다음과 같이 논하고 있다. “‘荊州’는 원문에 ‘制州’라고 되어 있지만 이 制州는 분명히 ‘荊州’의 오기이다. 그렇다면 이 ‘李廣珠’는 신회가 죽은 건원원년(758) 5월 당시에 형주자사로 근무했던 ‘季廣琛’의 오기는 아닐까(『唐刺史考』, p.2349)? ‘季廣琛’을 ‘李廣璨’으로 오기한 예가 賈至의 「授李廣璨公案防御使制」(『전당문』 권367)에 보이며(『唐刺史考』, p.1622), 이 추측을 돕는다. 다만 ‘季廣琛’과 신회의 관계는 분명하지 않다. (이상 小川, 「荷澤神會の人と思想」, 注45를 보라.).

季廣琛의 본관은 壽春(안휘성 壽縣, 『元和姓纂』 권8)이고, 개원23년(735)에 智謀將帥科에 급제한 武官(『唐會要』 권76, 『册府元龜』 권645). 瓜州刺史였던 천보13재(754) 무렵 河西의 騎將 宋靑春이 소지하고 있던 靈驗스러운 칼을 손에 넣고 있다고 한다(『酉陽雜俎』 권6, 『太平廣記』 권231·宋靑春, 『唐刺史考』, p.426). 지덕원년(756)과 2년 무렵에는 현종의 第16子인 永王璘의 幕下에 속해 있었지만 璘이 배반했기 때문에 廣陵(揚州)으로 도망갔다(『구당서』 권107‘永王璘傳’). 그 때 도움의 손길을 뻗쳐 준 것이 永王의 亂을 평정하는데 파견된 韋陟이다. 위척은 丹陽(潤州)에서 廣琛과 회견하고 안도하여 숙종을 알현했다. 숙종은 이것을 器重(역량)으로 삼아 御史太夫를 받았다(『구당서』 권92‘韋陟傳’). 荊州長史였던 건원원년(758) 5월에는 하남의 진영에 나아가 도적을 하북으로 토벌하고 동년

9월와 10월에는 鄭蔡節度使(九節度使의 하나)가 되어 郭子儀와 함께 安慶緖를 토벌했다(『구당서』 권10). 건원2년(759)에는 온주자사가 되고, 상원2년(761)에는 宣州刺史가 되었다(『唐刺史考』, pp.1886·1995). 太曆10年(775)에는 右散騎常侍가 되었다(『구당서』 권11). 『태평광기』 권303에 의하면 廣琛이 소년 시절에 하서로 유행할 때 女郞神을 夢見한 이야기를 전하고 있다(出『廣異記』).

***遷厝於東京龍門置塔(천조어동경용문치탑)**: 혜공의 「塔銘幷序」에 "황실의 이공 사괵왕은 형주 개원사에서 또 다시 존안을 용문에서 맞이했다"라고 한 것처럼 당의 황족인 嗣虢王 李巨가 낙양 용문으로 遷厝를 관리했다. '遷厝'는 매장지를 옮기고 靈柩를 이전하는 것이다. 唐 駱賓王의 '上吏部襲侍郞書'에 "허술한 죽에 달고 기름진 반찬도 없고, 소나무와 개오동나무(같이 묘지에 심는 나무) 등 遷厝의 재물도 모자랐다(『唐文粹』 권89). '東京龍門'에 대해서는 혜공찬 「碑銘幷書」의 주를 보라.

***寶應二年, 勅於塔所置寶應寺(보응이년, 칙어탑소치보응사)**: 보응사에 대해서는 溫玉成, 「唐代龍門十寺の考察」에 다음과 같이 말하고 있다. "당의 보응원년(762)에 代宗은 雍王李適을 천하의 兵馬元帥에 임명하니 適은 이 해의 10월에 史朝義를 격파하고 낙양을 奪回했다. 이 事件을 기념하여 보응사라고 명명한 사원이 각지에서 증가했다"(『龍門石窟二』所收, 平凡寺, 1988)고 한다. '신회제7'의 이 기사에 의하여 보응2년 신회의 塔所에 보응사가 비로소 세워졌다고 하는 것이 판명되었다. 사천 정중종을 이은 神照(776~838)는 낙양에 들어가 하택신회 - □□ - 惟忠(南印) - 神照로 이어지는 계보를 주장했으며, 몰후 그 탑은 용문 보응사의 신회묘지 옆에 並置하여 만들

었다[白居易撰, 「唐東都奉國寺禪德大師照公塔銘幷序」(『白氏長慶集』권71, 『文苑英華』권786, 『전당문』권678), 小川隆, 「宗密傳法世系再考」(『禪文化硏究所紀要』24號)]는 기사가 있다.

***貞元十二年 … 遂立神會禪師爲第七祖**(정원십이년 … 수립신회선사위제칠조) : 이 기술도 『대소초』와 『약소초』에만 보이는 것이지만 남송말의 천태종의 전통을 서술하는 『佛祖統記』권41에 "(貞元)12년(796) 정월에 황태자에게 勅하여 內殿에 모든 선사를 운집하여 전법의 旁正을 詳定했다(『대정장』권49, p.380상)"고 기재되어 있다. 「慧堅碑銘」에 "정원 초, … 또 조서를 받들어 모든 장노와 불법의 邪正을 가리고 남북의 양종을 정했다"(『唐代釋敎文選譯注』, p.214)고 하는 것처럼 남북 양종에 대한 공적인 논의가 행해지고 있었다. 그러나 이어 "(慧堅)선사가 생각하기를, '開示할 때는 頓으로 받아들일 뿐 漸으로 하는 것은 아니다. 수행의 자리는 점으로 청정하게 할 뿐 돈으로 하는 것은 아니다. 법공인 사실을 알 때 법에 邪正이 없고, 종통을 깨달으면 근본에는 남북이 없다. 그런데 무엇을 분별하여 假名을 삼으려 하는가?'"라고 말한 것과 같이 남북의 대립을 융화하는 방향으로 향하고 있었다[小川隆, 「神會歿後の南北兩宗」(『宗學硏究』권33號)]. 정원12년(796)에 신회가 선문의 제7조로서 공적으로 인정받은 것은 신수를 祖로하는 북종이 결정적으로 그 盛力이 약화되고, 또 혜능을 조로 하는 남종도 마조계의 홍주종은 그 발전을 시작한 바로 직후이기 때문에 제7조로서 신회의 지위를 위협하는 존재가 없었을 가능성이 클 것이다. '楷定'은 劃定하여 바르게 결정하는 것. "經은 繩墨과 같다. 왜냐하면 邪正을 楷定하기 때문이다"(『선

원제전집도서』 제10단). "一切法印이란 이 心印으로써 일체법을 찍어 내어 진실을 楷定한다"(『종경록』 권6, 『대정장』 권48, p.448중)고 한다.

***內神龍寺**(내신용사) : 內는 궁중, 즉 궁정 안의 뜻이다. 신룡사는 西內(大極宮)에 있었다. 정원10년(794) 9월에 덕종이 신룡사를 지으려고 예산을 見積하여 50척의 소나무를 이용하려고 했을 때 裵延齡(728～796)이 同州(陝西省 荔縣)의 계곡에 80척의 나무가 수 천 주나 있다고 上奏하고 있기 때문에(『구당서』 권135 裵延齡傳, 『태평광기』 권239, 『資治通鑑』 권235 貞元10年 9月條) 이 이후 곧 바로 건립했던 것일 것이다. 韋處厚의 「興福寺內道場供奉大德大義禪師碑銘」에 "後入**內神龍寺**法會群僧"(『전당문』 권715)라는 말이 보인다. 그런데 『구당서』 권18상에 "(회창)3년(843), …6월, 西內의 신룡사에 화재가 났다"고 한 것처럼 서내에 있었던 신룡사에 화재가 일어났음을 알 수 있다.

***勅置碑記**(칙치비기) : 미상.

***御製七祖讚文**(어제칠조찬문) : 미상.

4) 『宋高僧傳』의 唐洛京荷澤寺神會傳

해제

『송고승전』 권30에 송의 태평홍국7년(980), 태종의 칙령을 받들어 贊寧(919～1002) 등이 찬집에 임하여 7년이 지나 端拱元年(988)에 편집을 완성했다. 『송고승전』이라 해도 梁, 唐의 양 고승전을 이어 그것에 빠진 것을 보충할 목적으로 편집한 것이며 주로 당과 오대의 많은 고승전기를 비문자료에 의거하여 찬집한 것이다.

도선의 『속고승전』의 10과 분류법에 따라 譯經·義解·習禪·明律·護法·感通·遺身·讀誦·興福·雜科聲德의 10과로 나누어 正傳의 533인, 附傳의 130인의 전기로 이루어져 있다. 그 중에서도 권8부터 권13에 걸친 '습선편'은 선종오조, 동산법문의 홍인부터 송조의 천대덕소(법안종)에 이르기까지 정전 103인, 부전의 29인을 수록하여 盛期의 선종의 동향을 기록하고 있다. 사실 이 후에 한층 더 융성기를 맞이한 선종부터는 찬녕의 선종이해에 대하여 비판이 컸으며, 그 중에서도 임제종(황룡파)의 覺範慧洪(1078~1128)은 『石門文字禪』·『禪林僧寶傳』·『林間錄』 등으로 통렬하게 비판하며 선종 법등의 정통성을 주장했다.

호적이 「하택대사신회전」에서 가장 합리적으로 신용할 수 있다고 평가한 이래 신회전의 기본자료로써 『송고승전』은 定評을 널리 얻어왔지만 「신회탑명」이 발견됨에 따라 그 기술의 일부에 의심하는 눈길이 향해지고 있었다.

『송고승전』에만 있고 다른 자료에는 보이지 않는 독자적인 기술은 (1) '辭親, 投本府國昌寺顥元法師下出家.' (2) '聞嶺表曹侯溪慧能禪師盛揚法道, 學者駿奔…及見, 能問會曰, 從何所來. …答曰, 今已得到, 且無滯留. 居曹溪數載, 後徧尋名跡'의 혜능과의 처음 상견할 때 문답, (3) '開元八年, 勅配住南陽龍興寺.' (4) '群議乃請會主其壇度. 于時寺宇宮觀, 鞠爲灰燼. 乃權創一院, 悉資苦蓋, 而中築方壇, 所獲財帛頓支軍費. 代宗郭子儀收復兩京, 會之濟用頗有力焉. 肅宗皇帝詔入內供養. 勅將作

大匠併功齊力, 爲造禪宇荷澤寺中是也.'의 향수전의 공에 의하여 恩遇, (5) '受生九十三歲.'이다. (2)는 글 가운데 '曹侯溪'라고 있는 것 때문에 아마도 『보림전』의 신회전을 이은 것이라고 생각한다. 조계를 조후계라고 표현한 것은 『보림전』뿐이기 때문이다. (1)은 (2)와 연속하는 일련의 기사라고 보는 것이 가능하기 때문에 역시 그 말이 온 출원지는 『보림전』일 것이다. (3)은 귀중한 정보이다. (4)의 향수전의 공에 의하여 恩遇한 것에 대해서는 호적이 인정한 이래 그 견해가 받아들여지고 있지만 「신회탑명」이 발견됨에 따라 재검토가 필요하며 의문시되고 있다. (5)는 「신회탑명」에 의하여 잘못되었다는 것이 확정되었다.

『송고승전』보다 선행하는 신회전의 자료로서는 「신회탑명」, 『원각경』양소초의 신회제7, 『배후습유문』, 『조당집』이 있다. 그 위에 「신회탑명」과 종밀의 '신회제7'과는 후자를 신회의 여러 가지 艱難에 초점을 맞추어 전기를 완성하는 것 이외에 본질적으로 다른 것은 없고, 생몰년, 僧夏, 시적지, 용문보응사의 入塔 등은 모두 일치하고 있다. 그런데 오대 말 송 초에 완성된 『조당집』·『송고승전』에는 상원원년(760)의 시적이라고 하며, 숙종황제가 전기에 등장하는 것 등을 보면 명확하게 종밀의 신회제7 이후 신회전이 변화한 것을 보여주고 있다.

4)『宋高僧傳』의 唐洛京荷澤寺神會傳

[(唐洛京荷澤寺神會傳(『宋高僧傳』卷8)]　　贊寧 撰

(1) 釋神會, 姓高, 襄陽人也.

年方幼學, 厥性惇明. 從師傳授五經, 克通幽賾. 次尋莊老, 靈府廓然. 覽後漢書, 知浮圖之說. 由是於釋教留神, 乃無仕進之意. 辭親, 投本府國昌寺顥元禪師下出家. 其諷誦群經, 易同反掌. 全大律儀, 匪貪講貫.

聞嶺表曹侯溪慧能禪師盛揚法道, 學者駿奔, 乃斆善財南方參問, 裂裳裹足, 以千里爲跬步之間耳. 及見, 能問會曰, 從何所來. 答曰, 無所從來. 能曰, 汝不歸去. 答曰, 一無所歸. 能曰, 汝太茫茫. 答曰, 身緣在路. 能曰, 由自未到, 答曰, 今已得到, 且無滯留. 居曹溪數載, 後徧尋名跡.

開元八年, 勅[①]配住南陽龍興寺. 續於洛陽大行禪法, 聲彩發揮. 先是兩京之間皆宗神秀, 若不淰之魚鮪附沼龍也. 從見會明心, 六祖之風, 蕩其漸修之道矣. 南北二宗, 時始判焉, 致普寂之門盈而後虛.

天寶中, 御史盧奕阿比於寂, 誣奏會聚徒, 疑萌不利. 玄宗召赴京. 時駕幸昭應. 湯池得對, 言理允愜. 勅移往均部. 二年, 勅徙荊州開元寺般若院住焉.

十四年, 范陽安祿山擧兵內向. 兩京版蕩, 駕幸巴蜀.

副元帥郭子儀率兵平殄. 然於飛輓索然. 用右僕射裵冕權計, 大府各置戒壇度僧. 僧稅緡謂之香水錢, 聚是以助軍須. 初洛都先陷, 會越在草莽. 時盧弈爲賊所戮. 群議乃請會主其壇度. 于時寺宇宮觀, 鞠爲灰燼. 乃權創一院, 悉資苫[②]蓋, 而中築方壇, 所獲財帛頓支軍費. 代宗郭子儀收復兩京, 會之濟用頗有力焉. 肅宗皇帝詔入內供養. 勅將作大匠併功齊力, 爲造禪宇于[③]荷澤寺中是也. 會之敷演顯發能祖之宗風, 使秀之門寂寞矣.

上元元年, 囑別門人, 避座望空, 頂禮歸方丈, 其夜示滅. 受生九十三歲矣. 卽建午月十三日也. 遷塔于洛陽寶應寺. 勅謚大師曰眞宗, 塔號般若焉.

系曰, 修其敎不易其俗, 齊其政不易其宜者, 貴其漸也. 會師自南徂北, 行曹溪之法. 洛中彌盛, 如能不自異, 外護已成則可矣. 況乎旁無力輪, 人之多僻, 欲無放逐, 其可得乎. 或曰, 其過不多, 何遽是乎. 通曰, 犯時之忌, 罪不在大. 失其所適, 過不在深. 後之觀此, 急知時事歟. 是以佛萬劫學化行者, 知化行難耳. 無令固己而損法. 愼之哉.

(2) 慧能傳(『대정장』권50, p.755중)

弟子神會, 若顏子之於孔門也. 勤勤付囑, 語在會傳. 會於洛陽荷澤寺崇樹能之眞堂. 兵部侍郎宋鼎爲碑焉. 會序宗脈, 從如來下, 西域諸祖外, 震旦凡六祖, 盡圖繢其影. 太尉房琯作六葉圖序. … 至德中, 神會遣弟子進平, 送牙癢和一柄.

【校記】

*저본 : 『大宋高僧傳』卷8(宋 『磧砂大藏經』卷35).

*교본 : a. 金陵刻經處本(江北刻經處, 1887年本의 複製, 3集卷1의 4).

b. 『宋高僧傳』卷8(『대정장』권50, pp.756하~757상).

c. 기타 『불교대장경』권74, '史傳1.'

d. 中國佛教典籍選刊, 『宋高僧傳』(范祥雍點校, 中華書局, 1987)上册, p.179.

① 저본은 「勅」자가 「敕」자로 되어 있음. 이하도 동일함.
② 대정장과 불교대장경에 「苫」자를 「苦」자라고 한 것은 오류.
③ 금릉각경처본은 「于」가 「於」자로 되어 있음.

【번역】

『송고승전』의 당 낙경 하택사 신회전

찬녕 지음

(1) 석 신회는 속성이 고씨며, 양양 사람이다.

나이는 어리지만 배움에 뜻을 두었으며 그 성품은 인정이 많고 밝았다. 스승으로부터 5경을 전수 받았으며 능히 깊은 의미를 통달했다. 다음 노장자를 배웠으며 영부가 확연했다. 후한서를 읽고 불교를 알게 되었으며 이로 말미암아 불교에 관심을 가지게 되어 관리로 진출하려는 뜻을 포기했다. 부모와 하직하고 본부의 국창사 호원선사 밑으로 출가했다. 많은 경전을 마치 손바닥을 뒤집는 것처럼 쉽게 독송해 냈다. 완전히 대율의를 엄수했지만 학문에 몰두하지는 않았다.

영남에 조계의 혜능선사가 법을 크게 선양하자 학자들이 분주하게 몰려든다는 소식을 듣고 선재동자가 남방을 참문하는 것을 배우고 두루막 자락을 찢어 발을 감싸며 천리 길을 멀다 않고 급히 달려와 법문을 들었다. 이를 본 혜능이 신회에게 묻기를 "어디에서 왔는가?" 답, "온 곳이 없습니다." 혜능이 말하기를 "너는 돌아가지 않겠는가?" 답, "돌아 갈 곳이 없습니다." 혜능이 말하기를, "너는 그 어디에도 있을 곳이 없구나." 답, "종신토록 길거리에 있을 겁니다." 혜능이 말하기를, "너는 아직 도달하지 못했다." 답, "지금 이미 도달했으나 우선 체류하지 않습니다." 조계에 몇 해 살았으며 그 후에 두루 명적을 찾아 나섰다.

개원8년(720)년에 칙명으로 남양 용흥사에 배치되었다. 이어 낙양에서 선법을 크게 펼쳐 변재의 능력을 발휘했다. 이전은 장안과 낙양에서 모두 신수를 스승으로 모셨으며, 마치 흐르지 않는 물의 고기가 호수의 용을 따라가는 것과 같았다. 견으로부터 마음을 밝히는 육조의 가풍은 점수의 도를 휩쓸어 버렸다. 남북의 두 종파는 이 때 비로소 판가름났다. 보적의 문하는 크게 융성했지만 그 후는 쇠퇴했다.

천보 중(742~755)에 어사 노혁이 보적선사에게 아첨하며 편을 짜 신회가 종도를 모아 음모를 꾸미려했다고 誣奏하여 의심을 받으며 불리하기 시작했다. 현종은 신회를 도성으로 소환했다. 그 때 황제는 어가를 타고 소응에 어행했다. 온천궁에서 신회는 알현을 하사받았으며, 말의 이치는 진실로 어긋남이 없었다. 칙명으로 균부로 옮겨 갔다. 2년 후 다시 칙명으로 형주 개원사의 반야원으로 옮겨 머물렀다.

14년(755)에 범양의 낙록산이 군사를 일으켜 도성을 공격했다. 낙양과 장안은 함락되어 현종은 난을 피해 파촉으로 갔다.

부원사 곽자의가 병사를 통솔하여 난을 평정했다. 그러나 전쟁 비용이 궁핍한 지경에 이르렀다. 그래서 우복사 배면이 안으로 내놓은 하나의 계략을 수용하여 대부에 각각 계단을 두고 스님을 배출했다. 스님들이 출가 지원금으로 납부하는 향수전이라는 세금을 모아 군자금을 조달했다. 처음에 낙양이 먼저 함락되자 신회는 초야에 유랑하는 신세가 되었다. 그 때 어사 노혁이 반역자들을 죽였다. 거기에 모인 사람들의 협의 끝에 신회를 초청하여 그 壇度를 주최하도록 했다. 그 때 사우궁관은 국문하여 회신을 만들었다. 거기에 임시로 하나의 원을 새로 세웠지만 모두 이엉으로 지붕을 이은 小屋이었으며 가운데는 사각의 단을 세워 모인 재백은 즉시 군비로 지출되었다. 대종과 곽자의가 양경을 수복하는데 신회의 자금원조가 굉장한 힘이 되었다. 숙종황제는 조서를 내려 입내하여 공양토록 했다. 칙명으로 장작대장의 모든 기술을 동원하고 힘을 합쳐 하택사에 선우를 짓게 했다. 신회의 교화는 혜능조사의 종풍을 선양하여 마침내 신수의 문하를 적막하게 했다.

상원원년(760)에 문인들에게 후사를 부촉하며 이별을 고했으며 좌석을 피하여 공중을 우러러보며 정례하고 방장으로 돌아가 그 날 밤에 시적했다. 세수는 93세였다. 즉 5월 13일이었다. 탑을 낙양의 보응사로 옮겼다. 칙명으로 대사에게 진종이라고 시호하고, 탑호를 반야라고 했다.

이어 말하기를, 그 가르침을 닦고 그 습속을 바꾸지 말 것이며 그 풍속을 따라 정치를 행하고 그 편의를 바꾸지 않은 것은 그 느린 변화를 귀중하게 여기기 때문이다. 신회선사는 남지로부터 북지로 가 조계의 법을 가지고 교화했다. 낙양에서 더욱 성대했으며, 만약 눈에 띈 활동을 절제할 수 있고, 또 외호자를 빨리 얻을 수 있었다면 문제는 없었을 것이다. 하물며 곁에 버팀목도 없고 사람의 曲解가 많은데 추방 되지 않기를 바랬지만 도대체 그 일이 가능했을까? 혹 어떤 사람이 말하기를, "그의 잘못이 많은 것은 아니다. 어째서 갑자기 그렇게 된 것일까?"라고 했다. 回通하여 대답하기를, "시기를 잃었다고 죄가 큰 것은 아니다. 또 생각했던 것을 잃어버렸다고 허물이 깊은 것도 아니다. 후세에 이것을 생각해 보면 새로운 가르침의 포교를 너무 급히 서둘렀다고 말할 수 있지 않을까"라고 했다. 따라서 부처님이 만겁(영원)에 교화를 배운 것은 교화가 얼마나 어려운가를 알 수 있을 뿐이다. 자기의 입장을 고집하여 오히려 법을 해치는 일이 있어서는 안 된다. 이 일은 주의해야 한다.

(2) 혜능전

제자 신회는 얼굴이 공자와 같았다. 부지런히 부촉하여 말이 신회에게 전해졌다. 신회는 낙양 하택사에서 혜능의 진영당을 숭앙하며 세웠다. 병부시랑 송정이 비를 만들었다. 신회는 종맥의 차례를 매겨 여래 이하 서역의 모든 조사 외에 중국의 육조에 이르기까지 모두 그 진영을 그렸다. 태위 방관이 '육엽도서(六葉圖序)'를 지었으며 … 지덕 년 중(756~757)에 신회는 제자 진평을 시켜 牙癢和 한 자루를 보냈다.

【注記】

*姓高(성고) : 永泰元年(765)에 조성된 「龍門寶應寺建身塔銘」(이하 「神會塔銘」)에는 姓이 보이지 않지만 『조당집』과 『전등록』에는 姓이 高씨라고 한다. 종밀의 『원각경대소초』 권3의 하 '혜능제6' '신회제7'의 略傳에서 말하는 姓高와 姓萬는 모두 잘못이다.

*襄陽人(양양인) : 襄陽은 호북이다. 『禪門師資承襲圖』도 "襄陽의 僧 신회가 있다"(鎌田茂雄本, p.277)고 한다. 『조당집』 이후는 모두 "襄陽人"이라고 한다.

*幼學(유학) : 『禮記』'曲禮上'에 "사람이 태어나 10년이 되는 것을 幼라고 하고, 배움이 시작된다."

*惇明(돈명) : 『尙書』'武成'에 '믿음을 돈독히 하여 뜻을 밝히는 것(惇信明義)'에 의거한 말이지만 여기서는 10세로서 경서의 공부를 시작한 무렵에 현명함을 말한 것이다.

*覽後漢書, 知浮圖之說(람후한서, 지부도지설) : 『後漢書』에는 초전기의 불교에 관한 기술이 많다. 『후한서』 권88 '西域傳(身毒國)'에 "천축국, 일명 身毒은 月氏의 동남 수 천리나 떨어진 곳에 있다. 풍속은 월씨와 같지만 卑濕하고 暑熱하다. 그 나라는 큰물을 끼고 있고 코끼리를 타고 전쟁을 한다. 그 사람은 월씨보다 약하며, 부처의 도를 닦고 살생하지 않으며 마침내 成俗한다"(天竺國, 一名身毒, 在月氏之東南數千里. 俗與月氏同, 而卑濕暑熱. 其國臨大水, 乘象而戰. 其人弱於月氏, 修浮圖道, 不殺伐, 遂以成俗)고 하며, 이 다음에 후한의 明帝가 金人을 꿈에 보고 사신을 서역에 보내어 불교를 구해왔다고 하는 명제의 感夢求法說, 楚王英, 桓帝의 신앙 등에 관한 기술이 이어진다.

***投本府國昌寺顥元法師下(투본부국창사호원법사하)** : 호원법사의 전기는 알 수 없다. '國昌寺'에 대해서는 『송고승전』 권29 '荊州國昌寺行覺傳'(『대정장』 권50, p.893상)에 "낙양에서 신회에게 참알하고 玄理를 개오한 行覺이 여러 지방을 유행하다가 강릉에서 古寺의 殿宇가 허물어져 인적이 끊어져 있는 것을 보고 바랑을 풀고 석장을 걸었는데 다음 날 樵夫가 그것을 보고 이상히 여겨 말하기를, '이 국창사는 이미 三周(36년) 전에 부서졌다'고 한다(於洛都遇會禪師開悟玄理秉心矯跡, 遊方見江陵古寺殿宇摧墮闃而無人, 覺卸囊挂錫, 明日見樵夫, 驚怪言, 此是國昌寺, 廢已三周. 將知人事相因道從緣會.)"는 말이 있다. 이 국창사와 신회가 投身한 本府(결국 襄陽)의 국창사와는 다른 사원이지만 위에 인용한 원문 끝에 "장차 인사는 서로 인이 되고 도는 연으로부터 만나는 줄 알아야 한다"고 서술하고 있기 때문에 贊寧은 동일한 사찰로 본 것인지도 모른다.

***講貫(강관)** : 習學하다의 뜻이다. 『國語』 '魯語下'에 "선비는 아침에는 業(학문)을 받고 낮에는 講貫하고 저녁에는 習復한다." '講'은 訓練, '貫'은 習熟의 뜻이다.

***聞嶺表曹侯溪慧能禪師, 盛揚法道, 學者駿奔(문령표조후계혜능선사, 성양법도, 학자준분)** : 종밀의 '신회제7'에서는 먼저 신수에게 참알한 일을 말하지만 그 경력은 보이지 않는다. '曹侯溪'는 『보림전』 권10의 逸文에 "咸淳(亨) 중(670~674)에 晉武侯의 元孫曹叔良이란 자가 있었는데 쌍봉산 보림사의 왼편에 住在했다. 그 때 사람들은 그를 雙峰曹侯溪라고 불렀다. 儀鳳 중(676~679)에 이르러 叔良地를 大師로 대접했다."[椎名宏雄, 「『寶林傳』逸文の研究」(『駒澤大學佛教學部論集』 第1

1號)」고 설명하고 있다.

***乃斅善財南方参問，裂裳裹足，以千里爲跬步之間耳**(내효선재남방참문, 렬상리족, 이천리위규보지간이) : 『화엄경』'입법계품'에 설한 선재동자가 남방으로 유행하여 55인의 선지식을 歷訪했다고 한다. '裂裳裹足'는 분주하고 急切한 모습을 말한 것이다. 『呂氏春秋』권21에 "公輸般은 구름에 닿을 정도로 긴 사다리를 만들어 송나라를 공격하고자 했다. 묵자는 이 말을 듣고 노나라로 가서 裂裳裹足하게 주야로 쉬지 않고 10일 10야에 郢(초나라의 수도)에 이르렀다." '跬步'의 '跬'는 半步.

***及見，能問會曰 … 且無滯留**(급견, 능문회왈 … 차무체유) : 이 혜능과의 기연의 문답은 본 자료에만 보이는 것이다. '由自未到'의 '由自'는 '猶自'와 같다.

***開元八年，勅配住南陽龍興寺．續於洛陽大行禪法，聲彩發揮**(개원팔년, 칙배주남양용흥사. 속어낙양대행선법, 성채발휘) : 개원8년(720)에 남양으로 配住되었다고 하는 것은 본 자료에만 있는 귀중한 정보이다. 낙양으로 들어갔다는 것은 「신회탑명」에 의하면 병부시랑 송정의 延請에 의한 것이라고 하지만 年紀를 기재하지 않았다. 종밀의 '신회제7'에 의하면 천보4재(745, 62세)의 일이며, 역시 송정이 請入하고, '曹溪了義' '荷澤頓門'이 천하에 유행했다고 한다. 『전등록』권5(『대정장』권51, p.245상)에 "천보4년(745)에 비로소 남종을 확정하고 『현종기』를 지었는데 세상에 성행했다(天寶四年, 方定南宗, 乃著顯宗記, 盛行于世.)"고 한다.

***先是兩京之間皆宗神秀．若不淰之魚鮪附沼龍也**(선시양경지간개종신수. 약불심지어유부소용야) : 『예기』'禮運篇'에 "故龍以爲畜, 故魚鮪不淰"이라 한다. 즉 성인이 정한 예절에 의하

여 인간도 四靈도 도야되고, 四靈의 하나인 용도 사람에게 순종하여 가축이 된다. 그것으로 용이 다스리는 魚類도 사람을 두려워하지 않고 순종한다. 여기서는 용인 신수(?~706)에게 고기인 사람들이 계속 따르는 것을 말한다. 신수는 '兩京法主, 三帝國師'라고 칭찬할 수 있었지만 이것은 길러 길들여진 가축이라고 보아 '沼龍'이라고 표현할 것일 것이다. '淰'은 물고기가 놀라서 흩어지는 모양.

***南北二宗時始判焉, 致普寂之門盈而後虛**(남북이종시시판언, 치보적지문영이후허) : 大照禪師普寂(651~739)는 신수 멸후(706)의 동산법문을 이끌고 中宗·睿宗·玄宗의 삼대, 약 30년간 양경 선종의 중심에 있었다. 李邕撰「大照禪師碑」(『전당문』권262), 『구당서』권191'신수전'에 붙은 普寂傳을 보라.

***天寶中, 御史盧弈阿比於寂, 誣奏會聚徒, 疑萌不利**(천보중, 어사노혁아비어적, 무주회취도, 의맹불리) : 종밀의 '신회제7'에 의하면 천보12재(753)의 일이라고 하지만 노혁의 이름은 나와 있지 않다. 어사노혁은 『구당서』권187'忠義傳下'에 천보11재(752)에 御史中丞으로서 동도에 들어가 東都武部選事가 되었지만 14재(755) 12월은 아직 안록산의 피해가 종결되지 않았다. 또 '天寶中 … 言理允愜'은 『조당집』권4'신회장'에 보이는 것과 거의 같다.

***玄宗召赴京. 時駕幸昭應. 湯也得對, 言理允愜**(현종소부경. 시가행소응. 탕야득대, 언리윤협) : 誣奏되어 현종에게 소환되 詰問을 받은 것은 『조당집』과 본 자료에만 보인다. '昭應'은 陝西省 臨潼縣에 있다. 천보2재에 京兆府新豊과 萬年縣을 나누어 會昌縣을 두었으며, 7년(748)에 소응이라고 고쳤다. 여기에 溫泉宮이 있다(『구당서』권38).

***勅移往均部. 二年, 勅徙荊州開元寺般若院住焉**(칙이왕균부. 이년, 칙사형주개원사반야원주언).: 「신회탑명」은 "마침내 江表의 끝까지 갔다"라고 적고 있지만 종밀의 '신회제7'은 천보12재(753)에 讒言으로 칙명에 의하여 弋陽郡과 武當郡으로 좌천되고 13재(754)에 양주로 量移되었으며, 7월 형주 개원사로 옮겼다는 것이 상세하게 기재되어 있고, 북종의 움직임에 의한 聚衆의 讒言이라는 것도 공통된 내용이다. 신회의 제자 靈坦의 비 「楊州華林寺大悲禪師碑銘並序」(825, 賈餗撰)에도 '荷澤被遷弋陽'이라 하고 配流된 것을 기록하고 있다(『唐文粹』권64, 『전당문』권731). '均部'는 천보(742~755)와 지덕년간(756~757)의 무당군, 지금의 호북성 丹江口市. '二年'은 균부로 量移된 후 2년이라는 뜻이다. 『조당집』이 이것을 "有司量移均州, 至德二年, 肅宗勅徙荊州, 住開元寺"라고 한 것은 종밀의 '신회제7'과는 다르다. 본 자료가 香水錢의 공로에 의하여 숙종의 부름을 받고 입내하여 공양받았다는 것을 特筆하고 있는데 『조당집』은 그것을 말하지는 않지만 숙종이 神會傳에 등장하는 것은 본 자료와 전기의 來源을 같이 하는 곳이 있기 때문에 명확하게 종밀의 '신회제7' 이후에 신회전이 변화된 것을 보여주고 있다. '荊州開元寺般若院'에 대해서는 『酉陽雜俎』'金剛經鳩異'에 강릉 개원사 반야원의 法正한 스님의 영험담을 싣고 있다.

***十四年, 范陽安祿山擧兵內向. 兩京版蕩, 駕幸巴蜀. 副元帥郭子儀率兵平殄**(십사년, 범양안록산거병내향. 양경판탕, 가행파촉. 부원수곽자의솔병평진) : 안록산의 반란은 천보14재(755) 11월에서 익월의 12월에 낙양이 점령되고 15재(756) 6월에 장안이 점령되어 현종은 사천으로 피신했다. 7월에 靈武(寧夏

省)에서 숙종이 즉위한다. 지덕2재(757) 9월에 양경을 奪回하지만 낙양은 건원2년(759) 3월에 다시 점령되어 보응원년(762) 10월에 탈회할 때까지 적군의 지배하에 있었다(『アジア歷史事典』). 郭子儀(697~781)는 華州 鄭縣(하남성) 사람이다. 무관으로서 입신하여 안록산의 난에는 제일의 공로자였으며, 지덕2재(757)에 양경이 회복된 때 숙종으로부터 그 공을 賞讚받았다(副元帥가 된 것은 지덕2재 4월임). 또 대종 때 吐蕃이 침입할 때도 당 왕조의 위기를 막았다(『アジア歷史事典』). 『구당서』 권120, 『신당서』 권137에 立傳되어 있다.

* **用右僕射裵冕權計, 大府各置戒壇度僧. 僧稅緡謂之香水錢, 聚是以助軍須(용우복사배면권계, 대부각치계단도승. 승세민위지향수전, 취시이조군수)**: 『신당서』 권51 '食貨志'에 이르기를, "안록산이 반란을 일으키자 司空인 楊國忠은 '正庫의 물건을 선비에게 주어서는 안 된다'고 생각했다. 侍御史인 崔衆으로 하여금 태원에 이르게 하여 돈을 내고 승니와 도사가 되게 했다. 10일에 百萬緡을 얻었다. 양경이 함몰됨으로부터 民物이 줄어들고 천하가 蕭然해졌다. 숙종이 즉위하고, … 명년, 鄭叔淸과 재상 裵冕이 건의하여 천하의 용도를 채우지 못함으로써 모든 도에 사람을 불러 돈을 내게 하고 空名의 告身을 주고, 官勳과 邑號를 주었다. … 商賈의 군을 도우는 자는 넉넉히 돌려보냈다. 양경이 평정되고 또 關輔의 모든 주에 돈을 납부하고 도사와 승니가 된자가 만인이 되었다.(安祿山反, 司空楊國忠以爲正庫物不可以給士. 遣侍御史崔衆至太原納錢度僧尼道士. 旬日得百萬緡而已. 自兩京陷沒, 民物耗弊, 天下蕭然. 肅宗卽位, … 明年, 鄭叔淸與宰相裵冕建議, 以天下用度不充, 諸道得召人納錢, 給空名告身, 授官勳邑號. … 商賈

助軍者，給復．及兩京平，又於關輔諸州，納錢度道士僧尼萬人.)” (中華書局本, p.1347). 山崎宏의 「荷澤神會禪師考」[『中國の社會と宗教』(東洋史學論集第2) 1954, 후에 『隋唐佛敎史の硏究』, 法藏館 1967에 수록], 小川隆의 「荷澤神會の人と思想」(『禪學硏究』第69號, 1991), 葛兆光 「荷澤宗考」(『新史學』第5卷第4期, 1994, 후에 『中國禪思想史-從6世紀到9世紀』, 北京大學出版社, 1995에 수록)를 참조. 소천은 “賣官賣度에 의한 군비조달은 난이 일어난 직후부터 수년간 각지에서 행해졌다”고 주장하고, 갈조광은 “당시 度僧하여 향수전을 모은 州郡은 적어도 20개소 이상 이었다”고 한다. 右僕射裵冕(?～769)에 대해서는 『구당서』권113을 보라. 안록산의 대란 때 숙종을 따른 공이 있어서 재상이 되었지만 지덕2년에 鳳翔, 右僕射의 관직에 취임하였다. 그 후 李輔國의 術士의 罪에 연좌되기도 하지만 복권되어 배직된지 한 달만에 죽었다(山崎宏의 前揭書, pp.211～215).

*群議乃請會主其壇度. … 所獲財帛頓支軍費. 代宗郭子儀收復兩京, 會之濟用頗有力焉. 肅宗皇帝詔入內供養. 勅將作大匠併功齊力, 爲造禪宇于荷澤寺中是也(군의내청회주기단도. … 소획재백돈지군비. 대종곽자의수복양경, 회지제용파유력언. 숙종황제조입내공양. 칙장작대장병공제력, 위조선우우하택사중시야) : 안록산의 반란으로 낙양이 함락되었을 때 草莽에 있었던 신회에게 계단을 만들어 관리하도록 하고 得度한 스님에게 향수전을 모아 군비를 충당케 했다. 또 그 공로가 현저했기 때문에 양경이 회복된 후 숙종의 부름을 받고 입내하여 공양하고 하택사 중에 신회를 위한 禪宇가 지어졌다고 하는 것은 본 자료에만 보이기 때문에 다른 데는 증거를 찾아 볼

수 없다. 小川의 전게 논문에는 "다른 자료 중에 부합하는 記載를 찾아 볼 수 없다." "특히 「신회탑명」은 안사의 난 그 자체에 대해서는 언급을 하면서 입내공양한 일에 대해서는 전혀 말하고 있지 않다"고 한다. 또 「신회탑명」과 종밀의 '신회제7'에서는 신회의 遷化가 乾元元年(758), 즉 양경을 탈회한 翌年 형주 개원사에 있을 때라고 하는데 만약 이것이 옳다면 『송고승전』이 만년에 입내공양한 것을 받아들인 셈이 되고 낙양에 부름을 받았다고 하는 설은 의심스러움을 면할 수 없지만 賣度에 의한 군비조달에 어떠한 형태로든지 참여한 가능성은 부정할 수 없다고 서술한다. 또 葛兆光의 전게 논문도 찬녕의 이 기재는 진실하지 않는 것을 誤信할 가능성이 있는 것이며, 비록 신회에게 향수전이 있었다할지라도 조정이 남종에 특별한 恩遇를 줄 수 있는 이유가 없다는 것을 논하고 있다. '將作大匠'은 官名이다. 宗廟·墓陵·宮殿의 토목공사를 관리했다.

*上元元年, 囑別門人, 避座望空, 頂禮歸方丈, 其夜示滅. 受生九十三歲矣. 卽建午月(五月)十三日也(상원원년, 촉별문인, 피좌망공, 정례귀방장, 기야시멸. 수생구십삼세의. 즉건오월(오월)십삼일야) : 「신회탑명」은 천화를 건원원년(758), 세수75, 승납54, 형주 개원사에서 시적했다고 한다. 종밀의 '신회제7'도 건원원년(758), 형주 개원사에서 시적했으며, 세수는 75세라고 한다. 上元元年(760)설은 『조당집』권3'신회장'에 "師上元元年五月十三日歿. 勅諡眞宗大師般若之塔." 또 『전등록』권5에도 "師於上元元年五月十三日. 中夜奄然而化. 俗壽七十五. 二年, 遷塔於洛京龍門. 於塔所置寶應寺. 大曆五年(770), 賜號眞宗般若傳法之堂. 七年, 又賜般若大師之塔"이라고 한다. 『송고승전』에 상원원년의 몰년과 세수 93세는 어느 것이라

도 訂正되어야 한다. '避座'는 좌석을 세워놓고 물러나는 것. 경의를 나타내는 행동이다. 『유마경』'보살행품'에 "其諸菩薩 卽皆避座, 稽首佛足."이란 말이 있다.

***遷塔于洛陽寶應寺**(천탑우낙양보응사) : 용문의 10寺 중 하나인 용문 보응사. 「신회탑명」도 "寶應寺龍崗腹建身塔"이라 하고, 종밀의 '신회제7'은 "東都龍門置塔. 寶應二年, 勅於塔所置寶應寺"라 하며, 『경덕전등록』권5'신회장'에는 "建塔於洛京龍門, 勅於塔所置寶應寺"라고 한 것과 같이 모두 일치하고 있다.

***勅諡大師曰眞宗. 塔號般若焉**(칙시대사왈진종. 탑호반야언) : 종밀의 '신회제7'에도 "大曆5年(770), 勅賜祖堂額, 號眞宗般若傳法之堂. 勅賜塔額, 號般若大師之塔."이라 한다.

***系曰**(계왈) : 신회전 전체를 마무리 짓는 논찬이다. 『文選』권15, 張平子의 『思玄賦』의 李善注에 "系, 繫也. 言繫一賦之前意也."라고 한다.

***修其敎不易其俗, 齊其政不易其宜者**(수기교불이기속, 제기정불이기의자) : 『예기』'王制篇'에 보이는 "民生其間者異俗, 剛柔輕重遲速異齊, 五味異和, 器械異制, 衣服異宜."에 이어진 말이다. 의미는 사람은 각자 지리적 조건과 풍속습관을 달리하는 환경에서 태어나 길러지는 것이기 때문에 그와 같은 토지를 다스리는 것은 인간의 성질에 응하여 교육하고 풍속에 따라 정치를 행하며 생활상에 편의로 하는 것은 일부러 그대로 놓아둔다. 중국 五方民의 習俗을 강제로 통일하려고 해서는 안 된다.

***力輪**(역륜) : 『四部律行事鈔資持記』(『대정장』권40, p.405하)에 "法輪卽佛法, 力輪是王臣."

***犯時之忌, 罪不在大. 失其所適, 過不在深**(범시지기, 죄불재

대. 실기소적, 과부재심) : 王弼의 『周易略例』권10 '明卦適變通爻의 말'에 "길흉에는 때가 있어서 가히 범할 수 없다. 動靜에는 適이 있어서 가히 지나칠 수 없다. 時忌를 범하는 것은 죄가 큼에 있지 않고, 그 적합한 것을 잃어버리는 것은 허물이 깊음에 있지 않다(吉凶有時不可犯也. 動靜有適不可過也. 犯時之忌罪不在大, 失其所適過不在深.)." 樓宇烈校譯에 "이 句意를 생각하기를, '단지 만약 때를 어겨 時宜를 잃어버리면 나아감에 반드시 凶咎를 만나지만 완전히 罪過가 深大한 것은 아니다'"고 한다(『王弼集校釋』下册, 中華書局, 1980).

***急知時事(급지시사)** : "신회가 낙양에서 포교에 실패한 이유이다" 라고 찬녕이 지적하는 것. '急知'는 시간적으로 '빨리 알린다'는 뜻이다. 『搜神記』권15 '史姁'에 "소식을 급히 알고자 하여 가서 그것을 알아보도록 요청했다(欲急知消息, 請往省之.)." →[『法苑珠林』권97(『대정장』권53, p.1002중), 『태평광기』권375(中華書局本, p.2979)]."

***佛萬劫學化行者(불만겁학화행자)** : 『北山錄』권3(『대정장』권52, p.586상)에 "大士旣百劫修相好(菩薩三大企耶劫修行, 至金剛喩定. 後百劫修相好, 千劫學威儀, 萬劫學化行也)."

5) 『祖堂集』의 神會傳 ―『祖堂集』卷第3(『禪學叢書』4, pp.56b～57a).

靜・筠 撰

(1) 荷澤和尙嗣六祖, 在西京荷澤寺. 師諱神會, 姓高, 襄陽人也. 師初到六祖處. 六祖問, 是爾遠來, 大艱辛. 還將本來不.

若有本即合識主, 是爾試說看. 師對曰, 神會以無住爲本, 見即是主. 祖曰, 者沙彌, 爭取次語. 便以杖亂打. 師杖下思惟, 大善知識, 歷劫難逢, 今旣得遇, 豈惜身命. 六祖察其語深情至, 故試之也. 因此自傳心印, 演化東都, 定其宗旨. 南能北秀, 自神會現揚, 曹溪一枝, 始芳宇宙. 天寶中, 御史盧液(奕)是北宗普寂門徒, 奏會聚徒洛陽. 玄宗徵赴, 駕幸詔(昭)應, 得對天顏, 言理允符, 聖情鄭重. 有司量移均州. 至德二年, 肅宗勅徙荊州, 住開元寺. 師鄕信到, 報父母俱喪. 師乃入僧堂, 白槌曰, 父母俱喪, 請大衆念摩訶般若. 大衆纔坐, 師曰, 勞煩大衆, 珎重. 師於上元元年五月十三日終. 勅諡眞宗大師般若之塔.

(2) 慧寂章(『禪學叢書』4, p.350a)

六祖在曹溪說法時, 我有一物, 本來無字, 無頭無尾, 無彼無此, 無內無外, 無方圓無大小, 不是佛不是物. 返問衆僧, 此是何物. 衆僧無對. 時有小師神會出來, 對云, 神會識此物. 六祖云, 這饒舌沙彌, 旣云識, 喚作什摩物. 神會云, 此是諸佛之本源, 亦是神會佛性. 六祖索杖打沙彌數下, 我向汝道無名無字, 何乃安置本源佛性.

【번역】

5) 『조당집』의 신회전

정 · 균 지음

(1) 하택화상은 육조혜능의 법을 이어 서경 하택사에 있었다.

화상의 휘는 신회이고, 속성은 고씨이며, 양양사람이다. 화상이 처음 육조의 처소에 갔다.

그 때 육조가 묻기를

"멀리서 오너라고 대단히 수고했다. 또 근본을 가지고 왔는가? 만약 근본이 있다면 마땅히 주인을 알아차려야 할 것이다. 그대는 말해 보라."

신회가 대답하기를,

"신회는 무주를 근본으로 하며, 보는 것이 주인입니다."

이에 조사가 말하기를,

"이 사미야, 어찌 함부로 말을 하느냐? 곧 바로 주장자로써 난타했다."

신회는 매를 맞고 생각하기를,

"훌륭한 선지식은 역겁토록 만나기 어려운데 지금 이미 만났으니 어찌 신명을 아끼겠습니까?"

육조는 그의 말이 의미가 깊고 감정이 매우 간절했기 때문에 시험한 것이다. 이로 인하여 몸소 심인을 전해받고 동도에서 법을 펴면서 그 종지를 수립했다. 남쪽은 혜능, 북쪽은 신수라는 말이 신회의 육조현창운동으로부터 비롯된 것이며, 조계의 한 가지가 비로소 우주에 가득했다. 천보 중(742~755)에 어사 노혁은 북종 보적의 문도였는데 신회가 낙양에 종도들을 모았다고 誣奏하였다. 현종이 신회를 불렀기때문에 그는 가마를 타고 부름에 응하여 천안을 대면할 수 있었지만 신회는 말에 조리가 있어서 한 치도 어긋남이 없이 부합하여 황제의 마음이 정중해졌다. 유사가 재량하여 균주로 옮기게 했다. 지덕2년(757)에 숙종은 칙령을 내려 형주로 옮기게 하여 개원사에 머물도록 했다. 이때 화상이 고향에서 편지를 받고 양친이 함께 상을 당했다는 소식을 들었다. 이에 화상은 곧 승당으로 들어가 망치로 목판을 두드리면서 말하기를 "양친이 함께 상을 당했으니 대중들은 마하반야를 외울 것을 청합니다." 대중들이 자리에 앉자마자 화상이 말하기를,

"대중들을 번거롭게 해서 미안합니다. 편히 쉬십시오"

라고 했다. 화상은 상원원년(760) 5월 13일 입적했다. 조하하기를, 시호를 '眞宗大師'라 하고 탑호를 '般若之塔'이란 했다.

(2) 혜적장

육조가 조계에서 설법할 때 다음과 같이 말했다. "나에게 한 물건이 있지만 본래 이름도 없고, 머리도 없고 꼬리도 없으며, 저것도 없고 이것도 없으며, 안도 없고 밖도 없으며, 모나고 둥글지도 않고 크고 작지도 않으며, 부처도 아니고 물건도 아니다."고 했다. 그리고 대중들에게 반문하기를,

"이것이 어떤 물건입니까?"

대중은 말이 없었다. 그 때 어린 사미가 앞으로 나와 대답하기를,

"신회는 이것을 앎니다."

육조가 말하기를,

"이 요설사미야, 이미 안다고 했다면 이것을 무엇이라고 해야 하는가?"

신회가 말하기를,

"이것은 모든 부처님의 본원이며, 또한 신회의 불성입니다."

육조는 주장자를 들고 사미를 몇 번 내리쳤다. 내가 너에게 이름도 없고 글자도 없다고 했는데 어찌 본원불성을 세우려고 하는가?

【注記】

*白槌(백퇴) : 白은 公告이고, 槌는 종을 치는 나무망치이다. 선원에서 수행자의 주의를 끌기 위하여 작은 나무망치로 목판을 치는 것을 백퇴라 한다. 이는 주로 설법의 전후에 쓴다.

6) 『景德傳燈錄』의 神會傳

道原 撰

西京荷澤神會禪師者, 襄陽人也. 姓高氏. 年十四, 爲沙彌, 謁六祖. 祖曰, 知識遠來, 大艱辛, 將本來否, 若有本則合識主, 試說看. 師曰, 以無住爲本, 見卽是主. 祖曰, 這沙彌, 爭合取次語. 便以杖打. 師於杖下思惟曰, 大善知識歷劫難逢, 今旣得遇, 豈惜身命. 自此給侍. 他日祖告衆曰, 吾有一物, 無頭無尾, 無名無字, 無背無面, 諸人還識否. 師乃出曰, 是諸佛之本原, 神會之佛性. 祖曰, 向汝道無名無字, 汝便喚作本源佛性. 師禮拜而退. 師尋往西京, 受戒. 唐景龍中, 却歸曹谿. 祖滅後二十年間, 曹谿頓旨, 沈廢於荊吳, 嵩嶽漸門, 盛行於秦洛. 乃入京. 天寶四年, 方定兩宗[南能頓宗, 北秀漸教]. 乃著顯宗記, 盛行于世. 一日鄕信至, 報二親亡. 師入堂, 白槌曰, 父母俱喪, 請大衆念摩訶般若. 衆纔集, 師便打槌曰, 勞煩大衆. 師於上元元年五月十三日, 中夜, 奄然而化. 俗壽七十五. 二年, 遷塔於洛京龍門. 勅於塔所置寶應寺. 大歷五年, 賜號眞宗般若傳法之堂. 七年, 又賜般若大師之塔.

【번역】

6) 『경덕전등록』의 신회전

도원 지음

서경의 하택신회 선사는 양양사람이다. 속성은 고씨이다. 나이 14살 때 사미가 되어 육조혜능을 참알했다.

조사가 말하기를,

"그대는 멀리서 오느라 대단히 수고가 많은데 근본을 가지고 왔는가? 만약 근본이 있다면 주인을 알아차려야할 것이니 어디 한번 말해보라."

신회가 말하기를,

"무주가 근본이고, 보는것이 주인입니다."

조사가 말하기를,

"이 사미야, 어찌 함부로 말을 하느냐?"

곧 바로 주장자로 내리쳤다. 신회가 주장자로 얻어맞고 생각하기를, "훌륭한 선지식은 역겁토록 만나기 어려운데 지금 이미 만났으니 어찌 신명을 아끼랴!" 이로부터 시자가 되었다. 다른 날 조사가 대중에게 고하기를,

"나에게 한 물건이 있지만 머리도 없고 꼬리도 없으며, 이름도 별명도 없으며, 등도 없고 얼굴도 없는데 모든 사람들이 알

고 있는가?"

신회가 앞으로 나와 말하기를,

"이것은 모든 부처님의 본원이며, 신회의 불성입니다."

조사가 말하기를,

"내가 너에게 말할 때 이름도 없고 별명도 없다고 했는데 너는 도리어 본원인 불성이라고 하는가?"

신회는 예배하고 물러갔다. 신회는 곧 서경에 가 계를 받았다. 당의 경룡년 중(707~709)에 다시 조계로 돌아갔다. 혜능이 멸도 한 후 20년간 조계의 돈지는 형오에서 침체했으나 숭악의 점문은 진낙에서 성행했다. 이 무렵에 입경했다. 천보4년(745)에 바야흐로 남쪽의 혜능은 돈종이고 북종의 신수는 점교라는 것을 확정지었다. 이에 『현종기』를 지어 세간에 유포했다. 어느 날 고향에서 편지가 와 양친이 사망했다는 소식을 들었다. 화상은 승당으로 들어가 나무 망치로 목판을 두드리면서 말하기를, "부모가 함께 상을 당했으니 대중들이 마하반야를 외울 것을 청했다." 대중이 운집하자마자 스님은 다시 목판을 치며 말하기를,

"대중들을 번거롭게 했습니다."

스님은 상원원년(760) 5월 13일 한 밤중에 갑자기 천화했다. 세속 나이는 75세였다. 2년 후 탑을 낙경의 용문으로 옮겼다. 칙명으로 탑이 있는 곳에 보응사를 세우게 했다. 대력5년(770)에 조서를 내려 '眞宗般若傳法之堂'이라 부르게 했고, 또 7년에는 또 '般若大師之塔'이란 호가 하사되었다.

神會傳五本對照表

(「塔銘」·『圓覺經大疏鈔』·『祖堂集』·『宋高僧傳』·『景德傳燈錄』)

	神會塔銘	大疏釋義鈔	祖堂集	宋高僧傳	傳燈錄
撰者	765년,慧空	823년,宗密	952년,靜·筠	988년,贊寧	1004년,道原
684	粤自佛法東流，傳乎達摩，達摩傳可，可傳璨，璨傳道信，信傳弘忍，忍傳惠能，能傳神會．宗乘七葉，永播千秋．說般若之眞乘，直指見性，談如來之法印，唯了佛心．	神會第七		唐洛京荷澤寺神會傳.	
		大師承南宗能和尙，後[住]於東京荷澤寺．時人皆云荷澤和上．和尙姓高.	荷澤和尙嗣六祖，在西京荷澤寺．師諱神會，姓高，襄陽人也.	釋神會，姓高，襄陽人也.	西京荷澤神會禪師者，襄陽人也．姓高氏.
		頂異凡相(如孔丘也)，骨		年方幼學，厥性惇明．	

		氣殊衆, 聽辯難測.		從師傳授五經, 克通幽賾. 次尋莊老, 靈府廓然. 覽後漢書, 知浮圖之說. 由是於釋教留神, 乃無仕進之意.	
697			師初到六祖處.		年十四, 爲沙彌, 謁六祖.
			六祖問, 是爾遠來, 大艱辛. 還將本來不. 若有本卽合識主, 是爾試說看. 師對曰, 神會以無住爲本, 見卽是主. 祖曰, 者沙彌, 爭取次語. 便以杖亂打. 師杖下思惟, 大善知識, 歷		祖曰, 知識遠來, 大艱辛, 將本來否, 若有本則合識主, 試說看. 師曰, 以無住爲本, 見卽是主. 祖曰, 這沙彌, 爭合取次語. 便以杖打. 師於杖下思惟曰, 大善知識歷劫難逢, 今旣得

			劫難逢, 今既得遇, 豈惜身命. 六祖察其語深情至, 故試之也.		遇, 豈惜身命. 自此給侍. 他日祖告衆曰, 吾有一物, 無頭無尾, 無名無字, 無背無面, 諸人還識否. 師乃出曰, 是諸佛之本原, 神會之佛性. 祖曰, 向汝道無名無字, 汝便喚作本源佛性. 師禮拜而退.
		先事北宗秀三年,		辭親, 投本府國昌寺顥元禪師下出家. 其諷誦群經, 易同反掌. 全大律儀, 匪貪講貫.	師尋往西京, 受戒.
701		秀奉勅追入. 和上遂往嶺		聞嶺表曹侯溪慧能禪師	

		南和尙. 和尙行門增上苦行, 供養密添衆甁, 斫氷濟衆; 負薪擔水, 神轉巨石等云云. 策身禮稱, 然燈殿光, 誦經神衛. 律窮五部, 禪感紫雲.		盛揚法道, 學者駿奔, 乃斅善財南方參問, 裂裳裹足, 以千里爲跬步之聞耳. 及見, 能問會曰, 從何所來. 答曰, 無所從來. 能曰, 汝不歸去. 答曰, 一無所歸. 能曰, 汝太茫茫. 答曰, 身緣在路. 能曰, 由自未到, 答曰, 今已得到, 且無滯留.	
707				居曹溪數載, 後徧尋名跡.	唐景龍中, 却歸曹谿.
720				開元八年, 勅配住南陽龍興寺.	
		因洛陽詰北宗傳衣之由,			

		及滑臺演兩宗眞僞(與崇遠等持論一會, 具在南宗定是非論中也), 便有難起, 開法不得.			
732		然能大師滅後二十年中, 曹溪頓旨, 沈廢於荊吳, 嵩嶽漸門, 熾盛於秦洛. 普寂禪師(秀弟子也), 謬稱七祖. 二京法主, 三帝門師, 朝臣歸宗, 敕使監衛. 雄雄若是, 誰敢當衝. 嶺南宗途, 甘從毀滅, 法信衣服, 數被潛謀(事如祖章). 傳授			祖滅後二十年間, 曹谿頓旨, 沈廢於荊吳, 嵩嶽漸門, 盛行於秦洛.

		碑文, 兩遇磨換(據碑文中所敍). 荷澤親承付屬, 詎敢因循. 直入東都, 面抗北祖(詰普寂也). 龍鱗虎尾, 殉命亡軀. 俠客(沙灘五臺之事)·縣官(白馬衛南盧鄭二縣令之事), 三度幾死, 商旅縗服(曾易服執秤負歸), 百種艱難(具如祖傳). 達磨懸絲之記, 驗於此矣. 因淮上祈瑞, 感炭上生芝草, 士庶咸覩. 遂命建立, 無退屈心.			

		又因南陽答王趙公三車義, 名漸聞於名賢.			
745	有皇唐兵部侍郎宋公諱鼎, 迎請洛城, 廣開法眼. 樹碑立影, 道俗歸心, 宇宙蒼生, 無不廻向.	天寶四載, 兵部侍郎宋鼎請入東都. 然正道易申, 謬理難固. 於是曹溪了義, 大播於洛陽, 荷澤頓門, 派流於天下. 然北宗門下, 勢力連天.	因此自傳心印, 演化東都, 定其宗旨. 南能北秀, 自神會現揚, 曹溪一枝, 始芳宇宙.	續於洛陽大行禪法, 聲彩發揮. 先是兩京之間皆宗神秀, 若不淰之魚鮪附沼龍也. 從見會明心, 六祖之風, 蕩其漸修之道矣. 南北二宗, 時始判焉, 致普寂之門盈而後虛.	乃入京. 天寶四年, 方定兩宗[南能頓宗, 北秀漸教]. 乃著顯宗記, 盛行于世.
753	遂行邁江表之際,	天寶十二載, 被讚聚衆, 敕黜弋陽郡, 又移武當郡.	天寶中, 御史盧液(奕)是北宗普寂門徒, 奏會聚徒洛陽. 玄宗徵赴, 駕幸詔(昭)應, 得對天顏, 言理允	天寶中, 御史盧奕阿比於寂, 誣奏會聚徒, 疑萌不利. 玄宗召赴京. 時駕幸昭應. 湯池得對,	

			符, 聖情鄭重. 有司量移均州.	言理允愜. 勅移往均部.	
754		至十三載, 恩命量移襄州,			
		至七月又敕移荊州開元寺. 皆北宗門下之所致也.		二年, 勅徙荊州開元寺般若院住焉.	
755	方有羯胡亂常. 般若護持, 傳燈有屬.			十四年, 范陽安祿山舉兵內向. 兩京版蕩, 駕幸巴蜀. 副元帥郭子儀率兵平殄. 然於飛輓索然. 用右僕射裵冕權計, 大府各置戒壇度僧. 僧稅緡謂之香水錢, 聚是以助軍須. 初洛都先陷, 會越在草莽. 時盧弈爲賊	

				所戮. 群議乃請會主其壇度. 于時寺宇宮觀, 鞠爲灰燼. 乃權創一院, 悉資苦蓋, 而中築方壇, 所獲財帛頓支軍費. 代宗郭子儀收復兩京, 會之濟用頗有力焉.	
757			至德二年, 肅宗勅徙荊州, 住開元寺.	肅宗皇帝詔入內供養. 勅將作大匠併功齊力, 爲造禪宇于荷澤寺中是也. 會之敷演顯發能祖之宗風, 使秀之門寂寞矣.	
			師鄕信到, 報父母俱喪.		一日鄕信至, 報二親亡.

			師乃入僧堂, 白槌曰, 父母俱喪, 請大衆念摩訶般若. 大衆纔坐, 師曰, 勞煩大衆, 珎重.		師入堂, 白槌曰, 父母俱喪, 請大衆念摩訶般若. 衆纔集, 師便打槌曰, 勞煩大衆.
758	享年七十有五, 僧臘五十四夏. 於乾元元年五月十參日, 荊府開元寺奄然坐化. 其時也, 異香滿室, 白鶴翔空.	至乾元元年四月後, 頻告門人, 令數問法, 再三深歎無爲一法. 五月十三日中夜示寂, 年七十五. 其夜山南東道節度使荊州刺史季廣琛, 見大師座空中過, 空有聲云, 往開元寺, 迎神會和尙去. 云云.			
760			師於上元元年五月十三日終.	上元元年, 囑別門人, 避座望空,	師於上元元年五月十三日, 中夜, 奄

				頂禮歸方丈，其夜示滅．受生九十三歲矣．卽建午月十三日也．	然而化．俗壽七十五．
761	有廟堂李公嗣號王，再迎尊顔於龍門．別有挺生功臣高輔成·趙令珎，奏寺度僧，果乎先願．和尙昔經行宴息，曾記此山．冥與理通，衆望亦足．其地勢也，北隣天闕，南枕伊川．東望嵩山，遙窺觀之指掌，西臨華岳，隱龍崗之在中．擇日吉祥，建乎身	二年，遷厝於東京龍門，置塔．			二年，遷塔於洛京龍門．

	塔. 可大可久, 萬古千秋. 唯佛與佛, 正法東流. 宗乘七葉, 劫石長休.				
763		寶應二年, 敕於塔所置寶應寺.		遷塔于洛陽寶應寺.	勅於塔所置寶應寺.
765	永泰元年歲次乙巳十一月戊子, 十五日壬申入塔. 門人比丘法璘書				
770		大曆五年, 敕賜祖堂額, 號眞宗般若傳法之堂.	勅謚眞宗大師般若之塔.	勅謚大師曰眞宗,	大歷五年, 賜號眞宗般若傳法之堂.
772		七年敕賜塔額, 號般若大師之塔.		塔號般若焉.	七年, 又賜般若大師之塔.
796		貞元十二年, 敕皇太子集諸禪師, 楷定禪門宗旨.			

		遂立神會禪師爲第七祖，內神龍寺敕置碑記，見在．又御製七祖讚文，見行於世．			

		혜능제6	해적장	혜능전	
		(2) 慧能第6(Z14-277b～c) 有襄州神會，姓高． 年十四，往謂(謁)．因答無位爲本，見卽是性(主)，校(杖)試諸難．夜喚審問，兩心旣契，師資道合． 神會北遊，廣其聞見． 於西京受戒． 景龍年中，	(2) 慧寂章(『禪學叢書』4, p.350a) 六祖在曹溪說法時，我有一物，本來無字，無頭無尾，無彼無此，無內無外，無方圓無大小，不是佛不是物．返問衆僧，此是何物．衆僧無對．時有小師神會出來，對云，神會識此物．六祖云，這饒舌沙彌，	(2) 慧能傳(『대정장』권50, p.755중) 弟子神會，若顏子之於孔門也．勤勤付囑，語在會傳．會於洛陽荷澤寺崇樹能之眞堂．兵部侍郎宋鼎爲碑焉．會序宗脈，從如來下，西域諸祖外，震旦凡六祖，盡圖繢其影．太尉房琯作六葉圖	

		却歸曹溪. 大師知其純熟, 遂默授密語. 緣達磨懸記, 六代後命如懸絲, 遂不將法衣出山.	旣云識, 喚作什摩物. 神會云, 此是諸佛之本源, 亦是神會佛性. 六祖索杖打沙彌數下, 我向汝道無名無字, 何乃安置本源佛性.	序. … 至德中, 神會遣弟子進平, 送牙癢和一柄.	

※「神會塔銘」은 본서에 실린「大唐東都荷澤寺歿故第七祖建身塔銘并序」본이고,『圓覺經大疏釋義鈔』卷三六下는 본서에 실린 교정본이다.『祖堂集』卷第三은『禪學叢書』4, pp.56b~57a에 실린 본이고,『景德傳燈錄』卷第5는 東禪寺版 景德傳燈錄, 禪文化研究所 影印本이다.

VI. 하택신회와 관련된 문헌목록

1. 單行本

(1) 松本文三郎,『金剛經と六祖壇經の研究』, 京都：貝葉書院, 1913.

(2) 孤峰知璨,『禪宗史』(曹洞宗講義)第1卷, 東京：光融館, 1919. ⇒『印度支那日本禪宗史』(大本山總持寺), 1974.

(3) 忽滑谷快天,『禪學思想史』上卷, 東京：玄黃社, 1926. ⇒『禪學思想史』(名著普及會), 1969.

(4) 胡適,『胡適校敦煌唐寫本神會和尙遺集』, 上海：亞東圖書館, 1930. →「荷澤大師神會傳」·「神會語錄第一殘卷」(巴黎藏敦煌寫本)·「神會語錄第二殘卷」-菩提達摩南宗定是非論-(巴黎藏敦煌寫本)·「神會語錄第三殘卷」-疑是南宗定是非論的後半(巴黎藏敦煌寫本)·「頓悟無生般若頌」·「荷澤神會大師語」.

(5) 石井光雄,『敦煌出土神會錄』, 東京：1932.

(6) 鈴木貞太郎(大拙)·公田連太郎, 校訂及解說『敦煌出土荷澤神會禪師語錄』, 東京：森江書店, 1934.

(7) 鈴木貞太郎,『敦煌出土少室逸書』, 京都：1935.

(8) 鈴木貞太郎,『校刊少室逸書及解說』, 大阪：安宅佛教文庫, 1936.

(9) 今關天彭, 胡適著『支那禪學の變遷』, 東京：東方學藝書院, 1936.

(10) 宇井伯壽,『禪宗史研究』, 東京：岩波書店, 1939. →「荷澤宗の盛衰」.

(11) Gernet, Jacques., *Les Entretiens du Maître de Dhyâna Chen-houei du Ho-tsö(668-760)*. Publications de L'Ecole Française d'Extrême Orient Vol. 31. Hanoi：1949. ⇒ Paris.(1977).

(12) 向達,『唐代長安與西域文明』, 北京：三聯書店出版, 1957.

(13) 花園大學祖錄研究會,『フランス語譯荷澤神會語錄』, 花園大學, 1958. ← Gernet, Jacques. *Les Entretiens du Maître de Dhyân a Chen-houei du Ho-tsö(668-760)*のtype印書.

(14) Dumoulin, Heinrich., *Zen:Geschichte und Gestalt*. Bern:Francke V erlag. Sammlung Dalp Bd.87, 1959.

(15) Dumoulin, Heinrich., *A History of Zen Buddhism*. New York：P antheon Book & London：Faber and Faber, 1963. ← Gernet, Jacques, Zen：Geschichte und Gestalt의 英譯.

(16) 荒木見悟,『佛教と儒教』, 京都：平樂寺書店, 1963. → 第2章「圓覺經の哲學」, ⇒ 新版 (研文出版), 1993.

(17) 關口眞大,『禪宗思想史』, 東京：山喜房佛書林, 1964. →「神會南宗獨立」·「<南宗>と南宗禪」.

(18) 柳田聖山,『初期禪宗史書の研究』, 京都：法藏館, 1967. ⇒『柳田聖山集』第6卷, 法藏館, 2000. →「『菩提達摩南宗定是非論』について」·「南宗とは何か」.

(19) 山崎宏,『隋唐佛教史研究』, 京都：法藏館, 1967. → 第11章「荷澤神會禪師」.

(20) 鈴木大拙,『鈴木大拙全集』第3卷(禪思想史研究第3), 東京：岩波書店, 1968. ⇒『禪思想研究』第3卷, 1987·『鈴木大拙全集』(增補新版), 2000. →「慧能示寂直後の思想」·『神會錄』(胡適本と石井本との對照)·『頓悟無生般若頌』·『南陽和上頓教解脫禪門直了性壇語』.

(21) 胡適,『胡適校敦煌唐寫本神會和尙遺集附胡適先生晩年的研究』, 台北：胡適記念館, 1968. →『胡適校敦煌唐寫本神會和尙遺集』の手澤本影印·「新校訂的敦煌寫本神會和尙遺著兩種」·「荷澤和尙語錄的第三個敦煌寫本:『南陽和尙問答雜徵義, 劉澄集』」.

(22) 印順, 『中國禪宗史』, 台北 : 1971. → 第7章「荷澤神會與南宗」. ⇒ (和譯)伊吹敦, 『中國禪宗史-中國禪思想の誕生-』, 山喜房佛書臨, 1997.

(23) 鎌田茂雄, 『宗密敎學の思想史的硏究』, 東京 : 東京大學出版會, 1975. → 第5章第4節「禪宗各派の歷史と思想」.

(24) 柳田聖山 主編, 『胡適禪學案』, 京都 : 中文出版社, 1975. → 「荷澤大師神會傳」·「新校訂的敦煌寫本神會和尙遺著兩種」後記·「荷澤和尙語錄的第三個敦煌寫本:『南陽和尙問答雜徵義, 劉澄集』」解說.

(25) 篠原壽雄·田中良昭 編, 『敦煌佛典と禪』(講座敦煌8), 東京 : 大東出版社, 1980. → 鈴木哲雄, 「南宗燈史の主張」·田中良昭, 「禪宗燈史の發展」·篠原壽雄, 「北宗禪と南宗禪」·山口瑞鳳, 「摩訶衍の禪」·川崎ミチコ, 「修道偈Ⅱ-定格聯章」.

(26) 田中良昭, 『敦煌禪宗文獻の硏究』, 東京 : 大東出版社, 1985. → 「初期禪宗における對論」·「『菩提達摩南宗定是非論』と神會の主張 」·「北宗燈史の成立と神會の主張」·「傳衣說から傳法偈說へ」.

(27) 吉津宜英, 『華嚴禪の思想史的硏究』, 東京 : 大東出版社, 1985. → 「荷澤神會の主張」.

(28) 鈴木哲雄, 『唐五代禪宗史』, 東京 : 山喜房佛書林, 1985. → 後編「禪思想の展開」第1節 「荷澤神會とその影響」.

(29) McRae, John R., *Shen-hui and the Teaching of Sudden Enlightenment in Early Cha'n Buddhism.* Sudden and Gradual/ University of Hawaii Press/ Honolulu, Hawaii, 1987.

(30) Dumoulin, Heinrich., *Zen Buddhism* : A History, Vol.1:India and

China with a New Supplement on the Northern School of Chinese Zen(Nanzan Studies in Religion and Culture). New York : Macmillan Publishing Company. Macmillan Pub. Co. Published 1994/11, 1988. ← *Zen : Geschichte und Gestalt*(1955)의 增補英譯.

(31) 田中良昭·沖本克己, 『大乘佛典』(中國·日本篇)11「敦煌Ⅱ」, 東京 : 中央公論社, 1989. → 中村信幸, 「南陽和上頓敎解脫禪門直了性壇語」譯注·田中良昭, 「菩提達摩南宗定是非論」譯注·鈴木哲雄, 「南陽和尙問答雜徵義」譯注·田中良昭, 「解說<漢文文獻>」.

(32) 上山大峻, 『敦煌佛敎硏究』, 京都 : 法藏館, 1991. → 「禪文獻の諸層」.

(33) 洪修平, 『禪宗思想的形成與發展』, 南京 : 江蘇古籍出版社, 1992.

(34) 洪修平, 『中國禪學思想史』(中國文化史叢書13), 台北 : 文津出版社, 1992.

(35) 潘桂明, 『中國禪宗思想歷程』(宗敎文化叢書), 北京 : 今日中國出版社, 1992. → 「神會的禪學思想及其歷史地位」.

(36) 林俊甫, 『荷澤神會大師語錄』, 台灣 : 菩提印經會, 1992.

(37) 刑東風, 『禪悟之道:南宗禪學硏究』, 中國人民大學出版社, 1992.

(38) 石井修道 譯, 『大乘佛典』(中國·日本篇)12「禪語錄」, 東京 : 中央公論社, 1992. → 『曹溪大師傳』(譯注)「解說」.

(39) 松本史朗, 『禪思想の批判的硏究』, 京都 : 大藏出版, 1994. → 「禪思想の意義-想と作意について-」·「『金剛經解義』について-神會の基本的立場に關する考察-」.

(40) 葛兆光, 『中國禪思想史-從6世紀到9世紀』, 北京 : 北京大學出版社, 1995. → 第4章「重估荷澤宗」.

(41) 楊曾文, 『神會和尙禪話錄』(中國佛敎典籍選刊), 北京 : 中華書局, 1996.
(42) 刑東風, 『神會語錄』(中國佛教經典寶藏精選白話版23), 台灣 : 佛光文化事業有限公司, 1996.
(43) 麻天祥, 『中國禪宗思想發展史』, 湖南教育出版社, 1997.
(44) 伊吹敦, 『中國禪宗史-禪思想の誕生-』, 東京 : 山喜房佛書林, 1997. → 印順著, 『中國禪宗史』, 1971의 번역.
(45) 吳汝鈞, 『中國佛學的現代詮釋』, 台灣 : 文津出版社, 1998. →『神會禪-靈知的光輝』.
(46) 鄧文寬·榮新江, 『敦博本禪籍錄校』(敦煌文獻分類錄校叢刊), 南京 : 江蘇古籍出版社, 1998.
(47) 鈴木哲雄, 『中國禪宗史論考』, 東京 : 山喜房佛書林, 1999. →「『神會語錄』引用經論を通して見た荷澤の思想」·「南宗燈史の主張」.
(48) 楊曾文, 『唐五代禪宗史』, 北京 : 中國社會科學出版社, 1999.
(49) 柳田聖山, 『禪文獻の研究(上)』(柳田聖山全集 第2卷), 京都 : 法藏館, 1999. ←『語錄の歷史』(『東方學報』57).
(50) 溝口雄三 外, 『中國思想文化史事典』, 東京 : 東京大學出版會, 2001. →「自然」の項目.
(51) 柳田聖山·椎名宏雄 編, 『禪學典籍叢刊』(別卷), 京都 : 臨川書店, 2001. →「菩提達摩南宗定是非論」影印·「南陽和上頓教解脫禪門直了性壇語」影印·椎名宏雄「解題」.
(52) 伊吹敦, 『禪の歷史』, 京都 : 法藏館, 2001. → 第2章「禪の擴大と分派-北宗·南宗·牛頭宗」.
(53) 冲永宜司, 『無と宗教經驗』, 東京 : 創文社, 2002. → 第7章「荷澤神會における衆生心について」.
(54) 聶清, 『荷澤宗研究』, 成都 : 巴蜀書社/四川古籍出版社. 2003. → 「荷澤宗史略」·「神會與初期禪學」·「南北之爭」·「從神會到宗密」·「荷澤宗與洪州宗」.

(55) 釋妙峰 編,『曹溪-禪研究』, 北京：中國社會科學出版社, 2003. → 華方田,「禪定與般若」·聖凱,「論禪宗無相戒的源流」·聶清,「荷澤宗與洪州宗」·釋妙峰,「論<禪>的悟修與頓漸」·馮煥珍,「說<無念爲宗>」.

(56) 張國一,『唐代禪宗心性思想』, 台北：法鼓文化出版社, 2004. → 第2章「惠能, 神會與保唐之<心性>思想」.

(57) McRae, John R., *Seeing Through Zen : Encounter, Transformation, and Genealogy in Chinese Chan Buddhism*. Philip E. Lilienthal Book in Asian Studies./ Univ. of California Press, 2004.

(58) 章義和,『荷澤之祖:神會大師傳』, 高雄：佛光出版社/佛光文化事業有限公司, 2004.

2. 論文

(1) 高雄義堅,「禪の南北兩宗に就いて」(上), 1928. →『龍谷大學論叢』283.

(2) 高雄義堅,「再び禪の南北兩宗に就いて」, 1933. →『龍谷學報』306.

(3) 高雄義堅,「禪の南北兩宗に就いて」, 1937 →『禪宗』505(京都:禪定窟/貝葉書院).

(4) 高雄義堅,「禪の南北兩宗に就いて」(承前), 1937. →『禪宗』506(京都:禪定窟/貝葉書院).

(5) 安藤義鑑,「宗密禪師の禪教一致論に就いて(1)」, 1929. →『禪學研究』11.

(6) 安藤義鑑,「宗密禪師の禪教一致論に就いて(2)」, 1930. →『禪學研究』12.

(7) 横川顯正,「荷澤神會の無念禪」, 1931. →『大谷學報』42(12-2).

(8) 松本文三郎, 「六祖壇經書誌學的研究(下)」, 1932. →『禪學研究』18.

(9) 鈴木大拙, 「神會和尙の『壇語』と考うべき敦煌出土本について」, 1935. →『大谷學報』16-4.

(10) 鈴木大拙, 「禪宗初祖としての達摩の禪法-楞伽系と般若系の對抗」, 1936. →『日華佛敎研究會年報』1.

(11) 大屋德城, 「元延祐高麗刻本六祖大師法寶壇經に就て」, 1935. →『禪學研究』23.

(12) 今長谷蘭山, 「六祖大師の＜心理學＞」, 1936. →『禪學研究』26.

(13) 久野芳隆, 「流動性に富む唐代の禪宗典籍-敦煌出土本に於ける南禪北宗の代表的作品-」, 1937. →『宗敎研究』新14-1.

(14) 福島俊翁, 「六祖慧能禪師と文人との關係に就て」, 1938. →『禪學研究』29.

(15) Gernet, Jacques., "Biographie du maître Chen-houei du Ho-tsö (668-760), Contribution a L'histoire de I'école du Dhyâna," Journal Asiatique 239, Paris. 1951.

(16) Gernet, Jacques., "Complement aux Entretiens du maître de Dhyâna Chen-houei(668-760)," Bulletin de I'Ecole Française d'Extrême-Orient XLIV no.2, Hamoi, 1954.

(17) 柴山全慶, 「＜臨濟正宗＞に就いて」, 1952. →『禪學研究』43.

(18) W. Liebenthal., "The Sermon of Shen-hui," Asia Major, new seriesⅢ-2, 1953.

(19) 柳田聖山, 「燈史の系譜」, 1954. →『日本佛敎學會年報』19.

(20) 柳田聖山, 「馬祖禪の諸問題」, 1968. →『印度學佛敎學研究』33(17-1).

(21) 柳田聖山, 「禪思想の形成-『傳法寶紀』と『楞伽師資記』」, 1970. →『花園大學研究紀要』1.

(22) 柳田聖山,「北宗禪の思想」, 1974. →『禪文化研究所紀要』6.
(23) 柳田聖山,「無住と宗密 頓悟思想の形成をめぐって」, 1976. →『花園大學硏究紀要』7.
(24) 柳田聖山,「新續燈史の系譜敍の二」, 1981. →『禪學硏究』60.
(25) 柳田聖山, 「語錄の歷史-禪文獻の成立史的硏究」, 1985. →『東方學報』57, ⇒『禪文獻の硏究(上)』柳田聖山集第2卷(法藏館) 1999년에 增補再錄.
(26) 柳田聖山,「神會の肖像」, 1988. →『禪文化研究所紀要』15.
(27) 柳田聖山, 「こころ(意)と言葉-語錄の歷史」, 1989. →『松ケ岡文庫研究年報』3.
(28) 柳田聖山, 「荷澤神會と南陽惠忠」, 1989. →『印度學佛教學研究』75(38-1).
(29) 山崎宏,「荷澤神會禪師考」, 1954. →『中國の社會と宗敎』東洋史學論集第2. ⇒山崎『隋唐佛敎史の硏究』(法藏館), 1967년에 再錄.
(30) 增永靈鳳「大乘無生方便門の硏究」, 1955. →『印度學佛教學研究』6(3-2).
(31) 津田左右吉,「禪宗についての疑問の二三(下)」, 1955. →『東洋思想硏究』6.
(32) 關口眞大, 「牛頭法融禪宗相承說の檢討」, 1956. →『印度學佛教學研究』7(4-1).
(33) 關口眞大, 「<南宗>と南宗禪」, 1962. →『印度學佛教學研究』20(10-2). ⇒『禪宗思想史』(山喜房佛書林) 1964년에 再錄.
(34) 胡適,「新校訂的敦煌寫本神會和尙遺著兩種」, 1958. →『中央研究院歷史語言研究所集刊』29(台北). ⇒『胡適校敦煌唐寫本神會和尙遺集附胡適先生晚年的硏究』에 재록. 『胡適禪學案』(柳田聖山主編)에 해설만 재록.
(35) 胡適, 「荷澤和尙語錄的第三個敦煌寫本‥『南陽和尙問答雜

徵義··劉澄集』」, 1960. →『中央研究院歷史語言研究所集刊』外編四種(台北). ⇒『胡適校敦煌唐寫本神會和尙遺集附胡適先生晩年的研究』에 재록. 『胡適禪學案』(柳田聖山主編)에 해설만 재록.

(36) 松全文雄, 「神會の法統說について-特に三祖顯彰問題」, 1958. →『印度學佛教學研究』12(6-2).

(37) 小林圓照, 「圭峰宗密の＜知＞思想について」, 1959. →『禪學研究』49.

(38) 木村靜雄, 「禪宗初期の修道論」, 1960. →『禪學研究』50.

(39) Paul Demiêville., "Deux Documents de Touen-houang sur le Dhyâna Chinois," 1961. →『塚本善隆博士頌壽記念佛教史學論集』. ⇒(和譯)林信明「P.ドミエヴイル稿『神會語錄』とチベツト宗論-中國禪に關する二つの敦煌資料-」(『禪學研究』60).

(40) 島田虔次, 「體用の歷史に寄せて-荷澤神會語錄-」, 1961. →『塚本善隆博士頌壽記念佛教史學論集』.

(41) 彭楚珩, 「關於神會和尙生卒年代的改定」, 1961. →『新時代雜誌』1-6. ⇒『現代佛教學術叢刊』第1册(大乘文化基金會出版 : 台灣), 1980에 재록.

(42) 中川孝, 「吉州青原山行思禪師とその思想」, 1964. →『印度學佛教學研究』24(12-2).

(43) 饒宗頤, 「神會門下摩訶衍之入藏兼論禪門南北宗之調和問題」, 1964. →『香港大學50周年記念論文集』1(香港). ⇒『唐代研究論集』第4輯(新文豊山出版公司), 1992년에 재록.

(44) 原田弘道, 「六祖壇經と荷澤宗」, 1965. →『印度學佛教學研究』27(14-1).

(45) 揚鴻飛, 「神會の傳燈說と儒家思想との交涉」, 1966. →『龍谷史壇』56·57合併號.

(46) 揚鴻飛, 「神會南宗革命の二背景」, 1978. →『印度學佛教學研究』53(27-1).

(47) 長谷部好一, 「南北の對立とその背景」, 1966. →『印度學佛教學研究』29(15-1).

(48) 鈴木哲雄, 「荷澤神會の見の思想」, 1967. →『印度學佛教學研究』31(16-1). ⇒『唐五代禪宗史』(山喜房佛書林), 1982년에 수정 재록.

(49) 鈴木哲雄, 「神會和尙五更轉」試論(1), 1968. →『駒澤大學大學院佛教學研究會年報』2.

(50) 鈴木哲雄, 「荷澤神會より壇經に至る見性の展開」, 1968. →『印度學佛教學研究』33(17-1).

(51) 鈴木哲雄, 「荷澤神會論」, 1969. →『佛教史學』14-4.

(52) 鈴木哲雄, 「荷澤神會に於ける五更轉頌の背景」, 1969. →『駒澤大學大學院佛教學研究會年報』3.

(53) 鈴木哲雄, 「＜頓悟入道要門論＞に見られる荷澤神會の影響」, 1970. →『宗學研究』27.

(54) 鈴木哲雄, 「初期禪宗と三論」, 1990. →平井俊榮監修『三論教學の研究』(春秋社).

(55) 鈴木哲雄, 「『神會語錄』引用經典を通して見た荷澤の思想」, 1990. →『印度學佛教學研究』77(39-1). ⇒『中國禪宗史論考』(山喜房佛書林), 1999년에 개정재록.

(56) 鈴木哲雄, 「純禪と禪機-時代區分と關連させて」, 1993. →『印度學佛教學研究』82(41-2).

(57) 志村良治, 「＜甚麽＞の成立-中古中國語における疑問詞の系譜」, 1968. →『東北大學文學部研究年報』18.

(58) 金原東英, 「『初期禪宗史の戒律』-『南陽和上頓教解脫禪門直了性壇語』を中心として」, 1969. →『駒澤大學大學院佛教學研究會年報』3.

(59) 金原東英, 「荷澤神會よ引用經典」(1), 1972. →『印度學佛教學研究』40(20-2).

(60) 篠原壽雄, 「胡適先生與『南陽和上頓教解脫禪門直了性壇語』後記」, 1969. →『宗教學論宗』3.

(61) 篠原壽雄, 「胡適先生の『神會語錄の版本』について」, 1970, →『宗教學論集』第4輯.

(62) 篠原壽雄, 「胡適先生の『南宗定是非論』のあとがき」, 1972. →『花さまざま-山田無文老師古稀記念集』(春秋社).

(63) 篠原壽雄, 「荷澤神會のことば譯注『南陽和上頓教解脫禪門直了性壇語』-」, 1973. →『駒澤大學文學部研究紀要』31.

(64) 篠原壽雄, 「神會のことば第2-譯註『菩提達摩南宗定是非論』-」, 1974. →駒澤大學『文化』1.

(65) 篠原壽雄, 「神會のことば第2-譯註『菩提達摩南宗定是非論』-」(續), 1976. →駒澤大學『文化』2.

(66) 褚柏思, 「神會和尙與法寶壇經」, 1971. →『海潮音』(台灣)52-8.

(67) 椎名宏雄, 「唐代禪宗の禮懺について」, 1972. →『印度學佛教學研究』40(20-2).

(68) 椎名宏雄, 「唐代禪籍の宋代刊行について」, 2002. →鈴木哲雄編『宋代禪宗の社會的影響』(山喜房佛書林).

(69) 中村信幸, 「『南陽和上頓教解脫禪門直了性壇語』飜譯」, 1974. →『駒澤大學大學院佛教學研究會年報』8.

(70) 中村信幸, 「神會語錄の疑問文」, 1978. →『曹洞宗研究員研究生研究紀要』10.

(71) 中村信幸, 「神會の語錄に見える<看>と<見>」, 2003. →『禪學研究の諸相：田中良昭博士古稀記念論集』.

(72) 木村隆德, 「敦煌出土チベット文寫本Stein709」, 1967. →『日本西藏學會會報』22.

(73) 木村隆德, 「サムイエ-の宗論-中國禪とインド佛教の對決」,

1992. →シリーズ東アジア佛教5『東アジア社會と佛教文化』(春秋社).

(74) 長嶋孝行, 「禪宗は惠能と壇經以後(1)-"南宗, 北宗の盛衰"」, 1970. →『印度學佛教學研究』37(19-1).

(75) 長嶋孝行, 「神會と淨覺を結んだ王維」, 1976. →『宗教研究』230(50-3).

(76) 長嶋孝行, "Hypothesis : Shen-hui 神會 was not acquainted with Huie-neng 惠能," 1976. →『印度學佛教學研究』49(25-1).

(77) 長嶋孝行, 「<神會語錄>のお手本」, 1978. →『印度學佛教學研究』52(26-2).

(78) 長嶋孝行, 「神會の年齡に關する一考察」, 1979. →『宗教研究』238(52-3).

(79) 長嶋孝行, 「『頓悟要門』と『六祖壇經』の關係について」, 1979. →『印度學佛教學研究』55(28-1).

(80) 長嶋孝行, 「『宗門十規論』の意味するもの」, 1983. →『宗教研究』246(54-3).

(81) 長嶋孝行, 「惠能傳の發想の一考察」, 1990. →『印度學佛教學研究』77(39-1).

(82) 長嶋孝行, 「惠能傳の發想の一考察」(2), 1992. →『印度學佛教學研究』81(41-1).

(83) 原田覺, 「『頓悟大乘正理決』の妄想說について」, 1977. →『印度學佛教學研究』50(25-2).

(84) 平井俊榮, 「神會語錄と本有今無偈論」(1)(2), 1978. →『三藏』161·162.

(85) 沖本克己, 「禪宗史における僞經『法王經』について」, 1978. →『禪文化研究所紀要』10.

(86) 沖本克己, 「敦煌の西藏文禪宗文獻の研究」(5), 1982. →『印度學佛教學研究』61(31-1).

(87) 沖本克己,「禪と如來藏」, 1988. →『花園大學紀要』19.

(88) 沖本克己,「『大乘起信論』と禪宗」, 1990. →『如來藏と大乘起信論』(春秋社).

(89) 石井修道,「洪州宗について-眞福寺文庫所藏の『裵休拾遺問』と『六祖壇經』の紹介に因んで」, 1979. →『印度學佛教學研究』55(28-1).

(90) 石井修道,「宇井伯壽著『禪宗史研究』の<緒言>をめぐって」, 1988. →『宗學研究』30.

(91) 石井修道,「禪の分類について-圭峰宗密の五種禪の見直し」, 1988. →『禪文化研究所紀要』15.

(92) 石井修道,「中國唐宋代の禪宗史の研究狀況と問題點」, 1989. →『駒澤大學佛教學部論集』20.

(93) 石井修道,「南宗禪の頓悟思想の展開-荷澤神會から洪州宗へ」, 1994. →『禪文化研究所紀要』20.

(94) 石井修道,「宗密と延壽」, 1997. →『華嚴學論集』(大藏出版).

(95) 竹內弘道,「荷澤神會の三學思想における戒」, 1980. →『駒澤大學大學院佛教學研究會年報』14.

(96) 竹內弘道,「荷澤神會考-根本資料の成立について-」, 1981. →『宗學研究』23.

(97) 竹內弘道,「荷澤神會考-『神會語錄』の成立について-」, 1981. →『駒澤大學大學院佛教學研究會年報』15.

(98) 竹內弘道,「『南宗定是非論』の成立について」, 1981. →『印度學佛教學研究』58(29-2).

(99) 竹內弘道,「新出の荷澤神會塔銘について」, 1985. →『宗學研究』27.

(100) 竹內弘道,「神會と宗密」, 1986. →『印度學佛教學研究』68(34-2).

(101) 印順,「神會與『壇經』-評胡適禪宗史的一個重要問題」, 1980.

→『六祖壇經研究論集』(現代佛教學術叢刊)1,　台北：大乘文化出版社.

(102) 錢穆,「神會與『壇經』」, 1980. →『六祖壇經研究論集』(現代佛教學術叢刊)1, 台北：大乘文化出版社.

(103) 田中良昭,「北宗禪と南宗禪-神會の北宗批判-」, 1981. →『佛教思想史』4. ⇒『敦煌禪宗文獻の研究』(大東出版社), 1983년에 재록.

(104) 田中良昭,「<『壇經』研究>考」, 1988. →鎌田茂雄博士還曆記念論集『中國の佛教と文化』(大藏出版社).

(105) 田中良昭,「初期禪宗と華嚴-燈史·語錄篇」, 1997. →『華嚴學論集』(大藏出版).

(106) 田中良昭,「『神會塔銘』と『侯莫陳壽塔銘』の出現とその意義」, 1998. →『禪文化研究所紀要』24.

(107) 田中良昭,「初期禪宗における絶觀·無心·無念の系譜」, 2000. →『平井俊榮博士古稀記念論集:三論教學と佛教諸思想』24.

(108) 田中良昭,「神會研究と敦煌遺書」-付, 神會研究著作目錄-, 2002. →『駒澤大學禪研究所年報』12.

(109) 田中良昭,「中國禪研究の現代的課題」, 2003. →『宗學と現代』(曹洞宗宗學研究所公開研究會講義錄) 5.(110) 林信明,「P.ドミエヴィル稿『神會語錄』とチベット宗論-中國禪に關する二つの敦煌資料-」, 1981. →『禪學研究』60. ←「Paul Demiêville., "Deux Documents de Touen-houang sur le Dhyâna Chinois"의 和譯.

(111) 林信明,「ボール·ドミエヴィル禪學論集」, 1988. →『國際禪學研究所研究報告』1(第3章『神會語錄』とチベット宗論).

(112) 林子青,「神會」, 1982. →『中國佛教』(知識:北京)2.

(113) 智銘,「神會和尙的無住學與無念學」, 1982. →『內明』(內明雜誌社：香港)126.
(114) 上山大峻,「敦煌における禪の諸層」, 1982. →『龍谷大學論集』421. ⇒『敦煌佛教の硏究』(法藏館)1991에 재록.
(115) 粟谷良道,「神會における見の思想-吉藏との比較」, 1983. →『宗學硏究』25.
(116) 粟谷良道,「神會における無念の思想-吉藏との比較」, 1984. →『宗學硏究』26.
(117) 粟谷良道,「神會における不作意について」, 1985. →『宗學硏究』27.
(118) 粟谷良道,「荷澤神會における『金剛般若經』宣揚の背景」, 1987. →『宗教硏究』273(61-02).
(119) 粟谷良道,「吉藏と『涅槃經』」, 1990. →平井俊榮監修『三論教學の硏究』(春秋社).
(120) 葛兆光,「荷澤宗考」, 1983. →『新史學』(台灣)5-4. ⇒『中國禪思想史』(北京大學出版社) 1995년에 재록.
(121) 溫玉成,「記新出土的荷澤大師神會塔銘」, 1984. →『世界宗教硏究』總第16期2. ⇒(和譯)竹內弘道「新出の荷澤神會塔銘について」(『宗教硏究』27), 1985.
(122) 小川隆,「敦煌本『六祖壇經』と『歷代法寶紀』」, 1986. →『宗學硏究』28.
(123) 小川隆,「敦煌本『六祖壇經』の成立について」, 1986. →『駒澤大學大學院佛教學硏究會年報』19.
(124) 小川隆,「敦煌本『六祖壇經』における般若について」, 1987. →『印度學佛教學硏究』(35-2).
(125) 小川隆,「敦煌本『六祖壇經』の成立について(之二)」, 1986. →『駒澤大學大學院佛教學硏究會年報』22.
(126) 小川隆,「初期禪宗形成史の一側面-普寂と「嵩山法門-」, →『駒澤大學佛教學部論集』20.

(127) 小川隆, 「胡適『荷澤神會大師傳』」, 1990. →『駒澤大學禪研究所年報』1. ←胡適「荷澤大師神會傳」の和譯.
(128) 小川隆, 「胡適『荷澤神會大師傳』」(續), →『駒澤大學禪研究所年報』2. ←胡適「荷澤大師神會傳」の和譯.
(129) 小川隆, 「荷澤神會の人と思想」, 1991. →『禪學研究』69.
(130) 小川隆, 「神會沒後の南北兩宗」, 1991. →『宗學研究』33.
(131) 小川隆, 「楊曾文『唐代禪宗史の諸問題』, 1998. →『駒澤大學禪研究所年報』9.
(132) 小川隆, 「宗密傳法世系再考」, 1998. →『禪文化研究所紀要』24.
(133) 小川隆, 「胡適『中國における禪-その歷史と方法論-』」, 2000. →『駒澤大學禪研究所年報』11.
(134) 島津惠正, 「初期中國禪宗に於ける坐禪否定の思想」, 1986. →『龍谷大學大學院紀要』7.
(135) 丁東風, 「略論神會及其佛教哲學思想」, 1987. →『中國哲學史研究』總第28期3.
(136) 冉雲華, 「宗密傳法世系的再檢討」, 1987. →『中華佛學學報』(中華佛學研究所 : 台灣)1.
(137) 冉雲華, 「南宗讚小記」, 1989. →『敦煌學』15.
(138) 冉雲華, 「唐故招聖寺大德慧堅禪師碑」, 1994. →『中華佛學學報』(中華佛學研究所 : 台灣)7.
(139) 冉雲華, 「禪宗<見性>思想的發展與定型」, 1995. →『中華佛學學報』(中華佛學研究所 : 台灣)8.
(140) 伊吹敦, 「北宗禪の新資料-金剛藏菩薩撰とされる『觀世音經讚』と『金剛般若經註』」, 1987. →『禪文化研究所紀要』17.
(141) 伊吹敦, 「『大乘五方便』の諸本について-文獻の變遷に見る北宗思想の展開『金剛般若經註』」, 1991. →『南都佛教』65.
(142) 伊吹敦, 「<南宗禪>の誕生」, 1992. →シリーズ東アジア佛教3『新佛教の興隆-東アジアの佛教思想Ⅱ』(春秋社).
(143) 伊吹敦, 「『頓悟眞宗金剛般若修行達彼岸法門要決』と荷澤神會」, 1992. →三崎良周編『中國·日本佛教思想とその展開』(山喜房佛書林).
(144) 伊吹敦, 「『大乘開心顯性頓悟眞宗論』の依用文獻について」, 1992. →『印度學佛教學研究』81(41-1).
(145) 伊吹敦, 「『頓悟眞宗金剛般若修行達彼岸法門要決』の諸本について」, 1992. →『東方』8.
(146) 伊吹敦, 「敦煌本『壇經』の形成-慧能の原思想と神會派の展開」, 1995. →『論叢アジアの文化と思想』4.
(147) 伊吹敦, 「敦煌本『壇經』の形成」, 1995. →『印度學佛教學研究』87(44-1).
(148) 伊吹敦, 「『金剛經解義』の成立をめぐって」, 1997. →『印度學佛教學研究』89(45-1).
(149) 伊吹敦, 「初期禪宗文獻に見る禪觀の實踐」, 1998. →『禪文化研究所紀要』24.
(150) 伊吹敦, 「初期禪宗における『金剛經』」, 1999. →阿部慈園編『金剛般若經の思想的研究』(春秋社).
(151) 伊吹敦, 「『念佛三昧寶王論』に見る禪の動向」, 2004. →『東洋學研究』(東洋學研究所)41.
(152) 楊曾文, 「中日兩國の敦煌禪籍研究-及び敦煌縣博物館本『壇經』『南宗定是非論』等の文獻の學術的價值」, 1987. →『中外日報』32706號(昭和62年10月23日付).
(153) 楊曾文, 「中日的敦煌禪籍研究和敦博本『壇經』, 『南宗定是非論』等文獻的學術價值」, 1989. →『中日佛教研究』(中國社會科學出版社).
(154) 楊曾文, 「關於神會的幾個問題」, 1992. →『中外日報』(平成4年11月20日付).

(155) 楊曾文,「關於『唐故招聖寺大德匚堅禪師碑』的補充說明」, 1995. →『中國社會科學院研究生院學報』(北京)88.

(156) 楊曾文,「早期禪宗的珍貴資料-神會語錄-寫在『神會和尙禪話錄』發行之際」, 1997. →http://ccb.ntu.edu.tw/FULLTEXT/JRMISC/102702.htm

(157) 楊曾文,「中日的敦煌禪籍研究和敦博本『壇經』,『南宗定是非論』等文獻的學術價値」, 1989. →『世界宗教研究』總第31期1.

(158) 楊曾文,「『神會塔銘』和『慧堅碑銘』的注釋」, 1998. →『佛學研究』(中國佛教文化研究所)7.

(159) 楊曾文,「唐代禪宗史の諸問題」, 1998. →『駒澤大學禪學研究所年報』9.

(160) 楊曾文,「有關神會的兩篇銘文-『神會塔銘』和『慧堅碑銘』的注釋」, 1999. →http://ccbs.ntu.edu.tw/FULLTEXT/JRAN/102701.htm

(161) 楊曾文,「唐五代禪宗在今山西地區的傳播」, 1999. →http://ccbs.ntu.edu.tw/FULLTEXT/JRAN/102700.htm

(162) 楊曾文,「唐代禪宗史上幾個問題的考證」, 1999. →『國學研究』(北大中國傳統文化研究所)6..

(163) 楊曾文,「『唐同德寺無名和尙塔銘並序』的發現及其學術的價値」, 2000. →『佛學研究』(中國佛教文化研究所)9.

(164) Hart, Patrick., "The Zen Insight of Shen-Hui," 1988. →Merton Annual 1 : 4-15.

(165) 馮巽,「評『神會和尙禪話錄』」, 1998. →『中山大學學報』38-2.

(166) 樓宇烈,「敦煌本『壇經』·『曹溪大師傳』および初期禪宗思想」, 1988. →『松ケ岡文庫研究年報』2.

(167) 樓宇烈,「胡適禪宗史研究平議」, 1988. →『曹洞宗宗學研究紀要』1.

(168) 樓宇烈,「讀慧海<頓悟入道要門論>隨記」, 1988. →『中華佛學學報』(台灣)12.

(169) 樓宇烈,「神會的頓悟說」, 1994. →『禪學研究』(江蘇古籍出版社)2.

(170) 樂九波,「論神會的佛學思想」, 1988. →『世界宗教研究』總第33期3.

(171) 郭朋,「神會的行履」, 1988. →『中國哲學史研究』總第31期2.

(172) 郭朋,「神會思想簡論」, 1989. →『世界宗教研究』總第35期1.

(173) 黃傳仁,「壇經著作之探討與分析」, 1988. →『社會科教育學報』(竹師)2.

(174) 入矢義高,「明と暗」, 1988. →『禪と哲學』(禪文化研究所). ⇒『空花集』(思文閣), 1992에 재록.

(175) Faure, Bernard.,「神秀と華嚴經」, 1988. →『禪文化研究所紀要』15.

(176) 孫昌武,「唐代文人的習禪風氣」, 1988. →『禪文化研究所紀要』15.

(177) 吳其昱,「荷澤神會傳研究」, 1988. →『中央研究院歷史語言研究所集刊』59-4.

(178) 鄭茂煥,「『六祖壇經』批判」, 1989. →『印度學佛敎學研究』38-1.

(179) 尾崎正善,「傳衣說の變遷過程について」, 1989. →『駒澤大學大學院佛敎學研究會年報』22.

(180) 尾崎正善,「神會語錄に關する一考察」, 1990. →『駒澤大學佛敎學部論集』21.

(181) 尾崎正善,「『問答雜徵義』考」, 1991. →『曹洞宗研究員研究生研究紀要』22.

(182) 袁家耀,「論神會的佛敎哲學」, 1989. →『五台山研究』.

(183) 潘桂明, 「也談神會在禪宗史上的地位」, 1989. →『南京大學學報』.

(184) 簑輪顯量, 「『傳述一心戒文』の諸問題」, 1989. →『佛教文化』(東京大學佛教青年會)25.

(185) 唐亦男, 「神會在禪宗史上地位之批判與認定-「別子爲宗」」, 1990. →『鵝湖』(台灣)180(15-2).

(186) 唐亦男, 「神會在禪宗史上地位之批判與認定-<別子爲宗>」, 1990. →『內明』(內明雜誌社：香港)223.

(187) 土屋明智, 「『大乘無生方便門』をめぐつて」, 1990. →『駒澤大學大學院佛教學研究會年報』23.

(188) 袴谷憲昭, 「禪宗批判」, 1990. →『駒澤大學禪研究所年報』1.

(189) 袴谷憲昭, 「松本史朗著『禪思想の批判的研究』」, 1995. →『駒澤短期大學佛教論集』1.

(190) 徐文明, 「神會早期史事及其在六祖門下的地位」, 1990. →『圓光佛學學報』(台灣)6.

(191) 徐文明, 「禪宗第八代北宗弘正大師」, 1999. →『敦煌學輯刊』(蘭州大學敦煌學研究所)2.

(192) 徐文明, 「智詵與淨衆禪系」, 2000. →『敦煌學輯刊』(蘭州大學敦煌學研究所)1.

(193) 徐文明, 「神會早期史事及其在六祖門下的地位」, 2001. →『圓光佛學學報』(台灣)6.

(194) McRae, John R.(譚樂山：譯), 「論神會大師像:梵像與政治在南詔大理國」, 1991. →『雲南社會科學』總第61期3.

(195) 葉萬松·張乃翥, 「禪宗七祖荷澤大師神會塔銘引論」, 1991. →『中原文物』1991年4期.

(196) 陳盛港, 「再論獨孤沛之<菩提達摩南宗定是非論>」, 1991. →『佛學研究中心學報』(台灣)7.

(197) 陳盛港, 「從<南陽和上頓教解脫禪門直了性壇語>論荷澤神會之教法」, 1991. →『普門學報』(台灣)12.

(198) 陳盛港, 「從<六祖能禪師碑銘>的觀點再論荷澤神會」, 2002. →『中華佛學研究』(台灣)6.

(199) 陳盛港, 「論《神會語錄》之編集年代及編集者劉澄的背景」, 2004. →『普門學報』(台灣)21.

(200) 伊藤隆壽, 「禪と佛教の本質」, 1992. →奈良康明監修『ブッダから道元へ』(東京書籍).

(201) 伊藤隆壽, 「禪宗と"道·理の哲學"」, 1992. →『中國佛教の批判的研究』第7章(大藏出版).

(202) 洛陽市文物工作隊, 「洛陽唐神會和尚身塔塔基淸理」, 1992. →『文物』總430期.

(203) 李學勤, 「禪宗早期文物的重要發見」, 1992. →『文物』總430期.

(204) Fontein, J., "The Epitaphs of Two Chan Patriarchs," Artibus Asiae, 1993. →The Journal of Asian Art and Archaeology, 53-1-2. Washington, D.C.

(205) 古賀英彥, 「壇經雜識」, 1993. →『禪學研究』71.

(206) 古賀英彥, 「壇經神會原本へ」, 1996. →『花園大學文學部研究紀要』28.

(207) 古賀英彥, 「神會とその後の燈史」, 1998. →『佛教史學研究』41-1.

(208) 松本史朗, 「『金剛經解義』と神會」, 1993. →『駒澤大學禪研究所年報』4. ⇒『禪思想の批判的研究』(大藏出版), 1994년에 再錄.

(209) 河合泰弘, 「『北宗五方便』と神會」, 1993. →『宗學研究』35.

(210) 吳明, 「話說禪宗歷史一大公案-讀『神會和尚遺集』志感」, 1993. →『禪』(河北省佛教協會)2.

(211) 高堂昱壽, 「敦煌本『壇經』における戒の構造」, 1993. →『駒澤大學禪研究所年報』4.

(212) 高堂昱壽,「『南陽和上頓教禪門直了性壇語』における三學」, 1993. →『インド哲學佛教學研究』(東京大學文學部インド哲學佛教學研究室)1.

(213) 高堂昱壽, 「『菩提達摩南宗定是非論』の諸問題その增廣の意味するもの」, 2000. →『江島惠教博士追悼論集 空と實在』(春秋社).

(214) 高堂昱壽,「荷澤神會における<見>-見性思想の新展開」, 2000. →『佛教學』42.

(215) 高堂昱壽, 「敦煌本<壇經>の悟達觀より見た神會派-その成立への關與をめぐって」, 2002. →『佛教文化研究論集』(東京大學佛教青年會)6.

(216) 高堂昱壽,「『菩提達摩南宗定是非論』金剛經宣揚部の意味するもの」, 2002. →『木村清孝博士還曆記念論集 東アジア佛教-その成立と展開』.

(217) 蔡惠明,「神會的佛學思想」, 1993. →『內明』(內明雜誌社:香港)260.

(218) 蔡惠明,「荷澤神會的禪學思想」, 1998. →『十方』(十方雜誌社:台灣)16-7.

(219) 葉萬松·商志醇,「洛陽龍門出土神會塔銘考弁」, 1994. →『文物』1994年 11期.

(220) 江燦騰, 「胡適禪學研究的開展與諍辯-第一階段(1925-1935)的分析」, 1994. →『清華學報』(台灣)24-1.

(221) 陽力,「禪宗史上的巨人-荷澤神會」, 1994. →『香港佛教』(正覺蓮社:香港)413.

(222) 方立天,「靈知心體說-荷澤宗心性思想略論」, 1994. →『禪學研究』(江蘇古籍出版社)2.

(223) 張晶,「弘揚南宗禪的神會大師」, 1994. →『文史知識』(中華書局)12.

(224) 郭翠蘭, 「神會<頓悟思想>與<頓悟法門>之探究」, 1995. →『諦觀佛學研究雜誌』(台灣)81.

(225) 郭翠蘭, 「神會頓悟思想之探究」, 1995. →『諦觀佛學研究雜誌』(台灣)81.

(226) 吳汝鈞, 「神會禪的概念與實踐」, 1995. →『中國文化月刊』(東海大學哲學系:台灣)187.

(227) 德重寛道, 「『神會語錄』の成立に關する一考察」, 1995. →『印度哲學佛教學』(北海道印度哲學佛教學會)10.

(228) 桐野好覺, 「『五位頌』と『五更轉』についての考察」, 1995. →『駒澤大學佛教學部論集』26.

(229) 邢東風, 「認知與般若-從神會禪學的<知>看般若的意義」, 1995. →『佛學研究』(中國佛教文化研究所) 1995-1.

(230) 邢東風, 「神會禪學的「知」與般若的意義」, 1998. →1992年佛學研究論文集『中國歷史上的佛教問題』(佛光出版社).

(231) 商志醇, 「敦煌唐寫本神會著述綜錄」, 1996. →洛陽市文物工作隊編『洛陽考古四十年-1992年洛陽考古學術研討會論文集』(北京科學出版社).

(232) 西口芳南, 「神會にかかわる敦煌寫本の一斷片-禪學點描七」, 1997. →『禪文化』(禪文化研究所)165.

(233) 西口芳南, 「神會の弁明-『菩提達摩南宗定是非論』-禪學點描十」, 1999. →『禪文化』(禪文化研究所)171.

(234) 西口芳南, 「<念起卽覺>考」, 1998. →『禪文化研究所紀要』24.

(235) 西口芳南, 「上圖一三八V佛教問答と『頓悟眞宗論』」, 2000. →『禪文化研究所紀要』25

(236) 孔令信, 「北地照南陽-神會大師」, 1997. →『人生』(人生雜誌社:台灣)169.

(237) Gregory, Peter. N., “Finding a Scriptural Basis for Chan Practice : Tsung-mi's Commentaries to the Scripture of perfect Enlightenment,” 1997. →『華嚴學論集』(大藏出版).

(238) 方立天,「荷澤宗心性思想述評」, 1997. →『華嚴學論集』(大藏出版).

(239) 胡京國,「論神會在禪宗史上的歷史功過」, 1998. →『文史哲』總第248期5.

(240) 胡京國,「論禪宗南北之爭中神會的作用」, 1998. →『學術研究』總第163期6.

(241) 唐代語錄研究班,「『南陽和上頓教解脫禪門直了性壇語』補校(附錄S.6977‘Dx.942’ Dx.1920+1921校錄)」, 1998. →『俗語言研究』(禪文化研究所)5.

(242) 亞蘊,「神會及其禪學思想」, 1998. →『法源』(中國佛學院)16.

(243) 冲永宜司, 「神會の<衆生心>について-頓漸の問題をめぐって」, 1998. →『宗學研究』315. ⇒『無と宗教經驗』(創文社)2002年에 再錄. 第7章「荷澤神會における衆生心について」.

(244) 冲永宜司,「荷澤神會の<衆生心>について(一)禪における自然と頓悟の問題をめぐって」, 1998. →『禪學研究』76. ⇒『無と宗教經驗』(創文社)2002年에 再錄. 第7章「荷澤神會における衆生心について」.

(245) 冲永宜司,「荷澤神會の<衆生心>について(二)禪宗諸派における頓漸の實際」, 1999. →『禪學研究』77. ⇒『無と宗教經驗』(創文社)2002年에 再錄. 第7章「荷澤神會における衆生心について」.

(246) 島津京淳,「譯注<大唐東都荷澤寺歿故第七祖建身塔銘并序>」, 1998. →『唐代釋教文選譯注』, 京都 : 明友書店.

(247) 陳永革,「南宗禪學的般若觀:內容與特徵」, 1998. →『禪學研究』(江蘇古籍出版社)3.
(248) McRae, John R., "Shen-hui's Vocation on the Ordination Platform and Our Visualization of Medieval Chinese Ch'an Buddhism," 1998. →『禪文化研究所紀要』24.
(249) McRae, John R., "Shen-hui as Evangelist : Re-envisioning the Identity of a Chinese Buddhist monk," 2003. →『禪學研究の諸相 田中良昭博士古稀記念論集』.
(250) 近藤章正,「『六祖壇經』の一考察」, 1999. →『印度佛敎學研究』95(48-1).
(251) 近藤章正,「『六祖壇經』と神會」, 2000. →『駒澤大學大學院佛敎學研究會年報』33.
(252) 近藤章正,「『六祖壇經』の立場-神會批判に關連して」, 2000. →『宗學研究』42.
(253) 聶清,「神會與宗密」, 2000. →『中國哲學史』(中國人民大學書報資料中心).
(254) 聶清,「神會與初期禪學」, 2004. →『普門學報』(台北)20.
(255) 吳立民,「論祖師禪」, 2002. →『中國禪學』(河北禪學研究所 : 北京)1.
(256) 麻天祥,「胡適對禪宗研究的貢獻」, 2002. →『中國禪學』(河北禪學研究所 : 北京)1.
(257) 藤善眞澄,「安史の亂前夜の佛敎界と禪宗」, 2002. →鈴木哲雄編『宋代禪宗の社會的影響』(山喜房佛書林).
(258) 張國一,「荷澤神會的心性思想」, 2002. →『圓光佛學學報』(台灣)7.
(259) 徐海基,「澄觀の禪宗觀」, 2002. →『印度學佛敎學研究』101(51-1).
(260) 李均熙,「南宗禪の修證觀-神會の頓悟を中心に」, 2002. →『印度學佛敎學研究』101(51-1).

(261) 榮新江, 「唐代禪宗的西域流傳」, 2003. →『禪學研究の諸相 田中良昭博士古稀記念論集』.

(262) 宗浩, 「《楞伽經》中的如來禪和神會的如來禪」, 2003. →『中國賓川雞足山佛教文化論壇論文集』(中國社會科學院世界宗教研究所 : 北京).

(263) 程正, 「二十九祖說考(1)」, 2003. →『駒澤大學大學院佛教學研究會年報』36.

(264) 程正, 「初期禪宗における<七祖>の問題 南宗を中心にして」, 2003. →『駒澤大學禪研究所年報』15.

(265) 瀧瀨尙純, 「神會の無念について」, 2004. →『印度學佛教學研究』104(52-2).

(266) 瀧瀨尙純, 「荷澤神會と大珠慧海」, 2004. →『印度學佛教學研究』105(53-1).

(267) 末木文美士, 「禪の言語は思想を表現しうるか-公案禪の展開」, 2004. →『思想』960.

(268) 林鎭國, 「神會與空的行動主體」, 2004. →『法鼓人文學報』1 (創刊號).

(269) 鄭唯眞, 「荷澤神會의 北宗禪 批判」(韓國佛教學會, 『韓國佛教學』第29輯, pp.23～59).

(270) 鄭唯眞, 「神會語錄上에 나나탄 般若思想과 佛性思想」(韓國佛教學會, 『韓國佛教學』第31輯, pp.37～58).

(271) 鄭唯眞, 「南宗禪의 實踐構造와 修行方法」(보조사상연구원, 『보조사상』第18輯, pp.69～98).

(272) 鄭唯眞, 「無念에 대한 고찰」(韓國佛教學會, 『韓國佛教學』第35輯, pp.27～54).

(273) 鄭唯眞, 「『유마경』의 반야사상을 의용한 신회의 선사상」(韓國佛教學會, 『韓國佛教學』第38輯, pp.81～105).

지은이 活空 唯眞

1986년 동국대학교 영어영문학과 졸업
1987년 해인사에서 득도
1992년 해인사 승가대학 대교과 졸업
1996년 동국대학교 대학원 불교학과 석·박사과정 졸업 철학박사
현 재 동국대학교 선학과 교수
著 書: 『돈황본 육조단경 연구』 『돈오입도요문론 연구』 『선학개론』 『윤회의 주체와 실상』 『번뇌장·소지장의 연구』
論 文: 「하택신회의 선사상연구」 「남종선의 三學一體연구」 「신회어록상에 나타난 반야사상」 「하택신회의 북종선 비판」 「남종선의 실천구조와 수행방법」 「돈황본 육조단경의 실천사상」 「無念에 대한 고찰」 「유마경의 반야사상을 의용한 신회의 선사상」 「신회와 혜능의 삼무관에 대하여」 「혜능이 선학에 준 공과」 「말나식의 성립과 현대적 의미」 「신수와 혜능의 득법게에 대하여」 「돈황본 <단경>상의 心病에 대하여」 외 다수

神會의 壇語研究

불기 2553(2009)년 4월 10일 초판 인쇄
불기 2553(2009)년 4월 20일 초판 발행

지은이 정 유 진
펴낸이 이 규 택
펴낸곳 경 서 원
110-170 서울시 종로구 견지동 55-2
등록번호 제 1-37호 (1980. 7. 22)

☎ 편집부 02) 733-3345
영업부 02) 733-3346
전 송 02) 722-7787

ISBN 978-89-92062-32-9

파본은 바꾸어 드립니다.
값 35,000 원